U0926173

中华传统文化简明词典

首席顾问　许嘉璐
主　　编　李行健

中国大百科全书出版社

图书在版编目(CIP)数据

中华传统文化简明词典 / 李行健主编. —北京 ：中国大百科全书出版社，2021.1

ISBN 978-7-5202-0487-3

Ⅰ.①中… Ⅱ.①李… Ⅲ.①中华文化—词典 Ⅳ.①K203-61

中国版本图书馆 CIP 数据核字(2019)第 066696 号

出 版 人：刘国辉

策　　划：孙　静

责任编辑：张晓娜

责任印制：魏　婷

封面设计：焦学红

中国大百科全书出版社出版发行

（北京阜成门北大街 17 号　邮政编码：100037　电话：010－68363660）

http://www.ecph.com.cn

中煤（北京）印务有限公司印刷　新华书店经销

开本：787 毫米×1092 毫米　1/32　印张：15.25

字数：540 千字

2021 年 1 月第 1 版　2021 年 12 月第 2 次印刷

ISBN 978-7-5202-0487-3

定价：68.00 元

《中华传统文化简明词典》
编写组

首席顾问 许嘉璐

顾　　问 柳　斌　朱新均　曹先擢　傅永和　仲哲明

主　　编 李行健

副 主 编 季恒全　高喜田　高慎贵

编写人员 董绍克　徐复岭　吴承琳　程国甡　钮　葆　朱振平　张　标　冉中光　刘景耀　徐赋秋　陈毓舒　勒古隆　张德吉　仇志群　邵统绪　廉启一　王　芬　宋芳彦　张登岐　薄家富

审稿专家 张世平　朱小健　张圣洁　朱瑞平　安　然　冉淮舟　叶齐炼　娄　毅　祝晓峰　李　茹

工作人员 孔德成　马德君　王　宏　邢锁明　崔颖昌

目 录

序

许嘉璐

任何民族的文化，都起源于该民族远古的生活、生产以及所处的自然环境。在其漫长的发展征途中，必不可少的条件有二：犹如树木，随着年年四季轮转，叶落而复生，枝新则益高，但新叶新枝都是从原有的根和干上“长”出来；不断接受外来的肥、水和花粉，这样才能不断茁壮。中华文化就是这样在几千年或风和日丽，或风雨雷暴的历史中兴而衰，衰而兴，延绵至今，仍具极大活力的。唯其如此，中华文化才能超越时空，为历代亿万人民所认同，形成国家永不枯竭的合力，也才能被外人所尊重。

中华文化在历史上有过几次极其重要的转型。从上一个世纪之交开始了最近一次、也是最为剧烈的一次转变，几经曲折，到现在为止这一过程还没有结束。眼下人类对和平、友谊、安全、幸福的渴望，世界政治经济状况的复杂多变，中华民族面临的历史性机遇，人们对传统文化的回顾与留恋，都在呼唤着中华文化又一个发展高潮的到来。

在这样的时刻，学者们正在面向当下、面向世界、面向未来，殚精竭虑地进行研究、争辩、修正、创新，各行各业越来越多的人们在设法多了解一些传统文化，观察着文化发展的动向。

任何民族的文化，都是个极其复杂而庞大的系统；而中华文化，确如人们常说的博大精深、源远流长。文化研究，需要多种学科的共同努力；一般的读者如何简便地、一目了然地大体把握住中华传统文化的筋脉？人们在听、读古典文献遇到一些问题时如何可以自行解决呢？出版一部传统文化的简明词典不失为一个挺好的办法。

有感于此，曾经编纂过不少优秀字词典的一批专家，由李行健先生领衔编写了这部《中华传统文化简明词典》作为献给广大读者的一份文化之礼。

任何文化在历史长河中都沉淀下了许多自己专有的典籍（包括口传的）、概念（包括名词、术语）和重要的人物、事件和掌故，这些就可以作为踏入文化大观园必备的导游图或索引。《中华传统文化简明词典》就是这样的角色：翻看了它，可以知其梗概；要想详细深入，即请按照它所提供的信息“按图索骥”。

中华民族文化自古就是由居于中华大地上的所有民族、部落共同创造、哺育、保护、发展起来的。汉民族文化只是其中的主干而已；即使在我们所称说的“汉文化”当中，也有许多来自于非汉族的内容和形式。因此，“中华传统文化”理应包括汉族以外其他民族文化的内容；我理想中的《中华传统文化词典》一类的工具书，也应该包括汉族以外所有民族文化的内容。但是，编纂这样一部词典谈何容易！可以想见其工程之浩大。李行健先生他们之所以在所编的这部词典名字中嵌一个“简”字，大概也隐含着待机而编一部内容更为全面的词典的意愿吧。若真如是，那么，就让我们翘首以待。

凡　例

为适应全国人民学习中华优秀传统文化的需要，特编写本词典。本词典是普及性的小型辞书，以中等及中等以上文化程度的读者为主要服务对象，也可用作传统文化普及教育的参考书。本词典坚持古为今用、批判继承原则，促进优秀传统文化的发扬光大，发挥其思想熏陶和文化教育功能，积极服务于社会主义核心价值观的培育和践行。

一、条目以体现中华优秀传统文化的词语、短句为基本收释对象，并适当收释一些相关的基本概念、基本知识词语、短句及有关人物和著作。条目从儒家学说、道家学说、佛家学说和诸子百家学说中广搜精选，共3600余条。

二、全部条目按照汉语拼音字母顺序排列。首字形、音相同的，按第二个字的音序排列。第二个字读音相同的，按第二个字的笔画数由少到多排列。

三、为了便于读者检索，正文前列有内容分类索引表，正文后附有音序索引表。

四、条目、释文中的罕用字和容易错读的字，括注读音。如：

【垓（gāi）下歌】、【公冶长】……贤否（pǐ）得失。

五、一般词语的释义，先解释词语的含义，指明出处，适当援引原文；原文不易理解的用普通话意译，对较难理解的字、词予以括注。

六、释文中的书证，作者是古代人的，在人名前标明朝代（朝代与人名之间使用间隔号）。非个人著作（如《金刚般若波罗蜜经》《礼记》等），我国著名古典小说（如《红楼梦》《西游记》《水浒传》《三国演义》等），知名度极高的专著（如《论语》《孟子》等），不标注作者姓名，也不标注朝代。

七、引《论语》文凡属孔子的话，“子曰”二字均省，在上下文中用“孔子说”或“孔子认为”予以照应。其他如“曾子曰”“子夏曰”等则不省，以免引起歧义。如：

【杀身成仁】《论语·卫灵公》："志士仁人，无求生以害仁，有杀身以成仁。"孔子说志士仁人为实现仁的道德理想，即使牺牲生命也在所不惜。……

【弘毅】……《论语·泰伯》："曾子曰：'士不可以不弘毅，任重而道远。'"

八、人物的条目以通用名为主条，较通用的为副条，不通用的不出条。条目本身并非人名，但确属普遍称呼的立条。如【冉有】立为主条，【冉求】和【子有】立为副条。【孔子】立条，"孔丘""仲尼"不立条。释义内容为生卒年份、字号、籍贯、成就和简要评价等。如：

【李白】（701—762）唐代诗人。字太白，号青莲居士，祖籍陇西成纪（今甘肃秦安）。幼时随父迁居绵州昌隆（今四川江油）青莲乡。少年即显露才华，吟诗作赋，博学多才。天宝初，曾供奉翰林。天宝三载（744），在洛阳与杜甫结交。诗风雄奇豪放，想象丰富，语言流畅自然，音律和谐多变。是最具个性特色和浪漫主义精神的诗人。与杜甫齐名，世称"李杜"。存世诗文千余篇，其中《蜀道难》《梦游天姥吟留别》《早发白帝城》《望庐山瀑布》《静夜思》《赠汪伦》《将进酒》等诗作，皆为人传诵。有《李太白文集》。

九、著作的释义先指出书名或篇名，重点简述基本内容、观点、社会意义；若有别称，用"也称"或"也说"指出。如：

【淮南子】书名。西汉淮南王刘安及其门客著。以道家思想为主，糅合了儒、法、阴阳五行等各家思想，一般认为是杂家著作。对战国至汉初道家思想进行了系统的梳理，所总结的"宇宙生成论"蕴含朴素的唯物主义思想，对自然科学有重要影响。保存了不少神话故事（如"嫦娥奔月""女娲补天""后羿射日"等）以及自然科学史、医学等资料。也称《淮南鸿烈》。

分类索引

（一）语词、概念

1. 思想文化

2. 宗 教

3. 历 史

4. 文学艺术

（二）文化传承

1. 文化遗址

2. 名胜古迹

3. 创造发明

4. 时令习俗

5. 传说故事

（三）人物

1. 政治人物

2. 文化科技名人

3. 神、佛、仙

（四）名篇、名著

（五）格言、警句

【阿鼻地狱】梵（fàn）语音意合译。佛教指八大地狱中的第八狱。意为无间（jiàn）断遭受大痛苦的地狱。佛教认为人在生前如做了坏事，死后将堕入地狱，其中犯重罪者要在阿鼻地狱永受苦难。也说无间（jiàn）地狱。

【阿訇（hōng）】波斯语音译。原意是有知识的人，教师。我国伊斯兰教称主持清真寺教务和讲授古兰经的教职人员。

【阿罗汉】见 177 页“罗汉”②。

【阿门】希伯来语音译。意思是诚心所愿，由古代犹太教的经文沿用而来。是基督教、犹太教等教徒祈祷结束时的常用语。也作阿们。

【爱才若渴】爱慕贤才，急欲求得，就像口渴急于喝到水一样。清·叶燮（xiè）《原诗·外篇上》：“……疾恶甚严，爱才若渴；此韩愈之面目也。”

【爱国词派】南宋中后期，受辛弃疾的影响，词坛上一个继承苏（轼）、辛（弃疾）词风，抒发爱国激情的词派。以陈亮、刘过、刘克庄、刘辰翁为代表。

【爱河】《华严经》卷二十六：“随生死流，入大爱河。”佛教认为情欲就像河海一样能淹死人，所以用河来比喻。今多指爱情。

【爱民如伤】爱护民众就像看待自己身上的伤痛一样。形容极其体恤民众疾苦。《左传·哀公元年》：“臣闻国之兴也，视民如伤，是其福也。”意思是我听说要想使国家兴旺，国君就要爱护民众像看待自己身上的伤痛一样，这样才是国家的福分。

【爱民如身】爱民如同爱自身一样。东汉·荀悦《申鉴·杂言上》：“爱民如身，仁之至乎？”

【爱民如子】爱护百姓就像对待自己的子女一样。儒家的执政理念中，自古就有保民、裕民、以民为本、民贵君轻的思想，认为只有爱护人民，社会才能安定，政权才可以长久。

【爱人利人者，天必福之】爱护别人、有益于别人的人，上天必定赐福于他。《墨子·法仪》：“爱人利人者，天必福（赐福）之；恶（wù，憎恨）人贼（伤害）人者，天必祸（降祸）之。”这是墨子“兼爱”思想的体现。

【爱人者，人亦从而爱之；利人者，人亦从而利之】语出《墨子·兼爱》。从：随着，接着。爱护别人的人，别人也随之爱护他；把好处给别人的人，别人也会把好处给他。指发扬仁爱精神、做好事会有好的回报。

【爱屋及乌】比喻喜欢某个人，连带着

A

也喜欢跟此人有关的人或物。《尚书·大传》："爱人者，兼及其屋上之乌。"《孔丛子》："若夫顾其遗嗣，得与群臣同受釐（xī）福（幸福），此乃陛下爱屋及乌，惠下之道。"

【爱贤念旧】旧：故旧，老朋友。爱慕贤者，思念故旧。南宋·陈亮《与韩子师侍郎》："爱贤念旧之心，不自知其为僭（jiàn，超越本分）也。"

【安邦定国】邦：古代诸侯的封国，后泛指国家。使国家安定稳固。《三国演义》第三十七回："方今天下大乱，四方云扰，欲见孔明，求安邦定国之策耳。"

【安不忘危】指当政者在安定的时候不要忘记危险。《周易·系辞下》："是故君子安而不忘危，存而不忘亡，治而不忘乱，是以身安而国家可保也。"

【安民察苦】治国理政的关键，莫过于使民安定；使民安定的关键，则在于体察他们的疾苦。明·张居正《答福建巡抚耿楚侗》："治理之道，莫要于安民；安民之道，在于察其疾苦。"

【安贫乐道】安于清贫之生活，乐于圣贤之道。《论（lún）语》："贤哉，回也！一箪（dān，古代盛饭食的竹编器具）食，一瓢饮，在陋巷，人不堪其忧，回也不改其乐。"孔子表扬弟子颜回安贫乐道。

【安史之乱】唐代安禄山与部将史思明发动的叛乱。安禄山是平卢、范阳、河东三镇节度使，在天宝十四载（755）以诛奸相杨国忠为名叛乱称帝，得到史思明的响应。叛军攻入长安后，玄宗逃往蜀中，肃宗继位。后安禄山被其子安庆绪杀死，史思明又杀死安庆绪自称燕帝。到代宗广德元年（763），叛乱最终被平定。叛乱使开元、天宝年间社会经济和安定局面遭到严重破坏。此后唐朝由盛而衰，出现藩镇割据的局面。也说天宝之乱。

【安天下，必先正身】如果国君想安定天下，必须先端正自身。唐·吴兢《贞观政要·君道》："若安天下，必须先正其身，未有身正而影曲，上治而下乱者。"

【安危相易，祸福相生】语出《庄子·则阳》。意思是平安与危难互相转化，灾祸与幸福互为因果。

【安危在是非，不在于强弱】语出《韩非子·安危》。国家的安危取决于君主能否分清是非，而不在于（国家的）强弱。指出国家兴亡取决于有道还是无道。

【安息日】《圣经·创世记》记载：上帝用六天时间创造天地万物，第七天完工休息。犹太教把每个星期五日落至星期六日落尊为圣日，称安息日。这一天所有教徒都不工作，专门礼拜上帝。基督教以传说中耶稣复活的那一天（星期日）作为安息日。

【安详恭敬】南宋·朱熹《小学·嘉言》："教小儿，先要安详恭敬。"教育儿童，首先要使其安静、细心、谦恭、敬重尊长。这是古代教育儿童的要领。

【敖不可长，欲不可从，志不可满，乐不可极】语出《礼记·曲礼》。敖：古通"傲"；长（zhǎng）：滋长；从：古通"纵"。傲气不可滋长，欲望不可放纵，意志不可骄盈，行乐不可过分。强调道德修养的重要性。

【八大菜系】我国汉族不同地区菜肴的烹调在理论、方法、风味、品种等方面，长期以来所形成的八个著名的独特体系：鲁菜、川菜、苏菜、粤菜、闽菜、浙菜、湘菜、徽菜。

【八大金刚】佛教密宗中八位手执金刚杵护持佛法的天神。分别为：青除灾金刚、辟毒金刚、黄随求金刚、白净水金刚、赤声火金刚、定持灾金刚、紫贤金刚、大神金刚。

【八大山人】见368页“朱耷”。

【八股文】明清时代科举考试规定的一种文体。要求每篇文章都要由破题、承题、起讲、入手、起股、中股、后股、束股八部分组成。后四个部分，其中都要有两股排比对偶的文字，共为八股，故称。题目主要摘自《四书》，所论内容也要根据南宋朱熹所著《四书集注》等书展开，作者不得随意发挥。这种文章形式死板，内容空泛，束缚思想，至清末戊戌变法后于1905年被废止。现多用于比喻死板、空洞的文章或讲话。

【八卦】《周易》中的八种基本图形。每种图形由三个爻（yáo，整画“⚊”代表阳爻，断画“⚋”代表阴爻）组成，共八种，即：乾（☰）、坤（☷）、震（☳）、巽（xùn，☴）、坎（☵）、离（☲）、艮（gèn，☶）、兑（☱），分别代表天、地、雷、风、水、火、山、泽，称为八卦。任取两卦互相搭配，可得六十四卦，用来象征各种自然现象和社会人事现象。八卦传说起源于三皇五帝之首的伏羲，反映了华夏先民对现实世界的朴素认识。后来被用作占卜的符号，逐渐带上神秘的色彩。

【八关斋戒】关：关闭，即关闭众生生死之门。佛教为在家修行的教徒制定的八项戒条。通常指：一、不杀生。二、不偷盗。三、不非梵行（淫欲）。四、不妄语。五、不饮酒。六、不着香花曼（用香花制成的花冠、花环），不歌舞倡伎。七、不坐卧高广华丽之床。八、不食非时食（过午不食）。前七项为“戒”，后一项为“斋”。斋戒时间多则几天、几周，少则一昼夜。此期间生活与僧人相似。也说八斋戒、八戒斋、八戒。

【八戒】八关斋戒。

【八苦】佛教指八种痛苦。一、生苦，即出生时的痛苦。二、老苦，即年老体弱的痛苦。三、病苦，即患病时的痛苦。四、死苦，即临死时的痛苦。五、爱别离苦，即与所爱分离的痛苦。六、怨憎会苦，即与仇人见面的痛苦。七、求不得苦，即所求不遂的痛苦。八、五阴（五类障蔽）炽盛苦，即五阴的作用炽盛，盖覆真性。

【八难（nán）】佛教指八种没有机缘听读佛法、难以皈（guī）依佛门的情形。即：地狱、饿鬼、畜生、北俱卢洲、无想天、盲聋喑哑、世智辩聪、佛前佛后。

【八旗制度】清代满族的军队组织和户口编制。努尔哈赤于1601年创立，初建时设四旗：黄旗、白旗、红旗、蓝旗。1614年将四旗改为正黄、正白、正红、正蓝，并增设镶黄、镶白、镶红、镶蓝四旗，合称八旗。其中正黄、正白、镶黄称上三旗，隶属亲军，担任内府侍卫。后又增建蒙古八旗和汉军八旗。八旗官员平时管理民政，战时任将领，旗民子弟世代当兵。

【八思巴】（1239—1280）藏传佛教学僧，萨迦派第五代祖师。15岁为元世祖忽必烈授戒。入蒙后，被忽必烈尊为国师，管理全国佛教事宜及藏族地区事务。又受命创制蒙古文字，遂以西藏文字为基础而制定“八思巴文”，忽必烈赐以“大宝法王”的称号。至元十三年（1276）返藏，自任萨迦寺第一代法王。著述凡30余种，以《萨迦五祖全集》传世。也称帕克思巴、发思八。

【八王之乱】西晋中后期司马氏皇族八王争夺政权的战乱。从晋武帝死后、晋惠帝的妻子贾后杀死辅政的外戚杨骏开始，至东海王司马越夺取大权结束，历时16年。在此期间，有同姓王多人及帝、后被杀。战乱严重破坏经济，并给各少数民族首领起兵以机会，导致西晋王朝的覆灭。此后，中国北方出现五胡十六国长期大分裂的局面。

【八仙】传说中道教的八个神仙。即铁拐李、汉钟离、吕洞宾、张果老、韩湘子、曹国舅、蓝采和、何仙姑。八仙故事早见于唐、宋、元人记载，元杂剧中也有他们的形象，但姓名尚不固定。至明代吴元泰《东游记》，始确定为以上八人。民间传说、戏曲等中有许多关于他们的故事，以“八仙庆寿”“八仙过海”的故事流传最广。

【八仙过海】传说中铁拐李、汉钟离等八位神仙各用各的法术过海的故事。后用“八仙过海，各显其能（或‘各显神通’）”比喻各自施展不同的本领，显示自己的才能。

【八音歌】杂体诗名。五言十六句，从第一句起，每隔一句冠以金、石、丝、竹、匏（páo）、土、革、木八字，因金、石等为我国古代乐器的八类，统称“八音”，故名。北宋黄庭坚《山谷诗外集》中有记载。

【八字】用天干和地支相配表示人的出生年、月、日、时的八个字。方术家根据这八个字推算人的一生命运。旧俗订婚时男女双方须先交换八字帖（庚帖）。也说生辰八字。

【巴蜀文化】四川盆地中以重庆（巴）和成都（蜀）为代表，具有鲜明地域特色的文化体系。重庆一带是古代巴人的活动中心，成都则是古代蜀人的活动中心。早期以“三星堆文化”为代表，被誉为长江文明的源头。此后，产生了司马相如、扬雄、陈子昂、李白、苏轼等一大批文化巨匠，在许多领域，如文赋、诗词、史学、哲学、宗教、艺术、天文、易数以及自然科学等方面都有卓越的建树和成就，与齐鲁儒学、三晋法学、荆楚道学等文化体系一起，共同构成辉煌灿烂的华夏文明。

【拔刀相助】原义为拔出刀来助战。后多指奋不顾身、见义勇为，替受欺侮的一方打抱不平。常与“路见不平”连用。

【霸王（wàng）之所始也，以人为本】语出《管子·霸言》。霸王：指成就霸业、王业。成就霸业、王业，要从满足人民的需求、实现人民的根本利益做起。

【白帝】❶我国古代神话中五天帝之一的西方之神。❷城名，在四川奉节东瞿塘峡口北岸。西汉末年，公孙述割据四川，见紫阳城一口井中常有白色烟雾升腾，形似白龙，故自称白帝，将城名改为白帝城。唐代著名诗人李白、杜甫、白居易等都曾登白帝城楼，留下大量诗篇。故白帝城又有“诗城”之美誉。

【白虎通义】书名。东汉时代今文经学与古文经学并行而多有争议，朝廷比较重视今文经学，但今文经学解说杂乱繁琐。为了统一各家学说，汉章帝建初四年（79）在白虎观召开会议，由太常、大夫、博士、诸生诸儒陈述见解，讲议五经异同，汉章帝亲自裁决其经义奏议。会议的成果由班固写成《白虎通义》一书，作为官方钦定的经典著作刊布于世，是今文经学研究的集萃。也称《白虎通德论》。简称《白虎通》。

【白居易】（772—846）唐代诗人。字乐天，号香山居士。祖籍太原（今属山西），后迁居下邽（guī）（今陕西渭南）。贞元进士，历任江州司马、杭州刺史、刑部尚书等职。积极倡导新乐府运动，主张“文章合为时而著，歌诗合为事而作”，反对“嘲风雪，弄花草”而别无寄托的作品。诗作多反映民生疾苦，语言通俗，与元稹齐名，世称“元白”。今存诗约3000首，其中《长恨歌》《卖炭翁》《琵琶行》后世广为流传。有《白氏长庆集》。

【白鹿洞书院】我国著名书院之一。位于江西九江庐山五老峰南麓的后屏山之南，楼阁庭园傍山而建，参天古木掩映。唐代李渤曾在此隐居读书，驯白鹿以自娱，故名。南唐昇元四年（940）始辟为学馆，为我国古代四大书院（白鹿洞书院、岳麓书院、应天府书院、嵩阳书院）之首。

【白马非马】先秦时期名实之辩的一个主要命题。最早见于《韩非子·外储说左上》，讲的是齐国规定驴、马过关卡要收税。一位学者骑着白马过关，说白马就是白马，不能说白马是马，不能收我的税。韩非子认为，这是诡辩。公孙龙著《白马论》，从多个方面对“白马非马”这一命题详加论证，将“白马”与“马”两个概念加以严格区分，揭示了个别与一般的差异，对我国古代逻辑思想的发展有一定贡献。但他过分夸大个别与一般的差异，没能认识到个别与一般的共性关系。

【白马寺】佛教传入中国后我国营建的第一座寺院。位于河南洛阳市东郊。建于东汉永平十一年（68），据传因明帝遣使去天竺（印度的古称）求法，有白马驮经而来，故称。后屡毁屡建。明嘉靖三十五年（1556）重修。主要建筑有天王殿、大佛殿、大雄殿等。寺内保存了大量元代夹纻（zhù）干漆造像，弥足珍贵。为全国重点文物保护单位。

【白朴】（1226—1306）元代戏曲作家、词人。字太素，号兰谷。初名恒，字仁甫。隩（ào）州（今山西河曲附近）人。所作杂剧16种，今存《墙头马上》《梧桐雨》《东墙记》3种。与关汉卿、马致远、郑光祖并称为“元曲四大家”。

【百尺竿头】南宋·普济《五灯会元·长沙景岑禅师》：“百尺竿头不动人，虽然得入未为真；百尺竿头须进步，十方世界是全身。”佛教比喻道行（heng）修养达到极高的境界。后用“百尺竿头，更进一步”比喻学业、成就达到很高的程度后，仍需继续努力，更求上进。

【百花齐放】指千百种花同时开放，争奇斗艳。清·无名氏《〈帝城花样〉自序》：“百花齐放，皇州春色，尽属春官矣。”今用以比喻艺术上的不同形式和风格自由地发展。

【百家姓】一种文化启蒙读本。成书于宋初，编者不详。全书集400多个常见姓氏为四言韵语，易读易记。姓氏排序以当时国姓“赵”为首。明代有《皇明千家姓》，改以“朱”姓为首；清康熙时有《御制百家姓》，又改以“孔”姓居首。但流行的仍然是北宋时的版本。

【百家争鸣】春秋末期和战国时期诸子百家（儒、道、法、墨、名等）互相争辩，思想学术领域呈现一片繁荣的景象，后世称为“百家争鸣”。现多指学术上不同学派之间的自由争论，常与“百花齐放”连用。参见370页“诸子百家”。

【百句譬喻经】见7页“百喻经”。

【百里负米】二十四孝故事之一。孔子的弟子子路（仲由）早年家贫，常以藜藿（líhuò野菜）充饥，为了保证父母能吃上米饭，他要去百里之外买米背回家奉养双亲，无论酷暑严寒从未间断。父母去世后，他做了官有了俸禄，却常常慨叹说：“即使我想吃着野菜，再去为父母背米，可哪里还有机会呢？”

【百里奚】复姓百里，名奚，字子明，春秋时楚国宛（今河南南阳）人。秦穆公时贤臣，著名的政治家、思想家。也称百里子、百里、百里氏。

【百行孝为先】清·王永彬《围炉夜话》：“常存仁孝心，则天下凡不可为者，皆不忍为，所以孝居百行之先。”意思是孝敬父母是在各种善行中占第一位的。后说作“百行孝为先”。也说“百善孝为先”。

【百姓足，君孰与不足】《论语·颜渊》：“（有若说）百姓足，君孰与不足？百姓不足，君孰与足？”鲁哀公向孔子的学生有若咨询国家财政赤字问题如何解决，有若的意见是实行百分之十的税率。哀公很吃惊地说，现在实行的税率是百分之二十，还不够用的，怎么可以改为百分之十呢？有若说：“如果百姓够用，您怎么会不够用？如果百姓不够用，您怎么会够用呢？”儒家主张保民富民，反对税赋过高导致国富民穷。

【百喻经】佛经书名。《百句譬喻经》的简称。2卷。古印度僧伽斯那著。该经系集录有关善恶罪福报应的譬喻故事而成，以寓言譬喻的形式，用100个（今存98个）事例来说明佛教的基本教义。内容包括：愚人食盐喻、妇女欲更求子喻、入海取沉水喻等。是一部佛教通俗说教的文学作品。

【百折不挠】无论遭受多少次挫折，都不屈服。形容意志坚强。东汉·蔡邕（yōng）《太尉桥公碑》：“其性疾华（厌恶浮华）尚朴，有百折不挠、临大节而不可夺之风。”

【拜礼】古代表示恭敬客气的基本礼仪之一。在重要节日或场合面见长辈、老师、官员、学者等大人物或同辈时，须按一定规矩行拜礼。分跪拜和揖拜两种形式。跪拜就是下跪磕头，表示恭敬。揖拜就是抱拳作揖，表示客气。跪拜的姿势有稽（qǐ）首、顿首等分别，跪拜的次数有再拜、三拜、八拜、九拜等分别。揖拜即合掌礼，又称“合十”，即双手掌心相对，五指合拢，用于不适合跪拜的场合或对平辈人的尊敬与客气。今仍在一定范围内使用。

【稗（bài）史】稗：细微；琐碎。通常指记载民间逸闻琐事的史籍。相传古代设立稗官，采录民间情况，以供统治者参考。如：清代潘永因《宋稗类钞》、民初徐珂《清稗类钞》等。有时也用来泛指“野史”，如《明季稗史汇编》等。

【班彪】（3—54）东汉史学家。字叔皮，扶风安陵（今陕西咸阳东北）人，出身贵族儒学之家，博学多才。东汉初，举茂才，专门致力于史学著述。因《史记》所记止于汉武帝太初年间，与其所处时代相距约150余年，多所阙漏，于是收集史料，写成《〈史记〉后传》65篇。其子班固承接父志，修成《汉书》，其女班昭等又续班固所未完成的部分。所作辞赋论著，今存有《王命论》《览海赋》《北征赋》等。

【班禅额尔德尼】藏传佛教格鲁派（黄教）中地位最高的两大活佛之一（另一个为达赖喇嘛）。“班禅”意为“大学者”。“额尔德尼”，满语，意为“宝”。清顺治二年（1645），和硕特蒙古固始汗尊格鲁派领导人物罗桑却吉坚赞为班禅（即班禅四世，前三世是追认的），康熙五十二年（1713）清朝中央政府册封班禅五世罗桑意希为额尔德尼，正式确定了班禅额尔德尼的地位。此后历世班禅额尔德尼转世，必经中央政府册封，成为定制。

【班超】（32—102）东汉名将。字仲升，扶风安陵（今陕西咸阳东北）人。史学家班彪之子，班固之弟。素有大志，不甘于读书弄墨，于是投笔从戎。随大将军窦固出击北匈奴，又奉命出使、镇守西域，30多年里，巩固了汉朝在西域的地位，增进了与当地民族的友谊与交往，为保障丝绸之路的畅通和西域各族的安定、促进民族融合，做出了巨大贡献。

【班固】（32—92）东汉史学家、文学家。字孟坚，扶风安陵（今陕西咸阳东北）人。曾续写其父班彪所著《〈史记〉后传》。后奉诏修撰《汉书》，历时20余年完成，开创了断代史的编纂体例。明帝时拜为兰台令史，章帝时迁为玄武司马，和帝时大将军窦宪出征匈奴，以为中护军，行中郎将事，后因故下狱而死。擅长写赋，有《两都赋》等。后人辑有《班兰台集》。

【班婕妤】（前48—2）西汉女辞赋家，汉成帝的嫔妃，祖籍楼烦（今山西朔县宁武），初为少使，后立为婕妤。她的作品很多，但现存仅《自悼赋》《捣素赋》和五言诗《怨歌行》(亦称《团扇歌》)三篇。

【班昭】（约49—约120）东汉史学家。一名姬，字惠班，扶风安陵（今陕西咸阳东北）人。史学家班彪之女、班固和班超之妹，博学高才，早寡。兄班固著《汉书》未竟，八表及《天文志》遗稿散乱，班昭继承其兄遗志，与马续共同完成。和帝时，常出入宫廷，担任后妃的教师。从夫姓被称为“曹大家”（“大家”即“大姑”，尊称）。善赋颂，作《东征赋》《女诫》等。

【半部论语治天下】南宋·罗大经《鹤林玉露》卷七记载：宋太宗赵光义听说宰相赵普读的书只有《论语》，问他为什么读书这么少。赵普说：“臣平生所知，诚不出此。昔以其半辅太祖（赵匡胤）定天下，今欲以其半辅陛下致太平。”后多用“半部论语治天下”来强调儒家经典对于治国理政的重要作用。也比喻不用全力就可以把事情办好。

【榜眼】明清两代科举殿试考取的第二名（第一名称状元，第三名称探花）。起始于宋，初期指第二、第三名。因前三名都由皇帝钦点，在榜上画圈，而二三名并列，好似榜中之双眼，故称。后专指第二名。

【棒喝】佛教禅师在接待初入佛门者时，往往对他虚击一棒或大喝一声，让他不及思索便作出反应，以此考验其悟性。也常以棒喝并用，促人猛醒。清·李渔《比目鱼·骇聚》：“这几句话竟是当头的棒喝，破梦的钟声。”后用来比喻促人醒悟的警告。

【包山楚墓】战国、西汉墓群。位于湖北荆门市十里铺镇王场村的包山岗地之上。1986年发掘，出土器物3000余件，其中最具代表性的国家一级文物有错金银铜尊、错金银铜壶、铭文铜戈等19件（套）。

【包世臣】（1775—1855）清代学者、书法家、书法理论家。字慎伯，号倦翁，安徽泾县人。人称安吴先生。曾任江西新喻（今新余）知县。学识渊博，喜兵家言。治经济学。负有经世之才，关心世事民生，注重调查研究，对农政、漕运、盐政、货币、鸦片，以及鸦片战争后外国商品的侵入对中国自然经济的破坏等问题，均有论述。著有

《安吴四种》。

【包拯】(999—1062)古代清官的典型。字希仁，北宋庐州府合肥（今属安徽）人。28岁中进士，做过地方官，后任天章阁待制、龙图阁直学士，官至枢密副使。以刚正不阿、断案明敏、执法严峻著称。主政开封府时，不畏权贵，不徇私情，清正廉洁，有"关节不到，有阎罗包老"的赞誉。死后追赠礼部尚书，谥孝肃。著有《包孝肃公奏议》。民间多尊称包公、包青天。也称包待制、包龙图。

【饱食终日，无所用心】《论语·阳货》："饱食终日，无所用心，难矣哉！不有博奕者乎？为之，犹贤乎已。"指整天吃饱了饭，不用心去思考问题的那种养尊处优、无所事事的生活方式。孔子主张用心读书，不要过于追求富贵与享受。

【宝剑记】传奇剧本。明代李开先著。取材于《水浒传》。写林冲遭高俅陷害被逼上梁山，后带领梁山英雄攻打京城，朝廷迫不得已将高俅父子送至梁山军前处死，梁山好汉接受招安为朝廷效力。剧本鞭挞了封建社会上层统治者的丑恶腐朽，歌颂了林冲的反抗精神。其中《夜奔》一出，写得极为精彩，后被改编为京剧、昆曲，成为保留剧目，长演不衰。

【报应】佛教指有施必有报，有感必有应。现在所得的一切，无论祸福，都是报应。如施行放生、布施等善业，即因种善因而感召善报；反之，施行杀生、偷盗、邪淫等恶业，即因种恶因而招来恶报。后来多指因种恶而得恶报。

【抱朴子】❶书名。东晋葛洪著。分内外篇。内篇20篇，谈神仙方药、鬼怪变化、养生延年、禳（ráng）邪却祸之事，对道教理论有一定的发展。外篇50篇，评论人间得失，臧否（pǐ）世事，反映作者内神仙而外儒术的根本立场。此外，内篇中有关用矿物炼丹药、炼金银和用植物治疗疾病的记载，对化学和制药业的发展有一定贡献。❷葛洪的号。

【抱一】《老子》二十二章："圣人抱一以为天下式（榜样）。"意思是圣人（得道之人）应持守形体与精神合于一的状态，做到这种状态即可成为天下人的榜样。指人置身于大千世界应保持一颗沉潜笃定的淳朴之心，心无旁骛，矢志不移。道教以此作为学道、养生的修炼方法。也说守一。

【鲍照】(约414—466)南朝宋文学家。字明远，祖籍东海（今山东郯城西南，辖今江苏北部）。居建康（今江苏南京）。曾任秣（mò）陵令、中书舍人等职，后为临海王刘子顼（xū）前军参军。长于乐府，尤擅七言歌行。著有《鲍参军集》。他的乐府《拟行路难》以及《芜城赋》《登大雷岸与妹书》等较为著名。对唐代诗人李白、岑参等颇有影响。

【杯水车薪】用一杯水去救一车着了火的柴草。比喻力量对比悬殊，无法达到目的。《孟子·告子上》："仁之胜不仁也，犹水胜火。今之为仁者，犹以一杯水救一车薪之火也；不熄，则谓之水不胜火，此又与不仁之甚者也。亦终必亡而已矣。"

【悲观】《法华经·普门品》："悲（恻怆

之意）观及慈观，常愿常瞻仰。”佛教指常怀救苦救难之心而观察众生。今指消极、颓丧，对前途缺乏信心（跟“乐观”相对）。

【碑碣（jié）**】**古代石碑上端呈方形者为碑，圆形者为碣。后为各种形制石碑的统称。秦始皇刻石记功，开树碑立碣之风。东汉以来，碑碣渐多，有碑颂、碑记，另有墓碑，用以纪事颂德。《南史·文学传·颜协》：“荆楚碑碣皆协所书。”清·刘献廷《广阳杂记》卷三：“大修别山墓道，立碑碣。”

【北朝】（439—581）我国历史上与南朝同时代的北方王朝的总称，其中包括北魏、东魏、西魏、北齐、北周等五个王朝。581年，北周静帝禅让帝位于大丞相、上柱国杨坚，隋朝建立，北朝结束。

【北京猿人】世界著名猿人化石。1927年首次在北京房山周口店龙骨山洞穴内发现零散头骨，1929年发现第一个完整的头盖骨。经科学测定，年代为距今约70万年至20万年。北京猿人群居洞穴，以采集和狩（shòu）猎为生。使用石器和骨器。已知用火。北京猿人的发现对研究人类发展史具有极重大的意义，为“从猿到人”的学说提供了有力证据，明确了人类进化的序列。20世纪抗日战争期间，北京猿人头盖骨遗失，至今查无下落。也说北京直立人、北京人。

【北曲】❶金元时北方戏曲、散曲所用各种曲调的统称。源自唐宋歌舞大曲、诸宫调等，大多由北方民间歌曲、少数民族乐曲和中原传统曲调（包括宫廷、寺庙、民间音乐）结合而成。声调高亢朴实，盛行于元代。❷金元时期流行于北方的戏曲（跟“南戏”相对）。

【北石窟寺】佛教石窟。位于甘肃庆阳市西峰区附近。在寺沟川（泾水）之蒲、茹二支流交会处的东岸（与“南石窟寺”相对）。为北魏永平二年（509）由泾州刺史奚康生所创建，后经西魏、北周、隋、唐各代凿窟造像而成。今存窟龛近三百个，大小造像两千余尊。另有许多石刻、墨书题字与碑刻等。也说寺沟石窟。

【北寺塔】佛塔。在江苏苏州的北寺（报恩寺）之内。共11级。始建于三国时期，南宋时毁于兵火，其后重建。现存的北寺塔为八角九层的大塔，高76米。塔的内部砖筑部分为南宋初年所建，外部木造部分系光绪二十六年（1900）补修。塔后的石制大同塔及吴王纪功画像碑为元至正年间（1341—1367）张士诚重修报恩寺时所作。

【北宋】朝代名。960年宋太祖赵匡胤建立，定都开封。1127年，因金兵南侵，政权被迫南迁。这段时间，史称北宋。

【北堂书钞】类书名。唐代虞世南纂辑，共160卷。该书摘录群书名言隽语，分类编排，共852类，可供书生作文参考选用。

【北辛遗址】我国黄河下游新石器时代早期的文化遗址。位于山东滕州北辛村。年代为前5400—前4400年。面积约5万平方米。1978—1979年发掘。发现有窖穴、瓮棺葬和一批较有特点的陶器等遗物。陶器以泥质红褐陶与夹砂黄褐陶为主。有釜形锥足鼎、敞口釜、小口双耳罐、红顶碗、钵等典型器类。与大汶（wèn）口文化有密切关系。

【北学】南北朝时期北朝的经学。北朝经师墨守东汉经学旧说，以章句训诂为主，不愿别出新意。学风较保守，撰述亦少。代表人物有徐遵明、熊安生等。

【本草纲目】书名。我国古代药物学集大成之作。明代李时珍著。52卷，近200万字。分16部60类，载药1892种、药方11000余个，并附药图1100余幅。对每种药物进行释名、集解、正误、修治、气味、主治、发明等项的剖析与总结，内容极为丰富。在中外医药学、植物学等诸多领域都有巨大影响。

【本来面目】佛教语。指真心、本性。《六祖坛经·行由品》记载：佛教禅宗六世祖惠能接受衣钵后，南行到大庾（yǔ）岭，被惠明和尚追上。惠明声明“我为法来，不为衣来”。惠能先让他“屏息诸缘，勿生一念”。然后，惠能说：“不思善，不思恶，正与么时（此时），那个是明（惠明）上座本来面目！”惠明当下大悟。后用“本来面目”指人或事物原有的样子。

【本心】指心的本来属性，先天禀赋。《孟子·告子上》：“此之谓失其本心。”谓言行不合道德，失心之本然。南宋陆九渊继承并发展了孟子的性善论，认为人的本心就是仁义之心。

【比丘】梵（fàn）语音译。佛教指和尚。

【比丘尼】梵语音译。佛教指尼姑。

【笔头生花】唐·冯贽《云仙杂记》卷十：“李太白少梦笔头生花，后天才赡逸，名闻天下。”形容才思敏捷，文笔优美。也说笔生花、笔花。

【毕昇】（？—约1051）我国古代活字版印刷术发明家。英山（今湖北黄冈一带）人。北宋庆历年间（1041—1048）首创的活字版印刷术，是我国古代四大发明之一。这一发明比欧洲早约400年。

【碧云寺】一组布局紧凑、保存完好的园林式寺庙，坐落在北京市海淀区香山公园北侧，始建于元至顺二年（1331），明、清两代几次扩建。寺院坐西朝东，依山势而建造，层层殿堂呈阶梯式布局。山门前的一对石狮、山门内的哼哈二将、殿中的泥质彩塑以及弥勒佛殿山墙上的壁塑，皆为明代艺术珍品；金刚宝座塔、罗汉堂为清乾隆十二年（1747）修建。寺内有孙中山衣冠冢。

【蔽公者谓之昧，隐贤者谓之妒】语出《荀子·大略》。蔽：埋没；昧：愚昧，糊涂。埋没公正的人，是愚昧；隐瞒贤能的人，是忌妒。

【弊绝风清】北宋·周敦颐《拙赋》：“天下拙（质朴自然），刑政彻，上安下顺，风清弊绝。”弊病根绝，风气焕然一新。形容社会风气好。

【壁画】绘在建筑物的墙壁或天花板上的图画。我国古代壁画由墓室壁画、石窟寺壁画和寺观（guàn）壁画三部分构成。墓室壁画发现最早的是汉墓壁画，内容有神话传说、历史故事以及表现生活场景的。石窟寺壁画是宣传佛教内容的，以莫高窟壁画、敦煌壁画等为代表。寺观壁画以山西永乐宫壁画最为精彩。

B

【避其锐气，击其惰归】语出《孙子兵法·军争》。堕：懈怠；归：返回，这里指退却。避开敌军初来时的锐气，等到敌军懈怠或退却时再狠狠打击。常用于指选准有利时机，适时出击。

【避实就虚】《孙子兵法·虚实》："兵（用兵）之形（趋势，形势），避实而击虚。"避开对方实力强大的部分，攻击他们的虚弱环节。常用于指谈问题或处理问题时避开要害和实质，只涉及枝节或表面现象。

【边塞诗】诗歌类别的一种。多以描写边地风光、边关战事为题材。风格豪放壮美。唐代是边塞诗发展的黄金时代，形成以高适、岑参（shēn）、王昌龄等为代表的边塞诗派。《全唐诗》收录边塞诗2000多首。

【编钟】我国古代击奏体鸣乐器，由多个悬挂的大小不同的钟组成，每套件数不等，多为3—16件。1978年在湖北随县（今随州市）出土的战国时期曾侯乙编钟是迄今所见规模最大的一套，由64件钟和一件镈（bó，似钟而口平）组成，总重逾2.5吨。分三层悬挂，上层挂钮钟，中下层挂甬（yǒng）钟，每件钟都能发双音。用木槌敲击演奏。

【扁鹊】战国时医学家。姓秦，名越人，渤海郡鄚（mào，今河北任丘）人。有丰富的医疗实践经验，反对用巫术治病。他遍游各地行医，擅长妇科、儿科、五官科等，常根据行医所在地的病种需要而"随俗为变"，在望诊、脉诊方面尤其突出。《史记》《战国策》载有他的传记和病案。现存中医典籍《难经》相传为他所撰。

【变文】唐代说唱体文学。当时有一种称为"转变"的说唱艺术，表演时一面向听众展示图画，一面说唱故事。其图画称为"变相"，其说唱故事的底本称为"变文"。内容大体可分讲唱佛教故事和讲唱世俗故事两类。这些作品至清光绪末年才在敦煌石室中发现，是研究中国古代说唱文学和民间文学的重要资料。也称敦煌变文。近人编有《敦煌变文集》。

【遍吉菩萨】见202页"普贤菩萨"。

【辨证论治】辨证，即辨认疾病的证候，通过四诊（望、闻、问、切）收集症状、体征等临床资料，进而分析、辨清疾病的原因、性质、部位及邪正关系等，判断属于何证；论治，即根据辨证的结论，确立相应的治疗方法，并选方用药。辨证和论治是诊治疾病过程中相互联系、不可分割的两个方面。也说辨证施治。

【别集】我国古代图书四部分类法中集部的一个分目，指只收录一个人的著作而成的集子（跟"总集"相对）。通常别集以诗文作品为主，也包括论说、奏议、书信、语录等著作，内容较为广泛。如：杜甫《杜工部集》、白居易《白氏长庆集》、苏轼《东坡七集》等。

【宾礼】古代五礼之一。指诸侯朝见天子的礼节。《周礼·春官·大宗伯》："以宾礼亲邦国。"清·孙诒让《周礼正义》"谓制朝聘之礼，使诸侯亲附，王亦使诸侯自相亲附也。”后世也指接待宾客的礼节。参见296页“五礼”。

【**彬彬有礼**】彬彬：文雅的样子。形容举止文雅，对人有礼貌。《镜花缘》第八十三回：“老者在前，子路随后……（老者）唤出他两个儿子，兄先弟后，彬彬有礼，见了子路。”

【**冰清玉洁**】像冰那样清明，像玉那样洁净。比喻人的操行高尚。北齐·刘昼《刘子新论·妄瑕》：“伯夷叔齐，冰清玉洁，义以不为孤竹之嗣，不食周粟，饿死首阳。”

【**冰炭不同器**】《韩非子·显学》：“夫冰炭不同器而久，寒暑不兼时而至，杂反之学不两立而治。”（兼时：同时；至：到，到来；杂反：杂乱矛盾）寒冰和热炭不能长久地放在同一个器皿里。比喻互相对立的人或事物彼此不相包容。也说冰炭不相容。

【**兵贵神速**】《孙子兵法·九地》：“兵之情主速。”后用“兵贵神速”指用兵打仗以行动异常迅速最为重要。常用来比喻处理问题要迅速、果断。

【**兵家**】先秦至汉初研究军事理论、从事军事活动的学派。主要代表人物有春秋末期的孙武、司马穰苴（rángjū），战国的吴起、孙膑、尉缭，汉初的韩信、张良等。今存的重要著作有《孙子兵法》《司马法》《吴子兵法》《孙膑兵法》《六韬》《尉缭子》等。这些兵家著作蕴含着朴素的唯物论和辩证法思想，在我国古代哲学史上也占有重要地位。

【**兵无常势，水无常形**】语出《孙子兵法·虚实》。兵：用兵；常：固定不变的。调兵遣将指挥作战没有固定不变的态势，就像水没有固定不变的形态。

【**兵以诈立，以利动，以分合为变**】语出《孙子兵法·军争》。兵：用兵；诈：奇诡多变。用兵以奇诡多变来取得成功，以对己方有利为行动的根据，以兵力的分合为变化手段。

【**兵者，诡道也**】语出《孙子兵法·始计》。诡：狡诈，虚假。调兵遣将指挥作战使用的是诡诈之术。

【**兵者，国之大事**】《孙子兵法·始计》：“兵者，国之大事，死生之地，存亡之道，不可不察也。”指战争是国家的大事。

【**兵者，所以禁暴除害也，非争夺也**】语出《荀子·议兵》。军队是用来禁止暴乱、消除祸患的，并不是用来争夺利益的。

【**兵者，尊主安国之经也，不可废也**】语出《管子·参患》。尊：尊奉；经：主要的，这里指根本。军队是尊奉国君、使国家得到安全的根本，不可废置。

【**秉笔直书**】秉：握住。拿起笔来径直写出。指写文章不隐瞒、不夸大，真实地反映情况。《孽海花》第三十五回：“我是秉笔直书，悬之国门（指京城的大门），不能增损一字。”

【**拨乱反正**】《公羊传·哀公十四年》：“拨（治）乱世，反（返回）诸正，莫近诸《春秋》。”纠正错误，治理混乱，使回到正确轨道，恢复正常秩序。《汉书·礼乐志》：“汉兴，拨乱反正，日不暇给（jǐ）。”

【**伯歌季舞**】伯：长兄；季：小弟。大哥唱歌，小弟起舞。形容兄弟友爱和睦。西汉·焦赣《易林·否（pǐ）之损》：“秋风牵手，相提笑语。伯歌季舞，燕乐以喜。”

【伯乐（lè）】春秋时秦国人孙阳，善于相（xiàng）马。后指有眼力，善于发现、选拔、使用出色人才的人。唐·韩愈《杂说》：“世有伯乐，然后有千里马。千里马常有，而伯乐不常有。”

【伯牛】见216页“冉伯牛”。

【伯牙】春秋时音乐家。姓伯，名牙（也作“雅”）。楚国郢（yǐng，今湖北监利）人。曾任晋国上大夫。相传他创作了《水仙操》，演奏过琴曲《高山流水》。《荀子·劝学》有“伯牙鼓琴，而六马仰秣”的记载，用马仰头听其琴声竟忘了吃草，赞其琴艺高超。据传楚国钟子期最懂伯牙的音乐，称为千古知音。钟子期死后，伯牙不再鼓琴，成为音乐史上的美谈。

【博士】❶秦汉时掌管书籍文典、通晓史事的官职，后为学术上专通一经或精通一艺、从事教授生徒的官职。❷古代指专精某种技艺的人。如：茶博士、酒博士、武博士等。❸现代学位中最高的一级。有博士生（在读博士研究生）、博士（已经获得博士学位的专业人员）和荣誉博士等。

【博物志】志怪小说集，内容多取材于古籍，西晋张华著。共十卷。其中一至六卷杂记山川地理的知识、历史人物传说、奇异的草木鱼虫、飞禽走兽、怪诞不经的神仙方技等；七至十卷叙述各种神话传说、人物逸事等。其中记载的八月有人浮槎至天河见织女的传闻是牛郎织女神话故事的原型。

【博学而笃志】《论语·子张》：“子夏曰：‘博学而笃（敦厚，坚实）志，切问而近思，仁在其中矣。’”意思是既要博览群书见识深广，又能坚守志向百折不挠。

【博学于文】《论语·雍也》：“君子博学于文，约之以礼，亦可以弗（不）畔（通“叛”）矣夫（fú）。”孔子说，君子广博地学习文献，用礼节约束自己，也就不至于离经叛道了。

【博学之，审问之，慎思之，明辨之，笃行之】语出《中庸》第二十章。是古人关于学习的五个要点：博学，即学习要广博，做到知识渊博；审问，即对学问详细地请教，以求弄懂；慎思，即学会周全地思考，能举一反三；明辨，即明白地辨别，以提高判断力；笃行，即用学习得来的知识和思想指导实践。

【卜（bǔ）】占卜。古人用火灼龟甲观其裂纹以推测吉凶，后来泛指各种预测吉凶的迷信活动。《左传》：“卜以决疑，不疑何卜？”

【卜（bǔ）辞】商周时代刻在龟甲或兽骨上的占卜记录。内容多为祭祀、狩（shòu）猎、征伐、农事、疾病等。也说甲骨卜辞。参见118页“甲骨文”。

【卜卦】占卜方法。根据八卦的卦象来预测吉凶。

【卜课】占卜方法，即起课。多通过掷铜钱看正反面或掐手指算干支来预测吉凶。

【**卜商**】见373页“子夏”。

【**卜式**】西汉河南郡（今河南洛阳东）人。以经营畜牧业致富。曾多次以家财捐助朝廷，武帝时封为中郎，以鼓励其他富商大贾（gǔ）向其效法。后封关内侯，官至御史大夫。因反对盐铁专卖，被贬为太子太傅。

【**卜筮**（shì）】占卜方法。古人占卜，用龟甲叫卜，用蓍（shī）草称筮。合称“卜筮”。《韩非子·亡征》：“用时日，事鬼神，信卜筮而好祭祀者，可亡也。”

【**不耻下问**】《论语·公冶长》：“子贡问曰：‘孔文子何以谓之文也？’子曰：‘敏而好学，不耻下问，是以谓之文也’”。意思是孔圉（yǔ）聪敏而又好学，向不如自己的人请教而不以为耻，所以给他“文”的谥号。

【**不党父兄，不偏贵富，不嬖**（bì）**颜色**】党：偏袒；嬖：宠爱；颜色：姿色，借指美女。《墨子·尚贤》：“古者圣王甚尊尚贤而任使能，不党父兄，不偏贵富，不嬖颜色。”古代圣君在选拔贤能时，不偏袒自己的父兄，不偏护有钱有势的人，不偏宠美女。

【**不登高山，不知天之高也；不临深溪，不知地之厚也**】语出《荀子·劝学》。意思是不登上高山，不知道天有多高；不走近深谷，不知道地有多深厚。指需要学习的东西太多了，劝诫人们学习应该抱有谦虚的态度。

【**不二法门**】不二：即唯一；法门：众生超凡入圣的门户。佛教指能直接见圣道的唯一门径。今比喻独一无二的方法、门径。

【**不愤不启，不悱**（fěi）**不发**】语出《论语·述而》。愤：心里想求通而未能做到；悱：想说不知道怎么说。孔子说，教学生，不到他努力想弄明白而未能明白的时候，不要去开导他；不到他想说却又说不出来的时候，不要去启发他。意思是对学生应严格要求，先让学生积极思考，再进行适时启发。

【**不封不树**】指墓葬既没有封土堆，也不植树作标志。这是西周墓葬的习俗。坟丘墓出现于春秋晚期，到战国时期才普及开来。

【**不患寡而患不均**】语出《论语·季氏》。意思是不担心贫穷而担心贫富不均。表现出孔子对出现贫富悬殊、失去社会安定和公平的担忧。

【**不患人之不己知，患不知人也**】语出《论语·学而》。不必担心别人不了解自己，该担心的是自己不了解别人。别人不了解自己，这没什么可担忧的；但自己不了解别人，就不知其是非邪正，不能亲近君子，远离小人，这才是值得担忧的。

【**不患位不尊，患德不崇**】东汉·张衡《应闲》：“君子不患位之不尊，而患德之不崇。”意思是君子不担心职位不高，就怕自己的品行不完善。

【**不惑**】《论语·为政》：“四十而不惑。”孔子说他到四十岁时，即能通达一切道理而不再有疑惑。后因以“不惑”为四十岁的代称，也说“不惑之年”。

【**不积跬**（kuǐ）**步，无以至千里；不积小流，无以成江海**】语出《荀子·劝学》。跬：一只脚迈出的距离，古称半步。没有小步的积累，就不可能走完千里路途；不汇集细小的河流，就不能形成江海。常用于比喻做事要脚踏实地，不断积累，才能最终达到目的。

【不看僧面看佛面】不看僧人的情面，也要看佛祖的情面。指看在一方（往往是更高的或有势的）的分儿上，而原谅与之有关系的另一方的过错或给予照顾。《西游记》：“沙僧近前跪下道：‘古人云不看僧面看佛面，兄长既是到此，万望救他一救。’”

【不可思议】《法华玄义·序》：“所言妙者，妙名不可思议也。”指或为道理深妙，或为事情稀奇，不可以心思之，不可以言议之。主要用以形容诸佛菩萨妙语的境地与智慧、神通力的奥妙。今指不可想象、不可理解。

【不迁怒，不贰过】《论语·雍也》：“有颜回者好学，不迁怒，不贰过。”意思是有怒气不往别人身上发泄，不把对甲的怒气发泄到乙身上；不犯同样的过失。

【不屈不挠】《汉书·叙传下》：“乐昌笃实，不桡（náo，古通挠）不诎（qū，古通屈）。”形容意志坚强，在敌人或困难面前，永不屈服。

【不入虎穴，焉得虎子】不进入老虎的洞穴，怎能捉住小老虎呢？比喻不亲历艰险、勇往直前，便不能获得成功。《后汉书·班超传》：“不入虎穴，不得虎子。当今之计，独有因夜以火攻虏（匈奴），使彼不知我多少，必大震怖，可殄（tiǎn，灭）尽也。”

【不善人在则乱，善人在则治】语出《管子·小称》。在：担任，这里指当政。心地不好的人当政，社会就会混乱；心地好的人当政，社会就太平安定。

【不生不灭】佛教指常住、永生。《涅槃经》：“涅言不生，槃言不灭，不生不灭，名大涅槃。”

【不时而胜，不义而得，未为福也】《管子·问》：“夫兵事者危物（事情）也，不时（临时，这里指侥幸）而胜，不义而得，未为福也。”打仗是危险的事情，侥幸取胜、不合乎道义地获取，都不是福气。指做任何事情都不能有侥幸或投机心理。

【不受虚言】东汉·荀悦《申鉴·俗嫌》：“在上者不受虚言，不听浮术，不采华名，不兴伪事。”意思是在上位的人不听不真实的话。

【不为已甚】为：做；已甚：过分。《孟子·离娄下》：“仲尼（孔子）不为已甚者。”不做太过分的事情。今多指对人的责备或处罚要适可而止。

【不孝者五】《孟子·离娄下》：“世俗所谓不孝者五：惰其四支，不顾父母之养，一不孝也；博弈（当时的棋类游戏）好饮酒，不顾父母之养，二不孝也；好货财，私妻子，不顾父母之养，三不孝也；从（同“纵”，放纵）耳目之欲，以为父母戮（羞辱），四不孝也；好勇斗很（通“狠”，凶狠），以危父母，五不孝也。”意思是世俗认为不孝的事有五种：四肢不勤；游戏饮酒；贪钱财，偏爱妻子儿女；放纵耳目的享受；尚武好斗，危及父母安全。

【不学礼，无以立】语出《论语·季氏》。指一个人如果不学礼法，不懂规矩，没有待人处事的基本修养，那就不可能在社会上站稳脚跟，也就没有成功可言。

【不以规矩（jǔ），不成方圆】规：画圆的工具。矩：曲尺，画方的工具。规和矩是木工必用的工具，引申为规则、法度。《孟子·离娄上》："离娄之明、公输子之巧，不以规矩，不能成方圆；师旷之聪，不以六律，不能正五音；尧舜之道，不以仁政，不能平治天下。"木工若离开规矩，就做不成方形或圆形的器物。比喻人若不守法纪，不按规律办事，就不能成就事业；社会若无法度、规范，就无法维持和谐稳定。

【不以言举人，不以人废言】语出《论语·卫灵公》。不因某人的话说得好听就举荐他、提拔他，也不因某人犯有错误就废弃他说过的正确的话。

【不义而富且贵，于我如浮云】语出《论语·述而》。用不正当的手段得来的富贵，对于我就像浮云一样不被看重。

【不在其位，不谋其政】语出《论语·泰伯》。不在那个职位上，就不考虑那个职位应该考虑的事。指该做的事要做到位，不该做的事不越位去做。

【不战而屈人之兵】《孙子兵法·谋攻》："百战百胜，非善（高明）之善者也；不战而屈（使屈服）人之兵，善之善者也。"不用交战厮杀而迫使对方屈服。这是孙武注重谋略、用软实力取得胜利的战略指导思想的体现。

【不知其子视其友，不知其君视其左右】语出《荀子·性恶》。不了解某人的儿子，看看与他儿子交往的朋友（就知道了）；不了解君王，看看君王身边的人（就知道了）。揭示了"近朱者赤，近墨者黑"的道理。

【不知天高地厚】此语为《荀子·劝学》中"不登高山，不知天之高也；不临深溪，不知地之厚也"的改写。今指见识短浅，狂妄自大。

【不忮（zhì）不求，何用不臧】语出《诗经·邶风·雄雉》。忮：嫉妒，妒害；臧：善，好。意思是不嫉妒，不贪求，还有什么会做不好呢？

【不作无补之功，不为无益之事】语出《管子·禁藏》。不建立没有补益的功绩，不做没有益处的事情。

【布达拉宫】音意合译。西藏乃至世界最大佛寺。位于西藏拉萨西北玛布尔日山上。相传公元7世纪时，吐蕃（bō）赞普松赞干布始建，后屡有修筑。至清顺治二年（1645），达赖五世受朝廷册封，重修并扩建后，始具今日规模。原为达赖喇嘛居住之处。内有宫殿、正厅、灵塔、佛殿、经堂、平台和庭院等。依山垒筑，共13层。外观气势雄伟，体现了汉藏文化融合的建筑风格。宫内藏有大量珍贵的文物，为全国重点文物保护单位，并与大昭寺、罗布林卡一起列入《世界遗产名录》。也称普陀宫。

【布施】佛教用语。佛教指将财物施舍与他人，叫作"财施"；讲说佛法使人接受，叫作"法施"。今泛指向他人施舍财物；特指向僧侣施舍财物。

【**才德论**】篇名。北宋史学家司马光著。把人的“智愚勇怯”称为才，归于天赋自然，认为“四者有常分而不可移”；把“善恶逆顺”称为德，归于后天人为，德可以通过后天努力来改变。对于才和德的关系，强调以德为主。选人才，不一定要选德才兼备的人，而是让有德者控制驾驭有才者。

【**财神**】民间信仰中掌管钱财利市的神。本为道教所信奉的神，即正一玄坛真君赵公明，俗称赵公元帅，后传说他能祛病禳（ráng）灾，买卖得利，而被尊为财神。民间又有文武财神之说：文财神为比干（gān）、范蠡（lǐ），武财神为赵公明、关羽。

【**蔡伦**】（约 62—121）我国古代造纸术的重大改革者。字敬仲，东汉桂阳（今湖南郴（chēn）州）人。被封龙亭侯。发明用树皮、麻头、破布、旧渔网等为原料造纸，时称“蔡侯纸”。从此轻便的纸张取代了笨重的简牍和昂贵的绢帛，有力推动了文化的发展。造纸术是我国古代四大发明之一。

【**蔡文姬**】（约 177 年—约 249）东汉女诗人。名琰（yǎn），字文姬。陈留郡圉（yǔ）（今河南杞县西南）人。文学家蔡邕（yōng）之女。博学多才，通音律。夫亡，值战乱被虏，归匈奴左贤王十二年。曹操以蔡邕无后，赎回，嫁董祀。作《悲愤诗》五言及骚体各一首，写自己的悲惨遭遇，并反映当时人民所经受的战乱之苦。著名的《胡笳（jiā）十八拍》相传为其所作。

【**蔡邕**（yōng）】（133—192）东汉时期著名文学家、书法家。字伯喈（jiē），陈留郡圉（yǔ）（今河南杞县西南）人。喜藏书，通经史，善辞赋，精通音律，书法精于篆、隶。因官至左中郎将，后人称他为“蔡中郎”。曾参与续写《东观汉记》，参与刻印熹平石经（东汉熹平年间儒学经典刻石）。

【**参禅**（chán）】佛教禅宗的修行方法。指静坐修行，屏（bǐng）除杂念，不思善恶，于静虑中参悟佛理。

【**仓颉**（jié）】相传为汉字的创造者。曾为黄帝的史官。《荀子·解蔽》：“好书者众矣，而仓颉独传者壹也。”可能是古代整理文字的主要人物。“仓颉造字”的传说流布甚广。《淮南子·本经训》：“昔者仓颉作书而天雨〔yù，下（雨、雪）〕粟，鬼夜哭。”今陕西白水县有仓颉庙。也作苍颉。

【**仓廪**（lǐn）**实则知礼节，衣食足则知荣辱**】语出《管子·牧民》。仓廪：粮仓；实：充实；荣辱：光荣和耻辱。粮仓充足人们就会懂得礼节，丰衣足食人们就懂得光荣和耻辱。

【**仓廪**（lǐn）**虽满，不偷于农**】语出《商君书·农战》。偷：苟且，马虎。对善于治理国家的君主来说，即使粮仓已满也不应放松农耕。强调了发展农业对于国家的重要性。

【**沧海桑田**】东晋·葛洪《神仙传》中说，麻姑（女仙名）看见东海三次变为桑田。后用"沧海桑田"比喻世事变化巨大。

【**沧浪**（láng）**诗话**】书名。南宋严羽〔号沧浪逋（bū）客〕撰。提出较有系统的诗歌理论，标榜盛唐，主张诗有别裁、别趣之说，重视诗歌的艺术特点，批评了当时以文字、才学、议论为诗的弊病。又以禅喻诗，强调"妙悟"，对明清的诗歌评论影响颇大。

【**藏书**】❶指图书馆或私人等收藏的图书。❷书名，明代李贽著，主要取材于历代正史，系历史人物评传。全书分为《世纪》和《列传》两部分，记载了从战国到元代的八百多名历史人物。

【**藏头诗**】杂体诗的一种。有三种形式：a）作律诗时前三联皆言所寓之景，而不点破题意，直到尾联才点明。b）将诗句头一个字暗藏于末一字中。c）将所言之事分藏于诗句之首，如《水浒传》六十一回吴用题卢俊义宅中诗："芦花丛里一扁（piān）舟，俊杰俄从此地游。义士若能知此理，反躬逃难可无忧。"即于四句首字中暗藏"卢俊义反"四字。也说藏头格。

【**曹操**】（155—220）东汉末年政治家、军事家、诗人。字孟德，小名阿瞒。沛国谯（qiáo）〔今安徽亳（bó）州〕人。受封为魏王。建安元年（196），迎汉献帝都许（今河南许昌东），从此用献帝名义先后削平军阀割据势力，降服北边乌桓等部落，统一了北方。实行了一系列恢复生产、安定社会秩序的政策，为曹魏政权的建立奠定了基础，后被追尊为武帝。其思想以法家思想为主线，间有儒家、墨家思想倾向。精于兵法，有《孙子略解》《兵书接要》等；善诗歌，有《蒿里行》《观沧海》《龟虽寿》等。后世著有《曹操集》。

【**曹娥碑**】原为东汉荆州刺史度尚为孝女曹娥所立之碑。上刻诔（lěi）辞，内容为褒扬孝道，碑石早已不存。现通行的小楷本，前人或以为晋无名氏书写，或以为南朝后期人书写，或以为王羲之书写。今传绢本墨迹，眉端与左右及行间有唐代怀素、韩愈名款并题字。书法古淡秀润。另一本刻入《越州石氏帖》。另有北宋碑刻，蔡卞行书。今存浙江上虞。

【**曹国舅**】传说中的八仙之一。相传名友，宋代人。本为国舅，因其弟仗势作恶，恐受牵累，遂散财济贫，入山修道。后由汉钟离、吕洞宾引入仙班。事见《东游记》。民间八仙形象中曹国舅不作道士打扮，而是身着官服，腰系玉带，手持朝笏（hù）。

【曹丕】（187—226）即魏文帝，三国时魏国的建立者、文学家。字子桓，沛国谯（qiáo）〔今安徽亳（bó）州〕人。曹操的次子。220年受禅登基，以魏代汉，结束了汉朝四百多年的统治。在位期间，平定边患，国力增强，版图扩大，强化对西域的管辖。爱好文学，于诗、赋、文学理论皆有成就，尤擅五言诗。其《燕歌行》是文人七言诗中最早的佳作。《典论·论文》是重要的文学批评著作。与其父曹操、弟曹植并称"三曹"。今辑有《魏文帝集》二卷。

【曹参（shēn，又音 cān）】（？—前190）西汉初大臣。字敬伯，泗水沛（今江苏沛县）人。秦二世元年（前209），跟从刘邦在沛县起兵反秦，屡建战功。任齐相九年，清静无为，与民生息。汉惠帝时官至丞相，主政期间完全遵循萧何当年制度，有"萧规曹随"之誉。

【曹雪芹】（约1715—约1763）清代小说家。名霑（zhān），字梦阮，号雪芹、芹圃、芹溪。祖上汉人，为满洲正白旗"包衣"（奴仆，康熙仆从）。生于南京，早年经历了一段封建贵族家庭的奢华生活，后家道衰落。晚年困居北京西郊，贫病而卒。为人性情放达，嗜酒健谈。工诗善画。以10年时间，从事《石头记》（即《红楼梦》）的创作，先后增删5次，仅写至第八十回便"泪尽而逝"。该书成为我国古典长篇小说中成就最高的写实主义作品。参见98页"红楼梦"。

【曹植】（192—232）三国魏诗人、无神论者。字子建，沛国谯（qiáo）〔今安徽亳（bó）州〕人。曹操之子。封陈王，谥思，故世称陈思王。天资聪敏，富于才学。曹丕、曹叡（ruì）相继为帝后，他受到猜忌和迫害，多次被贬爵徙封，很不得志，41岁即抑郁而亡。作《辩道论》，赞同无神论思想。诗歌多为五言，善用比兴手法，语言精炼，辞采华茂，对五言诗的发展有显著影响。"本是同根生，相煎何太急"就是出自他的名篇《七步诗》。也善辞赋、散文，《洛神赋》尤为著名。宋人辑有《曹子建集》。

【漕运】本为水路运输，后指历代将所征粮食解往京城或其他指定地点的运输。源于秦始皇将关内粮食运往北河（今内蒙古乌加河一带）作军粮。明清时代东南一带的粮食通过贯通南北的大运河运到通州、北京。也运食盐。漕运在南北交通和物资交流上起到了重要作用。

【草茅弗去，则害禾谷；盗贼弗诛，则伤良民】语出《管子·明法解》。杂草不铲除，就危害庄稼；盗贼不惩治，就伤害良民。揭示了只有清除有害的人或事物，才能保障好的人或事物生存和发展的道理。

【草木皆兵】前秦苻（fú）坚于383年带兵进攻东晋，行至淝水，北望八公山，见山上草木皆像人形，疑为晋军，非常害怕。后用"草木皆兵"形容极度惊恐疑惧的心理。

【草书】汉字字体的一种。始于汉初。特点是书写快速，点画与上下字之间往往牵连相通，偏旁省减或相互假借，有的笔势连绵回绕，章法跌宕奇诡，字形变化繁多。细分有章草、今草、狂草等。汉末的张芝，唐代的张旭、怀素都是著名的草书书法家。也说草体。

【**草原之路**】草原丝绸之路的简称。古代丝绸之路的三大干线之一。公元前后数千年内，主要由游牧民族在亚欧大陆北方草原地区相继开辟的无数条交通道路的总称。参见 252 页“丝绸之路”。

【**草字汇**】字书。清代石梁（字竖庵，浙江诸暨人）编。该书搜集汉章帝以下 87 家草书，逐字摹写，依偏旁分属各部。为近代研究汉字草体的重要资料。

【**册府元龟**】类书名。北宋王钦若、杨亿等辑录。1000 卷，分 31 部、1104 门。以史籍为主，间取经、子、集，将上古至五代君臣的事迹，分门顺序排列。引文多整章整节，因而保存了一些稀有或失传的史料，对宋以前史籍的辑佚和校勘工作较有价值。册府，指国家藏书之地；元龟，大龟，古代用以占卜军国大事。以此为书名，意在为当世或后世帝王提供治国借鉴。

【**恻隐之心**】同情、怜恤之心。《孟子·告子上》：“恻隐之心，人皆有之。”（同情之心，是人人都有的。）“恻隐之心，仁也。”（同情之心，就是仁。）孟子还认为同情之心是仁的开端：“恻隐之心，仁之端也。”（《孟子·公孙丑上》）也称不忍之心。

【**岑参**（cénshēn）】（约 715—770）唐代诗人。江陵（今湖北荆州市荆州区）人。天宝进士。安史之乱后官至嘉州刺史，世称岑嘉州。其诗与高适齐名，并称“高岑”。长于七言歌行。因长期在西域从军，对边塞和军旅生活有深刻体验，善于描绘异域风光和战场景象。其诗气势豪迈，慷慨悲壮。《白雪歌送武判官归京》《轮台歌奉送封大夫出师西征》为其代表作。有《岑嘉州诗集》。

【**差**（chā）**之毫厘，谬**（miù）**以千里**】语出《汉书·司马迁传》。指开始只相差很少一点，结果却造成大错。强调不能有丝毫疏忽。也说差之毫厘，失之千里；失之毫厘，差以千里；失之毫厘，谬以千里。

【**茶**】世界三大无酒精饮品（茶、可可、咖啡）之一，由常绿灌木茶树的嫩叶加工而成。有绿茶、红茶、白茶、黄茶、黑茶之分。我国饮茶已有数千年的历史。约在 17 世纪初，中国茶叶传入欧洲，开始风靡于宫廷和上层社会，并很快在民间流行。欧洲人认识中国，最早是从接触茶叶和瓷器开始的。也说茗。

【**茶经**】书名。唐代陆羽撰。成书于至德、乾元（756—760）前后。全书 3 卷，分为 10 篇。论述了茶的性状、品质、产地、采制、烹饮方法及用具等，是最早、最完整、最全面介绍茶的专著。

【**茶文化**】饮食文化的一种。我国是最早发现和利用茶的国家，被称为“茶的祖国”。早在商代，就已经有栽培茶树的记载。到了唐朝，饮茶之风遍及大江南北。陆羽的《茶经》，强调通过饮茶达到自修内省、超然物外和追求安祥、平和的审美境界，包含了儒家丰富的中庸、和谐思想，标志着茶文化的正式形成。茶叶作为药用，记载最早的是秦汉时期的《神农本草经》。

【察廉】即“举廉”。汉朝选用官吏的一种方法，由郡国荐举廉洁之士，经过朝廷考察后，任以官职。《汉书·王嘉传》：“光禄勋（汉代官名）于永除（授，拜官职）为掾（yuàn，属员），察廉为南陵丞，复察廉为长陵尉。”意思是一位朝廷官员于永荐举王嘉为属员，察廉官员考察后任命为南陵县令副职，又经察廉官员复察，提升为长陵县武官正职。

【刹（chà）】梵（fàn）语音译。指佛教的寺庙。

【刹（chà）那】梵语音译。一瞬间，指极短的时间。佛经上说，一弹指之间，含有六十个刹那。也说一刹那。

【禅】佛教指屏（bǐng）除杂念、静心领会佛理的修行方式。泛指有关佛教的事物，如：禅师、禅杖等。

【禅机】悟道高僧说法授徒时，在一言一行中暗含的能让人领悟的教义秘诀。南宋·普济《五灯会元》卷五记载，石头禅师与弟子问答：“问：如何是禅？师答曰：碌砖；又问曰：如何是道？师曰：木头。”禅师故意用毫不相干的普通事物来截断对方思路，暗示道无不在，遇事即禅。

【禅林】指佛教僧众聚居的寺院。唐·常建《潭州留别》诗：“宿帆谒郡佐，怅别依禅林。”

【禅师】对僧侣（和尚）的尊称。唐·李范《江寺闲书》诗：“钓叟无机沙鸟睡，禅师入定白牛闲。”

【禅学】佛教禅宗的学说；佛教教义。

【禅宗】我国佛教宗派之一。以专修“禅定”得名。相传公元5世纪由印度高僧达摩从天竺传入我国。传至第五代时分成南北两宗。北宗神秀（约606—706）主张渐修，很快衰落；南宗惠能（638—713）主张顿悟，被后世尊为六世祖。由唐至宋一直是我国流传最广的佛教宗派。

【蟾宫折桂】到月宫去攀折桂枝。科举时代比喻应试得中。唐·温庭筠《春日将欲东归寄新及第苗绅先辈》诗：“犹喜故人先折桂，自怜羁客尚飘蓬。”

【忏悔】❶宗教徒对自己所犯下的过错或罪行向神佛表示悔改以求宽恕。❷泛指世人认识到了自己的过错或罪行，感到痛心并愿意悔改。

【长城】我国古代军事防御建筑。始建于春秋战国时期。秦始皇统一中国后，把连接秦、赵、燕北面的城墙加以增筑，长度已达一万里。后历代多次增建或整修。现在的长城一般指明代的长城，西起甘肃省嘉峪关，中经宁夏、陕西、山西、内蒙古、北京、天津，东至河北山海关，全长6300千米。另，国家文物局2012年发布，分布于全国15个省区的长城总长度为21196.18千米。也说万里长城。

【长春真人西游记】书名。元代李志常撰。1220年，李曾随侍其师长春真人丘处机赴西域拜谒成吉思汗，往返四年。归后就途中经历所见及所受礼遇册封等，撰成此书。该书为研究13世纪中亚史地、宗教、习俗和中西交通提供了重要资料。有英、俄、法等多种外文译本。

【长短句】词的别称。一种诗歌体裁，起源于唐代，盛行于宋代，按谱填写，句式长短不一。宋人词作中，题名“长短句”的有：辛弃疾《稼轩长短句》、秦观《淮海居士长短句》等。

【长生殿】❶唐代华清宫殿名。白居易《长恨歌》：“七月七日长生殿，夜半无人私语时。”❷传奇剧本。清代洪昇作。以安史之乱为背景，描写唐玄宗与杨贵妃的爱情悲剧。在戏曲发展史上，对昆剧等剧种有一定影响。

【长治久安】长期治平，永远安定。《汉书·贾谊传》：“建久安之势，成长治之业。”孙中山《民族主义》第六讲：“有了很好的道德，国家才能长治久安。”

【嫦娥】我国古代神话人物。后羿之妻，非常美貌，因偷食后羿自西王母处求得的不死药而成仙奔月。道教尊嫦娥为月神，又称太阴星君。本作姮（héng）娥，因西汉时避汉文帝刘恒的讳而改称嫦娥。也作常娥。

【超凡入圣】❶脱离凡尘，修道成仙。《西游记》第十七回：“返老还童容易得，超凡入圣路非遥。”❷登峰造极，超越凡庸的境界。《朱子语类》卷八：“就此理会得透，自可超凡入圣。”

【超以象外】语出唐代司空图《诗品·雄浑》。指超脱于物象之外。形容诗文、绘画等的意境超脱。也指置身世外，脱离现实。

【晁错】（前200？—前154）西汉政治家、思想家。颍川（今河南禹州）人。官至御史大夫。其思想兼采儒法，援儒入法。他坚持重本抑末政策，提出纳粟受爵、募民充实塞下、积极备御匈奴贵族攻掠，以及逐步削夺诸侯王国的封地等主张，得到景帝采纳。不久，因吴楚等七国以诛晁错为名，举兵叛乱，遭袁盎等诬陷，被杀。所著政论有《论募民徙塞下书》《论贵粟疏》等，议论犀利，分析深刻，对后世政论文的发展有一定影响。

【朝服】封建社会中，君臣朝会议政时穿的礼服。各个朝代形制不一。先秦以皮弁（biàn）、玄端为朝服，汉明帝制定朱衣朝服，后世以进贤冠、绛纱袍为朝服。有的朝服文武官员有别，不同等级有别。

【朝圣】❶宗教徒朝拜宗教圣地。如伊斯兰教徒朝拜麦加，天主教徒朝拜耶路撒冷。其他教徒也有类似活动。❷拜谒孔庙、孔府、孔林等儒家圣地。

【车同轨，书同文】轨：车左右两轮间的距离；书：指公文、文书；文：文字。《中庸》第二十八章：“今天下车同轨，书同文。”一国之内使用同一轮距的车辆，用同一种文字书写。后用以比喻统一天下。也说书同文，车同轨。

【辰】❶地支的第五位。参见45页“地支”。❷辰时。我国传统计时法指上午7—9点这一段时间。

【陈洪绶】（1598—1652）明末清初书画家、诗人。字章侯，号老莲，别号小净名。浙江诸暨人。崇祯十五年（1642）

召为内廷供奉，明亡入云门寺为僧，后还俗以卖画为生。工诗善书，以画见长，其名作《九歌图》、《西厢记》插图、《水浒叶子》《博古叶子》等有木刻版画传世。

【陈化成】（1776—1842）字业章，福建同安县（今属厦门市）人。出身行伍，鸦片战争爆发时任福建水师提督，后改任江南提督。1842年英军进犯吴淞口时，反对两江总督牛鉴的求和主张，与英舰力战，英勇殉国。

【陈亮】（1143—1194）南宋思想家、文学家。字同甫，学者称龙川先生。婺州永康（今属浙江）人。科举屡遭不利，晚年被光宗点为状元，授予官职，却未及到任于次年卒。生前力主抗金，议论恢复大计，却多次入狱。其学说被称为永康之学。著述有《龙川文集》40卷，另有《龙川词》行世，词作以豪放著称。

【陈彭年】（961—1017）北宋音韵学家。字永年，抚州南城（今属江西）人。雍熙进士，官至兵部侍郎。幼年好学，精通小学，曾师事徐铉（xuàn）。真宗大中祥符元年（1088），与丘雍等奉诏修订《切韵》《唐韵》，后改名为《大宋重修广韵》（简称《广韵》）。并重订顾野王《玉篇》。参见84页“广韵”。

【陈平】（？—前178）西汉初大臣。阳武（今河南原阳）人。陈胜起义时，他先投魏王咎，后从项羽。归刘邦后，多次献计，促成项羽领导集团的分裂、韩信的背楚归汉。后被封为曲逆侯。吕氏专权时不理国事。吕后死，与周勃定计诛杀诸吕，迎立文帝，任丞相。

【陈桥兵变】赵匡胤发动的取代后周、建立宋朝的兵变事件。959年，周世宗柴荣死，八岁的周恭帝即位。赵匡胤与石守信、王审琦等结义兄弟掌握军权。960年正月初一，传闻契丹将挥师南犯，赵匡胤奉命率兵北上御敌。行至陈桥驿，赵匡义（后改名赵光义）和赵普等密谋策划，发动兵变，众将以黄袍加在赵匡胤身上，拥立他为皇帝。随后，回师开封，京城守将石守信、王审琦开城迎接，胁迫周恭帝禅位。赵匡胤即位后，改国号为“宋”。又称黄袍加身。

【陈胜】（？—前208）秦末农民起义领袖。字涉，阳城（今河南登封东南）人。雇农出身。秦末实行苛政，民不聊生。前209年，被征屯戍渔阳（今北京密云西南），遇雨误期当斩，与吴广于蕲（qí）县大泽乡〔今安徽宿州市埇（yǒng）桥区大泽乡镇〕率同行戍卒九百人揭竿起义。队伍很快扩大到数万人，在陈县（今河南淮阳）建立“张楚”政权，被推为王。后攻秦失利，陈县被秦军围攻，战败，被杀。

【陈寿】（233—297）西晋史学家。字承祚（zuò），安汉（今四川南充）人。少时好学，师事谯周。历任著作郎、治书侍御史。晋灭吴后，他搜集三国时官私著作，著成《三国志》。以三国并列，创造了史书编纂的新例。另著有《古国志》《益部耆（qí）旧传》，编有《蜀相诸葛亮集》等。

【陈廷敬】（1638—1712）清代官员、学者。原名敬，字子端，号说岩，晚号午亭。泽州（今山西阳城）人。顺治进士。官至文渊阁大学士。工诗文，诗宗杜甫。康熙四十九年（1710），奉诏与张玉书一起主持编纂《康熙字典》。次年张玉书病逝，独任总裁官。著有《午亭文编》等。

【陈抟（tuán）】（？—989）五代宋初道士，哲学家。字图南，自号扶摇子，赐号希夷先生。道教徒称其为“老祖”。亳（bó）州真源（今河南鹿邑）人。后唐时举进士不第，隐居武当山，服气辟谷20余年。后移居华山。著有《无极图》《先天图》《指玄篇》等。认为万物一体，只有超绝万物的“一大理法”存在。其学说后经周敦颐、邵雍推演，成为宋代理学的组成部分。

【陈苑】（1256—1330）元代学者。字立大。世称静明先生。江西上饶人。元朝心学的主要代表人物。一生隐居讲学，不求闻达。以究明本心为宗旨，提倡陆九渊心学，使陆学为越来越多的人知晓。与赵偕创立“静明宝峰学派”。门生甚多，其中祝蕃、李存、舒衍、吴谦号称“江东四先生”。

【陈子昂】（659—700）唐代文学家。字伯玉，梓州射洪（今属四川）人。以上书论政，被武则天封为右拾遗，敢于陈述时弊。曾随军击契丹。后解职还乡，被诬入狱，忧愤而死。其诗具汉魏风骨，反对柔靡之风。代表作《感遇》等诗，指斥时弊，风格高峻，是唐代诗歌革新的先驱，对唐诗发展很有影响。为文也反对浮艳，重视散体。有《陈伯玉集》。

【晨钟暮鼓】寺院中报时，清晨敲钟，晚上击鼓。后多用来形容佛教徒的孤寂生活或时日的推移；也比喻催人警醒的话。

【谶（chèn）纬】汉代流行的神学迷信。“谶”是巫师、方士制作的一种隐语或预言，作为吉凶的符验或征兆（有图有字的叫“图谶”）。“纬”对“经”而言，是方士儒生利用星相的变化来附会儒家经典的各种著作。谶纬起源于秦，主要流行于汉，是为封建统治说教的工具。除去其中的神学迷信部分，谶纬也保存了一些天文、历法和地理等方面的科学史资料。也说符谶。

【成吉思汗】（1162—1227）即元太祖。名铁木真。古代蒙古国首领、军事家、政治家。12世纪末至13世纪初，先后统一蒙古诸部，1206年称成吉思汗（蒙语“海洋”或“强大”），建立蒙古汗国。后两次大举攻金，直到黄河北岸。1219年第一次西征，占领中亚大片土地，分封给长子术赤、次子察合台、三子窝阔台。1227年灭西夏，病死在六盘山。元朝建立后，被追尊为元太祖。其陵墓在今内蒙古自治区鄂尔多斯市郊。

【成康之治】西周初年，周公建立了周王朝的典章制度，并主张“明德慎罚”，成王、康王都相继推行这种和缓政策。据传“成康之际，天下安宁，刑错四十余年不用。”西周这一繁荣昌盛时期，史称“成康之治”。

【成人】语出《论语·宪问》。指人格完美的人。孔子认为见到可得之利时首先考虑它是否符合道义、自己该不该得，遇到危险勇于承担责任、做出牺牲，经过长久的穷困也不忘自己平生诺言的人，就称得上“成人”了。

【成仁】成就仁德。《论语·卫灵公》：“志士仁人，无求生以害仁，有杀身以成仁。”指为维护正义而献出生命。

【成由勤俭败由奢】唐·李商隐《咏史》诗：“历览前贤国与家，成由勤俭败由奢。”意思是通过观察历史可知，成功来自勤俭节约，而奢侈浪费最终会导致国破家亡。

【诚笃】诚实而真挚。明·方孝孺《双桂轩铭·序》：“公和易诚笃，表里如一，与人交，豁然无隐。”

【诚朴】忠诚而朴实。明·李东阳《先考赠少傅府君诰命碑阴记》：“为人诚朴坦易，言若不能出口。”

【诚身】以诚为标准和原则反省自身。南宋·朱熹《中庸章句》：“诚身有道，不明乎善，不诚乎身矣。”

【诚信】诚实守信。《礼记·祭统》：“是故贤者之祭也，致其诚信，与其忠敬。”

【诚意】使心意真诚。《礼记·大学》：“欲正其心者，先诚其意。”唐·韩愈《原道》：“然则所谓正心而诚意者，将以有为也。”

【诚于中，形于外】语出《礼记·大学》。意思是一个人如果内心真诚，能够从他的外在行为上表现出来。

【城隍】古代神话所传守护城池的神。道教尊奉为护国保邦之神。古代称有水环护的城堑为“池”，无水环护的城堑为“隍”。城隍据说由《周礼》蜡祭八神之一的水庸衍化而来。旧时各府州县均建有“城隍庙”以祭城隍，内中多供奉有功于当地的名臣英雄。

【程颢（hào）】（1032—1085）北宋哲学家。字伯淳，学者称他为明道先生。洛阳（今属河南）人。嘉祐进士，官至太子中允、监察御史里行。和弟程颐同为理学的奠基人，世称“二程”。提出“天理”之说。又认为知识、真理的来源在于人的内心。后来，朱熹继承和发挥了“二程”的学说，世称程朱学派。著作收入《二程全书》。

【程门立雪】《宋史·杨时传》记载：杨时与游酢（zuò）去拜谒理学家程颐，程正闭目养神，二人侍立于旁，不敢惊动。待程醒来，门外积雪已有一尺来厚。后用“程门立雪”形容恭敬求教，尊师重道。

【程颐（yí）】（1033—1107）。北宋哲学家、教育家。洛阳（今属河南）人。曾任秘书省校书郎。哲学上有客观唯心主义倾向。注重内心的道德修养，强调“不假闻见”的德性之知。论证道心与人心、天理与人欲的对立，指出“灭私欲则天理明矣”。与兄程颢同为北宋理学奠基者，世称“二程”。学说后来为南宋朱熹继承和发展，世称“程朱学派”。著作有《周易程氏传》等。后人把他与程颢的著作合编为《二程全书》。

【程朱学派】宋代儒学主要派别之一。代表人物为北宋程颢、程颐兄弟和南宋的朱熹。把孔孟的仁义礼智及君臣、父子、夫妇的伦理纲常概括为理，强调理至高无上，永远存在，是天地万物的本体。亦称“程朱理学”。南宋时一度被列为伪学，明清时被提高到儒学正宗的地位。

【**惩恶劝善**】惩治邪恶，劝勉从善。《左传·成公十四年》：“《春秋》之称微而显，志而晦……惩恶而劝善，非圣人谁能修之？”亦省作“惩劝”。《旧唐书·于志宁传》：“大小咸书，善恶俱载，著惩劝于简牍，寓褒贬于人伦。”

【**惩恶扬善**】惩治邪恶，显扬善良。参见27页“惩恶劝善”。

【**惩前毖后**】从以前的错误或失败中吸取教训，使以后谨慎行事，不再重犯。《诗经·周颂·小毖》：“予其惩而毖后患。”南宋·朱熹《诗集传》注：“惩，有所伤而知戒也。毖，慎。”

【**吃一堑**（qiàn），**长一智**】堑：壕沟，比喻挫折或失败。受一次挫折，得一次教训，长一分见识。《警世通言·王安石三难苏学士》：“吾辈切记，不可轻易说人笑人，正所谓经一失，长一智。”

【**蚩**（chī）**尤**】古代传说中的九黎族部落首领。其活动年代大致与华夏族首领炎帝和黄帝同时。曾与黄帝大战于涿鹿（今属河北），失败被杀。又传是苗族的远祖。

【**痴心**】佛教指愚痴、烦恼的心性。今指（对某人或某事）迷恋不舍的心思。

【**持戒**】佛教指严守戒律而不触犯。《法华经·譬喻品》：“持戒清洁，如净明珠。”

【**持正**】主持公正；操守正派。《史记·东越列传》：“繇（yóu）王不能矫其众持正。”

【**持之以恒**】有恒心，长期坚持下去。清·曾国藩《家训喻纪泽》：“……若能从此三事上下一番苦工，进之以猛，持之以恒，过一两年，自尔精进而不觉。”（纪泽：曾国藩子）

【**持之有故**】所持的主张、见解有根据。多与“言之成理”连用。清·章学诚《文史通义·原学中》：“刘歆（xīn）所谓某家者流……虽持之有故，言之成理，而不能知其行之有病也。”

【**持重**】（言谈举止）谨慎稳重。北宋·欧阳修《为君难论》：“新进之士喜勇锐，老成之人多持重。”

【**尺牍**（dú）】本指古代用于书写的长约一尺的木简。后代指信札、书信。如《尺牍大全》（教人如何写信的工具书）。

【**尺短寸长**】《楚辞·卜居》：“尺有所短，寸有所长。”意思是尺比寸长，用于更长处则显得短；寸比尺短，用于更短处却显得长。比喻人或事物各有其长处或短处。也说尺有所短，寸有所长。

【**尺蚓穿堤**】小小的蚯蚓能穿透大堤。比喻小事故可以酿成大祸患。北齐·刘昼《刘子新论·慎隙》：“尺蚓穿堤，能漂一邑；寸烟汇穴，致毁千室。”

【**耻其言而过其行**】耻：羞耻，以……为耻；过：超过；行：行动。以言语超过行动为耻。《论语·宪问》：“先行其言而后从之，君子耻其言而过其行。”孔子认为说大话做小事或者说空话不做事是羞耻的，君子应当避免。

【**赤壁之战**】我国历史上以弱胜强的著名战例。东汉末年，曹操平定北方后，于建安十三年（208）率兵20余万南下，

C

打算灭吴。孙权结好刘备，以联军5万共同抗曹。他们利用曹军不习水战、骄傲轻敌等弱点，在长江赤壁（今湖北赤壁西北）一带江面，以火攻击，大破曹军。战后，曹操北回，孙权政权得到巩固，刘备乘机占据荆、益二州，形成了三国鼎立的局面。

【赤县神州】中国的别称。战国时齐人邹衍说："中国名曰赤县神州，赤县神州内自有九州。"（见《史记·孟子荀卿列传》）后以此代指中原或中国。简称赤县或神州。

【敕勒歌】乐府杂歌篇名。北朝民歌。歌词是："敕勒川，阴山下，天似穹庐，笼盖四野。天苍苍，野茫茫，风吹草低见（xiàn）牛羊。"描绘了北方草原苍茫辽阔的景象。

【虫书】金文里的一种特殊美术字体，笔画上装点各种飞禽走兽的形象，是春秋中后期至战国时代盛行于吴、越、楚等南方诸国的特殊文字。也作鸟虫书、鸟虫篆。

【重阳节】汉族传统节日。指农历九月九日。九为阳数，故九月九日为重阳。这天有登高远眺、插茱萸、饮菊花酒等活动。重阳节在战国时期就已形成，唐代正式定为民间的节日。1989年，农历九月九日被定为"敬老节"，倡导全社会树立尊老、敬老、爱老、助老的风气，2006年5月20日，重阳节被列入首批国家级非物质文化遗产名录。

【崇德修身】崇尚、提高和完善道德以修养身心。《论语·颜渊》："主忠信，徙（xǐ）义（使自己的思想行为服从义），崇德也。"

【崇有论】篇名。西晋裴頠（wěi）撰。认为道不是虚无，而是形象彰明的"有（存在）"。"无"不能生"有"，而"有"却是万物之理的载体。"崇有"才合乎天地大德，"贵无"并非老庄的本意。表现出鲜明的唯物主义倾向。《晋书》卷三十五《裴頠传》、严可均《全晋文》均收此文。

【宠辱不惊】无论是受宠还是受辱，都不动心。形容人有很深的涵养，能把得失置之度外。西晋·潘岳《在怀县作》其一："春秋代迁逝，四运（季）纷可喜。宠辱易不惊，恋本难为思。"

【出离】佛教指超出脱离三界（欲界、色界、无色界）一切苦恼。

【出奇制胜】《孙子兵法·兵势》："凡战者，以正（常规打法）合（交锋），以奇（特殊打法）胜。"军事上指出人意料地用奇兵或奇计打败对方。常用于指采用出人意料的方法取胜。

【出入相友，守望相助】出门也好，在家也好，大家都和睦、友好地相处，防守盗贼也互相帮助。《孟子·滕文公上》："出入相友，守望相助，疾病相扶持，则百姓亲睦。"

【出生入死】语出《老子》五十章。老子认为，自无而见于有谓之"出"，自有而归于无谓之"入"；出为生，入为死。正如《韩非子·解老》所说："人始于生而卒于死。始谓之出，卒谓之入。故曰：出生入死。"后用"出生入死"

形容冒生命危险做事。

【出世】❶佛教指出离世间，摆脱世事的束缚与苦恼。❷指出生来到人世。也说面世。

【出于其类，拔乎其萃】出：超过；类：同类；拔：超出；萃：草丛生的样子，引申为同类聚集。《孟子·公孙丑上》："圣人之于民，亦类也。出于其类，拔乎其萃，自生民以来，未有盛于孔子也。"圣人的品德才华远超一般人。简称出类拔萃。

【初唐四杰】指唐代初期诗坛上有较大影响的四位诗人，即王勃、杨炯、卢照邻和骆宾王。

【刍（chú）狗】古代祭祀时用草扎成的狗。《老子》五章："天地不仁，以万物为刍狗；圣人不仁，以百姓为刍狗。"《庄子·天运》："夫刍狗之未陈（献上祭祀）也，盛以箧（qiè）衍（方形竹箱），巾以文绣（用华丽的绣巾盖着），尸祝齐（斋）戒以将之（巫师吃素洁身来迎送它）；及其已陈也，行者践其首脊，苏者（拾取柴草的人）取而爨（cuàn，点火做饭）之而已。"后用来比喻微贱无用的东西。

【除暴安良】铲除强暴势力，安抚善良百姓。清·陈端生《再生缘》第七回："（杏黄）旗上有八个大字：'替天行道''除暴安良'。"

【除恶务尽】铲除恶势力务必彻底干净。《尚书·泰誓下》："树德务滋（增益），除恶务本（根本）。"《左传·哀公元年》："树德莫如滋，去疾莫如尽。"

【除旧布新】废除旧的，建立新的。《左传·昭公十七年》："彗，所以除旧布新也。"孔颖达注："彗，扫帚也。其形似彗，故名焉。帚，所以扫去尘，彗星象之，故所以除旧布新也。言此星现，必有除旧之事。"

【除夕】传统重大节日之一。指农历一年最后一天，即春节前的晚上。因常在腊月三十或二十九，故又称年三十。一年中最后一天叫"岁除"，当天晚上叫"除夕"。含有旧岁到夕而除，明日即另换新岁的意思。人们往往通宵不眠，叫守岁。苏轼有《守岁》诗："儿童强不睡，相守夜欢哗。"除夕这一天，人们换上喜庆的新衣，贴门神、贴春联、贴年画、挂灯笼、燃放鞭炮、祭天地、祭祖。据《吕氏春秋·季冬记》记载，古人在新年的前一天用击鼓的方法来驱逐"疫疠之鬼"，这就是"除夕"节令的由来。参见31页"春节"。

【锄强扶弱】铲除强暴，扶助弱小。陶成章《浙案纪略》上卷第一章："金华曹阿狗善拳勇，性喜锄强扶弱。"

【处之泰然】形容遇到困难或危急情况时能沉着镇定；也指对事情无动于衷。南宋·朱熹《朱熹文集·牧斋记》："古之君子一箪食一瓢饮而处之泰然，未尝有戚戚乎其心而汲汲乎其言者。"

【楚帛书】战国时期楚人在丝帛上写的字。1942年出土于长沙楚墓，1945年流入美国。帛书长47厘米，宽38.7厘米。有墨书文字900余字，皆楚国文字。四周绘有神人像12个，四角有植物枝叶图像。楚帛书不仅是中国古代艺术中的珍品，也是世界艺术史上的瑰宝。

【楚辞】❶指战国时期楚国以屈原作品为代表的具有浓厚楚地色彩的一种新体诗。后世称这种文体为“楚辞体”，屈原作品中以《离骚》最著名，故又称“骚体”。如《文心雕龙·辨骚》，“骚”即指楚辞。❷文集名。西汉刘向编辑。全书以屈原、宋玉的作品为主，加上汉代的贾谊、东方朔、王褒等人的作品，共收辞赋17篇。

【楚辞集注】书名。《楚辞》注本。南宋朱熹作。将《楚辞章句》删去《七谏》等4篇，增入贾谊作品2篇，编为8卷。注释简明扼要，时出己见，为后世研究者所重视。附有《楚辞辩正》2卷，评驳旧注。

【楚辞章句】书名。《楚辞》注本。东汉王逸作。《楚辞》为西汉刘向所编辑，本为16篇，王逸增入己作《九思》一篇，编为17卷。书中对屈原生平和各篇作者的考订以及文意的解说，虽有不够周密之处，但训释文字，多有依据，且保存了若干古说，是《楚辞》最早的完整注本。

【楚汉春秋】书名。西汉陆贾著，属于杂史，共9卷。记事从刘邦、项羽起，至汉文帝初期止。司马迁的《史记》曾采撷此书内容。唐以后散佚，清人有辑录，但佚文数量不多，史料价值有限。

【楚汉战争】刘邦、项羽争夺帝位的战争。自刘邦乘项羽出兵击齐之机，攻占关中，东进时被项羽回师击败，到垓（gāi）下一战项羽被刘邦击败，并在乌江自杀，历时四年，以刘邦的胜利告终。也说楚汉之争。

【褚遂良】（596—659）唐代官员、书法家。初唐四大家（薛稷、褚遂良、欧阳询、虞世南）之一。字登善，祖籍河南阳翟（dí，今河南禹州）。晋末南迁至钱塘（今浙江杭州）。博学多才，通文史，工书法。传世墨迹有《孟法师碑》《雁塔圣教序》等。

【触类旁通】《周易·系辞上》：“引而伸之，触类而长之，天下之能事毕矣。”（长：增长知识）接触某一事物并掌握其规律后，就能推知同类的其他事物，从而广泛知晓。清·章学诚《文史通义·诗话》：“事有是非，辞有工拙，触类旁通，启发实多。”

【触蛮】语出《庄子·则阳》。本篇一则寓言说：触和蛮是蜗牛左右角上的两个小国，常为争抢地盘而打仗，死以数万计。后指因争细微私利而兴师动众。也说“蛮触”。

【传道授业解惑】唐·韩愈《师说》：“古之学者必有师。师者，所以传道受业解惑也。”（受：同授）向学生传授圣贤的学说，传授学业、技艺，解除他们的疑惑。意思是教师要从思想道德、知识能力等各个方面教导学生。

【传灯】佛教指传授佛法。佛教认为，佛法能像明灯一样照亮世界，驱除黑暗，指点迷津。唐·崔颢（hào）《赠怀一上人》诗：“传灯遍都邑，杖锡游王公。”

【传教】宣传宗教教义，劝人信奉宗教。唐·皇甫冉《赠普门上人》诗：“慧力堪传教，禅功久伏魔。”

【传戒】❶佛教指为初出家的人举行受戒仪式，使成为正式的和尚或尼姑。❷道教全真派传受戒法的仪式，全真道士经受戒方成为合格道士。

【传经】传授儒家经典。唐·杜甫《秋兴》诗之三：“匡衡抗疏功名薄，刘向传经心事违。”

【传奇】❶唐宋时代的一种小说体裁。篇幅不长而情节奇异。较著名的有《南柯太守传》《会真记》等。❷明清两代以演唱南曲为主的长篇戏曲。著名的有《牡丹亭》《长生殿》《桃花扇》等。

【船山遗书】书名。明清之际王夫之（世称船山先生）著。共358卷。其中经部155卷，史部77卷，子部54卷，集部72卷，另附《王船山丛书校勘记》2卷。历代有诸多不同版本，1982年岳麓书社在旧《船山遗书》的基础上，重新精校编印了《王船山全书》。

【垂范】为后代或下级作出示范，树立榜样。清·平步青《论文·陆渭南集》：“丁宁（古通“叮咛”）训诫之语，皆足垂范百世。”

【春风化雨】化雨：滋润万物生长的及时雨。《孟子·尽心上》：“有如时雨化之者。”《说苑·贵德》：“吾不能以春风风人，吾不能以夏雨雨人，吾穷必矣。”温暖并滋润万物生长的风雨。比喻良好的教育，多用来称颂师长的教诲或清明的政治。

【春华秋实】华：花。《后汉书·崔骃（yīn）传》：“春发其华，秋收其实。”春天开花，秋天结果。多比喻劳作获得成果；也比喻事物的因果关系。

【春江花月夜】乐府吴声歌曲名。相传为南朝陈后主（陈叔宝）所作，原词已佚失。今存曲词为隋炀帝（杨广）及唐代张若虚、温庭筠、张子容等拟题之作，收于《乐府诗集》。

【春节】我国民间一年中最隆重的传统节日。时间在农历正月初一及其以后的几天。节日活动一般从除夕一直延续到正月十五元宵节。届时家家清洁盛装，合家团聚，吃团圆饭，拜谒尊长，亲友互访拜年。并有贴春联、放爆竹等活动。韩国、朝鲜、日本、越南等国因受中国影响也有此习俗，节庆活动大体相同，但各具特色。美洲、欧洲、大洋洲等地凡有华人、华侨聚居处，皆有过春节的习俗。

【春秋】❶指岁月，有时借指年龄。《楚辞·远游》：“春秋忽其不淹兮，奚久留此故居。”北魏·杨衒（xuàn）之《洛阳伽（qié）蓝记·永宁寺》：“皇帝晏驾，春秋十九。”❷时代名。指前770—前476年，共295年。因鲁国编年史《春秋》而得名。❸书名。a）儒家经典之一。相传为鲁国史官左丘明编纂，后经孔子整理修订而成。记事起于鲁隐公元年（前722），终于鲁哀公十四年（前481），共242年。是我国第一部编年体史书。叙事简约，语言精炼，且多寓褒贬之意，其写法被称为“春秋笔法”，对后世历史散文创作有很大影响。解释《春秋》的有《左氏》《公羊》《穀梁》

等三传（zhuàn）。古代《春秋》经文和“三传”传文分列，后经、传合并，经文在各传之前。b）春秋战国时诸子之书。如《晏子春秋》《吕氏春秋》等。❹古代史书的通称。如《周之春秋》《燕之春秋》《齐之春秋》等。春秋之后的历史书籍，也有沿用这个名称的，如《吴越春秋》《十六国春秋》。

【春秋笔法】古代学者认为，孔子修订《春秋》，字寓褒贬，微言大义。后世把文笔曲折而意含褒贬的写作手法称为春秋笔法。

【春秋繁露】书名。西汉董仲舒著。共17卷。其中说《春秋》的16篇，论政治制度及政治原理的20篇，讲天道阴阳五行的32篇。推崇公羊学，阐发“春秋大一统”思想，综合儒家思想和五行学说，建立“天人感应”的思想体系，其中包括“三纲”“五常”“三统”“性三品”等说。推崇孔子思想，对儒学的发展有很大贡献。注本有清代凌曙的《春秋繁露注》及苏舆的《春秋繁露义证》。

【春秋三传（zhuàn）】《春秋左氏传》《春秋公羊传》《春秋穀梁传》的合称。唐代同被列入儒家经典“十二经”，宋代同被列入“十三经”。简称“三传”。

【春秋五霸】春秋时期，一些强大的诸侯国为了争夺霸权，互相征战，争做霸主，先后称霸的五个诸侯是齐桓公、宋襄公、晋文公、秦穆公和楚庄王，史称“春秋五霸”。

【春秋学派】唐朝中期以治春秋为主的儒家学派。代表人物有啖（dàn）助、赵匡、陆淳（陆质）。三人都在江南任地方官，志趣相投，时常切磋学问。春秋学派的主要特点是舍“传”求“经”，一反过去经学中尊“传”甚于尊“经”的风气，主张通“经”致用。代表著作有《春秋集传纂例》，共10卷，陆淳纂。纂集啖助、赵匡的《春秋》解说，加以发挥。

【春秋左传诂】书名。清代洪亮吉著，20卷。前4卷诂解春秋经文，后16卷训释左丘明传文。本书矫正了西晋杜预《春秋左氏经传集解》望文生训之弊，从而探究汉儒古训，故名。训诂以东汉贾（逵）、许（慎）、郑（众）、服（虔）为主，地理以东汉应（yīng）劭等为主，并参考汉唐石经、唐陆德明《经典释文》等，以校正俗字。是治经的重要参考书。

【淳于髡（kūn）】战国时稷下学派学者。齐国人。姓淳于，因曾受髡刑（截去头发），故称。博学强记，巧言善辩。齐威王在稷下招揽学者，被任为大夫。多次讽谏齐威王与相国邹忌，推动内政改革。楚国攻齐，他说服赵王给以精兵革车救援，楚国因此退兵。

【词】文体名，诗歌的一种。萌芽于隋唐之际，形成于唐代，盛行于宋代。句子长短不一，故也称长短句。参见33页“词牌”。

【词话】❶评论词作、词人、词派以及有关词的本事和考订的著述。今人唐圭璋辑有《词话丛编》。❷元明说唱艺术之一，有说有唱。长篇有明代诸圣邻《大唐秦王词话》等。❸明人小说于章回中夹有诗词的，也称“词话”。如《金瓶梅词话》。

【词牌】填词用的曲调名。词的写作方式有规定，必须依调填词。最初的词，有的按词制调，有的依调填词，一般根据词的内容而定。后来主要是依调填词，其所依之调在文字、音韵结构等方面已形成定式，称为词牌。如“蝶恋花”“水调歌头”“念奴娇”等。

【词谱】辑录各种词调体式的书，是填词的依据。内容主要介绍填词的各种规则，如字句定额、声韵安排、词调来源等。

【词人】指在词的写作方面有造诣、有成就的人。唐·温庭筠《蔡中郎坟》诗：“今日爱才非昔日，莫抛心力作词人。”

【词源】书名。词学专著。南宋张炎撰。2卷。上卷详述词律兼及作曲唱曲方法，末附《讴曲旨要》一篇，对各种体裁的词曲提出了发音吐字的要求。下卷论词的创作，提倡“雅正”，有过于强调形式的倾向。

【祠堂】供奉、祭祀祖先或先贤的建筑。唐·杜甫《蜀相》诗：“丞相祠堂何处寻，锦官城外柏森森。”

【辞赋】文体名。汉代常把辞和赋统称为辞赋。“辞”叫楚辞，以屈原《离骚》为代表，偏重于抒情；“赋”始于战国赵人荀卿的《赋篇》，到汉代形成一种特定的体裁，它虽继承了“楚辞”形式上的一些特点，但较多运用散文手法，偏重于叙事，与“辞”已有不同。

【慈】❶指父母关爱子女之情。《论语·为政》：“临之以庄，则敬；孝慈，则忠。”❷也代指母亲。如：家慈、慈训。

【慈悲】佛教指愿给一切众生安乐，并拔除一切众生痛苦。今泛指仁慈而富有怜悯之心。如：慈悲为怀、慈悲心肠。

【慈母有败子】语出《韩非子·显学》。慈善的母亲会有不成材的败家之子。常用于警示做父母不可过分溺爱孩子。

【慈善】仁慈善良。清·昭梿（lián）《啸亭杂录·孝亲》：“（孝圣宪皇后）天性慈善，屡劝上减刑罢兵，以免苍生屠戮。上（指皇帝）无不顺从，以承欢爱。”

【磁州窑】宋元时代北方民间瓷窑之一。窑址在今河北磁县漳河两岸的一些村镇附近。古属磁州，故称。器形以盘、碗、罐、瓶等为主，还有瓷枕和玩具。胎质有两种：一种较坚细，呈灰白色；另一种较粗松，呈红褐色。釉色白中微带黄，上有黑、褐色花纹，器内多不挂釉。在河南、山西、山东等地的民间瓷窑也有烧制，因而称为“磁州窑系”。为我国宋代六大窑系之一。参见256页“宋代六大窑系”。

【此一时，彼一时】《孟子·公孙丑下》：“彼一时，此一时也。五百年必有王者兴，其间必有名世者。”时间变化了，情况不同了，不能机械地照搬过时的理论。

【从谏如流】古代用于称颂帝王能听从臣下的谏言。唐·陆贽（zhì）《普王荆襄江西道兵马都元帅制》：“从谏如流，改过勿吝。”今指乐于接受下级的规劝，像水往低处流一样自然顺畅。

【从善如登，从恶如崩】语出《国语·周语下》。意思是顺从良善如登山一样艰

C

难，屈从邪恶如山崩一般迅速。

【从善如流】形容乐于采纳正确的意见或建议，像水往低处流一样自然而顺畅。《新唐书·张玄素传》："从善若流，尚恐不逮；饰非拒谏，祸可既（尽）乎？"

【从心所欲】《论语·为政》："七十而从心所欲，不逾矩。"孔子认为七十岁是他进学的最高境界。从少年、青年、壮年直到老年，终身的道德修养积淀，使自己已经达到可以随心所欲，而无不合于仁德之规矩的境界。

【从义不从父】从：遵从；道：道义；行：品行，品德。《荀子》："从道不从君，从义不从父，人之大行也。"父亲的训示若有违道义，做儿子的不仅不能盲目听从，而且还应和蔼耐心地劝说父亲改变主意。这是做人的大德。

【蹴鞠（cùjū）】踢球。我国古代体育活动项目，是足球运动的起源。（蹴：用脚踢；鞠：皮制的球）春秋时期，在齐国都城临淄兴起蹴鞠活动，汉代作为军队训练士兵、考察评估兵将体能的方式之一，唐宋时流行于民间并达到顶峰，至清代中期逐渐消失。

【村学】旧指农村中的私学，也说村塾。《水浒传》第十五回："小生这几年也只在晁（cháo）保正庄上左近教些村学。"

【寸草春晖】唐·孟郊《游子吟》诗："谁言寸草心，报得三春晖。"意思是小草难以报答春天阳光的恩惠。后用"寸草春晖"比喻儿女报答不尽父母的养育之恩。

【寸土必争】一点土地（多指国土）也必须尽力争夺。形容对敌斗争毫不退让。《新唐书·李光弼传》："两军相敌，尺寸地必争。"

【达观】达：豁达。什么事都看得开，不为不如意的事情烦恼。南朝宋·罗含《更生论》："达观者所以齐（一样）死生，亦云死生为寤寐，诚哉斯言！"

【达赖喇嘛】藏传佛教格鲁派（黄教）中地位最高的两大活佛之一（另一个为班禅额尔德尼）。达赖，蒙古语意为大海。喇嘛，古藏语意为上人或上师。明嘉靖二十五年（1546），哲蚌寺的索南嘉措正式称活佛。明万历六年（1578），索南嘉措应蒙古土默特部俺答汗之请，到青海传教，并被赠予达赖喇嘛（三世）的称号，是为达赖名号的开端。清顺治十年（1653），清廷册封达赖喇嘛五世。从此达赖喇嘛转世确认需经中央册封批准，成为定制。

【打成一片】佛教指消弭心境、人我、理事、苦乐等差别和对立，融通无碍。南宋·普济《五灯会元·育王德光禅师》："耳听不闻，眼觑不见，苦乐逆顺，打成一片。"意思是把各种感情和遭遇看作是一回事。今指彼此融为一体，形容关系密切，感情融洽。

【打坐】僧道修炼的一种方法。即盘腿闭目而坐，屏除杂念。也指某些气功静坐的健身法。

【大邦者下流】语出《老子》六十一章。意思是大国要像居于江河下游那样，拥有容纳百川的胸怀；只有具有谦虚、低调的态度，才能产生浩大的包容心。

【大彻大悟】佛教指彻底觉悟，完全达到"不生不灭"的境界。今泛指彻底醒悟。

【大成殿】孔庙（文庙）内祭祀孔子的正殿。源于《孟子·万章下》"孔子之谓集大成。"殿正中神龛内有孔子身着冠服、端坐的塑像。两旁为"四配"：颜回、曾参、孔伋（jí）、孟轲；两厢为"十二哲"：闵损（闵子骞）、冉耕（冉伯牛）、端木赐（子贡）、仲由（子路）、卜商（子夏）、有若（子有）、冉雍（仲弓）、宰予（子我）、冉求（冉有）、言偃（子游）、颛孙师（子张）、朱熹。曲阜孔庙大成殿雄伟壮丽，是中国三大古代建筑之一。

【大乘】佛教派别之一。跟"小乘"相对。公元1世纪左右，由佛教大众部的一些支派发展而成，自称能运载无量众生从生死大河的此岸到达菩提涅槃的彼岸，成就佛果。主要流行于我国及朝鲜半岛、日本、越南等地。也称上乘。

【大慈大悲】佛教称爱一切众生为大慈，

拯救一切受苦受难的人为大悲。《法华经》："大慈大悲，常无懈倦。"今泛指极富慈善同情之心，多用来称颂别人心肠慈善。

【**大戴礼记**】书名。秦汉以前各种礼仪论著的汇集。相传为西汉戴德纂辑。今存39篇，对研究中国古代社会状况、文物制度和儒家学说等有重要参考价值。有北周卢辩注、清孔广森《大戴礼记补注》。较好的注本为近人王聘珍所撰《大戴礼记解诂》。也说《大戴礼》《大戴记》。

【**大道**】❶儒家的最高政治理想，即"天下为公"的社会；也指最高的治世原则。《礼记·礼运》："大道之行也，天下为公，选贤与能，讲信修睦。"❷指自然法则。《庄子·天下》："天能载之而不能覆之，地能覆之而不能载之，大道能包之而不能辩之，知万物皆有所可，有所不可。"

【**大德**】❶大功德；大恩。《周易·系辞上》："天地之大德曰'生'。"《诗经·小雅》："忘我大德，思我小怨。"❷佛家对年长德高的僧人或佛、菩萨的敬称。道士也有称大德者。

【**大而化之**】古指圣贤光大德业，教化万民。《孟子·尽心下》："充实而有光辉之谓大，大而化之之谓圣。"赵岐注："大行其道使天下化之是为圣。"今多指工作作风粗糙，把本该细致具体对待的问题笼统而简单地处理。

【**大风歌**】古歌名。汉高祖刘邦平英布回师时，过沛县，邀集故人饮酒。酒酣时刘邦击筑，同时唱了这首歌。歌词为："大风起兮云飞扬，威加海内兮归故乡，安得猛士兮守四方。"抒发了刘邦希望四海统一，国家安宁的情怀。后人题为《大风歌》。

【**大公无私**】指一切为国家或公众利益着想而没有私心。《管子·形势解》："雨之所堕，不避小大强弱，风雨至公而无私。"也指办事公正，不徇私情。

【**大节**】为国家、民族而慷慨赴难、不辱使命的道德气节。《论语·泰伯》："曾子曰：'可以托六尺之孤（未成年的孤儿），可以寄百里（诸侯国）之命，临大节而不可夺也，君子人与？君子人也。'"意思是可以把幼小的孤儿托付于他，可以把国家的使命托付于他，在紧要关头不会动摇变节，这样的人就是君子。

【**大历十才子**】指唐大历年间的十位诗人：卢纶、吉中孚、韩翃（hóng）、钱起、司空曙、苗发、崔峒（dòng）、耿湋（wéi）、夏侯审、李端。其共同特点是偏重诗歌形式技巧。

【**大鹏之动，非一羽之轻也；骐骥之速，非一足之力也**】语出东汉王符《潜夫论·释难》。大鹏冲天飞翔，不是靠一根羽毛的轻盈；骏马急速奔跑，不是靠一只脚的力量。比喻成就大的事业要靠集体的力量。

【**大千世界**】佛教认为以须弥山为中心，在同一日月照耀下的四大洲及其中的七山八海，称为一个世界。积一千个世界，为"小千世界"；积一千个"小千世界"，为"中千世界"；积一千个"中千世界"，即为"大千世界"。全称

"三千大千世界"。南宋·普济《五灯会元·释迦牟尼佛》:"遍观三千大千世界,觅普贤不可得见。"后用"大千世界"指广阔无边的自然界和人类社会。

【大巧若拙】《老子》四十五章:"大直若屈(弯曲),大巧(技艺非常纯熟、精巧,这里指技艺非常纯熟、精巧的人)若拙,大辩若讷(nè,说话迟钝、不善言谈)。"真正灵巧优美的东西应是顺乎自然、不作任何修饰的,这是老子崇尚自然、无为而无不为哲学思想的体现。后用"大巧若拙"指真正灵巧聪明的人不显露和炫耀自己,表面上好像很笨拙。

【大巧在所不为,大智在所不虑】语出《荀子·天论》。大巧:技艺非常纯熟、精巧,这里指最能干的人。最能干的人在于他不去做不能做、不该做的事,最聪明的人在于他不去考虑不能考虑、不该考虑的事。

【大儒】语出《荀子·儒效》。政治主张完备、道德修养高尚、知识积累广博的儒士。孔子即是大儒的代表。

【大厦之成,非一木之材也;大海之阔,非一流之归也】语出《东周列国志》。流:江河中的流水,这里指江河。高大的楼房所以能够建成,不只靠一棵树的木材;大海所以辽阔,不单是一条河流注入形成的。比喻众人的力量、集体的力量才是巨大的。

【大师】❶佛的十大尊号之一;泛称有造诣,能化导无量众生,能摧灭邪移外道,善教诫声闻弟子的高僧。后为一般僧人的尊称。❷指在学术、艺术等方面造诣深、名望大的人。

【大师父】对和尚、尼姑、道士的尊称。

【大唐开元礼】书名。唐玄宗敕撰,150卷。开元中,唐玄宗采纳张说的建议,取前朝礼书,折中异同,形成本朝礼仪规制。由徐坚等创始,萧嵩等完成,开元二十年(732)颁行。明确分为吉、宾、嘉、军、凶五礼。为我国现存中古礼仪制度的代表作。杜佑采其一部分载入《通典》,《唐书·礼志》也多取材于此书。

【大唐西域记】书名。唐玄奘述,辩机撰文。12卷。书中记述了贞观元年至贞观十九年(627—645)玄奘西行所亲历和根据传闻得知的138个城邦、地区、国家的概况。是研究中古时期中亚、南亚诸国的历史、地理、宗教、文化和中西交通的珍贵资料,也是研究佛教史学、佛教遗迹的重要文献。简称《西域记》。

【大同】儒家提出的高度公平、和谐的社会理想。在这样的社会里,天下为公(政治权力和经济资源为全天下人所有),人们老有所终,壮有所用,幼有所长,鳏寡孤独废疾者皆有所养。也称大同世界。

【大同世界】见37页"大同"。

【大汶(wèn)口文化】我国新石器时代的一种文化。1959年首次发现于山东泰安大汶口一带,故称。年代约始于公元前4500年。处于母系氏族社会向父系家长制过渡期。生产工具以磨制石器为主。陶器以灰陶最多。反映出当时以

D

农业为主，采集和渔猎为辅的社会经济形态。遗物中出现了类似文字的图像符号。出土的透雕十六齿骨梳，代表我国新石器时代骨雕工艺的最高水平。

【大相国寺】见 305 页“相国寺”。

【大小戴】指西汉今文经学家戴德与其侄戴圣。戴德传（zhuàn）《礼》85 篇，称《大戴礼》；戴圣传（zhuàn）《礼》49 篇，称《小戴礼》。

【大孝终身慕父母】大孝的人会终身都爱慕父母。《孟子·万章上》：“大孝终身慕父母。五十而慕者，予于大舜见之矣。”

【大雄】佛教徒对佛祖释迦牟尼的尊称。意为能降伏魔障、无所畏惧的大勇士。我国寺院供奉佛陀的大殿称“大雄宝殿”，即源于此。

【大雄宝殿】佛教寺庙中供奉佛祖释迦牟尼的大殿。

【大学】《礼记》中的一篇。儒家经典之一。传为曾子作。南宋朱熹将《大学》与《论语》《孟子》《中庸》合称“四书”。

【大学之道】大学的根本。《礼记·大学》：“大学之道，在明（使彰明）明德（光明正大的品德），在亲民（新民，使人弃旧图新、去恶从善），在止于至善。”意思是大学的宗旨在于弘扬光明正大的品德，在于使人弃旧图新，在于使人达到最完善的境界。

【大雅】❶ 诗经的组成部分之一。内容多反映周代的庙堂祭祀或重大的政治事件。❷ 高雅；文雅。如：大雅之堂。

【大一统】封建王朝将整个天下统统纳入自己管辖的思想。《公羊传·隐公元年》：“何言乎王正月？大一统也。”《汉书·王吉传》：“《春秋》所以大一统者，六合同风，九州共贯也。”指思想、法度与政治高度集权、统一于一家。后泛指统治全国。

【大义凛然】胸怀大义、一身正气，威严不可侵犯的样子。形容为了正义事业坚强不屈，令人敬畏。北宋·苏辙《贺致政曾太傅启》：“付青简（青史）以遗事，追赤松（赤松子，神仙）而并游，大节凛然，四方仰止。”明·郑仲夔（kuí）《耳新·正气》：“不惟侍卿精忠贯日，夫人亦且大义凛然，一门正气乃尔。”

【大禹治水】传说远古时期，黄河流域经常发生洪灾。禹受命治水，改堵为疏，把洪水引入疏通的河道、湖泊或洼地，从而平息了水患。禹不畏艰苦，身先士卒，治水十三年，三过家门而不入的故事至今为人传颂。参见 338 页“禹”。

【大藏（zàng）经】书名。佛教典籍。内容包括“经”（释迦牟尼在世时的说教以及后来增入的少数佛教徒阿罗汉或菩萨的说教）、“律”（释迦牟尼为信徒制定的必须遵守的仪轨规则）、“论”（关于佛教教理的阐述或解释）。其编纂始于南北朝，时称“众经”或“一切经”，隋以后称“大藏经”。按文字不同可分为汉文、藏文、蒙文、满文、西夏文、日文和巴利语等七大系统。最早的版本是北宋刻本。简称“藏经”。

【大治】国家被治理得井井有条。呈现出人民富足，政治修明，社会安定，文化繁荣的景象。《礼记·礼器》：“是故圣人南面而立，而天下大治。”

【**戴德**】西汉经学家。字延君，梁（今河南商丘）人。今文礼学“大戴学”的开创者。宣帝时曾任博士、郡守、州牧及楚王刘嚣（áo）太傅。与侄子戴圣并学《礼》于后苍。世称“大戴”。编撰古代有关礼仪的传记，作《大戴礼记》，85篇，今存39篇。

【**戴凭**】东汉大臣，经学家。字次仲，汝南平舆（今属河南）人。16岁时，郡守举为明经，任郎中。因替太尉蒋遵辩冤，遭光武帝申斥，自系狱中，后赦出。光武帝曾令群臣中能说经者互相诘难，以优胜进席。他凭议论恢宏，击败所有对手，连夺五十余席，遂升为侍中。因此有“解经不穷戴侍中”之说。

【**戴圣**】西汉经学家。字次君，梁（今河南商丘）人。宣帝时为九江太守，后为博士，参加石渠阁议。与叔父戴德并学《礼》于后苍。世称“小戴”。创今文《礼》“小戴学”。编选古代有关礼仪的论述，作《小戴礼记》，49篇，即今本《礼记》。

【**戴震**】（1723—1777）清代思想家、语言文字学家。字东原，安徽休宁人。曾任《四库全书》纂修官。博闻强记，对天文、数学、历史、地理等均有深刻研究。精通古音，创古音九类二十五部之说及阴、阳、入对转理论。尤精名物训诂，从训诂探讨义理。对经学、语言学有重要贡献。在哲学上认为世界是由“气”的变化而来，而“气化流行，生生不息”，就是“道”或“理”。反对理学家“去人欲，存天理”的说教。著有《原善》《原象》《孟子字义疏证》《声韵考》《声类表》《方言疏证》等。后人编有《戴氏遗书》。

【**丹青**】❶矿物名。丹砂（朱砂）和青雘（huò，石青）两种颜料的合称。一为红色，一为青色。《管子·小称》：“丹青在山，民知而取之。”❷古代绘画常用的颜料；借指绘画。《晋书·顾恺之传》：“尤善丹青，图写特妙。”❸史籍。古代丹册纪勋，青史记事，借指史书。南宋·文天祥《正气歌》：“时穷节乃见，一一垂丹青。”

【**殚精竭虑**】用尽精力和心思。唐·王涯《说元五篇·立例》：“后学观览，不知其然，殚精竭智，无自而入。”

【**箪**（dān）**食壶浆，以迎王师**】语出《孟子·梁惠王下》。箪：古代盛饭的圆形竹器；食：饭；浆：米汤。百姓用箪盛饭，用壶盛米汤来欢迎、犒劳他们爱戴的军队。形容正义之师受到人民群众的拥护和欢迎。

【**旦夕祸福**】旦：白天；夕：晚上；祸福：偏指灾难。随时都可能遇到灾难。多用于“天有不测风云，人有旦夕祸福”之语。

【**淡泊**】对名利不追求、不热衷。《东观汉记·郑均传》：“好黄老，淡泊无欲，清静自守。”

【**淡泊明志，宁静致远**】语出西汉·刘安《淮南子·主术训》：“是故非淡泊无以明德，非宁静无以致远。”诸葛亮《诫子书》：“非淡泊无以明志，非宁静无以致远。”指不追求名利，甘于过朴实的生活以表明胸怀大志；保持安静的心情，从而实现高远的志向。

【当局者迷，旁观者清】正在下棋的人往往会迷惑不清，不如在旁边观看的人对棋局的形势看得更清楚。比喻当事人因直接涉及利害得失，有时难以对事情作出客观而正确的判断，反而不如局外人认识清醒。

【当仁不让】面对应该做的事情时不谦让不推辞。《论语·卫灵公》：“当仁不让于师。”孔子说面临着维护仁德的时候，就是在老师面前也不必谦让。

【刀山剑树】比喻十分凶险和艰难的境地。《菩萨处胎经·行定不定品》：“淫为秽恶，死入恶道，刀山剑树，火车炉炭。”本是佛家所说的地狱中的惨苦境象之一：山上以刀为树，树上以剑为叶，密密麻麻。罪人穿行刀山剑树间，须忍受剖腹刳心、割截肢解的痛苦。

【导师】❶佛教称教化引导众生入于佛道的高僧。特指释迦牟尼佛世尊。❷指导他人学习或撰写论文的教师。

【导引】即导气引体。古医家、道家的养生方法。采取呼吸、肢体活动、意念活动或局部按摩等方法行气活血、祛病健身。与现在的气功和体育疗法相近。

【祷告】向神灵祝告，祈求保佑。《西游记》第五十六回：“三藏恨恨地道：‘猴头过去，等我撮土焚香祷告。’”

【道（dǎo）私者乱，道（dǎo）法者治】语出《韩非子·诡使》。道：引导；私：利己。引导人们一心利己，社会必然混乱；引导人们懂法守法，社会一定太平。

【道（dǎo）之以德，齐之以礼】用道德引导民众，用礼教规范民众的行为。《论语·为政》：“道（引导）之以德，齐（整治）之以礼，有耻且格（正）。”

【道】❶先秦道家思想的最高范畴。老子认为“道”是先天地万物而生的宇宙本原、本体。《老子》二十五章：“有物混成，先天地生……可以为天下母，吾不知其名，字之曰道。”并认为大道无形，不可以言说。庄子也认为“道”是虚无妙通的宇宙万物之本，具有周行不殆、物我为一、无为无不为等法则。东汉以后的道教将老庄关于“道”的概念加以改造发挥，成为道教信仰的核心和道教的教义、教理。如得道成真、体道成仙等无不本源于此。❷儒家指天下为公和仁义礼智信等至高的政治主张、伦理纲常。《论语·公冶长》：“道不行，乘桴浮于海。”西汉·董仲舒《举贤良对策》：“道之大，原出于天。天不变，道亦不变。”

【道不同，不相为谋】语出《论语·卫灵公》。孔子说主张不同，不可共事。

【道不远人】道，指中庸之道。中庸之道本来就是指导人的行为的，离人不远。《中庸》第十三章：“子曰：‘道不远人，人之为道而远人，不可以为道。’”孔子说中庸之道是离人不远的，假使人在修行中庸之道时爱好高骛远，这样就会使本来离人们不远的道反而搞得远离人，那就不可以称之为中庸之道了。

【道场】僧人或道士诵经做法事的场所。

也指僧道所做的法事。

【道存则国存，道亡则国亡】语出《荀子·君道》。道：儒家指政治主张、伦理纲常。好的政治主张、伦理纲常得到维护贯彻，国家就存在；好的政治主张、伦理纲常丧失了，国家就灭亡。

【道德当身，不以物惑】语出《管子·戒》。当：把守；身：自身，自己；物：物质，这里指物欲。守住自己的道德底线，不被追求物质享受的欲望所诱惑。

【道德经】见150页“老子”②。

【道德天尊】“太清道德天尊”的简称，道教三清尊神之一。即被尊为太上老君的老子。居天界“太清”仙境。与元始天尊、灵宝天尊并称为三洞教主。道教宫观多有供奉，造像持扇或如意，象征万物化生之“太初”世纪。也称太上老君。

【道法自然】语出《老子》二十五章。老子认为道虽生长万物，却是无目的、无意识的。道不把万物据为己有，不夸耀自己的功劳，不主宰和支配万物，而是听任万物自然而然地发展。以此为根据提出“无为而治”的观点。

【道高一尺，魔高一丈】道：指道行、正气；魔：指诱惑、邪气。佛教用语。指修行者每修行到一定阶段，都会有魔障破坏，可能前功尽弃，必须警惕外界的诱惑。后用来比喻光明与黑暗两种势力互为消长；今多用来比喻正义必然战胜邪恶。

【道高益安，势高益危】语出《史记·日者列传》。意思是人的道德愈高尚，就愈能为他人着想，因而就愈安全；权势愈大，愈容易滥用权势谋取私利，因而就愈危险。强调了道德修养的重要性和滥用权势的危害性。

【道姑】指女道士。

【道观（guàn）】道教的宫观庙宇。如白云观、玄妙观等。

【道行（heng）】僧道修炼的功夫；借指人的涵养、本领。《红楼梦》第一〇一回：“这个散花菩萨，根基不浅，道行非常。”

【道家】我国古代哲学重要流派之一。创始人是春秋末期的老子，战国中期的庄子继承和发展了老子的思想，故又称老庄学派。主要著作有《老子》《庄子》等。道家学说认为“道”是宇宙的本原，事物互相依存、互相转化，主张无为而治，一切顺其自然，有朴素的辩证法思想。道家思想传入民间，影响到以后道教的产生和发展。道家思想对我国的政治思想、科学技术、文化艺术等都有深刻影响。

【道教】我国本土宗教。源于古代神仙信仰和方仙之术，承袭黄老道家思想。东汉张道陵始创五斗米道，后张角创太平道，与五斗米道同为早期道教的两大派别，成为东汉末年农民起义的旗帜。南北朝后逐渐盛行。奉老子为道祖，张道陵为天师，以《道德经》《太平经》为主要经典。道教重生贵生，祀神敬祖，以得道成仙为最终目的。主张积功累德，举善济人。在我国传统文化中占有重要地位。主要流行于汉族地区，在少数民族中也有传播和影响，并传播到朝鲜半岛、日本、南洋一带。近代以来传入欧美。也称玄教、仙道。

【道可道，非常道】这是《老子》第一章的第一句话，开宗明义提出了老子对“道”的基本观点。意思是可以用言语表述的“道”，就不是永恒的“道”。“道”是宇宙万物的根源和本体，是永远不变的真理，是无法用言语表述的（自然规律）。

【道人】对道士的尊称。佛教传入中原初期也是对僧人的称谓。北宋·叶梦得《避暑录话》卷下：“晋宋间佛学初行，其徒犹未有僧称，通曰道人。”

【道士】❶奉守道教经典戒规及熟悉各种斋醮（jiào，僧道设坛祈祷）祭祷仪式的人。一般指道教教职人员。❷佛教传入中原初期对僧人的称谓。唐·宗密《盂兰盆经疏》卷下：“佛教初传此方，呼僧为道士。”

【道虽迩（ěr）**，不行不至；事虽小，不为**（wéi）**不成】**语出《荀子·修身》。迩：近。路程虽不远，不走就走不到；事情虽小，不做就不成。

【道听途说】语出《论语·阳货》：“道听而途说，德之弃也。”在路上听到传言就四处传播，这是道德所不容的。后指没有根据的传闻。

【道统】指儒家传播学术思想的脉络和系统。韩愈作《原道》，正式提出了尧、舜、禹、汤、文、武、周公、孔孟相继传授的系统说。朱熹认为周敦颐、程颢、程颐上承孟子，而自己是上承周、程的。

【道性】道的特性。道教认为世界上一切有形可见的事物，无论是否具有自我意识，都蕴含有“道”的特性，这一特性是悟道的机缘，“能了此性，即成正道”。这一教义源于老庄的“道生万物”和“道”无所不在、无处不有的学说。

【道学】❶宋儒的哲学思想。以继承孔孟“道统”，宣扬“性命义理”之学为主。语出北宋张载《答范巽（xùn）之书》。《宋史》把周敦颐、程颢、程颐、张载、朱熹等哲学家归为一类，列为《道学传》。后来用作理学的同义语。参见159页“理学”。❷指道家或道教的学说。

【道义】道德和义理。《管子·法禁》：“道行必有所是，道义必有所明。”

【道在为（wèi）**人，而失在为己】**语出《晏子春秋·内篇问上五》。道：道德，道义；人：他人，别人。道德（的价值）在于帮助别人，（道德的）缺失在于为了自己。

【道藏（zàng）**】**书名。道教经典总汇。道教经书的汇集始于六朝，唐宋后开始汇辑成“藏”并刊印。明代先后汇辑、刊印《正统道藏》和《万历续道藏》。1923—1926年，上海商务印书馆借用北京白云观所存明刊正、续道藏加以影印，为现今通行本。其中除道教经书外，还有涉及医学、化学、生物、体育、养生、天文、地理等学科的论著，内容十分丰富。2004年华夏出版社以明版《道藏》为底本，吸收其他道教经书与近代道教研究成果，编纂出版了《中华道藏》。

【得大兼小】北宋·欧阳修《易或问》:“得其大者可以兼其小，未有学其小而能至其大者也，知此然后知学《易》矣。”指人首先要懂得大道理，懂得了大道理，小道理自然就明白了。

【得道多助，失道寡助】《孟子·公孙丑下》:“得道者多助，失道者寡助。”行仁道、施仁政的政权就会得到很多人的帮助；失掉道义、违背仁政，就必然失去别人的帮助。

【得心应手】语出《庄子·天道》对木工做车轮方法的讲述。后多用以形容技艺纯熟精湛，心手相应。也形容做事很顺利。

【得鱼忘筌(quán)**】**筌：捕鱼用的竹器。《庄子·外物》:“筌者所以在鱼，得鱼而忘筌。”捕到了鱼就忘掉了赖以捕鱼的筌。比喻达到了目的，就忘了赖以成功的条件。

【德】❶道德；品德。《周易·乾》:“君子进德修业。”儒家认为“德”是人立身的根据和行为的准则。《论语·述而》“德之不修，学之不讲，闻义不能徙，不善不能改，是吾忧也。”道教以修道有成、与道一体、长生久视为“德”，认为修道就是修德。❷恩惠、恩德。《诗经·大雅·既醉》:“既醉以酒，既饱以德。”

【德不孤，必有邻】语出《论语·里仁》。有道德的人不会孤独，必定会有很多和他亲近的人。

【德高望重】品德高尚，声望卓著。指人在社会上享有很高的威望。《晋书·简文三子传》:“元显因讽（暗示）礼官下议（交下面讨论），称己德隆望重，既录（统领）百揆（kuí，官），内外群僚均应尽敬。”

【德礼诚信，国之大纲】讲道德、遵礼仪、守诚信，是治理国家的根本。《新唐书·魏徵传》记载：魏徵给唐太宗上书说，治理国家基于德、礼，保于诚、信。诚、信立，则天下人没有二心；德、礼行，则偏远地方的人也来归顺。

【德行】道德品行。儒家指道德修养与道德实践，是孔子传授给弟子的重要学科之一。《论语·先进》:“德行：颜渊、闵子骞、冉伯牛、仲弓。”在孔子众多弟子中，颜渊四人在德行科方面最为突出。

【德者，本也】道德是做人的根本。西汉·戴圣《礼记·大学》:“德者本也，财者末（枝节，末梢）也。”意思是道德就像树干，财富就像树梢。

【德政】语出《左传·隐公十年》。对人民和社会发展有利的政治措施或政绩。

【德治】儒家提出的用道德规范治理国家的政治主张和治国方式。强调施仁政，行王道。与“法治”相辅相成。

【灯节】见 233 页“上元节”。

【登第】科举考试得中，特指考取进士。科举考试录取时要评定等第，故称。《新唐书·选举志上》:“通四经，业成，上于尚书，吏部试之。登第者加一阶放选（任职），其不第习业如初。”也说登科。

【登科】见 43 页“登第”。

【登泰山而小天下】语出《孟子·尽心上》。孔子登上泰山就觉得天下变小了。说明登高才能望远的道理，鼓励人们要向高处走，要有大志向。

【邓石如】（1743—1805）清代篆刻家、书法家。名琰（yǎn），字石如，因避嘉庆帝讳，以字为名，更字顽伯，号完白山人，安徽怀宁人。工真草篆隶四体书法，其篆书被誉为神品。作品有《完白山人篆刻偶存》。

【邓析】（前545—前501）春秋末期法家先驱、名家。郑国人，做过郑国大夫。基本思想倾向是“不法先王，不是（赞同）礼义”。不满意子产所铸刑鼎，自己编了一部刑书，写在竹简上，称为“竹刑”，并以此讲学，向众人传授法律知识和诉讼方法。他还提出“循名责实”“按实定名”，强调“名”要保持其规定性，还提出了一套辩说之术，对后代的惠施、公孙龙等有很大影响。《汉书·艺文志》辑录《邓析》2篇，已失传，今存《邓析子》是后人托名所作。

【狄仁杰】（630—700）唐朝大臣。字怀英，并（bīng）州太原（今属山西）人。历任大理丞、侍御史等要职，以不畏权贵著称。691年，任宰相。697年出任河北道行军元帅、安抚大使，抵御突厥，地方得以安宁。入京为内使，向武则天犯颜直谏，劝止立大佛像，所荐姚崇等数十人，皆一代名臣。

【涤亲溺（niào）器】二十四孝故事之一。黄庭坚，北宋分宁（今江西修水）人，著名诗人、书法家。虽身居高位，侍奉母亲却竭尽孝诚，亲力亲为。他每天必亲自为母亲洗涤尿盆，从不让佣人和家人动手。

【地理图】我国石刻古地图。原图作者黄裳，大约绘制于南宋绍熙元年（1190）。南宋淳祐七年（1247）任两浙西路提点刑狱公事的王致远，在苏州将图刻在石碑上。碑石宽101厘米，长197厘米，无碑额。现存苏州碑刻博物馆（文庙）。图中很多地区接近今天测绘地图的水平，反映了七百多年前我国绘制地图的技术水平，具有很高的历史价值。

【地煞】❶星相家指主管凶杀的星。道教认为北斗丛星中有七十二个地煞星。❷指凶神恶鬼，比喻恶势力。

【地神】大地之神。古人开始是把土地当作神，直接向土地献祭、礼拜，将酒、血等祭品撒在地上。后来垒土成堆作为地神，向“冢土”礼拜。再后来地神被称为“社”“社神”“后土”，设神位加以膜拜。历代帝王都要“郊祀后土”，州、县、乡、里也立庙祭祀各级土地神。

【地坛】我国现存的最大的祭地之坛，北京五坛（天坛、地坛、日坛、月坛、先农坛）中的第二大坛。位于北京市东城区安定门外。始建于明代嘉靖九年（1530），是明清两朝帝王祭地的场所。现存的主要建筑有方泽坛、皇祇（qí）室、宰牲亭、斋宫、神库等。

【地狱】❶某些宗教指人死后灵魂受苦受难的地方（跟“天堂”相对）。❷比喻黑暗痛苦的生活环境。

【地狱变】佛教为劝善惩恶所绘的地狱图像。我国自唐代即盛行此种绘图。吴道子于唐开元二十四年（736）在赵景公寺壁上绘出地狱图像时，令京都观众皆惊惧而不吃肉，长安、洛阳的屠夫为此而改行。当时各大寺院墙壁上多绘有这种图像。也说地狱变相、地狱图。

【地狱变相】见 44 页“地狱变”。

【地狱图】见 44 页“地狱变”。

【地支】子、丑、寅、卯、辰、巳、午、未、申、酉、戌、亥十二支的统称。我国传统用作表示顺序的符号。又与天干（甲、乙、丙、丁、戊、己、庚、辛、壬、癸）配成六十组，表示年、月、日的次序。

【地藏（zàng）菩萨】我国佛教“四大菩萨”之一。传说他受佛的嘱托，在释迦牟尼佛已经入灭而弥勒佛尚未降生的这段时期度化众生。他曾发下大誓愿：“地狱不空，誓不成佛。”民间有地藏王主幽冥的说法。我国安徽九华山为其说法的道场。也称“地藏王菩萨”。

【地藏菩萨本愿经】佛教经典之一。2卷。本经叙说地藏菩萨的本愿功德及本生之誓，强调读诵此经可消灭无量之罪业。共分如来赞叹品、地狱名号品、利益存亡品等十三品。简称《地藏本愿经》。

【地藏王菩萨】见 45 页“地藏菩萨”。

【帝京景物略】书名。明代北京地方志。明刘侗、于奕正合撰。8 卷，列 129 目。记载北京园林寺观、名胜古迹、山川桥堤以及人物故事等，内容翔实，文笔晓畅，集历史地理、文化文学于一书，后来同类著作多借鉴此书。

【帝喾（kù）】传说中远古时代的一个帝王，“三皇五帝”中五帝之一。

【帝王将相】封建时代的皇帝、王侯和高级文武官员。

【谛】佛教指真实而正确的道理；也泛指道理、意义。

【第二次鸦片战争】英、法两国于 19 世纪中叶联合发动的侵华战争。1856、1857 年英国与法国趁中国太平天国运动之际，捏造事实，挑起争端，在俄、美支持下联手进攻清朝政府。因为这场战争实际上是第一次鸦片战争的延续和扩大，故称。战争中，清军失利。1860 年英法联军进攻北京，咸丰帝逃往热河，侵略军焚掠圆明园。清政府被迫签订了中英、中法《北京条约》，批准了此前签订的中英、中法《天津条约》。沙俄又胁迫清政府签订了《中俄北京条约》，割让了乌苏里江以东的大片领土。

【典论·论文】篇名。三国魏曹丕著。《典论》5 卷，今已亡佚，仅存《论文》一篇。该文重视文学作品的地位、作用与特点，反对“各以所长，相轻所短”，主张“诗赋欲丽”，认为“文以气为主”，强调文章是“经国之大业，不朽之盛事”。是我国文学史上第一篇宏观性、方向性的文学理论专论，对后来的文学创作与文学理论产生了深远而巨大的影响。

【殿试】科举中最高一级的考试。由会试（举人参加）录取的贡士应试，在皇宫大殿内举行，由皇帝亲自主持，被录取者称进士。

【吊民伐罪】吊：抚慰。安抚受苦受难的民众，讨伐罪恶的统治者。三国魏·曹叡（ruì）《棹（zhào）歌行》诗：“将抗（举起）旄与钺（yuè），耀威于彼方。伐罪以吊民，清我东南疆。”

【调（diào）寄】指所用词调依据某一词牌。（调：词调，曲调；寄：依托）常用于某词题目之下，词牌之前。如“调寄满江红”就是按照《满江红》这个词牌的曲调唱。

【丁村人】我国北方的早期智人化石。1954年发现于山西襄汾县丁村附近，故称。其地质时代属更新世晚期，文化时代属旧石器时代中期。所发现的化石有属于同一儿童（十二三岁）的门齿两枚、臼齿一枚。齿的结构具原始特征，但齿冠和齿根比北京猿人的细小。1976年在同一地点又发现丁村人小孩顶骨化石一块。其时代迟于“长阳人”，比“北京人”的牙齿有进化，其门齿具铲形特征，与现代蒙古人相近。这一发现，填补了北京猿人到山顶洞人之间的一段空白，对人类历史的起源和发展的研究很有价值。

【丁村文化遗址】旧石器时代中期文化遗存之一。位于山西襄汾县丁村附近汾河河畔。1954年和1976年先后出土人的牙齿化石三枚、小孩的头骨化石一块，以及其他哺乳动物、鱼类、软体动物的化石。同时出土两千多件石器，石器类型比较规则定型，表明其用途已有明显分工。该遗址是研究我国旧石器时代中期文化和人类发展的极为重要的资料，已列为国家重点文物保护单位。

【丁忧】遭逢父母的丧事；泛指守丧。（丁：遇到，遭逢）旧制，父母死后，子女要守丧，三年内不做官，不婚娶，不赴宴，不应考。《晋书·袁悦之传》：“（悦之）始为谢玄参军，为玄所遇，丁忧去职。”

【顶礼膜拜】佛教徒对佛最虔诚的礼仪。双膝下跪，两手伏地，用头顶住受礼人的脚。今多用来比喻对人无限崇拜（多用于贬义）。

【鼎】❶古代炊器，多为圆腹三足两耳，用于煮、盛食物。❷象征王位或政权。（相传夏禹铸九鼎，历商至周，都作为传国的重器。）

【鼎革】旧多指改朝换代或重大改革。《周易·杂卦》：“革，去故也；鼎，取新也。”

【鼎新】更新；革新。明·沈璟（jǐng）《义侠记·恩荣》：“荷皇恩，把前非鼎新，男儿志欲酬圣恩。”

【定赏分财必由法】语出《慎子·威德》。定：确定，决定；法：法律规章。确定奖赏和分配财物，一定要遵循法律规章。

【定窑】我国宋代六大窑系之一。窑址在今河北曲阳一带，因曲阳在宋代属定州，故称。唐时已烧白瓷，至宋而盛，衰于元。除烧造白瓷外，还烧黑釉、酱釉、绿釉等瓷器。器皿装饰以刻花、划花、印花为主。并创造覆烧技术，使瓷器产量大增。北宋后期，曾一度烧制宫廷用瓷。参见256页“宋代六大窑系”。

【东都】东周指雒（luò）邑（今河南洛阳）；东汉、隋代、唐代指洛阳；五代梁指开封。

【东方洞】见193页“南石窟寺”。

【东方朔】西汉文学家。本姓张，字曼倩，平原厌次（今山东惠民）人。汉武帝征集四方士人，他上书自荐拜为郎，后任常侍郎、太中大夫等职。他诙谐多智，常在武帝前谈笑取乐。虽言政治得失、强国之计，但被皇帝当作俳优之言，不予采纳。著述有《答客难》《非有先生论》等名篇。明代张溥（pǔ）汇编为《东方太中集》。

【东汉】朝代名。从公元25年刘秀（即汉光武帝）称帝起，到220年曹丕代汉止，共历14帝，196年。因国都洛阳在西汉国都长安（今陕西西安西北）的东面，故称。也说后汉，与西汉（前汉）合称“两汉”。

【东晋】朝代名。西晋灭亡后，317年，司马睿（ruì，晋元帝）在建康（今江苏南京）重建政权，史称东晋，与西晋合称“两晋”。420年为刘裕所灭。共历11帝，104年。

【东京梦华录】笔记体散记，北宋孟元老著。内容多是北宋崇宁到建炎（1103—1127）年间北宋都城东京开封的情况，记载了外城、内城、河道、桥梁、皇宫、官署的位置，描绘了上至王公贵族，下至平民百姓的日常生活情景，城内的街巷坊市、店铺酒楼，朝廷朝会、郊祭大典，当时的民风习俗、时令节日，饮食起居、歌舞百戏等等，几乎无所不包。是研究北宋都市社会生活、经济文化的一部重要的历史文献。

【东林党】明朝末年以江南士大夫为主、批评时政的政治集团。神宗后期，社会矛盾尖锐，政局腐败。万历三十二年（1604），无锡人顾宪成等修复宋代杨时讲学的东林书院，与高攀龙、钱一本等人在此讲学。他们讽议朝政，反对权贵贪纵枉法，要求朝廷振兴吏治，开放言路，革除积弊。遭到以宦官魏忠贤为首的阉党的激烈反对。东林党人杨涟、左光斗等惨遭杀害。阉党还罗织罪名，准备一网打尽。1627年思宗（崇祯帝）即位，阉党被铲除，对东林党的迫害才中止。但东林党人与阉党的斗争一直延续到南明时期。

【东林寺】佛教寺院。净土宗（莲宗）发源地。位于江西庐山西北麓。东晋太元十一年（386）高僧慧远所建。宋元丰年间，神宗敕令改称“东林太平兴国禅院”。扬州高僧鉴真东渡日本前，曾来此寺，后与本寺僧人智恩同渡日本讲经。寺前有虎溪，相传慧远志心修行，送客不过虎溪桥。寺东之罗汉松相传为慧远所栽植。

【东岳大帝】道教所奉的泰山神。传说泰山神掌管人间生死。古代封建皇帝多来泰山祭祀，旧时各地多有东岳庙，每年农历三月二十八日举行祭祀。

【东周】❶朝代名。从公元前770年周平王东迁雒（luò）邑（今河南洛阳）到前256年被秦所灭，共514年。东周又可分为春秋、战国两个时期。❷古国名。由战国时周王室分裂出来的另一小国。公元前367年立国，前249年为秦所灭。

【东周列国志】长篇历史章回小说。23卷，108回。明末冯梦龙在余邵鱼《列国志传》基础上改编为《新列国志》。清代乾隆年间，蔡元放继续修订并加评语，定名为《东周列国志》。叙述春秋战国时代五百多年间列国征战兴亡的历史故事。取材于史书，但也增入虚构情节，用浅近文言写成。

【董其昌】（1555—1636）明代书画家。字玄宰，号思白、香光居士。松江华亭（今上海松江）人。万历十七年（1589）进士，授翰林院编修，官至南京礼部尚书。擅画山水，用墨明洁隽朗，设色古朴典雅。对明末清初画坛影响甚大。书法集古之大成又自成一格。清代康熙、乾隆两位皇帝都以董书为宗法，倍加推崇偏爱。存世作品有《岩居图》《秋兴八景图》《昼锦堂图》等，刻有《戏鸿堂帖》。

【董西厢】见 300 页“西厢记诸宫调”。

【董仲舒】（前 179—前 104）西汉哲学家，今文经学大师。广川（今河北景县）人。汉景帝时为博士。汉武帝举贤良文学之士，他对策建议：“诸不在六艺之科、孔子之术者，皆绝其道，勿使并进。”为武帝所采纳，设置五经博士，罢黜百家，定儒术于一尊，开此后两千多年封建社会以儒家学说为正统的先声。其学说以儒家思想为主兼采阴阳、道、墨、名、法各家，建立天人感应的封建神学体系，为君权神授制造理论。还提出“三纲五常”的伦理和把人性分为上、中、下三品的论点。教育上，主张以教化为“堤防”，立太学，设庠（xiáng）序。著作有《春秋繁露》及《董子文集》。

【洞天】道教称神仙居住的地方，意思是洞中别有天地。后泛指风景优美的地方。

【洞天福地】道教对神仙及道士所居的十大洞天、三十六小洞天、七十二福地的合称。后泛指非常清幽的名山胜地。

【斗筲（dǒushāo）之性】筲：一种竹器，容量很小，仅一斗二升。西汉董仲舒提出“性三品说”中的下等人性。比喻气量狭小或才识短浅。

【窦娥冤】杂剧《感天动地窦娥冤》的简称。元关汉卿著。写下层妇女窦娥受流氓迫害诬告并被错斩的悲剧故事，塑造了窦娥这个善良正直、富于反抗精神的妇女形象，深刻揭露了元代社会的腐朽黑暗。

【都江堰】战国时期的大型水利设施，公元前 250 年蜀郡太守李冰父子组织修建。位于四川成都都江堰城西，坐落在成都平原西部的岷江上，由鱼嘴、飞沙堰、宝瓶口三大部分组成。两千多年来一直发挥着防洪灌溉的作用，使成都平原从水旱交加变成沃野千里的天府之国。

【独善兼济】儒家的人生观。《孟子·尽心上》：“穷则独善其身，达则兼善天下。”一个人如果没有机会实现治国平天下的抱负，那就退而修身，洁身自好；如果有幸参与朝政，那就秉持一贯道德，以天下为务，施行仁政，惠泽百姓。

【独学而无友，则孤陋而寡闻】语出《礼记·学记》。寡：少。只是独自学习而缺少学友之间的交流切磋，那就会知识狭隘，见识短浅。

【独占鳌头】宋·黄判院《满庭芳·寿黄状元·三月初八》:“登瀛（登上仙岛），平步上，鳌头（皇宫大殿石阶上刻的大鳌的头）独占，头角轩昂。”科举时代称考上状元。今泛指名列第一或居于首位。

【独尊儒术】汉武帝在思想文化领域采取的统治政策。汉建元元年（前140）汉武帝采纳董仲舒“诸不在六艺之科、孔子之术者，皆绝其道，勿使并进”等建议，于建元五年，在太学设五经博士，用儒家经典教育贵族子弟；选用官吏，以儒学为标准。次年，用尊儒术的田蚡（fén）为相，“黜黄老、刑名百家之言，延文学儒者以百数”。从此，儒家思想成为历代执政者的正统思想。

【读书破万卷，下笔如有神】语出唐代杜甫《奉赠韦左丞丈二十二韵》诗。意思是读书多，学识渊博，写起文章来得心应手，如有神助一般。

【读通鉴论】书名。清代学者王夫之阅读《资治通鉴》的笔记。30卷，卷末另附《叙论》4篇。根据《资治通鉴》所载史事，系统地评述自秦至五代的历史，分析成败兴亡，探求历史发展规律，总结出哲理性的结论:“势之顺者，即理之当然者矣”和“理因乎势”“理势合一”。主张“变”要因时制宜，反对“泥（nì）古过高而菲薄方今”，反对用“刑名威力”之术，认为应推行宽简之政。对后来思想界产生重大影响。

【读万卷书，行万里路】语出明代董其昌《画旨》。意思是画家不仅要多读书以增长才学，还要去游历以开阔视野。现多用于比喻理论要与实践相结合，做到学以致用。

【笃行】切实履行；专心实行。《礼记·儒行》:“儒有博学而不穷，笃行而不倦。”

【杜甫】（712—770）唐代诗人。字子美，自号少陵野老。河南巩县（今河南巩义西南）人。历官左拾遗、检校工部员外郎等，世称“杜拾遗”“杜工部”。其诗继承和发展了《诗经》以来注重反映社会现实的文学传统，揭示唐代社会由开元、天宝盛世转向分裂衰微的历史过程，在一定程度上表达了人民的愿望，故有“诗史”之称。风格沉郁顿挫，语言凝练。声律精密、考究、规范。与李白齐名，世称“李杜”。宋以后被尊为“诗圣”，对历代诗歌创作产生巨大影响。广为流传的佳作有“三吏”(《新安吏》《石壕吏》《潼关吏》)“三别”(《新婚别》《无家别》《垂老别》)，以及《兵车行》《茅屋为秋风所破歌》《闻官军收河南河北》《春望》等。有《杜工部集》。

【杜牧】（803—853）唐代文学家。字牧之，京兆万年（今陕西西安）人。大（tài）和进士。历官监察御史、州刺史等。居长安城南樊川别墅，故后世称杜樊川。其诗、赋、古文皆佳，而以诗歌成就最高。其诗有反映现实的伤时之作；有借古讽今的咏史之作；有清新俊逸的写景之作。古、近体皆工，尤长于七律和七绝。在晚唐诗坛上，与李商隐齐

D

名，并称“小李杜”。有《樊川文集》。

【杜如晦】（585—630）唐初大臣。字克明，京兆杜陵（今陕西西安）人。隋末，助李世民讨平群雄。后与房玄龄一起参与策划玄武门之变，除掉李世民的竞争对手，使李世民得承帝位。杜房二人为左右宰相，共掌朝政，为“贞观之治”奠定了基础。时有“如晦善于断，玄龄长于谋”之誉。

【杜延年】（？—前52）西汉大臣。字幼公，南阳杜衍（今河南南阳）人。通晓法律。麒麟阁十一功臣之一。原为大将军霍光属吏，有忠节之名，因此升任太仆、右曹、给（jǐ）事中。为人安和、宽厚，善于处理政务，长期主管朝政，出即陪奉皇帝车驾，居九卿位十余年。

【杜佑】（735—812）唐代官员、史学家。字君卿，京兆万年（今陕西西安）人。历任节度使、检校司徒同平章事等职。封岐国公。任淮南节度使期间，修整雷陂（今江苏扬州北部）以广灌溉，辟海滨荒地为良田，积米至50万斛。用30多年时间撰写《通典》200卷，为我国第一部记述典章制度的通史。

【杜预】（222—285）西晋将领、学者。字符凯，京兆杜陵（今陕西西安）人。官至镇南大将军，灭吴战争的统帅之一。多谋略，被誉为“杜武库”。博学，参与制定《晋律》，著有《春秋左氏经传集解》《春秋释例》《春秋长历》等。《春秋左氏经传集解》在同类典籍中流传最早，后被收入《十三经注疏》。

【蠹（dù）**众而木折**（shé），**隙大而墙坏】**语出《商君书·修权》。蛀虫多了，树木就会断；裂缝大了，墙就会倒塌。揭示了有害的因素多了或者错误不及时纠正，就会酿成祸害的道理。

【端木赐】见373页“子贡”。

【端午节】我国民间传统节日，在农历五月五日。最初是祛病防疫的节日，后因屈原在这一天自投汨（mì）罗江而死，便成了纪念屈原的传统节日。过节时有吃粽子、赛龙舟、喝雄黄酒等习俗。也说端午、端阳、五月节。

【端砚】产自广东肇庆的砚台。肇庆古称端州，故名。最早产于唐代武德年间（618—626），至今已有1300多年历史。以石质坚实、润滑、细腻驰名于世，有研墨不滞、发墨快，研出的墨汁细滑、书写流畅不损毫等特点。制作工序有采石、制璞、雕刻、磨光、配盒等，工艺讲究。2006年5月20日端砚制作技艺经国务院批准列入第一批国家级非物质文化遗产名录。

【短绠（gěng）**不可以汲深井之泉】**语出《荀子·荣辱》。绠：井绳；汲：从井里打水。井绳太短，就打不了深处的地下水。比喻能力不强就难以胜任重要工作；也比喻跟浅薄的人不能讲深奥的道理。也说绠短汲深。

【段玉裁】（1735—1815）清代文字训诂（gǔ）学家、经学家。字若膺，号懋（mào）堂，江苏金坛人。任四川巫山县（今属重庆）知县。为学师从戴震。著《六书音韵表》，把古韵分为六类十七部，比顾炎武、江永更为精密，

“支”“脂”“之”三部分立，是其创见，在古韵学上是一部划时代的著作。治文字学，著《说文解字注》，训释音义及引申假借义，考证其讹误甚为准确。与同时代的桂馥、王筠、朱骏声并称为《说文》四大家。另有《古文尚书撰异》《诗经小学》《周礼汉读考》《仪礼汉读考》《毛诗故训传定本》《经韵楼集》等。

【对策】汉代选拔官吏的考试方法。始于汉文帝前元二年（前178）。由皇帝提出有关政治、经义等方面的问题，让被荐举的士人回答。后科举考试也沿用此法。俗称金殿对策，也说策试。

【对牛弹琴】东汉·牟融《理惑论》：“公明仪为牛弹清角之操，伏食如故，非牛不闻，不合其耳矣。”后用“对牛弹琴”比喻对听不懂道理的人讲道理或对外行人讲内行话。今多用来讥笑说话的人不看对象。

【敦煌变文】见12页“变文”。

【敦煌词】唐、五代词的汇编。发现于甘肃敦煌莫高窟藏经洞，故称。共230首。写作时代大约在8—10世纪。少数是可考知作者姓名的文人词，绝大多数是无名氏词或民间词。内容广泛，形式多样。对研究词的起源和发展具有重要意义。也说敦煌曲子词。

【敦煌石窟】我国著名石窟。位于河西走廊西端的敦煌。包括古代隶属敦煌境内的莫高窟、西千佛洞、榆林窟和水峡口下洞子石窟、玉门昌马石窟等。一般指莫高窟。以精美的壁画和塑像、收藏大量古籍古物闻名于世。列入《世界遗产名录》。也说敦煌石室。

【顿悟】佛教指无须繁琐仪式和长期修习，一旦把握佛教真理，即可突然觉悟（跟“渐悟”相对）。《大乘理趣六波罗蜜多经》卷一：“速疾解脱，顿悟涅槃。”

【多难（nàn）兴邦】语出《左传·昭公四年》：“邻国之难，不可虞（期盼）也。或多难以固其国，启其疆土；或无难以丧其邦。”国家屡遭灾祸，可以激励民众战胜困难，振兴国家。

【阿房宫赋】篇名。唐代杜牧作。赋体散文。阿房宫是秦代壮丽的宫殿，秦亡，即被焚毁。杜牧有感于秦帝滥用民力、骄奢亡国的教训，遂作此赋以警示当朝统治者。杜牧在《上知己文章启》中曾叙及此篇写作缘起："宝历（唐敬宗年号）大起宫室，广声色，故作《阿房宫赋》。"全文气势磅礴，词采华丽，骈散结合，铺排得当，是历代传颂的杰作。

【阿弥陀佛】大乘佛教佛名。为西方极乐世界的教主，与观音菩萨、大势至菩萨合称"西方三圣"。后世所谓念佛，多指诵念阿弥陀佛名号。也说无量光佛、无量寿佛。

【娥皇女英】人名。相传是唐尧的两个女儿，同嫁虞舜为妃。后舜南巡，死于苍梧。两人赶至南方，投水死于湘江。传说湘妃竹上的斑痕即是她们哭舜时的泪水染成。有说屈原《九歌》中的湘夫人，就是她们两人。

【峨眉山】我国佛教四大名山之一。位于四川省峨眉山、乐山两市西部。相传为普贤菩萨的道场，主要崇奉普贤大士。有寺庙约26座，其中重要的有八大寺庙，佛事频繁。景区面积154平方公里，最高峰万佛顶海拔3079米。地势陡峭，风景秀丽。是世界文化与自然遗产，全国重点文物保护单位，国家重点风景名胜区。

【扼虎救父】二十四孝故事之一。晋朝孝女杨香十四岁时随父亲到田间割稻，忽然跑来一只猛虎，把她父亲扑倒叼走。杨香手无寸铁，为救父亲，全然不顾自己的安危，急忙跳上前，用尽全身气力扼住猛虎的咽喉，硬是从虎口中夺回父亲的生命，其孝心和勇气令人赞叹。

【恶报】原为佛教语，行恶者自食恶果。后泛指做坏事得到的报应（惩罚）。南朝·梁武帝《断酒肉文》："行十恶者，受于恶报，行十善者，受于善报。"

【恶魔】佛教指设障阻碍佛道和一切善事的恶神。

【恩不可专用，罚不可独任】语出《孙子兵法·地形》。（领军用兵）不能只用恩赏，也不能只用刑罚。意思是要把奖赏与惩罚结合起来，赏罚分明。

【恩荣宴】见212页"琼林宴"。

【恩师】对有恩德于自己的老师或师傅的尊称。《三侠五义》第六回："包公……暗自思量道：'我包某命运如此淹蹇

（jiǎn），自幼受了多少的颠险，好容易蒙兄嫂怜爱，聘请恩师，教诲我一举成名。”

【恩同再造】恩德之大如同给了第二次生命。多表示对别人给予重大恩德的感激之情。《镜花缘》第二十五回：“此时难得伯伯到此，务望垂救。倘出此关，不啻（chì，只）恩同再造。”

【恩泽】指君王对于臣民的恩惠，犹如雨露润泽万物。《史记·律书》：“今陛下仁惠抚百姓，恩泽加海内。”

【儿女英雄传】长篇章回小说。清代文康作。写侠女何玉凤（即十三妹）救下安骥与村女张金凤并撮合二人成婚；后何玉凤也嫁给安骥。赞扬了为民除害、助人为乐的侠义精神。该书运用流畅的北京口语描写情节，刻画人物生动细腻，结构也较缜密，对后世武侠小说有一定影响。也称《金玉缘》《侠女奇缘》。

【尔雅】书名。尔：同“迩”，接近；雅：正确。十三经之一。由汉初学者纂集增补而成，是我国古代最早解释词义的词典。该书旨在为使用语词提供标准和规范。今本19篇。前3篇解释语文性词语，其余各篇解释百科性词语。是考证词义和古代名物的重要资料。

【耳根清净】佛教语“六根清净”的一类。佛教认为“耳根清净”，便能达到“天耳通”，远近皆闻，能知一切众生的语言。《圆觉净》卷上：“闻清净故，耳根清净。”后指听不到胡言乱语和嘈杂刺耳的声音。常指不听是是非非。

【耳顺】❶《论语·为政》：“六十而耳顺。”指年龄到六十岁，什么话都能听得进去，正确的话予以采纳，对不正确的话不斤斤计较。后因以“耳顺”为六十岁的代称。❷顺耳。

【耳提面命】《诗经·大雅·抑》：“匪（不仅）面命之，言（助词）提其耳。”不仅当面教导，而且提其耳朵叮咛（多用于对晚辈）。形容对人教诲殷切。

【耳闻不如目见】西汉·刘向《说苑·政理》：“耳闻之不如目见之，目见之不如足践之。”意思是听到的东西没有亲眼所见的可靠。

【耳闻是虚，眼观为实】亲自听到的也不一定可信，只有亲眼看到的才真实可靠。清·名教中人《好逑传》第九回：“‘耳闻是虚，眼观为实’，叔叔此时，且不要过于取笑侄女，请再去一访……”也说耳听是虚，眼见为实。

【二谛】佛教用语。真谛与俗谛的合称。谛，意为真理。佛教认为，就现象而言，一切事物是“有”，这是顺着世俗道理说的，称为“俗谛”。就本质而言，一切事物是“无”（也称“空”），这是超脱世俗道理说的，称为“真谛”。

【二郎神】民间传说中的神。所指不一。《朱子语类》以为指秦蜀郡太守李冰的次子；《封神演义》等小说中称其名为杨戬（jiǎn），住灌口，疑从李冰次子故事演化而来。

【二里头文化】我国青铜时代中原地区的一种文化。1959年发现于河南偃师二里头，故称。年代约为前21世纪—前17世纪。出土的生产工具有石器、蚌器和木器等，反映了夏商时代的农耕经济生产力状况。器物中的铸铜、制陶、琢玉、制骨等，表明当时的手工业已达到了相当高的水平。遗址中发现两座大型宫殿基址，证明已出现国家政权。二里头文化遗址为国家重点文物保护单位。

【二十八宿（xiù）】❶星宿名。我国古代天文学家把分布在黄道（即地球绕太阳公转的轨道）、赤道附近的星空划分为二十八个区域，每个区域叫一宿。分为四组，每组七宿，与四方及四象（四种动物形象）相配。分别是：东方苍龙：角、亢、氐（dī）、房、心、尾、箕；北方玄武：斗（dǒu）、牛、女、虚、危、室、壁；西方白虎：奎、娄、胃、昴（mǎo）、毕、觜（zī）、参（shēn）；南方朱雀：井、鬼、柳、星、张、翼、轸（zhěn）。❷道教神名。道教将二十八宿配二十八宿神，道士斋醮（jiào）作法时，常召二十八宿神下凡降妖收魔。也称二十八君。

【二十二子】丛书名。清末浙江书局编纂刊行。辑录周、秦、两汉诸子中具代表性著作22种。所据版本多为明代精刻本或清代学者校订本，如华亭张氏的《老子》、顾氏世德堂的《庄子》、吴郡赵氏的《管子》等。后经翻印，改名《子书二十二种》。

【二十六史】指我国古代26部纪传体史书。包括《史记》《汉书》《后汉书》《三国志》《晋书》《宋书》《南齐书》《梁书》《陈书》《魏书》《北齐书》《周书》《隋书》《南史》《北史》《旧唐书》《新唐书》《旧五代史》《新五代史》《宋史》《辽史》《金史》《元史》《新元史》《明史》《清史稿》。

【二十年目睹之怪现状】长篇小说。清末吴趼（jiǎn）人作。108回。晚清四大谴责小说之一。全书以主人公“九死一生”所见所闻为线索，着重描写官场、商场和“洋场”的怪现状，多侧面地暴露了晚清政治的黑暗和社会的丑恶，反映了民众的觉醒和要求变革的愿望，在思想上表现出改良主义倾向。文笔较为生动。

【二十四节气】我国农历根据太阳在黄道（即地球绕太阳公转的轨道）上的位置，将一年划分为24个时段，每一个时段及其起始点称为一个节气。即：立春、雨水、惊蛰、春分、清明、谷雨、立夏、小满、芒种、夏至、小暑、大暑、立秋、处暑、白露、秋分、寒露、霜降、立冬、小雪、大雪、冬至、小寒、大寒。这些节气能表明气候变化和农事季节。

【二十四诗品】书名。诗论。旧题唐代司空图撰。主要论述诗歌风格，分雄浑、冲淡、纤秾、沉着等24目，各用四言韵语12句描摹其特征。论诗文而品评风格，较前代曹丕、陆机、刘勰（xié）等区分更为细密。今人陈尚君、汪涌豪等已考证其为元人作品。

【二十四史】我国古代称24部纪传体史书。包括《史记》《汉书》《后汉书》《三国志》《晋书》《宋书》《南齐书》《梁书》《陈书》《魏书》《北齐书》《周书》《隋书》《南史》《北史》《旧唐书》《新唐书》《旧五代史》《新五代史》《宋史》《辽史》《金史》《元史》《明史》。清乾隆年间诏命刊行，世称武英殿本。

【二十四孝】我国古代24个孝顺父母的故事的通称。元代郭居敬辑录成书，书名《二十四孝》，是古代儿童启蒙读物之一。24个尽孝的故事是：孝感动天、戏彩娱亲、鹿乳奉亲、百里负米、啮指痛心、芦衣顺母、亲尝汤药、拾葚（shèn）异器、埋儿奉母、卖身葬父、刻木事亲、涌泉跃鲤、怀橘遗（wèi）亲、扇枕温衾（qīn）、行佣供母、闻雷泣墓、哭竹生笋、卧冰求鲤、扼虎救父、恣蚊饱血、尝粪忧心、乳姑不怠、涤亲溺（niào）器、弃官寻母。

【二十五史】我国古代称25部纪传体史书。1936年，上海开明书店以武英殿本二十四史为基础，增印清末民初史学家柯劭忞（mín）所撰《新元史》，称为"二十五史"。或不增《新元史》，增赵尔巽(xùn)等所撰《清史稿》，也称为"二十五史"。

【二者不可得兼】《孟子·告子上》：孟子曰："鱼，我所欲也，熊掌，亦我所欲也，二者不可得兼，舍鱼而取熊掌者也。生亦我所欲也，义亦我所欲也，二者不可得兼，舍生而取义者也。"在鱼和熊掌之间决定取舍，放弃鱼而取熊掌，因为熊掌的价值比鱼高。在生死和仁义之间决定取舍，弃生而取义，因为义比生命价值更高。

【贰臣】贰：二心。朝代更替之际兼仕两朝的大臣。投降敌方并为其服务的官员被原统治集团称为贰臣。封建社会在"忠君"思想支配下，官员以做贰臣为耻。例如宋元和明清之际，有大量前朝官员拒绝为新朝服务，他们或隐遁山林专务学术，或浪迹天涯不知所终。但也有一些人不惧骂名，顺应时变，积极投入新朝怀抱，为新兴政权奔走。

【**发愤图强**】痛下决心，努力谋求发展、强盛。

【**发愤忘食，乐而忘忧**】《论语·述而》："其为人也，发愤忘食，乐而忘忧，不知老之将至云尔。"意思是努力工作而忘了吃饭，快乐而忘了忧愁。形容好学不倦，以学为乐。

【**法宝**】❶指佛教三宝（佛、法、僧）之一的"法"，即佛教的教义、教理；也指僧人的衣钵、锡杖等。《维摩经·佛国品》："法宝普照，而雨〔yù，下（雨、雪等）〕甘露。"❷道教神话传说中指能施展法力，战胜敌方的宝物；比喻有特效的工具、方法或经验。清·李渔《蜃中楼·试术》："蒙玉皇授我三件法宝，一来成就好事，二来降服火龙。"

【**法不阿**（ē）**贵**】语出《韩非子·有度》。阿：偏袒。法律不可偏袒权贵。反映了韩非子法律面前人人平等的思想。

【**法不徇情**】徇：偏私；无原则地顺从。执法公正，不讲私人感情。《三国演义》第七十二回："临行（操）戒之曰：'居家为父子，受事为君臣，法不徇情，尔宜深戒。'"

【**法号**】见57页"法名"。

【**法华经**】《妙法莲华经》的简称。佛教经典。7卷。因用莲花比喻佛所说教法清净微妙，故称。经文旨在说明释迦牟尼说法的目的，是使众生都能得到和佛一样的智慧，即人人都能成佛。又强调唯有《法华经》才是"一乘"（使众生成佛的唯一途径）的方法。

【**法会**】佛教指讲解佛法和举行宗教仪式的集会。《法华经·随喜功德品》："若人于法会，得闻是经典。"

【**法家**】战国时期的一个重要学派。起源于春秋时管仲、子产，发展于战国时李悝（kuī）、商鞅、慎到和申不害等人。到战国末期，韩非集其大成。主张"各当时而立法，因事而制礼；礼法因时而定，制令各顺其宜"（《商君书·更法》）。还主张实行统一的国家君主制；提倡以农致富，以战求强；严刑峻法，监察官吏。主要著作有《商君书》《韩非子》等。

【**法界**】佛教用语。界：所依，所因。多用于指现象的本源和本质，特指成佛的原因。也说真如、实相。

【**法经**】书名。我国第一部比较系统的法典。战国魏李悝（kuī）编纂。约于周威烈王十九年（前407）编成，6篇，是对当时各诸侯国法律的综合，为后来秦汉法律所继承。其立法精神、法种及法律条例等成为后世法律体系的基础。

【**法力**】佛教指佛法的力量。《维摩经·佛国品》:“法王法力超群生，常以法财施一切。”今泛指神奇的力量。

【**法令既行，纪律自正，则无不治之国，无不化之民**】语出北宋包拯《致君》。意思是只要依法治国，法令畅通，纪律和风气自然清正，那样就不会有治不好的国家，也不会有顽固不化的百姓。

【**法门**】即佛所说的法。因是众生进入佛道的门径，故称。今泛指做事、治学的正确途径、方法。如：不二法门。

【**法门寺**】我国佛教寺院。位于陕西扶风县北部的法门镇。始建于东汉明帝十一年（68），至今已有1900多年历史，有“关中塔庙始祖”之称。原名“阿育王寺”，唐高祖时改名为“法门寺”，成为皇家寺庙。因安置释迦牟尼佛指骨舍利而成为佛教圣地。

【**法名**】佛教用语。出家后由师父另赐的名字。表示出家或皈依成为释迦佛的弟子。也说法号。

【**法莫如显**】语出《韩非子·难三》。法律规章没有什么比公开化更重要的了。意思是法律规章一定要明文公布。

【**法器**】佛教、道教举行宗教仪式所用的钟、鼓、铙（náo）、钹（bó）、引磬（qìng）、木鱼等乐器及瓶、钵、杖、麈（zhǔ）等器物。

【**法师**】❶佛教一种学位的称号，指精通并能讲解佛法，致力于修行的僧人。比法师高一等的有三类：精通经藏（zàng）的称为经师，精通律藏的称为律师，精通论藏的称为论师。更高的是精通经、律、论三藏的三藏法师。❷对僧人或道士的尊称。

【**法事**】指和尚、道士等为超度亡魂等而举行的仪式。

【**法术**】❶法家学说中“法”（法律、法令）和“术”（权术、策略）的合称；特指法家的学术。❷指方士、巫师等驱除鬼怪邪祟的本领。

【**法行之法**】指能保证法律一定得到执行的法规。《商君书·画策》:“国皆有法，而无使法必行之法。”强调法贵必行。

【**法印**】佛教用语。指判定佛法的标准。有三法印与四法印。不合于这些准则的，就不是佛法。参见225页“三法印”。

【**法语（yù）之言，能无从乎**】法：指礼法正道；语：告诫。符合礼法的话能不听从吗？《论语·子罕》:“法语之言，能无从乎？改之为贵。”

【**法者，国之权衡也**】语出《商君书·修权》。衡：秤，借指标准。法律是国家权力的标准。

【**法者，所以兴功惧暴也**】语出《管子·七臣七主》。兴：倡导；惧暴：使强横凶暴的人惧怕。所谓法律规章，是用来提倡建功立业、威慑强横凶暴之人的。

【**法制**】指通过国家政权建立起来的法律制度，包括法律的制定、执行和遵守。《韩非子·饰邪》:“明法制，去私恩。”

【**法治**】指依照法律治理国家的政治主张和治国方式（跟“人治”相对）。《晏子春秋·内篇谏上九》:“昔者先君桓公之地狭于今，修法治，广政教，以霸诸侯。”

【凡尘】佛教、道教或神话故事中指人世间，现实世界。《警世通言·庄子休鼓盆成大道》：“莫把金枷套颈，休将玉锁缠身。清心寡欲脱凡尘，快乐风光本分。”也说尘世，红尘。

【凡将举事，令必先出】语出《管子·立政》。举事：办大事；令：法令。凡是要办大事，必须先制定、颁布相关法令。

【凡人之患，蔽于一曲而暗于大理】语出《荀子·解蔽》。患：弊病；曲：局部、部分；暗：糊涂。人的弊病是容易被局部现象所蒙蔽，而不懂得大道理。

【凡人之生也，必以平正】语出《管子·内业》。人活在世上，一定要凭着平和中正来安身立命。

【凡赏罚之必者，劝禁也】语出《韩非子·六反》。必：坚决；劝：鼓励。赏罚坚决，是为了鼓励立功和禁止犯罪。

【樊迟】（前515—？）孔子弟子。姓樊，名须，字子迟，亦称樊须。春秋末鲁国人。好学广问，且敢于连续追问，直至通达。《论语》记其三问“仁”，两问“知”，一问“崇德（提高道德）、修慝（tè，去恶为善）、辨惑”。一请学“稼”“圃”。樊迟有勇武精神，作战勇敢。后世被谥为“樊伯”“益都侯”。

【反哺】传说小乌鸦长大，衔食喂养其母。后用来比喻子女奉养回报父母。明·李时珍《本草纲目·禽部》：“慈乌：此乌初生，母哺六十日，长（zhǎng）则反哺六十日。”

【反躬自问】反回身来问问自己。指从思想和言行上做自我检查。

【反切】我国古代注音方法之一。东汉末年出现，用两个字为一个字注音，即取上字的声（相当于声母）和下字的韵（相当于韵母和声调）拼合成一个音，写作“某某反”或“某某切”，如“难，乃但反”，取“乃”的声母 n 和“但”的韵母和声调 àn 拼作 nàn，就是“难”的读音。

【反求诸身】儒家一种重要的修身方法，指通过反省来检查自己的思想和言行是否符合道德标准。《中庸》第十四章：“子曰：‘射有似乎君子，失诸正鹄（zhènggǔ，“正”和“鹄”都是鸟名，古人在用布做的箭靶子中心画上正的图案，在用皮革做的靶子中心画上鹄的图案，故以“正鹄”作为靶子中心的代称），反求诸其身。’”孔子说射箭的道理与君子做人的道理相似，如果箭没有射中靶心，就应回过头来从自己身上寻找原因。也说反求诸己。

【反身而诚，乐莫大焉】《孟子·尽心上》：“万物皆备于我矣。反身（反省自身）而诚，乐莫大焉；强恕而行，求仁莫近焉。”孟子说反躬自问诚实无欺，便是最大的快乐。

【反省（xǐng）】检查自己的思想行为，剖析存在的缺点与错误。

【反者道之动】循环往复的运动变化，是道的运动。《老子》四十章：“反者道之动，弱者道之用。”（反：同“返”，循环往复）

【反真】反：同“返”；真：自然本性，

真道。道家指复归自然本真之态。道教认为人死就是复归自然，故称死亡为“反真”。《庄子·大宗师》：“嗟来（哎呀）桑户（人名）乎！嗟来桑户乎！而（你）已反其真，而我犹为人猗（啊）！”

【返朴归真】朴：质朴，也指“道”。基于《老子》“见素抱朴”“复归于朴”等品行修养的原则，道教认为人通过逆行修炼便可返还到生命初始的“赤子”状态，复归于纯真的自然本性，达到“长生久视”的目的。后指去掉雕饰，返回原始的纯朴本真状态。

【犯而不校（jiào）】语出《论语·泰伯》。指受到别人的触犯或无礼对待也不计较。

【泛爱众而亲仁】语出《论语·学而》。意思是广泛地爱护大众，接近有仁德的人。

【范成大】（1126—1193）南宋诗人。字致能，号石湖居士，吴县（今江苏苏州市吴中区）人。绍兴进士。官至参知政事。晚年退居家乡石湖。其诗取唐、宋诸名家之长，自成一家。其田园诗独创一格，颇有影响。与尤袤、杨万里、陆游齐名，号称“中兴四大家”，亦称“南宋四大家”。著有《石湖居士诗集》《石湖词》《桂海虞衡志》《吴船录》《揽辔录》《吴郡志》等。

【范雎（jū）】（？—前255）战国时秦相。字叔，魏国芮城（今山西芮城）人。初为须贾门客，入秦后，以远交近攻、加强王权游说秦昭王成功，官拜相位，封应侯。秦、赵长平之战，范雎用反间计使赵国以赵括代廉颇为将，造成赵军惨败。后范雎失宠，辞归封地。

【范缜（zhěn）】（约450—约515）南朝齐梁时期无神论思想家。字子真，南乡舞阴（今河南泌阳西北）人。初为宁蛮县主簿，升迁为尚书殿中郎。后被召为中书郎。他以惊人的勇气著《神灭论》一文，指出“神即形也，形即神也。是以形存则神存，形谢则神灭也”。证明物质是实在的，精神是附生的。其思想对后来无神论的发展有较大影响。

【范仲淹】（989—1052）北宋政治家、文学家、军事家。字希文，吴县（今江苏苏州市吴中区）人。大中祥符八年（1015）进士。官至参知政事（相当于副宰相）。曾出任陕西经略副使，为巩固西北边防卓有贡献。为官清廉，直言敢谏，仕途坎坷，多次遭贬。政治上积极主张革新。诗、文、词均有名篇传世。他的词风悲壮雄健，开豪放词派先声。《岳阳楼记》中“先天下之忧而忧，后天下之乐而乐”是传诵千古的名句。有《范文正公集》。

【梵（fàn）】与古印度或佛教有关的事物。因佛经原用梵文写成，所以凡与佛教有关的事物都称梵，如：梵文、梵刹。

【梵呗（fànbài）】梵语音译。佛教徒在宗教仪式上吟诵经文的声音。有曲调，可用乐器伴奏。中国佛教以其传自梵土（天竺），故称梵呗。

【梵刹（chà）】梵语音译。原指“佛国”“佛土”，后专指佛教寺院，即佛教僧侣供奉佛像、舍利（佛骨），进行宗教活动和居住的处所。唐·王维《赞佛文》:“在微尘中，见亿佛刹。”

【梵文】印度古代的一种文字，相传为“大梵天王”所造。唐·道世《法苑珠林》卷十五:“西方写经，同祖梵文。”

【方苞】(1668—1749)清代散文家，桐城派散文创始人。字灵皋，晚年号望溪。祖籍安徽桐城县(今桐城市)。官至礼部右侍郎。著有《方望溪先生全集》。与姚鼐(nài)、刘大櫆(kuí)合称“桐城三祖”。

【方便】佛教用语。指以灵活方式因人施教，使之领悟佛法真义。《维摩经·法供养品》:“以方便力，为诸众生分别解说，显示分明。”

【方东树】(1772—1851)清代文学家、学者。字植之，号歇庵、冷斋，晚号仪卫老人，安徽桐城人。治经史，尊朱熹，著《汉学商兑》，以攻汉学之失。师事姚鼐，为文一本其师，撰《昭昧詹言》阐发桐城派宗旨，为桐城派作家。以授徒为业，先后讲学于江宁、阜阳、六安、池阳、粤东、宿松、祁门等地书院。以一介寒儒，关心民生、国事。主要著作有《仪卫轩诗文集》《书林扬觯(zhì)》《大意尊闻》《待定录》《未能录》等。

【方术】❶指道教采药炼丹及养身之术。东晋·葛洪《抱朴子·金丹》:“余少好方术，负步请问，不惮险远。”❷泛指天文(包括占候、星占)、医学(包括巫医)、神仙术、房中术、占卜、相术、遁甲、堪舆、谶纬等。《后汉书·方术列传序》:“汉自武帝颇好方术，天下怀协道蓺(yì)之士，莫不负策抵(zhǐ)掌(击掌，表示激奋)，顺风而届焉。”

【方孝孺】(1357—1402)明代政治家、文学家、思想家。浙江宁海人，字希直，一字希古，人称正学先生。曾任侍讲学士、《太祖实录》总裁。燕王朱棣发动“靖难之役”兵入京师(今江苏南京)后，因不肯为其草拟登基诏书而遇害，并被诛灭十族(宗亲九族及学生)，牵连被杀达八百七十余人。成为中国历史上唯一一个被“诛十族”的人。明末被追谥为“文正”。著有《逊志斋集》。

【方言】❶书名。《輶(yóu)轩使者绝代语释别国方言》的简称。西汉扬雄撰。汉语方言学的开山之作。今本13卷。体例仿照《尔雅》，类集古今各地同义词语，大都注明通用范围。材料的来源为古籍，但更多的是直接的调查。在我国方言学史上有“悬诸日月而不刊”的美誉，在世界方言学史上也占有重要地位。❷一种语言在演变过程中形成的地域分支，跟标准语有区别，如汉语中的闽语、吴语等。

【方以智】(1611—1671)明清之际思想家、科学家。字密之，号曼公，又号鹿起。安徽桐城人。崇祯进士。曾任翰林院检讨。清兵下广东，退隐出家。反对宋明理学，主张中西结合，儒、释、道三教归一。著作有《通雅》《物理小识(zhì)》《东西均》《药地炮庄》等。

【方丈】❶寺院或道观中住持的居室。因大小一丈见方，故称。❷借指寺院或道观中的住持。

【防微杜渐】语出《后汉书·丁鸿传》。微：微小，指事物的苗头；杜：杜绝，堵塞；渐，事物的开端。在坏思想、坏事或错误刚冒头时，就加以防止、杜绝，不让其发展下去。

【房玄龄】(579—648)唐初大臣。齐州临淄（今山东淄博市临淄区）人。18岁举进士，授羽骑尉。官至宰相，长期综理朝政。与魏徵、杜如晦等同为唐太宗辅政重臣，为“贞观之治”做出了贡献。

【放水灯】道教习俗。于农历七月十五日中元节夜，将做成荷花状的灯燃起，然后放到河里或湖里任其漂浮，以超度亡魂或祈求好运。

【放下屠刀，立地成佛】原为佛教劝人改恶从善的话。后泛指作恶的人只要决心悔改，仍能变成好人。

【飞蛾投火】唐·道世《法苑珠林》卷五十五引《涅槃经》:“汝等今者兴建是意，犹如飞蛾投于火。”多用以比喻自寻死路，自取灭亡。

【飞天】指空中飞舞的天神，多见于佛教壁画或石刻之中。

【非百胜不战，非万全不斗（dòu）】语出《孙子兵法·形篇》。南宋张预注。意思是没有确保获胜的把握，没有周密稳妥的谋划，就不要开战。反映出孙子的慎战思想。

【非攻】非：反对，批评，非难；攻：攻伐，战争。《墨子》中的篇章，分上、中、下三篇。表明墨子反对战争、主张和平。

【非礼勿视，非礼勿听，非礼勿言，非礼勿动】语出《论语·颜渊》。孔子说，不合礼的不看，不合礼的不听，不合礼的不说，不合礼的不做。

【非命】❶《墨子》中的篇章，分上、中、下三篇。阐释反对儒家的天命论，主张事在人为的观点。❷命：寿命。非正常死亡；意外灾祸。如：死于非命。

【非人】❶佛教指人类之外的天龙八部、恶鬼、地狱等。《法华经·提婆品》:“天龙八部，人与非人。”也泛指鬼神。❷出家遁世之沙门（佛教徒）的自谦之词。❸道家指游心于物外，形神寂静，有如槁木的异人。《庄子·田子方》:“孔子见老聃（dān），老聃新沐，方将被（同“披”）发而干，慹（zhé）然（不动的样子）似非人。”

【非学无以广才，非志无以成学】语出三国蜀诸葛亮《诫子书》。意思是不努力学习就不能增长才智，不立志就无法成就学业。

【非以其名也，以其取也】《墨子·贵义》:“瞽（gǔ，失明，指盲人）不知白黑者，非以其名也，以其取也。”盲人不知白黑，不是因为他不能称说白黑的名称，而是因为他无法（判断）选取黑或白的东西。用来比喻不要以事物的名称判断事物，而应该以实正名，名副其实。

【非乐（yuè）】非：反对，批评，非难。《墨子》中的篇章，分上、中、下三篇。反对奢靡的音乐活动，主张节省人力物力。

【淝水之战】我国历史上著名的以少胜多的战例。383年，前秦苻坚率领80余万大军南下，企图一举灭晋。东晋命谢玄领兵8万迎战。晋军进至淝水，要求对岸秦军稍退，以便渡河决战。苻坚打算乘对方半渡而击，便挥军后退。不料大军因多不愿战，一退而不可止。晋军渡河追击，秦军败逃，途中听到风声鹤唳（lì，鸣叫），也以为晋兵追来。谢玄乘胜攻占洛阳等地，保住了东晋半壁江山。

【分身】《法华经·见宝塔品》："彼佛分身诸佛，在于十方世界说法。"佛教认为诸佛具有神通方便之力，能分身十方世界示现各种样子，普度众生。参见104页"化身"①。

【坟典】三坟、五典的简称，传说中我国最早的古书。泛指古代典籍。

【焚膏继晷（guǐ）】膏：油脂，指灯烛；继：继续，接替；晷：日影。点燃灯烛读书写作一直到第二天日光出现。形容夜以继日地勤奋学习和工作。唐·韩愈《进学解》："焚膏油以继晷，恒兀兀（劳苦不息的样子）以穷年。"

【焚书】❶烧毁图书；特指秦始皇烧毁图书。❷书名。明代李贽著，包括"书答""杂述""读史""诗歌"几部分，多方面反映了作者在政治、哲学等方面的思想。另有李贽门人编辑刻印的《续焚书》。

【焚书坑儒】秦攻灭六国统一天下后，为加强统治而制造的重大摧毁文化事件。始皇三十四年（前213），秦始皇下令：一、除《秦记》外，其他列国史记一律烧毁。二、除博士官的藏书外，民间所藏的《诗经》《尚书》百家语等一律焚毁。三、通令全国郡守和尉查禁以上书籍，令下三十日不烧的判五年徒刑，黥（qíng，脸上刺字）面并罚其修筑长城。四、私藏禁书的灭族。五、有敢谈论《诗经》《尚书》的判处死刑；以古非今的灭族；官吏知而不举者连坐同罪。六、禁止私学；要学习法令，以官吏为师。焚书令下达后，引起思想文化界强烈不满，很多方士、儒生相约逃亡。始皇三十五年（前212），秦始皇派御史查究并下令把460多名方士和儒生活埋于咸阳骊山坑谷中。史称"焚书坑儒"。焚书坑儒体现了秦始皇的暴虐，严重摧残了思想文化的发展。

【奋发图强】奋发：精神振作；情绪饱满；图：谋求。振奋精神，努力工作，以谋求强盛。

【奋起直追】奋：鸟振翅起飞，指奋勇。形容振作起来，奋勇赶上。

【愤世嫉俗】愤：憎恶，痛恨；嫉：厌恶；俗：世俗。愤恨憎恶社会上的不良风气和习俗。

【风范】可以作为典范的风度、气派。《周书·柳泽传》："（柳泽）与王湜（shí）俱以风范方正为当时所重。"

【风骨】❶骨气；刚正坚强的品格。《北齐书·武成十二王传论》："文襄诸子，咸有风骨。"❷指（诗文书画等）雄浑豪放、刚劲（jìng）有力的风格。如：建安风骨。

【风水】指宅基地或墓地周围的风向、水流等形势。迷信认为风水的好坏可以影响家族的兴衰祸福。《葬书》:“经曰:气乘风则散,界水则止。古人聚之使不散,行之使有止,故谓之风水。”也说堪(高处)舆(低处)。

【风习】风俗习惯。清·吴伟业《送宛陵施愚山提学山东》诗:“风习使之然,诗书徇然诺。”

【风雅】❶原指《诗经》中的《国风》和《大雅》《小雅》。亦用以指代《诗经》。后泛指与诗文有关的文化活动。❷文雅。《明史·文苑传》:“(袁宏道)与士大夫谈说诗文,以风雅自命。”

【风雅颂】❶《诗经》三个组成部分。风,又称国风,即各地民歌,共160篇;雅,分小雅、大雅,多为叙事诗,是西周王畿一带的乐歌,共105篇;颂,分周颂、鲁颂、商颂三种,为祭祀所用的乐歌,共40篇。❷《诗经》“六义”(风、雅、颂、赋、比、兴)中根据所写内容、作用分出的三种:风用于教化;雅指政事可供后人效法,政事大的称大雅,小的称小雅;颂是赞美王的盛德的。参见241页“诗经”。

【风雨同舟】在狂风暴雨中同乘一条船。比喻共同渡过难关。《孙子·九地》:“夫吴人与越人相恶也,当其同舟而济,遇风,其相救也如左右手。”

【封建】❶一种分封的政治制度。《吕氏春秋通诠·慎势》认为:封建,即封邦建国,古代帝王把爵位、土地分赐亲戚或功臣,使之各建邦国。相传黄帝为封建之始,至周制度始备。❷指封建社会或带有封建思想、封建色彩的。

【封禅(shàn)】古代帝王祭祀天地的大型典礼。封是到泰山祭天,禅是到梁父(fǔ)山(一说云山或亭山)祭地,表示受命于天。远古和夏商周三代,已有封禅的传说,秦始皇、汉武帝、唐玄宗、唐高宗等都曾到泰山封禅。

【封斋】❶按照伊斯兰教的教义,伊斯兰教历每年九月为斋戒月,成年健康的穆斯林在白天禁止饮食和房事等,称为封斋。也说斋戒、把斋。❷天主教的斋戒期,教徒在封斋期内必须守斋。

【冯梦龙】(1574—1646)明代文学家、戏曲家。字犹龙,长洲(今江苏苏州)人。做过知县。工诗文,主要致力于小说、戏曲和其他通俗文学的研究、整理与创作。主要作品有“三言”(《喻世明言》《醒世恒言》《警世通言》)、《新平妖传》《新列国志》等。

【冯子材】(1818—1903)晚清将领。字南干,广东钦州(今属广西)人。行伍出身。因镇压太平军有功,官至广西提督。三次应越南约请出关抗法,授贵州提督。后退职。中法战争爆发后,年已七十余的冯子材,在军民的大力支持下,大败法军于镇南关。

【奉公守法】奉公行事,遵守法令。指以公事为重,不徇私情。《史记·廉颇蔺相如列传》:“以君之贵,奉公如法则上下平。”

【奉养】侍候并赡养长辈。《后汉书·列女传·吴荣》:“荣尝躬勤家业,以奉养其姑(婆婆)。”

【佛】❶“佛陀”的简称,是“智慧、觉悟”的意思。“智”有三种：第一是“一切智”，就是正确了解宇宙的本体；第二是“道种智”，指能够正确明了宇宙万象的智慧；第三是“一切种智”，就是对宇宙人生的真相彻底圆满地明了。智慧“起用”就是“大觉”。“觉”也有三种：第一是自己觉悟了（即经典里所谓的“小乘”）；第二是能够帮助别人觉悟（即经典里所谓的“大乘”）。第三是圆满的觉悟，在佛教称之为“佛”。❷ 佛教的简称。如信佛、佛经。❸ 小乘对释迦牟尼的尊称；大乘泛指一切觉行圆满者。❹ 指佛经、佛号。如烧香念佛。

【佛典】佛教的经典。

【佛殿】寺院中供奉佛像的大殿。

【佛法】❶ 佛教的教义。❷ 佛教指佛具有的法力。

【佛光】❶ 佛所带来的光明。佛教认为佛的法力广大，觉悟众生犹如太阳破除昏暗。❷ 佛像上方呈现的光焰。❸ 指某些高山峰顶在有云雾的天气中，阳光将山顶的轮廓（包括游人影像）投射在云雾上的一种光学现象。

【佛号】佛的名号，如世尊、如来等。特指信佛者口中常念的佛号“阿弥陀佛”。

【佛家】❶ 指佛教的学术流派；佛教僧侣。❷ 诸佛之净土。《观无量寿经》：“当坐道场，生诸佛家。”

【佛教】与基督教、伊斯兰教并称为世界三大宗教。由古印度迦毗（pí）罗卫国（今尼泊尔境内）的悉达多·乔达摩（尊称为释迦牟尼）所创。主张依经（教义）、律（戒律）、论（论述或注释）三藏（zàng）修持戒、定、慧三学，以断除烦恼而成佛为最终目的。佛教在世界上尤其是对东亚和南亚地区具有广泛的影响。西汉末年传入中国。我国主要有汉传佛教、藏传佛教。对我国哲学、文学、艺术和民俗影响很大。也说佛门。

【佛经】佛教经典。包括经（教义）、律（戒律）、论（论述或注释），合称三藏（zàng）。特指三藏之一的“经藏”部分。

【佛龛（kān）】供奉佛像的小阁或石室。清·沈复《浮生六记》卷三《坎坷记愁》：“隔西首一间，设月窗，紧对佛龛，本为作佛事者斋食之地，余即设榻其中。”

【佛门】见 64 页“佛教”。

【佛曲】指佛事仪赞歌曲和讲经前后吟唱的乐曲。隋唐五代时在佛教徒中较为流行。后演变为讲唱文学。7 世纪初，在今缅甸境内的骠（piào）国赠送给中国佛曲 10 种，并派来乐工 32 人。唐代的音乐中吸收了天竺乐等佛教音乐。

【佛事】僧尼等所做的诵经、祈祷、礼佛等宗教活动的统称。

【佛寺】佛教的寺庙。即佛教僧侣供奉佛像、舍利（佛骨），进行宗教活动和居住的处所。

【佛塔】见 262 页“塔”①。

【佛堂】专门供奉佛像、做佛事的殿堂、堂屋。

【佛徒】信奉佛教的人。也称佛教徒。

【佛陀】梵（fàn）语音译。佛教徒对佛教创始人释迦牟尼的尊称。意思是“觉悟了的人”。简称“佛”。

【佛像】佛陀塑像的简称。指佛祖释迦牟尼或众佛、菩萨的像。

【佛学】研究、阐述佛教的学问。

【佛牙】指释迦牟尼火化后遗留下来的牙齿。相传释迦牟尼圆寂之后，全身都变成细粒状舍利，但牙齿完整无损，佛教徒奉为珍宝，予以供奉。也说佛牙舍利。

【佛爷】❶对佛祖释迦牟尼的尊称；泛指佛教修行圆满的人。❷清代对帝后或太上皇、皇太后的敬称。清末专称慈禧太后为老佛爷。

【佛珠】佛教徒念佛号或经咒时用以计数的串珠。一般由一百零八颗珠子组成一串。多用香木，也有用玛瑙、玉石等制成。也称念珠或数（shǔ）珠。

【佛祖】指佛教的创始人释迦牟尼；也指开创佛教宗派的祖师。

【夫唯不争，故天下莫能与之争】语出《老子》二十二章。意思是只有淡泊地不与人相争，世界上才没有人能和他相争。此为老子“柔弱胜刚强”和“不争”哲学思想的体现。今多用以表示谦虚处世、低调做人。

【夫刑者，所以禁邪也；而赏者，所以助禁也】语出《商君书·算地》。刑罚是用来禁止邪恶的工具，而奖赏是用来辅助制止邪恶的工具。

【伏生】西汉经学家。今文《尚书》的最早传授者。名胜，字子贱。“生”即“先生”之省称。济南（今山东章丘西）人。秦时为博士。秦始皇焚书，伏生将《尚书》藏在墙壁中。汉惠帝时求其书，唯存28篇，教授于齐鲁之间。文帝时，命晁错向他学《尚书》。今本今文《尚书》28篇，即由他传存。相传作有《尚书大传》，疑是其弟子张生、欧阳生或后来的博士们杂录所闻而成。

【伏羲】古代传说中的三皇之一。相传其始画八卦，又教民结网、渔猎畜牧。也称宓（fú）羲、庖牺。

【扶贫济困】扶持、救济贫困户或贫困地区。

【扶弱抑强】扶助弱小，抑制强暴。东汉·袁康《越绝书·外传本事》：“勾践之时，天子微弱，诸侯皆叛，于是勾践抑强扶弱，绝恶反之于善。”也说抑强扶弱。

【扶危济困】扶助有危难的人，救济困苦的人。

【扶正祛（qū）邪】祛：去除。扶持正气，去除邪气。中医指增强人体的抗病能力。泛指扶持好的事物，纠正错误倾向。

【宓（fú）子贱】（前521—？）孔子弟子。姓宓，名不齐，字子贱。以德行著称。孔子称赞他为“君子”。曾为单父（shànfǔ，今山东单县南）宰。《吕氏春秋》《史记》等均有其政绩记载。与漆雕开（孔子弟子）等认为人性有善有恶。清马国翰辑有《宓子》一卷。

【浮生】《庄子·刻意》：“其生若浮，其死若休。”意思是人生在世，虚浮不定。后因称人生为“浮生”。南朝宋·鲍照《答客》诗：“浮生急驰电，物道险弦丝。”

【浮屠】梵（fàn）语音译。❶指佛陀。如：浮屠氏（佛教徒）、浮屠经（佛经）。❷指佛塔。如“救人一命，胜造七级浮

F

屠”。也作浮图。

【**符**】古代朝廷封爵、制官、派遣使节或调兵遣将时用的凭证。分为两半，君臣或有关双方各执一半，两半相合，经验证后生效。

【**符节**】古代调兵使用的符和使者所持的节的合称；也单指符或节。唐·司马贞《〈史记〉索隐》引韦昭曰：“符，发兵符也；节，使者所拥也。”

F

【**符箓**（lù）】符和箓的合称。“符”指书写于黄纸或帛上的笔画屈曲、似字非字的符号；“箓”指记录于诸符间的天神名讳秘文，一般也书写于黄纸或帛上。道教认为符箓是传达天神意旨的符信，可以召神驱鬼，禳灾祛病。道教中以符箓禁咒驱邪禳灾为主的各派，称符箓派。

【**福莫长**（cháng）**于无祸**】语出《荀子·劝学》。没有灾祸就是最大的福分。也说无灾是福。

【**福音**】❶基督教徒称耶稣所说的话及其门徒所传布的教义。❷泛指好消息。

【**福音书**】基督教《圣经·新约全书》中《马太福音》《马可福音》《路加福音》和《约翰福音》四福音书的统称。内容是耶稣降生、成人及生平事迹和言行的故事。基督教认为，这些书是给受苦受难的人“报告好消息”的，故称。

【**福泽**】福禄与恩泽。北宋·张载《西铭》：“富贵福泽，所以大奉于我，而使吾之为善也。”

【**福祉**（zhǐ）】幸福。孙中山《同盟会宣言》：“复四千年之祖国，谋四万万人之福祉。”

【**鵩**（fú）**鸟赋**】篇名。西汉贾谊作。该赋借与鵩鸟的问答，抒发怀才不遇之情，并用老庄“齐生死、等祸福”的思想自我宽慰，对祸福、死生做了极为通达的评述。司马迁说：“读《鵩鸟赋》，同死生，轻去就，又爽然自失矣！”

【**父母在，不远游**】《论语·里仁》：“父母在，不远游，游必有方。”孔子说父母在世，不离家远行；如果要外出，也必须有确定的去处并告诉父母，免得二老牵挂。

【**父为子隐，子为父隐**】《论语·子路》：“父为子隐，子为父隐，直在其中矣。”孔子说父亲替儿子隐瞒，儿子替父亲隐瞒，正直就在这里面了。法制基于人性，亲情则是人的本性之一，如果法制有违人性就有失健全。故孔子提出父子之间要互相替对方隐瞒。

【**付丙**】用火烧掉（书信、文稿等）。古人以天干配“金、木、水、火、土”五行，“丙”“丁”属火，书札或文稿，不愿让别人看到而烧掉，叫“付丙”或“付丙丁”。清·欧阳巨源《负曝闲谈》第二十五回：“阅后付丙。”也说付丙丁。

【**负荆请罪**】《史记·廉颇蔺相如列传》记载：战国时赵国的蔺相如因功位居大将廉颇之上，廉颇不服，处处跟蔺相如过不去。蔺相如为了国家的利益，一直忍让。廉颇知错后十分惭愧，就背着荆杖，去向蔺相如赔罪，请求责罚。后用“负荆请罪”表示诚恳地赔礼道歉。

【**妇好墓**】墓葬名。墓主当是商王武丁诸妇（妃嫔）之一的“妇好”。距今约3200年。位于河南安阳小屯村西北。1976年发掘。墓内出土各种器物共1928件，许多是前所未见的艺术珍品。青铜礼器的样式很多，尤以偶方彝和三联甗（yǎn）的造型最为奇特，堪称商代后期铜器制作工艺的典范。各种器物，如石器、玉器等，也都有很高的工艺水平。是殷墟发掘以来唯一保存完整的王室墓葬，也是唯一能够推定墓主的殷商墓葬，对商代后期的历史考古研究有重要的学术价值。也说殷墟5号墓。

【阜阳双古堆汉墓】墓葬名。位于安徽阜阳县（今阜阳市）双古堆。墓主是汉初功臣、汝阴侯夏侯婴之子夏侯灶，故也称"汝阴侯墓"。1977年发掘，出土大批竹简，包括《仓颉篇》《诗经》《周易》等十余种古籍，有半数以上属古佚书，被文物考古学界誉为稀世之宝。还出土了近300件其他器物。出土漆器中的圭表和赤道式天文仪器，是世界上现存最早、有明确年代的天文观测实物，早于西方1000多年，证明我国古代在天文观测方面居于世界领先地位。这些对于认识汉代初期的经济、科学、文化、社会生活、宗教思想及墓葬礼仪等方面具有重要的参考作用，对推进汉代考古学以及汉代历史的研究有重要影响。

【赴汤蹈火】汤：开水；蹈：踩，踏。奔向沸水，踏入烈火。比喻奋不顾身，不避艰险。《三国演义》第六十回："奉主之命，虽赴汤蹈火，弗敢辞也。"

【复活节】基督教徒的重要节日之一。为纪念耶稣基督复活的节日，定在每年春分月圆之后第一个星期日。基督徒认为，复活节象征重生与希望，

【复社】明末清初江南地区自发兴起的进步政治集团。领袖人物为张溥、张采。明崇祯元年（1628），江苏太仓文学家张溥与同乡孙淳等文人，联合江南地区已有的文化社团如南社、匡社等，组成复社，提出"复古兴学""改良社会"的口号。后来逐渐由苏南扩展到江西、福建等地，对明末清初的政治、文化和社会生活有较大影响。清兵入关后，复社成员坚持抗清斗争。清顺治九年（1652）被清政府取缔。

【赋】❶ 我国古典文学的一种文体，介于韵文和散文之间，用韵，但句式类似散文，盛行于汉、魏、六朝，至唐宋仍有名作。如：《长门赋》《洛神赋》《阿房宫赋》《前赤壁赋》。❷ 创作（诗、词）。如即席赋诗。

【赋比兴】《诗经》"六义"（风、雅、颂、赋、比、兴）中表现诗歌内容的三种方法：赋是对事物的直接陈述或铺叙；比是比喻、类比；兴是先说其他事物，然后引出所要吟咏的事物，也说托物起兴。

【傅山】（1607—1684）明清之际书法家、医学家、著名学者。初名鼎臣，字青竹，后改字青主，别字公它，山西阳曲人。博通经史诸子和佛道之学，兼工诗文、书画、金石，又精医学。公开自称"异端"，用佛学释《庄子》，用训诂诠注《墨子》和《公孙龙子》，时有新义，其目的在于把六经和诸子平列，提倡"经子不分"，打破儒家正统之见，

开清代研究诸子之风。与顾炎武、黄宗羲、王夫之、李颙（yóng）、颜元一起被梁启超称为“清初六大师”。主要著作有《霜红龛（kān）集》《荀子评注》《傅青主女科》《傅青主男科》（后两部为后人所辑）。

【傅说（yuè）】商王武丁的大宰相，卓越的政治家、军事家、思想家及建筑科学家。旧时筑土墙，用两版相夹，版内装满泥土，以杵筑实，即成一版高的墙。依次向上叠筑，以达到所需要的高度。相传此法为傅说发明。《孟子·告子下》：“傅说举于版筑之间。”傅说在从政前是一位从事建筑工作的奴隶。被武丁起用后，治国才能得到发挥，帮助武丁实现了商王朝的中兴。

【富而好礼】指富贵之后并不骄横，仍然崇尚礼节。《论语·学而》：“子贡曰：‘贫而无谄，富而无骄，何如？’子曰：‘可也。未若贫而乐，富而好礼者也。’”

【富贵不能淫，贫贱不能移，威武不能屈】淫：放纵。语出《孟子·滕文公下》。意思是富贵金钱不能使其骄奢淫逸，贫穷低贱不能动摇其节操，威武强暴不能使其意志屈服。孟子认为这样的人可称为“大丈夫”。

【富国安民】使国家富强，让人民安居乐业。《汉书·沟洫（xù）志》：“此诚富国安民，兴利除害，支（维持）数百岁，故谓之中策。”

【富国强兵】使国家经济繁荣富有，使武装力量强盛。《史记·管晏列传》：“管仲既任政相齐，以区区之齐在海滨，通货积财，富国强兵。”

【富民】使人民富裕。《荀子·王制》：“故王者富民，霸者富士，仅存之国富大夫，亡国富筐箧（qiè），实府库。”

【富强】（国家）富足而强盛。《管子·形势解》：“主之所以为功者，富强也。故国富兵强，则诸侯服其政，邻敌畏其威。”

【覆车之鉴】翻车的教训。泛指失败的教训。东晋·王隐《蜀记》：“隗（wěi）嚣凭陇而亡，公孙述据蜀而灭，此皆前世覆车之鉴。”

【**噶（gá）举派**】我国藏传佛教宗派香巴噶举和塔布噶举的统称。因该派僧人穿白色僧衣，俗称白教。香巴噶举创始人琼波南交在后藏香地（今南木林）建立108寺。14—15世纪之后逐渐湮没无闻。通常指称的噶举派是塔布噶举，由玛尔巴创立。他曾多次赴印度、尼泊尔学习佛教。于1121年建岗布寺，形成塔布噶举系统。

【**垓（gāi）下歌**】诗歌篇名，项羽作。项羽被汉军困于垓下（今安徽灵璧南），兵少粮尽，自知败局已定，于帐中夜饮时的慷慨悲歌。歌词为："力拔山兮气盖世，时不利兮骓（zhuī）不逝。骓不逝兮可奈何！虞兮虞兮奈若何！"唱出了盖世英雄穷途末路的悲慨。

【**改恶从善**】不再作恶，归向良善。清·张南庄《何典》："既肯改恶从善，也不与你一般样见识。"

【**改过自新**】自新：自觉改正，重新做起。改正错误，重新做人。《史记·孝文本纪》："妾伤夫死者不可复生，刑者不可复属，虽复欲改过自新，其道无由也。"

【**改弦更（gēng）张**】更：改换；张：将弦绷紧。换掉旧琴弦，安上新琴弦。《汉书·董仲舒传》："窃譬之琴瑟不调，甚者必解而更张之，乃可鼓也；为政而不行，甚者必变而更化之，乃可理也。"比喻改革制度或变更计划、方法。

【**改邪归正**】从邪路上回到正路上来，不再做坏事。比喻由坏变好。《水浒传》第九十一回："将军弃邪归正，与宋某等同替国家出力，朝廷自当重用。"

【**盖天说**】我国古代最早的一种宇宙结构学说。认为天是圆形的，像一把张开的大伞覆盖在地上，地是方形的，像一个棋盘，日月星辰则像爬虫一样经过天空。这一学说的最早记录出现在《大戴礼记·曾子天圆》："天圆而地方，则是四角之不揜（yǎn，掩）也。"也称天圆地方说。

【**干城**】《诗经·周南·兔罝（jū）》："赳赳武夫，公侯干城。"指盾牌和城墙，比喻捍卫国家的将士。

【**干戈**】❶古代用于防御和进攻的两种兵器；泛指武器。西汉·桓宽《盐铁论·世务》："兵设而不试，干戈闭藏而不用。"❷借指战争。北宋·王安石《何处难忘酒》诗之一："赋敛中原困，干戈四海愁。"

【**干将（gānjiāng）**】古代人名，后专

为宝剑名。据《吴越春秋·阖闾内传》《搜神记》记载：相传楚王命干将、莫邪（yé）夫妇铸造宝剑，三年成雌雄二剑，雄名“干将”，雌名“莫邪”。干将自知因造剑迟缓触怒楚王，献剑后必被处死，故只献雌剑，不献雄剑，将雄剑留给儿子，希望儿子为他复仇。后其子终于杀死暴君。

【干支】天干和地支的合称。天干：甲、乙、丙、丁、戊（wù）、己、庚、辛、壬、癸（guǐ）。简称干，也称十干。地支：子、丑、寅、卯、辰、巳（sì）、午、未、申、酉、戌（xū）、亥。简称支，也称十二支。二者依次相配，组成六十个基本单位，通称“六十甲子”。古人以此表示年、月、日、时的次序，周而复始，循环使用。用这种“干支纪法”形成的历法，叫干支历。现在农历仍用干支纪年。

【甘丹寺】藏传佛教格鲁派的第一座寺院。与哲蚌寺、色拉寺合称拉萨三大寺。位于拉萨东达孜县旺古尔山。明永乐七年（1409）兴建。全寺共分夏孜、绛孜两所经学院。重楼复殿，极为壮观。寺内保存有明清两代许多珍贵文物，宗喀巴的灵塔也建于寺内。

【肝脑涂地】原指人在战争中惨死的景象。《史记·刘敬叔孙通列传》：“大战七十，小战四十，使天下之民肝脑涂地（涂抹在地上），父子暴骨中野，不可胜数。”后多用来比喻竭尽忠诚，不惜牺牲生命。

【敢作敢当】敢于放手行事，敢于承担责任。《三侠五义》第七十五回：“敢作敢当，才是英雄好汉。”

【敢作敢为】敢于大胆地干。形容做事有魄力，无所畏惧。明·王士性《广志绎·江南诸省》：“此自英雄大略之主，敢作敢为之事，意到即行。”

【感恩戴德】感激别人的恩惠和好处。元·苏天爵《元朝名臣事略·枢密赵文正公》：“今闻其父已死，诚立之为王，遣送还国，世子必感恩戴德，愿修臣职。”

【感恩图报】感激别人的恩情而想办法回报。清·文康《儿女英雄传》第二十三回：“且说，安老爷当日，原因为十三妹在黑风岗能仁古刹救了公子的性命……受她许多恩情，正在一心感恩图报。”

【感化】指用行动影响或善意劝导，使人的思想、行为逐渐向好的方面变化。《后汉书·陈禅（shàn）传》：“禅于学行礼，为说道义以感化之。”

【刚】坚毅，刚强。《论语·子路》：“刚、毅、木、讷近仁。”孔子认为“刚毅”已接近于仁的境界，但又认为刚直的人必须善于学习，“好刚不好学，其蔽也狂”（《论语·阳货》）。意思是刚勇而不爱好学习，它的弊病就是容易惹祸。

【刚柔相济】指刚强的和柔和的互相补充，调剂配合，使恰到好处。《三国演义》第七十一回：“凡为将者，当以刚柔相济，不可徒恃其勇。”

【刚、毅、木、讷（nè）近仁】语出《论语·子路》。意思是具有刚健、果敢、质朴、不轻率出言这四种品德的人近乎仁德。儒家推崇这四种品德。

【刚正不阿（ē）】刚强正直，不阿谀奉迎。清·袁枚《随园诗话·补遗》卷四："刘掞（shàn）……少颖悟，过目成诵。比（及，等到）长，刚正不阿。"

【纲常】见226页"三纲五常"。

【皋陶（yáo）】偃姓，传说是黄帝的长子少昊（玄嚣）的后裔，东夷部落的首领。舜帝时期和夏朝初期的一位贤臣，被舜任命为掌管刑法的"理官"。他公正执法，不徇私情，以正直闻名天下，为舜帝时期的太平盛世做出了贡献。也作皋繇。

【高鹗】（约1738—约1815）清代文学家。《红楼梦》后四十回作者。字兰墅、云士，别号红楼外史。乾隆六十年（1795）进士。为官谨操守、勤政事。熟谙经史，工于八股文，通晓诗词、小说、戏曲、绘画、金石等。

【高渐离】荆轲的好友。战国末燕（yān）人，擅长击筑（古代一种击弦乐器）。荆轲刺秦王行前，他击筑悲歌相送。后荆轲失败被杀，他以击筑混入宫廷乐队。秦始皇发觉，命人熏瞎了他的眼睛，让他击筑。他把铅块放进筑中，在靠近秦始皇时举筑扑击，不中（zhòng），被杀。

【高濂】明代戏曲作家。字深甫，号瑞南，钱塘（今浙江杭州）人。工于音律。所作传奇今存有《玉簪记》《节孝记》。散曲今存有小令16首，套数16套。另有诗文集《雅尚斋诗草》《芳芷楼词》和杂著《遵生八笺》等。

【高明】（约1301—约1370）元末明初戏曲作家。字则诚，号菜根道人，人称东嘉先生。瑞安（今属浙江）人。元至正五年（1345）进士。曾任处州录事、浙东阃（kǔn）幕都事等职。后解官寓居，致力创作。历时三年，写成南戏《琵琶记》，有"元末剧坛奇葩"之称。另有诗文集《柔克斋集》。

【高僧】精通佛理，德行高深的和尚。唐·周朴《玉泉寺》诗："初日长廊下，高僧正坐禅。"

【高山景行】《诗经·小雅·车辖》："高山（比喻崇高的品德）仰止，景行（光明正大的行为）行止（语助词）。"比喻崇高的德行。三国魏·曹丕《与钟大理书》："高山景行，私所仰慕。"

【高山流水】❶《列子·汤问》记载：伯牙善弹琴，钟子期能听懂他的琴音时而像巍巍高山，时而像荡荡流水。钟子期死后，伯牙认为再没人能听懂他的琴音，就把琴毁掉，终生不再弹琴。后用"高山流水"比喻知音难遇或知音相赏。《大宋宣和遗事》前集："说破兴亡多少事，高山流水有知音。"❷琴曲名。现存传谱初见于《神奇秘谱》，其题解称："《高山流水》……本只一曲，至唐分为两曲，不分段数；至宋分《高山》为四段，《流水》为八段。"

【高山仰止】高山需得仰望。语出《诗经·小雅·车辖》。后用以表示对高尚品德的崇敬仰慕。

【高尚】❶清高；崇高（跟"卑鄙"相对）。东晋·陶渊明《桃花源记》："南阳刘子骥，高尚士也。”❷ 指志行高尚的人。《北史·李先传》：“（昭徽）寻师访道，不远千里。遇高尚则倾盖如旧（倾盖如旧：车上的伞盖并在一起，形容初次相见就像老朋友一样非常亲切），见庸识（学识平庸）虽王公蔑如（看不起）。”

【高士】 ❶ 志行高洁的人。《战国策·赵策三》：“吾闻鲁连先生，齐国之高士也。”❷ 指隐居不仕或修炼的人。唐·唐彦谦《赠窦尊师》诗：“我爱窦高士，弃官仍在家。”

【高适】（约 700—765）唐代诗人。字达夫，渤海蓨（tiáo，今河北景县）人。早年曾来往东北边陲，后游河西，为哥舒翰（兵马副元帅）书记。经历安史之乱后，官至散骑常侍，封渤海县侯。熟悉边塞景况和军事生活，以边塞诗著名。代表作有《燕歌行》。风格与岑参（shēn）相近，与之并称“高岑（cén）”。有《高常侍诗集》。

【高邮二王】 指清代江苏高邮的王念孙、王引之父子。二人都精通音韵训诂，学术成就齐名。参见 281 页“王念孙”、283 页“王引之”。

【高瞻远瞩】 高瞻：站在高处望；远瞩：向远处注视。形容目光远大。郑观应《盛世危言·兵政》：“善料敌者，亦必于事机（军事计谋）之未露，兵衅（战争的征兆）之未开，高瞻远瞩，密访详稽（考察），于彼国之一举一动，无不了然于心。”

【歌舞戏】 把乐曲、歌舞和叙事结合在一起，表演一个故事的戏剧。也称歌舞剧。

【歌行（xíng）】 行：乐曲。古代诗歌体裁的一种。汉魏以下的乐府诗，题名为“歌”和“行”的颇多，如《大风歌》《东门行》。二者虽名称不同，但并无严格区别。后遂有“歌行”一体。大抵模拟乐府诗风格，语言通俗流畅，文辞铺展，形式自由，五言、七言、杂言都有，富于变化。如：李白《秋浦歌》、杜甫《兵车行》。

【歌谣】 民歌、民谣、儿歌、童谣的统称。古代以合乐（有乐器伴奏）为歌，以徒歌（无乐器伴奏）为谣，现代统称歌谣。词句简练，多押韵，风格清新朴实。《汉书·艺文志》：“自孝武立乐府而采歌谣。”

【格鲁派】 我国藏传佛教宗派。因该派僧人戴黄色僧帽，俗称黄帽派或黄教。创始人宗喀巴于 1409 年在拉萨发起大祈愿法会，法会后，又在拉萨东北的旺古尔山建立甘丹寺，独树一派。宗喀巴将显宗、密宗等各派教法调整、融合为一个完整体系。此派主张僧人应严守戒律，并重视僧人学经，制定系统的学经制度。16 世纪中，开始实行转世制度。

【格律诗】 传统诗歌体裁的一种。形式有严格规定，平仄、押韵有严格的格律，如有变化，需按一定规则。我国古典格律诗常见的形式有五言、七言的律诗和绝句。词、曲每调的字数、句式、押韵也有一定的规格，也可称为格律诗。

【格萨尔王传】 藏族长篇英雄史诗。一般认为产生于 11 世纪，100 多部，50

多万行。是目前所知世界上最长的史诗。主要写雄狮国王格萨尔率领军队，辗转征战，抵御侵略，除暴安良，改善民生的非凡事迹。结构宏伟，气势磅礴，具有鲜明的藏族风格与特色，有“东方荷马史诗”之赞誉。主要流传在藏族、蒙古族、土族等地区。

【**格物**】❶探求事物的原理、法则。❷清朝末年对物理、化学等自然科学的统称。

【**格物致知**】《礼记·大学》：“致知在格物，物格而后知至。”意思是探求事物的原理、法则，从而获取对事物的理性认识。简称格致。

【**葛洪**】（约284—364）东晋道教理论家、医学家、炼丹家。字稚川，自号抱朴子。丹阳句容（今属江苏）人。曾在罗浮山炼丹著书，积年而卒。把道教思想提炼改造得更系统，强调道儒结合，修道要以忠孝仁信为本。其著作记载了当时流行的炼丹方法，保存了中国早期医学典籍和民间方剂，其中有对治疗天花、恙虫病等世界最早的记载。著作有《抱朴子》《肘后备急方》《神仙传》等。

【**亢**（gēng）**仓子**】❶战国时人。老子的弟子。道教奉为祖师，尊称为洞灵真人。也称亢桑子、庚桑子。❷书名。旧题周代庚桑楚撰。该书杂采《老子》《庄子》《列子》《商君书》《说苑》等书内容，基本思想则属道家。唐玄宗时诏号为《洞灵真经》，列为道教经典之一。也说亢桑子。

【**庚**】❶天干的第七位。参见70页“干支”。❷年龄。如：年庚、同庚。

【**工欲善其事，必先利其器**】语出《论语·卫灵公》。工匠想做好他的活儿，一定要先把工具打造好、置办齐。

【**公安派**】明代晚期的文学流派。形成于万历年间，因代表人物袁宏道为公安（今属湖北）人而得名。此流派以“性灵说”为内核，主张文学应因时而变，反对拟古蹈袭，注重有感而发、直写胸臆。其风格清新轻逸、真率自然，语言通俗活泼，有“公安体”之称。

【**公案小说**】我国旧小说的一种。以封建社会中的冤狱讼案为题材，通过对形形色色案件的审理，反映了封建官吏执法、断案各方面的情况。萌芽于魏晋，发展于唐宋，繁盛于明清。代表作品有《包公案》《施公案》等。

【**公道**（dào）】公正的道理。《管子·明法》：“然则喜赏恶（wù）罚之人，离公道而行私术矣。”

【**公德**】指处理个人和群体关系的道德。梁启超《新民说·论公德》：“人人独善其身者谓之私德，人人相善其群者谓之公德。”现指人们在社会公共生活中应遵循的基本道德，主要包括：遵守公共秩序、爱护公共财物、尊重他人人格、救死扶伤、讲究卫生、保护环境、文明礼貌、诚实守信等。也说社会公德。

【**公而忘私**】语出西汉贾谊《治安策》。指为了公事而不顾个人私利。

【**公侯**】❶公爵与侯爵。东汉·班固《白虎通义·爵》：“所以名之为公侯者何？公者通，公正无私之意也；侯者候也，候逆顺也。”❷泛指有爵位的贵族或官高位显的人。《后汉书·朱景王杜马等传论》曰：“自兹下降，迄于孝武（指汉武帝），宰辅（辅政的大臣，一般指宰相）五世，莫非公侯。”

【公卿】❶三公九卿的简称。三公，古代中央机构中三种最高官职的合称；九卿，中央机构中官职名的合称。三公九卿历代具体名称不一，职权也有所不同。《论语·子罕》：“出则事（侍奉；服侍）公卿。”❷泛指朝廷中的高官。明·方孝孺《君子斋记》：“为君子矣，虽不为公卿，无害（妨碍）也。”

【公生明，廉生威】语出明代郭允礼《官箴》。意思是处事公平公正，才能明辨是非；为官清正廉洁，才能形成威力，让人信服。

【公生明，偏生暗】语出《荀子·不苟》。明：清明；暗：黑暗，这里指政治黑暗。公正能使政治清明，偏袒徇私使得政治黑暗。

【公私不可不明，法禁不可不审】语出《韩非子·饰邪》。公与私必须分辨清楚，刑法和禁令必须慎重制定。

【公孙弘】（前200—前121）西汉淄川薛（今山东滕州南）人。字季。年轻时曾为狱吏。四十多岁时开始撰写《春秋公羊传》。主张设五经博士，置弟子员。因熟习文法吏治，被武帝任为丞相，封平津侯。

【公孙龙】（约前320—前250）战国时期名家的代表人物、哲学家。赵国人，做过平原君的门客，反对诸侯间兼并战争。以善辩著称，与惠施分别代表当时名家的两个主要学派。他强调“名”要有确定的内容，强调个别与一般的区别，承认个别包含一般、一般仅存在于个别之中，但他又有过分强调差别性、忽略同一性的倾向。如他的“白马非马”论就体现了其学说的合理性与局限性。著作有《公孙龙子》。

【公孙龙子】书名。战国公孙龙著。今仅存六篇。主要阐述了概念的内涵和外延、事物的共性和个性所具有的内在矛盾，是研究公孙龙哲学观点和逻辑思想的重要资料，在我国古代逻辑思想史上有重要地位。也称守白论。

【公孙衍】纵横学派的代表人物之一。战国时期魏国阴晋（今陕西华阴东）人。主张诸国合纵抗秦。

【公堂】❶古代君主的厅堂。《诗经·豳（bīn）风·七月》：“跻彼公堂，称彼兕觥（sìgōng，兽形酒器）。”南宋·朱熹《诗集注》：“公堂，君之堂也。”❷旧时法庭或官署的厅堂；泛指厅堂。唐·贾岛《酬姚合校书》诗：“公堂朝（zhāo）共到，私第夜相留。”又《夜集姚合宅期可公不至》诗：“公堂夜秋雨，已是念园林。”❸旧时家族的祠堂、公共的房屋等。《醒世恒言·三孝廉让产立高名》：“公堂钱库田产，都是伯伯们掌管，一出一入，你全不知道。”

【公冶长】❶孔子的弟子。复姓公冶，名长（也作苌），字子长（又作子芝、子之）。春秋末齐国（一说鲁国）人。相传他通鸟语。❷《论语》篇名。内容大都论古今人物贤否（pǐ）得失。

【**公义**】❶公正的义理。《荀子·修身》："《书》曰：'无有作好，遵王之道。无有作恶，遵王之路。'此言公子以公义胜私欲也。"❷公众的议论；舆论。《后汉书·袁术传》："绍议欲立刘虞为帝，术（袁术）好放纵，惮立长君，托以公义不肯同。"也说公议。

【**公元**】国际通用的纪年体系。以传说中的耶稣基督生年为公元元年（相当于我国西汉平帝元年）。常以 A. D. 表示，公元前则以 B. C. 表示。我国从辛亥革命后第二年（1912）起采用公历月、日，但同时采用中华民国纪年。1949 年中华人民共和国成立后采用公元纪年。

【**公正**】公平正直而无偏私。如：公正不阿、公正无私。东汉·孔融《临终诗》："谗邪害公正，浮云翳（yì，遮蔽）白日。"

【**功崇惟志，业广惟勤**】语出《尚书·周书》。崇：崇高；惟：由于，因为；广：广大。意思是取得伟大的功业，是由于有伟大的志向；完成伟大的功业，在于辛勤不懈地工作。

【**功德**】佛教指诵经念佛、为死者做法事、募捐、施舍等善行。今泛指功劳和德行。常和"无量"连用，说成"功德无量"。

【**功德圆满**】❶佛教用语。指法会、善事完满结束。唐·陈集原《龙龛道场铭》："更于道场之南造释迦尊像一座，遂得不日而成，功德圆满。"❷泛指事情圆满结束。

【**功课**】佛教徒按时诵经、参禅的活动。后引申为学校开设的专门课程；也指老师给学生布置的作业。

【**攻其不备，出其不意**】语出《孙子兵法·始计》。不意：没有意料到。在对方没有防备时进攻，趁对方没有料到时采取进攻行动。常指善于抓住有利时机。

【**宫调**】我国古代音乐的调式。以宫、商、角（jué）、徵（zhǐ）、羽、变宫和变徵为七声（七个音阶）。以宫为主音的调式称宫，以其他调式为主音的调式称调，合称宫调。

【**恭**】指待人处事恭敬、肃穆的态度。孔子认为恭是达到仁不可或缺的一种生活态度，且恭必须以礼为准则。孟子继承和发挥了恭的理念，提出用仁政来要求君主，向君主直言进谏也是一种恭。

【**恭敬之心**】儒家指一种天赋的谦让之心。《孟子·告子上》："恭敬之心，人皆有之。"儒家也认为是"礼"的内容之一。《孟子·公孙丑上》："恭敬之心，礼也"。也说辞让之心。

【**躬亲**】亲自去做。如事必躬亲。西晋·李密《陈情表》："祖母刘，愍（mǐn）臣孤弱，躬亲抚养。"

【**躬行**】亲身实行。《论语·述而》："文，莫吾犹人也。躬行君子，则吾未之有得。"

【**躬自厚而薄责于人**】指严以律己，宽以待人。《论语·卫灵公》："躬自厚而薄责于人，则远怨矣。"孔子说责备自己时严厉而责备别人时宽容，就会远离怨恨。

G

【**龚（gōng）自珍**】（1792—1841）清末思想家、文学家。一名巩祚，字瑟（sè）人，号定盦（ān）。浙江仁和（今杭州）人。道光年间进士。官礼部主事。为嘉庆、道光年间今文经学派重要人物。主张道、学、治三者不可分割。强调革除弊政。所作诗文，提倡“更法”“改图”，对晚清思想界有相当影响。文章奥博纵横，自成一家；诗词瑰丽奇肆，称为“龚派”。代表作有《病梅馆记》《己亥杂诗》等。有《定盦文集》《龚自珍全集》。

【**龚遂**】西汉循吏。字少卿，山阳郡南平阳县（今山东邹城）人。曾为昌邑王刘贺郎中令，敢谏诤。宣帝时出任渤海太守，遇渤海及其附近各郡饥荒，他果断开仓借粮，并采取归田于民、奖励农桑的政策，使狱讼减少，地方归治。后世将他与黄霸作为“循吏”（奉职守法的官吏）的代表，并称“龚黄”。

【**巩义石窟寺**】我国佛教石窟。位于河南巩义，面临洛水，背对邙（máng）山，在砂岩石的断崖上开凿而成。创建于北魏孝文帝时。现存5窟7743尊佛像和数十篇碑刻题记。其中以“帝后礼佛图”造像最为精美。在各窟内均筑有大方柱。为全国重点文物保护单位。

【**共工**】传说中的人物。《淮南子》记载：共工与颛顼（zhuānxū）争夺帝位没有成功，发怒而头触不周山，撞断了支撑天的柱子和牵引大地的绳子。又与高辛氏争为帝，结果大败。《韩非子》记载：共工曾谏尧“孰以天下传之匹夫”，被诛。

【**共和**】❶西周从厉王失政到宣王执政，中间14年，号共和。共和元年，即前841年，是我国历史有确切纪年的开始。共和的由来有两说：一、因厉王出奔后由召（shào）公、周公二相共同执政；二、因由共（诸侯国国名）伯（爵位名）和（共伯之名）代理政事。❷共和制，即国家权力机关和国家元首由选举产生的政权组织形式。

【**共商国是**】国是：国家大政方针政策。共同商讨国家大事。西汉·刘向《新序·杂事二》：“愿相国与诸侯士大夫共商国是。”

【**供养**】❶佛教指奉养。或用财物（如灯明、珍宝、饮食等），或用理法（如以信心、以修菩萨行等）。❷指以供品祭祀神佛或祖先。

【**勾践栖山中，国人能致死**】明·顾炎武《秋山》诗：“勾践栖山中，国人能致死。叹息思古人，存亡自今始。”指越王勾践卧薪尝胆，栖居会稽山中，越国的百姓情愿以死相效。

【**钩沉**】探索幽深的道理或散失的内容。《晋书·杨方传》：“在郡积年，著《五经钩沉》。”

【**苟利国家生死以，岂因祸福避趋之**】语出清代林则徐《赴戍登程口占示家人》诗。据《左传·昭公四年》记载，郑国子产受到诽谤，他说：“苟利社稷，死生以之。”林则徐诗用此典，表示假如对国家有利，可以把生命交付出来，难道可以有祸就逃避，有福就接受吗？指只要对国家有利，即使牺牲自己也心甘情愿，绝不会贪图安逸、逃避危险。

【苟志于仁，无恶也】语出《论语·里仁》。苟：假如，如果。如果立志于仁德，就不会做坏事、恶事。

【孤家寡人】古代君主谦称为孤或寡人。后来用“孤家寡人”比喻单独一人，无人扶持帮助。《孽海花》第六十五回：“云岫（xiù）的一妻一妾，也为了这件事，连吓带痛的死了。到了今日，云岫竟变了个孤家寡人了。”

【古道热肠】指待人真诚热情。清·邹弢（tāo）《三借庐笔谈·余成之》：“同邑余成之，杨蓉裳（cháng）先生宅相（指外甥）也，古道热肠，颇有任侠气。”

【古董】❶可供鉴赏、研究的古代器物。元·秦简夫《东堂老》一折：“可早十年光景，把那家缘（家业，家产）过活金银珠翠，古董玩器……典尽卖绝，都使得无了也。”❷比喻过时的东西或顽固守旧的人。清·孔尚任《桃花扇·先声》：“古董先生谁似我，非玉非铜，满面包浆（指铜、玉、竹等古玩经长期抚摸而表面发出的光泽）裹。”

【古风】❶古代的风俗。南宋·陆游《游山西村》诗：“箫鼓追随春社（古时于春耕前祭祀土神以祈丰收的活动）近，衣冠简朴古风存。”❷参见古诗②。

【古籍】古代典籍；泛指古书。南朝宋·谢灵运《鞠歌行》：“览古籍，信伊人（此人，这个人，即意中所指的人）。”

【古今图书集成】类书名。清康熙年间陈梦雷等原辑，后蒋廷锡等奉雍正命重辑。全书1万卷，目录40卷。分6编32典6109部。成书后以铜活字印行。是现存规模最大、资料最繁富的类书。

【古兰经】古兰：阿拉伯语音译，意为“诵读”或“读物”。《古兰经》为伊斯兰教最高、最根本的经典。共114章，30卷。其主要内容为：穆罕默德在传教期间同阿拉伯半岛多神教徒和犹太教徒的斗争，伊斯兰教的神学思想、宗教修功、道德规范和社会主张，以及古代先知故事和其他人物传说等。我国自明清开始节译经文，20世纪30年代出现通译本。也称《天经》《天方国经》《宝命真经》。

【古论语】书名。即汉代古文《论语》。《汉书·艺文志》著录：“《论语》古二十一篇。”班固自注说：“出孔壁中，有两《子张》。”《隋书·经籍志》以为古文《论语》与古文《尚书》同出。较现行《论语》多《从政》一篇（由《尧曰》篇中分出）。《古论语》早不传，清代马国翰《玉函山房辑佚书》中有辑佚六卷。也称《古论》。

【古琴】拨弦乐器。有七根弦。据说周代已有，定型于汉代，魏晋以后跟现代大致相同。音色古朴典雅，富有韵味。其低音区音色低沉、苍劲（jìng），中音区淳厚、纯净，高音区清细、明亮，凡音则有晶莹剔透之感。一般平置于案上弹奏。演奏手法繁复，常用来独奏或与洞箫合奏。也说七弦琴。

【古诗】❶古代诗歌的通称。南北朝时称汉魏无名氏的诗为古诗。如《古诗十九首》。南朝梁·钟嵘《诗品》卷上："古诗，其体源出于《国风》。"❷古体诗的简称。为近体诗形成以前，除楚辞以外各种诗体的通称。每篇句数不拘。有四言、五言、六言、七言、杂言诸体。后世用五言、七言较多。不求对仗、平仄，用韵也较自由。也说古风。

【古诗十九首】组诗名。最早见于南朝梁萧统所编的《文选》，题名《古诗十九首》，后世遂将其看成一个整体。大约创作于东汉末年，多出自文人手笔。吸取了汉乐府民歌的丰富营养，长于抒情，情景交融；善于运用比兴手法，言近旨远，语短情长；语言朴素自然，但又异常精炼，耐人寻味。是五言诗已经达到成熟阶段的标志，后人有"千古五言之祖"的盛赞。

【古诗为焦仲卿妻作】长篇叙事诗。最初见于南朝陈徐陵所编的《玉台新咏》。产生于东汉建安末年，后在民间流传，不断得到加工、润色。全诗 350 多句，1700 多字。内容写汉末庐江（今安徽庐江西南）小吏焦仲卿和妻刘兰芝，因受家长威权压迫而致死的婚姻悲剧。语言朴实，形象鲜明。代表了汉乐府民歌的最高艺术成就，在我国古代文学史上有重要地位。也称孔雀东南飞。

【古玩】可供玩赏的古代器物。元·吴莱《陈彦理昨以汉石经见遗》诗："横山先生多古玩，太学石经分我半。"

【古微堂集】书名。清代魏源著。十卷，分内、外两集，内集为《默觚（gū）》三卷，外集为序、记、议论等七卷。有光绪四年（1878）淮南书局刻本。1975 年中华书局出版《魏源集》，分上、下两册。

【古文】❶上古的文字。如甲骨文、籀（zhòu）文和战国时通行于六国的文字。也包括《说文》和曹魏时代的《三体石经》所收的古文以及历代出土的铜器、兵器、玺印、货币、陶器及近年楚墓中所发现的竹简上的文字。❷指秦汉以前的文献典籍。《史记·太史公自序》："年十岁，则诵古文。"❸古文经学的简称，汉代经学的一个派别（跟"今文经学"相对）。❹文体名。原指先秦两汉以来用文言写成的散体文，与"六朝骈体文"相对。唐代的韩愈与宋代的欧阳修等都曾大力提倡古文，反对六朝以来的骈骊文体与文风。后世则成为用文言写成的散体文章的通称。

【古文经学】经学学派之一。与"今文经学"相对。始自汉代。古文诸经用战国时六国文字写成。古文经学与今文经学在经书的字体、文字、篇章等形式上，在重要名物、制度、解说等内容上都有所不同。古文诸经相传出于孔子住宅墙壁中和民间。由于先秦文字歧异，在认辨解释的过程中，建立了系统的训诂方法，主要著作有《尔雅》和《说文解字》。古文经学盛行于东汉。六朝、隋、唐经学由于重视郑学（郑玄学派），古文经学影响较大。清代学者继承古文经学的训诂方法而加以条理说明，用于古籍整理和语言文字研究，有较大成就。古文经学一般把经传当作历史研究，与政治、现实问题联系不多。

【古文尚书】书名。儒家经典《尚书》传本之一。传汉武帝时为鲁恭王刘余从孔子故宅壁中发现。较今文尚书多十六篇，因用秦汉以前的古文书写，故称。今仅存篇目。今传本《十三经注疏》中的《古文尚书》为东晋梅赜（zé）所献。清代学者考定其为伪书，与汉《古文尚书》不同。但此本六朝以后历代相传，为儒者所遵用，亦为研究儒学史、经学史的重要资料。也称《逸书》。

【古文运动】指唐代中期和宋朝以提倡古文、反对骈文为特点的文体改革运动。因涉及文学的思想内容，所以兼有思想运动和社会运动的性质。韩愈首倡“古文”，把六朝以来讲求声律及辞藻的骈文视为俗下文字，认为自己的散文继承了先秦两汉文章的传统。韩愈提倡古文的目的在于恢复古代的儒学道统，强调文以载道，以文明道，使改革文风与复兴儒学相辅相成。“唐宋八大家”都是古文运动的中坚力量。

【古训是式】《诗经·大雅·烝（zhēng）民》：“古训（先王之遗典、制度、法则）是式（范式、准则），威仪是力。”古代传下来的典籍、制度、法则，可以作为范式、准则。

【古谚】古代谚语。东晋·王嘉《拾遗记·后汉》：“何休木讷多智……及远年古谚，历代图籍，莫不咸诵也。”

【古语】❶指古代流传下来的话。如“满招损，谦受益”即是一句古语。❷古代的词语。

【古韵标准】古音学的重要著作。清代江永著，四卷。参考陈第《毛诗古音考》、顾炎武《音学五书》而作。分平、上、去声各十三部，入声八部。每部之首先列韵目。每字下各为之注，而每部末又为之总论。

【古装】古代式样的服装（跟“时装”相对）。鲁迅《书信集·致杨霁云》：“二月初，我曾寄了几部古装人物的画本给他们。”

【骨气】❶指人的体貌气质；今多比喻刚强不屈的品格。南朝宋·刘义庆《世说新语·品藻》：“时人道阮思旷，骨气不及右军（王羲之），简秀（端庄清秀）不如真长（刘惔）。”❷指诗文的风格气势。南朝梁·钟嵘《诗品》卷上：“骨气奇高，词彩华茂。”❸比喻书法的笔力和雄健的气势。唐·张彦远《书法要录》卷二：“蔡邕（yōng）书骨气洞达，爽爽如有神力。”

【鼓子词】宋代一种说唱文学。以同一词调重复演唱多遍，或间以说白。说唱时以击鼓为节拍。其体制或与当时的道情相类。现存鼓子词有北宋欧阳修的《采桑子》、赵令畤（zhì）的《商调·蝶恋花》等。

【穀梁传】书名。儒家今文经学的重要经典之一。起于鲁隐公元年（前722），终于鲁哀公十四年（前481）。相传为战国时鲁人穀梁赤及其弟子所撰。是研究秦汉间和汉初儒家思想的重要资料。有东晋范宁《春秋穀梁传集解》、唐代杨士勋《春秋穀梁传疏》、清代钟文烝《穀梁补注》。也说《春秋穀梁传》《穀梁春秋》。

G

【瞽（gǔ）叟】舜的父亲。妫姓，因双目失明，故称。其人性顽劣，与后妻和后妻所生的儿子串通一气，必欲置舜于死地。但舜却从不怨恨父母弟弟，孝顺父母，对弟弟友善。舜的善行终于感动了瞽叟，使其再也不怀害舜之心了。也作瞽瞍。

【瞽者善听，聋者善视】语出《阴符经》。盲人一般听力比较敏锐，耳聋者一般视力较好。意谓人如果有了某种缺陷，在身体别的部分就会得到相应补偿。揭示了置之死地而后生，人或事到了绝境，就会出现新的希望的道理。

【故宫】❶ 泛指旧王朝遗存的宫殿。❷ 特指北京故宫。旧称紫禁城，是明清两代的皇宫，在北京市中心。始建于明永乐四年（1406），由大小不同的数十个院落组成，房屋 8700 多间，占地 72 万平方米，四周有 10 多米高的城墙和 52 米宽的护城河。主要建筑有外朝（处理朝政之所）的太和、中和、保和三殿，内廷的乾清、交泰、坤宁三宫等。是我国现存规模最大、最完整的古建筑群，集中体现了中国古代建筑艺术的优秀传统和独特风格。现为故宫博物院。为全国重点文物保护单位，列入《世界遗产名录》。

【顾恺（kǎi）之】（348—409）东晋画家。字长康，晋陵无锡（今属江苏）人。官至散骑常侍。多才艺，工诗赋书法，尤精绘画，有“才绝、画绝、痴绝”之称。多画人物肖像及神仙、佛像、禽兽、山水等。其画笔迹绵密如春蚕吐丝，后人将其与陆探微并称为“顾陆”。著有《论画》《魏晋胜流画赞》《画云台山记》等，在中国绘画史占有重要地位。

【顾炎武】（1613—1682）明清之际思想家、学者。原名绛，字清忠，明亡后改名炎武，字宁人，吴郡昆山（今属江苏）人，学界称亭林先生。治学广博，对国家典制、郡邑掌故、天文仪象、河槽兵农及经史百家、音韵训诂等都有研究。晚年治经有一套缜密的方法，表现在注重从历史角度和音韵、文字角度研究，注重广求证据和贵能求通，开清代朴学风气之先，为清代古韵学的开山之祖，对后来考据学中的皖派、吴派都有重要影响。哲学上赞成张载“太虚、气、万物”相统一的学说，反对空谈“心、理、性、命”，提倡“经世致用”的实际学问，并提出“博学于文”和“行己有耻”的古训。政治上要求君主分权而治。主要著作有《日知录》《天下郡国利病书》《肇域志》《音学五书》《韵补正》《亭林诗文集》等。

【顾野王】（519—581）南朝梁陈间训诂学家。字希冯，吴郡吴（今江苏苏州）人。初仕梁，为太学博士，陈时官至光禄卿。精通经史、天文、地理、文字音义等。悉心搜罗和考证古今文字的形体和训诂，所撰字书《玉篇》是文字学的重要著作。另著有《舆地志》《符瑞图》《顾氏谱传》《分野枢要》等。参见 338 页“玉篇”。

【顾左右而言他】指避开本题，看看两旁的人而谈论别事。《孟子·梁惠王下》

记载：孟子与齐宣王交谈，孟子将话题由如何对待失信的朋友开始，引导齐宣王谈到官吏失职应该革职，按此逻辑，当君王失治时，君王应该引咎辞位。这牵涉到齐宣王自身的核心利益，齐宣王就采取回避态度，“顾左右而言他”，左右张望，扯别的话题。儒家有“公天下”的思想，认为君王如果道德才能不足，应该主动下台，“选贤与（jǔ，通“举”）能”，让圣人君子来治理国家。这种主张因为与所有封建统治者的利益相冲突，所以不可能实行。后也用来形容支吾其词，无法应对。也说王顾左右而言他。

【寡人】谦词。意思是寡德之人，古代诸侯对臣下的自称。（唐以后，皇帝也自称寡人）《礼记·曲礼下》：“诸侯见天子，曰‘臣某侯某’。其与民言，自称曰‘寡人’。”

【寡欲】节制欲望。老子首倡“见素抱朴，少私寡欲”，道教吸取这一观点，并结合修行实践，将寡欲作为基本戒律。唐宋后道教内丹家更将寡欲原则运用于内修，要求修道者达到无欲境界。

【卦】❶《周易》中象征自然现象和人事变化的一套符号。以阳爻“⚊”、阴爻“⚋”相配合组成。每卦三爻，共组成八个单卦，通称“八卦”。八卦互相搭配，又演变为六十四卦。❷占卜用具，分两半，合起来像羊角，用木头或竹子做成。

【关汉卿】（约1220—1300）元代戏曲作家。号已斋叟，大都（今北京）人。一生不求仕进，专心致力于戏曲创作，为元杂剧的奠基者，元曲四大家之首。所作杂剧60余部，现存10多部。主要作品有《窦娥冤》《救风尘》《望江亭》《拜月亭》《鲁斋郎》《单刀会》《调风月》等。《窦娥冤》被列为中国十大悲剧之一，早在100多年前就被翻译介绍到许多国家。另存有小令35余首、套曲10余套，被誉为“曲圣”。在世界文学艺术史上，享有“东方莎士比亚”的称誉。1958年被世界和平理事会提名为“世界文化名人”。

【关圣帝君】道教祀奉的重要护法神，由三国蜀汉名将关羽衍化而来。关羽集忠、孝、节、义于一身，去世后逐渐被神化，历代朝廷多有褒封，推崇为与“文圣”孔子齐名的“武圣”。民间还把他视为财神供奉。相传农历五月十二日是其生诞。也称关帝、关老爷。

【关天培】（1781—1841）晚清将领。字仲因，江苏淮安府山阳县（今江苏淮安市淮安区）人。行伍出身，在任广东水师提督期间，支持林则徐虎门销烟。在道光二十一年（1841）抗击英军对虎门要塞总攻中，沉着指挥，死守阵地，终因众寡悬殊，援军未至，壮烈殉国。被追谥为忠节，加封振威将军。著有《筹海初集》。

【关尹子】❶关尹的尊称。相传为春秋末道家，一说姓尹名喜。《庄子·天下》把他和老聃（dān）并列。主张做人要“其动若水，其静若镜，其应若响”，基本思想和老聃一致。道教尊为“无上真人”“文始先生”。❷书名。相传为关尹所著。道教奉为经典，称《文始真经》。

【观国者观君，观军者观将，观备者观野】语出《管子·霸言》。备：储备；野：田野，这里指农田。看一个国家，要看国君如何；看一个军队，要看将领如何；看一国战备，要看农田如何。

【观世音菩萨】以慈悲救济众生为本愿的菩萨。我国佛教四大菩萨之一。与大势至菩萨、阿弥陀佛并称“西方三圣”。凡遇难众生诵念其名号，菩萨即时观其音声前往拯救，故称。观世音菩萨的形象颇多变化，而以二臂的正观音为其本形。我国浙江普陀山为其说法的道场。简称观音菩萨。也称救世菩萨。

G

【观俗立法则治，察国事本则宜】语出《商君书·算地》。俗：习俗，这里指民情；事本：做好根本性的大事，这里指耕战。视民情制定律法，国家才能得到治理；察明国情而推行耕战，才是适宜的。

【官不私亲】《慎子·君臣》：“官不私亲，法不遗（wèi，赠送，馈赠）爱。”做官的不能偏向亲属或亲近者，执法的不能把人情、好处送给喜欢的人。指做官要大公无私，秉公办事。

【官爵】官职和爵位。《商君书·农战》：“凡人主之所以劝民者，官爵也。”

【官无常贵，民无终贱】语出《墨子·尚贤》。做官的不会永远尊贵，而民众也不会永远卑贱。反映了墨子平等的观念。

【官学】旧指从中央到地方由官方兴办、管理的学校。（跟“私学”相对）古代只有贵族子弟才有入学受教育的资格。各时代名称不同。夏曰校，殷曰庠，周曰序。东周时设在国都的叫国学，设在地方的叫乡学。周王朝的大学叫辟雍，诸侯国的大学叫泮（pàn）宫。汉代以后都分中央和地方两级，设在首都的最高学府叫太学，或称国子监（jiàn）、国子学；设在地方的则有郡学、州学、县学，或统称儒学。按程度分小学和大学。小学学礼、乐、射、御、书、数六门课程，大学学修身、齐家、治国、平天下等知识。汉以后主要学习儒家经典。

【官窑】❶一般指官办窑厂为官窑。❷指两宋官窑。相传北宋政和（1111～1118）至宣和（1119～1125）年间，宫廷自置瓷窑烧造瓷器。南宋时置窑于修内司，在今杭州凤凰山，沿袭旧制仿烧，也叫“修内司官窑”。这两处窑址迄今皆未被发现。后又于郊坛别立新窑，在今杭州乌龟山，也叫“郊坛下官窑”，窑址范围甚大，1956年做了部分发掘。郊坛下官窑烧造的青瓷，胎薄，呈灰、褐、黑三色；施釉厚，以粉青色釉最佳，晶莹润泽，犹如美玉；釉面多有纹片；器口及底部露胎处，呈灰或铁色，称为“紫口铁足”。造型亦极为优美，是南宋瓷器中的优秀作品。❸明清两代景德镇御器厂所烧瓷器，一般亦称官窑。

【冠（guān）盖】❶盖：车上的篷盖，借指车辆。官吏的冠服和车辆。《史记·魏公子列传》：“平原君使者冠盖相属（zhǔ，相连）。”❷借指官吏。

唐·杜甫《梦李白》诗之二："冠盖满京华，斯人独憔悴。"

【**冠**（guān）**冕**】❶古代君王、官员戴的帽子。《左传·昭公九年》："我在伯父，犹衣服之有冠冕。"❷比喻首位；第一。唐·刘知几《史通·断限》："夫《尚书》者，七经之冠冕，百氏（指诸子之家）之襟袖。"❸体面；光彩。《儒林外史》第二十回："小弟而今正要替先生接风，我们而今到楼上坐罢，还冠冕些。"

【**管仲**】（？—前645）春秋初期政治家。名夷吾，字仲，颍（yǐng）上（今安徽颍县）人。由鲍叔牙推荐，被齐桓公任命为卿。协助齐桓公进行一系列改革，使齐国国力大增；并协助齐桓公以"尊王攘夷"为号召，使齐桓公成为春秋时期的第一个霸主。尊称管子、敬仲。

【**管子**】❶管仲的尊称。❷书名。战国时齐国"稷下学宫"的学者托名管仲所著。24卷，86篇，今仅存76篇。内容广博精深，包含儒、道、法、农、兵、阴阳等多家观点，涉及天文、历法、地理、经济、农业等多个方面，对当时和后世都影响很大。清代戴望《管子校正》和今人郭沫若《管子集校》等是较通行的校注本。

【**贯休**】（832—912）五代前蜀画家、诗人。俗姓姜，字德隐。婺州兰溪（今属浙江）人。七岁出家，一生游历。入西蜀后，受蜀主王建礼遇，赐号"禅月大师"。诗风清新。工书，世称"姜体"；善画，所作水墨罗汉及释迦弟子诸像，多粗眉大眼，丰颊高鼻，神态逼真。存世《十六罗汉图》有"辉映古今"之誉。有《禅月集》。

【**冠**（guàn）**礼**】古代男子二十岁举行冠礼，表示已经成年，须承担相应的责任和义务。冠礼仪式一般由冠者父请正宾主持，并给冠者取字。

【**灌顶**】指在头顶上灌洒净水，是佛弟子进入佛门或传承密法、继任高僧位置时所实行的仪式。有洗掉罪恶、注入功德并使功德圆满的意思。

【**光风霁**（jì）**月**】光风：雨过日出时的和风；霁月：雨雪停止后的明月。形容雨过天晴时清新明净的景象。比喻太平清明的政治局面。南宋·陈亮《贺周丞相启》："长江大河，足以流转墨客；光风霁月，足以荡漾英游（英俊之辈）。"也说霁月光风。

【**光明磊落**】心地坦白，行为正派。清·王夫之《读通鉴论·汉高帝》："（张良）光明磊落，坦然直剖心臆于雄猜（多疑）天子之前。"

【**光明正大**】形容胸怀坦白，行为正派。南宋·朱熹《朱子语类》卷七十三："圣人所说底话，光明正大。"《西游记》第三十七回："我却不是那贪欲贪嗔（chēn，怨怒）之类，我本是个光明正大之僧。"

【**光前裕后**】光前：为祖先增光；裕后：使后代富有。指光耀祖先，造福后代。形容功业伟大。明·李贽《答耿司寇书》："世人之所以光前裕后者，无时刻而不系念。"

【**光宗耀祖**】为祖宗增光，使祖先显耀。

体现了儒家修身、治家的思想。

【广艺舟双楫】书名。清末康有为著。六卷。卷一、卷二讲书法源流，卷三、卷四评论碑品，卷五、卷六讲用笔技巧、学术经验和各种书体写作要求。是康氏碑学理论的集大成之作。其中明确提出“变”的思想，以“变”求得事物的进步。该书主旨在提倡南北朝碑刻书法，尤其注重魏碑而批判帖学及唐代结构严整的书风，对晚清碑学书法与理论研讨具有深远影响。也说《书镜》。

【广雅】书名。训诂学著作。三国魏张揖（字稚让）撰。该书为增广《尔雅》而作，故称。隋代避炀帝杨广讳，改名《博雅》，后复用原名。全书篇目、顺序、体例及释词方式全依《尔雅》，收字 18150 个。是研究汉魏以前词汇和训诂的重要著作。清代王念孙有《广雅疏证》。

【广雅疏证】书名。清代王念孙著。10 卷，每卷又分上、下。是一部系统整理、阐述《广雅》的著作，也是作者借《广雅》阐述音韵、训诂之学识的集大成著作。博搜汉以前古训，由古音以求古义，颇多创见。对《广雅》旁考诸书，颇多订正，甚为精详。

【广韵】《大宋重修广韵》的简称。我国宋代官修的一部韵书。宋代陈彭年等奉诏编撰。5 卷，收字 26000 多个，按平上去入四声和 206 韵编排，为增广《切韵》而作，故称。除增字加注外，部目也略有增订。是研究汉语语音史的重要资料，研究中古语音也大都以此为重要根据，是汉语音韵学中的一部重要著作。

【归真】❶还其本来面目。东汉·班固《东都赋》：“遂令海内弃末而反（通“返”）本，背伪而归真。”❷佛教用语。指死亡。《释氏要览·送终·初亡》：“释氏死谓为涅槃、圆寂、归真、归寂、灭度、迁化、顺世，皆一义也。”

【龟鹤】古人以为龟、鹤为长寿之物，因用以比喻长寿。东晋·葛洪《抱朴子·对俗》：“知龟鹤之遐寿，故效其道（导）引以增年。”

【规谏】指以正言规诫谏诤。《墨子·非命中》：“故上有以规谏其君长，下有以教顺其百姓。”

【规诫】劝诫；规劝。《旧唐书·元行冲传》：“行冲性不阿顺，多进规诫。”

【皈依】佛教指心身归向、依靠。皈依“三宝”的人成为佛教徒。

【鬼谷子】❶道家、兵家、纵横家。姓名传说不一，隐于鬼谷，因以自号。战国楚人。长于持身养性和纵横捭阖（bǎihé）之术。相传兵家孙膑、庞涓，纵横家苏秦、张仪皆为其弟子。著有《鬼谷子》《本经阴符七术》。也称鬼谷先生、玄微子。❷书名。旧题鬼谷子著，实系后人伪托。3 卷。有南朝梁陶弘景注本。讲述种种智谋权术，涉及内政、外交、征伐、公关等领域，崇尚顺应时势，知权善变，有“智慧禁果，旷世奇书”之誉。

【鬼雄】鬼中的雄杰（多用于称颂为国捐躯的人）。战国楚·屈原《楚辞·九歌·国殇》:“身既死兮神以灵,子魂魄兮为鬼雄。”北宋·李清照《夏日绝句》:“生当作人杰,死亦为鬼雄。”

【贵师重傅】《荀子·大略》:“国将兴,必贵(崇尚,重视)师而重傅(师傅,这里指负有辅佐或教导责任的人),贵师而重傅,则法度(法律和规章制度)存。”重视教师、敬重负有辅佐或教导责任的人。即重视教育,尊重教育工作者。

【贵无论】魏晋时期的一种哲学思想。其代表人物为何晏、王弼。他们发挥《老子》的“有生于无”之说,认为天下万物“以无为本”,“以无为体”,把“无”当作天下万物的精神本原。强调君主“无为而治”“执一统众”。

【鲧(gǔn)】传说中我国上古原始部落的首领。颛顼(zhuānxū)之子,禹之父,建国于崇,号重伯。奉尧命治水,采用筑堤防水方法,九年而未成,被舜杀死于羽山。

【郭守敬】(1231—1316)元代天文学家、水利专家。字若思,顺德邢台(今属河北)人。曾任都水监、太史令、昭文馆大学士等职。编订《授时历》,通行360多年,是当时世界上最先进的一种历法。创造和改进了简仪、仰仪、景符和窥几等观测天象的仪器。主持自大都至通州的运河工程,挖修河渠。著有《推步》《立成》《仪象法式》《上中下三历注式》《修历源流》等。国际天文学会将月球背面的一座环形山命名为“郭守敬环形山”,将小行星2012命名为“郭守敬小行星”。

【郭嵩焘】(1818—1891)清末外交官。字伯琛,号筠仙,湖南湘阴城西人。1847年进士。1863年任广东巡抚,1875年任总理衙门大臣,次年首任出使英国大臣,兼任驻法国大臣。主张学习西方科技,兴办铁路,开采矿产,整顿内务,以图富强,遭到守旧派的激烈反对。著作有《养知书屋遗集》等,今存有《郭嵩焘奏稿》《郭嵩焘日记》等。

【郭象】(约252—321)西晋时期玄学家。字子玄,河南洛阳人。官至黄门侍郎、太傅主簿。好老庄,善清谈,反对“有”生于“无”的观点,倡导“独化论”,认为天地间一切事物都是独自生成变化的,万物没有一个统一的根据。在名教与自然的关系上,认为名教与人的本性是和谐的,人有各种各样的能力。有哪样能力的人就做哪一种事业,这样的安排既出乎自然,也合乎人的本性。著有《庄子注》。

【郭忠恕】(?—977)五代宋初画家、文字学家。字恕先、国宝,洛阳(今属河南)人。官至国子监主簿。擅山水,尤精宫室屋木,有“一时之绝”的赞语,其作品被列为“神品”。存世作品有《雪霁江行图》。精文字学,著《佩觿(xī)》3卷,对辨别一般形音义相近的字有参考价值。辑录战国古文字成《汗简》7卷,是古文字考释和汉字形体史研究的重要参考依据。

【郭子仪】(697—781)唐代大将。华州郑县(今陕西渭南市华州区)人。早年以武举入仕,安史之乱爆发后,任朔方节度使，出兵河北，击败史思明，拥立肃宗。后任关内副元帅，主持平叛，收复长安、洛阳。封汾阳郡王。代宗时，吐蕃（bō）、回纥（hé）再度联兵内侵，郭子仪在泾阳单骑说退回纥，并率军击溃吐蕃。德宗时被尊为“尚父”。

【国本】❶立国的根本或基础。南宋·陈亮《廷对》：“正人心以立国本，活民命以寿国脉。”❷指书画等的国家藏本。唐·韩愈《画记》：“余少时，常有志乎兹事，得国本，绝人事而摹得之。”

【国别史】我国传统史书的一种，是按诸侯国的不同分别记述其历史事实的史书。如《国语》《战国策》。

【国策】❶国家的经济政策。《管子·乘马数》：“故修宫室台榭，非丽（施加）其乐也，以平（平衡，齐一）国策也。”❷国家的基本政策。

【国粹】指本国传统文化中的精华；也指一国特有的事物。我国的国粹有中医、国画、书法、京剧、围棋、象棋、古琴、武术等。

【国富民安】国家富强，人民安定。《汉书·刑法志》：“至齐桓公任用管仲而国富民安。”

【国画】具有悠久历史和优良传统的中国民族绘画。约可分为人物、山水、花卉、鸟、兽、虫、鱼等画科；有工笔、写意、勾勒、设色、水墨等技法形式。取景布局视野开阔，不拘泥于焦点透视。有壁画、屏幛、卷轴、册页、扇面等画幅形式，并以特有的装裱工艺装裱画幅。强调“外师造化，中得心源”，要求“意在笔先，画尽意在”，做到“以形写神，形神兼备”。同诗文、书法、篆刻相互影响，自然融合，形成了显著的艺术特征。工具有特制的笔、墨、砚、纸和绢。在世界美术领域中自成体系。也称中国画。

【国魂】国家的灵魂，指一个国家特有的高尚精神和风尚。清末民初·苏曼殊《无题》诗：“水晶帘卷一灯昏，寂对河山叩国魂。”

【国教】❶国家的教化。西汉·刘向《〈战国策〉序》：“故其谋扶急持倾，为一切之权，虽不可以临国教，化兵革，亦救急之势也。”❷国家明文规定的本国所信仰的宗教。它往往在社会的意识形态领域占有支配或主导地位，并在精神上对维系统治秩序起着重要作用。比如我国元朝的藏传佛教、阿拉伯国家的伊斯兰教。

【国皆有法，而无使法必行之法】语出《商君书·画策》。意思是国家都是有法律的，但没有能保证这些法律一定得到遵循的法规。

【国君】❶天子或诸侯国的君主。《礼记·曲礼上》：“国君抚式（指古人乘车时，身子前俯，两手依凭车前横木。式：通“轼”），大夫下之。”❷古代命妇的封号，位在公主之下。南宋·陆游《南唐书·烈祖纪》：“降吴公主为国君……封女弟杞国君为广德长公主。”

【国难（nàn）】❶国家的危难。三国魏·曹植《白马篇》：“捐躯赴国难，视死忽（不注意，不重视）如归。”❷指国家遭受外国侵略。南宋·文天祥《〈指南录〉自序》:“生无以救国难，死犹为厉鬼以击贼。”

【国清寺】我国佛教寺院。天台宗的发源地。位于浙江天台城北天台山麓。隋开皇十八年（598）晋王杨广承智 颛（yǐ）大师遗愿建成。隋大业元年（605）炀帝赐国清寺额。现有殿宇14座，房屋600余间。大雄宝殿中有明代铜铸释迦牟尼坐像，重13吨。殿左右列有元代楠木雕制的十八罗汉。寺内有一株我国现存最古老的“隋梅”。

【国殇（shāng）】❶《楚辞·九歌》篇名，战国楚人屈原作，是礼赞为保卫楚国而捐躯的将士的乐歌。❷指为国捐躯的人。南朝宋·鲍照《代出自蓟北门行》:“投躯报明主，身死为国殇。”

【国士】❶一国中最杰出的人物。《左传·成公十六年》:“皆曰:‘国士在，且厚（军阵厚实），不可当（“挡”的古字，抵挡）也。’”北宋·黄庭坚《书幽芳亭》:“士之才德盖一国则曰国士。”❷一国中最勇敢、最有力量的人。《荀子·子道》:“虽有国士之力，不能自举其身，非无力也，势不可也。”

【国手】❶棋艺高超、国内少有能与之匹敌的棋手。北宋·欧阳修《归田录》:“太宗时有待诏贾玄，以棋供奉，号为国手。”❷泛指某项技艺达到国家级水平的人。唐·白居易《醉赠刘二十八使君》诗:“诗称国手徒为尔，命压人头不奈何。”

【国虽大，好战必亡】《司马法·仁本》:“国虽大，好战必亡；天下虽安，忘战必危。”国家即便再强大，如果喜欢战争也必然会灭亡。

【国泰民安】指国家太平，人民安乐。南宋·吴自牧《梦粱录·山川神》:“每岁海潮大溢，冲激州城，春秋醮（jiào）祭，诏命学士院撰青词（本为道士斋醮时用朱笔写在青藤纸上启奏天神的表章，属文字华丽的赋体。后来文人学士也可作）以祈国泰民安。”

【国无礼则不正】语出《荀子·王霸》。正:治理，匡正。国家没有礼制就不能治理好。体现了儒家以“礼”治国的理念。

【国学】❶指古代国家设立的学校。《周礼·春官·乐师》:“乐师掌国学之政，以教国子小舞（古人幼小时所学各种舞蹈的统称）。”❷指我国传统的文化学术。如:国学大师、《国学季刊》。

【国语】书名。我国第一部国别体史书。传为春秋时鲁国史官左丘明著。21卷。分别记述周、鲁、齐、晋、郑、楚、吴、越八国史事。上起于周穆王征犬戎（约前976），下止于韩、赵、魏灭智伯（前453），共500多年。所记史实比《左传》长200多年，可相互参证，故有《春秋外传》之称。以记言为主。语言谨严精炼，对唐宋古文创作影响很大。

【国者天下之大器也，重任也】语出《荀子·王霸》。国家是天之下最重要的工具，也是最重大的责任。

【国子监（jiàn）】隋代以后的中央官学，是我国古代的最高学府。南京国子监始建于东吴永安元年（258），规模宏大。北京国子监始建于元朝大德十年（1306），是元、明、清三代国家管理教育的最高行政机关和最高学府。明代在南京和北京都设有国子监，分别为南监和北监。也称国子学或国子寺。

【过而不改，是谓过矣】语出《论语·卫灵公》。有错误却不改正，这才是真正的错误。

【过秦论】篇名。西汉贾谊政论散文的代表作。该文从各个方面分析秦王朝的过失，故名。旨在总结秦速亡的历史教训，以作为汉王朝建立制度、巩固统治的借鉴。善用排比、夸张手法，效果强烈，极富感染力。

【过犹不及】做过了头和做得不够是一样的。《论语·先进》："子贡问：'师（颛孙师，即子张）与商（卜商，即子夏）也孰贤？'子曰：'师也过，商也不及。'曰：'然则师愈与？'子曰：'过犹（如同）不及。'"意思是子贡问颛孙师和卜商哪一个更好些。孔子说颛孙师有些过分，卜商有些赶不上。子贡问是否颛孙师好一些。孔子说，过分和达不到一样，都是不可取的。

【**海不辞水，故能成其大；山不辞土石，故能成其高**】语出《管子·形势解》。辞：不接受，排斥。海不排斥细小水流，所以能够成为大海；高山不排斥散碎土石，所以能成为高山。揭示了胸怀宽广，善于包容，才能成就大事业的道理。

【**海国图志**】书名。清代魏源编著。100卷。记述世界各国的地理、历史、政治、经济、军事、科技，乃至宗教、文化、教育、风土等各种信息。包括地图75幅，西洋技艺图式57页，地球天文合论图式7幅。内容丰富，体例完备，图式精美。是中国近代史上第一部全面系统介绍世界历史地理的著作。书中主张学习西方的科学技术，对当时和后来的思想界有很大影响，对日本的明治维新也有一定影响。

【**海纳百川**】宽广的大海可以容纳众多河流。比喻人心胸宽广能包容一切，才能造就高尚的品德。清林则徐赠左宗棠对联："海纳百川，有容乃大；壁立千仞，无欲则刚。"

【**海内存知己，天涯若比邻**】语出唐代王勃《送杜少府之任蜀州》诗。海内：四海之内，古代指中国；比邻：近邻。四海之内到处都有知心朋友，即使远在天涯，也感到如同近邻一样。

【**海晏河清**】沧海平静，黄河水清。形容天下太平。唐·薛逢《九日曲池游眺》诗："正当海晏河清日，便是修文偃武（提倡文教，停息武备）时。"

【**邯郸记**】传奇剧本。明代汤显祖作。取材于唐代沈既济传奇小说《枕中记》。卢生在梦中经历了宦海沉浮，最终荣登相位，享尽荣华，但一觉醒来，方知是梦。剧本借卢生等形象抨击了当时社会的腐朽，表达了一种人生如梦的观念。

【**邯郸梦**】见107页"黄粱梦"。

【**邯郸学步**】《庄子·秋水》中说：战国时有个燕国人到了赵国都城邯郸，看到那里的人走路姿势很美，就学起来，结果不但没学好，反而连自己原来的走法都忘掉了，只好爬着回去。后用"邯郸学步"比喻盲目地模仿别人不成，反把自己原有的技能也失去了。

【**含饴**（yí）**弄孙**】含着饴糖逗着小孙子玩儿。形容老年人闲适的生活。《东观汉记·明德马皇后传》："穰（ráng）岁（丰年）之后，惟子之志，吾但（只）当含饴弄孙，不能复知（主持，掌管）政事。"

【含英咀（jǔ）华】语出唐代韩愈《进学解》。嘴里含着花并咀嚼其精华；比喻仔细品味、体会诗文的要点和精华。宋·陆游《答建宁陈通判启》："含英咀华，早预蓬莱道山之选。"

【韩安国】（？—前127）字长孺，西汉梁国成安（今河南民权县）人，后迁至睢阳（今河南商丘市睢阳区）。曾为梁孝王中大夫，吴楚七国之乱时，因击退吴兵而闻名。武帝时，任御史大夫，后为卫尉。在抗击匈奴时任材官将军，屯兵渔阳，兵败后不久病死。

H

【韩非】（约前280—前233）战国末期哲学家，法家学派主要代表人物。姓韩，名非。韩国贵族出身，与李斯同为荀子的弟子。曾建议韩王变法图强，不被采纳。著《孤愤》《五蠹》《说难》等，受到秦王嬴政重视，被邀出使秦国。不久被李斯等陷害而死。他主张实行重赏、重罪、重农、重战的政策，主张"君无为，法无不为"。他提出的"法不阿贵""刑过不避大臣，赏善不遗匹夫"，是对法治思想的重大贡献。著有《韩非子》，是"法""术""势"相结合的法治理论。尊称韩非子。

【韩非子】❶韩非的尊称。❷书名。后人据韩非的遗著整理而成，是集先秦法家学说大成的代表作。55篇，20卷。书中提出了"法""术""势"相结合的法治理论。重要文章有《孤愤》《解老》《喻老》《难势》《问田》《定法》《五蠹》《显学》等篇。其中通过"矛盾之说"等阐发了丰富的辩证思想，不少寓言故事具有很高的文学价值。有清代王先慎《韩非子集解》和今人梁启雄《韩非子浅释》等注解本。

【韩柳】唐代文学家韩愈、柳宗元的并称。二人同为唐代古文运动的倡导者和代表作家，对后代散文发展有很大影响。清·吴敏树《与筱（xiǎo）岑论文派书》："唐之韩柳，承八代之衰而挽之于古，始有此名。"

【韩孟】唐代文学家韩愈、孟郊的并称。二人交情很深，都崇尚古风，且多联句之作，工力相敌，故时人和后人论诗，常以"韩孟"并举。在文学史上，他们和贾岛、卢仝、姚合等人，因诗风相近而被称为"韩孟诗派"。

【韩诗外传】书名。西汉韩婴撰。今本10卷。书中杂述古事古语，虽每条皆征引《诗经》中的句子，然引《诗经》是为了与古事相印证，而非阐述《诗经》的本义。是研究西汉今文诗学的重要资料之一。

【韩世忠】（1089—1151）南宋初名将。字良臣，绥德（今属陕西）人。出身贫寒，18岁应募从军。英勇善战，胸怀韬略，在抗击西夏和金的战争中立下功勋，也参加过平定农民起义和地方叛乱。为官正派，反对与金人议和，不肯依附奸相秦桧，为岳飞遭陷害而鸣不平。后自请解职，闭门谢客。死后被追封为蕲王。

【韩湘子】传说中的八仙之一。本为唐韩愈侄十二郎（老成）子，名湘，字北渚。长庆进士，曾官大理丞。韩愈被贬潮阳，至蓝关时曾赠湘诗，有“云横秦岭家何在？雪拥蓝关马不前”之句。传说中韩湘子拜吕洞宾为师得道成仙之事即由此附会而来。民间形象中他擅长吹笛子，道教音乐《天花引》据传为其所作。

【韩信】（？—前196）西汉军事家。淮阴（今江苏淮安市淮阴区）人。与萧何、张良并列为汉初三杰。早年家贫，秦末投项羽，不得重用。萧何将其荐于刘邦，拜为大将军。在楚汉战争中，发挥了卓越的军事才能，平定诸侯、消灭项羽，屡建战功，先被封为齐王，后又被改封楚王，降为淮阴侯。汉朝建立后，因被诬陷谋反而被处死，并夷其三族。

【韩延寿】（？—前57）字长公，西汉杜陵（今陕西西安东南）人。少为郡文学。经霍光力荐任谏大夫。后任颍川太守、东郡太守等，崇尚礼仪，追求古代教化，尊重长者，体恤民情，诉讼大减，所治之地成为当时天下最好的州郡。后遭人构陷，被宣帝所杀。

【韩婴】西汉今文诗学“韩诗学”的开创者。燕（今北京）人。武帝时，与董仲舒辩论，不为所屈。文帝时任博士。景帝时为常山王刘舜太傅。治《诗经》，兼治《周易》。著述有《韩诗内传》《韩诗外传》。南宋以后仅存《外传》。

【韩愈】（768—824）唐代文学家、哲学家。字退之，自谓郡望昌黎，世称韩昌黎。河南河阳（今河南孟州）人。25岁中进士。官至吏部侍郎。卒谥文，世称韩文公。以继承儒学道统为己任，政治上反对藩镇割据，思想上尊儒排佛。提倡散体，反对六朝以来的骈偶文风，与柳宗元同为古文运动的倡导者，并称“韩柳”。散文气势雄健，被列为“唐宋八大家”之首。苏轼赞扬他“文起八代之衰，而道济天下之溺”。诗风新奇雄伟，与孟郊齐名，并称“韩孟”。著有《昌黎先生集》。

【寒山】唐代诗僧。早年周游四方，后长期隐居台州始丰（今浙江天台）西之寒岩（即寒山），故号“寒山子”。好吟诗唱偈，得一篇一句，则题于山石竹木之上。内容多表现佛家的出世思想和山林隐逸之趣，对世态人情亦有讥刺。诗风幽冷，别具境界。语言通俗诙谐。著有《寒山子诗集》。

【寒食】节令名。在清明前一日或二日。民俗从这天起禁火、吃冷饭，直到清明才重新生火。相传因介之推（春秋时晋国贤臣）抱木焚死，晋文公为悼念他，遂定此日禁火寒食。也说寒食节。

【寒食节】见91页“寒食”。

【汉】❶朝代名。a）（前206—220）公元前206年刘邦（即汉高祖）灭秦，被项羽封为汉王，后又战胜项羽，于公元前202年称帝，国号汉，建都长安（今陕西西安市西北），史称“西汉”。公元8年王莽代汉称帝，国号新。公元25年皇族刘秀（即汉光武帝）重建汉朝，建都洛阳，史称“东汉”。220年，曹丕代汉称帝，东汉灭亡。汉代共历27帝，406年。b）（947—950）五代之一。刘知远所建，史称“后汉”。❷汉族。我国的主体民族。❸汉语的简称。如俄汉词典。

【汉承秦制】指汉代对秦王朝实行的中央集权制、以丞相为核心的各级官僚体制、行政区划的郡县制以及法律、礼乐、赋税、官员管理制度等的基本承袭与沿用。

【汉赋】汉代流行的文学体裁。分为骚赋、大赋、小赋。骚赋是模仿《楚辞》而写的一种赋，内容上侧重抒情，如贾谊《吊屈原赋》、司马迁《悲士不遇赋》；大赋多为鸿篇巨制，用主客问答的方式，富丽的辞藻，交互使用散文和韵文的形式，侧重铺叙描写都城、宫苑、山川等壮丽事物和帝王的政治、军事活动以及奢华的生活，篇末或寓讽刺劝谏之意，如司马相如《子虚赋》《上林赋》；小赋则侧重于咏物、抒情，篇幅短小，文辞清丽，不用问答体，通篇用韵文，如扬雄《酒赋》、张衡《归田赋》。

【汉魏风骨】指汉魏诗歌所具有的充沛感人的思想情感和清峻、刚健的艺术风格。在我国诗歌史上，汉魏风骨具有深远影响，如盛唐时的诗人就自觉加以学习和运用。

【汉武帝】（前156—前87）西汉皇帝。名刘彻。前141—前87年在位。在位期间“罢黜百家，独尊儒术”，以儒家思想为统治思想；颁行“推恩令”，削弱割据势力；鼓励发展农业生产，打击富商大贾；派张骞两次出使西域，发展经济文化交流；任用卫青、霍去病为将，打击匈奴贵族，保障了北方的安宁和经济文化的发展。由于举行封禅，祀神求仙，挥霍无度，徭役繁重，引发多地农民起义。晚年自承过失，思富养民，政权转危为安。

【汉学】儒家学术流派。本指汉儒治经时以朴实的学风、笺注的方法所创立的经学和学派。其基本方法是“实事求是”“无征不信”，反对空谈学风。其研究的范围是以经学为中心而衍及小学、音韵、史学、天算、水地、典章制度、金石、校勘、辑佚等。在清代，汉学作为一种思潮和流派是相对宋学而言的。它以顾炎武、阎若璩（qú）等为开山之祖，以惠栋、戴震为分宗立派的大师。在整理、保存古籍方面有卓越贡献，惠及后人，至今仍为学人所重；但是除少数汉学家关心民生疾苦、呼吁改良社会外，多数汉学家慑于文字狱，埋头故纸堆，脱离现实，影响一直到近现代。

【汉学师承记】书名。原名《国朝汉学师承记》。清代江藩著，8卷。阐述清代汉学家法流派，涉及清代学术变故、学者交游、经义考订及历代学术流变等。所列人物，除首载阎若璩、胡渭，末附黄宗羲、顾炎武外，主要是乾嘉学派著名学者，即吴派、皖派的师承传记及其与东汉古文经学派的渊源关系，至于常州学派的主要人物如庄存与、刘逢禄等则未列专传。全书计列专传40家，附传16家，共辑56家，是研究清代学术史的重要著作。

【汉乐府】指汉代的乐府诗。有郊庙歌辞、鼓吹曲辞、相和歌辞和杂曲歌辞等类。郊庙歌辞是为统治者祭祀所作的乐歌；鼓吹曲辞原是军歌，后用于宫廷朝会、贵族出行等场合；其余两类包括从各地采集的民间歌谣，有的对当时民间疾苦有所反映。北宋郭茂倩的《乐府诗集》是保存乐府诗最完备的总集。

【汉钟离】传说中的八仙之一。相传复姓钟离，名权，号正阳子。因为原型为五代后汉大将，故又被称汉钟离。受铁拐李的点化，上山学道。下山后飞龙斩虎、点金济众。最后与兄简同日升天，度吕洞宾而去。事见《东游记》。其传说始于五代、宋初。元代全真道奉为“正阳祖师”，为北五祖之一。

【汗牛充栋】唐·柳宗元《文通先生陆给事墓表》：“其为书，处则充栋宇，出则汗牛马。”意思是书籍存放时可堆至屋顶，运书时可使牛马累得出汗。后用“汗牛充栋”形容著作或存书极多。南宋·陆游《冬夜读书有感》诗：“汗牛充栋成何事，堪笑迂儒错用功。”

【汗青】❶古代在竹简上写字，先用火烤青竹，使水分如汗渗出，干后易于书写，并免虫蛀。后用“汗青”指著作完成。南宋·朱熹《答严时亨书》：“当时若得时亨诸友在近相助，当亦汗青有期也。”❷借指史册。南宋·文天祥《过零丁洋》诗：“人生自古谁无死，留取丹心照汗青。”

【翰林】❶指文翰（即文章）荟萃的所在，取文翰多如林之意。西晋·陆机《文赋》：“郁云起乎翰林。”❷古代官名。唐玄宗初置翰林待诏，为文学侍从之官。至唐德宗后，翰林学士职掌撰拟机要文书。明清则以翰林院为储才之地，从科举考试中选拔一部分人入院为翰林官。清制，大学士为翰林院掌院学士，下设侍读学士、侍讲学士、侍读、侍讲、修撰、编修、检讨等官。

【翰林院】古代供养御用文人的官署，供职的人为翰林官，简称翰林。始于唐代，宋代后成为正式官职，并与科举接轨。明以后负责修书撰史，起草诏书，担任皇室成员侍读、科举考官等。

【翰墨】❶笔墨。东汉·张衡《归田赋》：“挥翰墨以奋藻，陈三皇之轨模。”❷借指文章、书画。三国魏·曹丕《典论·论文》：“是以古之作者，寄身于翰墨，见意于篇籍。”唐·颜真卿《〈干禄字书〉序》：“既考文辞，兼详翰墨。”

【行（háng）辈】行：排行；辈：辈分。先秦时代，通常在名或字前加伯（孟）、仲、叔、季来表明同父兄弟的排行。如孔子字仲尼，“仲”即排行第二。唐代文人之间，常省略名字，仅以姓加排行相称。如白居易被称“白十二”，元稹被称“元九”。这种排行多是按照同一曾祖父下的兄弟总数来排算的，不是同父兄弟的排行。表示家族各代的纵向关系，前代叫作长辈，同代叫作同辈，下代叫作晚辈。社交中辈分比排行更重要。在宴饮、聚会等各种场合，均有严格的尊卑礼节须遵守。如违礼，被称为“没教养”。辈分可通过称谓或姓名中的用字来反映。如称呼与祖父同辈的人叫

"爷"，与父亲同辈的叫"伯""叔"等。有些姓氏例如孔氏很早就选定若干字用于子孙行辈起名，颜、曾、孟姓沿用孔氏行辈用字，使得后人根据其名字即可判断其所处辈分，形成中华姓氏文化的一大特点。

【豪放词派】宋词风格流派之一。题材多为边关征伐等军国大事，创作不拘守音律，风格豪迈奔放，情调悲壮慷慨。其前驱是范仲淹，后以苏轼、辛弃疾为代表，重要词人还有岳飞、张元幹、张孝祥、陈亮等。代表作有范仲淹《渔家傲·秋思》、苏轼《念奴娇·赤壁怀古》、辛弃疾《破阵子·为陈同甫赋壮词以寄之》、岳飞《满江红·怒发冲冠》、陈亮《水调歌头·送章德茂大卿使虏》等。

【号角】❶古时军中传达命令的管乐器；后泛指喇叭一类的吹奏乐器。❷指号角声。如：声声号角、阵阵号角。

【好（hào）为人师】语出《孟子·离娄上》。指不谦虚，不知求教而喜欢以教导者自居，这是很多人容易犯的毛病。

【好（hào）整以暇】语出《左传·成公十六年》。整：严整；暇：不急迫。形容严整有序而从容不迫。《孽海花》第二十五回："在这种人心惶惶的时候，珏（jué）斋却好整以暇，大有轻裘缓带的气象，只把军队移驻山海关。"

【浩气】正大刚直的气概。《明史·杨继盛传》："浩气还太虚（天，天空），丹心照千古。"

【浩然】刚正豪迈。《孟子·公孙丑上》："我善养吾浩然之气。"元·张可久《金字经·偕王公实寻梅》："浩然英雄气，塞乎天地间。"

【皓首穷经】皓：白；首：头发；穷经：专心研究经书和古籍。直到年老白头还在钻研经典和古籍。形容勤勉好学，到老了也不厌倦。

【合抱之木，生于毫末】语出《老子》六十四章。毫末：细小的幼苗。合抱的大树，从细小的萌芽长起。比喻大事是由小事逐渐发展演变而来的，要成就伟大的事业，必须从小事做起。

【合同异】先秦名家惠施学派的基本观点。与之对立的观点是"离坚白"。认为一切事物的差别、对立是相对的，强调差异之中有同一。一切被常人当作相异的事物，在他们看来都是相同的。对古代逻辑思想的发展有一定贡献。但夸大了概念的同一性，忽视了个体的差别，因而导致相对主义的错误。参见152页"离坚白"。

【合纵连横】战国时期，秦、楚、燕、韩、赵、魏、齐七雄并峙，弱小的东方六国纵向联合对抗强大的西方秦国，称"合纵"；秦国横向联合六国中的某几国攻灭一国，各个击破，称"连横"，二者合称"合纵连横"。参见376页"纵横家"。

【何绍基】（1799—1873）晚清诗人、书法家。字子贞，号东洲居士。道州（今湖南道县）人。道光十六年（1836）进士。书法初学颜真卿，后融汉魏而自成一家，尤长草书。著作有《惜道味斋经说》《东洲草堂诗钞》《东洲草堂文钞》《说文段注驳正》等。

【何仙姑】传说八仙中唯一的女性。相传是唐代广州增城何姓少女，家住云母溪，日往山中采果奉母，行动如飞，因食云母粉而成仙。或说本为宋永州民女，13岁入山采茶迷路，遇吕洞宾，吕洞宾度化其在天门扫花，功成后升入仙班。民间形象中何仙姑常手持荷花。

【何晏】（？—249）三国魏哲学家。魏晋清谈的主要人物之一。字平叔，南阳宛县（今河南南阳）人。汉末大将军何进之孙。少以才秀知名。娶魏公主。曹爽执政时，为散骑侍郎，官至侍中、吏部尚书，典选举。后为司马懿所杀。和夏侯玄、王弼等倡导玄学，竞事清谈，开一时风气。善谈《周易》《老子》，并集解《论语》。以玄学观点解释孔子思想。以道释儒，“援老入儒”，调和儒道。著有《论语集解》《无名论》《道德论》《无为论》等。

【和】❶和谐；协调。《礼记·乐记》：“其声和以柔。”❷和睦；融洽。《孟子·公孙丑上》：“天时不如地利，地利不如人和。”❸温暖；温和。北宋·范仲淹《岳阳楼记》：“至若春和景明，波澜不惊。”❹和解；结束战争或争执。《三国志·蜀书·诸葛亮传》：“西和诸戎，南抚夷越。”

【和而不同】《论语·子路》：“君子和（和谐）而不同（指盲目附和、苟同），小人同而不和。”意思是君子行事讲究和谐，但不盲目附和，小人盲目附和却不懂和谐相处的道理。

【和风细雨】温和的风，细小的雨。北宋·张先《八宝妆》词：“花阴转，重门闭，正不寒不暖，和风细雨，困人天气。”也用来比喻方式和方法温和而不粗暴。

【和光同尘】《老子》五十六章：“和其光，同其尘。”意思是收敛自己的光芒，混同于尘俗。指不露锋芒、随俗而处、与世无争的处世态度。北齐·颜之推《颜氏家训·勉学》：“嵇（jī）叔夜排俗取祸，岂和光同尘之流也？”

【和合】❶和睦同心。《墨子·尚同中》：“内之父子兄弟作怨仇，皆有离散之心，不能相和合。”《红楼梦》第二十八回：“女儿乐，夫唱妇随真和合。”❷我国古代神话中象征夫妻相爱的神。常画二像，蓬头笑面，一持荷花，一捧圆盒，取“和谐合好”之意。旧时民间举行婚礼时，每喜陈列和合像，以图吉利。❸神名，即万回哥哥。明·田汝成《西湖游览志余·委巷丛谈》：“宋时杭城以腊月祀万回哥哥，其像蓬头笑面，身着绿衣，左手擎鼓，右手执棒，云是和合之神，祀之，可使人在万里之外，亦能回家，故曰万回。”

【和美】❶和善。《南史·齐随郡王子隆传》：“性和美，有文才。”❷和睦美满。南朝梁·沈约《为武帝与谢朏（fěi）敕》：“群才竞爽，以致和美。”

【和睦】相处友好，关系融洽。《左传·成公十六年》：“上下和睦，周旋不逆。”《红楼梦》第三回：“更好，更好，若如此，更相和睦了。”

【和平】❶形容社会安定，没有战乱。《周易·咸卦·彖》："圣人感人心而天下和平。"《汉书·王商传》："今政治和平，世无兵革。"❷和谐；和睦。《魏书·高宗纪》："故上下和平，民无怨谤。"❸平静；宁静。唐·韩偓（wò）《闲兴》诗："忙人常扰扰，安得心和平。"

【和如羹焉】《左传·昭公二十年》："和如羹焉，水、火、醯（xī，醋）、醢（hǎi，以肉、鱼等做成的酱）、盐、梅，以烹鱼肉。"意思是"和"就像做汤羹，用水、火、醋、酱、盐、梅等来烹调鱼和肉，可以获得美味佳肴。指和谐社会的达成，必须容纳各种不同的思想、意见，通过集思广益，优选最佳治理方略，让各方面的优秀人才去贯彻实施，才能实现。

【和尚】佛教称谓。原来是对具有一定资格、能为人师的有才能的出家人的称呼，男女不限。后世沿用为弟子对师傅的尊称，后成为对男性僧人的通称。

【和实生物，同则不继】语出《国语·郑语》。和：和谐，指各种事物和谐相处；同：同一，指排斥不同的事物。世界和谐由不同的事物相融合而成，如果排除异己，只保留一种事物，其结果是无法繁衍而终归灭绝的。这一思想与孔子的"和而不同"具有高度一致性，是我国古代哲学思想的精华内容之一。

【和为贵】《论语·学而》："有子曰：'礼之用，和（和谐，协调）为贵。'"意思是礼的运用，以和谐为可贵。"和为贵"是构建和谐社会、和谐世界的要素。

【和谐】❶配合得适当。《晋书·挚虞传》："施之金石，则音韵和谐。"❷和睦；融洽。明·高明《琵琶记·寺中遗像》："敢天教我夫妇再和谐，都因这佛会。"

【和衷共济】"和衷"语出《尚书·皋陶（yáo）谟》。"共济"语出《国语·鲁语下》。和衷：和睦同心；共济：共同渡过。比喻同心协力，共同克服困难。

【河汾门下】隋末大儒王通设教于黄河、汾河之间，受业者千余人，唐初名臣房玄龄、杜如晦、魏徵、李靖、程元、窦威、薛收等都是其门生，时称"河汾门下"。后以此语比喻名师门下人才盛出。

【河间献王】（？—前 130）即刘德。西汉景帝之子。汉景帝前元二年（前 155）立为河间（今河北献县）王，谥号献，故称河间献王。好儒学，史称"修学好古，实事求是"。多罗致山东儒生。相传得古文先秦旧书《周官》《尚书》《礼记》等，并立《毛诗》《左氏春秋》博士。

【河姆渡遗址】我国新石器时代的重要遗址。位于浙江余姚河姆渡村东北。1973 年发掘。遗址分四层，一、二两层的文化面貌距今约 7000 年，是我国长江中下游新石器时代的一种早期文化，即母系氏族社会繁荣时期的文化。三、四层文化面貌约至公元前 3500 年左右。建筑中已能成熟地使用榫卯接合技术，把我国使用该技术的时间由金属时代向前推了 3000 多年。出土有石斧、石凿、骨耜（sì）、骨镞（zú）等生产工具。陶器为黑陶。发现稻谷数量之多、保存之好为考古史所罕见，证实中国是水稻发源地之一，改写了水稻由印度引进的传统说法。该遗址的发现，证明中国人的祖先不仅在黄河流域，同时也在长江流域创造了灿烂的原始文化。

【河图洛书】我国远古的两幅神秘图案。传说伏羲时，有龙马从黄河出现，背负“河图”；有神龟从洛水（今河南洛河）出现，背负“洛书”。伏羲据此画成八卦，成为后来《周易》的来源。

【鹤氅】鸟羽制成的裘衣，用作外套。后专用作道服。北宋·孔武仲《杂诗四首》之三：“霞冠鹤氅一道士，梦半留丹三四粒。”

【黑云压城城欲摧】语出唐代李贺《雁门太守行》诗。黑云密布在城的上空，好像要把城墙压塌似的。后用来比喻因恶势力一时嚣张造成的紧张局面。

【恒】儒家道德观之一。指恒心或具有恒心。《论语·子路》载：孔子引用南方人的谚语和《周易·恒卦》爻辞说，一个人如果没有恒心，就没有资格担当“巫医”这样的职务；如果不能持之以恒地持守德操，就必然会招致羞辱。没有恒心的人，一定没有好结果，用不着占卦。

【恒产】固定占有或恒久使用的财产，即私有财产。《孟子·滕文公上》：“民之为道也，有恒产者有恒心，无恒产者无恒心。苟无恒心，放辟邪侈，无不为已。”孟子认为，要想使国家稳定，长治久安，就必须让老百姓拥有自己的“恒产”，以维持劳动者本人及其家庭成员的生存与扩大再生产的需要；老百姓若无“恒产”，就不会有“恒心”，就会引发仇富、杀富等犯罪行为。让百姓有恒产，是安邦治国的出发点。

【恒称君恶】郭店楚墓竹简《鲁穆公问子思》：“鲁穆公问于子思曰：‘何如而可谓忠臣？’子思曰：‘恒（经常）称其君之恶（指过错）者，可谓忠臣矣。’”意思是看到君主有过错，能敢于经常直言其过的人可以称为忠臣。

【恒山】五岳之一，为五岳中的北岳。在山西省东北部。主峰玄武峰，在浑源县东南，海拔2016米，气势雄伟。有悬空寺、虎风口、会仙府等名胜古迹。为全国重点风景名胜区。

【恒心】持之以恒的信念、决心。儒家指能经常保持一定的道德观念，遵守一定的道德准则。《孟子·梁惠王上》：“无恒产而有恒心者，惟士为能。若民，则无恒产，因无恒心。苟无恒心，放辟邪侈，无不为已。”意思是没有固定产业而有坚定的信念，只有士能够做到。像其他人没有一定的产业，就缺乏坚定的信念。没有坚定的信念，就会胡作非为，为所欲为。

【衡山】五岳之一，为五岳中的南岳。在湖南省中部，湘中衡阳盆地北缘，湘江西侧。有七十二峰，以祝融、天柱、芙蓉、紫盖、石廪五峰为最著名，有“五岳独秀”之称。历代帝王多到此巡视或祭祀。也是佛教圣地，有南岳庙、祝圣寺等庙宇。为全国重点风景名胜区。也说岣嵝山。

【薨（hōng）】指君主时代诸侯或高级官员死亡。《礼记·曲礼下》："天子死曰崩，诸侯死曰薨。"《新唐书·百官志一》："凡丧，二品以上曰薨。"

【弘毅】指刚强而有毅力，抱负远大，意志坚强。《论语·泰伯》："曾子曰：'士不可以不弘毅，任重而道远。'"

【弘愿】佛教指普度一切众生的大愿。唐·窥基《般若波罗蜜多心经幽赞》卷上："若诸菩萨先于菩提发弘愿已，欲勤修学。"今泛指远大的志向或愿望。

【红楼梦】书名。古典长篇小说。原名《石头记》。清代曹雪芹著。一百二十回（后四十回系高鹗续）。全书以贾宝玉与林黛玉、薛宝钗的爱情悲剧为中心线索，描写了贾、史、王、薛四大家族由盛而衰的家族变迁，揭露了封建贵族的荒淫腐败、封建制度与礼教的腐朽没落，也描写了人性被压抑的痛苦以及要求人性解放而进行的挣扎和反抗，生动塑造了贾宝玉、林黛玉、王熙凤、薛宝钗、尤三姐、晴雯等具有鲜明个性的艺术形象。作品规模宏大，结构严密，具有高度的思想性和卓越的艺术成就，是我国古代长篇小说的巅峰之作。

【红山文化】我国北方地区新石器时代的一种文化。1935年发现于内蒙古自治区赤峰市红山，故名。距今约六千年。生产工具有打制石器、磨制石器和细石器。陶器有细泥彩陶和带篦纹、划纹的粗陶。出土多种精美玉器，所出玉钩龙被称为"中华第一龙"，业内将其与良渚文化并提，称为中国古代两大玉文化中心。出土一批造型秀美、如真人大小乃至比真人大几倍的陶塑人像，显示了远古艺术家高超的写实能力。经济生活以农业为主，辅以狩猎。遗迹中有大型祭坛、女神庙、积石冢及金字塔式建筑等。

【宏达】❶指才识宏大畅达。东汉·班固《西都赋》："大雅宏达，于兹为群。"唐·李白《〈大鹏赋〉序》："悔其少作，未穷宏达之旨，中年弃之。"❷形容事业宏伟。唐·杜甫《北征》诗："煌煌太宗业，树立甚宏达。"

【洪亮吉】（1746—1809）清代经学家、文学家。字君直，一字稚存，号北江，晚号更生，江苏阳湖（今常州）人。是清代朴学、经学、史学、舆地学的重要学者。关注人口问题，认识到人口增长速度超过物质资料的生产速度必然会引起社会危机，并且提出解决问题的办法。工诗词，诗风雄放，词风峻爽。著有《春秋左传诂》《洪北江诗文集》《比雅》等。

【洪荒】指混沌、蒙昧的时代，即远古时代。《千字文》："天地玄黄，宇宙洪荒。"

【洪适（kuò）】（1117—1184）南宋金石学家。字景伯，自号盘洲老人。鄱（pó）阳（今属江西）人。工文辞，与弟洪遵、洪迈均以文学著称，并称"三洪"。好收藏金石拓（tà）本，并据以证史传讹误，考核颇精，与欧阳修、赵明诚并称为宋代金石三大家。著有《隶释》《隶续》《盘洲集》等。

【**洪炉**】❶大火炉。《后汉书·何进传》:“今将军总皇威，握兵要，龙骧虎步，高下在心，此犹鼓洪炉燎毛发耳。”❷比喻陶冶、锻炼人的环境。明·陈继儒《读书镜》:“君子以善服人，不如以善养人，养人至于盗贼使之改过，真是一具大洪炉也。”

【**洪昇**】(1645—1704)清代戏曲作家。字昉(fǎng)思，号稗(bài)畦、南屏樵者。钱塘(今浙江杭州)人。历时10余年，三易其稿，写成传奇《长生殿》，与孔尚任有“南洪北孔”之称。所作其他传奇，均已不存。杂剧今存《四婵娟》一种。亦工诗词，著有《稗畦集》《啸月楼集》《昉思词》(已佚)等。

【**洪武正韵**】韵书。明代乐韶凤、宋濂等奉诏撰。16卷。此书文字义训，根据毛晃父子《增修互注礼部韵略》；分韵归字，则近于周德清《中原音韵》。平、上、去三声各22韵，入声10韵，共76韵。为曲韵南派的创始著作，对研究元明时官话实际读音有较高的价值。在朝鲜影响很大。

【**洪秀全**】(1814—1864)太平天国农民运动领袖。广东花县(今广东广州市花都区)人。1843年创“拜上帝会”。1851年1月在广西金田村起义，4月建号太平天国，自封天王。1864年死于天京(今南京)围城中。参见263页“太平天国运动”。

【**鸿沟**】古运河名。战国时期开凿。是我国最早沟通黄河和淮河的人工运河。北临黄河，西依邙(máng)山，东连平原，南接嵩山，是历代兵家必争的古战场。楚汉相争时曾以鸿沟为界，东边是楚，西边是汉。后借指疆土的分界或明显的界线。

【**鸿鹄(hú)之志**】天鹅一飞千里的志向。比喻远大的志向。《史记·陈涉世家》:“陈涉太息曰:‘嗟乎，燕雀安知鸿鹄(hú)之志哉!’”

【**鸿蒙**】指宇宙形成前的混沌状态。《庄子·在宥(yòu)》:“云将(云之主帅)东游，过扶摇(东海神树)之枝，而适遭鸿蒙。”成玄英疏:“鸿蒙，元气也。”

【**鸿儒**】大儒；今泛指知识渊博的学者。唐·刘禹锡《陋室铭》:“谈笑有鸿儒，往来无白丁。”

【**鸿雁**】《汉书·苏武传》载有鸿雁传书的故事。后借指书信。唐·李白《千里思》诗:“鸿雁向西北，因书报天涯。”

【**黉(hóng)学**】古代的学校。《后汉书·仇(qiú)览传》:“农事既毕，乃令子弟群居，还就黉学。”

【**后宫**】❶君主时代后妃的居所。《汉书·外戚传下》:“孝成班倢伃(jiéyú)，帝初即位选入后宫。”❷借指妃嫔。东汉·班固《西都赋》:“后宫之号(称号)，十有(yòu，通“又”)四位(等级)。”

【**后汉书**】书名。纪传体东汉史，南朝宋范晔撰。与《史记》《汉书》《三国志》合称“前四史”。书中分10本纪、80列传和30志，记载了从光武帝刘秀起至汉献帝共195年的历史。上承《汉书》叙事以类相从的体例，新创《党锢》《宦者》《文苑》《独行》《逸民》

《方术》《列女》等 7 种新的类传，为后世大多数纪传体史书承袭。

【后来居上】❶ 指资格浅的反而居资格老的之上。《史记·汲郑列传》："陛下用群臣如积薪耳，后来者居上。"❷ 人或事物胜过先前的。清·纪昀（yún）《阅微草堂笔记·滦阳续录六》："今老矣，久不预少年文酒之会，后来居上，又不知其为谁？"

【后母戊鼎】商代晚期青铜器。长方形，四足，通高 133 厘米，器口长 79.2 厘米，重达 875 千克。1939 年于河南安阳武官村出土。是至今世界上发现的最大的青铜器。因鼎腹内铸有铭文"后母戊"（以往误释为"司母戊"）三字而得名。是商王为祭祀其母戊而作。鼎造型庞大雄浑，纹饰精美细腻，是古代科技与艺术、雕塑与绘画的完美结合，是中国青铜器文化中的瑰宝。

【后七子】明嘉靖、隆庆年间（1522—1572）的文学流派。成员包括李攀龙、王世贞、谢榛、宗臣、梁有誉、徐中行和吴国伦。因在明弘治、正德年间（1488 ~ 1521）的李梦阳、何景明、徐祯卿、边贡、康海、王九思和王廷相七人之后，并受其复古文学主张的影响，故称后七子。

【后生可畏】年轻人奋发努力超越前人，是可敬畏的。《论语·子罕》："后生（后辈）可畏（敬畏），焉知来者之不如今也？"

【后事之师】指后来事情的借鉴或榜样。《战国策·赵策一》："前事之不忘，后事之师。"

【后羿（yì）】传说夏代东夷族有穷氏部落的首领。名羿。善射箭。曾推翻夏代统治，夺得太康的君位。因喜狩猎，不理民事，而被杀死。又传说尧时十日并出，植物枯死，猛兽大鸟长蛇为害，他射去九日，射杀猛兽大鸟长蛇，为民除害，天下始得太平。也称夏羿、夷羿、大羿。

【厚爱】深爱。《韩非子·六反》："故母厚爱处（对待），子多败，推爱（滥用慈爱）也。"

【厚道】待人善良宽容，不刻薄。《红楼梦》第一一七回："大凡做个人，原要厚道些。"

【厚德载物】以深厚的道德育人利物。今多指用高尚的道德和精到的学识育人成才。《周易·坤卦·象》："地势坤，君子以厚德载物。"意思是大地的形势宽广平顺，君子应效法大地，增厚美德，容载万物。后借指以厚德育人。民国时期梁启超在清华学校作《论君子》演讲，用"自强不息""厚德载物"激励清华学子继承并发扬中华美德。后清华大学把"自强不息，厚德载物"八字作为校训。

【厚积薄发】充分地积累，少量地发散。指深厚地积累知识，才能拿出有见地的东西。北宋·苏轼《稼说送张琥》："博观而约取，厚积而薄发。"

【候风地动仪】古代观测地震的仪器。东汉科学家张衡发明，制成于东汉阳嘉元年（132）。用精铜铸造，形如酒樽，樽内立一铜柱，柱周围有八条滑道，樽外装有八条龙伸向八个方向，龙口各含一铜丸，龙头下各置一张口向上的铜蟾蜍（chánchú）。一旦发生地震，铜柱倾倒，触发震源方向龙口，铜丸落入蟾蜍口中，发出响亮的声音，使人知晓并判明地震的方向。一次西向龙吐丸，洛阳并无震感，几日后甘肃来报发生地震，时人才服其妙。

【呼吸相通】呼气与吸气互相贯通。比喻思想一致，关系密切，利害相关。《清史稿·颜伯焘传》："闽粤互为唇齿，呼吸相通。"

【忽必烈】（1215—1294）即元世祖，元代皇帝。蒙古族人。1260—1294年在位。1251年，长兄蒙哥继大汗（hán）位，忽必烈受封为王。1252年奉命征讨大理。1260年长兄去世，即汗位，建元中统，开始按中国传统的王朝年号纪年。1271年，改"大蒙古"国号为"元"，1272年迁都大都（今北京）。后举兵南下，1276年灭南宋。在位期间加强对边疆的控制，注重农业，兴修水利，经济得以恢复和发展，统一的多民族国家政权得以巩固和加强。

【胡服骑射】指战国时赵武灵王采用西北游牧民族的服饰、学习骑马射箭之术的军事改革。赵武灵王为了改变赵国四面受敌、被动挨打的局面，增强赵国的战斗力，让军队改穿短小贴身、便于作战的"胡服"，像游牧民族一样骑马射箭。

【胡宏】（1106—1162）南宋理学家。字仲仁，学者称五峰先生。建宁崇安（今属福建）人。南宋经学家胡安国的季子，二程的再传弟子。张栻（shì）曾从之问学。因秦桧当国，终身不仕。执掌碧泉书院聚徒讲学，晚年过着"锄罢归来又读书"的生活。胡宏毕生倾注于继承先儒，开启后学，成为"绍兴诸儒"之冠。朱熹、张栻、吕祖谦皆其后学。著有《知言》《五峰集》《皇王大纪》等。

【胡笳（jiā）】即"笳"，因出自塞北、西域一带"胡地"，故名"胡笳"。一种簧、管一体的吹奏乐器。原始的胡笳是将芦苇叶卷成双簧片形状或圆锥管形状，首端压扁为簧片。后管身或改为芦苇秆，或木制，开有三孔。唐代还盛行以羊骨或羊角为管，管身无孔，流行于塞北及河西走廊一带。

【胡琴】弦鸣乐器。西北游牧民族部分弦乐器传入中原后的泛称。近代才成为胡琴类拉弦乐器的专称。由琴筒、琴杆、琴弦、转动轴、琴弓组成。琴弓系马尾夹于两弦间拉奏出声。如二胡、京胡、板胡等。

【胡瑗（yuàn）】（993—1059）北宋初学者、教育家。泰州海陵（今江苏泰州）人。曾任国子监直讲、太子中舍、天章阁侍讲，官至太常博士。在苏州、湖州讲学达20余年。和孙复、石介提倡"以仁义礼乐为学"，并称"宋初三先生"。胡瑗教学重经义传习和致用。著有《周易口义》等。

【胡宗宪】（1512—1565）明朝大臣。字汝贞，徽州府绩溪（今属安徽）人。嘉靖进士。1555年任浙江巡抚、总督，在任八年，全力抗倭，诱杀通倭的内奸，取得了平倭全胜。期间重用名将戚继光等，常亲临督战，置生死于度外。因结交权奸，后被弹劾为严嵩一党，入狱后自杀。万历初御赐归葬故里天马山。著有《筹海图集》等。

【湖笔】浙江湖州出产的毛笔，与徽墨、宣纸、端砚并称为“文房四宝”。最早产地在吴兴县善琏（liǎn）镇。相传秦始皇的大将蒙恬改良过毛笔。当地有笔祖蒙恬庙。据《湖州府志》载：善琏湖笔的成名，与元代大书画家湖州人赵孟頫（fǔ）有密切关系。他“日书万字”，十分重视制笔技艺，他要人制笔，一管不如意，即令拆裂重制。当地人选用上等山羊毛，经过浸、拔、并、梳、连、合等近百道工序精心制作，具有毫细出锋、毛纯耐用的优点。所以当地有“毛颖之技甲天下”之说。也说湖颖。

【湖湘学派】我国古代儒家学派之一。南宋著名学者胡安国与儿子胡寅、胡宏等，因不满朝廷的黑暗政治和投降政策，由福建迁往湖南衡山，创建碧泉书院、文定书堂，潜心研究理学，并授徒讲学，开创湖湘学派。主要代表人物是胡宏、张栻。胡安国的名著《春秋传》是以义理之学研究《春秋》的代表作品，而胡宏的《知言》则阐明“性”为宇宙本体的思想。湖湘学派对后世产生了深远影响。

【花间词派】晚唐、五代时流行的词派。因后蜀赵承祚选录晚唐、五代18位词人的500首词编成的《花间集》而得名。以晚唐著名词人温庭筠（yún）为代表，包括西蜀的韦庄、皇甫松、李珣（xún）、牛希济等词人。内容多写上层宴乐生活和闺情女态、离情别思。词调柔靡，词风艳丽，对后代影响较大。

【花蕊夫人】五代十国时期女诗人。姓徐，或说姓费。青城（今四川都江堰市东南）人。幼能文，长于宫词。成为后蜀皇帝孟昶（chǎng）的贵妃后，被赐号花蕊夫人。降宋后，得宋太祖宠。其宫词描写的生活场景极为丰富，用语以秾艳为主，但也偶有清新朴实之作。世传《花蕊夫人宫词》100多篇，其中确实为她所作的有90多首。

【花朝（zhāo）**】**百花的生日，赏花游览的节日。在农历二月十五日（一说在二月初二）。“花朝”来源甚早，至唐宋形成节日。南宋·吴自牧《梦粱录·二月望》：“仲春十五日为花朝节。”也说花神节。

【华北四宝】指华北地区的赵州石拱桥、沧州铁狮子、定州开元寺塔、正定隆兴寺菩萨像。有“沧州狮子定州塔，正定菩萨赵州桥”之说。

【华表】上古时用来表示王者纳谏或指示道路的木柱。后演变成设在宫殿、陵墓、城垣或桥梁等大型建筑物前具有装饰作用的大石柱（设在陵墓前的又名“墓表”）。柱身多雕刻有龙凤等图案，上部横插着云形雕花石板，顶端为石兽。北京天安门前后的两对，雕刻精美，是华表中杰出的代表作。

【华而不实，虚而无用】语出《韩非子·难言》。华：花；实：果实。只开花却不结果实，内容空虚而没有用处。后用以比喻空有华丽的外表却没有实质内容。也说华而不实。

【华盖】❶古代帝王所乘车上的伞形遮蔽物。《汉书·王莽传》："莽乃造华盖九重，高八丈一尺。"❷借指帝王所乘的车子。三国魏·曹植《求通亲亲表》："出从华盖，入侍辇毂（niǎngǔ）。"❸古星名。属紫微垣，共16星，在五帝座上。今属仙后座。❹旧时认为，人运气不好，是华盖星犯命，叫交华盖运，但和尚华盖罩顶是走好运。

【华夏】中国的古称。"华夏"一词最早见于《尚书·周书·武成》："华夏蛮貊（mò），罔不率俾（bǐ）。"中原有服装之美，谓之"华"，有礼仪之大，谓之"夏"，华夏连称指中国。早期华夏系由部分羌、夷、戎、狄、苗、蛮等族融混而成。公元前221年，秦始皇建立以华夏为主体的统一的多民族国家，实行"车同轨（共同的经济生活），书同文（共同的文字），行同伦（共同的道德文化）"，华夏开始成为稳定的族体，为汉民族的形成奠定了基础。近代出现"中华民族"的概念后，遂以中华民族作为中国各民族的总称。

【华夏文化】在黄河长江流域产生并发展、以华夏民族为主要载体的文明传承体系。其主要内容是敬天尊祖，重视纲常伦理，倡导仁义道德，强调良善友爱，维护社会和谐。在哲学、政治、文学、历史的观念上以及饮食、服饰、建筑、音乐、绘画等社会生活的各个领域内，均有特色鲜明的理论、习俗、典章、规范和作品存世，是一个博大精深的文化系统。大约产生于八千年前。尧、舜、禹、商汤、周文王、周武王、周公、孔子、孟子、老子、庄子等，是秦以前华夏文化的杰出创造者和传承者。汉代以后儒家文化成为华夏文化的主流，成为铸就中华民族精神的文化基因。它不仅是中国范围内的主体文化，而且对周边国家文化有深远影响。也称炎黄文化。参见103页"华夏"。

【华胥国】传说中的国名。《列子·黄帝》中说：黄帝白天睡着了，做梦来到了几千万里外的华胥氏国，这里"国无帅长""民无嗜欲"，一切顺其自然。黄帝神游醒来，怡然自得。后用"华胥国"或"华胥"指理想的、安乐和平之境；也用作"梦境"的代称。

【华严宗】我国佛教宗派。以唐代杜顺禅师（557—640）为初祖。依《华严经》立名。此宗认为天下事事无碍，一切互不相碍、互相融入，以高度平等的眼光体察万事万物。在佛教内部调和各派思想，对外主张融合佛儒道三家。也称贤首宗、法界宗。

【华裔】❶古代指我国中原和边远地区。西晋·刘琨《劝进表》："天地之际既交，华裔之情允洽。"❷指华侨在侨居国所生并取得侨居国国籍的子女；也泛指在国外的华人后代。如华裔学校。

【化干戈为玉帛】语出《淮南子·原道训》。化：使变化。把兵器变为玉器和丝帛。比喻把战争变为和平，变争斗为友好。

【**化鹤**】指得道成仙。东晋·陶潜《搜神后记》卷一："丁令威，本辽东人，学道于灵虚山，后化鹤归辽。"后多用以代称死亡。南宋·叶适《余知府挽词》之一："此际灵龟往，何方化鹤回。"

【**化身**】❶佛或菩萨为了济度众生而变化出来，暂时出现在世间的形体。❷指体现人、物或某些抽象观念的具体形象。

【**化缘**】指佛教、道教中的僧尼、道士向人乞求布施财物。因佛教、道教宣称施行布施的人能与佛、仙结缘，故名。

【**化斋**】僧尼或道士向人乞讨斋食。元·贾仲明《金安寿》第一折："贫道特来化斋添寿。"

【**画龙点睛**】唐·张彦远《历代名画记·张僧繇（yóu）》："武帝崇饰佛寺，多命僧繇画之……金陵安乐寺四白龙不点眼睛，每云：'点睛即飞去。'人以为妄诞，固请点之。须臾，雷电破壁，两龙乘云腾去上天，二龙未点眼者见在。"后用"画龙点睛"比喻作文或讲话于关键处用一二警句点明要旨，使更精辟有力。明·张鼐（nài）《读卓吾老子书述》："夫一古人之书耳，有根本者下笔鉴定，则为画龙点睛；无根本者妄意标指，则为刻舟记剑。"

【**华（huà）山**】五岳之一，五岳中的西岳。在陕西省东部，属秦岭东段。因远望像花，故名华山。主峰太华山，在华（huà）阴市南，海拔2154.9米。以峻秀奇险著称，名胜多散布于登山磴道旁。为道教名山，宋道士陈抟（tuán）曾于此隐居数十载，著书传道。玉泉院、镇岳宫等道观被列为全国重点道教宫观。是全国重点风景名胜区。

【**华（huà）佗**】（？—208）东汉末医学家。字元化，沛国谯〔今安徽亳（bó）州〕人。医术全面，尤擅长外科。发明用"麻沸散"成功施行全身麻醉手术，在中外医学史上均属首创，反映了公元2世纪时中国医学在麻醉方法和外科手术方面已有相当高的成就。创"五禽戏"，作为锻炼方式来防病健身，增强体质。后因不从曹操征召而被杀。所著医书已佚。

【**话本**】❶唐、宋、元说话艺人说唱故事所用的底本。敦煌卷子写本有《韩擒虎话本》等，为唐五代作品。宋元作品流传下来的一般可分为小说、讲史书两大类，前者如《清平山堂话本》等，后者如《全相平话五种》等。❷指说唱的故事。元·汪元亨《沉醉东风·归田》曲："千古兴亡费讨论，总一段渔樵话本。"❸指曲折离奇的事情。《警世通言·白娘子永镇雷峰塔》："不在姐夫姐姐面前说这话本，只得任他埋怨了一场。"

【**怀橘遗（wèi）亲**】二十四孝故事之一。陆绩六岁时，随父亲陆康到九江谒见袁术，袁术拿出橘子招待，陆绩往怀里藏了两个。临行时，橘子滚落地上，袁术讪笑道："陆郎来我家做客，走的时候还要怀藏主人的橘子吗？"陆绩回答说："我想拿回去给母亲尝尝。"袁术见他小小年纪就懂得孝顺母亲，十分惊奇而赞叹。陆绩成年后成为著名学者。

【怀素】（725—785，一作737—799）唐代书法家。僧人。字藏真，俗姓钱，永州零陵（今湖南长沙）人。草书领一代风骚，尤以"狂草"著称。好饮酒，酒后尽兴挥洒而皆有法度。前人评其狂草继承张旭，而有所发展，谓"以狂继颠"，并称"颠张狂素"，对后世影响很大。存世书迹有《自叙帖》《苦笋帖》《小草千字文》《论书帖》等。

【淮南鸿烈】见105页"淮南子"。

【淮南子】书名。西汉淮南王刘安及其门客著。以道家思想为主，糅合了儒、法、阴阳五行等各家思想，一般认为是杂家著作。对战国至汉初道家思想进行了系统的梳理，所总结的"宇宙生成论"蕴含朴素的唯物主义思想，对自然科学有重要影响。保存了不少神话故事（如"嫦娥奔月""女娲补天""后羿射日"等）以及自然科学史、医学等资料。也称《淮南鸿烈》。

【桓谭】（约前20—56）东汉哲学家、经学家。字君山，沛国相〔今安徽濉（suī）溪西北〕人。官至议郎给事中。通乐律，善鼓琴，博学多才，遍习五经。因坚决反对谶（chèn）纬神学，被光武帝视为"非圣无法"，几遭处斩。提出"以烛火喻形神"的有名论点，断言精神不能离开人的形体而独立存在，正如烛光不能离开蜡烛而存在。指出人"生之有长，长之有老，老之有死，若四时之代谢矣"，否认神仙长生。对后来无神论思想的发展有较大影响。著述有《新论》29篇，已佚。现传《新论·形神》一篇，收入《弘明集》内；清人严可均辑本《全汉文》较完备。

【患得患失】《论语·阳货》："其未得之也，患不得之；既得之，患失之。"意思是他在没有得到职位时，担心得不到；当他得到时，又担心失去。后用"患得患失"形容某些人总是在计较个人利害得失，目光短浅，心胸狭窄。

【患难与共】语出《礼记·儒行》。在不利情况下共同承担忧患或灾祸。指关系密切，利害一致。

【患难之交】交：朋友。在一起经历过忧患和苦难的朋友。明·东鲁古狂生《醉醒石》第十回："浦肫（zhūn）夫患难之交，今日年兄为我们看他，异日我们也代年兄看他。"

【皇朝经世文编】书名。清代贺长龄、魏源等编，凡120卷。选辑清初至道光以前的官方文书、论著、奏疏、书札而成。分学术、治体、吏政、户政、礼政、兵政、刑政、工政八部分。成书于道光六年（1826），次年刊行。其后续书争出，其中盛康《皇朝经世文续编》、葛士濬《皇朝经世文续编》、陈忠倚《皇朝经世文三编》，以及《皇朝经世文新编》、《皇朝经世文统编》影响较大。

【皇储】君主国的皇位继承人。清·戴名世《弘光朝伪东宫伪后及党祸纪略》："大臣蔽主，危害皇储。"也称王储。

【皇帝】君主国的国家元首名称之一。世袭并终身任职。在我国，皇帝的称号始于秦始皇。

【皇家】皇室；王朝。三国魏·曹植《王仲宣诔（lěi）》："皇家不造，京室陨颠（陨坠，覆灭）。"

【皇侃】（488—545）南朝梁经学家。吴郡（今江苏苏州）人。曾任国子助教、员外散骑侍郎。师从五经博士、太常丞贺玚（yáng）。尤精《三礼》《孝经》《论语》。撰有《论语义疏》，但多以老庄玄学解经，其说与汉儒说经相去甚远。书收入《古经解汇函》。另撰《礼记讲疏》《礼记义疏》《孝经义疏》，均佚，清代马国翰《玉函山房辑佚书》中有辑本。也作皇偘（kǎn）。

【皇亲国戚】皇亲：皇帝的亲属，多指皇帝家属成员；国戚：帝王的外戚。皇帝的亲属和亲戚。也指与当权者沾亲带故的人。元·无名氏《谢金吾》三折："刀斧手且住者，不知是那（nǎ，同"哪"）个皇亲国戚来了也。"

【皇权】皇帝的权力；中央集权的君主专制制度下，皇帝对全国人民土地财产实行的控制和管理权，包括行政、军事、立法、司法、文化等大权。在当时社会，皇权是至高无上的权力。

【皇上】封建时代臣民对皇帝的称呼，多指在位的皇帝。清·李渔《奈何天·闹封》："莫说乡党之间，说来不雅，就是皇上知道，也有许多不便。"

【皇天后土】天神和地神。古人认为，天地主宰万物，主持公道。《左传·僖（xī）公十五年》："君履后土而戴皇天，皇天后土，实闻君之言。"

【黄霸】（？—前51）西汉大臣。字次公，淮阳阳夏（jiǎ）（今河南太康）人。少习律令。宣帝时任扬州刺史、颍川太守。为政内严外宽，劝农种地养蚕，力推对民教化，地方治理为当时第一。其后相继升任御史大夫、丞相等职，封建成侯。后世将他与龚遂作为"循吏"（奉职守法的官吏）的代表，并称"龚黄"。

【黄巢】（？—884）唐末农民起义首领。曹州冤句（qú）（今山东曹县西北）人。私盐贩出身。乾符二年（875），率众响应王仙芝起义。王仙芝战死后，被推为领袖，称冲天大将军。率军先后攻克洛阳、长安（今陕西西安），放任士兵烧杀抢掠，长安街头出现"内库烧为锦绣灰，天街踏尽公卿骨"的恐怖景象。一度建立大齐政权，很快覆灭，本人在败退途中被自己人所杀。能诗，其《题菊花》等较为有名。

【黄道婆】宋末元初著名棉纺织家。松江府乌泥泾镇（今上海市徐汇区华泾镇）人。出身贫苦，少年时流落崖州（今海南），向黎族学习制棉和织崖州被的方法。重返故乡后，教人制棉，推广轧棉机、弹棉弓、纺车、织机等工具和织造技术。使当时棉纺业呈现空前的盛况。也称黄婆、黄母。

【黄帝】传说中我国中原各族的共同祖先。姬姓，号轩辕氏、有熊氏。少典之子。相传他率领各部落先后打败炎帝、蚩尤，并征服东夷族、九黎族，被拥戴为部落联盟领袖，成为我国远古时代华夏民族的共主。黄帝以土为德，土色黄，故称。传说养蚕、播百谷、造舟车、制音律、创医学等很多发明创造都始于黄帝时期，故被尊为中华“人文初祖”。又被战国时黄老学派推崇为始祖。今所谓“炎黄子孙”之“炎黄”，即指炎帝和黄帝。

【黄帝内经】医书名。托名轩辕黄帝之作。分《灵枢》《素问》两部分。一般认为成书于春秋战国时期。总结了远古至先秦的医学成就，是研究人的生理学、病理学、诊断学、治疗原则和药物学的医学经典著作。在理论上建立了中医学的“阴阳五行学说”“脉象学说”“藏（脏）象学说”等。被列为中国传统医学四大经典著作（《黄帝内经》《难（nàn）经》《伤寒杂病论》《神农本草经》）之一。简称《内经》。

【黄公望】（1269—1354）元代画家，全真教道士。字子久，号一峰、大痴道人。常熟（今属江苏）人。擅画山水，得赵孟頫（fǔ）指授，自成一家。与吴镇、倪瓒、王蒙合称“元四家”。擅书能诗，撰有《写山水诀》，为山水画创作经验之谈。存世作品有《富春山居图》《九峰雪霁图》等。

【黄巾起义】东汉末年的农民大起义。时宦官专政，横征暴敛，豪族地主疯狂兼并土地，农民成群流亡。太平道首领张角发动徒众数十万人，于甲子年（184）起义，提出“苍天已死，黄天当立，岁在甲子，天下大吉”的口号，起义军用黄巾裹头，称为“黄巾军”。他们焚烧官府，捕杀官吏，屡败官军。后在政府军和地主武装的联合镇压下失败。共斗争九个多月，动摇了东汉王朝的统治。

【黄老】黄帝和老子的合称。道家尊二人为始祖，故以“黄老”代指道家。

【黄老学派】战国、汉初道家学派。因尊黄帝和老子为始祖，故名。战国中期，齐国稷下学者慎到、田骈是黄老学派的代表人物。申不害、韩非“本于黄老而主刑名”，糅合了道家与法家的思想。西汉初年，统治者推崇黄老“清静无为”的治术，采取与民休息、恢复生产的政策，取得了显著的成效。

【黄老之治】西汉初期，执政者吸取秦好大喜功、严刑峻法、二世而亡的教训，推崇黄老“清静无为”的治术，既主张君主集权，又推崇无为而治，刑德相济，轻徭薄赋，让民休养生息。施行六十余年，改变了经济凋敝的窘况，稳定了统治秩序，恢复了社会生产，促成了“文景之治”。故“文景之治”又称“黄老之治”。

【黄粱梦】黄粱：黄小米。唐代沈既济《枕中记》中说：一个姓卢的读书人，一天在旅店睡觉，睡梦中享尽荣华富贵。待梦醒来，旅店为客人准备的小米饭还没有煮熟。后用“黄粱梦”比喻虚幻的梦想或根本不能实现的愿望。南宋·范成大《邯郸道》诗：“困来也作黄粱梦，不梦封侯梦石湖。”也说邯郸梦。

【黄庭坚】（1045—1105）北宋诗人、书法家。字鲁直，号山谷道人、涪（fú）翁。洪州分宁（今江西修水）人。治平进士。官至著作佐郎。为“苏门四学士”之一，诗与苏轼齐名，世称“苏黄”。诗词俱有成就，开创“江西诗派”。书法以行、草见长，自成风格，为“宋四家”之一。黄庭坚虽官居高位，声名显赫，但在父母面前恪尽孝道，是著名的孝子。“二十四孝”中“涤亲溺（niào）器”就是说的他的故事。有诗文集《山谷精华录》、词集《山谷琴趣外篇》（又名《山谷词》）。书迹有《华严疏》《松风阁诗》等。

H

【黄庭经】书名。道教上清派主要经书之一。有《上清黄庭内景经》和《下清黄庭内景经》。主要讲道教养生修炼的原理。因有东晋大书法家王羲之的写本而著名于世。世传王羲之“写经换鹅”典故（《演繁露·换鹅是黄庭经》）即指此经。

【黄香】东汉官员。字文疆，江夏安陆（今湖北云梦）人。以孝著称。少博学经典，能写一手好文章。时有“天下无双，江夏黄香”的称誉。和帝时任尚书令，执掌中枢，备受宠遇。殇帝时，任魏郡太守，时遭水灾，以自己的俸禄赈济灾民。后因事免官，卒于家。著有《九宫赋》《天子冠颂》等。

【黄宗羲】（1610—1695）明清之际思想家、史学家。字太冲，号南雷，又号梨洲，浙江余姚人。早年问学刘宗周。明亡后屡拒清廷征诏。学问极为广博，对天文、算术、乐律及释道之书无不研究。哲学上反对“理在气先”的观点，认为“理”并不是客观存在的物质实体，而是“气”的运动规律。儒学上调停程（颐、颢）朱（熹）和陆（九渊）王（守仁），改造心学，倡导经学与史结合，经史治学与经世致用结合，堪称一代宗师。政治上反对君主专制，主张改革土地、赋税制度，反对农本工商末的观点。著述多至50余种，300余卷，主要有《宋元学案》《明儒学案》《明夷待访录》《南雷文案》等。后人编有《黄梨洲文集》。

【黄宗羲定律】明末清初重要思想家黄宗羲，对中国古代赋税制度做了深入、系统的研究后发现：历代税赋改革，每改革一次，农民的负担在下降一段时间后，又会上涨到比改革前更高的水平，形成一个越改越重的“怪圈”，黄宗羲称之为“积累莫返之害”。这种观点以及所反映的历史现象，被现代学者总结为“黄宗羲定律”。

【黄遵宪】（1848—1905）清末外交家、诗人。字公度，号人境庐主人。广东嘉应（今梅州）人。光绪初举人。历任驻日、英、美等国外交官近20年，直接接受了资本主义思想的影响，积极主张变法维新。创“新派诗”，主张“我手写吾口”，表现“古人未有之物，未辟之境”，内容多写国内外重大历史事件和新事物，形式也较多变化，语言趋于通俗明畅，但仍遵旧体格调，被梁启超称为“能熔铸新理想以入旧风格者”。著有《人境庐诗草》《日本杂事诗》《日本国志》等。

【徽墨】徽州府歙（shè）州（今安徽黄山歙县）所产的墨。五代时即很有名，宋代后，歙、黟（yī）、休宁、绩溪等地所产墨质量并佳。今以黄山市绩溪县、屯溪区、歙县为制造中心，所产墨仍称徽墨。成品具有色泽黑润、入纸不晕、馨香浓郁、防蛀等特点。“文房四宝”之一，深受书画家喜爱。歙县墨店的“地球墨”1915年荣获巴拿马万国博览会金质奖章。歙县老胡开文墨厂的“超漆烟墨”1989年获国家金质奖。

【徽商】即徽州商帮。指古徽州府〔今安徽黄山、安徽绩溪及江西婺（wù）源〕籍的商人或商人集团。萌于东晋，发展于唐宋，盛于明。徽商是中国著名商帮之一，鼎盛时期，徽商曾经占有全国总资产的七分之四，活动范围极广，足迹远至日本、东南亚各国以及葡萄牙等地。也称新安商人，俗称徽帮。

【回文诗】杂体诗名。通常指可以倒读的诗篇。有的可以反复回环，得诗更多。多属于文字游戏。如：南朝齐·王融《春游》：“池莲照晓月，幔锦拂朝风。风朝拂锦幔，月晓照莲池。”顺读、倒读皆可成诗。再如北宋·秦观“赏花归去马如飞，酒力微醒时已暮”两句，是一首回文兼顶针的诗，展开可得四句：“赏花归去马如飞，去马如飞酒力微。酒力微醒时已暮，醒时已暮赏花归。”

【毁家纾（shū）难】语出《左传·庄公三十年》。毁家：指捐献家中资财；纾：解除。捐献全部家产，解救国难。清·吴趼（jiǎn）人《通史》第二十五回：“某等愿从众志，毁家纾难，兴复宋室。”

【毁瓦画墁（màn）】墁：墙壁上的涂饰。打碎屋瓦，在新粉刷的墙壁上乱画。比喻一种毁弃原有文化而自己又无所建树的有害行为。

【会馆】旧时同乡或同业的人在京城、省城或大商埠设立的机构，主要以馆址的房屋供同乡或同业聚会或暂住，为同乡或同行内部利益服务。名称最早出现于明代，清代更为盛行。一般以县、府、省为单位。在京师的多由外地官僚士绅组织，在商业城市的，多由外地工商行帮组织。

【会试】明清两代每三年在京城举行一次的科举考试，各省举人会聚京师应试，故称。名称始于金代。考期初在二月，乾隆时改在三月。录取名额不固定。考中者称“贡士”，第一名称“会元”，可参加殿试。

【诲人不倦】语出《论语·述而》。教导人不知疲倦。形容教育人非常有耐心。《北史·高允传》：“恂恂（有步骤的样子）善诱，诲人不倦，昼夜手常执书，吟咏寻览。”

【惠】慈惠；物质上给人好处。仁的重要内容之一。孔子认为，“惠”是五种美德之一。能在天下实行庄重、宽厚、诚实、勤敏、惠人五种美德，就是仁了，有了这五种美德就可以从事政务，到任何地方都可以行得通。

【惠栋】（1697—1758）清初经学家，吴派经学奠基人。字定宇，号松崖，吴县（今江苏苏州市吴中区）人。治学以汉学为宗，以昌明汉学为己任，以为治经“古训不可改也，经师不可废也”。以古为是，强调述而不作。尤精于汉代《易》学。著有《周易述》《易汉学》《易例》《九经古义》等。

【惠而不费】君子治政应遵循的五种美德之一。《论语·尧曰》:“因民之所利而利之，斯不亦惠而不费乎?”意思是让百姓去做对他们自己有利的事，这就是使百姓得到实惠而自己不致铺张浪费。

【惠能】（638—713）唐代僧人，我国佛教禅宗南宗创始人。俗姓卢，生于南海新州（今属广东）。24岁时（661）投于五祖弘忍门下做“行者”。密受佛法，并付与法衣。仪凤二年（677）惠能到韶州（今广东韶关）曹溪宝林寺弘扬禅学，成为禅宗的正系。因在南方倡导顿悟法门，故称为南宗，被推为禅宗六祖。其说教在死后由弟子汇编成书，称为《六祖坛经》。也作慧能。

【惠施】（约前370—约前310）战国时期的名家代表人物、哲学家。宋国人，主要活动在魏国，曾任魏相。知识渊博，以善辩著称，与公孙龙分别代表当时名家的两个主要学派。他认为一切事物的差别、对立都是相对的，指出“万物毕同毕异”，体现了同中有异、异中有同的辩证思想。但他过分夸大事物之间的“同”，忽视事物之间的“异”，也忽视事物的相对稳定性。著作《惠子》，今已失传，思想、言论及生平事迹散见于《庄子》《荀子》《韩非子》《吕氏春秋》等书。尊称惠子。

【惠子】❶惠施的尊称。❷书名。惠施的著作，今已失传。

【慧根】佛教指能透彻领悟佛理的天资；借指人天赋的智慧。唐·刘禹锡《送宗密上人归南山草堂寺因谒河南尹白侍郎》诗:“宿习修来得慧根，多闻第一却忘言。”

【慧心】❶佛教指能领悟佛理的心。唐·拾得《诗》之六:“教汝痴众生，慧心勤觉悟。”❷泛指聪明智慧的心。三国魏·嵇康《声无哀乐论》:“器（特指乐器）不假妙瞽（gǔ，古代的乐官，常以失明者为之）而良，籥（yuè，古代的一种吹奏乐器，用竹管编排制成）不因慧心而调。”

【慧眼】❶佛教指能认识到过去和未来的眼力。明·唐顺之《赠庵中老僧》诗:“业（佛教指人的行为、言语、思想）净六根（佛教指眼、耳、鼻、舌、身、意）成慧眼，身无一物寄茅庵。”❷泛指敏锐的眼力。清·赵翼《瓯北诗话·吴梅村诗》:“此诗人慧眼，善于取题处。”

【慧远】❶（334—416）净土宗始祖。东晋人，俗姓贾，出生于雁门楼烦（今山西代县）世代书香之家。21岁时随从道安法师修行。后居庐山东林寺，广收弟子，凿池种莲。与刘遗民等僧俗123人创立莲社。在佛教界有着很大影响。著有《沙门不敬王者论》《明报应论》。❷（523—592）北周、隋初高僧。周武帝灭齐，命令废除佛教。当时没有一个僧人敢说话。只有慧远向皇帝抗议:“陛下今恃王力自在，破灭三宝，是邪见人，阿鼻地狱不简贵贱，陛下何得不怖?”

后北周静帝恢复佛法，住讲少林等寺。隋初，敕“大德”，四方投学者700余人。著有《大乘义章》《大涅槃经义记》等。

【慧者心辨而不繁说】《墨子·修身》：“慧者心辨而不繁说，多力而不伐功，此以名誉扬天下。”意思是聪明人心如明镜却不说过多言语，能干实事却不邀功争赏，这就是他们名扬天下的原因。

【婚礼】结婚的仪式。是一种宗教仪式或法律公证仪式，其意义在于获取社会的承认和祝福，防止重婚。我国古代是儒教婚礼。《礼记·昏义》：“昏（后作“婚”）礼者，将合二姓之好，上以事宗庙，而下以继后世也，故君子重之。”各个时代或各地区、各民族结婚的仪式不尽相同，其目的都是帮助新婚夫妇适应新的社会角色和要求，承担社会责任。

【浑天说】我国古代的一种宇宙学说。其代表作为张衡《浑仪注》。认为天地的关系犹如鸡蛋壳包着蛋黄，天的形体浑圆如弹丸，故称“浑天”。浑天说最初认为地球不是孤零零地悬在空中，而是浮在水上。后来又认为地球浮在气中，因此有可能回旋浮动。浑天说还认为全天恒星都布于一个“天球”上，而日月五星则附丽于“天球”上运行。这与现代天文学的天球概念十分接近。

【浑天仪】古代演示天体运转的仪器，类似现代的天球仪。最早东汉张衡设计制造了利用水力推动自动运转的大型浑天仪。现今存世最早的浑天仪是明朝正统七年（1442）制造的，陈列在南京紫金山天文台。也称浑仪。

【活佛】❶藏传佛教内依转世制度而取得地位的高级僧侣的俗称。其中地位最高者为达赖和班禅，其次为法王，再次为一般的活佛。❷我国旧小说中对高僧的尊称。

【活字印刷】我国古代四大发明之一。由宋代发明家毕昇发明。其法是：在胶泥片上刻字，一字一印，用火烧硬后，便成活字。把胶泥活字按韵分类放在木格子里，贴上纸条标明以便检字。排字时，把需要的活字拣出来排进带框的铁板上，再用一块平板把字面压平，制成版型。印刷时，在版型上刷上墨，覆上纸，加一定的压力即可。世称“活字版印刷术”。毕昇的发明是印刷术上的一次伟大的技术革命，为人类文化做出了重大贡献。他的发明比欧洲早约400多年。参见111页“毕昇”。

【火烧眉毛】比喻情势非常紧急。南宋·普济《五灯会元·蒋山法泉禅师》记载：“僧问：‘如何是急切一句？’蒋山法泉禅师答：‘火烧眉毛。’”

【火葬】处理死者遗体的一种方法，用火焚化尸体，骨灰装入容器保存或埋葬，或者撒在地上、水里。这种丧葬方式来自佛教。《涅槃经》下：“尔时如来，以大悲力，从心胸中，火踊（跳跃）棺外，渐渐荼毗（火化），经于七日。”后形成一种丧葬方式。南宋·洪迈《容斋续笔》卷十三：“民俗火葬，自释氏火化之说起，于是死而焚尸者所在皆然。”也说火化。

【货财行于国，则法令毁于官】语出

《管子·八观》。贿赂钱物之风通行全国，法律政令就败坏于官府。

【货殖】❶经商营利。《论语·先进》："赐不受命而货殖焉，亿（臆测，猜度）则屡中。"❷财物；商品。东晋·葛洪《抱朴子·行品》："观道义而如醉，闻货殖而波扰（波动烦扰）者，秽人（鄙俗之人）也。"

【祸福无不自己求之者】语出《孟子·公孙丑上》。没有什么祸福不是自己造成的。

【祸福无门，惟人自召】语出《太上感应篇》卷一。意思是人之获福或致祸本来没有定数，全都是自己招来的。

【祸福相依】《老子》五十八章："祸兮福之所倚，福兮祸之所伏。"意思是祸与福互相依存，可以互相转化。后用"祸福相依"表示祸福在一定条件下可以互相转化，坏事可以引出好的结果，好事也可以引出坏的结果。

【霍光】（？—前68）西汉大臣。字子孟，河东平阳（今山西临汾西南）人。霍去病异母弟。先后辅佐武帝、昭帝、宣帝执政。宣帝在位二十年，他积极建言减轻税赋、徭役，致力于发展生产。其子孙女婿皆为大官，显赫一时。死后，因其妻谋害许皇后事发，被诛九族。

【霍去病】（前140—前117）西汉名将。河东平阳（今山西临汾西南）人，名将卫青之甥，官至骠骑将军、大司马，封冠军侯。在与匈奴作战中，用兵灵活，勇猛果断，善于长途奔袭。先后六次出击，最后把匈奴驱逐到漠北，解除了汉王朝北方多年的威胁。23岁因病去世。

【几（jī）谏】婉言劝告。《论语·里仁》："事父母几（隐约，婉转）谏，见志不从，又敬不违（仍然恭敬而不冒犯），劳（忧愁）而不怨。"孔子所主张的侍奉父母的态度：父母若有过失，要婉言劝告。话说清楚了，却没有被接纳，仍然恭恭敬敬而不冒犯他们，只是内心忧愁，但不怨恨。

【讥而不征】查问而不征税。《孟子·公孙丑上》："关（关卡），讥（稽查，查问）而不征，则天下之旅皆悦而愿出于其路矣。"意思是关卡只稽查而不征税，那么天下的商旅都会高兴，愿意走在这个国家的道路上。这是孟子为吸引"天下之旅"而提出的一项政策。

【击节】❶指出使。东晋·袁宏《后汉纪·光武皇帝纪第八》："古之君子，遇有为之时，不能默然而止，击节（符节，使者的凭证）驱驰，有事四方者，盖为斯也。"❷打拍子。西晋·左思《蜀都赋》："巴姬弹弦，汉女击节（一种打击乐器）。"唐·白居易《琵琶行》："钿（diàn）头云篦击节碎，血色罗裙翻酒污。"❸形容十分赞赏。如：击节称叹、击节赞赏。

【饥者歌其食，劳者歌其事】语出东汉何休《春秋公羊传解诂》。是对《诗经·国风》中诗歌的一种诠释，指出这些诗歌都是劳动者日常生活和情感的反映。饥饿的人表达想取得食物的愿望，劳动者歌咏自己从事劳作的愉悦与艰辛。

【玑衡抚辰仪】玑衡：仪器；抚：顺，指测量；辰：星辰，天体。天文仪器名。清代铜铸，重 5 吨，高 3 米多。乾隆十九年（1754）制成。乾隆帝亲自命名。用来观测天象，测定天体位置。以设计精巧、制作精美、具有民族特色著称。现存北京古观象台。

【机不可失，时不再来】语出《旧五代史·安重荣传》。机会不可以丧失，一旦丧失了，有利的时机就再也不会来了。指好时机难得，不可错过。

【机锋】佛教禅宗用语。指问答迅捷锐利、不落迹象、含有深意的语句。五代·文益《宗门十规论》："期间有先唱后提，抑扬教法，顿挫机锋，祖令当施，生杀在手。"

【机缘】佛教指众生信受佛法的根机和施教者因缘。认为根机和因缘凑合，方成教化。《金光明最胜王经·如来寿量品》："随其器量，善应机缘，为彼说法，是如来行。”今泛指机会和缘分。

【积德】积累仁政或善行；也指积累的仁政或善行。《史记·刘敬叔孙通列传》：“积德百年而后可兴也。”

【积德累功】指积聚仁德，多创功勋业绩。《太上感应篇》卷一：“积德累功，慈心于物。”

【积累莫返之害】见 108 页“黄宗羲定律”。

【积羽沉舟】语出《战国策·魏策一》。羽毛虽轻，积累多了，也能使船沉没。比喻小祸患积累起来可导致大灾难。北宋·苏轼《杭州召还乞郡状》：“古人有言，‘聚蚊成雷，积羽沉舟’，言寡不胜众也。”

【笄（jī）礼】笄：古代束发用的簪子。女子十五岁举行的成人之礼。举行笄礼后可许嫁男子。

【基督教】与佛教、伊斯兰教并称为世界三大宗教。信仰上帝，奉耶稣为救世主，《圣经》是基督教的经典，包括《旧约全书》和《新约全书》。公元 1 世纪起源于巴勒斯坦地区，11 世纪分裂为天主教和东正教，16 世纪又分裂为许多新教派，统称新教。元明以来陆续传入中国。我国所称基督教通常专指新教。

【嵇（jī）康】（223—263）三国魏文学家、思想家。字叔夜，谯郡铚〔zhì，今安徽濉（suī）溪〕人。官中散大夫，世称嵇中散。崇尚老庄，讲求养生服食之道。为“竹林七贤”之一，与阮籍齐名。在诗文、书法、绘画、音乐、医学等领域内，均表现出卓越的才华。哲学上，肯定万物都是禀受元气而生，主张回归自然。以反对礼教、狂放不羁的性格展现，表达对腐朽恐怖的现实政治的厌恶和逃避，39 岁时被司马昭杀害。诗风清峻，长于四言。善操琴，以弹奏《广陵散》著名。著有《嵇中散集》。

【激流勇进】船在湍急的水流中勇敢地前进。形容不畏困难，一往无前。

【激浊扬清】冲去污水，扬起清水。比喻斥恶奖善。清·顾炎武《与公肃甥书》：“诚欲正朝廷以正百官，当以激浊扬清为第一要义。”意思是要兴国安邦正百官，必须把除恶扬善，扶正祛邪，弘扬正气放在第一位。

【及第】科举考试得中。因榜上题名有甲乙次第，故称。隋唐时只用于考中进士；明清时殿试的一甲第一、二、三名赐进士及第，其余的称进士出身或同进士出身，不称进士及第。

【及冠（guàn）】古代指男子年满 20 岁。古代男子 20 岁时举行冠礼，戴上成年人的帽子，表示长大成人。《礼记·曲礼上》：“男子二十冠而字。”

【吉礼】古代五礼之一。指祭祀之礼。《周礼·春官·大宗伯》：“以吉礼事（祭祀）邦国之鬼（祖先之灵）神（天神）示（qí，同“祇”，地神）。”

【吉人天相】吉人：善良的人；相：帮助，保佑。善良的人会得到上天的保佑。多用作遇事故逢凶化吉的安慰语。明·屠隆《彩毫记·展叟单骑》：“夫人且自宽解，吉人天相，老爷必有个脱祸的日子。”清·沈复《浮生六记·坎坷记愁》：“幸遇曹老，绝处逢生，亦可谓吉人天相矣。”

【吉日】❶指朔日，农历每月初一。《周礼·地官·党正》：“及四时之孟月（农历每季的第一个月）吉日。”❷吉利的日子；好日子。《红楼梦》第九十七回：“老爷已择了吉日，要给你娶亲了。”

【吉祥菩萨】见288页“文殊菩萨”。

【吉兆】吉祥的征兆。《三国演义》第七回：“韩当曰：‘此非吉兆，可暂班师。’”

【汲黯（àn）】（？—前112）西汉名臣。濮阳（今属河南）人，字长孺。曾任东海太守、主爵都尉。崇黄老之术，常直言进谏，曾批评武帝“内多欲而外施仁义”。因主张与匈奴和亲遭武帝疏远。后为淮阳太守，在任十年后去世。

【极乐世界】佛教指阿弥陀佛居住的地方。在那里能够摆脱人间的烦恼、痛苦而获得清净、快乐。《华严经》：“能于烦恼大苦海中，拔济众生，令其出离，皆得往生阿弥陀佛极乐世界。”俗称西天。也说净土。

【急公好义】急：为……着急；好义：喜好正义或公益的事情。指热心公益，好主持正义，喜好帮助别人。《官场现形记》第三十四回：“此次由上海捐集巨款，来晋赈济，急公好义，已堪嘉尚。”

【急流勇退】北宋·邵伯温《邵氏闻见前录》卷七记载：陈抟（tuán）约钱若水相晤。钱至，见陈与一老僧拥炉而坐。僧视若水良久，以火箸画灰作“做不得”三字，慢慢地说：“是急流中勇退人也。”意思是钱若水做不了神仙，但也不是久恋官场的人。后钱官至枢密副使，年四十就退休。后用“急流勇退”比喻在官场得意时毅然抽身隐退；也比喻在复杂的斗争中及早脱身。

【疾恶如仇】痛恨坏人就像痛恨仇敌一样。形容人正义感很强烈。《晋书·傅咸传》：“刚简（刚强率直）有大节，风格峻整（严肃庄重），识性明悟，疾恶如仇，推贤乐善。”南宋·文天祥《雷州十贤堂记》：“敬贤如师，疾恶如仇。”

【疾风劲（jìng）草】在猛烈的大风中才能辨识强劲有力的草。比喻只有在危难之中才能考验出意志坚强、立场坚定的人。《东观汉记·王霸传》：“上谓霸曰：‘颍川从我者皆逝，而子独留，始验疾风知劲草。’”《旧唐书·太宗纪上》：“虽复时经治乱，主或昏明，疾风劲草，芬芳无绝。”也说疾风知劲草。

【集部】指我国古代图书四部（经、史、子、集）分类中的第四大类，收历代个人或多人的散文、诗、词、歌、赋、散曲或诗文评论、戏曲等著作。清代《四库全书》分为楚辞、别集、总集、诗文评、词曲五类。

【集解】汇集诸家对同一典籍的语言、思想的解释，断以己意，以助读者理解。如西晋杜预《春秋经传集解》。

【集思广益】三国蜀·诸葛亮《教与军师长史参军掾（yuàn）属》：“夫参署者，集众思，广忠益也。”后用“集思广益”表示集中众人的智慧，广泛吸收有益的意见。清·王夫之《宋论·英宗》：“集思广益，而功不必自己立。”

【集腋成裘】语本《慎子·知忠》。狐

狸腋下的皮虽小，但聚集多了就能缝制成一件皮袍。比喻积少成多。清·文康《儿女英雄传》第三回："如今弄多少是多少，也只好是'集腋成裘'了。"

【集韵】韵书。宋代丁度等奉诏对《广韵》进行修订。10卷，收录53525字，比《广韵》增一倍余。韵部仍分206韵，而韵目名称和次序稍有更动。内容注重文字形体和训诂，为研究文字训诂和宋代语音的重要资料。清代方成珪编《集韵考正》，对书中的讹误多有订正。

【己所不欲，勿施于人】语出《论语·颜渊》。欲：想要，希望；施：给予，指强行施加。意思是自己不愿意、不喜欢的事情，不要强加给别人。此语被称为人类共同伦理的普遍法则。

【己欲立而立人，己欲达而达人】语出《论语·雍也》。仁者自己事事要站得住，同时也要使别人事事也站得住；自己事事要行得通，同时也要使别人事事也行得通。即凡事能够换位思考，设身处地为别人着想，推己及人。

【纪（jǐ）昀（yún）】（1724—1805）清代学者、文学家。字晓岚、春帆，晚号石云、观弈道人。直隶献县（今属河北）人。乾隆进士，官至礼部尚书、协办大学士。谥文达。学问博深而通达，曾以总纂官主撰《四库全书》和《四库全书总目提要》。工诗文，亦能作小说。著有《纪文达公遗集》《阅微草堂笔记》等。

【纪晓岚】见116页"纪昀"。

【纪传体】史书体裁之一。以人物传记为中心，始于司马迁《史记》。用"本纪"记载帝王事迹，以"世家"记载王侯封国和特殊人物，用"表"统系年代、世系及人物等，用"书"或"志"记载天文、地理、律历、灾异及典章制度的原委，用"列传"记载人物及周边部族和外国。历代所修正史均用此体例。

【季路】见373页"子路"。

【济公】（1148—1209）南宋高僧。俗名李心远，浙江天台（tāi）县永宁村人。初在杭州灵隐寺出家，法号道济，后移住净慈寺。不受戒律拘束，嗜好酒肉，举止似痴若狂。懂医术，为百姓治愈了不少疑难杂症。是一位学问渊博、行善积德的高僧，被列为禅宗第五十祖。撰有《镌峰语录》。清代郭小亭将济公济困扶危、嘲弄官府的故事写成长篇小说《济公全传》。

【济贫】救济贫苦的人。唐·皮日休《金钱花》诗："阴阳为炭地为炉，铸出金钱不用模。莫向人间逞颜色，不知还解济贫无？"《三国演义》第十一回："竺因此广舍家财，济贫拔苦。"

【济世】救世；济助世人。《庄子·庚桑楚》："简发而栉，数米而炊，窃窃乎又何足以济世哉！"《后汉书·卢植传》："性刚毅有大节，常怀济世志。"

【既来之则安之】语出《论语·季氏》。既：已经；来之：使之来；安之：使之安。既然使他们来了，就要使他们安下心来。今多指既然来了，就应该安下心来。

【既往不咎（jiù）】语出《论语·八佾》。

孔子主张对别人的过错采取宽容的态度。后指对以往的过错不再追究责罚。

【偈（jì）】梵（fàn）语音译“偈陀”的简称。意为“颂”，即佛经中的唱词。《晋书·鸠摩罗什传》：“罗什从师受经，日诵千偈。”

【祭拜】祭祀礼拜。如祭拜先烈。

【祭典】❶古代记载有关祭祀制度的典籍。如《礼经》。❷古代有关祭祀的专书。如《隋书·经籍志一》著录东晋范汪撰《祭典》3卷。❸古代祭祀的礼仪法度。《礼记·月令》：“（孟春之月）是月也，命乐正入学习舞，乃修祭典。”

【祭奠】在灵前或墓前举行仪式，对死者表示悼念。如祭奠先父。

【祭酒】古代学官名。汉代有博士祭酒，为博士之首。晋武帝咸宁四年（278）设国子祭酒，为国子监（jiàn）的主管官员。历代多沿用。清末始废。

【祭礼】❶古代祭祀或祭奠的仪式。《墨子·公孟》：“执无鬼而学祭礼，是犹无客而学客礼也。”❷祭奠用的礼品。

【祭祀】祭神或祀祖。指摆设供品向神佛或祖先行礼，表示崇敬并求保佑赐福。《战国策·赵策四》：“已行，非弗思也，祭祀必祝之。”

【祭坛】❶古时祭祀或祭奠用的台。也说祭台。❷宗教祈祷用的台。

【祭文】一种文体。在告祭死者或天地、山川等神祇（qí）时所诵读的文章。有韵文和散文两种体裁，有习用格式。主要内容为哀悼和祷祝之辞。

【祭灶】祭祀灶神。民间习俗，在农历腊月二十三或二十四日进行。南宋·范成大《祭灶词》：“古传腊月二十四，灶君朝天欲言事。”也说祀灶。

【稷（jì）下学派】战国时齐宣王在都城稷门外扩置学宫，招揽大批文学游说之士来此讲学，开展学术讨论。有淳于髡（kūn）、邹衍、田骈、慎到、宋钘（jiān）、尹文、鲁仲连和荀子等著名人物，成为当时道、法、儒、名、阴阳等各学派汇集的中心，并逐渐形成一个黄老思想居于主导地位的“稷下学派”。也称稷下学。

【家法】❶汉儒经学的五经博士与其弟子相传承的治学方法和学术理论。《后汉书·儒林传序》：“于是立五经博士，各以家法教授。”❷旧时家长管理家族、教育子弟的一套法度。如：家法甚严。❸旧时家长责打子弟和奴婢的用具。

【家范】❶治家的规范、法度。《旧唐书·崔珙（gǒng）传》：“仁义五常，自成家范。”❷书名。北宋司马光著。全书自《治家》至《乳母》共十九篇，阐述了封建家庭的伦理关系、治家原则，以及修身养性和为人处世之道。书中引用了治家修身格言，收集治家有方的实例和典范，为研究古代家庭教育的指导思想及具体方式、方法提供了重要材料。

【家风】指家庭或家族的传统风尚或作风。北周·庾信《〈哀江南赋〉序》：“潘岳之文采，始述家风；陆机之辞赋，先陈世德。”

【家规】一个家庭或家族所规定的行为

规范。唐·韩愈《寄崔二十六立之》诗："诸男皆秀朗，几能守家规。"

【家教】❶在家教授子弟。《史记·儒林列传》："申公耻之，归鲁，退居家教，终身不出门，复谢绝宾客。"❷家庭中的礼法或父母对子女进行的关于道德、礼节的教育。如：没有家教、家教严格。

【家贫思贤妻，国乱思良相】语出《史记·魏世家》。家境贫寒时想有贤惠能干的妻子料理家务，国家动乱时想有良相能臣治国理政。说明优秀人才对于扭转不利局面的重要性。

【家谱】记载一姓世系和重要人物事迹的谱籍。是我国文明史上多具平民特色的文献，所保存的珍贵资料对多种学科研究有其不可替代的独特价值。也说族谱、宗谱、家乘（shèng）、谱牒。

【家学】❶家族世代相传之学。北宋·苏轼《刘壮舆长官是是堂》诗："刘君有家学，三世道益孤。"❷指旧时家塾、门馆之类，由塾师启蒙传学。《红楼梦》第八十一回："如今且在家学里温习温习也是好的。"

【家训】❶父母对子女的训导。清·龚自珍《怀宁王氏族谱》："家训，以训子孙之贤而智者。"❷父母为子孙写的训导之辞。如北齐颜之推《颜氏家训》。

【袈裟】梵语音译。原意为不正色。佛教指僧众所穿的法衣。因僧衣不得用青黄赤白黑等正色，而用似黑之色，故又称"缁衣"。其制作方法是先把布裁成小片，而后缝缀，像一块块的田地，故又称福田衣。自古为佛教徒所尊重。

【嘉礼】古代五礼（吉、凶、军、宾、嘉）之一。指饮食、婚冠、贺庆等联络感情、亲睦人际关系的礼仪活动。《周礼·春官·大宗伯》："以嘉礼亲万民。"后也专指婚礼。

【嘉言懿（yì）行】指能使人受到教益的美好的言语和行为。清·方苞《先母行略》："每作（起身），昼夜语不休，然皆幼所闻古嘉言懿行及侍父母时事。"

【甲】❶天干的第一位。参见70页"干支"。❷借指第一。如甲级。❸占据第一、冠于。如桂林山水甲天下。

【甲骨文】商周时期刻在龟甲兽骨上记录占卜的文字。1899年以来，河南安阳小屯村的殷墟遗址先后出土了十余万片刻有文字的甲骨，这些文字都是卜辞和与占卜有关的记事文字，为盘庚迁殷到商纣灭亡共273年间的遗物。是研究商周社会历史的重要资料。文字结构渐由独体趋向合体，而且出现了大批的形声字。在可识的汉字中，甲骨文是最早的文字体系。近年在陕西扶风、岐山一带的周原等地曾发现了一些西周时代的甲骨。也说契文、卜辞、龟甲文字、殷墟文字。

【甲子】❶甲居天干第一位，子居地支第一位。干支依次相配（如甲子、乙丑、丙寅……癸亥），共六十组，统称甲子。古人主要用于纪日或纪年，故常用甲子指岁月、年龄等。清·黄宗羲《历代甲子考》："按历代甲子，自鲁隐公元年己未以下，载籍皆可考据，无有异同。”❷指岁月、光阴。唐·杜甫《春归》诗：“别来频甲子，倏忽又春华。”❸指年岁；年龄。前蜀·贯休《赠轩辕先生》诗：“略问先生真甲子，只言弟子是刘安。”❹季节；岁序。唐·杜甫《重简王明府》诗：“甲子西南异，冬来只薄寒。”❺指日历。《西游记》第一回：“那猴在山中，……夜宿石崖之下，朝游峰洞之中。真是‘山中无甲子，寒尽不知年’。”❻借指人命八字。南宋·周密《癸辛杂识别集·黄国》：“华父熟于典故，又好谈命，知人甲子。”

【**贾岛**】（779—843）唐代诗人。字浪仙，范阳（今河北涿州）人。出身寒微，家境贫困，曾出家为僧，法名无本，后还俗。屡举进士不第。曾任长江主簿，世称贾长江。其诗喜写荒凉枯寂之境，颇多寒苦之辞。以五律见长，注重词句锤炼，刻苦求工。“推敲”的典故即由他斟酌诗句“僧推月下门”或“僧敲月下门”而来。与孟郊齐名，向有“郊寒岛瘦”之评。

【**贾逵**】（30—101）东汉经学家。字景伯，扶风平陵（今陕西咸阳西北）人。任侍中及左中郎将等职。治古文经学，但兼通《穀梁传》，并教授《大夏侯尚书》。章帝时在北宫白虎观、南宫云台讲授《古文尚书》《左氏传》，提高了古文经学的地位。精通天文学，提出历法运算中应按黄道来计量日、月的运动，并指出月球的运动是不等速的。著有《春秋左传解诂》《国语解诂》等，已佚。清代马国翰《玉函山房辑佚书》、黄奭《汉学堂丛书》都有辑本。

【**贾思勰**（xié）】（386—534）南北朝北魏农学家。齐郡益都（今山东寿光南）人。曾任北魏高阳郡太守。具有广博的农事知识。他以搜集到的文献资料，访问老农和观察、试验所得，写成《齐民要术》一书，对研究黄河中下游地区北魏和北魏以前农业生产的经验和技术有重要的参考价值。

【**贾谊**（yì）】西汉政论家、文学家。洛阳（今属河南）人。时称贾生。博学能文。为梁怀王太傅。曾多次上疏，批评时政。建议削弱诸侯王势力，巩固中央集权。主张重农抑商。作《吊屈原赋》《鹏（fú）鸟赋》以自谕。所著政论有《陈政事疏》《治安策》《过秦论》等，议论深刻，分析透彻，对后世政论文的发展有重要影响。有《贾谊集》行世。

【**驾轻就熟**】语出唐代韩愈《送石处士序》。驾轻车，走熟路。比喻对事情熟悉，做起来容易。

【**坚忍不拔**】形容信念坚定，意志顽强，不可动摇。北宋·苏轼《晁错论》：“古之立大事者，不惟有超世之才，亦必有坚忍不拔之志。”

【**坚如磐石**】语出《古诗十九首》之七：“良无盘石固，虚名复何益。”磐石：巨大的石头。形容非常坚固，不可动摇。

【**坚贞不屈**】语出《荀子·法行》。坚贞：节操坚定不变。形容坚守节操，不为外力所屈服。

【**兼爱**】《墨子》篇名。分上中下三篇。也是墨子针对儒家“爱有等差”而提出的一种伦理思想。主张君臣、父子、兄弟都要在平等的基础上不分厚薄亲疏地相互友爱。

【**兼收并蓄**】语出唐代韩愈《进学解》。把内容不同、性质相反的东西都吸收包罗进去。南宋·朱熹《己酉拟上封事》：“小人进则君子必退，君子亲则小人必疏，未有可以兼收并蓄而不相害者也。”也说兼容并蓄。

【**兼听则明，偏信则暗**】语出《管子·君臣上》。听取各方面的意见，才能明辨是非；偏重听信单方面的意见，就会愚昧不明，以致作出错误的判断。《资治通鉴·唐纪·太宗贞观二年》：“上问魏徵曰：‘人主何为而明，何为而暗？’对曰：‘兼听则明，偏信则暗。’”

【**兼相爱，交相利**】语出《墨子·兼爱》。同时对所有的人施爱，互相帮助，共谋利益。

【**俭**】节俭。《论语·八佾》：“礼，与其奢也，宁俭。”意思是推行礼仪，与其奢华，不如俭朴。孔子重视培养节俭的品质，并身体力行。弟子颂扬他“温、良、恭、俭、让”(《论语·学而》)。

【**俭节则昌，淫佚则亡**】语出《墨子·辞过》。俭省节约会兴旺昌盛，荒淫放荡会导致败亡。这是墨子“非乐(yuè)”思想的体现。

【**检点**】❶检查；查点。明·沈钟鹤《虞美人·春雨》词：“桃花和泪湿胭脂。检点残红一半、未开时。”❷约束；慎重。明·凌濛初《初刻拍案惊奇》卷二十：“世人做事决不可不检点！”

【**检束**】检点约束。唐·韩愈《感春》诗之二：“近怜李杜（指李白和杜甫）无检束，烂漫长醉多文辞。”明·陈继儒《读书镜》卷十：“要知淡泊者，必为浓艳人所疑；检束者，必为放肆子所怒。”

【**简约**】❶节俭；简省。《后汉书·马援传》：“时皇太后躬履节俭，事从简约。”《宋书·文帝纪》：“国用增广，资储不给，百度尚繁，宜存简约。”❷简略；不详细。如文字简约。

【**见地**】见解；见识。南宋·洪迈《夷坚丁志·薛士隆》：“士隆学无所不通，见地尤高明渊粹，刚正而有识。”

【**见怪不怪，其怪自败**】南宋·普济《五灯会元·法轮齐添禅师》：“见怪不怪，其怪自坏。”指见到怪异的现象而不大惊小怪，怪异现象自然会自行消散。后多用“见怪不怪，其怪自败”形容处事镇定。

【**见过自讼**】发现过错而加以自责。参见374页“自讼”。

【**见利思义**】语出《论语·宪问》。在有利可取时应思考拟取之利是否符合道义，如违反仁义道德，则应弃而不取。也说见得思义。

【**见善则迁**】《周易·益卦·象》：“见善则迁，有过则改。”意思是见到好人好事就努力学习，有了错误就马上改正。

【**见危授命**】语出《论语·宪问》。授：交付。当遇到危急情况时，挺身而出，勇于献出自己的生命。

【见微知著】语出《韩非子·说林上》。见到事物的萌芽状态，就知其将发展演变成怎样一种显著状态。指看到事物的苗头，就知道它的发展趋向和问题的实质。东汉·班固《白虎通义·情性》："智者，知也。独见前闻，不惑于事，见微知著者也。"

【见贤思齐】语出《论语·里仁》。看见有道德、有才能的人，就想着向他学习、看齐。

【见小利，则大事不成】语出《论语·子路》。贪小利就办不成大事。

【见义不为，无勇也】语出《论语·为政》。遇见合乎道义的事却不去做，这是一种怯懦而没有勇气的行为。

【见义勇为】语出《论语·为政》。看到正义的事情就勇敢地去做。《东周列国志》第十四回："见义勇为真汉子，莫将成败论英雄。"

【建安风骨】指汉魏之际曹氏父子、建安七子等人诗文的情辞慷慨及清新刚健的风格。对后世诗文创作深有影响。刘勰的《文心雕龙》和钟嵘的《诗品》，都反复推崇建安时期的文风。唐代陈子昂也盛誉"汉魏风骨"，李白有"蓬莱文章建安骨"的诗句。也说建安骨。

【建安七子】指汉末建安时期作家孔融、陈琳、王粲、徐幹（gàn）、阮瑀（yǔ）、应玚（yáng）和刘桢七人。因其作品的题材、风格、成就相近，故称。曹丕在《典论·论文》中曾以此并举七人，予以赞扬。又因他们同居邺中，故也称"邺中七子"。

【建安文学】指汉末建安（汉献帝年号）年间至魏初时期以三曹（曹操、曹丕、曹植）、七子（孔融、陈琳、王粲、徐幹、阮瑀、应玚、刘桢）和蔡琰（yǎn）等作家为代表、以建安风骨为特征的文学。以诗歌的成就最为显著。诗作既继承了汉乐府民歌的特点，又表现出诗人的个性，情调慷慨，语言刚健。建安文学对后世文学有重要影响。

【建功立业】建立功勋业绩。北宋·苏轼《应制举上两制书》："古之圣贤建功立业，兴利捍（抵御）患。"

【建言】❶古语或古谚。《老子》四十一章："故建言有之：明道若昧，进道若退。"严复《救亡决论》："建言有之：天不变，地不变，道亦不变。以观化不审、似是实非之言也。"❷对国事提出意见或建议。《汉书·郊祀志下》："禹（贡禹）建言汉家宗庙祭祀多不应古礼，上是其言。"

【渐悟】佛教用语。指渐次修行，心明累进，方能达到无我正觉境界（跟"顿悟"相对）。

【谏行言听】语出《孟子·离娄下》。谏：下级对上级、晚辈对长辈的不当言行或错误决定进行规劝、批评，请求纠正。臣子对君主有劝谏，君主就听从，有建议，君主就采纳。

【践诺】履行诺言。是儒家诚信思想的体现。《红楼梦》第九十九回："如蒙践诺，即遣冰人（媒人），途路虽遥，一水可通。"

【践行】实践；实行。唐·韩愈《唐故秘书少监赠绛州刺史独孤府君墓志铭》："宪公躬孝（亲自奉行孝道）践行，笃实（忠诚，实在）而辨于文。"《朱子语类》卷九："只有两件事：理会（理解，领会），践行。"

【践约】履行约定的事情。是儒家守信用思想的体现。南宋·岳珂《桯史·汪革谣谶》："乃（你的）事俟（等到）秋凉即得践约。"

【鉴戒】把往事作为教训。《国语·楚语下》："人之求多闻善败，以鉴戒也。"

【鉴往知来】鉴：观察，审视；来：未来。审视以往的经验教训，便可推知未来的发展变化。

【鉴真】（687—763）唐代僧人。俗姓淳于，扬州江阳（今江苏扬州）人。14岁时被智满收为沙弥，居大云寺。天宝元年（742）受日本佛教界聘请去日传戒。曾先后五次率众东渡，但均失败；天宝十二载（753）第六次东渡，终于到达日本。遂在奈良东大寺筑坛传授戒法。759年建唐招提寺，传布律宗。从此日本开始有正式的律学传承。

【江藩】（1761—1830）清代经学家。字子屏，号郑堂，晚号节甫，江苏甘泉（今江苏扬州）人。惠栋再传弟子。所著《国朝汉学师承记》和《国朝宋学渊源记》，把经学分为汉学和宋学，崇汉抑宋，不脱门户之见，但仍不失为清代汉学诸家树碑立传之作。对目录学多所论述，认为"目录之学，读书入门之学也"，所撰《国朝经师经义目录》，为治经学的门径。另著有《周易述补》《尔雅小笺》《隶经文》《乐县考》等。

【江山代有才人出，各领风骚数百年】清·赵翼《论诗五首》其二："李杜诗篇万口传，至今已觉不新鲜。江山代（世代）有才人出，各领风骚（《诗经》中的国风和《楚辞》中的《离骚》，借指优秀诗文的创作）数百年。"认为各个时代都有其标领风骚的人物，不必唯古人是从，诗歌也应随着时代不断发展。警示世人不要迷信古人，要奋发努力，创作出优秀作品。

【江西诗派】宋代诗歌流派。以黄庭坚为创始人，包括陈师道、潘大临、晁冲之等25人。因多为江西人，故称。该派诗人崇尚瘦硬风格，喜作拗体诗，要求字字有来历，好以旧翻新，袭用前人诗意而略改其词。到了南宋，其影响遍及整个诗坛，其余波延及清晚期。

【江永】（1681—1762）清代经学家、音韵学家。字慎修，婺源（今属江西）人。所著《礼书纲目》，仿朱熹《仪礼经传通解》体例，博考群经，补朱熹之不足。精于音理，注重审音，撰《古韵标准》，论声韵分平上去三声为十三部，入声八部，纠正顾炎武之疏。其学以考据见长，为皖派经学研究创始人。另著有《音学阐微》《四声切韵表》《近思录集解》《乡党图考》《律吕阐微》《春秋地理考实》等。

【姜夔（kuí）】（约1155—约1221）南宋词人、音乐家。号白石道人，饶州鄱阳（今属江西）人。一生未仕。往来鄂苏皖浙，与诗友交游，卒于杭州。精通音律，作词喜自创新调，音节谐美，内容多写景咏物、记述交游。代表作《扬州慢》感时伤事，情调低沉。有词集《白石道人歌曲》《白石道人诗集》等。

【姜子牙】即吕尚。西周开国大臣。姜姓，吕氏，名望，号飞熊。史称太公望，俗称姜太公、姜子牙。因辅佐周武王灭纣有功，官至太师。封于齐，为齐国始祖。

【蒋士铨】（1725—1785）清代戏曲作家、文学家。字心余，江西铅（yán）山人。乾隆进士，曾任翰林院编修。作有杂剧、传奇16种，均存。其诗词同袁枚、赵翼并称“江右三大家”。著有《忠雅堂诗集》《忠雅堂文集》《南北杂曲》。

【将（jiàng）**军之事，静以幽，政以治】**语出《孙子兵法·九地》。政：同“正”。指挥军队打仗的事，要沉着冷静而又深入细致；管理部队要严明公正而治理得宜。

【将者，智、信、仁、勇、严也】语出《孙子兵法·始计》。统军将领，要具备足智多谋、诚信、仁爱、勇敢、严明这五种基本素质。

【骄兵必败】语出《汉书·魏相传》。恃强轻敌的军队必定要打败仗。

【骄倨（jù）**傲暴之人，不可与交】**语出《管子·白心》。倨：不恭；暴：粗暴。骄横不恭、傲慢粗暴的人，不可同他交往。

【蛟龙得水】相传蛟龙得水，即能兴云作雾，飞腾太空。比喻有才能的人获得施展的机会。《魏书·杨大眼传》：“吾之今日，所谓蛟龙得水之秋，自此一举，不复与诸君齐列矣。”

【焦竑】（1540—1620）明代理学家。字弱侯，号漪园，又号澹园。祖籍山东日照。寓居南京。万历十七年（1589）考中状元，授翰林修撰、皇长子侍读等职。他博览群书，治学严谨，著述鸿富，承接与发展了晚明“泰州学派”的思想革新运动，打破“圣人至上”的观念，倡导“人皆可以为尧舜”“人皆可为圣人”，具有重视普通人价值与权利的进步意义，对后世的维新改良运动影响很大。著有《易荃》《禹贡解》《逊国忠节录》《澹园集》《澹园续集》《支谈》《焦弱侯问答》《老子翼》《庄子翼》《国史经籍志》《中原文献》等。

【焦循】（1763—1820）清代哲学家、数学家、戏曲理论家。字理堂，一字里堂，甘泉（今属扬州）人。自幼聪颖，学不从俗，39岁方中举。入京会试落榜后，无心仕途，筑雕菰（gū）楼于北湖，终身潜心学问。博闻强记，于经史、历算、声韵、训诂之学都有研究，尤精《周易》《论语》《孟子》三书。在方法论上，主张“证之以实，运之以虚”，学求其是，贵在会通。重视地方戏曲的研究。著有《里学堂算记》《雕菰楼易学三书》《孟子正义》《论语通释》《剧说》《雕菰集》等。

【校雠（chóu）**通义】**书名。目录学著作。清代章学诚著。3卷。继承和发展

J

西汉刘向、刘歆目录学思想，对宋代郑樵的学说有所辨正和发展，在理论和方法上有许多创见。认为“辨章学术，考镜源流”为研究目录学的宗旨，提出“互著”（即一书可分为两类者，采用参照法）、“别裁”（即对一书中的重要篇章进行分析著录，著录时对于同书异名者要详加考核，注明缘由）及索引的方法。是我国古典目录学理论集大成之作。

【**教化**】儒家所倡导的一种治国安民之策。即用礼、乐等方法和手段化民成俗，使合于良善。孔子反对“不教而杀”“不戒视成”，主张对民众“道之以德，齐之以礼”（《论语·为政》）。孟子、荀子都极其重视教化的作用。汉初陆贾说：“尧舜之民可比屋而封，桀纣之民可比屋而诛者，教化使然也。”（《新语·无为》）董仲舒在《举贤良对策》中说：“性非教化不成”“教化立而奸邪皆止”。教化是儒家一贯的政治主张，在中国历史上曾产生深远影响，对现代社会也有重要借鉴价值。

【**教会**】基督教各派组织形式的统称，可指基督教各派的整个组织（天主教会、东正教会、新教各宗派的教会），也可指某一个国家、地区或教堂的组织。

【**教民**】❶教育人民。《论语·子路》：“善人教民七年，亦可以即戎（去作战）矣。”❷泛指信仰宗教的人。

【**教士**】基督教三级神品制中的第二级。天主教译作司铎（神父），正教译作司祭，在实行主教制的新教教派中也译作牧师。

【**教徒**】信仰某一种宗教的人。如：佛教徒、基督教教徒。

【**教学相长**（zhǎng）】儒家教育思想。教和学是相互促进共同成长的。通过教学，学生获得进步，教师自己也得到了提高。《礼记·学记》：“学然后知不足，教然后知困。知不足，然后能自反也；知困，然后能自强也。故曰：教学相长也。”

【**教友**】❶能给予教正的朋友。《孔子家语·子路初见》：“人君而无谏则失正，士而无教友则失听。”孔子说：国君如果没有人谏诤就会犯错，士人如果没有朋友教正就会犯糊涂。❷信奉同一宗教的人之间的互称；泛指宗教徒。

【**教主**】❶某一宗教的创始人或地位最高的人。《方广大庄严经》：“随应演说法，教化诸群生，能到于彼岸，故名为教主。”❷宋朝废后（被废黜的皇后）入道，称之为“教主”。如仁宗郭后称为金庭教主，哲宗孟后称为华阳教主。

【**接济**】在物质上援助。《红楼梦》第五十七回：“宝钗倒暗中每相体贴接济。”

【**嗟**（jiē）**来之食**】《礼记·檀弓下》记载：春秋时齐国发生严重饥荒，有人在路上施舍食物，对一位饥民说：“嗟！来食。”这位饥民说：“我就是不吃‘嗟（呼唤声，犹言“喂”）来之食’，才到这个地步的！”后用“嗟来之食”指带有侮辱性的施舍。《后汉书·列女传·乐羊子妻》："羊子尝行路，得遗金一饼，还以与妻。妻曰：'妾闻志士不饮盗泉之水，廉者不受嗟来之食，况拾遗求利，以污其行乎！'"

【节操】气节操守。儒家思想中指高尚纯正的道德品质。《后汉书·伏隆传》："隆字伯文，少以节操立名。"

【节用】❶节约用度。《论语·学而》："节用而爱人，使民以时。"❷《墨子》篇名。分上中下三篇。宣扬反对奢侈浪费，主张勤俭节约的思想。

【节用裕民】语出《荀子·富国》。裕：使富裕。节约费用，使民众富裕。

【节欲则民富，中听则民安】语出《晏子春秋·内篇问下七》。中听：指断讼得当。节制无休止的贪欲，百姓就能富裕；判断讼事无差错，百姓就能心安。这是晏子对齐景公的忠告，要求统治者生活要节俭，处理诉讼案件要公正。

【节葬】《墨子》篇名。分上中下三篇。宣扬俭办丧事，反对儒家厚葬的主张。

【洁己自好（hào）】洁己：使自身纯洁。保持自身纯洁，自爱自重，不同流合污。清·方苞《四君子传》："太学生虽有洁己自好者，而气概不足以动人。"也说洁身自爱、洁身自好。

【结绳记事】文字发明前或文字使用不普遍时人们使用的一种记事方法。在一条绳子上打结记事，大事结大结，小事结小结，用来提醒自己，避免遗忘。上古时期的中国及南美印第安人都用过这种方法。

【解铃还须系（xì）铃人】北宋·惠洪《林间集》记载：法眼和尚问众僧："老虎脖子上的金铃，谁能解下来？"大家没人能答上来。这时泰钦禅师来了，回答说："系上去的人能解下来。"后用"解铃还须系铃人"比喻谁惹的麻烦还得由谁去解决。

【解民倒悬】语出《孟子·公孙丑上》。倒悬：头朝下倒挂着。比喻把民众从苦难中解救出来。

【解脱】佛教指脱离烦恼，无拘无碍，自由自在。泛指从困境中挣脱出来。

【戒尺】❶佛教戒师向僧徒说戒时的用具，由两块长方形小木组成。两木一俯一仰，仰木在下稍大，用俯木敲击发声。❷旧时塾师体罚学生用的尺形小木板。也说戒方。

【戒刀】僧人出行时所佩带的刀。按戒律，只准用于裁衣、剃发、修剪指甲，不得杀生。

【戒牒（dié）】僧尼出家受大戒后所领取的凭证。《释氏稽古略》卷三："敕（chì，封）法师辩章为三教首座。初令僧尼受戒给牒。"

【戒骄戒躁】戒：警惕，提防。警惕产生骄傲和急躁情绪。

【戒律】宗教指教徒必须遵守的一切戒规。如佛教有五戒、十戒乃至二百五十戒等。道教也有戒律。也说戒规。

【戒慎恐惧】《中庸》第一章："君子戒慎乎其所不睹，恐惧乎其所不闻。"意思是君子在闲居独处、无人觉察时，犹能戒慎恐惧，谨慎从事，其行为一刻也不离正道。后朱熹、王守仁等儒家代表人物都强调“戒慎恐惧”在为学中的重要地位和作用。

【芥子园画传】即《芥子园画谱》。我国清代绘画技法图谱。清代沈心友（李渔的女婿）和清代画家王概、王蓍（shī）、王臬（niè）三兄弟及其他诸人编绘。因李渔在南京的别墅名“芥子园”，故此书被命名为《芥子园画传》。画谱系统地介绍了中国画的基本技法，浅显明了，宜于初学者习用。许多成名的艺术家都是靠它启蒙的。

【借花献佛】《过去现在因果经》记载：释迦牟尼佛前世为善慧仙人，觅花欲献普光如来，遇青衣人慨然相赠，遂虔心敬献普光如来，得以成佛，号释迦牟尼。后用“借花献佛”比喻用别人的东西做人情。

【今古奇观】❶古今奇怪而少见的事。❷书名。明末刊行的白话短篇小说选集，姑苏抱瓮老人选编。共40篇，其中选自《三言》29篇，选自《二拍》11篇。

【今文经学】经学学派之一。与“古文经学”相对。始自西汉初。今文诸经均用汉代通行的隶书写定。今文经学与古文经学在经书的字体、文字、篇章等形式上，在重要名物、制度、解说等内容上都不相同。汉武帝采纳今文经学大师董仲舒的建议，罢黜诸子百家传记博士，只立五经博士，定儒于一尊，以巩固封建的“一统”主张，今文经学特别是春秋公羊学盛极一时。西汉中叶以后，今文经学时衰时盛。今文经学对西汉封建制度的巩固起过作用。在清代曾为戊戌变法主张的重要理论根据。今文经学注重“微言大义”，结合现实阐发经义，具有较丰富的哲学、政治思想。

【今文尚书】书名。儒家经典《尚书》传本之一。据传《尚书》由孔子编定，原有百篇，秦焚书后，至西汉初仅有原秦博士伏生所传二十八篇，用汉时通行文字隶书抄写，故名。清代孙星衍《尚书今古文疏证》，对《今文尚书》二十八篇的注解较为完备。

【今体诗】见130页“近体诗”。

【金】（1115—1234）朝代名。女真族完颜阿骨打所建。曾建都于会宁（今黑龙江哈尔滨市阿城区南），后迁都中都（今北京）、开封（今属河南）。先后灭掉辽和北宋，长期与南宋对峙，统治中国北部。后在南宋与蒙古的联合进攻下灭亡。

【金榜】科举时代称殿试之后公布录取者姓名所张的榜。以成绩依次排序。

【金榜题名】科举殿试揭晓的榜上有名，即殿试录取。唐·何扶《寄旧同年》诗：“金榜题名墨尚新，今年依旧去年春。”

【金刚】佛教指佛身边的侍从力士。因其手执金刚杵（古印度兵器），故称。

【金刚经】书名。佛教经书。全称《金刚般若（bōrě）波罗蜜经》。因用金刚比喻般若（智慧），故称。经文主要说明般若的实际在于不着事相（无相），情无所寄（无住）。禅宗的南宗即以此经为重要典据。

【金华朱学】儒学学派之一。创始人是宋末的何基、王柏。主要代表人物还有金履祥、许谦。朱熹曾到金华丽泽书院讲学，接引弟子。金华学派的创始人吕祖谦先殁（mò），于是其门生便入朱门。朱门高弟黄榦（gàn）在此讲学多年，传于何基，再传于王柏等人。因何基居于金华北山，故这一支朱学通常被称为金华朱学。鼎盛期是在金履祥、许谦从事学术活动的元朝初期和中叶。

【金履祥】（1232—1303）元代学者。字吉父，号次农。兰溪（今属浙江）人。金华朱学的主要代表人物，王柏弟子。入元，隐居不仕，专事著书。治学特点是"融会四书，贯穿六经"，继承了程朱"理一分殊"的观点，首次提出了"知而能之，知行合一"的命题。著有《通鉴前编》《大学章句疏义》《论语孟子集注考证》《尚书表注》及《仁山集》。

【金日磾（mìdī）】（前134—前86）西汉大臣。字翁叔。本名日磾，原为匈奴休屠王的太子。武帝时，年仅14岁随昆邪（yé）王归汉。后升马监、侍中、驸马都尉、光禄大夫，赐姓金，以功拜车骑将军。昭帝即位，与霍光、上官桀、桑弘羊同受武帝遗诏辅政。遗诏封秺（dù）侯，官至太子太傅，死后其子孙世受封侯。

【金尼阁】（1577—1628）天主教耶稣会传教士。法国人。明万历三十八年（1610）来中国。在南京学习汉语。初在杭州、开封，继在山西、陕西一带传教。在华期间，曾将多部中国文化经典译成西文传播到欧洲，又将大量欧洲重要科技文化书籍带入中国。所翻译的《伊索寓言》影响深远。著有《西儒耳目资》《耶稣会在华开教史》等。也作金尼各。

【金瓶掣（chè）签】清廷为确认藏、蒙地区藏传佛教大活佛的转世灵童而制定的制度。乾隆五十七年（1792），清廷为防止蒙、藏贵族操纵大活佛转世，特颁发两金瓶，一贮北京雍和宫，一贮拉萨大昭寺。凡蒙、藏地区大活佛转世时，均须将所觅若干"灵童"名字署于象牙签上，置金瓶中，在雍和宫或大昭寺，由理藩院尚书或驻藏大臣监督掣定，此后遂成定制。中华人民共和国成立后，仍遵循此制。

【金瓶梅词话】长篇小说。明刻本谓"兰陵笑笑生作"。100回。作者借《水浒传》中西门庆、潘金莲的故事演化成鸿篇巨制，是我国第一部以家庭日常生活为素材的人情小说经典作品。小说以西门庆和他的家庭生活为中心线索，把触角延伸到商贸、官场等社会层面，描绘了一幅丰富生动的城市生活的风俗画。小说善于刻画人物，描摹人情世态颇为细致，表现了熟练的语言技巧，为后世人情小说的发展奠定了基础。由于书中存在大量性行为描写，曾被视为"淫书"而遭禁。也称《金瓶梅》。

【金山寺】我国佛教寺院。位于江苏镇江市西北金山上。建于东晋元帝时期。殿宇楼台，依山而建。寺内有楞伽台、观音阁、慈寿塔、留云亭、法海洞等。戏曲《白蛇传》里有“水漫金山寺”的故事。

【**金圣叹**】（1608—1661）明末清初文学批评家。名人瑞，字圣叹，吴县（今江苏苏州市吴中区）人。入清后，绝意仕进，以“哭庙案”（百余名秀才聚吴县孔庙哭庙，发泄对县令的不满）被杀。素有才名，博通经史，也研究佛道及小说词曲。工诗文，喜品评，称《离骚》《庄子》《史记》、《杜工部集》、《水浒传》《西厢记》为“六才子书”。以批点后二书著名。有《金圣叹全集》。

J

【**金石良言**】指非常珍贵、有益的话。《二十年目睹之怪现状》第九十九回：“叔叔教你的，都是金石良言，务必一一记了。”也说金玉良言。

【**金石录**】书名。我国最早的金石目录和研究专著之一，宋代赵明诚及其妻李清照编著。共30卷，著录上古三代至隋唐五代钟鼎彝器的铭文款识和碑铭墓志等石刻文字。考订翔实，评论独具卓识。

【**金石为开**】金属石头都被打开了。比喻坚强的意志或真诚的心意能产生巨大的力量，改变局面。东晋·葛洪《西京杂记》卷五：“至诚则金石为开。”

【**金童玉女**】道教指供神仙役使的童男童女。北宋·郭若虚《图画见闻志·论妇人形相》：“历观古名士画金童玉女及神仙星官，中有妇人形相者，貌虽端严，神必清古。”

【**金文**】铸刻在商周青铜器上的铭文。商代金文字体与甲骨文相近，铭文字数较少。西周金文字体字数渐多，最多近500字，史料价值很高。战国末年字体逐渐和小篆相近，长篇记事铭文较少。也说钟鼎文。

【**金乌**】古代神话传说中，太阳中有三足乌，故借指太阳。如金乌西坠，玉兔东升。唐·韩愈《李花赠张十一署》诗：“金乌海底初飞来，朱辉散射青霞开。”也说赤乌。

【**金玉良言**】见128页“金石良言”。

【**金针度人**】度：传授。比喻把技艺的秘诀传授给别人。传说唐人郑侃的女儿彩娘在七夕祭织女时，梦见织女给她一根金针，从此，她的刺绣更加精巧。清·袁枚《随园诗话》卷七：“陆放翁曰：‘文章切忌参（考索验证）死（死板）句。’黄山谷曰：‘文章切忌随人后。’皆金针度人语。”

【**矜**（jīn）**而不争，群而不党**】语出《论语·卫灵公》。矜：庄重。君子庄重而不与人争执，合群而不结党。

【**襟怀坦白**】形容胸怀坦荡，光明磊落。清·陈文述《放牛行同前韵》：“董君性仁慈，襟怀亦坦白。”

【**谨庠**（xiáng）**序之教**】认真做好学校的教育工作。《孟子·梁惠王上》：“谨庠序（学校）之教，申之以孝悌之义，颁白者不负戴于道路矣。”孟子认为，恭恭敬敬地办好学校抓好教育，引导年轻人懂得并乐于实践孝顺父母、敬爱兄长的道理，那么头发花白的老人就不必肩扛着沉重的东西赶路了。

【谨言慎行】语出《礼记·缁衣》。说话小心，做事谨慎。《宋史·李穆传》："质厚忠恪，谨言慎行，所为纯至，无有矫饰。"

【尽地力之教（xiào）】语出《史记·孟子荀卿列传》。地力：土地的产出能力；教：通"效"，指效果、功效。最大限度地发挥地力的功效。这是战国初期魏国法家李悝（kuī）关于鼓励农耕、发展农业的经济主张。

【尽人事】尽力做好所能做的事。常与"听天命"或"待天命"连用，说作"尽人事，听天命"或"尽人事，待天命"，表示人只能做好所能做的事情，能否取得成功，取决于是否具备其他条件。北宋·胡寅《致堂读书管见》："尽人事而待天命。"

【尽善尽美】语出《论语·八佾》。善和美达到了极致。孔子赞美《韶》乐（舜时乐曲名）优美极了，表现的内容好极了，思想内容与艺术形式达到完美统一。后用"尽善尽美"形容事物完美无缺。

【尽孝】指对父母尊长尽孝道。东晋·袁宏《后汉纪·桓帝纪下》："夫丧亲自尽孝之终也。"

【尽心竭力】费尽心思，使出一切力量。《南史·柳仲礼传》："父津登城谓曰：'汝君父在难，不能尽心竭力，百代之后，谓汝为何。'"

【尽性】语出《中庸》。指充分发挥自己及人物的本性。儒家认为，人物之性都包含着"天理"，只有至诚的人，才能发挥自己和他人的本性，进而发挥万物的本性。

【尽忠】竭尽忠诚，多指为国事鞠躬尽瘁或以身殉国。是儒家忠孝思想的体现。《左传·宣公二十年》："林父之事（侍奉）君也，进思尽忠，退思补过，社稷之卫也。"

【进不求名，退不避罪】语出《孙子兵法·地形》。意思是作为将帅，指挥军队前进是实战的需要，不是为了自己求取功名，指挥军队撤退也是实战的需要，不怕国君怪罪。

【进而不止】不断奋勇前进，决不中途停止。《论语·子罕》："譬如为山，未成一篑（kuì，盛土的竹筐），止，吾止也。譬如平地，虽覆一篑，进，吾往也。"意思是好比集土堆山，只差一筐土就成山了，却停了下来，那是我自己决定停止的。又好比在平地上集土堆山，即使才倒下一筐土，如果决心前进，那是我自己要前进的，就一定会成功。表达"为仁由己"的思想。孔子赞成进而不止的精神，这种精神对后人产生了深远的激励作用。

【进士】唐代称参加礼部最高一级科举考试的人；明清两代称由举人参加殿试被录取的人。参见45页"殿试"。

【进退无仪，则政令不行】语出《管子·形势》。进退：指言语和行动的分寸；仪：礼仪，也指法度、准则。人们言语和行动上不讲求礼仪，那么国家颁布的命令就不可能施行。揭示了礼仪关系到国家政令能否施行的道理。

J

【近名论】文章名。北宋政治家、文学家范仲淹著。指出近名的积极的社会功能，反对道家强调避名、远名的论调。人爱惜好名誉和畏惧坏名声，才会对人的行为产生约束作用，使人做好事而不做坏事；人不爱名了，虽然有刑法，也难以阻止人做坏事。

【近体诗】诗体名。唐代形成的绝句和律诗的统称。跟古体诗相对。每首诗的句数，每句诗的字数、用韵、平仄、对仗等都有严格规定，但排律不限句数。也称今体诗。

J

【近朱者赤，近墨者黑】语出西晋·傅玄《太子少傅箴（zhēn）》。靠近朱砂的易染成红色，靠近黑墨的易染成黑色。比喻在好的环境中可以使人变好，在坏的环境中可以使人变坏。

【晋】❶春秋国名。公元前11世纪周分封的诸侯国，姬姓，由周成王弟叔虞创建，建都于唐（今山西翼城西）。晋文公改革内政，国力富强，成为霸主。公元前4世纪中叶由韩、赵、魏三家所分。❷朝代名。a)（265—420）265年，司马炎（晋武帝）代魏称帝，国号晋，建都洛阳（今河南洛阳东），史称“西晋”。280年，灭吴，统一全国。316年，被匈奴族的汉国灭亡。317年，司马睿（晋元帝）在南方重建晋朝，建都建康（今江苏南京），史称“东晋”。420年，刘裕代晋，东晋灭亡。b)（936—947）五代之一。936年石敬瑭所建，史称“后晋”。

【晋商】即山西商帮。指明清两代的山西商人。晋商是中国重要商帮之一，经营盐业、票号等，以票号最为出名。晋商为我们留下了丰富的建筑遗产，如乔家大院、常家庄园、三多堂等。

【禁果】犹太教、基督教《圣经》中知善恶树果子的别称。《圣经·创世纪》记载：上帝将亚当、夏娃安置在伊甸园中，受魔鬼引诱偷吃了禁果，被逐出伊甸园。今多比喻不准涉及的事情。

【缙绅】缙：也作“搢”，插；绅：束衣的大带子。原意是大带子上插笏（古代大臣上朝记事的手板），是旧时官宦的典型装束，后用作官宦的代称。

【京杭运河】世界上最长的古代运河，我国古代的三项伟大工程（长城、京杭运河、坎儿井）之一。春秋时代吴国为伐齐国而开凿。隋代通过都城洛阳连接涿郡，贯通海河、黄河、淮河、长江、钱塘江五大水系。元代弃洛阳取直，自余杭（今浙江杭州）直通北京，全长1790余公里。至今已有2500多年的历史。

【京剧】戏曲剧种。1790年四大徽班陆续进京演出，受汉调、昆曲、秦腔的曲调、表演方法的影响，并吸收一些民间曲调，逐渐融合、演变、发展而成。后经诸多名家改革、发展，逐步形成相当完整的艺术风格和表演体系。唱腔以西皮、二黄为主，用京胡、二胡、月琴、小三弦、笛、唢呐等管弦乐器和鼓、锣、铙、钹等打击乐器伴奏。表演上唱、念、做、打并重，多用虚拟的程序动作。传统剧目有1000多个。民国年间称作平剧（因北京改名北平）。

【泾渭分明】泾河水清，渭河水浊，泾河水流入渭河时，清浊不混，依旧分明。比喻界限清楚，是非分明。《喻世明言·滕大尹鬼断家私》："守得一十四岁时，他胸中渐渐泾渭分明，瞒他不得了。"

【经部】指我国古代图书四部分类的第一大类，收儒家经典及小学类著作。清修《四库全书》分为易、书、诗、礼、春秋、孝经、五经总义、四书、乐、小学十类。也说甲部。

【经幢（chuáng）】古代佛教石刻的一种。创始于唐。多作柱状，柱身多为六角形或圆形，多刻有佛的名字或经咒、佛像等。也有用多块石刻堆建而成的。

【经典】❶ 指古代儒家的经籍。唐·刘知几《史通·叙事》："自圣贤述作，是曰经典。" ❷ 指宗教的经书。唐·白居易《苏州重玄寺法华院石壁经碑》："佛涅槃后，世界空虚，惟是经典，与众生俱。"

【经典释文】书名。见 174 页"陆德明"。

【经籍纂（zuǎn）诂】书名。清代阮元主编，由臧庸为总纂，几十人共同编辑而成。按平水韵分韵编次，一韵一卷。一字异音者，按韵分入各部，并因不同字义分别注释，广搜唐以前古籍正文和注解中的训诂。所收为单字，但注释中也收双音词，兼具字典和辞书两种功用。全书体例谨严，材料丰富，是研究古汉语的重要工具书。

【经卷】指佛教的经书。

【经师易遇，人师难遭】东晋·袁宏《后汉纪·灵帝纪》："昭曰：'盖闻经师（汉代指讲授经书的学官，后也指传授经学的教师）易遇，人师（指道德、学问等各方面都卓越，可以为人表率的教师）难遭（逢，遇到）。'"认真从事教育教学的教师容易寻找，而在道德、学问等各方面都可以为人表率的教师就很难得到了。也说经师易求，人师难得。

【经史子集】我国传统图书分类法分出的四大部类。经部包括儒家经典和小学类著作，史部包括历史著作和部分地理著作，子部包括诸子百家的著作，集部包括诗、文、词、赋等文学艺术类著作。

【经世致用】经世：治理世事。宋代后逐渐形成的一种研究经学与解决当前实际政治、经济问题相结合的治学方法。主张读书人应当关注社会现实，用所学解决社会问题，以达到国治民安的实效。其特点是，以解释古代典籍为手段，从中发挥自己的社会政治见解，并用于社会。这种思潮到明清之际已蔚然成风，代表人物有顾炎武、黄宗羲、王夫之、李颙（yóng）、颜元、李塨（gōng）、王源等，清末又有魏源、龚自珍、康有为等。它体现了我国古代知识分子为万世开太平、以天下为己任的情怀。

【经书】指儒家的经典著作。南宋后通常指《周易》《尚书》《诗经》《春秋三传》《论语》《周礼》《礼记》《仪礼》《孝经》《孟子》《尔雅》等。也说十三经。

【经学】对儒家经传的注释解说，阐发

经义，研究经传的学科。古代有《五经》，后来扩充为《十三经》。这些书自战国以来被儒家学派用作讲授教本，师徒相传。因解说经书，阐发经义，附丽于经的传记越来越多，故到汉代正式出现了“经学”的名称。汉武帝罢黜百家，独尊儒术以后，经学成为中国封建社会文化的正统。董仲舒用阴阳五行说解释《春秋公羊传》，以巩固皇权，开创今文经学。西汉末，开始出现经学的古文与今文两派的争论。经学与中国封建社会制度的巩固、发展和延续有极其密切的关系，对我国的历史、哲学、文学、艺术影响都很大。

【经学五书】书名。全称《万氏经学五书》。是清代万斯大《学礼质疑》《周官辨非》《礼记偶笺》《仪礼商》《学春秋随笔》五部经学著作的合称。其说不拘汉宋诸儒旧说，多正前人之误。全书或诘驳前贤成说，或考辨古礼根源，或条列礼经节目，或诘难诸经抵牾，推求原始，自陈己见，是理学研究史上的重要著作。

【经义考】书名。是考证历代经籍存佚的著作。清代朱彝尊著。300 卷。该书以诸经分类，于每一书下首列作者、卷数，然后考述该书存、佚、阙、未见各情形，并一一详载序跋及诸家评论，若有已见者，则以按语形式附于卷末。全书搜罗广博，考证严谨，是研究古代经学派别和版本目录的重要参考书。

【经义述闻】书名。清代王引之著，共32 卷。依据其父王念孙《广雅疏证》的研究成果，以及平时趋庭所闻而撰成。将《周易》《尚书》《毛诗》《周官》《仪礼》《大戴礼记》《小戴礼记》《国语》《左传》《公羊传》《穀梁传》诸书，审定句读、讹字、衍文、脱简，训释大都述其父说。是研究古书音韵训诂、勘订讹误的重要著作。

【经传】经和传的合称。旧称儒家的重要代表作品和儒家师法前代而加以阐述的古代典籍为“经”，解释经文的书为“传”。如《春秋》是经，《左传》《公羊传》《穀梁传》为传。

【经传释词】书名。清代王引之著，共10 卷。以训诂的方法遍搜儒家九经、春秋三传以及周、秦、两汉书中虚字 160 个，考订其渊源流变，阐释其意义、用途。是研究训诂语法的重要参考书。

【荆轲】（？—前 227）战国时期著名刺客。卫国朝歌（今河南鹤壁）人。为人慷慨侠义。秦国灭赵后，兵指燕国，太子丹派他入秦行刺秦王。临行前，燕太子丹、高渐离等在易水边为他送行，他唱出了“风萧萧兮易水寒，壮士一去兮不复还”的悲歌。秦王在咸阳宫召见，借献督亢地图之机，取出藏在图中的匕首刺向秦王，不中，被杀。也称荆卿、庆轲。

【兢兢业业】❶形容小心恐惧的样子。《尚书·皋陶（yáo）谟》：“兢兢（戒慎）业业（危惧），一日二日万几（执政者处理的各种重要事务）。”《汉书·元帝纪》：“今朕获保宗庙，兢兢业业，匪敢懈怠。”❷形容小心谨慎、勤恳踏实。《红楼梦》第十四回：“于是宁府中人才知凤姐厉害，自此俱各兢兢业业，不敢偷安。”

【精舍】❶儒生居住或讲学的场所。《后汉书·包咸传》：“因住东海，立精舍讲授。”❷指僧、道居住或讲道说法的场所。唐·白居易《香山寺新修经藏堂记》：“寺有佛像，有僧徒，而无经典。寂寥精舍，不闻法音，三宝阙一，我愿未满。”

【精卫填海】《山海经·北山经》中说：上古炎帝之女在东海被淹死，灵魂化为精卫（神鸟），天天衔西山的树枝和小石头投入东海，誓将东海填平。后以“精卫填海”比喻有报仇雪恨的决心；也比喻不畏艰难，奋斗不懈。清·黄垍（jì）《短歌行》：“精卫填海，愚公移山，为之在人，成之在天。”

【精益求精】《论语·学而》：“《诗》云：‘如切如磋，如琢如磨。’”朱熹注：“《诗·卫风·淇澳》之篇，言治骨角者，既切之而复磋之；治玉石者，既琢之而复磨之。治之已精，而益求其精也。”后用“精益求精”形容好了还要求更好；力求完美。清·赵翼《瓯北诗话·七言律》：“盖事之出于人为者，大概日趋于新，精益求精，密益加密。”

【精忠】纯洁忠贞。《宋史·岳飞传》：“帝手书‘精忠岳飞’字，制旗以赐之。”

【井田制】相传商周时期的一种土地制度。每九百亩土地为一个单位，按“井”字形划作九区，故称。中区为公田，余八区为私田，由八夫（户）耕种，先公田，后私田。

【井蛙】《庄子·秋水》：“井蛙不可以语于海者，拘（局限）于虚（所居之处）也。”意思是不能跟井底的青蛙谈论大海，因为它被狭小的生活环境局限住了，只能看到井口的一小块天空。后用“井蛙”比喻见识狭窄的人。也说井底之蛙。

【景德镇瓷器】指产于江西景德镇窑的瓷器。以生活用瓷和陈设用瓷为主，品种齐全，瓷质优良，造型轻巧，装饰多样，素有“白如玉，明如镜，薄如纸，声如磬”之誉。有青花、釉里红、古彩、粉彩、斗彩、新彩、釉下五彩、青花玲珑等，尤以青花、粉彩产品为大宗。产品驰名世界。参见133页“景德镇窑”。

【景德镇窑】我国著名瓷窑之一。在今江西景德镇。唐代起烧造青瓷。宋代景德年间（1004—1007）烧造官窑器，以产影青瓷（青白瓷）著称。到明代，景德镇开始成为我国瓷业中心。到清代，彩釉更有改进和创造，能烧制粉彩、珐琅彩等，其中以康熙（1622—1722）、雍正（1723—1735）、乾隆（1736—1795）年间烧造的最为精美，并各有特色。为我国宋代六大窑系之一。参见256页“宋代六大窑系”。

【景泰蓝】我国特种工艺品。用铜胎制成，以蓝釉最为出色，至明景泰年间（1450—1456）广为流行，故称。制作工序分：打胎、掐丝、烧焊、点蓝、烧蓝、磨光、镀金等，其中最复杂细致的是掐丝和点蓝工艺。品种有瓶、碗、盘、罐、烟具、台灯、文具、奖杯等。

【净瓶】指佛门用来盛净水的瓶子。随身携带，用以净手，如观音菩萨就经常手执此瓶。

【净土】佛教所说的极乐世界。因这地方没有五浊（寿浊、有情浊、烦恼浊、见浊、劫浊）的污染，故称。泛指未被污染的地方或社会领域。参见115页“极乐世界”。

【净土变】净土变相。

【净土变相】佛教用语。变相，敷演佛经内容而绘成的具体图相。描绘净土世界（即极乐世界）景象的图相或雕刻，称为“净土变相”（跟“地狱变相”相对）。可分为卢舍那净土变相、灵山净土变相、药师净土变相、弥勒净土变相等。流传最广的净土变相为阿弥陀佛的西方净土变相。我国从隋唐时即盛行，传说唐代善导曾自绘西方变相300幅。今敦煌有遗存净土变相20余种。也说净土变、净土图。

【净土图】净土变相。

【净土宗】我国佛教宗派。因专修往生阿弥陀佛净土法门，故称。其始祖慧远曾在庐山建立莲社提倡往生净土，故又称莲宗。该宗教义简单，主要宗旨是以修行者的念佛行为为内因，以阿弥陀佛的愿力为外缘，内外相应，往生极乐净土。该宗由于修行方法简便，故自中唐以后广泛流行。

【竟陵派】明代文学流派之一。因其主要代表钟惺（xīng）、谭元春是竟陵（今湖北天门）人而得名。反对拟古，强调独抒性灵，重视作家个人情性的流露，作品称“竟陵体”。文风有偏于晦涩的倾向。

【敬鬼神而远之】《论语·雍也》：“务民之义，敬鬼神而远之，可谓知（同“智”，聪明）矣。”孔子说：把心力专一地放在使人民走向“义”上，严肃地对待鬼神而远离它，这可以说是聪明的。可见孔子重视对鬼神的祭祀，但并不真的相信有鬼神存在。

【敬老慈幼】语出《孟子·告子下》。慈：怜爱，爱护。尊敬老人，爱护儿童。这是儒家倡导的一种良好的社会风尚。也说尊老爱幼。

【敬其事而后其食】《论语·卫灵公》：“事君，敬其事而后其食（食禄，俸禄，薪水）。”侍奉君主，首先要以恭敬谨慎的态度，努力做好本职工作，把领取俸禄的事往后放。

【敬事而信】语出《论语·学而》。做事敬业、专一而有诚信。这是儒家奉行的治政、处事、为人的基本原则。

【敬业乐群】《礼记·学记》：“一年视离经辨志（分析经书的文义，读断文句，弄清原义），三年视敬业乐群。”指专心致志于学业或事业，乐于与朋友相切磋。

【鸠摩罗什】（344—413）后秦僧人。译经家。父鸠摩罗炎出身天竺望族，后来龟兹（qiūcí），生罗什。7岁随母出家。后秦弘始三年（401）到长安，在逍遥园翻译经典，前后所译经论计380余卷，后秦弘始十五年（413）圆寂于长安。

【九重霄】天的极高处。元·金仁杰《追韩信》第一折："泪洒就长江千尺浪，气冲开云汉九重霄。"

【九大名关】我国九大著名的关隘。分别是：北京昌平区境内的居庸关、河北秦皇岛市内的山海关、河北易县紫荆岭紫荆关、山西省平定县娘子关、山西省繁峙县平型关、山西省代县雁门关、河南省信阳武胜关、甘肃省嘉峪关和广西壮族自治区凭祥市友谊关。

【九鼎】❶传说夏禹铸九鼎，象征九州，夏商周三代奉为传国之宝。《史记·封禅书》："禹收九牧之金，铸九鼎。"❷借指国家政权。清·龚自珍《妙法莲华经四十二问》："诸经有《法华》，王者之有九鼎，家业之有总账簿也。"❸比喻极重的分量。《史记·平原君虞卿列传》："毛先生一至楚，而使赵重于九鼎、大吕（钟名，周朝国宝）。"明·张煌言《怀古》诗："人定能胜天，一言重九鼎。"

【九歌】《楚辞》篇名。一般认为是屈原根据民间祭神乐歌改作或加工而成。计有：《东皇太一》《云中君》《湘君》《湘夫人》《大司命》《少司命》《东君》《河伯》《山鬼》《国殇》《礼魂》。除《国殇》一篇为悼念和赞颂为楚国而战死的将士外，其他篇章多描写神灵间的眷恋，表现出对纯洁爱情的赞颂，对幸福生活的向往。充满了浓厚的浪漫主义色彩。

【九宫】戏曲音乐名。南曲、北曲常用的曲牌，包括仙吕宫、南吕宫、中吕宫、黄钟宫、正宫、大石调、双调、商调和越调九个宫调，统称"九宫"或"南北九宫"。

【九华山】我国佛教四大名山之一。位于安徽省池州市青阳县境内。相传为大愿地藏（zàng）王菩萨显灵说法的道场。有肉身宝殿、化成寺、甘露寺、地藏禅林等寺庙。风景区面积120平方公里，因有九峰形似莲花，故名。主峰十王峰海拔1342米，山体由花岗石组成，山形峭拔凌空，素有"东南第一山"之称。是首批国家重点风景名胜区。

【九经古义】书名。清代惠栋著。16卷。解释《周易》《尚书》《毛诗》《周礼》《仪礼》《礼记》《左传》《公羊传》《穀梁传》《论语》等九经的经义。作者解释《左传》经义的《左传补注》别本单行。此书以汉儒训诂为宗，搜采旧文，互相参证，原原本本，可谓精核。以详博见长，但个别处有拘执古义之嫌。

【九流】先秦学术流派，即儒、道、阴阳、法、名、墨、纵横、杂、农等九家。儒家为"九流"之首。

【九流十家】先秦至汉初学术思想派别的总称。西汉刘歆（xīn）将诸子思想分为十家，并分别指出其思想渊源，十家即儒、道、阴阳、法、名、墨、纵横、杂、农、小说家。十家中除去小说家，称为九流。

【九品中正制】魏晋南北朝时期中央政府的一种官员选拔制度 。其主要内容是，在各州郡选择"贤有识见"的官员任“中正”。中正必须是二品现任中央官员。中正以簿世（谱牒家世）、行状（才干、道德）、乡品（中正鉴定）为标准查访评定州郡人士，将这些人士分成上上、上中、上下、中上、中中、中下、下上、下中、下下九等，作为吏部授官的依据。也说九品官人法。

【九思】君子需要慎重考虑的九种情况。《论语·季氏》:“君子有九思：视思明，听思聪，色思温，貌思恭，言思忠，事思敬，疑思问，忿思难，见得思义。”（思：思考，考虑）君子有九种情况需要慎重考虑。当观察一件事情的时候，要考虑的是确实看清楚了吗？听人说话时，要考虑的是听明白了吗？对自己的处事态度，要考虑的是保持温和了吗？在待人的礼节上，要考虑的是谦逊恭敬了吗？言谈方面，要考虑的是诚实可信吗？对于工作事业，要考虑的是全力以赴了吗？对于有疑问的问题，要考虑的是怎样以礼貌的方式请教？在发脾气之前，要考虑的是后果会怎样？在可得利益之时，要考虑的是这个我该得吗？孔子的“九思”在今天仍有借鉴意义。

【九天玄女】古代神话传说中的女神，后为道教所信奉。相传人头鸟身，为圣母元君弟子，黄帝之师，曾助黄帝大败蚩尤。也称玄女、九天娘娘。

【九章算术】书名。我国古代著名的数学著作。作者已不可考。成书约在东汉前期，现今流传的是三国魏时刘徽所作的注本。分方田、粟米、衰分、少广、商功、均输、盈不足、方程、勾股等九章。其中分数理论、线性方程组解法、正负数加减法则、解勾股形方法等都是具有世界意义的成就。也称《九章算经》。

【九州】❶传说中的我国古代的行政区划。具体说法不一。《尚书·禹贡》作冀、兖（yǎn）、青、徐、扬、荆、豫、梁、雍;《吕氏春秋·有始览·有始》有幽州而无梁州;《周礼·夏官·职方氏》有幽州、并州而无徐州、梁州。《汉书·地理志》则以《职方氏》九州为周制。❷泛指全中国。南宋·陆游《示儿》诗:“死去元知万事空，但悲不见九州同。”

【九族】我国汉族古代计算亲属关系的说法。最早见于《尚书·尧典》:“以亲九族。”指本身及以上的父、祖、曾祖、高祖和以下的子、孙、曾孙、玄孙。旧时立宗法、定丧服皆以此为准。也有包括异姓亲属而言的，指父族四代、母族三代、妻族二代，合为“九族”。

【酒逢知己千钟少】遇到真正了解自己的人，就应该彼此好好地痛饮畅谈一番。也说酒逢知己千杯少。清·洪昇《长生殿·骂贼》:“酒逢知己千钟少，话不投机半句多。”

【旧体诗】指古典诗歌（跟“新诗”相对）。包含两个方面：一、指自《诗经》以来的古风、律绝、词曲等，与“古典诗歌”意义相近；二、指新诗产生后，现代人用古典诗歌形式创作的表现现代人生活和思想感情的诗歌作品。旧体诗有古体诗和近体诗的区别：古体诗有四言、五言、六言、七言、杂言；近体诗有律诗和绝句。

【旧雨】唐·杜甫《秋述》："卧病长安旅次，多雨……常时车马之客，旧，雨来；今，雨不来。"意思是过去宾客下雨也来，如今下雨就不来了。后用"旧雨"借指老朋友。南宋·张炎《长亭怨》词："故人何许？浑忘了江南旧雨。"

【救世菩萨】见82页"观世音菩萨"。

【救死扶伤】救护生命垂危者，照顾伤病者。北宋·苏轼《宋襄公论》："一战之余，救死扶伤不暇。"

【救亡图存】《鬼谷子·中经》："圣人所贵道微妙者，诚以其可以转危为安，救亡使存也。"后用"救亡图存"表示拯救国家危亡，谋求民族生存。

【就义】为正义而死。南宋·文天祥《〈临江军〉诗跋语》："今使命不达，委身荒江，谁知之者。盍（hé）少须臾以就义乎？"

【居安思危】语出《左传·襄公十一年》。在安乐的环境中，应当考虑到可能存在的危险。《旧唐书·岑文本传》："故居安思危，所以定其业也；有始有卒，所以隆其基也。"

【居士】❶古代称有才德而隐居不做官的人。《礼记·玉藻》："居士锦带。"❷在家居住而信佛、道的人。唐·元稹《度门寺》诗："道场居士置。"❸古代笃信佛教或道教的文人雅士以"居士"为号。如：青莲居士（李白）、六一居士（欧阳修）、东坡居士（苏轼）。

【居之无倦，行之以忠】语出《论语·颜渊》。身居官位不厌倦懈怠，实施政令要出于忠心。这是孔子提出的治理政事应持的态度。

【鞠躬尽瘁】语出三国蜀·诸葛亮《后出师表》。指恭敬谨慎，竭尽心力。南宋·曾渊子《漳南示义军寄邑人谭野臣》诗："鞠躬尽瘁固常事，愿教一涌歼豺狼。"

【菊部】旧时称戏班或戏曲界。宋·周密《齐东野语·菊花新曲破》："思陵（指宋高宗）朝，掖庭（宫中妃嫔居住的地方）有菊夫人者，善歌舞，妙音律，为仙韶院（指宫中乐工、歌女所居之所）之冠，宫中号为菊部头。"

【橘生淮南则为橘，生于淮北则为枳（zhǐ）】《晏子春秋·内篇杂下十》："橘生淮南则为橘，生于淮北则为枳（落叶灌木或小乔木，果实小球形，味酸，与橘不是同一种植物），叶徒（只，仅仅）相似，其实味不同。所以然者何？水土异也。"橘子树长在淮河以南是橘，长在淮河以北是枳，橘和枳只是叶子相似，它们果实的味道不同。为什么会这样呢？是因为水土不一样。比喻社会环境变了，人的品性也会改变。

【举案齐眉】《后汉书·梁鸿传》记载：孟光敬重丈夫梁鸿的为人，给丈夫送饭时，总是把端饭的木盘子高高举到跟眉毛一般齐的位置上，以示尊敬。后以"举案齐眉"形容夫妻恩爱，相互敬重。

【举人】❶推举选拔人才。《论语·卫灵公》："君子不以言举人。"❷隋唐宋三代被地方推举入京应试的人，即应举之人。❸ 明清时称乡试考中的人。

【举一反三】《论语·述而》："举一隅不以三隅（方形物体的角）反（类推），则不复也。"孔子说，告诉学生四个角中的一个角，他却不能推想出另外三个角，我就不再教他新的知识了。后以"举一反三"表示从一件事情类推而知道很多事情，即触类旁通。南宋·朱熹《答胡伯逢书》："则夫告往知来，举一反三，闻一知十者皆适。"

【举重若轻】举很重的东西就像举轻的东西一样。形容工作能力强，担负繁重的工作并不感到吃力。清·赵翼《瓯北诗话·苏东坡诗》："坡诗不尚雄杰一派，其绝人处，在乎议论英爽，笔锋精锐，举重若轻，读之似不甚用力，而力已透十分。"

【巨擘（bò）】大拇指。比喻在某一领域最杰出的人物。如文坛巨擘。

【聚沙成塔】《法华经·方便品》："乃至童子戏，聚沙为佛塔。如是诸人等，皆已成佛道。"意思是甚至于小孩子做游戏，也能聚沙为佛塔。像这样的各种与佛结下善缘的人都已注定将成就佛果。后用"聚沙成塔"比喻积少成多。

【涓滴归公】涓滴：细小的水滴，比喻极少量的钱物。属于公家的钱物，即使一点点，也要全部交给公家，不占为私有。《官场现形记》第三十三回："真正是涓滴归公，一丝一毫不敢乱用。"

【爵禄】爵位和俸禄。《周礼·夏官·司士》："凡邦国，三岁则稽（考核）士任（士的任职情况）而进退其爵禄。"（稽：考核；士任：士的任职情况）《东周列国志》第五十回："子不受爵禄，亦足以明志矣。"

【爵位】君主国家贵族封号的等级。《礼记·礼运》："合（合婚）男女，颁爵位，必当年德（年龄，德行）。"（孔颖达注："合男女使当其年，颁爵禄必当其德。"）

【军机处】清代官署名。清朝中后期的中枢权力机关。雍正七年（1729）始立，由皇帝特召三品以上满汉大臣若干人入值，称军机大臣，僚属称军机章京。其职能每日上殿，商承军国大政，用面奉谕旨的名义对全国各地区、部门发布指示，其地位远远高于作为国家行政中枢的内阁。宣统三年（1911）四月责任内阁成立后，军机处撤销。

【军礼】古代五礼（吉、凶、军、宾、嘉）之一。指校阅、出师、祝捷等有关国家军事方面的礼仪活动。《周礼·春官·大宗伯》："以军礼同（齐一，同一）邦国。"

【均田制】北魏至唐中叶按人口分配土地的制度。485 年，北魏孝文帝开始实行。15 岁以上男夫受露田 40 亩、桑田 20 亩，妇人受露田 20 亩。不宜种桑的地方，则男夫给麻田 10 亩，妇人给麻田 5 亩。所授田地不准买卖，老死归还官府。受田后不得迁徙。对恢复、发展农业起到一定积极作用。至唐中叶，土地兼并加剧，均田制则形同虚设。

【君臣上下贵贱皆从法】语出《管子·任法》。君主与臣子、上级与下级、地位高的与地位低的都遵从法律法规。

阐释了以法治国的理念。

【君臣释法任（rèn）**私，必乱】**语出《商君书·修权》。释：废弃，放弃；任：放纵。君主与臣子抛弃法度，放纵私欲，这样的国家必定动荡不安。

【君君、臣臣、父父、子子】语出《论语·颜渊》。国君要像个国君，臣子要像个臣子，父亲要像个父亲，儿子要像个儿子。人人都恪守本分忠于职守，做到不越位，不乱位，社会就会和谐。否则，君臣失位，长幼失序，伦理失常，社会就会混乱失稳。

【君权神授】宣称君王的权力是神赋予的一种学说。《尚书·召诰》："有夏服（受）天命。"认为夏朝乃承受"天命"。汉初董仲舒则提出"天人相与"的理论，认为天和人间是相通的，继而提出"君权神授"的命题。他认为皇帝是天的儿子，是奉天之命来统治人世的，强调君权的天然合理性和神圣不可侵犯性。这种理论在我国产生了深远的影响，历代帝王以至造反的农民领袖，无不假托天命，自称"奉天承运"或者"替天行道"，从而达到神化自己及其活动的目的。

【君主】❶君主制国家的元首，如皇帝、国王等。终身任职，并世袭。❷公主。《史记·六国年表》："秦灵公八年，初以君主妻（qì，嫁给）河（指河伯）。"

【君子】跟"小人"相对。在不同时期君子所指并不完全相同。西周、春秋时指贵族统治者。如《左传·襄公九年》："君子劳心，小人劳力。"到春秋后期"君子""小人"的概念发生变化，有德者称作"君子"，无德者称作"小人"。如《论语·述而》："君子坦荡荡，小人长戚戚。"儒家创始人孔子所说的"君子"，指在道德品质、精神人格、器识才学诸方面都达到完美的境地，是富有仁德的理想化的美好形象，历来受到人们的景仰，在我国人民的精神生活中具有深远影响。

【君子博学而日参（sān）**省**（xǐng）**乎己】**《荀子·劝学》："君子博学而日参（古同"叁"，表示多次）省（检查自己的思想、言行）乎己，则知（zhì，同"智"，聪明）明而行无过矣。"品德高尚的人广泛地学习，经常用学到的东西检查自己的思想、言行。这样就头脑清楚，行为没有过失。

【君子不镜于水，而镜于人】《墨子·非攻（中）》："君子不镜（照镜子）于水，而镜于人。镜于水，见面之容；镜于人，则知吉与凶。"君子不用水来照自己，而以人作为镜子反省自己。用水作为镜，只能看出面容；用人作为镜，则可以知吉凶。墨子说的是攻战之事，他认为好战不吉而凶，如春秋时晋国的智伯好战，最后身死族灭。这里表现出的是墨子的"非攻"思想。现在多用于指吸取别人的教训，对照别人，反省自己，避免做错事。

【君子不休乎好（hào）**，不迫乎恶**（wù）**】**语出《管子·心术上》。品德高尚的人不被爱好的事情所诱惑，不被厌恶的事情所胁迫。

【君子成人之美】 语出《论语·颜渊》。君子应当成全别人的好事。

【君子耻不修，不耻见污】 语出《荀子·非十二子》。污：诬蔑。君子以自己品德不好为耻辱，而不以受人诬蔑为耻辱。

【君子笃于亲，则民兴于仁】 语出《论语·泰伯》。笃：厚道，真诚；亲：父母。处在统治地位的人如果能够带头孝顺父母，百姓中就会盛行仁义之风。

【君子固穷】 固：坚持。语出《论语·卫灵公》。有德行之人身处困境的时候，仍能坚守道德、操守。

【君子怀德】 君子以弘扬道德为己任。《论语·里仁》："君子怀（牵挂）德，小人怀土（故土）。"

【君子检身，常若有过】 语出《亢仓子·训道篇》。君子检点自身，随时反省，就像常有过失一样。指人要有自知之明，多做自我批评。

【君子谋道不谋食】 语出《论语·卫灵公》。谋：谋求，追求；道：道义，真理。君子孜孜以求的是真理道义，而不是物质享受。

【君子求诸己】 语出《论语·卫灵公》。君子凡事都严格要求自己。

【君子慎其所立】 品德高尚的人一定要注意自己的处世言行。参见 320 页"言有招祸也，行有招辱也，君子慎其所立乎"。

【君子坦荡荡，小人长戚戚】 语出《论语·述而》。戚：哀愁，悲伤。君子心胸坦荡，宽宏大度；小人气量狭小，总是不开心。

【君子无爵而贵】 语出《荀子·儒效》。爵：爵位，泛指官位。品德高尚的人虽无爵位（官位），但人格高贵。

【君子一言，驷马难追】《邓析子·转辞》："一言而非，驷马不能追；一言而急，驷马不能及。"意思是君子一句话，就是套上四匹马的快车也难追上。指人要守承诺、讲信用，不要轻诺寡信。

【君子义以为上】 君子把道义放在首位。《论语·阳货》："君子义以为上（崇尚，尊崇）。君子有勇而无义为乱，小人有勇而无义为盗。"孔子说，君子应该把义作为首要考虑的事情，而不是片面强调勇武精神。君子只有勇，没有义，就会造反；小人只有勇，没有义，就会做土匪强盗。

【君子义以为质】《论语·卫灵公》："君子义（道义）以为质（本体或内容），礼以行之，孙（xùn，同"逊"，谦逊）以出（表述）之，信以成之。君子哉！"孔子说，君子把道义作为行事的根本，依照礼节来推行它，用谦逊的语言来表述它，用诚信的态度来完成它。这真的是位君子啊！强调做事以义为唯一的出发点和落脚点。

【君子役物，小人役于物】 语出《荀子·修身》。役：驱使，这里指控制、支配；物：指物欲。品格高尚的人可以驱使物欲，品格低下的人被物欲所驱使。指品格高尚的人可以控制自己的物欲，品格低下的人容易被物欲所左右。

【君子忧道不忧贫】 语出《论语·卫灵

公》。君子所忧虑的是道义真理能否得到弘扬而不是自己的贫富。

【君子有三变】《论语·子张》："子夏曰：'君子有三变：望之俨然，即之也温，听其言也厉。'"君子有三种变化：远看庄严可畏；接近他后感到温和可亲；听他讲话，却是严厉不苟。

【君子喻于义，小人喻于利】语出《论语·里仁》。君子懂得的是义，小人知晓的是利。

【钧窑】我国古代著名瓷窑之一。窑址在今河南禹州，古代属钧州，故称。创烧于北宋，兴盛于金元时期。器型以碗、盘为多，但以花盆最为出色。钧瓷利用氧化铜、铁呈色不同的特点，烧成蓝中带红或带紫的色釉。红、紫色泽如玫瑰、海棠，非常艳丽。胎骨灰白色，釉细而润。其中佳品，底部刻有数字（从一到十的数目字，数字越小器物尺寸越大），系北宋末为宫廷而烧制。钧瓷在宋代就享有"家财万贯，不如钧瓷一片"的盛誉。

【郡县制】由春秋、战国到秦代逐渐形成的地方行政制度。秦统一六国，分全国为三十六郡，郡下设县，郡县长官均由中央政府任免，成为中央集权组织的一部分。

【骏马能历险，犁田不如牛】清·顾嗣协《杂兴》："骏马能历险，犁田不如牛。坚车能载重，渡河不如舟。"意思是骏马可以跨越险境，耕地就比不上牛。牢固的车可以承载重物，渡河就比不上船。比喻人各有长处、短处，用人之道重在看人的长处。

J

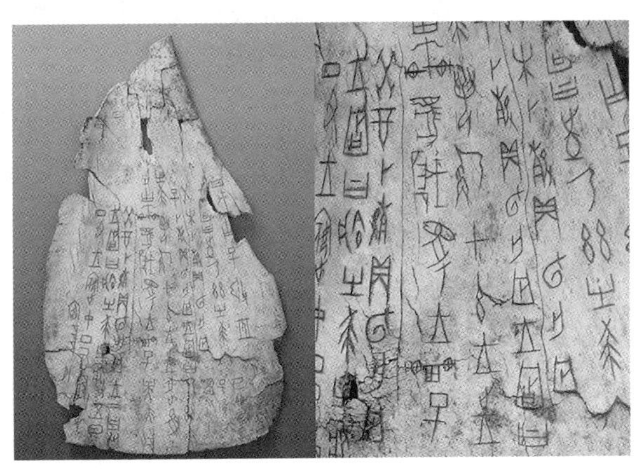

【开成石经】唐代的十二经刻石。始刻于唐文宗大和七年（833），完成于开成二年（837），故名。刻石立于唐长安务本坊国子监太学，宋时移至府学北墉，即今西安碑林。有《周易》《尚书》《毛诗》《周礼》《仪礼》《礼记》《春秋左氏传》《公羊传》《穀梁传》《孝经》《论语》《尔雅》等十二种儒家经典。另附五经文字、九经字样等，共227石。字体为正书，标题为隶书。是研究中国经书历史的重要资料。今存西安碑林博物馆。为全国重点文物保护单位。又称唐石经。

【开诚布公】诚意待人，坦白无私。《三国志·蜀书·诸葛亮传》："诸葛亮之为相国也……开诚心（敞开胸怀，表露诚意），布公道（宣示自己的公正）。"

【开诚相见】开诚：敞开胸怀，表露诚意。坦率真诚地与人交往。孙中山《革命最后一定成功》："诸君在革命政府之地，彼此应该开诚相见。"

【开花结果】佛教指通过修行之"因"而逐渐达到觉悟之"果"。南宋·普济《五灯会元·万寿普信禅师》卷三十："无影树栽人不见，开华结果自馨香。"后用"开花结果"比喻工作、学习等有进展，并取得了成果。

【开卷有益】打开书阅读，就会有好处。东晋·陶潜《与子俨等疏》："开卷（翻开书本）有得，便欣然忘食。"

【开山】❶佛教指选择名山创建寺院。南宋·普济《五灯会元·龙翔士圭禅师》："屡迁名刹，绍兴间奉诏，开山雁荡能仁（寺）。"❷指挖开或炸开山岩。

【开山祖师】开山：在名山创立寺院。指最初在某座名山创立寺院并自成宗派的禅师。后用以比喻某一学术、技艺派别或事业的创始人。

【开天辟地】《艺文类聚》卷一引徐整《三五历记》：古代神话说，起初天地混沌一气，像鸡蛋，盘古生其中，一日九变，天日高一丈，地日厚一丈，盘古日长一丈。如此一万八千岁，天地开辟。后用"开天辟地"表示宇宙开始或有史以来第一次。

【开元之治】指唐玄宗（李隆基）开元年间（713—741）出现的社会安定，经济文化繁荣昌盛的时期。开元年间先后由姚崇、宋璟、张说（yuè）、张九龄等为相，革除武周后期以来的弊政，形成了政治安定清明的局面。兴修水利，发展生产，使仓廪充实，经济十分繁荣。

其时，“丝绸之路”畅通，海上航行也有发展，唐朝已成为亚洲经济文化交流的中心。

【开源节流】指战国时荀子论述生产和财政收入关系的理论。主张“节其流，开其源”，以实现“上下俱富”的目标。即国家的财政收入要以发展生产为基础，实行发展生产、节制赋税的政策。

【开宗明义】《孝经》第一章篇名。开：张，开始；宗：本，宗旨；明：显明；义：义理。意思是，这一章开始就说明全书的宗旨，显明五孝的义理。后指讲话写文章一开始就把主要意思点明。

【坎曼尔】唐代回鹘（维吾尔族）诗人。所作《忆学字》诗：“古来汉人为吾师，为人学字不倦疲……李杜诗坛吾欣赏，迄今皆通习为之。”真实地反映了唐代各族之间相互学习和友好往来的情况。

【康乾之治】指起于清圣祖（玄烨）康熙二十年削平三藩至清仁宗（颙琰）嘉庆元年（1681—1796）清王朝前期统治下的盛世，持续时间长达116年。在此期间，社会安定，经济快速发展，人口迅速增长，疆域辽阔。也称康雍乾盛世。

【康泰】❶健康安宁。如身体康泰。❷人名。三国时吴国人。我国早期海外旅行家。约在吴·黄武五年（226）和朱应出使扶南（今属柬埔寨）等国。归国后撰有《吴时外国传》。

【康熙】❶（1662—1722）清圣祖年号。❷（1654—1722）清圣祖，即爱新觉罗·玄烨（yè）。以其年号称之。生于北京，顺治第三子。1661—1722年在位。亲政后，智擒权奸鳌拜，平定三藩叛乱，收复台湾，驱逐盘踞黑龙江省的沙俄势力，平定准噶尔叛乱，加强了多民族国家的统一。在位期间重视农业、水利，进行全国性土地丈量，完成《皇舆全览图》的绘制。崇尚儒学，提倡程朱理学。重文兴教，开博学鸿儒科。组织编纂《全唐诗》《康熙字典》等，为“康乾之治”打下基础。

【康熙字典】字书。清代张玉书、陈廷敬等奉诏编纂。康熙五十五年（1716）印行。42卷。是一部具有深远影响的汉字辞书，为汉字研究的重要参考文献之一。该书在明代《字汇》《正字通》基础上增订而成。末附《补遗》，收冷僻字；又列《备考》，收有音无义或音义全无之字。共收47035字，分为12集，214部。是收录汉字最多最全的古代字典。但该书在切音、释义方面标准不一，疏漏和错误较多。道光年间（1821—1850）王引之订正重刊，改正引用书籍字句讹误者2588条并撰《字典考证》附后。近人王力作《康熙字典音读订误》，订正5200余字音读注释之误。

【康有为】（1858—1927）我国近代维新派领袖、政治家、思想家、教育家、书法家。原名祖诒，字广厦，号长素，又号更生。广东南海（今佛山南海区）人。清光绪进士。光绪十四年（1888），第一次上书清帝，建议变法图强。1895

年《马关条约》签订时，联合赴京会试的举人1300余名上书要求拒签和约，迁都抗战。在京组织强学会，主张变法维新。1898年在北京成立保国会，受到光绪帝召见，促成百日维新。维新失败后，逃亡国外，其间考察欧美各国政治、经济、文化、风情，闻见丰富，学贯中西。政治思想倾向于保守、改良，反对激进流血革命。主张君主立宪，既保留儒家文化传统，又借鉴英、日等国的宪治经验，实现国家的富强与文明。晚年成为保皇派代表，受到革命者的批判。著有《新学伪经考》《孔子改制考》《戊戌奏稿》《大同书》《康南海先生诗集》等。今辑有《康有为全集》等。

【康庄大道】❶指宽阔平坦的大道。《尔雅·释宫》："五达谓之康，六达谓之庄。"❷比喻美好的前途。

【科甲】❶指科举考试。汉唐取士分甲乙丙等科，后通称科举为科甲。❷指科举及第的人，也指科举出身。

【科举】我国古代一种分科考试、选拔后备官员的制度。始于隋代。唐代考试科目较多。明清两代文科只设进士一科，考八股文，武科考骑射、举重等武艺。清光绪三十一年（1905）科举制度废除。

【可歌可泣】可：值得；泣：哭泣流泪。值得歌颂并使人感动流泪。指悲壮的事迹非常令人感动。清·赵翼《瓯北诗话·白香山诗》："盖其得名在《长恨歌》一篇。其事本易传。以易传之事，为绝妙之词，有声有情，可歌可泣。"

【克己】❶《论语·颜渊》："克己复礼为仁。"克制自己的私欲，严格要求自己。如克己修身。❷旧时商家自称货价便宜，不多赚钱。

【克己奉公】严格要求自己，以公事为重。《后汉书·祭（zhài）遵传》："遵为人廉约小心，克己奉公。"

【克己复礼】儒家的修养方法。约束自己使自己的行为合于礼。《论语·颜渊》："颜渊问仁。子曰：'克己复礼为仁。'"

【克勤克俭】既能勤劳，又能节俭。《尚书·大禹谟》："克（能）勤于邦，克（能）俭于家。"这是中华民族的传统美德。

【刻木事亲】二十四孝故事之一。丁兰，相传为东汉时河内（今河南黄河以北）人，幼年父母双亡。由于思念父母养育之恩心切，于是将父母木雕成像，事之如生。凡事均和木像商量，每日三餐敬过双亲后方才食用。出门前和归家后一定向父母禀告，从不懈怠。时间久了，他的妻子对木像开始不恭敬，用针刺木像的手指，居然流出血来。丁兰到家见木像垂泪，得知实情后，将妻子休弃。

【恪尽职守】恪：谨慎，恭敬。谨慎认真地履行自己的职责。

【孔安国】西汉经学家。字子国。孔子后裔。武帝时任谏大夫，为博士。传曾得孔壁中所藏古文《尚书》，但为后来学者所疑。传另有《尚书孔氏传》，清人定为伪作。

【孔府】孔子嫡系后裔"衍圣公"的府

邸，位于山东曲阜孔庙东邻。北宋宝元年间（1038—1039）建立，明嘉靖年间（1522—1566）重修。是我国古代官衙与住宅相结合的一组古建筑群。府内存有大量珍贵文物和明、清以来文书档案近万卷。为全国重点文物保护单位。旧称“衍圣公府”。

【孔广森】（1752—1786）清代经学家、音韵学家、数学家。字众仲，一字拹（huī）约，号顨（xùn）轩，山东曲阜人。少时受学于戴震。官至翰林院检讨。能作篆、隶书，尤工骈体文，为清代骈文八大家之一。撰《春秋公羊通义》，试图阐述《春秋》“微言大义”，提出了不同于何休的见解。撰《诗声类》，分古韵为十八部，首提“阴阳对转”之说，主张东、冬分部，对古韵学有所发明。另有《大戴礼记补注》《经学卮（zhī）言》及《少广正负术内外篇》等。其著作均收入《顨轩孔氏所著书》。

【孔伋】见 373 页“子思”。

【孔鲤】（前 532—前 482）孔子的儿子，字伯鱼。《史记·孔子世家》：“孔子生鲤，字伯鱼，伯鱼年五十，先孔子死。伯鱼生伋，字子思。”

【孔林】孔子及后裔的墓地。位于山东曲阜城北。历经扩充修建，占地达三千亩，林内树木五万多株，历代颂扬孔子的碑碣多达数千通。为全国重点文物保护单位。

【孔门三戒】孔子提出的人生修养内容之一。《论语·季氏》：“君子有三戒：少之时，血气未定，戒之在色；及其壮也，血气方刚，戒之在斗；及其老也，血气既衰，戒之在得。”少年戒情色，壮年戒锋芒，老年戒贪得。

【孔孟之道】以孔子和孟子为代表的儒家思想理论体系。

【孔庙】我国历代帝王祭祀孔子的祠庙。汉代以后历代帝王多崇奉儒学，敕令在京城和各州县建孔庙。现存的以孔子故里（山东曲阜）的孔庙为最早、最大。孔子逝世的次年，即鲁哀公十七年（前 478）以孔子故宅立庙。东汉永兴元年（153）正式成为国家所立祠庙。历代叠加增修，至明中叶扩至现在的规模。位于今曲阜城里中部偏西，占地约 10 万平方米，殿堂 466 间。主建筑有金、元两代的碑亭，明代建造的奎文阁和清代重修的大成殿。大成殿前的杏坛，传为孔子讲学处。是一组具有东方建筑特色，规模宏大、气势雄伟的古代建筑群，也是一座集我国古代建筑雕刻、绘画、书法等艺术于一体的大型综合博物馆。为全国重点文物保护单位。也称文庙。

【孔雀东南飞】见 78 页“古诗为焦仲卿妻作”。

【孔尚任】（1648—1718）清代戏曲作家。字聘之、季重，号东塘、岸堂、云亭山人，山东曲阜人。孔子六十四世孙。初隐居石门山中，康熙帝南巡至曲阜时，被召讲经，破格授国子监博士，累迁户部主事、员外郎等职。经十余年，于康熙三十八年（1699）写成传奇剧本《桃花扇》。当时与《长生殿》作者洪昇有“南洪北孔”之称。戏曲作品还有同顾彩合写的传奇《小忽雷》。另有诗文集《湖海集》《岸堂稿》《长留集》等。

【孔颜乐处】孔：孔子；颜：颜回。宋儒所追求的一种崇高的精神境界和理想的道德人格。《论语·述而》："饭疏食饮水，曲肱而枕之，乐亦在其中矣。"又《论语·雍也》："一箪食，一瓢饮，在陋巷，人不堪其忧，回也不改其乐。贤哉回也。"北宋哲学家周敦颐要求学者体会孔子、颜回快乐的原因，实现与圣贤心志一致，达到身安道充，进德修业的境界。

【孔颜气象】见 146 页"孔颜乐处"。

【孔颖达】（574—648）唐代经学家。字冲远。冀州衡水（今属河北）人。出身北朝官宦人家，曾从当时名儒刘焯（zhuō）问学，以精通"五经"称于世，对南北朝经学之"南学""北学"均有颇深造诣。入唐后，被李世民聘为秦王府文学馆学士，成为李世民智囊团中重要人物，是著名的"十八学士"之一。任国子祭酒等职。奉唐太宗命主编《五经正义》，融合南北经学家的见解，形成唐代义疏派。唐代用其书作为科举取士的标准。

【孔子】（前 551—前 479）名丘，字仲尼，春秋时鲁国陬（zōu）邑（今山东曲阜东南）人。我国古代伟大的思想家、教育家、政治家，儒家创始人。早年家境贫寒，做过多种卑贱的工作。十五岁立志学习，先后问学于郯（tán）子、师襄、老子等人，并整理《春秋》《诗经》等古籍，以博学多才闻名于世。曾任鲁国司空、大司寇等职。首创面向所有人的"私学"，提出"有教无类"，面授弟子多达三千余人；在教学方法上倡导因材施教、启发式、学思结合、学以致用等。创立儒家学说，言论见于《论语》《易传》《礼记》等书。其学说以"仁"为核心，"仁"即"爱人"，"己所不欲勿施于人""己欲达而达人"，进而"泛爱众"，达到"天人合一"，认为这是解决人类一切社会问题的锁钥。在政治上提出"天下为公"的社会理想，提倡德治和教化，对民众既"富之"又"教之"，反对苛政和刑杀。在道德修养上指出"道不远人"，每个人通过努力都能成为君子，进而成为圣人，主张以"忠、孝、礼、义、信"调整各种关系，使社会趋于和谐；当社会群体都是君子、诸国由圣人执政时，就会实现世界大同。在思维方式上提倡"中庸之道"，克服极端倾向，避免过犹不及。其思想已成为我国传统文化的主流，历代尊为"至圣先师"，当今尊为"永远的人类伟人"，名列世界十大名人之首，受到全世界的广泛尊崇。联合国以其生日 9 月 28 日为世界教师节。

【孔子家语】书名。是一部记录孔子及孔门弟子思想言行的著作。原书失传。今传本 10 卷 44 篇，系三国魏王肃收集整理。杂取《论语》《左传》《国语》《荀子》《大戴礼》《礼记》《说苑》等书中有关古代婚姻、丧祭、郊禘（dì）、庙祧（tiāo）等制度综合成篇。对于研究孔子和孔门弟子及古代儒家思想有重要参考价值。清代孙志祖有《家语疏证》。也说《孔氏家语》。简称《家语》。

【孔子世家】《史记》篇名。我国最早的系统的孔子传记。作者司马迁博采经传诸子，主要根据《论语》《左传》《国语》《礼记》等书所记述的有关孔子的言行事迹撰辑成篇（见《史记》卷四十七）。

【口头禅】原指某些禅宗佛教徒不明禅理、仅拿来以资谈助、并不实行的禅家常用语；也指平常谈话中借用的一些禅宗话语。今指经常挂在口头的习惯语。

【寇谦之】（365 — 448）北魏道士。字辅真。少奉五斗米道，后从成公兴于嵩山修道。曾任北魏国师。主张唯贤是授，儒道兼修，同时又引佛入道，宣扬六道轮回，并制定乐章诵诫新法，大大推动了南北朝时期道教的发展，被称为道教史上的改革家。著有《云中音诵新科之诫》《录图真经》。

【寇準】（961—1023）北宋政治家、诗人。字平仲，华州下邽（guī，今陕西渭南）人。太平兴国五年（980）进士。景德元年（1004）出任宰相。当年冬天，契丹南下入侵宋朝，直逼黄河沿岸的澶（chán）州（今河南濮阳附近）。寇準反对南迁，力主真宗亲征，从而稳定了军心，使宋辽双方订立了澶渊之盟。后因参与宫廷斗争，被人排挤，数被贬谪。天圣元年（1023）病逝于雷州。皇佑四年（1053），宋仁宗诏撰神道碑，谥忠愍（mǐn），复爵莱国公。故后人多称寇忠愍或寇莱公。善诗能文，七绝尤有韵味，有《寇忠愍公诗集》三卷传世。

【苦海】❶ 佛教用语。指充满苦难、烦恼的人间。如苦海无边，回头是岸。❷ 比喻困苦的处境。如自投苦海。

【苦行】某些宗教的修行方法，一般实行严苛的自制，拒绝物质福利，用一般人难以忍受的种种痛苦来磨炼自己。

【苦行僧】佛教用语。指用苦行的方法修行的僧人。

【哭竹生笋】二十四孝故事之一。孟宗，字恭武，三国时吴国江夏（今湖北武汉市江夏区）人。少年时父亡，母亲年老病重，医生嘱用鲜竹笋煎汤饮。时值严冬，哪有鲜笋？孟宗无计可施，独自一人跑到竹林里，扶竹大哭。少顷，他忽然听到地裂声，只见地上长出数茎嫩笋。孟宗喜极，采回做汤，母亲服后果然病愈。后来他官至司空。

【夸父追日】《山海经 · 海外北经》中说：一个叫夸父的人跟太阳赛跑，口渴而死。后用“夸父追日”形容征服自然意志坚定、决心很大；也形容不自量力。也说夸父逐日。

【快雪堂帖】汇刻丛帖名。明末清初的冯铨摹集，刘光旸（yáng，字雨若）刻，共五卷。所收法书，自魏晋至元，因首列王羲之《快雪时晴帖》，故称。

【宽和】形容待人宽厚谦和。《汉书 · 韩信传》：“为人宽和自守，以温颜逊辞承上接下，无所失意，保身固宠，不能有所建明。”

【宽宏大量】待人宽厚，度量很大。

清·李渔《奈何天·计左》："多蒙袁老爷宽洪大量，不怪小人，也就感恩不尽了。"也作宽洪大量。

【**宽以待人**】以宽容、宽厚的态度对待别人。《三国演义》第六十一回："某素知刘备宽以待人，柔能克刚，英雄莫敌。"

【**宽则得众**】语出《论语·阳货》。待人宽厚，就会得到众人的拥护。

【**归**（kuì）**国宝，不若献贤而进士**】语出《墨子·亲士》。归：同"馈"，赠送；进士：推荐贤士。赠送国宝，不如推荐品德好、有才识的人。说明贤士、人才的无比珍贵。

【**坤**】❶八卦之一，卦形为（☷），象征地。参见3页"八卦"。❷代表女性或女方。如：坤宅、坤伶。《周易·系辞上》："乾道成男，坤道成女。"

【**昆腔**】昆曲。

【**昆曲**】戏曲声腔。元末昆山（今属江苏）一带民间流行的南戏腔调，经加工整理，明初已有"昆山腔"之名。至嘉靖年间（1531—1541），又吸收海盐、弋阳等腔和当地民间曲调的长处再加丰富，曲调舒徐婉转，称"水磨调"。以鼓、板控制演唱节奏，以曲笛、三弦等为主要伴奏乐器。其唱念语音为"中州韵"。表演上注重动作优美，舞蹈性强，具有独特风格，创造了我国古代完整的民族戏曲表演体系。明万历以后，逐渐流传各地，对许多地方戏曲剧种产生深远影响，素有"百戏之母"的雅称。明末至清前期是昆曲的鼎盛时期，清中叶以后逐渐衰落。2001年，入选联合国第一批"人类口头和非物质遗产代表作"名单。也说昆腔、昆剧、昆山腔。

【**昆仲**】敬词。昆：兄弟中的老大；仲：兄弟中的老二。用于称他人兄弟。如王家昆仲。

【喇嘛】藏语音译，意为“上师”。藏传佛教对高僧的尊称。也是汉族人对蒙古、青海、西藏僧人的统称。

【喇嘛教】见 345 页“藏传佛教”。

【腊八】农历十二月（腊月）初八日。相传这天是释迦牟尼修炼成功的日子，佛寺煮粥供佛；民间在这一天有喝腊八粥的习俗。也说腊日。

【腊八粥】腊八这天，用米、豆等谷物和枣、栗子、莲子等干果煮成的粥。佛教认为，这一天是释迦牟尼的成道之日，佛寺在这天煮粥供佛。民间也相沿成习。

【腊日】见 149 页“腊八”。

【蜡版】❶ 我国古代用蜂蜡混合松香涂在木板上刻印的一种印版。宋绍圣元年（1094）已用于印制状元捷报。❷ 用铁笔在蜡纸上刻画而成或用打字机在打字蜡纸上打成的油印底版。

【兰若】❶ 兰草和杜若，都是香草。唐·刘禹锡《送王师鲁协律赴湖南使幕》诗：“楚水多兰若，何人事撷（xié，采）芳。”❷ 梵（fàn）语阿兰若的简称。意思是寂静无烦恼的地方，指佛教寺院。唐·杜甫《谒真谛寺禅师》诗：“兰若山高处，烟霞嶂几重。”

【兰台】❶ 汉代宫内藏书的处所，由御史中丞掌管，因此御史台也称兰台。❷ 指史官。因东汉班固曾作兰台令史，受诏撰史。

【蓝采和】传说中的八仙之一。常穿破蓝衫，一足着靴，一足跣（xiǎn）露，手持大拍板，行乞闹市，乘醉而歌，周游天下。后在濠梁（今安徽凤阳）酒楼闻空中有笙箫之音，乘云升仙而去。元杂剧说他是一个伶人，真实姓名叫许坚。

【蓝田猿人】旧石器时代晚期猿人化石。地质年代属更新世中期。距今约 115 万年。1963 年、1964 年在我国陕西蓝田陈家窝和公王岭发现。所发现的头骨、上下颌骨和牙齿的化石，表明蓝田猿人比北京猿人和爪哇猿人更为原始。还发现有旧石器时代初期的打制石器，如砍斫器、刮削器、石片和石核等。也说蓝田直立人、蓝田人。

【郎世宁】（1688—1766）意大利画家。清康熙五十四年（1715）作为天主教耶稣会的修道士来到中国，被清廷征召为内廷供奉，历康、雍、乾三朝，在中国从事绘画 50 多年，曾参加圆明园西洋楼的设计工作。代表作品有《聚瑞图》《嵩献英芝图》《百骏图》《乾隆皇帝及后妃像》《平安春信图》等。

【郎中】❶古代官名。a）始于战国，秦汉沿置。掌管门户、车骑等事务，内充侍卫，外从作战。b）尚书台设郎中，掌管诏策文书等，为尚书、侍郎之下的高级官员。清末始废。❷旧指中医医生或卖药兼治病的人。南宋·洪迈《夷坚支甲志·杜郎中驴》："杜泾郎中……世为医，赀（zī）业（财产，产业）稍给（jǐ，丰足）。"

【浪子回头金不换】浪子：指不务正业，到处游荡的人；回头：比喻决心悔改，弃恶从善；金不换：形容十分可贵。形容改过自新，重新做人，十分可贵。

【劳而不怨】君子治政应遵循的五种美德之一。《论语·尧曰》："择可劳而劳之，又谁怨？"孔子说选择百姓可以干的事情叫他们去干，合理劳民，又有谁会怨恨呢？

【崂山】道教名山。在山东省青岛市崂山区，东临崂山湾。最高点崂峰，俗称崂顶，海拔1132.7米。有上清宫、太清宫、太平宫、华楼宫等古迹名胜。景色雄奇灵秀，气候宜人，为避暑和游览的胜地，是全国重点风景名胜区。古称劳山。

【老残游记】书名。晚清四大谴责小说之一。20回。清代刘鹗著。以江湖医生老残游历山东各地的活动和见闻，揭露晚清社会黑暗、恶吏横行、民不聊生的现状。文笔生动传神，语言富于表现力。问世后风靡海内外，被联合国教科文组织认定为世界文学名著。

【老道（dào）】道士的俗称。

【老骥伏枥】东汉·曹操《龟虽寿》诗："老骥（年老的骏马，比喻年老而壮志犹存之士）伏枥（马伏在槽边，比喻壮志未酬，蛰居待时），志在千里。烈士（有志于建功立业的人）暮年（晚年），壮心不已。"比喻有志之士虽年老而仍怀雄心壮志。

【老君】见264页"太上老君"。

【老马识途】《韩非子·说林上》记载：春秋初期政治家管仲跟随齐桓公征伐孤竹国，春往秋返，迷惑失道。管仲让老马走在前面，于是找到了归路。比喻阅历多的人富有经验，熟悉情况，能为先导。

【老牛舐（shì）犊】老牛舐舔小牛。比喻父母疼爱孩子。《后汉书·杨彪传》："后子修（杨修）为曹操所杀。操见彪问曰：'公何瘦之甚？'对曰：'愧无日磾（mìdī，即金日磾，为庄重朝仪，怒杀行为不检的爱子）先见之明，犹怀老牛舐犊之爱。'操为之改容。"

【老吾老，以及人之老；幼吾幼，以及人之幼】语出《孟子·梁惠王上》。及：推广到。敬爱自己家的老人，也应推己及人敬爱别人家的老人；爱护自己家的孩子，也应推己及人爱护别人家的孩子。这是儒家"泛爱人"的思想表现。

【老庄】老子和庄子的合称。

【老子】❶春秋时思想家、哲学家，道家学派的创始人。一般认为即老聃（dān），姓李，名耳，字伯阳。楚国苦县（今河南鹿邑东）人。做过周朝掌管文物典籍的史官，孔子曾向他问礼。后退隐，著《老子》。主张“道生万物”“顺应天道”“清静无为”。老子的学说对中国哲学的发展有很大影响，后世很多学者都从不同的角度吸取了他的思想。道教则奉他为教主，把他神化为“太上老君”。❷ 书名。道家的主要经典，一般认为是老聃所著。西汉河上公作《老子章句》，分《道经》《德经》两部分，共 81 章，约 5000 字，阐释了老子“道法自然”“无为而治”的思想，被奉为道教的主要经典，以之为信仰的依据。也说《道德经》《老子五千文》。

【老子想尔注】书名。道教经书。东汉末张陵著（一说为张陵之孙张鲁著）。以早期“五斗米道”思想对《老子》注解，是早期道教信徒奉道守诫的经典。该书认为“道”是最高神灵太上老君，即“一”，“一散形为气，聚形为太上老君”，使《老子》带上了浓厚的宗教色彩。

【乐而不淫，哀而不伤】《论语·八佾》：“《关雎》乐而不淫，哀而不伤。”（《关雎》：《诗经·国风》首篇，写一男子追求少女的情思；淫：过度，没有节制）孔子说《关雎》这首诗，快乐却不是没有节制，悲哀而不至于过于悲伤。朱熹解释说，哀、乐是人的本性极致，能哀能乐，不失其节才是正道。

【乐民之乐】《孟子·梁惠王下》：“乐民之乐者，民亦乐其乐；忧民之忧者，民亦忧其忧。”意思是国君如果乐于做民众喜爱的事情，民众也会乐于做国君喜爱的事情；国君担忧民众忧虑的事情，民众也会担忧国君忧虑的事情。

【乐善好施】乐于做好事，喜欢把财物分给贫苦的人。《史记·乐书论》：“闻徵（zhǐ）音（古代五音之一，相当于简谱的“5”），使人乐善而好施，闻羽音（古代五音之一，相当于简谱的“6”），使人整齐而好礼。”

【乐天知命】《周易·系辞上》：“乐天（顺应自然）知命，故不忧。”意思是，乐于服从天道的支配，知守命运的安排，所以没有任何忧虑。这是一种宿命论观点。今也指顺其自然，安于自己的处境。

【乐土】安乐的地方。《诗经·魏风·硕鼠》：“逝（通“誓”）将去（离开）女（rǔ，通“汝”），适（到……去）彼乐土。”

【乐园】基督教《圣经》指天堂或伊甸园。也泛指快乐的园地。

【雷峰塔】佛塔。位于浙江省杭州市西湖南夕照山上。五代吴越王钱俶（chù）时建。内藏石刻《华严经》等名贵文物。塔于 1924 年倾塌。今已重建。

【雷厉风行】形容政事法令执行得严厉迅速；也形容声势猛烈，行动迅速。北宋·曾巩《亳（bó）州谢到任表》：“昭（表明，显示）不杀之戒，则雷厉风行。”

【嫘（léi）祖】传说中黄帝的妻子，她发明了养蚕。

【耒耜（lěisì）】古代耕地翻土的农具，类似后代的犁。《周易·系辞下》：“神农氏作（兴起），斫（砍）木为耜（直接作用于土壤的铲状部件），揉（使弯曲）木为耒（扶持耜的木柄）。”

【类篇】字书。北宋王洙（zhū）、司马光等奉诏纂修。分 544 部，共收 31000 余字，其中“重（chóng）音”21000 余字。该书是直接承接《说文解字》和《玉篇》的一部字书。将《集韵》遗漏的字尽量收入，体例比较严谨。每字下先列反切，后出训解；如果字有异音异义，则分别举出，可与《集韵》相印证。且书中收有唐宋之间所产生的字，为研究汉字发展和训释字义的重要参考资料。

【类书】我国古代一种大型工具书。辑录各门类或某一门类的资料，并按一定的方法编排，以供查检、征引。其体例分专辑一类和合辑众类两种，后者居多。通常按门类编排，也兼用分韵、分字等方法。始于三国魏文帝时的《皇览》。历代都有编纂。现存著名的有：唐代的《北堂书钞》《艺文类聚》《初学记》，宋代的《太平御览》《册府元龟》，明代的《永乐大典》，清代的《古今图书集成》《佩文韵府》等。

【楞严经】佛教经书。“大佛顶如来密因修证了义诸菩萨万行首楞严经”的简称。佛教主要经典之一。10 卷。内容丰富，几乎包括大乘佛教所有重要理论。劝诫众生逐次修行，达到“方尽妙觉，成无上道”。也称《中印度那烂陀大道场经》。

【离坚白】先秦名家公孙龙学派的著名论点。与之对立的观点是合同异。一块坚硬白色的石头，按照常人一般看法可称为一块坚白石。但公孙龙却认为，用眼看就不见其坚硬，只见其白色；用手摸就不觉其白色，只觉其坚硬。所以只有白石或坚石而没有坚白石。坚和白是分离的。这种论点具体分析了各种感官对于事物的感受方式的特殊性，认为人们感觉到的事物的各个属性，都只能是绝对分离的独立体。否定了事物的联系和统一性。

【离骚】《楚辞》篇名。战国楚屈原作。“离骚”旧解为遭忧，也有解作离愁的；近人或解释为牢骚。全篇以自述身世、遭遇、心志为中心，表达了要求革新政治的愿望，以及坚持理想、虽逢灾厄也绝不与邪恶势力同流合污的斗争精神和至死不渝的爱国热情。诗中运用香草、美人的比兴手法，大量的神话传说和丰富的想象，使它成为一首充满激情的现实主义与浪漫主义相结合的艺术杰作。是中国古代最早的长篇抒情诗，对后世文学有深远影响。

【梨园】唐玄宗时教练宫廷歌舞艺人的地方，在长安（今陕西西安）光化门外的禁苑中。玄宗曾选坐堂演奏的艺人子弟三百人和宫女数百人于此学歌舞，有时亲自教习，这些艺人称为“皇帝梨园弟子”。后称戏曲界为梨园行，称戏曲从业者为“梨园子弟”。白居易《长恨歌》有“梨园弟子白发新”之句。

【礼】❶ 本指敬神。始见于卜辞，指祭神的器物和仪式，即用器皿盛双玉作供奉，以表示对天神和先祖的敬重。引申为表示敬意的通称。❷ 由风俗习惯而形成的为大家共同遵奉的仪式。如婚礼、葬礼。❸ 指古代社会规范和道德规范。汉代将礼规定为五常（仁、义、礼、智、信）之一。礼作为我国古代社会的道德规范和行为准则，对中华民族精神素质的培养起了重要作用。

【**礼拜**】❶ 古代礼节，对人施礼祝拜以表示敬意。❷ 宗教徒向所信奉的神佛施礼以表示敬意。如礼拜甚勤。❸ 星期；也指星期日。如：下礼拜来上班、休礼拜。

【**礼不下庶人，刑不上大夫**】语出《礼记·曲礼上》。指在等级森严的宗法社会，不要处处用严格的礼仪要求庶民百姓，对贵族或官员要慎重用刑，以勉励他们保持名节，自我裁处。

【**礼法**】礼：指礼节、礼仪，是对社会秩序的构建；法：指法制、法纪，是对社会秩序的保证。二者相辅相成，合称“礼法”。《商君书·更法》：“及至文武，各当时而立法，因事而制礼，礼法以时而定，制令各顺其宜。”制定礼法对国家治理具有重要作用。

【**礼法兼治，王霸并用**】后人对荀子政治主张的归纳，即礼治与法治结合，王道与霸道并用。参见 279 页“王霸并用”。

【**礼记**】书名。儒家经典之一，秦汉以前各种礼仪论著的选集。相传为西汉戴圣编。有《曲礼》《檀弓》《王制》《月令》《礼运》《学记》《乐记》《中庸》《大学》等 49 篇。大多为孔子弟子及再传弟子等所记。是研究我国古代社会情况、儒家学说及文物制度的参考书。注疏本有东汉郑玄《礼记注》，唐代孔颖达《礼记正义》，清代朱彬《礼记训纂》、孙希旦《礼记集解》等。也称《小戴记》《小戴礼记》。

【**礼教**】❶ 礼仪教化，指维护宗法和等级制度而制定的礼法条规和道德标准。《孔子家语·贤君》：“敦（推崇，注重）礼教，远（避开，远离）罪疾（灾祸），则民寿（长寿）矣。”❷ 指进行礼的教育。

【**礼经**】书名。即《仪礼》。

【**礼经释例**】书名。清代凌廷堪著。《仪礼》文古义奥，自古以难读著称。该书独辟蹊径，着力爬梳，钩稽蕴涵于《礼经》的礼仪通例，分为通例、饮食、宾客、射例、变例、祭例、器例、杂例等八类。每类之下各有细目，共 246 例，几乎覆盖《仪礼》17 篇的所有仪节。使《礼经》不再难读。

【**礼器**】古代贵族在祭祀、婚丧、朝聘、征伐和宴享等活动中举行礼仪所使用的器皿，指青铜器中的鼎、彝（yí）、簋（guǐ）、觚（gū）、豆、钟、镈（bó）等。

【**礼让**】守礼谦让。《论语·里仁》：“能以礼让为国乎？何有？不能以礼让为国，如礼何？”孔子说，能够用礼让来治理国家吗？这有什么困难呢？如果不能够用礼让来治理国家，又怎样对待礼仪呢？指出礼仪的本质是礼让，如果舍弃内容，只拘守礼仪的形式，是没有意义的。

【**礼尚往来**】在礼节上讲究有来有往。《礼记·曲礼上》：“礼尚往来，往而不来，非礼也；来而不往，亦非礼也。”现在也指你对我怎么样，我也对你怎么样。

【礼贤下士】礼贤：敬重有才德的人；下士：降低身份与士人交往。旧指帝王或大臣降低自己的身份礼敬贤德之人并降格与之结交。《新唐书·李勉传》：“礼贤下士有终始，尝引李巡、张参在幕府。”

【礼仪】礼节和仪式。如：礼仪之邦、外交礼仪。

【礼义廉耻】礼：崇尚礼仪，要求人知礼守法，行为规矩；义：按照义的要求行事，处事公道，取舍有度；廉：廉洁，要求人廉洁不染，大节无亏；耻：知耻，要求人行己有耻，自律慎独。是古代提倡的四种道德规范，认为是治国的四纲。北宋·欧阳修论曰：“礼义廉耻，国之四维。四维不张，国乃灭亡。”今泛指一般的道德规范。也称四维。

【礼乐】礼仪和音乐。儒家十分重视礼乐的教化作用，主张兴礼乐以求尊卑长幼有序、和谐共存。《礼记·乐记》：“乐统同，礼辨异。”孔颖达疏：“乐主和同，则远近皆合；礼主恭敬，则贵贱有序。”

【礼制】旧时根据儒家正统思想规定的一整套有关等级、名分、道德、法令、礼节等维护社会稳定与贵族统治的制度。也指礼仪制度。

【礼治】儒家的政治思想。主张用贵族等级制的社会规范和道德规范维持社会安定，要求天子、诸侯、卿、大夫、士、庶民等都安于名位，遵守礼制，不得超越本分，以使上下和谐，保持社会安定。

【李翱】（772—836）唐代哲学家、散文家。字习之，陇西成纪（今甘肃秦安）人。贞元进士，官至山南东道节度使。谥文。曾从韩愈学古文，文学主张基本同于韩愈。文风平易，《来南录》为今存最早的日记体作品之一。崇尚儒学，但对佛学并不一概反对，所撰《复性书》糅合儒、佛两家之说，认为人性天生为善。提出用“正思”消灭“邪情”，达到“复性”为圣人。其主张对宋代理学颇有影响。著作有《李文公集》。

【李白】（701—762）唐代诗人。字太白，号青莲居士，祖籍陇西成纪（今甘肃秦安）。幼时随父迁居绵州昌隆（今四川江油）青莲乡。少年即显露才华，吟诗作赋，博学多才。天宝初，曾供奉翰林。天宝三载（744），在洛阳与杜甫结交。诗风雄奇豪放，想象丰富，语言流畅自然，音律和谐多变。是最具个性特色和浪漫主义精神的诗人。与杜甫齐名，世称“李杜”。存世诗文千余篇，其中《蜀道难》《梦游天姥吟留别》《早发白帝城》《望庐山瀑布》《静夜思》《赠汪伦》《将进酒》等诗作，皆为人传诵。有《李太白文集》。

【李宝嘉】（1867—1906）晚清小说家。又名宝凯，字伯元，别号南亭亭长，笔名游戏主人等。江苏武进（今江苏常州）人。是位多产的作家，著有《庚子国变弹词》《官场现形记》《文明小史》等十多种书。其中《官场现形记》是晚清谴责小说的代表作。

【李冰】战国时期的水利工程专家。秦昭王时任蜀郡守。与其子征发民工在岷江流域兴建许多水利工程，其中以都江堰最为著名，工程为成都平原成为天府之国打下坚实的基础。后世在都江堰修有二王庙以纪念李冰父子。参见48页“都江堰”。

【李纯甫】（1177—1223）金代文学家。弘州襄阴（今河北阳原）人。曾任尚书左司都事、京兆府判官。工于散文，文风雄奇简古。屡上疏论时事。主张佛教、道教、儒教三教合一。晚年自订其文，凡论性理及有关佛老的文章编为“内稿”，其余如碑志诗赋等则为“外稿”。著有《鸣道集说》《金刚经别解》《楞严外解》等。

【李杜】❶指李白、杜甫。唐·韩愈《调张籍》诗：“李杜文章在，光焰万丈长。”❷指晚唐诗人李商隐、杜牧。称之为“李杜”或“小李杜”。

【李绂（fú）】（1673—1750）清代理学家、文学家。字巨来，号穆堂，江西临川（今江西抚州市临川区）人。康熙进士，历任侍讲学士、内阁学士等职，为官“爱才如命，以识一贤拔一士为生平大欲之所存”。治陆九渊、王守仁学派理学，被梁启超誉为“陆王派之最后一人”。著有《穆堂类稿》《穆堂别稿》《陆子学谱》《朱子晚年全论》《阳明学录》《春秋一是》等。

【李纲】（1083—1140）北宋末南宋初抗金名臣。字伯纪，号梁溪先生，邵武（今属福建）人。政和进士，官至太常少卿。靖康元年（1126）金兵入侵汴京时，团结军民，击退金兵。但不久即被投降派所排斥。宋高宗即位初，一度为相，曾力图革新内政，仅75天即遭罢免。多次上疏，陈诉抗金大计，均未被采纳。写有不少爱国诗文。著有《梁溪先生文集》《靖康传信录》《梁溪词》。

【李塨（gōng）】（1659—1733）清初著名学者。字刚主，号恕谷，直隶蠡县（今属河北）人。少受学于颜元。学术上主张理气不分，“理在事中”，注重实际，倡导亲身习行践履，认为“不行不可谓真知”，但又说“知固在行先”。认为“以天下之农，分天下之田”就能使“四民上下之食皆足”，主张“贵布粟，贱淫技，抑商贾”。著有《小学稽业》《大学辨业》《圣经学规纂》《学礼录》《学乐录》《田赋考辨》《周易传注》《论语传注》《恕谷后集》等，均收入《恕谷文集》。

【李光地】（1642—1718）清朝大臣、理学家。字晋卿，号厚庵，晚年号榕村老人，福建安溪人。康熙九年（1670）进士，十一年授翰林院编修。官至吏部尚书、文渊阁大学士等。是清廷尊朱（熹）的有力推动者，参与主持编写《朱子全书》《性理精义》《周易折中》等。为学重在由虚返实，提出自己为学的三大纲领：“一曰存实心，二曰明实理，三曰行实事”。著有《周易通论》《尚书解义》《古乐经传》《中庸章段》《读论语札记》《读孟子札记》《朱子礼纂》《榕村全集》等。

【李龟年】唐代著名乐工。善于歌唱作曲，和兄弟李彭年、李鹤年创作的《渭川曲》特别受到唐玄宗的赏识。安史之乱后，流落江南，每逢良辰美景，就为人歌唱数曲，听者莫不感动落泪。

【李贺】（790—816）唐代诗人。字长吉，河南福昌（今河南宜阳西）人。唐皇室远支，因避家讳，被迫不得应进士科考。长于乐府，多表现政治上不得意的悲愤，对宦官专权、藩镇割据的现实也有所揭露、讽刺。又因多病早衰，生活困顿，对世事沧桑、生死荣枯，感触尤多。善于运用神话传说，创造出新奇瑰丽的诗境，独树一帜。世称“诗鬼”。因长期抑郁感伤，于27岁去世。有《昌谷集》。

【李鸿章】（1823—1901）晚清大臣，洋务运动和淮军首领。字子黻（fú）、渐甫，号少荃，安徽合肥人。道光进士。1853年起，参与并主持镇压太平军、捻军。1870年任直隶总督兼北洋大臣，掌管清朝外交、军事、经济大权。1895年因甲午战败卸总督任。19世纪60年代起，创办近代军事工业，兴办洋务事业，创建北洋海军。代表清廷与列强先后签订了《烟台条约》《中法新约》《马关条约》《中俄密约》《辛丑条约》。与曾国藩、左宗棠、张之洞并称“晚清四大名臣”。今辑有《李文忠公全集》。

【李靖】（571—649）隋末唐初军事家。字药师，京兆三原（今陕西三原北）人。隋末任马邑郡丞。曾问道于隋代大儒王通，王通认为“靖也惠而断”。后归顺李唐，战功显赫。太宗时任兵部尚书、尚书右仆射等职，封卫国公。著有《李卫公兵法》，原书不存，《通典》中存有部分内容。

【李悝（kuī）】（前455—前395）战国法家的先驱。魏国人。任魏文侯相，主持变法。经济上推行“尽地力之教”和“平籴”的政策，鼓励农民精耕细作，增加产量；注意平抑粮价，以防灾荒。政治上实行法治，废除维护贵族特权的世卿世禄制度，奖励有功于国家的人，使魏国成为战国初期强国之一。他汇集当时各国法律编成《法经》，是我国古代第一部比较完整的法典。其“重农”与“法治”结合的思想对商鞅、韩非影响极大。

【李隆基】见267页“唐玄宗”。

【李梦阳】（1473—1530）明代文学家。字献吉，庆阳（今属甘肃）人。任户部郎中等职时，因触怒权贵、宦官，几度入狱。晚年受宁王谋反案牵连，削籍。诗文标榜复古，创作强调真情，重视格调，肯定“真诗乃在民间”。诗文主张学习汉魏盛唐。为“前七子”之首，又与何景明等人号称“十才子”。著有《空同集》。

【李牧】（？—前229）战国末期赵国大将。长期防守赵国北部边界，甚得军心，曾先后击败东胡、林胡、匈奴。赵王迁三年（前233），率军御秦，在肥（今河北藁城西南）大败秦军，因功封武安君。后赵王中秦反间计，将李牧杀害。

【李攀龙】（1514—1570）明代文学家。

字于鳞，号沧溟。历城（今山东济南）人。他继前七子（明弘治、正德年间的李梦阳、何景明、徐祯卿、边贡、康海、王九思和王廷相七人）之后倡导文学复古运动，为后七子（李攀龙、王世贞、谢榛、宗臣、梁有誉、徐中行和吴国伦）的领袖人物，影响及于清初。

【李清照】（1084—约 1151）北宋女词人。号易安居士。济南章丘（今属山东）人。父李格非为当时著名学者，夫赵明诚为金石考据家。早期生活优裕，与夫共同致力于金石书画的搜集整理。金兵入中原后，流寓南方。其夫病逝后，境遇孤苦。其作品，后期多慨叹身世，情调感伤，词风转为哀怨凄苦。善用白描手法，语言清丽。有《易安居士文集》《易安词》，已佚。后人辑有《漱玉词》。今人王仲闻有《李清照集校注》。

【李汝珍】（约 1763—约 1830）清代著名小说家，字松石，直隶大兴（今属北京）人。博学多才，精通文学、音韵、围棋等，著有《李氏音鉴》《受子谱》等，其最著名的作品是《镜花缘》。

【李商隐】（约 813—约 858）晚唐诗人。字义山，号玉谿生。怀州河内（今河南沁阳）人。开成进士，曾任秘书省校书郎、东川节度使判官等职。擅长律、绝，富于文采，构思精密，情致婉曲，然用典过多，失之隐晦。与杜牧并称“小李杜”，又与温庭筠并称“温李”。有《李义山诗集》，已佚。后人辑有《樊南文集》《樊南文集补编》。

【李时珍】（1518—1593）明代医药学家。字东璧，号濒湖。蕲州（今湖北蕲春）人。世代行医，继承家学，致力于药物和脉学研究，重视临床实践与革新。参考历代有关医药及其学术书籍八百余种，结合自身经验和调查研究，历时 27 年编成《本草纲目》一书，对药物学发展作出了巨大贡献，是我国古代药物学的总结性巨著。著有《濒湖脉学》《七经八脉考》流传于世。

【李世民】见 267 页“唐太宗”。

【李斯】（？—前 208）秦代政治家。字通古，楚国上蔡（今属河南）人。初为郡小吏，后从荀子学儒习法。前 237 年入秦，初为吕不韦舍人，后被任为客卿。秦王下令驱逐六国客卿，他上书《谏逐客书》谏阻，被秦王采纳。秦统一天下后，被任为丞相，主张废分封制，定郡县制，行禁书令，统一文字。后为赵高陷害，被腰斩于咸阳。工书法，传说泰山、琅琊等处刻石均为其所书。著有《仓颉（jié）篇》，已佚。

【李延年】（？—约前 87）西汉音乐家。中山（今河北定州）人。乐工世家出身，善歌且善创新声。武帝时，在乐府中任协律都尉。为《郊祀歌》十九章配乐，又仿西域的《摩诃（hē）兜勒》曲，作《新声二十八解》，用于军中，称“横吹曲”。

【李颙（yóng）】（1627—1705）明清之际哲学家。字中孚，号二曲。陕西盩厔（zhōuzhì，今周至）人，学者尊为“二曲先生”。早年家贫，刻苦自学，遍读经史诸子及释道之书。讲学江南，弟子

L

甚众。屡拒清廷征召。以耕读授徒终老。与孙奇逢、黄宗羲并称三大儒。为学虽以陆（九渊）王（守仁）为宗，但并不排斥程（程颐、程颢）朱（熹）之学。强调“道不虚谈，学贵实效”和“为学贵在有悔”，由悔过自新达于救世济时。著有《悔过自新说》《四书反身录》《盩厔答问》《司牧宝鉴》《匡时要务》等，后收入《二曲集》。

【李渔】（1611—1680）明末清初文学家、戏曲家。字笠鸿、谪凡，号笠翁。浙江金华兰溪人。明末中过秀才，入清绝意仕途，从事著述和指导戏剧演出，时人誉称为“李十郎”。后迁居金陵（今南京）以所居“芥子园”开设书铺，编刻图籍。工诗文，尤以戏曲、小说名世。有诗文集《笠翁一家言全集》，戏曲集《笠翁十种曲》，小说集《十二楼》《无声戏》等。另有杂著《闲情偶寄》，其中《词曲部》和《演习部》专论戏曲创作和演出，为古典戏曲理论的重要文献。后人刊为《李笠翁曲话》行世。今人辑有《李渔全集》。

【李煜】（937—978）五代著名词人。字重光，号钟隐、钟峰白莲居士。徐州（今属江苏）人。南唐最后一位国君，史称李后主。艺术才华非凡，书法、绘画、音律、诗文均有一定造诣，尤以词的成就最高，善以白描抒情，情感真切，被誉为“千古词帝”。词作《虞美人·春花秋月何时了》《相见欢·独上西楼》等广为流传。后人把他及其父李璟的词，合刊为《南唐二主词》。

【李渊】（566—635）即唐高祖。字叔德，陇西狄道（今甘肃临洮）人。出身于北周贵族家庭，七岁袭封唐国公。乘隋末天下大乱之机起兵太原，攻占长安。义宁二年（618），李渊接受隋恭帝的禅让称帝，建立唐朝，定都长安。武德九年（626）玄武门之变后，禅位于儿子李世民，退位为太上皇。

【李贽】（1527—1602）明代思想家、文学家。号卓吾，又号宏甫，别号温陵居士、百泉居士。泉州晋江（今属福建）人。回族。历任国子监博士、云南姚安知府，后弃官讲学。晚年被诬下狱，自刎而死。他批判重农抑商，倡导功利价值，符合明中后期资本主义萌芽的发展要求。在文学方面，反对复古摹拟，主张创作必须抒发己见，并重视小说戏曲在文学上的地位。曾评点《水浒传》。著有《焚书》《续焚书》《藏书》《续藏书》等。

【李自成】（1606—1645）明末农民起义领袖。号称闯王。陕西米脂双泉里人。贫苦农民出身。作战勇猛有胆略。针对当时中原灾荒严重、阶级矛盾尖锐的现状，提出“均田免赋”的口号，深受欢迎。时有“迎闯王，不纳粮”的歌谣。经十年苦战，部队发展到百万之众，连战皆捷。1643年攻占西安，次年建立大顺政权，攻克北京，推翻明王朝。因滋生骄傲情绪，丧失警惕，在明将吴三桂勾引清军的攻击下，退出北京，兵败南下，1645年在湖北九宫山被杀害。

【里仁为美】《论语·里仁》：“里（居住）仁为美，择不处（chǔ）仁，焉得知（通

"智"，聪明）？"孔子说居住在有仁德的地方才是好的。选择住处时不考虑有没有仁德，怎么能是聪明呢？指在面临选择时，把符合不符合仁德的原则放在首位。

【理国要道，在于公平正直】语出唐代吴兢《贞观政要·论公平》。治理国家最重要的，在于政令、措施等的公平正直。

【理学】宋元明清时期的儒家哲学思想。宋儒以阐释义理为主，故称"理学"。北宋时期周敦颐、邵雍、张载、程颢、程颐等主张回归孔孟道统，提出"天道""天理"等概念，至南宋朱熹建立起完备的理学体系，后世取二程（程颢、程颐）和朱熹为代表，称为"程朱理学"，认为"理"先天地而存在，是宇宙的根本，具有永恒的至高无上的地位，提出"存天理，灭人欲"的观点。在本体论上属于客观唯心主义范畴。到明代王守仁在南宋陆九渊"宇宙便是吾心"的基础上，发展为"心学"，认为"心外无物""心外无理"，提出"明本心""致良知"的观点。在本体论上属于主观唯心主义范畴。至明末清初经黄宗羲、顾炎武、王夫之及后来的颜元、戴震的批判，理学趋于没落。也说道学、宋明理学。

【力行】《中庸》第二十章："力行近乎仁。"意思是努力行善，就接近仁爱了。儒家道德修养的重要方法。泛指努力从事，尽力去做。

【历代名画记】我国第一部绘画通史著作。唐代张彦远著。全书10卷，可分3部分：绘画历史发展评述与绘画理论、绘画鉴识与收藏、370余名画家传记。在中国绘画史中，具有承先启后的意义。

【历代诗话】诗话丛书。清代何文焕辑。共收诗话27种，包括南朝梁钟嵘《诗品》、北宋欧阳修《六一诗话》、南宋严羽《沧浪诗话》等。

【历法】为记录和计算较长的时间序列，安排年、月、日、时等计时单位时所依据的法则。一般分为三类：阳历（以地球绕太阳一周的时间为一年）、阴历（以月亮的月相周期为一个月，十二个月为一年）和阴阳历（如我国的农历）。参见196页"农历"。

【历览前贤国与家，成由勤俭破由奢】语出唐代李商隐《咏史》诗。意思是纵览历史，贤明的国家成功来自勤俭节约，而奢侈浪费最终会导致国破家亡。

【历史演义小说】我国古代小说的重要形式之一。由宋代的讲史话本发展而来，故事内容侧重于朝代兴亡和政治军事斗争，有的取材正史而作不同程度的虚构，有的取材野史传说。如《三国演义》《秦汉演义》《隋唐演义》等。

【历书】根据一定历法安排年、月、日并提供有关数据的书。现今我国使用的历书一般包括公历和农历的日序、月序、干支、星期、节气、日月食、纪念日等。

【立德】指树立德业。《左传·襄公二十四年》："太上（最高）有立德，其次有立功，其次有立言，虽久不废，此之谓不朽。”

【立功】建立功勋。参见159页“立德”。

【立身处世】立身：处世和做人；处世：在社会上活动，与人往来相处。指做人和在社会上待人接物的种种活动。东晋·无名氏《沙弥十戒法并威仪序》：“夫乾坤覆载，以人为贵；立身处世，以礼仪为本。”也说立身行事。

【立身行事】立身处世。

【立言】❶著书立说。如：学者立言、立言明道。参见159页“立德”。❷泛指写文章。南朝梁·刘勰（xié）《文心雕龙·章句》：“夫人之立言，因字而生句，积句而成章，积章而成篇。”

【立志】❶树立志向。如无志之人常立志，有志之人立长志。❷指坚强独立的意志。《孟子·万章下》：“故闻伯夷（商末孤竹君之长子，孤竹君死后，不接受其弟叔齐让位，叔齐也不肯承继王位，后二人都逃到周文王那里，共同劝阻武王伐纣。商灭后，二人因不食周粟而死）之风者，顽夫廉，懦夫有立志。”

【励精图治】励精：振奋精神。振奋精神，想方设法把国家治理好。元·马致远《青衫泪》楔子：“励精图治在勤民，宿弊（积弊）都将一洗新。”也说励精求治。

【利玛窦】（1552—1610）天主教耶稣会传教士。字西泰。意大利人。万历十年（1582）奉派来中国。初在广东肇庆传教。后任在华耶稣会会长。二十九年（1601）到北京，进呈自鸣钟和《坤舆万国全图》等，并与士大夫交往。主张将孔孟之道和宗法敬祖思想同天主教相融合。研读四书五经，并作拉丁文注释。也向中国介绍一些西方的自然科学知识。著译有《几何原本》（与徐光启合译）、《天学实义》等。

【利民之事，丝发必兴】清·万斯大《周官辨非》：“圣人之治天下，利民之事，丝发必兴；厉民之事，毫末必去。”意思是凡是对老百姓有利的事，一丝一发也要推行；而对老百姓有害的事，一毫一末也必须革除。

【利莫大于治，害莫大于乱】语出《管子·正世》。没有比社会安定更大的利益，没有比社会混乱更大的危害。指出社会稳定是最大的利益，社会动乱是最大的祸害，必须维护社会安定。

【隶书】❶字体名。由小篆简化演变而成的一种字体。把小篆圆转的笔画变成方折，把象形结构笔画化，以便书写。始于秦代，普遍使用于汉魏。是汉字演进史上的一个转折点。❷正书（楷书）的古称。正书由隶书演变而成，故唐以前仍把正书沿称为隶书。为与汉魏时代所用的隶书相区别，又称正书为“今隶”。

【郦道元】（469/472—527）北魏地理学家、散文家。字善长，范阳涿县（今河北涿州）人。因《水经》过于简略，决定为《水经》作注。亲自到野外考察，足迹踏遍长城以南、秦岭以东的中原大地，积累了大量的实践经验和地理资料，又参考许多古代史地著述，终于写成名垂青史的《水经注》。不仅开创了我国古代“写实地理学”的历史，而且在世界地理学发展史上也占有重要的地位，被称为中世纪最伟大的世界级地理学家。参见249页“水经注”。

【郦食其（lìyìjī）**】**（？—前203）秦末陈留高阳乡（今河南杞县）人。本为里监门。刘邦起义军至高阳时，自称“高阳酒徒”求见，献计取陈留，封广野君。楚汉战争中，说（shuì）齐王田广归汉，然因韩信袭齐，齐王以为被出卖，将其烹死。

【连中三元】三元：科举考试中解元、会元、状元的合称。接连在乡试、会试、殿试中获得第一名。今指连续在三次考试或比赛中获得第一名。

【怜贫惜老】同情爱护贫苦年老的人。《红楼梦》第四十二回：“刘姥姥说：‘难得老太太和姑奶奶并那些小姐们，连各房里的姑娘们，都这样怜贫惜老照看我。’”

【莲花生】印度僧人。俗名“白麦迥乃”。8世纪印度乌仗那（今巴基斯坦境内）地方人。出家后学印度佛教密宗，并于8世纪后半期把该宗传入西藏，成为西藏密宗“宁玛派”（俗称“红教”）的开山祖师。藏传佛教尊称他为洛本仁波且（轨范师宝）、古如仁波且（师尊宝）。也称乌金大士。

【莲宗】我国佛教宗派之一。以东晋慧远为初祖，因慧远于庐山东林寺创建白莲社，倡导“弥陀净土法门”，故称。实际创宗者为唐代善导。因专念“阿弥陀佛”名号，以期“往生”西方“净土”（极乐世界），修行方法简便易行，中唐以后曾广泛流行。也称净土宗。

【联句】旧时作诗方式之一。由两人或多人共作一诗，相连成篇。初无定式，有一人一句一韵、两句一韵乃至两句以上者，依次而下。后来习用一人出上句，续者须对成一联，再出上句，轮流相继。此外也有用杂言及一至九字诗形式写成的联句。多用于饮宴应酬。

【廉耻】廉洁的节操和知耻的感觉。《荀子·修身》：“偷儒（苟且懒惰）惮事（怕事），无廉耻而嗜乎饮食，则可谓恶少者矣。”

【廉洁】廉正清白。《楚辞·招魂》：“朕（我）幼清以廉（不受贿）洁（不贪污）兮。”

【廉明】廉洁清明。清·蒲松龄《聊斋志异·梦狼》：“邹平李进士匡九，居官颇廉明。”

【廉颇】战国末期赵国的名将，与白起、王翦、李牧并称“战国四大名将”。作为赵国的军事领袖，为赵国的崛起与成为战国七雄之一立下赫赫战功。赵惠文王时，他居功自傲，曾一度看不起上卿蔺相如，后被蔺相如的宽阔胸怀所感动，幡然醒悟而“负荆请罪”，传为美谈。晚年赋闲，赵王派出使者考察。使者谎称他“一饭三遗矢”（吃一顿饭多次上厕所）。赵王未加重用。后前往楚国为将，并无功绩。去世后葬于寿春（今安徽寿县）。

【廉正】廉明清正。《史记·循吏列传》：“石奢者，楚昭王相也。坚直廉正，无

L

所阿避。”

【良】善良。子贡称颂孔子“温、良、恭、俭、让”。(《论语·学而》)孔子有温和、善良、恭敬、节俭、谦逊五种美德。这五种美德已逐步成为我国人民的传统美德，值得进一步发扬光大。

【良弓难张，良马难乘】《墨子·亲士》：“良弓难张，然可以及高入深；良马难乘，然可以任重致远。”意思是好弓很难拉开，但射得高远，入靶很深；好马很难驾驭，但可以驮很重的东西，走很远的路。揭示了珍惜有才能的人的道理。

【良善】❶善良。《百喻经·为熊所啮喻》：“世间愚人……而滥害良善有德之人。”❷指善良的人。如诛罚良善。

【良师益友】对自己有教益的老师和朋友。清·李渔《比目鱼·耳热》：“要学太史公读书之法，借名山大川做良师益友，使笔底无局促之形，胸中有灏（浩大）瀚之气。”

【良心】❶天赋的善良、仁义之心。孟子认为人人都生来就有一个作为道德判断主体的良心——“不忍人之心”，把握它、培养它，它就存在；放失它、舍弃它，它就消失。缺失良心，离禽兽也就不远了。(《孟子·告子上》)❷泛指善良的心地。主要表现在对自己行为的是非、善恶的自我反思和祛恶向善。

【良药苦口】好的药不好吃。比喻劝诫的话听起来虽然难受，却很有益处。《韩非子·外储说左上》：“夫良药苦于口，而智者劝而饮之，知其入而已（消除，治愈）己疾也。”

【良知】❶儒家指天赋的道德善性和认知能力。《孟子·尽心上》：“所不虑（思考，考虑）而知者，其良知也。”❷知己；好友。南朝宋·谢灵运《游南亭》诗：“我志谁与亮（显露）？赏心惟良知。”❸良心。如毫无良知。

【良渚（zhǔ）文化】我国新石器时代长江流域的一种文化。1936年首次发现于浙江余杭（今杭州市余杭区）良渚镇，故名。年代约为前3300—前2200年。农耕业已进入犁耕稻作时代。手工业进一步发展，其竹编、丝织、木作工艺已很发达。玉制品达到了原始制玉的最高水平。贵族大墓与平民小墓的分野显示出社会分化的加剧。刻画在出土器物上的“原始文字”被认为是中国成熟文字的前奏。最具代表性遗物是造型规整、表面光亮的漆黑色陶器，常见的有壶、豆、盘、簋等。良渚遗址已被列入《世界文化遗产名录》。

【梁辰鱼】（1519—1591）明代戏曲家。字伯龙，号少白、仇池外史。昆山（今属江苏）人。熟悉戏曲音律。首创利用昆腔来演唱戏曲。晚年创作了以昆腔演唱的传奇《浣纱记》，对昆腔的发展和传播有相当影响。著有杂剧《红线女》和散曲集《江东白苎》等。

【梁红玉】（1102—1135）南宋女将。韩世忠之妻。原籍安徽池州。建炎三年（1129）曾一夜奔驰数百里召韩世忠平定叛乱，被封为安国夫人。建炎四年（1130）协助韩世忠指挥作战，亲自击鼓助威，将入侵的金军阻击在长江南岸达48天之久。绍兴五年（1135）随夫出镇楚州。韩世忠、梁红玉去世后，宋孝宗令树碑立祠纪念。夫妇合葬于苏州灵岩山下。

【梁鸿】东汉诗人。字伯鸾，扶风平陵（今陕西咸阳）人。东汉初，曾入太学受业。学毕，在上林苑放猪。后归平陵，娶孟氏女子，有德无容，取名孟光。与妻隐居霸陵山中，耕织为业。章帝时经过洛阳，见宫室侈丽，作《五噫歌》讽世，为朝廷所忌，遂改姓名，东逃齐鲁。著书十余篇，今不传。

【梁启超】（1873—1929）近代维新派领袖、政治家、思想家、杰出学者。字卓如，号任公，又号饮冰室主人。广东新会人。康有为的学生。师生二人于清末同倡变法维新，人称“康梁”。戊戌变法失败后，亡命日本。辛亥革命后，以立宪党为基础组成进步党，出任袁世凯政府司法总长。1916年策动蔡锷反袁，又与段祺瑞合作，出任财政总长。早期在政治上主张君主立宪，坚守儒家传统。辛亥前后，接受共和。五四时期，反对“打倒孔家店”的口号。晚年专以著述讲学为务，著述涉及政治、经济、哲学、历史、语言、宗教及文化艺术、文字音韵等。笔锋锐利，融贯中西，在清末民初的思想界文化界有重要影响。是清华国学研究院四大导师之一。1929年逝世，葬于北京西山植物园。著有《饮冰室文集》等。今有《梁启超全集》。

【梁丘贺】西汉今文易学“梁丘学”的开创者。字长翁，琅琊郡（今山东诸城西南）人。从大中大夫京房处学得《易经》精髓，后又与施雠、孟喜一起，向田何的再传弟子田王孙学习《易经》。历任大中大夫、给事中、少府。宣帝时被立为博士。其著作仅存清代马国翰《玉函山房辑佚书》中，辑有《周易梁丘氏章句》一卷。

【梁山伯与祝英台】戏曲传统剧目。取材于民间传说。故事梗概是祝英台女扮男装与梁山伯同窗共读三年，感情深厚。祝回家前，向梁托言为妹做媒，嘱其早日至祝家迎娶。后祝父将英台另许马家，英台抗婚不从。两人先后殉情而死，化作一对蝴蝶。不少剧种都有此剧目。明代曾有同一题材的传奇《同窗记》。也称双蝴蝶。

【梁武帝】（464—549）即萧衍，南北朝时期梁朝政权的建立者。502—549年在位。字叔达，南兰陵（今江苏常州西北）人。曾任南朝齐雍州刺史，乘齐内乱夺取帝位。重用士族，大兴佛教，曾多次舍身同泰寺。549年，在内乱中因困厄而死。长于文学，精音律，善书法。明人辑有《梁武帝御制集》。

【两袖清风】除了两袖筒清风之外，别的什么也没有。比喻居官清廉。古时衣袖宽大，可放银两或其他物品。官吏清廉，不受贿，袖内无银两，只有“清风”而已。明·于谦《入京》诗：“清风两袖朝天去，免得闾阎话短长。”

【辽】朝代名。契丹人耶律阿保机所建。初名契丹，947年改国号为辽。其疆域东至日本海，东北包括渤海国旧地直到黑龙江口，西北到今蒙古国中部，南以今天津海河、河北霸州、山西雁门关一线与北宋为界。与北宋、西夏鼎立。是统治中国北部的一个王朝。1125 年为金所灭。

【列仙传】书名。旧题西汉刘向撰，宋以后学者多疑为汉、魏间文士伪托。记录赤松子等神仙故事，共 70 则。此书开神仙传说专著的先河，是道教神仙信仰的重要典籍，对研究神话传说和道教发展史有重要价值。

【列御寇】见 164 页“列子”①。

【列子】❶ 列御寇的尊称。战国时郑国人。学术思想接近黄老，属道家。唐天宝元年（742），被尊封为“冲虚真人”。也作圄（yǔ）寇、圉（yǔ）寇。❷ 书名。列御寇（列子）著。原本《列子》不存，今本八篇，可能系晋人作品。内容多为民间故事、寓言和神话传说，其思想大致与老、庄同，又多与佛经相参合。为道教的经典之一。也称《冲虚真经》。

【烈火见真金】在烈火中才能够鉴别出哪是真金。比喻在严酷的考验中才能显现出真假。参见 115 页“疾风劲草”。

【烈士】❶ 指有志于建立功业的人。西汉·贾谊《鹏（fú）鸟赋》：“贪夫殉（为某种目的而死）财兮，烈士殉名。”东汉·曹操《步出夏门行》：“老骥伏枥，志在千里；烈士暮年，壮心不已。”❷ 今指为正义事业壮烈牺牲的人。如：烈士遗孤、革命烈士。

【林慎思】晚唐学者。字虔中，自号伸蒙子。长乐（今属福建）人。咸通十年（869）进士。曾任水部郎中等职。中试前撰有《续孟子》《伸蒙子》二书，寄托其复兴儒学、兴邦经国之志。

【林纾（shū）】（1852—1924）清末民初文学家、翻译家。字琴南，号畏庐，福建闽县（今福州）人。光绪举人。以授业、著述、绘画为业。曾参加维新变法，后以遗老自居，反对新文化运动。以译著名世。不识西文，只依别人口述，用古文翻译欧美小说 170 余种。文笔典雅流畅。以《巴黎茶花女遗事》《黑奴吁天录》《伊索寓言》等最为著名。另著有《畏庐文集》《畏庐诗存》及小说《金陵秋》、传奇《蜀鹃啼》等。

【林则徐】（1785—1850）清末政治家。字少穆、元抚。福建侯官（今福州）人。嘉庆进士。道光十八年（1838）冬受命为钦差大臣，前往广东查禁鸦片。次年 3 月到广州，责令英、美鸦片商人缴出鸦片 118 吨，在虎门海滩当众销毁。1840 年任两广总督。第一次鸦片战争爆发前后，由于在外交路线和应对策略上与朝廷存有分歧，被革职充军新疆。后又被起用为陕西巡抚，不久被擢升为云贵总督，其后因病辞职回籍。1849 年再次受任为钦差大臣，前往广西与太平天国武装作战，翌年病逝于广东普宁。有《林文忠公政书》等，今辑为《林则徐集》。

【临川四梦】明代戏曲作家汤显祖《紫钗记》《牡丹亭》《南柯记》《邯郸记》四剧的合称。因汤显祖是临川人，四剧都用梦境穿插，故称。又因他的书斋名玉茗堂，故又称玉茗堂四梦。参见 266 页“汤显祖”。

【临之以庄】指以庄重严肃的态度对待百姓。《论语·为政》:“季康子(鲁国正卿)问:‘使民敬、忠以劝(勤勉,努力),如之何?’子曰:‘临之以庄则敬;孝慈则忠,举善而教不能则劝。’”季康子问,要使百姓恭敬、忠诚而努力,应怎么做?孔子说,你用庄重严肃的态度对待他们,他们就对你尊敬;你孝顺长辈,又爱民如子,他们就会对你忠诚;你任用善人,并教导、帮助能力差的人,他们就会勤奋努力。

【麟凤龟龙】《礼记·礼运》:“麟(麒麟,传说中的灵兽)凤(凤凰,传说中的百鸟之王)龟(传说中的神龟)龙(传说中的神异动物),谓之四灵。”传说中这四种动物均象征吉祥、高贵、长寿。今用来比喻品德高尚或杰出的人物,也用来比喻珍稀物品。

【蔺相如】战国时赵国上卿(相当于宰相)。赵惠文王得“和氏璧”,秦昭王谎称愿以十五城交换。他奉命携璧入秦,当廷力争,坚持先割城再交璧,终于完璧归赵。赵惠文王二十年(前279),随赵王到渑池(今河南渑池西)与秦王相会,以其忠勇智慧,使赵王免受屈辱,因功任为上卿。

【灵宝天尊】道教三清尊神之一。全称“上清灵宝天尊”。居天界“上清”仙境,与元始天尊、道德天尊并称为三洞教主。道教宫观多有供奉,其塑像居左位,手抱一图,象征阴阳初判之“混元”世纪。也称太上道君。参见227页“三清”。

【灵枢】书名。又名《灵枢经》,为《内经》的一部分。书中论述了经络、腧穴的分布,脏腑的生理、病机,营、卫、气、血的运行,针刺手法的运用等,是我国现存最早的对针灸论述较多的医学经典著作。也称《针经》。参见107页“黄帝内经”。

【灵塔】供奉佛教高僧法体或骨灰的宝塔。唐·丘丹《萧山祇(qí)园寺》诗:“灵塔多年古,高僧苦行频。”

【灵童】❶藏传佛教活佛圆寂后,通过占卜等仪式认定的前世活佛的转世继承人。❷仙童。如护法灵童。❸受过十戒的沙弥。

【灵隐寺】我国佛教寺院。位于浙江杭州西湖灵隐山麓。东晋咸和元年(326)印度沙门慧理至此,面山建寺,名曰灵隐。该寺自创建以来,历1600余年,曾十四度遭毁,今日所见为近世重建。大雄宝殿前面两座八角九层石塔、天王殿前两座石经幢,皆五代吴越国时的建筑。寺前飞来峰崖壁及石洞内外有五代及宋、元时期的石刻佛像380余尊,其中以元代造像最多。

【凌濛初】(1580—1644)明代文学家、戏曲家。字玄房,号初成,别号即空观主人。乌程(今浙江湖州)人。官至徐州通判。早年工诗文,后致力于小说、戏曲创作,尤以短篇小说集“二拍”(《初刻拍案惊奇》《二刻拍案惊奇》)闻名于世,后人多以之与“三言”并举。又撰杂剧九种、传奇三种,今存杂剧《虬髯客正本扶余国》《识英雄红拂莽择配》《宋公明闹元宵》三种。另著有《谭曲杂札》，编有《南音三籁》等。

【**凌廷堪**】（1755—1809）清代经学家、音韵学家。字次仲，安徽歙（shè）县人。六岁而孤，弱冠之年方始读书。曾任安徽宁国（今宣城）教授，主讲紫阳、敬亭书院，迄于终老。为学推崇江永、戴震，重考据，研究《礼经》用力最勤，著《礼经释例》。批评宋明理学离礼空论性道，主张以礼制欲，礼为回归本性之道。潜心《乐经》，著《燕乐考源》。另著有《校礼堂文集》《元遗山年谱》等。

【**羚羊挂角**】佛教用语。南宋·普济《五灯会元·雪峰义存禅师》："我若东道西道，汝则寻言逐句；我若羚羊挂角，汝向甚么处扪摸？"指大悟之人泯绝迷执的踪迹，犹如羚羊睡眠时，角挂树枝，脚不触地，完全不留痕迹。后用"羚羊挂角"比喻没踪迹、无挂碍的境界。

【**令行禁止**】语出《管子·立政》。命令做的就立即执行，禁止做的就马上停止。指严格执行法令。

【**刘安**】（前179—前122）西汉思想家、文学家。刘邦之孙，世袭为淮南王。好读书，善文辞，才思敏捷。主持编写《淮南子》。其内容以法家的自然天道观为中心，综合先秦道、法、阴阳等各家思想，主张"无为而治"，提出"苟利于民，不必泥古"的观点，属杂家。后以谋反事发自杀。

【**刘邦**】（前256—前195）西汉王朝的建立者，前202—前195年在位。字季，沛县（今属江苏）人。前209年起兵响应陈涉起义，称沛公。前206年攻占咸阳，约法三章，推翻秦王朝。随后与项羽展开长达5年的战争，前202年战胜项羽，即皇帝位，定都长安（今陕西西安）。实行中央集权制，注重发展农业生产。死后，尊为高皇帝。

【**刘备**】（161—223）三国时期蜀汉的建立者。字玄德，涿郡涿县（今河北涿州）人。东汉皇族后代。早年颠沛流离，投靠过多个诸侯，也曾参与镇压黄巾起义。后与孙权联盟击败曹操，趁势夺取荆州，进而取益州。221年，在成都称帝，建立蜀汉政权，与魏、吴形成三足鼎立之势。222年，在伐吴的夷陵之战中大败，223年病逝于白帝城。

【**刘大櫆**（kuí）】（1698—1779）清代散文家。字才甫，又字耕南，号海峰，安徽桐城人。师承方苞，下传姚鼐，承上启下。桐城派三祖之一。为文强调"义理、书卷、经济"，要求文章"神气""音节""字句"协调统一，开姚鼐等论学主"义理、考据、辞章"三者统一之先河。所作古文雄肆醇正，亦工诗，师法唐人而自成一体。著有《海峰先生文集》《海峰先生诗集》《论文偶记》，编《古文约选》《历朝诗约选》，纂修《歙（shè）县志》等。

【**刘鹗**】（1857—1909）清末小说家。字铁云，号老残，别署"洪都百炼生"。江苏丹徒（今镇江市）人。官候补知府，旋弃官经商。对数学、医学、水利、金石文字等都有研究。后以私售仓粟罪充军新疆，后病死。著有《老残游记》，被称为晚清四大谴责小说之一。亦能诗，著有《铁云诗存》。喜收藏金石甲骨，编有《铁云藏龟》《铁云藏印》等书。前者是甲骨文出土后第一部著录甲骨文字的书，在甲骨学史上占有重要地位。

【刘逢禄】（1776—1829）清代经学家，常州学派奠基人之一。字申受，号申甫，别号思误居士，江苏常州人。少从学外公庄存与及舅庄述祖。为学务通大义，不专辞章。治经尊《春秋》，把《春秋》作为治五经的钥匙。《春秋》三传尤重《公羊》，撰《春秋公羊经何氏释例》《公羊春秋何氏解诂笺》，以何休《公羊解诂笺》为主，创通条例，发挥今文"微言"。认为《左传》是史书，主张把《左传》与《春秋》分开，认为两书"离之则双美，合之则两伤"。另著有《左氏春秋考证》《论语述何》《刘礼部集》等

【刘海戏蟾】民间传说。少年刘海上山打柴，看见路旁一只三足蟾蜍受伤，便为之包扎伤口。后来蟾变成了美丽的姑娘与刘海成婚生子，妻子能口吐金钱和元宝。此故事遂成为吉祥、旺财的象征。民间多用于年画、剪纸、枕套被罩等工艺品中。一说"刘海戏蟾"由刘海蟾演绎而来。刘海蟾实有其人，号海蟾子，是五代时的道士，全真道北五祖之一。

【刘徽】魏晋时期的数学家，我国传统数学理论的奠基者。他思维敏捷，方法灵活，主张用逻辑推理的方式来论证数学命题。为数学刻苦探求一生，著有《九章算术注》《海岛算经》，是我国宝贵的数学遗产。

【刘基】（1311—1375）明初大臣，思想家、军事家、政治家、文学家。字伯温，浙江青田人。元末进士。曾著《郁离子》揭露元末暴政。1360 年起，为朱元璋出谋划策，参赞军机。辅佐朱元璋完成帝业，并尽力维持国家的安定，以神机妙算、运筹帷幄著称于世，被后人比作张良、诸葛亮。明初任御史中丞兼太史令，封诚意伯。后被权相胡惟庸所害。武宗正德九年（1514）追赠太师，谥号文成。善文章，与宋濂、高启并称"明初诗文三大家"。著有《诚意伯刘文成公文集》。

【刘劭】三国时魏国学者。字孔才，广平邯郸（今河北邯郸）人。官至散骑常侍，正始中执经讲学，赐爵关内侯。在《人物志》一书中对评论人物才性的原则和标准进行了比较广泛且深入的研究，提出一些颇有价值的观点。其著作多亡佚，今仅见《人物志》《赵都赋》《上都官考课疏》（收入《全三国文》）。

【刘向】（约前 79/ 前 77—前 6）西汉经学家、目录学家、文学家。本名更生，字子政，沛（今江苏沛县）人。精研《春秋穀梁传》及《左氏传》。曾任谏大夫、中郎、中垒校尉等。屡次上书弹劾宦官、外戚专权。曾校阅群书，撰为《别录》，为我国目录学之祖。另编有《楚辞》。所作辞赋三十三篇，今唯存《九叹》为完篇。明人辑有《刘中垒集》。著有《洪范五行传论》《新序》《说苑》《列女传》等。《五经通义》已

佚，清代马国翰《玉函山房辑佚书》中，辑存一卷。

【刘勰（xié）】（约465—约520）南朝齐梁之际文学理论批评家。字彦和。东莞郡莒县（今属山东）人。世居京口（今江苏镇江）。家贫好学，终身不娶，精通佛教经论。梁武帝时，历任东宫通事舍人等职，深为萧统（昭明太子）所重。晚年出家为僧，改名慧地。南朝齐末年，历时五年，写成《文心雕龙》50篇，是我国古代文学理论名著。

【刘歆（xīn）】（？—23）西汉末经学家、目录学家、天文学家。刘向之子。字子骏，后改名秀，字颖叔。沛（今江苏沛县）人。曾任黄门郎，继父职任中垒校尉。继父业，总校群书，撰成我国历史上第一部图书分类目录《七略》。王莽执政时，任国师，后谋诛王莽，事泄自杀。著《三统历谱》，造圆柱形的标准量器。根据量器的铭文计算，所用圆周率为3.1547，世称"刘歆率"。明人辑有《刘子骏集》。

【刘秀】（前6—57）东汉王朝的建立者，公元25—57年在位。字文叔，南阳蔡阳（今湖北枣阳西南）人。新莽时加入绿（lù）林起义军，公元23年取得昆阳之战的巨大胜利后到河北活动，以恢复汉家制度为号召，力量迅速壮大。公元25年称帝，定都洛阳。随后逐渐削平各地割据势力，统一全国。在位期间，减轻赋税，兴修水利，精简官吏，生产有所恢复和发展。死后尊为光武帝。

【刘埙（xūn）】（1240—1319）宋元之际学者。江西南丰人。遭逢宋元易代，隐居不仕，但晚年却二度出任学事。元初陆九渊心学的代表人物。竭力为陆九渊心学争取正统地位。著书甚丰，然多亡佚，今存《水云村泯稿》《隐居通议》等。

【刘晏】（715—780）唐代杰出的理财家。字士安，曹州南华（今山东菏泽西北）人。历任玄宗、肃宗、代宗、德宗四朝要职，主持唐廷财政20年，被誉为"广军国之用，未尝有搜求苛敛于民"。任上疏浚汴水，用分段转运方法岁运江淮粮食数十万石，以解决关中食用。整顿盐法，平抑盐价。又实行常平法，做到"天下无甚贵贱而物常平"。一生为官清廉，晚年遭杨炎陷害，家中所抄财物唯书两车、米麦数石而已。

【刘因】（1249—1293）元代理学学者、哲学家。一名骃，字梦吉，号静修。雄州容城（今属河北）人。元世祖征召为承德郎、右赞善大夫，未几即辞归。对经学颇有研究，著有《四书集义精要》，是对朱熹有关四书诠释的精选，曾由官方刊刻颁发全国学校。与许衡并称元代北方两大儒，被认为是"元之所藉以立国者"。好以诗言志，著有《静修先生文集》，诗作有鲜明的道学色彩。

【刘墉（yōng）】（1719—1804）清代政治家、书法家。字崇如，号石庵、日观峰道人等。山东省诸城逄（páng）戈庄（今属高密）人。清乾隆、嘉庆两朝重臣，曾任吏部尚书、体仁阁大学士，奉公守法，清正廉洁，直言敢谏。工小楷，传世书法作品以行书为多，喜用浓墨，故被称为"浓墨宰相"。

【**刘永福**】（1837—1917）清末将领。字渊亭，广东钦州（今属广西）人。曾参加广西天地会起义。太平军失败后，在滇桂边境组织黑旗军，驻越南。1873年、1883年两度应越南约请，帮助抗法，击毙法将，取得胜利。在中法战争中大败法军，由政府收编，任广东南澳镇总兵。后帮办台湾防务，联合义军，共同抗御日本侵略。因孤立无援，退回厦门。辛亥革命后被推为广东民团总长，不久辞职。

【**刘禹锡**】（772—842）唐代文学家。字梦得，洛阳（今属河南）人。贞元进士。授监察御史，参加王叔文集团，反对宦官和藩镇割据势力。失败后，贬为朗州司马。后因裴度力荐，任太子宾客，加检校礼部尚书，世称"刘宾客"。诗文蕴含革新、奋发上进的精神，是中唐诗坛上独树一帜的重要诗人，被称为"诗豪"。散文如《陋室铭》简洁隽永，别具一格。哲学上有唯物主义倾向，著有《天论》。是唐代卓有成就的儒学传承者。著有《刘梦得文集》。

【**刘知幾**（jī）】（661—721）唐代史学家。字子玄，彭城（今江苏徐州）人。历经高宗、武后、中宗、玄宗诸朝，曾任著作郎、太子左庶子、左散骑常侍等职。生平专攻史学，通览各史，又屡任修史之职。认为史家须兼备史才、史学、史识三长，尤重史识。对著史强调直笔，提倡"不掩恶、不属善"，"爱而知其丑，憎而知其善"。所著《史通》是我国第一部史学评论专著。

【**刘焯**（zhuō）】（544—608）隋代经学家、天文学家。字士元，信都（今河北衡水市冀州区）人。精通天文，曾作《皇极历》。在历法中首次考虑太阳视运动的不均匀性，创立用三次差内插法来计算日月视运动速度，为我国历法史上的重大突破。另著有《尚书刘氏义疏》等。

【**留得青山在，不愁没柴烧**】比喻只要保留住最主要的东西（常指生命和健康），就不愁以后得不到恢复和发展。

【**流水不腐，户枢不蠹**（dù）】语出《吕氏春秋·季春纪·尽数》。流动的水不会腐臭，经常转动的门轴不会被虫蛀。（户枢：门的转轴）比喻经常运动的东西不易受外物侵蚀，可以历久不坏。

【**柳公权**】（778—865）唐代书法家。字诚悬，京兆华（huà）原（今陕西铜川市耀州区）人。楷书四大家之一。以正楷著称。书法初学王羲之，后学颜真卿、欧阳询，形成了以骨力劲（jìng）媚见长的柳体，后世赞为"颜筋柳骨"。代表作有《玄秘塔碑》《神策军碑》等。

【**柳下惠**】展氏，名获，字子禽，一字季，春秋时鲁国柳下邑（今山东新泰柳里）人，鲁孝公的儿子公子展的后裔。"惠"是他的谥号。担任过鲁国大夫，后来退隐，成为"逸民"。被认为是遵守中国传统道德的典范，他"坐怀不乱"的故事广为传颂。《孟子》中说"柳下惠，圣之和者也"，所以他有"和圣"之称。柳下惠还是中国柳姓的始祖。其墓在山东新泰柳里村北。也称柳下季。

【**柳下跖**（zhí）】原名展雄，姬姓，展氏，又名柳展雄，是当时鲁国贤臣柳下惠（柳下季）之弟，为鲁孝公的儿子公子展的后裔，因以展为姓。系春秋战国之际奴隶起义领袖。"跖"一作"蹠"。古籍中被诬为"盗跖""桀跖"。

【**柳永**】（约987—约1053）北宋词人。字耆卿，排行七，崇安（今福建武夷山）人。官屯田员外郎，世称柳七、柳屯田。为人放荡不羁，终生潦倒。所作词多描写游宴和歌妓，抒发羁旅行役之情，情景交融，语言通俗，音律谐婉，广为传唱。叶梦得有"凡有井水处，即能歌柳词"之说。对宋词发展很有影响。以《雨霖铃》《望海潮》《八声甘州》等最为著名。著有《乐章集》。

【**柳宗元**】（773—819）唐代文学家、思想家。字子厚。河东解（xiè）州（今山西运城）人，世称"柳河东"。贞元进士，授校书郎。后任柳州刺史，故又称"柳柳州"。与韩愈倡导古文运动，并称"韩柳"，唐宋八大家之一。散文峭拔矫健，说理透彻。《捕蛇者说》揭露社会矛盾，批判时政，尖锐有力。山水游记有《永州八记》等，文笔峻洁明丽，写景状物，多有寄托。工诗，风格清峭。政论散文以《封建论》为最著名。哲学上，有重要论著《天说》《天对》等，认为"元气"是物质的客观存在，不赞同当时流行的"因果报应"思想。著有《柳河东集》。

【**六部**】隋唐以后，中央行政机构吏、户、礼、兵、刑、工各部合称，是尚书省的下属机构，掌管全国行政事务。以后历朝其职事范围各有所不同。清末逐渐添设新部，六部之名遂废。

【**六朝**】❶指南朝六朝：三国吴、东晋、南朝的宋、齐、梁、陈，都以建康（吴时名建业，今江苏南京）为国都。唐·韦庄《金陵图》诗："江雨霏霏江草齐，六朝如梦鸟空啼。"❷指北朝六朝：魏、晋、后魏、北齐、北周和隋。这些朝代都建都北方。

【**六尘**】佛教用语。指眼识、耳识、鼻识、舌识、身识、意识等六识所感觉的六种境界，即色、声、香、味、触、法。此六境因被认为像尘埃一样能污染人的情识，故称。也说六境。

【**六道轮回**】见176页"轮回"①。

【**六根**】佛教指眼、耳、鼻、舌、身、意。眼是视根，耳是听根，鼻是嗅根，舌是味根，身是触根，意是念虑之根。

【**六合**】❶指天地和东、南、西、北四方；亦泛指天下。❷古代历法用语：孟春与孟秋、仲春与仲秋、季春与季秋、孟夏与孟冬、仲夏与仲冬、季夏与季冬均为"合"，故称"六合"。❸古代阴阳家所指吉利日辰的说法，以子与丑、寅与亥、卯与戌、辰与酉、巳与申、午与未合为"六合"。

【**六和**】佛教指身和共住，口和无诤，意和同事，戒和同修，利和同均，见和同解。

【**六甲**】❶古代用十干和十二支依次相配成六十组干支，其中起头是"甲"字的有六组，即甲子、甲戌、甲申、甲午、甲辰、甲寅，合称六甲。❷道教用语。道教认为，六丁（丁卯、丁巳、丁未、丁酉、丁亥、丁丑）是阴（女）神，六甲（甲子、甲戌、甲申、甲午、甲辰、甲寅）是阳（男）神，为天帝所驱使，能行风雷，制鬼神，道士能用符箓（lù）召请来使之"祈禳（ráng）驱鬼"。❸旧指妇女怀孕。如身怀六甲。

【六经】❶指儒家的六部经典：《诗经》《尚书》《礼记》《周易》《春秋》和《乐经》。❷十二经脉中手足同名的六对经脉，即太阴经、少阴经、厥阴经、阳明经、太阳经、少阳经。

【六经皆史】以《易》《书》《诗》《礼》《乐》《春秋》六经为古代历史书籍的一种主张。这一思想可追溯到隋代的王通，他认为《书》《诗》《春秋》皆史。其后，明代的王世贞在《艺苑卮（zhī）言》中提出"天地间无非史而已"的观点，李贽也有"经史相为表里"的观点。系统提出"六经皆史"观点的是清代章学诚。以为"古人未尝离事而言理，六经皆先王之政典也"（《文史通义·易教上》）。并提出"六经皆史""六经皆器"诸命题，反对"离器言道"的空洞说教。袁枚及后来的龚自珍、章炳麟等也主此说。

【六经注我】南宋陆九渊心学用语。陆九渊《语录》："或问先生何不著书？对曰：六经注（解释）我（自己的观点），我注六经（儒家六部经典）。""学苟知本，六经皆我注脚。"陆九渊认为"心即理"，宇宙万事万物不能离心而独存，确信自己的本心为宇宙的主宰，六经皆为"吾心"的显现而已。

【六亲】❶六种亲属。通常指父、母、兄、弟、妻、子，也有指父、子、兄、弟、夫、妇为六亲的，还有指父子、兄弟、姑姊、甥舅、婚媾、姻娅（yà，连襟）为六亲的。❷泛指亲属。

【六神】❶六种神祇。历来说法不一，有指日、月、雷、风、山、泽的，有指天宗日、月、星辰和地宗岱、河、海的，有指四时、寒暑、日、月、星、水旱的等。❷道教用语。指人的心、肺、肾、肝、脾、胆各有主宰神灵，称为六神。后泛指心神。如六神无主。

【六十四卦】《周易》中的八卦，两卦相重成为六十四卦。卦名是：乾、坤、屯、蒙、需、讼、师、比、小畜、履、泰、否、同人、大有、谦、豫、随、蛊、临、观、噬嗑（shìkè）、贲、剥、复、无妄、大畜、颐、大过、坎、离、咸、恒、遁（dùn）、大壮、晋、明夷、家人、睽、蹇（jiǎn）、解、损、益、夬（guài）、姤（gòu）、萃、升、困、井、革、鼎、震、艮、渐、归妹、丰、旅、巽、兑、涣、节、中孚、小过、既济、未济。

【六书】❶古人分析汉字的造字方法而归纳出来的六种条例，即象形、指事、会意、形声、转注、假借。今人多认为"转注""假借"实为用字方法，与造字无关。也说六义。❷王莽时的六种字体。即古文（战国时通行于六国的文字）、奇字、篆书、左书、缪篆、鸟虫书。

【六韬】书名。古代兵书。旧题周·吕望（姜太公）撰，实为伪托，约成于战国时期。今存6卷，共60篇。该书论述了政治、经济与战争的关系，提出“同天下之利者得天下，擅（shàn，独揽）天下之利者失天下”，认为从事战争要有雄厚的经济基础，主张大力发展“大农”“大工”“大商”。该书记述了当时的参谋机构、保障机构的组织和人员职责，步、车、骑各兵种的战法和协同战术，以及间谍和秘密通信等。在世界军事史上有一定地位。

【六言六蔽】蔽：弊病。孔子所指的六种美德和六种弊病。六言：仁、知、信、直、勇、刚；六蔽：愚、荡（放荡不羁）、贼（伤害）、绞（偏激）、乱（作乱惹祸）、狂（轻率狂妄）。《论语·阳货》载：孔子告诫子路说，爱仁德却不通过学习明白事理，其弊病就是容易被愚弄；爱耍聪明却不通过学习明白事理，其弊病就是放荡不羁；爱诚实却不通过学习明白事理，其弊病就是容易被人利用反而害了自己；爱直率却不通过学习明白事理，其弊病就是说话尖刻容易伤害别人；爱勇敢却不通过学习明白事理，其弊病就是捣乱闯祸；爱刚强却不通过学习明白事理，其弊病就是胆大妄为。

【六言诗】诗体名。全篇每句六字，故名。相传始于西汉谷永，一说东方朔已有“六言”（见《文选·左思》李善注）。其诗均不传。今所见以汉末孔融的六言诗为最早。唐以后有古体、近体之分。但均不太流行。

【六艺】❶ 即“六经”。参见171页“六经”①。❷ 西周学校教育科目：礼（礼仪制度、道德规范）、乐（音乐、诗歌、舞蹈）、射（射箭）、御（驾驭马车）、书（文字读写）、数（算法）。

【六月飞霜】相传战国时邹衍忠于燕惠王，惠王听信谗言而将其下狱。邹衍在狱中仰天而哭，时值炎夏，天忽然降霜。后用“六月飞霜”比喻冤狱、冤情。元·关汉卿《窦娥冤》中也有“六月雪”类似情节。

【六祖大师法宝坛经】见172页“六祖坛经”。

【六祖坛经】我国佛教禅宗典籍。禅宗六祖惠能讲说，弟子法海集录。根据“自性本自清净”立说，宣扬“明心见性”“顿悟成佛”的基本思想。简称《坛经》。也称《六祖大师法宝坛经》。

【龙】古代传说中一种有鳞角须爪、能兴风作雨的神异动物，是华夏民族的崇拜物。道教奉为神，称为龙王。孔子曾赞美老子“犹龙”，故道经中有《犹龙传》。封建时代“龙”是皇帝和皇权的象征。

【龙凤】❶ 指龙与凤两种神物，比喻才能杰出的人物。❷ 比喻帝王和帝后。如龙凤之姿。

【龙宫】神话传说中龙王的水底宫殿。参见173页“龙王”。

【龙虎山】我国道教四大名山之一。在江西省贵溪市西南，由龙、虎二山组成，故名。东汉张道陵修道于此，其子孙世代在此居住。道教称“第三十二福地”，是道教正一道发源地。

【**龙华塔**】佛塔。位于上海龙华寺前。建于北宋太平兴国二年（977）。寺虽数度被毁，而塔幸未波及。明清两代，先后大修。砖木结构，七层八角，高40余米，顶有露盘、宝瓶等组成的刹杆，飞檐曲栏，雄伟壮观。

【**龙龛手镜**】字书。辽代释行均（字广济，俗姓于，幽州人）撰。宋代避讳改“镜”为“鉴”。全书收录汉字26430余个，按所立240部首归部。部首及隶属各部首的单字，均以声调分类，按平、上、去、入的次序排列。该书重在辨正字形，收有大量异体。释义简约，注音用直音或反切。字形的辨正，对校读古籍尤有参考价值。所收单字，也是考究汉字形体演变的历史资料。

【**龙门石窟**】位于今河南洛阳城南伊水两岸的龙门山与香山上。从北魏到宋，前后开凿达400年之久，南北长约1公里，现存洞窟、窟龛2100多处，造像十余万尊，题记3000多品。是我国石刻艺术、佛教艺术宝库。它保存的实物和文字资料对研究中国古代政治、经济、宗教、文化以及中西文化交流等都有重要参考价值。现为国家重点文物保护单位，联合国教科文组织已将其列入《世界遗产名录》。

【**龙泉窑**】宋代著名瓷窑之一。窑址在今浙江龙泉大窑、金村一带。始于北宋，至南宋而鼎盛。瓷器可分为两种类型：一种胎质细密洁白，釉色以粉青、梅子青为代表，纹饰上出现了堆塑和贴花，习称“弟窑”（传说宋代章生一之弟章生二主之），一般称龙泉窑皆指此；另一类就是“哥窑”（章生一主之）。元代龙泉窑瓷器大量运销海外。清代中期以后衰落停产，中华人民共和国成立后又恢复生产。

【**龙山文化**】我国新石器时代晚期的一种文化。1928年首次发现于山东章丘龙山镇的城子崖，故名。分布于黄河中下游。年代约为公元前2500—前2000年，属父系氏族公社时期。沿海地区的龙山文化中常有薄而有光泽的黑陶，故曾被称为“黑陶文化”。生产工具有很发达的磨制石器。陶器已开始用轮制，以灰陶为主，除平底器外，有圈足和三足的。此外，还出现了卜骨。经济生活以农业为主，有较发达的畜牧业。

【**龙山遗址**】我国新石器时代晚期的文化遗址。分布于黄河中下游。河南地区的龙山文化约在前2600—前2000年，系父系氏族公社时期。沿海地区的龙山文化也称“黑陶文化”。参见173页“龙山文化”。

【**龙王**】❶佛经里王者形象。传说释迦牟尼诞生时，有难陀、跋难陀二龙王为其灌沐。《海龙王经》说，佛在灵鹫山说法时，海龙王率众来听法，生欢喜心，礼请佛至海底龙宫坐大殿之狮子座说法。❷我国神话传说中统帅水族、掌管兴云布雨的神。

【**漏壶**】我国古代一种计时器具。分两种：a）单壶。只有一个储水壶，水压变化大，计时精度低。b）复壶。有两个以上的储水壶。著名的元延祐年间（1314—1320）漏壶，由四个铜壶自上而下互相叠置而成。上面三壶底部有小孔，最下一壶内装一直立浮标，上刻时辰，浮标随水的注入而提升，由此可知时辰。我国自周代起已使用漏壶测定时刻。

【芦衣顺母】二十四孝故事之一。孔子的弟子闵损（子骞）生母早死，父亲娶了后妻，又生两子。继母对他很不好。冬天，给他穿用芦花做的棉衣，两个弟弟穿着用棉花做的棉衣。后来父亲发现，决定要休妻。闵损跪求父亲饶恕继母，说："母亲在只是我一人受冷，休了母亲三个孩子都要挨冻。"父亲被儿子感动，就依了他。继母后来诚心悔过，待他如亲子。

【庐山真面目】北宋·苏轼《题西林壁》诗："横看成岭侧成峰，远近高低各不同。不识庐山真面目，只缘身在此山中。"后用"庐山真面目"来比喻事物的真相。

【炉火纯青】相传道家炼丹时，炉内初发七色火焰，待温度达最高点，便由七色火焰变为纯青色火焰，就算成功了。比喻学问、技术等达到纯熟完美的境界。

【鲁班】（约前507—前444）我国古代建筑工匠。复姓公输，名班，也称公输盘、公输般、班输，尊称公输子。春秋时期鲁国人。曾创造攻城的云梯和多种木工工具。他的名字和故事在两千多年来广为流传。我国的土木工匠尊之为祖师。

【鲁春秋】书名。先秦时鲁国编年史。鲁太史所记。约在秦代焚书时亡佚。据《左传·昭公二年》记载，《鲁春秋》记事起于周公。在儒家经典《春秋》当中，较系统地保存了《鲁春秋》内用以叙述春秋历史的大量史料。

【鲁论（lún）语】书名。汉代今文《论语》之一。皇侃《论语义疏序》引刘向《别录》："鲁人所学，谓之《鲁论》。"20篇。篇次与今本《论语》相同。是现行《论语》的来源之一。也称《鲁论》。

【陆德明】（约550—630）隋唐经学家、训诂学家。名元朗，以字行。吴县（今江苏苏州市吴中区）人。隋炀帝时擢秘书学士，迁国子助教。唐太宗时迁国子博士。南朝陈至德初年（583），采集汉魏六朝音切凡230余家，兼采诸儒训诂，考证各本异同，撰《经典释文》凡30卷。该书是研究中国文字、音韵及经籍版本、经学源流等的重要参考书。

【陆法言】（562—？）隋代音韵学家。魏郡临漳（今河北临漳）人。官承奉郎。与颜之推、薛道衡、萧该、刘臻等八人讨论各地方言的差别和各家音韵的得失，由陆法言根据讨论意见编成《切韵》。自此，唐宋韵书多以此为蓝本而编撰。该书是我国历史上极为重要的一部韵书，是研究汉语语音史的宝贵资料。

【陆贾（gǔ）】（约前240—前170）西汉政治家、辞赋家。楚人。辅佐刘邦建汉，官至太中大夫。力倡儒学，改变了刘邦"马上得之，安事诗书"的观点，指出："居马上得之，宁可以马上治之乎？"（《史记·陆贾列传》）意思是武力可以夺取政权，却不能仅凭它来维持政权。推崇儒学，提出"行仁义"，"法先圣"，并辅以黄老"无为而治"的思想，融合道家、法家思想而归于儒家"仁义"观。对汉初政治产生一定影响。著有《新语》等。

【陆机】（261—303）西晋文学家、书法家。字士衡，吴郡吴县（今江苏苏州市吴中区）人，东吴丞相陆逊之孙。曾任西晋平原内史等职，世称陆平原。与其弟陆云合称"二陆"，又与顾荣、陆云并称"洛阳三俊"。他流传下来的诗共 107 首、赋 27 篇，著名的有《文赋》；他书写的《平复帖》是最早的名人书法真迹。

【陆世仪】（1611—1672）明清之际学者。字道威，号刚斋，又号桴（fú）亭，江苏太仓人。明亡，隐居不仕。先后讲学东林、毗陵等书院，倡导经世之学，远近归之。为学尊朱熹，但不立门户，志存经世。提出"论性善离不得气质"的观点。其学以"居敬穷理"为本，鼓励青年"体用兼备，文武兼资"。著有《思辨录》《论学酬答》《性善图说》等。

【陆修静】（406—477）南朝宋道士。字元德。吴兴东迁（今浙江湖州）人。三国吴丞相陆凯的后代。为早期《道藏（zàng）》的编辑者，也是南朝道教斋戒与仪范的创制者。早年弃家修道，遍历名山胜地。大明五年（461）来庐山，构筑精庐居处修道，是为太虚观。自此，以太虚观为大本营，研经传道授徒长达 7 年之久，主张儒、佛、道三教合流，为庐山道教的发展和影响的扩大做出了极大的贡献。

【陆游】（1125—1210）南宋诗人。字务观，号放翁。越州山阴（今浙江绍兴）人。官至宝章阁待制。生逢北宋灭亡之际，南宋与金处于常年战争状态，具有强烈的爱国情怀，主张坚决抗战，却屡遭排挤打击，郁郁不得志。晚年退居家乡，但收复中原的信念始终不渝。一生创作诗歌很多，今存 9300 多首，内容极为丰富。风格雄浑豪放，表现出渴望恢复国家统一的强烈爱国热情。《关山月》《书愤》《农家叹》《示儿》等篇均为世人所传诵。诗与尤袤、杨万里、范成大齐名，称"中兴四大家"，亦作"南宋四大家"。亦工词。著有《剑南诗稿》《渭南文集》《南唐书》《老学庵笔记》等。

【陆羽】（733—804）唐代学者。字鸿渐，自号桑苎翁，又号东冈子。复州竟陵（今湖北天门）人。性诙谐，闭门著书，不愿为官。一度曾为伶工。与女诗人李季兰、僧皎然友好。以嗜茶著名，对茶道有精深研究，撰有《茶经》，被后人尊为"茶圣"，祀为"茶神"。

【陆贽】（754—805）唐代大臣。字敬舆。嘉兴（今属浙江）人。大历八年（773）进士，中博学鸿词科。德宗即位，召为翰林学士。贞元八年（792）出任宰相，指陈弊政，揭露两税法各种积弊，提出补救之法，均未能推行。因被裴延龄所谗，两年后罢相，次年被贬为忠州（今重庆忠县）别驾。后卒于任所，谥宣。著有《翰苑集》。

【鹿乳奉亲】二十四孝故事之一。郯（tán）子，春秋时人。父母年老，患眼疾，需饮鹿乳疗治。他便披鹿皮进入深山，钻进鹿群中挤取鹿乳，供奉双亲。一次取鹿乳时，在猎人张弓搭箭的危急时刻，郯子掀起鹿皮现身，将冒险取鹿乳为双亲医病的实情相告，他的特殊孝行才传扬开来。

【路不拾遗】遗：指丢失在路上的东西。没有人拾取掉在路上的东西。形容社会风气良好。西汉·贾谊《新书·春秋》："百姓富，民恒一，路不拾遗，国无狱讼。"也说道不拾遗。

【鸾凤和鸣】语出《左传·庄公二十二年》。鸾凤：传说中凤凰一类的鸟。鸾鸟和凤凰和谐地鸣叫。比喻夫妻关系和谐，感情融洽。如"夜同寝，昼同行，恰似鸾凤和鸣。"

【伦常】封建伦理道德以君臣、父子、夫妇、兄弟、朋友五种尊卑长幼关系为不可改变的常道，故称。今泛指伦理道德。清·纪昀《阅微草堂笔记·滦阳续录五》："干名义，渎伦常，败风俗，皆王法之所必禁也。"

【伦理】❶事物的条理。《礼记·乐记》："乐者，通伦理者也。"❷处理人际关系所应遵循的道德准则。如伦理道德。

【轮回】❶佛教指众生都要依照各自行为的善恶，在天、人、阿修罗、地狱、饿鬼、畜生等六道之中生死相续，像车轮旋转一样永不止息。也说六道轮回。❷泛指循环。

【论语】书名。论：编纂整理；语：言语对话。儒学重要经典之一。记载孔子及其弟子言行。主要由孔子的弟子及其再传弟子陆续编定，约成书于战国初期。全书约15000字，分20篇。集中反映了以孔子为代表的儒家思想。主要包括以"仁"为核心的政治主张、以"克己复礼"为特点的礼治原则、以无过无不及为准则的"中庸之道"、以君子圣人为范式且以忠恕恭宽信敏惠等为内容的高尚人格标准。是一部社会治理、人生规划的教科书。所以古代有"半部论语治天下"的说法。南宋后在大众中得到普及与传播，在世界上也有广泛影响。比较重要的注本：北宋邢昺（bǐng）《论语注疏》、南宋朱熹《论语集注》、清代刘宝楠《论语正义》、今人杨伯峻《论语译注》。

【论贵粟疏】篇名。西汉晁错写给汉文帝的奏疏。（粟：谷子，泛指粮食；贵粟：要高度重视粮食）大意是说商贾穷奢极欲，兼并农人，致使百姓生活贫困，颠沛流离，长此以往，必将危及汉王朝的政权，因而建议，国家制定法令：凡献粮与政府者，得以拜爵、除罪。这样就可以取得主足用、民赋少、劝农功的效益。此即贵粟重农之道。奏疏比较客观地反映了当时社会的经济情况，对发展农业生产起到了推动作用。也说重农贵粟疏。

【论衡】书名。我国历史上一部不朽的唯物主义无神论著作。东汉王充著。全书30卷，85篇，现存84篇。认为天是自然之天，不具有任何道德的意义和目的；认识的源泉是感觉经验，而且要接受事实的验证。并论述了人与自然、精神与肉体的关系，提出天道自然无为的观点，批判天人感应和谶（chèn）纬迷信。被历代统治者斥为异端邪说。今人刘盼遂《论衡集解》可供研究参考。参见280页“王充”。

【**论六家之要指**】书名。西汉司马谈著。书中首次提出先秦汉初学术上的六个主要派别，即阴阳、儒、墨、名、法、道六家，并分述各家思想特征及优缺点，尤崇道家。认为各家之长皆集于道家之学。而对儒家则颇有微词。文存《史记·太史公自序》。

【**罗贯中**】元末明初文学家。名本，号湖海散人。山西太原人。工曲，善为通俗小说，除所撰长篇小说《三国志通俗演义》（简称《三国演义》）外，还有《隋唐两朝志传》《三遂平妖传》《残唐五代史演义》《南北史通俗演义》等书。一说也参与编撰《水浒传》。

【**罗汉**】梵（fàn）语音译。❶ 释迦牟尼的十种称号之一。❷ 小乘佛教指修行成功者的最高称号。佛教寺院中常有十八罗汉或五百罗汉的塑像。也称阿罗汉。

【**洛阳伽**（qié）**蓝记**】书名。北魏杨衒（xuàn）之撰。5卷。追叙北魏旧都洛阳伽蓝（佛寺）的兴隆景象，对其规模建制、兴废沿革，以及相关的园林市井、人文景观、百工杂技、传闻掌故等都详加记载，保存了战乱前后丰富的佛寺文化、社会文化资料。叙述简洁传神，有“可与郦道元《水经注》相肩随”之誉。

【**吕不韦**】（？—前235）战国末卫国濮阳（今河南滑县）人。大商人出身，在秦庄襄王、秦始皇两朝担任相国，专断朝政。执政时曾攻取周、赵、卫地，为秦王政兼并六国打下基础。主持编纂《吕氏春秋》，汇合了先秦各派学说，“兼儒墨，合名法”，史称“杂家”。秦王亲政后，被免相，令出居河南封地。不久，复命其举家迁蜀，忧惧自杀。

【**吕大临**】（1040—1092）北宋学者、金石学家。京兆蓝田（今属陕西）人。曾任太学博士、秘书省正字。自少师从张载，后向二程问学，与谢良佐、游酢、杨时并称“程门四大弟子”。史书称他“通六经，尤邃于《礼》”。著有《礼记传》《易掌句》《论语解》《孟子讲义》等。还著有《考古图》，为我国最早而较有系统的古器物图录。

【**吕洞宾**】（798—？）传说中的八仙之一。唐末道士。名岩，字吕宾，号纯阳子，自称回道人。相传为京兆（今陕西西安）人。两次举进士不第，浪迹江湖，遇汉钟离授以丹诀。传说曾在江淮斩蛟、岳阳弄鹤、客店醉酒。道教全真道尊为北五祖之一，称为“吕祖”。

【**吕览**】吕氏春秋。

【**吕氏春秋**】书名。战国末秦相吕不韦组织门客共同编写，杂家代表著作。全书26卷，内分12纪、8览、6论，共160篇。内容以儒、道思想为主，兼及名、法、墨、农及阴阳家言。汇合先秦各派学说，为当时秦国统一天下、治理国家提供思想武器。具有鲜明的政治意义和较高的文学价值，对后世产生较大影响。它的出现，标志着战国时代百家争鸣的局面已经结束，综合、统一的思想开始形成。也称《吕览》。

【吕氏乡约乡仪】篇名。乡约乡仪：适用于本地的规约、礼仪。北宋学者吕大钧订立的乡约乡仪。《宋史·吕大防传》："（吕氏）尝为《乡约》曰：'凡同约者，德业相劝，过失相规，礼俗相交，患难相恤。'" 吕大钧订立的乡仪，对乡里生活的诸多方面都制订了具体明确的规范，每个人都能找到符合自己身份的行为方式和表达方式。使儒家的仁爱原则得到落到，起到敦厚风俗的作用。

【吕祖谦】（1137—1181）南宋哲学家、文学家。字伯恭。学者称东莱先生。卒谥成。婺（wù）州（今浙江金华）人。曾任著作郎兼国史院编修、实录院检讨、秘书省正字等。与朱熹、张栻并称"东南三贤"。学术上自成一派，人称"吕学""婺学"或"金华学派"。著有《东莱左氏博议》《春秋左氏传说》《吕氏家塾读诗记》，另有《东莱集》等。

【履不必同，期于适足；治不必同，期于利民】语出清代魏源《默觚（gū）下·治篇五》。履：鞋；期：盼望；治：治理。鞋不必都一样，但要适合于脚；治理模式不必都一样，但要有利于民众。意思是一切措施、计划等要从实际需要出发，以期取得实效。

【妈祖】传说中掌管海上航运的女神。相传为北宋福建莆田湄洲岛人，姓林，名默。8岁从师，10岁信佛，13岁习法术。宋雍熙四年（987）盛装登山石“升天”为神。当地居民立庙奉祀，称“妈祖庙”。湄洲岛妈祖庙、天津天后宫、台湾北港朝天宫为三大祖庙。宋元明清历代皆有褒封。每年农历三月二十三日为妈祖诞辰日。俗称妈祖婆。也称天妃、天后。

【妈祖庙】奉祀妈祖的庙宇。主要分布在我国的东南部福建省和广东省，以及港澳台等地。以福建莆田湄洲岛妈祖庙为祖庙，天津天后宫、台湾北港朝天宫为地区性祖庙。农历三月二十三日妈祖诞辰日有祭祀活动。

【麻姑献寿】麻姑，我国古代神话中的女仙。葛洪《神仙传》说她是建昌人，修道于牟（mù）州（今山东牟平）东南姑余山。相传三月三日西王母寿辰，麻姑在绛珠河畔以灵芝酿酒，为王母祝寿。故旧时祝女寿者多送麻姑像，称“麻姑献寿”。

【马革裹尸】用马皮把尸体裹起来。指军人英勇作战，战死沙场。《后汉书·马援传》：“男儿要当死于边野，以马革裹尸还葬耳，何能卧床上在儿女子手中邪（yé）！”

【马可·波罗】（1254—1324）13世纪世界著名的旅行家，意大利人。17岁跟随父亲和叔叔，途经中东，历时4年多到达元朝上都（今内蒙古多伦县西北）。得元世祖忽必烈信任，出使各地，通晓汉语和蒙古语，在中国逗留17年，游历几遍中国。他返回威尼斯后，在战争中被俘，于监狱中口述的《马可·波罗游记》记述了他在中国的见闻，激起了欧洲人对东方的向往。1298年获释，返威尼斯。

【马礼逊】（1782—1834）基督教新教第一个来中国的传教士。英国人。1807年9月抵达广州，1809年起在英国东印度公司广东商馆任职25年，兼行医术。曾任英国特使等官员的中文秘书兼译员。1808—1823年，陆续把基督教《圣经》译成汉文出版。还编辑出版《华英字典》。

【马融】（79—166）东汉经学家、文学家。字季长，扶风茂陵（今陕西兴平东北）人。一生注书甚多，曾注《孝经》《论语》《诗》《周易》《三礼》《尚书》《列女传》《老子》《淮南子》《离骚》等。长于古文经学，设绛帐授徒，门徒常达千人。卢植、郑玄等都是他的门徒。著作已佚。

【马氏文通】书名。初名《文通》。语法书。清代马建忠撰。10卷。前6卷1898年出版，后4卷1900年出版。分正名、实字、虚字、句读（dòu）四部分。主要从周、秦、汉的典籍及韩愈文中选出例句，参考拉丁语法，创建古代汉语语法系统，为我国第一部较全面系统的古汉语语法专著。有章锡琛（chēn）校注本，吕叔湘、王海棻（fēn）《马氏文通读本》。

【马王堆汉墓】西汉初期的墓葬。位于湖南长沙市东郊马王堆，故名。1972—1974年先后两次发掘了三座墓，三座墓的年代均属于公元前2世纪后半叶，为长沙国丞相轪（dài）侯利苍及其家属的墓地。三座墓中以1号墓规模最大，出土女尸保存完好。2号墓主为利苍，由于密封不严，随葬器物残存不多。3号墓出土了许多帛书，有《易经》《老子》和天文、相马、医学等书，计20余种，12万多字，还有三幅地图。三座墓中出土了大量漆器、帛书、帛画、各种乐器、竹简、木俑（yǒng）、农畜产品和中草药等，为研究西汉初期的历史，考查当时手工艺生产和科学技术的发展状况，以及文化艺术和社会礼俗，提供了丰富的实物资料。

【马援】（前14—49）东汉初将领。字文渊，扶风茂陵（今陕西兴平市窦马村）人。起初在新莽朝做官，后依附军阀隗嚣（wěixiāo），终归刘秀，多有战功。东汉初，虽已年迈，但仍主动请缨，击破先零（lián）羌，南征交趾，公元41年为伏波将军，封新息侯。曾以“男儿要当死于边野，以马革裹尸还葬耳”自誓，出征匈奴、乌桓。后在讨伐“五溪蛮夷”时染病去世。

【马远】（约1140—约1225）南宋画家。字遥父，号钦山，原籍河中（今山西永济），居于钱塘（今浙江杭州）。出身绘画世家，光宗、宁宗两朝画院待诏。擅画山水、人物、花鸟，喜作边角小景，世称马一角。南宋四家（李唐、刘松年、马远、夏圭）之一。传世作品有《踏歌图》《水图》《梅石溪凫图》《西园雅集图》《寒江独钓图》等。

【马致远】（约1250—1321以后）元代戏曲作家、散曲家。号东篱，一说字千里。大都（今北京）人。曾任江浙行省务官。其戏曲创作以格调飘洒脱俗，语言典雅清丽著称。与关汉卿、郑光祖、白朴并称“元曲四大家”。其散曲亦受称誉，被尊为“曲状元”。所作杂剧今知有15种，存《汉宫秋》《荐福碑》《岳阳楼》《任风子》《陈抟高卧》《青衫泪》，以及同别人合写的《黄粱梦》共7种。《汉宫秋》最为著名。散曲有辑本《东篱乐府》。

【卖身葬父】二十四孝故事之一。董永，相传为东汉时千乘（chèng）（今山东高青县高城镇北）人，少年丧母，因避战乱迁居安陆（今属湖北）。其后父亲去世，贫穷潦倒，卖身至一富家为奴，以换取葬父费用。上工路上，于槐荫下遇一女子，自言无家可归，要嫁与董永为妻。成亲后，女子要以一月为期，织成三百匹锦缎，为董永赎身。董永赎身后返家途至槐荫，女子告诉董永，自己是天帝之女，奉命助董永还债，言毕凌空而去。湖北孝感因此得名。

【**蛮触**】见 30 页“触蛮”。

【**满腹经纶**】经纶：经过整理的蚕丝，比喻才能。形容人富有处理大事的才能或很有学问。明·郎瑛《七修类稿·事物·神童对》：“方朝见，适直隶贡蟹至焉。英宗即出一对试之云：‘螃蟹浑身甲胄。’程对曰：‘凤凰遍体文章。’李对曰：‘蜘蛛满腹经纶。’”

【**满江红**】❶ 词牌名。双调九十三字，仄韵，一般用入声韵。相传为岳飞所作的“怒发冲冠”一首，最为有名。南宋姜夔始作平韵体，但用者不多。❷ 曲牌名。南曲正宫、南吕宫，北曲仙吕宫都有同名曲牌。南曲较常见，属正宫者字句格律与词牌不同，用作过曲；属南吕宫者与词牌前半阕同，用作引子。

【**盲人摸象**】《涅槃经》记载：几个盲人摸象，摸到牙齿的说大象像萝卜，摸到耳朵的说大象像簸箕，摸到头的说大象像石头，摸到鼻子的说大象像杵，摸到脊背的说大象像床，摸到脚的说大象像木臼，摸到腹部的说大象像一口瓮，摸到尾巴的说大象像一根绳子。原意是说由于各人所处角度不同，往往对同一事实给以不同的解释。后比喻人只凭对事物的片面了解便妄加推断。

【**毛公鼎**】西周晚期青铜器。直耳，半球腹，矮短的兽蹄形足，口沿饰环带状的重环纹。高 53.8 厘米，重 34.7 千克。清道光末年出土于陕西岐山。有铭文 497 字，记述周宣王告诫和褒赏其臣下毛公之事。为现存铭文最长的青铜器。现藏台北故宫博物院。

【**茅山**】道教名山。原名句（gōu）曲山。位于江苏省西南部，地跨句（gōu）容、金坛、溧水、溧阳等市（区）境。道教称“第一福地，第八洞天”。相传西汉茅盈、茅固、茅衷兄弟三人在此修道成仙，号“三茅真君”，因此名三茅山，简称茅山。为道教茅山派发源地。南朝陶弘景等道士曾于此修道。有唐碑、元碣等古迹。

【**卯**】❶ 地支的第四位。参见 70 页“干支”。❷ 卯时。我国传统计时法指早晨 5—7 点这一段时间。

【**枚乘**（shèng）】（？—前 140）西汉辞赋家。字叔，淮阴（今属江苏）人。做过吴王刘濞（bì）、梁王刘武的文学侍从，先谏阻吴王起兵，后劝谏吴王罢兵，吴王都不听。七国之乱后显名。他的赋《七发》标志着汉代散体大赋的正式形成。

【**梅文鼎**】（1633—1721）清初著名数学家、天文学家。字定九，号勿庵，宣城（今属安徽）人。清代历算第一名家。数学上介绍中国古代和西方算法，并有补充和发展。天文学上主要介绍《崇祯历书》的部分内容和解释《大统历》（即《授时历》），著述收入《梅氏丛书辑要》。对清代数学和天文学影响较大。

【梅尧臣】（1002—1060）北宋诗人。字圣俞，宣州宣城（今属安徽）人。宣城古称宛陵，故世称宛陵先生。因欧阳修推荐，曾为国子监直讲，后迁尚书都官员外郎，故世称梅直讲、梅都官。曾参与编撰《新唐书》，并为《孙子兵法》作注。论诗注重政治内容，对靡丽文风不满。著有《宛陵先生集》。

【梅赜（zé）】东晋经学家。字仲真，汝南（今属河南）人。曾任豫章内史。献伪《古文尚书》及伪《尚书孔氏传》，东晋君臣信以为真，立为学官。唐代孔颖达编《五经正义》，把伪《古文尚书》和《今文尚书》合并，且用伪《尚书孔氏传》为疏解之据。宋代吴棫（yù）、朱熹，元代赵孟頫（fǔ）、吴澄，明代梅鷟（zhuó）等，均加怀疑或批驳。直到清代阎若璩（qú）作《古文尚书疏证》、惠栋作《古文尚书考》，才完全证明梅赜所献为伪书，此后即为定论。也称枚颐。

【每事问】《论语·八佾（yì）》："子入大（tài，通"太"）庙（周公庙），每事问。"孔子进入周公庙，对每件事都发问。后指遇事不懂，多做调查研究或发问请教。著名教育家陶行知诗歌《每事问》："发明千千万，起点是一问。禽兽不如人，过在不会问。智者问得巧，愚者问得笨。人力胜天工，只在每事问。"倡导"每事问"的精神。

【门阀】指封建时代有功勋的世家或名门望族、官宦人家。门阀制度是中国历史上从两汉到隋唐最为显著的选拔官员的系统，其实际影响造成国家重要的官职往往被少数家族所垄断，个人的出身背景对于其仕途的影响要远远大于其本身的德才。直到唐代，门阀制度才逐渐被科举制度所取代。也说门第、世族、巨室。

【门外汉】指不懂行的人。南宋·普济《五灯会元·天竺证悟法师》："曰：'……山色岂非清净身。若不到此田地，如何有这个消息？'庵曰：'是门外汉耳。'"庵之禅师认为苏东坡的禅诗造诣未窥门径，是门外汉。

【蒙恬】（？—前210）秦代名将。祖籍齐（今山东蒙阴县）人。祖父、父亲都是秦国名将。秦统一后，他统兵30万北击匈奴，攻取河南（今内蒙古河套一带）之地，筑长城，匈奴不敢进犯。秦始皇死后，丞相李斯与奸宦中书令赵高忌惮蒙恬威望，合谋篡改遗诏，赐其死，乃自杀。传说他改良过毛笔。

【孟浩然】（689—740）唐代诗人。襄州襄阳（今湖北襄阳）人。早年隐居鹿门山，曾游历东南各地。诗与王维齐名，并称"王孟"。其诗长于写景，多反映隐逸生活，风格清淡幽远。其五言古诗《春晓》至今脍炙人口。著有《孟浩然集》。

【孟子】❶（约前372—前289）战国时思想家、政治家、教育家，儒家学派的代表人物。名轲，字子舆，鲁国邹邑（今山东邹城东南）人。继承并发展了孔子的思想，与孔子合称为"孔孟"。后世尊称为"亚圣"。政治上主张仁政，提出"民为贵，社稷次之，君为轻"的民本思想；学说上推崇孔子，反对杨朱、墨翟（dí）。游历于齐、宋、滕、魏、鲁等国，向诸侯国君宣传孔子的政治学说和伦理道德观，得不到积极的响应，最后无功而返，退而讲学，并和学生一起“序《诗》《书》，述仲尼（即孔子）之意，作《孟子》七篇”。❷书名。儒家经典之一。为孟子与其弟子合著，属篇幅较长的语录体。内容丰富，涉及政治、哲学、经济、伦理、教育、文艺等多个方面，影响深远，是探寻孟子思想和儒家思想的重要依据。与《论语》《大学》《中庸》合称“四书”。

【孟子字义疏证】书名。清代戴震著。3卷。依从考据训诂阐发孟子学说，解释“理”“天道”“性”“才”“道”“仁义礼智”“诚”等哲学范畴的基本意义，认为“理”只是事物的“分理”“文理”“条理”，不能离开事物独立存在，得出“理在情中”“理在欲中”的结论。特别对“天理”和“人欲”的关系剖析细致入微，指出宋儒的“绝人欲”就是“绝天理”，反对“宋以来儒学之言”。

【孟子正义】书名。清代焦循著。30卷。以生理论性，批判了理学家的性善说，认为“饮食男女，人之大欲存焉”。讨论了道德的产生和起源，认为道德并非先验主观，而是人类发展需要的产物，既不是上天赐予，也不是圣人的发明。本书以东汉赵岐注为主，吸收清代学者考订训释的成果，是清代《孟子》注解中最为详备的一种。

【梦幻泡影】佛教比喻世间万法的虚妄不实、生灭无常，就像气泡影子一样。《金刚经》：“一切有为法，如梦、幻、泡、影，如露，亦如电，应作如是观。”今多比喻脱离实际、容易破灭的幻想。

【梦溪笔谈】书名。北宋沈括著。30卷（包括《补笔谈》《续笔谈》）。内容涉及天文、数学、物理、化学、生物等各个学科，总结了我国古代特别是北宋时期的科学成就，是一部笔记体百科全书式著作。

【弥勒】梵（fàn）语音译。大乘佛教菩萨。据说他从兜率天下生凡界，在龙华树下继承释迦牟尼而成佛。传说为五代时布袋和尚的化身。我国寺院中多供奉笑口常开的大肚弥勒佛像。也称弥勒佛。

【弥陀】阿弥陀佛。

【弥陀净土】阿弥陀净土变的简称。是表现阿弥陀佛极乐净土相的图像。我国画此像始于唐代善导。近代于敦煌发现数种此图像。日本自白凤时代（673—685）以后，渐有净土变之画作。也说西方净土变、西方变相、净土曼陀罗。

【迷途知反】迷失了道路知道返回来重走。比喻发觉了自己的错误知道改正。南朝梁·丘迟《与陈伯之书》：“夫迷途知反，往哲（先贤）是与（助词，表示感叹）。”也作“迷途知返”。

【迷途知返】见183页“迷途知反”。

【祢衡】（173—198）汉末文学家。字正平，平原郡般县（今山东乐陵西南）人。少有才辩，长于笔札。与孔融交好，孔融推荐给曹操，他称病不往。曹操征召为鼓史，想要羞辱他，却被他当众羞辱。曹操就把他遣送给刘表，刘表又把他送给江夏太守黄祖，最后被黄祖杀害。所著《鹦鹉赋》为咏物小赋中优秀之作。

【米芾（fú）】（1051—1107）北宋书画家。初名黻（fú），字元章，号襄阳居士、海岳山人等。世居太原（今属山西），迁襄阳（今属湖北），人称“米襄阳”。后定居润州（今江苏镇江）。徽宗召为书画学博士，曾官礼部员外郎，人称米南宫。因举止“癫狂”，人称米颠。能诗文，擅书画，精鉴别。书画自成一家，擅水墨山水，人称“米氏云山”“米点山水”。平生于书法用功最深，成就最大，是“宋四家”（苏轼、黄庭坚、米芾、蔡襄）之一。其书体潇洒奔放，又严于法度。少时苦学颜、柳、欧、褚等唐楷，后潜心魏晋，连书斋也取名为“宝晋斋”。今传王献之墨迹《中秋帖》，据说是他的临本，形神精妙至极。其书法影响深远，学者甚众，一直延续至今。书法理论有《书史》《海岳名言》《宝章待访录》《评字帖》等。传世墨迹主要有《苕溪诗帖》《蜀素帖》《方圆庵记》《天马赋》等。

【米拉日巴】（1040—1123）藏传佛教噶（gá）举派早期代表人物。生于贡塘（今西藏吉隆以北）。幼时丧父，成年后拜噶举派始祖玛尔巴为师，矢志习受密法，注重实际修持，以苦修著称。一生为传教遍游西藏各地，门徒众多。常以歌唱方式教授门徒，后由其弟子收藏整理成《米拉日巴道歌集》，在藏族中广为流传，对藏族诗歌发展有一定影响。

【密宗】我国佛教宗派之一。源于古印度佛教中的密教。唐开元四年（716）开始在我国传播，形成宗派。在我国只传两代即衰落。贞元二十年（804）由日僧空海传入日本，建立日本密宗。公元8—11世纪，印度密教传入中国西藏地区，建立西藏密教的传统，称“藏密”。密宗认为世界万物，佛和众生皆由地、水、火、风、空、识“六大”所造。主张色心不二，金胎为一。该宗典籍浩瀚，梵本传世不多，汉译密藏经轨计有400部，681卷，经疏14部，81卷，合计414部，762卷。中国保存的密宗译本不但数量巨大，质量也很高，是研究印度、中国密宗的珍贵史料。

【面壁】佛教指面向墙壁静坐参禅，潜心修行。南宋·普济《五灯会元·初祖菩提达磨大师》：“达磨寓止于嵩山少林寺，面壁而坐，终日默然，人莫之测，谓之壁观婆罗门。”后也指潜心于学业、事业。

【妙德菩萨】文殊菩萨。

【妙悟】南宋严羽提出的关于诗歌创作的理论。认为作诗的奥妙就在一个“悟”字。《沧浪（láng）诗话》：“大抵禅道惟在妙悟，诗道亦在妙悟。”妙悟相当于形象思维，指诗歌创作中不假文字、不借推理、灵感闪动、豁然开悟的现象。清代王士禛（zhēn）在严羽“妙悟”说的基础上，提出了“神韵”说，可谓渊源有自，异曲同工。

【民本】以民为本。古代的明君、贤臣为维护和巩固其统治而提出的一种统治观，其基本思想为重民、贵民、安民、恤民、爱民等。《孟子·尽心下》提出“民贵君轻”的观点。西汉·贾谊《新书·大政上》：“闻之于政也，民无不为本也。国以为本，君以为本，吏以为本……轻本不祥，实为身殃。”都是儒家民本主义思想的体现。参见185页“民贵君轻”。

【民必得其所欲，然后听上】语出《管子·五辅》。意思是民众正当的欲望必须得到满足，之后他们才能够听从君王。指执政者要想得到群众的拥护，一定要解决民众最关心的问题，满足其合理要求。

【民贵君轻】《孟子·尽心下》：“孟子曰：‘民为贵，社稷次之，君为轻。’”在人民、国家、君主三者中，人民是基础，是根本，最为重要；其次才是国家，君主（最高统治者）是最轻的。这是孟子仁政学说的核心。

【民间传说】与一定的历史人物、历史事件、地方风物、社会习俗相关的民间叙事作品。具有历史性、可信性特征，但并不严格地再现事物本身，是经过艺术加工后的事实。题材大致来自两个方面：一是以历史上真人真事为素材，经艺术加工附会而成；二是由神话演变而来。可分为人物传说、史事传说、地方风物传说三类。

【民气】人民大众对事关国家、民族安危存亡的重大事务所表现出的意志和气概。西汉·晁错《言兵事疏》：“窃闻战胜之威，民气百倍；败兵之卒，没世不复。”

【民情】❶民间的生产、生活、风俗、习惯等等情况。西汉·董仲舒《春秋繁露·王道》：“民情至朴而不文（华丽）。”❷人民大众的情绪、愿望等。如：体恤民情、顺民情合民意。

【民权】指人民管理国事的权力。包括选举权、罢免权、创制权和复决权。由孙中山所提倡。也称四权。

【民生】❶人民的生计、生活。《左传·宣公十二年》：“民生在勤，勤则不匮（kuì，缺乏）。”❷人生。《楚辞·离骚》：“长太息（大声长叹）以掩涕（掩面流泪）兮，哀（同情）民生之多艰。”

【民生在勤，勤则不匮（kuì）】语出《左传·宣公十二年》。匮：缺乏，不足。意思是人民的生计在于勤劳，只要勤劳就不会缺衣少食。

【民为邦本】《尚书·五子之歌》：“民惟邦本，本固邦（国家）宁。”意思是百姓是国家的根本、基础；只有老百姓富足了，过得舒坦了，才有国家的太平稳定、长治久安。

【民无信不立】语出《论语·颜渊》。意思是如果老百姓对执政者不信任，那么国家就存在不下去。

【民智】指民众的聪明才智、文化知识。是体现国民素质的重要方面。《韩非子·显学》：“禹利天下，子产存郑，皆以受谤，夫民智之不足用亦明矣。”

【民主】❶民众的主宰者。古代多指帝王、君主。《左传·襄公三十一年》：“赵孟将死矣，其语偷（苟且，怠惰），不似民主。”❷指人民享有参与政治生活和国家事务并对其自由发表意见等的权利。如：民主集中制、作风民主。

【**敏**】敏捷；勤勉。儒家道德之一。《论语·学而》："敏于事而慎于言。"意思是行事勤敏而言语谨慎。《论语·阳货》："敏则有功。"意思是勤勉就能卓有成效。

【**闵损**】（前536—前487）孔子弟子。姓闵，名损，字子骞。春秋末鲁国人。是孔子弟子中四个德行突出的人物（颜渊、闵损、冉伯牛、仲弓）之一，曾因"孝"而受到孔子的赞扬。相传他少年丧母，虽受继母虐待而不怨恨，并对继母恪尽孝道。参见174页"芦衣顺母"。

【**敏而好学，不耻下问**】《论语·公冶长》："子贡问曰：'孔文子〔卫国大夫孔圉（yǔ）〕何以谓之文也？'子曰：'敏而好学，不耻下问，是以谓之文也。'"意思是孔圉聪敏而又好学，向不如自己的人请教而不以为耻，所以给他"文"的谥号。

【**敏于事而慎于言**】语出《论语·学而》。意思是做事要勤奋敏捷，说话应谦虚谨慎。

【**名不可简而成，誉不可巧而立**】《墨子·修身》："名不可简（简单，这里指轻易）而成也，誉不可巧（灵巧，这里指取巧）而立也，君子以身戴（通"载"，遵从，施行）行者也。"意思是好名声不能轻而易举地得到，好名誉不能靠取巧来树立，君子必须身体力行，踏踏实实地去做。

【**名非天造，必从其实**】语出清代王夫之《思问录·外篇》。意思是事物的名称并非上天造就的，对它的理解和运用必须服从于实际情况。

【**名讳**】书面或口头对尊显者名字的避讳礼节。《礼记·曲礼上》："入境问禁，入国问俗，入门问讳。"常见的有"家讳"与"国讳"两种。家讳即在社会生活中，尽量回避自己父母的名字，同时也尽可能不提及他人父母的名字。如诗人杜甫，因其父名闲，故杜诗中不曾用一个"闲"字。李贺父名晋肃，与"进"同音，他甚至连进士都不敢去考。国讳就是普天下臣民都必须遵循的名讳，主要避讳皇帝本人及其父祖的名字，有些朝代还要讳及皇帝及皇后的谥号、庙号甚至生肖等。如清代康熙皇帝名"玄烨"，为了避讳，把"玄武门"改成"神武门"，把《道德经》中"玄之又玄"改写成"元之又元"等。书写时也有采用"缺笔"的方法以避讳皇帝或其他重要人物的名字。如清朝刻印的古籍中，"玄"字少最后一点，"丘"字缺第二个竖，就是为了避康熙玄烨和圣人孔丘的名讳而故意缺笔的。

【**名家**】战国时期的一个学派，以辩论名实著称。名家学说含辩证法、逻辑学和辩论术等内容，在百家争鸣中独树一帜。主要代表人物有惠施、公孙龙等。惠施提出天地万物瞬息万变，普遍联系为一个整体，反映了他对世界总体的辩证思考；公孙龙提出"审其名实，慎其所谓"，调整名实关系，使名实相符；提出"白马非马"，过分强调事物的差别性，否认事物的同一性。该派因善于辩论，也称辩者；因主张"刑（古同"形"，指形体、实体）名之辩"，也称刑名家。

【名教】❶指名声与教化。《管子·山至数》:“昔者周人有天下，诸侯宾服，名教通于天下。”❷以正名定分为主的封建礼教，“三纲”“五常”为其主要内容。东晋·袁宏《后汉纪·献帝纪》:“夫君臣父子，名教之本也。”

【名山】❶著名的大山。古多指五岳。❷指可以传之不朽的藏书之所。《史记·太史公自序》:“以拾遗补艺，成一家之言……藏之名山，副在京师，俟（sì，等待）后世圣人君子。”司马贞索隐:“正本藏之书府，副本留京师也。”❸借指著书立说。清·谭嗣同《夜成》诗:“斗酒纵横天下事，名山风雨百年心。”也说名山事业。

【名山事业】见“名山”③。

【名实】我国古代哲学、逻辑学概念，指名称与事实以及二者的关系。各学派对此的理解不尽相同甚至对立，因而形成“名实之辩”(“名辩”)。孔子主张“正名”，认为“名不正则言不顺”。墨子主张“取实予名”，即依据事实给予名称，名称或概念是事实的反映。庄子认为名和实是宾主关系，“名者，实之宾也”。公孙龙提出名的作用是“谓（称呼）实”，应该“审其名实，慎其所谓”。荀子认为名对于实来说并非永久适合，应该“约定俗成”。韩非子提出“循名实而定是非”，要按照名实是否相符来判定是非。名实之辩推动了我国古代哲学的发展，促进了我国古代逻辑学的形成。

【名正言顺】《论语·子路》:“名不正则言不顺，言不顺则事不成。”意思是指名分和名义不正，说起话来便不顺理，事情也很难办成。后用“名正言顺”形容说话做事理由正当而充分。

【名正则天下治】语出《申子·大体》。名：名分，这里指法令。意思是法令制定得公正合理，国家就能政治清明，社会安定。

【名之必可言，言之必可行】《论语·子路》:“故君子名之必可言也，言之必可行也。”君子定名分、用概念，是一定可以说明白的；君子所说的话，必定是可操作可实行的。

【明】❶指一种待人接物的明智态度。《论语·颜渊》:“浸润之谮（zèn，谗言），肤受之愬（sù，同“诉”，诽谤）不行焉，可谓明也矣。”意思是逐渐传播的谗言，切身感受的诽谤，在你这里都行不通，可以说你是明智的。❷智慧。《中庸》第二十一章:“诚则明矣，明则诚矣。”意思是精神达到诚的境界就具有洞察一切的智慧，反之亦然。❸朝代名（1368—1644）。由朱元璋创建，定都南京。1421 年明成祖朱棣（dì）迁都北京。1644 年，李自成率农民军攻破北京，明思宗朱由检自缢，明朝灭亡。共历 16 帝，277 年。明亡后，其残余势力曾先后在南方建立弘光等政权，史称“南明”。

【明察秋毫】《孟子·梁惠王上》:“明足以察秋毫（秋天鸟兽新生的细毛）之末，而不见舆薪（满车柴草），则王许之乎？”原意是说目光敏锐，可以看清动物细毛的末梢，却看不到一车柴草。后用“明察秋毫”形容目光敏锐，洞察一切。

【明代三大传奇】指明中期出现的三大传奇剧，即梁辰鱼《浣纱记》、王世贞《鸣凤记》、李开先《宝剑记》。标志着明传奇已发展到一个崭新的历史阶段，作者开始有意识地对政治、历史和人生进行积极探索，提高了戏曲的思想水准与审美品格。

【明法审令，捐不急之官】语出《史记·孙子吴起列传》。明：使明确清楚；审：使周密详审；捐：舍弃，除去。意思是把刑法禁令制定得明确、周密，削减不急需的官吏职位。这是战国时期兵家吴起富国强军的一项政治主张。

M

【明法者强，慢法者弱】语出《韩非子·饰邪》。明：严明；慢：轻忽，松弛。法度严明的国家就强盛，法度松弛的国家就衰弱。后常用以强调法度对于治国的重要性。

【明经】❶ 汉代选举名目之一。即将通晓经学之人推荐给朝廷。察举（选官制度）科目有贤良方正、文学、明经等。始于汉文帝，至武帝时形成较为完备的制度。后世仍有沿用，具体制度不同。❷ 隋炀帝时设置的科举考试科目之一。也称明经科，与进士科并行。唐、五代、宋沿置，宋神宗熙宁四年（1071）停，明代复置。❸ 明清贡生的俗称。

【明镜高悬】东晋·葛洪《西京杂记》卷三记载：咸阳宫有一方镜，能照见人体内病之所在和宫人有无邪心，秦始皇因此常用以照宫人。后用“明镜高悬”比喻执法严明，判案公正。也说秦镜高悬。

【明君之道，使智者尽其虑】语出《韩非子·主道》。意思是圣明君主的用人方法，在于使有智慧的人倾尽思虑和本领来为国家效力。

【明儒学案】书名。明清之际黄宗羲著。62卷。共收明代学者200多人，先列小传，后载语录，对每位学者的经历、思想学术渊源都有介绍，还选录原著进行分析评价。该书集理学编纂史之大成，体例严整，自成一家，是名符其实的“为学作史”。在儒学史编纂领域占有重要地位。

【明十三陵】明代自成祖到思宗十三个皇帝的陵墓。坐落在北京昌平天寿山麓，周围群山环抱，中部为平原，陵前有小河曲折蜿蜒。其中长陵规模最大，定陵地下宫殿对游客开放。全国重点文物保护单位，被列入《世界遗产名录》。

【明夷待访录】书名。明末清初黄宗羲所写的一部批判君主专制、呼唤民主政体的著作，被誉为中国的“人权宣言”。“明夷”是《周易》中的一卦，其爻辞意为有智慧的人处在患难地位；“待访”即等待后代明君采纳。该书认为皇帝是“天下之大害者”，中国所有的黑暗与朽败都与君主制相关；主张“无君”，即废除皇帝制度，选贤任能，尊重民权，实行孔孟“天下为公”的理想。该书受到清政府查禁，直至清末才重见天日，受到康有为、梁启超、谭嗣同等维新派的珍视，影响了清末的戊戌变法运动和辛亥革命，至今仍有其价值。

【明者因时而变，知（zhì）**者随事而制】**语出西汉桓宽《盐铁论》。知：同“智”，聪明。是说聪明的人会根据不同的时期而改变自己的策略，有智慧的人会随着事物的发展而制定相应的措施。

【命根】佛教指由前世之业所决定的维持今生寿命的依据。也泛指寿命。今说“命根子”，比喻生死成败的事物或最受重视的晚辈。

【磨杵成针】南宋·祝穆在《方舆胜览·磨针溪》中说：相传唐代诗人李白曾在彭山象耳山中读书，学业未成便下山而去，经过一条小溪，见一老妇要将一根铁棒磨成细针，深有感悟，于是返回山中，完成学业。后用“磨杵成针”比喻只要有毅力和恒心，再难的事也能做成。

【魔】佛教用语。魔罗的简称。是能害人性命、阻碍扰乱人们修道的恶鬼。它在欲界第六天称王，叫作“魔王”。后泛指害人的东西或邪恶势力。

【莫邪（yé）**】**古代人名，后为宝剑名。据唐·陆广微《吴地记·匠门》记载：吴王阖（hé）闾命干将（gānjiāng）铸剑，铁汁不化。干将妻莫邪问计，干将说：从前先师欧冶子铸剑时，曾以女人配炉神，即铸成。莫邪闻言就投身炉中，铁汁出，铸成二剑。雄剑叫“干将”，雌剑叫“莫邪”。参见 69 页“干将”。

【墨辩】见 189 页“墨子”②。

【墨家】战国时的重要学派之一，创始人墨子。参见 189 页“墨子”①。

【墨经】见 189 页“墨子”②。

【墨守】战国时期的墨子善于守城，所以把善于防守叫作“墨守”。后用以形容固守老一套的规则、方法，不求改进。也说墨守成规。

【墨翟（dí）**】**见 189 页“墨子”①。

【墨子】❶（约前 468—前 376）春秋、战国之际思想家、政治家，墨家学派的创始人。姓墨，名翟（dí）。本为宋国人，后长期住在鲁国。主张“兼爱”“非攻”，反对“天命”和“爱有差等”之说，反对战争攻伐；提出“尚贤”“尚同”的政治主张，认为“官无常贵，民无终贱”，反对亲亲尊尊；提出“非乐”“节用”“节葬”，反对繁饰礼乐和奢侈享乐。弟子很多，以“行天下之利，除天下之害”为教育目的。他的学说在当时影响很大，与儒家并称“显学”。❷书名。墨家学派著作总汇，由墨子弟子及再传弟子汇集而成。《汉书·艺文志》著录《墨子》71 篇，现存 53 篇。其中《兼爱》《非攻》《公输》等篇，代表了墨子的主要思想和政治主张。《经》上、下，《经说》上、下及《大取》《小取》等 6 篇，是后期墨家的哲学和科学著作，有不少自然科学知识。全书内容广博，涉及政治、军事、哲学、伦理等诸多方面，是研究墨子及其后学的重要史料。通行注本有清代孙诒让《墨子间诂》等。也称《墨辩》《墨经》。

【牡丹亭】传奇剧本。《牡丹亭还魂记》的简称。明代汤显祖作。写于万历二十六年（1598）。剧情为南安府太守杜宝独生女杜丽娘携侍女春香游园遣闷，梦中和一书生幽会，醒后感伤致死。三年后岭南书生柳梦梅赴南安游学，于花园中拾得丽娘临终前的自画像，深为爱慕，日夜呼唤，丽娘感而复生，两人结为夫妇。颂扬了天然自发的人性和爱情。人物心理刻画细腻，构思奇幻，充满积极浪漫主义精神，被誉为中国戏剧史上杰出的爱情悲喜剧。对当时和后世影响很大，多有改编本。也说《还魂记》。

【木版水印】我国传统的刻版印刷方法之一。以水墨及颜料在木刻版上刷印，用以复制书画作品。唐宋时期流行单色刷印，至明末发展为彩色套印。分勾描、刻版、刷印三道工序。也说木刻水印。

【木兰辞】见 190 页“木兰诗”。

【木兰诗】乐府《鼓角横吹曲》名。北朝民歌。长达 300 余字。内容写少女木兰代父从军、得胜归来的故事，塑造了一位坚强勇敢的女英雄形象。语言明朗刚健，具有北方民歌的特色。也说“木兰辞”。

【木受绳则直，金就砺则利】语出《荀子·劝学》。绳：木工打直线用的墨线；金：指刀剑等金属器物；砺：磨刀石。木料经过绳墨打量校正，才能取直；刀剑经过磨刀石磨砺，才能锋利。比喻人只有接受规范的教育，经过不断磨砺，才能培养出好的品行。

【目连救母】佛经故事。源于《佛说盂兰盆经》。据传佛门弟子目连之母死后堕入饿鬼道，备受折磨；目连身入地狱，救出母亲。此故事在民间流传甚广，唐宋以来的变文、杂剧、传奇中均有同类题材的作品，近世的不少地方戏中也多有此类剧目。参见 336 页“盂兰盆会”。

【目无全牛】《庄子·养生主》中说：一个厨师初学宰牛时，看到的是整个的牛，几年后已熟知牛的结构，宰牛时只专注于骨肉间隙，就不见完全的牛了。后用“目无全牛”形容技艺纯熟精湛。参见 199 页“庖丁解牛”。

【牧师】基督教新教的大多数教派中主持宗教仪式、管理教务的神职人员。一般是专职的宗教教职人员。

【牧野之战】周灭商的战役。周武王率兵车三百乘（shèng，古代一辆四匹马拉的兵车为一乘），虎贲（bēn）勇士三千人，甲士四万五千人，会合西南各部族东征商纣。渡黄河，抵牧野（今河南新乡），与商军决战。商军纷纷倒戈，纣王兵败自焚。商朝灭亡。

【墓志铭】文体名。包括志和铭两部分。志多用散文写，叙述死者姓名、籍贯和生平等；铭多用韵文统括全篇，是对死者的赞扬、悼念之辞。刻在石上，埋在墓门入口处。如唐代韩愈的《柳子厚墓志铭》。

【穆斯林】阿拉伯语音译。意为“顺从者”，指顺从安拉（真主）的人。伊斯兰教徒的统称。

【**穆天子传**】带有虚构成分的传记作品，西晋初期从汲郡战国时魏王墓中发现的先秦古书（《汲冢书》）之一。作者不详。共六卷。前五卷记周穆王驾八骏马西征的故事；后一卷记盛姬之死及丧葬故事。其中记述周穆王与西王母宴会酬答及盛姬之死部分较有小说意味。

【那谟】南无（nāmó）。

【南无（nāmó）】梵（fàn）语音译。佛教用语。多用在佛、菩萨或经典题名之前，表示对佛法的虔诚和皈依。也说那谟。

【纳谏】君主采纳臣下的意见。唐·陆贽《贞元九年大赦制》："纳谏如响，任贤勿疑。"泛指尊长接受规劝。

【纳兰性德】（1655—1685）清代词人。原名成德，字容若，号楞伽山人。满洲正黄旗人。大学士明珠长子。康熙进士，官至一等侍卫。善骑射，好读书，曾从徐乾学受经学，并广泛搜集整理诸家经解文献。一生以词名世，尤长于小令，多感伤情调，风格近乎李后主。王国维《人间词话》称其"北宋以来，一人而已"。亦工诗，颇得盛唐风格。有《通志堂集》《纳兰词》等。

【南北朝】（420—589）时代名。从东晋灭亡到隋统一的一百七十年间，中国历史上形成的南北对峙的局面，史称"南北朝"。南朝从420年刘裕代晋到589年陈亡，经历宋、齐、梁、陈四朝；北朝从439年北魏统一北方开始，543年北魏分裂为东魏、西魏，后来北齐代东魏，北周代西魏，581年北周为隋所代。最后隋灭后梁和后陈，南北朝结束。

【南朝】❶（420—589）我国南北朝时期据有江南地区的宋、齐、梁、陈四朝的合称。唐·杜牧《江南春》："千里莺啼绿映红，水村山郭酒旗风。南朝四百八十寺，多少楼台烟雨中。"参见192页"南北朝"。❷泛指位于南方的南宋、南明。《宣和遗事》后集："金人已渡河，乃呼曰：'使南朝遣二千人守河，我辈怎生得渡哉！"'清·孔尚任《〈桃花扇〉小引》："《桃花扇》一剧，皆南朝新事。"

【南宫适（kuò）】孔子弟子。又为孔子侄女婿。复姓南宫，名适，字子容，也称南容。春秋末鲁国贵族三桓中孟氏的后裔。崇尚道德，处事谨慎。对历史变迁、人物盛衰有深刻的思考与独特的识见。孔子赞誉他为"君子""尚德"。

【南华经】见372页"庄子"②。

【南怀仁】（1623—1688）天主教耶稣会传教士。比利时人。顺治十六年（1659）在陕西传教。次年到北京与汤若望一起修订历法。康熙年间掌钦天监，制造天文仪器。后任太常寺卿、通奉大夫。三藩之乱时，奉命监铸大炮。后任工部右侍郎。1675—1678年沙俄派使臣来中国时，曾任清政府译员。卒于北京。著有《教要序论》《康熙永年历法》等。

【南曲】❶宋元明时期流行于南方的戏曲、散曲所用各种曲调的统称（跟“北曲”相对）。用韵以今江苏、浙江一带语音为标准，有平、上、去、入四声。音乐上用五声音级，声调柔缓婉转，主要以箫、笛伴奏。宋元南戏和明清传奇都以南曲为主。❷指用南曲演唱的各种戏曲。❸南音。

【南石窟寺】我国佛教石窟。位于甘肃省泾川县城东7.5千米处山壁上。与“北石窟寺”同为北魏泾川刺史奚康生所建。该窟内雕佛像多被盗，残留者已不及原有的十分之一。现仅存的一窟，内有7佛，10胁侍菩萨、交脚菩萨。窟外崖壁上有小龛10余个，均系北魏、中晚唐开凿。也说东方洞。参见10页“北石窟寺”。

【南宋】（1127—1279）朝代名。1127年宋徽宗、宋钦宗被金所俘、北宋灭亡后，徽宗第九子康王赵构在应天府（今河南商丘）继承皇位，称高宗，后迁都临安（今浙江杭州），史称南宋。至1279年被元所灭，共历7帝152年。

【南戏】宋元时期流行于南方，用南曲演唱的戏曲形式。是我国戏曲最早的成熟形式之一，对明清两代的戏曲影响很大。剧本今知有200余种，但全本流传的仅有《张协状元》《拜月亭》《荆钗记》《白兔记》《杀狗记》《琵琶记》等10余种。也说戏文。

【南学】南北朝时南朝的经学。南朝经师继承魏晋学风，除《诗》《三礼》采用郑玄笺注外，《周易》用三国魏王弼注，《尚书》用伪孔安国传，《左传》用东晋杜预注。讲经兼采众说，也取玄学，不拘家法，随意发挥。又受佛教影响，把讲经记录编为讲疏或义疏，比经注更为详尽，成为唐代孔颖达等编撰《五经正义》的依据。又就《礼记·中庸》发挥天命心性学说，为宋代理学的渊源。代表人物有皇侃（著有《论语义疏》）、费甝（hán）等。

【南音】曲艺曲种。流行于福建泉州、厦门、晋江、龙海和台湾省，以及东南亚华侨聚居区。一般认为源于唐代大曲。联曲体音乐。分“指”“谱”“曲”三种。伴奏乐器有三弦、琵琶、洞箫等。也说南曲。

【难（nàn）经】书名。《黄帝八十一难经》的简称。旧题战国秦越人（扁鹊）撰。共81章，以问答体裁解释《内经》中关于脉法、经络、脏腑、疾病、腧（shù）穴、针法等方面的疑义。特别对脉法、针法等内容有所发挥，是研究中医学的重要文献。

【讷（nè）于言而敏于行】《论语·里仁》：“君子欲讷（指说话谨慎）于言而敏于行。”意思是君子要言语谨慎，行动敏捷。

【内功】❶以锻炼身体内部器官为主要目的的武术或气功（跟“外功”相对）。通过气的练习而成。练气讲究呼吸吐纳，多用腹式呼吸法，精神集中，循序渐进。❷指人内在的能力及修养。

【内经】医书。《黄帝内经》的简称。

N

现分为《素问》《灵枢》两书。是现存较早的重要的医学经典。成书年代约在先秦至西汉间。总结了我国古代的医学理论和经验，奠定了中医学的理论基础。

【内圣外王】语出《庄子·天下》。意为内修圣人之德，外施王者之政或追求治国平天下的事功，做到人格理想与政治抱负二者的结合。其具体内容随不同学派而异。以儒家内圣外王为主的理想人格，对我国社会的政治、伦理、哲学、文化产生深远影响，成为历代士人人生追求的理想目标。

【内省（xǐng）】内心反省自己的言行和思想，检查有无过失。《论语·颜渊》："内省（反省，省察）不疚（惭愧，羞愧），夫何忧何惧？"

【能屈能伸】能弯曲也能伸展。比喻人在失意时能克制自己，在得志时能施展自己的抱负。北宋·邵雍《代书寄前洛阳簿陆刚叔秘校》诗："知行知止唯贤者，能屈能伸是丈夫。"

【能者为师】《礼记·学记》："能博喻，然后能为师。"意思是能对各种知识有深刻而广泛的理解，这样才能当老师。后用"能者为师"表示有能力的人就用自己的知识来教别人，当别人的老师。

【尼】梵（fàn）语音译。比丘尼的简称。佛教指出家修行的女子，即尼姑。

【兒（ní）宽】（？—前103）西汉千乘（shèng）（今山东高青东北）人。治《尚书》，为孔安国弟子。在担任左内史的数年间，谏言汉武帝发展农业，减缓刑罚，并主持六辅渠（郑国渠上流的六条小渠）的修建工程。其后任御史大夫时，与司马迁等共同制定"太初历"。《汉书·艺文志》儒家部分有《兒宽》九篇，今佚。有清代马国翰《玉函山房辑佚书》辑本。

【拟话本】模拟话本形式而作的小说。多指明代作家模拟宋元话本而写的白话短篇小说。如冯梦龙的"三言"中的一部分和凌濛初的"二拍"等。参见104页"话本"①。

【逆取顺守】古代的正统观念认为，汤、武以武力夺取帝位是"逆取"；取得政权后偃武修文，合于正道，是"顺守"。《汉书·陆贾（gǔ）传》："且汤、武逆（背叛）取而以顺（合理）守之，文武并用，长久之术也。"

【逆水行舟，不进则退】清·梁启超《莅山西票商欢迎会学说词》："然鄙人以为人之处于世也，如逆水行舟，不进则退。"意思是人在世上犹如逆着水流行船，不进就会倒退。指做事不努力前进就会后退。

【年高德劭】西汉·扬雄《法言·孝至》："年弥（越，更加）高而德弥劭（美好）者，是孔子之徒与？"意思是年纪越大，品德越好。后用"年高德劭"指年纪大，品德好。北宋·秦观《代贺吕司空启》："年高德劭而臣节益峻，功成名遂而帝眷愈隆。"

【捻军】太平天国时期活动于北方的反清农民起义军。初期，首领为张洛行（张乐行）、孙葵心等。后为张宗禹、赖文光等，与太平军互有联络，接受其领导。极盛时期总兵力达 20 万众。1865 年，全歼清朝亲王僧格林沁，清朝倾全力对付捻军，最后被左宗棠、李鸿章剿灭。捻军坚持战斗 16 年，纵横驰骋于皖、豫、鲁、苏、鄂、陕、晋、直（冀）八省，有力地配合了太平天国的斗争。

【**廿**（niàn）**二史考异**】书名。清钱大昕（xīn）著。100 卷。所考二十二史不包括《旧五代史》和《明史》。该书对二十二史中的史料、典章制度、地理沿革以及辽金国语、蒙古世系进行了考订。不仅用正史中的材料互校，还广采杂史、方志、诗文、笔记、碑传参校。校勘精详，为当时史学界的重要著作。

【**念佛**】指佛教徒口颂“阿弥陀佛”或“南无（nāmó）阿弥陀佛”。

【**念珠**】佛教徒念佛时用于记数的环形珠串。也说佛珠、数珠。

【**聂士成**】（？—1900）清末将领。字功亭，安徽合肥人。自小行侠仗义，后投身军旅，1868 年升提督。中法战争中，渡海守台湾，屡挫法军。甲午战争中，驻屯朝鲜牙山，抗击日军。后在辽东战役中击毙日将富田三造。八国联军进犯中国时，率部抗击，战死于天津八里台。清廷追赠他为太子少保，谥忠节。今天津市建有聂士成铜像，供人瞻仰纪念。著有《东征日记》。

【**涅**（niè）**而不缁**（zī）】语出《论语·阳货》。涅：可做黑色染料的一种矿石；缁：黑色。意思是本质洁白的东西被涅石染过也不会变黑。比喻品德高尚的人不受恶劣环境的污染。

【**涅槃**】梵（fàn）语音译。佛教原指经过修行，达到超脱生死、解除一切烦恼的精神境界。后也指僧人去世。也说圆寂。

【**啮**（niè）**指痛心**】二十四孝故事之一。孔子弟子曾参少时家贫，常进山打柴。一天，家中来了客人，母亲一时不知所措，便咬自己的手指。正在打柴的曾参忽然觉得心痛，意识到可能是母亲在呼唤自己，便背柴迅速返回家中。曾参以礼接待了客人，母亲十分高兴。

【**孽海**】佛教用语。业海，指由于种种恶因而使人沦溺之海。如：孽海无边、茫茫孽海。

【**孽海花**】书名。长篇小说。清末曾朴著。以状元金雯青、妓女傅彩云的经历为主要线索，真实地描写了晚清三十年间的历史变迁，对当时的官场腐败、科场闹剧、士林麻木都有所讽刺。语言生动，结构完整，被称为晚清四大谴责小说之一。

【**孽障**】❶ 指罪恶。《红楼梦》第二十九回：“我这老冤家，是哪一世里造下的孽障？”❷ 孽根（对子女或胎儿的昵称）。《聊斋志异·农妇》：“一夕与邻妇语，忽起曰：‘腹少微痛，想孽障欲离身也。’”《儒林外史》第二十一回：“丢下这个孽障种子，还不曾取得一个孙媳妇。”

【**宁玛派**】藏传佛教最早的宗派。11—12 世纪西藏僧人索穹巴（1014—1074）、卓浦巴（1074—1134）等所创。奉莲花生为祖师，以十八部《怛（dá）多罗》

为根本经典。因该派喇嘛戴红帽，也称红教。

【宁（nìng）死不屈】宁可舍弃生命也决不屈服。明·赵弼（bì）《宋进士袁镛忠义传》："以大义拒敌，宁死不屈，竟燎身于烈焰中。"

【宁（nìng）戚饭牛】饭牛：喂牛。《离骚》："宁戚之讴歌兮，齐桓闻以该辅。"相传春秋时卫人宁戚在齐国东门外饲牛，等到齐桓公出城门时，扣牛角而唱歌。桓公听后于惊异中发现了宁戚，知是贤人，即授以显职客卿（主管宾客之礼的官员）。后常用为贤才求用的典故。

【宁（nìng）为玉碎，不为瓦全】宁可做玉器而被打碎，也不做瓦器而被保全。比喻宁可为正义事业牺牲生命，也不丧失气节，苟且偷生。《北齐书·元景安传》："岂得弃本宗，逐他姓，大丈夫宁可玉碎，不能瓦全。"

【牛鬼蛇神】"牛鬼"是地狱中"牛头鬼卒"的简称，名叫阿旁，牛头人手，两脚牛蹄，力壮排山。"蛇神"是"天龙八部"最后一部的大蟒蛇神，名叫摩呼罗迦，人身蛇头，是佛教的护法神。最早将"牛鬼"与"蛇神"组合在一起使用的是唐朝诗人杜牧，他用"牛鬼蛇神"来形容李贺诗歌的虚幻荒诞的风格。今多用以比喻社会上各种丑恶的人或事物。

【农耕文化】指以种植业为主的农业社会文明，是中国传统文化的根基。集合儒家文化及各类宗教文化为一体，贯穿于中国传统文化产生和发展的始终。几千年来，中国农耕文化不仅影响着历朝历代中国人，而且对世界文明发展做出了重要贡献。

【农家】战国时期的一个学派，以注重农业生产著称。据载，炎帝神农氏、周的始祖后稷等都是早期农家代表人物。传统认为战国时期的农家代表人物有许行等。《孟子·滕文公上》载有许行的言论，主张"贤者与民并耕而食""播百谷，劝农桑"，反对社会分工。此外，《管子》《吕氏春秋》等某些章节也是研究农家的重要资料。

【农历】我国传统历法的俗称，实为阴阳合历。因其始于夏朝，故又称"夏历"。古人最早根据月亮的运行规律制定历法。月亮围绕地球转动，每完成一次圆缺大约需要 29.5 天。月圆称为"望"，在每月 15 日左右；直到每月 1 日左右几乎完全消失，此时称为"朔"。朔望完成 12 个循环为 12 个月，1 年共 354 天，叫阴历。比以太阳的运行为根据的太阳历（阳历，也称公历，平年 365 天，闰年 366 天）少 11 天左右。为了协调阴历阳历的差别，古人设计了"闰月"的办法，即每 3 年将所差天数凑成一个月，按一定规律加在某月之后，称为"闰某月"，带有闰月的年有 13 个月。这就是阴阳合历，年属阳历，月属阴历。这样就能确保每年平均 365.4 天，24 节气等名称与物候变化实际相符。按农历编制的历书与农业生产密切相关，便于安排农耕，也便于按历书了解节日物候，确定婚嫁营造等重要事项。也称阴历。

【农桑辑要】书名。元代司农司编纂的官修农书。7卷。成书于至元十年（1273）。多辑自《氾胜之书》《四民月令》《齐民要术》，以及宋末元初的多种农书。分别论述各种作物的栽培及家畜、家禽、鱼、蚕、蜂的饲养。其中对栽桑、养蚕论述甚详，对栽培棉花、苎麻尤其提倡。是研究元代的种植业、养殖业等的重要参考资料。

【农战】商鞅、韩非等先秦思想家重视农业和战争并主张两者结合的经济、军事思想。商鞅认为国家要兴旺，靠的是农战，只有纯朴的农民，才能成为勇敢的士兵（《商君书·农战》）。韩非认为使国家富强靠的是农民，抗拒外敌靠的是士卒（《韩非子·五蠹》）。也说耕战。

【农政全书】书名。明代重要的农业科学巨著。徐光启撰，由陈子龙等整理修订。成书于明朝万历年间，崇祯十二年（1639）刊行。书中既辑录了大量农业科技资料，也贯穿着作者治国治民的农政思想。

【努尔哈赤】（1559—1626）后金（清的前身）的创立者。满族。爱新觉罗氏。先世为明朝武官。1583年，以祖、父遗甲十三副起兵，后统一各部，创建八旗，创制满文。被明廷封为龙虎将军。1616年建国，号后金。1618年起兵反明。1625年迁都沈阳。次年攻宁远（今辽宁兴城）时被袁崇焕击败受伤，不久去世。对满族初期发展做出了重要贡献，清朝建立后追尊为太祖。

【女娲（wā）】我国古代神话中人类的始祖。传说人类是她和其兄伏羲相婚而生，后来他们禁止兄妹通婚，制定婚礼。反映了我国原始时代由血缘婚到族外婚的进步。又传说她曾用黄土造人，并炼五彩石补天，斩鳌足充当天柱，烧芦苇灰堵洪水，杀死猛兽，使人民安居。也称女娲氏。

【女真】古族名。源于唐黑水靺鞨（mò hé），辽至金时期称“女真”。北宋末，阿骨打统一女真各部，建立金政权，强盛时东至大海，西邻蒙古，北接外兴安岭，南达秦岭、淮河。迁居中原的女真人在金亡后与汉族融合。留东北的女真人至明初分为建州女真、海西女真、野人女真三部。明末，努尔哈赤统一女真各部建立后金政权。1635年皇太极将女真族改称满族。游离于后金政权之外的女真人，形成了今赫哲、鄂温克、鄂伦春等族。也称女直。

O

【**欧阳建**】（？—300）西晋思想家。字坚石。渤海南皮（今属河北）人。历任尚书郎、冯翊（yì，今陕西大荔）太守。著有《言尽意论》，认为客观世界是离开人的概念和语言而独立存在的，具有唯物论观点。

【**欧阳修**】（1007—1072）北宋文学家、史学家、金石考据家。字永叔，号醉翁、六一居士。吉州永丰（今属江西）人。官至枢密副使、参知政事。谥文忠。主张文章应“明道”“致用”，对宋初以来靡丽、险怪的文风表示不满，是北宋古文运动的领袖。散文说理畅达，抒情委婉，为“唐宋八大家”之一。诗颇受李白、韩愈影响，重气势而能流畅自然，与梅尧臣并称“欧梅”。其词婉丽，承袭晚唐余风，与晏殊并称“晏欧”。曾与宋祁合修《新唐书》，并独撰《新五代史》。收集金石文字，编为《集古录》，对宋代金石学颇有影响。又撰《六一诗话》，为最早以“诗话”名书的著作。有《欧阳文忠公文集》。

【**欧阳询**】（557—641）唐代书法家。字信本，潭州临湘（今湖南长沙）人。官至弘文馆学士。工书法，学二王（王羲之、王献之），于平正中见险怪，自成一体，人称“欧体”，对后世影响很大。与虞世南、褚遂良、薛稷并称为“初唐四家”。碑刻有正书《九成宫醴泉铭》《化度寺邕禅师塔铭》《虞恭公温彦博碑》《皇甫诞碑》及隶书《房彦谦碑》等。行书墨迹有《梦奠帖》《张翰帖》《卜商帖》等。编有《艺文类聚》100卷。

【**呕**（ǒu）**心沥**（lì）**血**】“呕心”指把心吐出来。南朝梁·刘勰（xié）《文心雕龙·隐秀》：“呕心吐胆，不足语穷。”“沥血”指滴血以示竭诚。唐·韩愈《归彭城》诗：“刳（kū，剖开，挖空）肝以为纸，沥血以书辞。”后用来形容穷思苦索，费尽心血。

【**耦**（ǒu）**俱无猜**】《左传·僖（xī）公九年》：“送往（死者）事（侍奉）居（生者），耦（古同“偶”，二、双）俱无猜（猜忌）。”意思是死者与生者对我都没有猜忌。后泛指双方都无猜疑。

【**俳（pái）赋**】俳：对偶，对仗。赋体的一种。指讲究对偶声律、句尾有韵脚的骈体文。如曹植《洛神赋》、陆机《文赋》等。也说骈赋。

【**俳（pái）优**】古代以演乐舞、滑稽戏为业的艺人。

【**盘庚**】商代国君。名旬。汤第九世孙。即位后，为摆脱国势衰落的困境，于公元前1300年将国都从奄（今山东曲阜）迁至殷（今河南安阳西北小屯村），使商复兴，史称“殷商”。《尚书·盘庚》三篇即是他在迁殷前后对臣民的训诰。也作般庚。

【**盘古**】我国神话中开天辟地的人。也称盘古氏。道教尊称为“太上盘古氏玉清元始天尊”。

【**蟠桃会**】神话中西王母在瑶池设的品尝蟠桃（神话中的仙桃）的宴会。后成为每年农历正月十六日（有的为三月三日）祭祀西王母的民间节日。小说《西游记》对蟠桃会盛况有详细描述。也说蟠桃盛会。

【**庖（páo）丁解牛**】《庄子·养生主》中说：庖丁（厨师）为梁惠王宰牛，手接触的地方，肩膀倚靠的地方，脚踩的地方，膝所顶着的地方，哗哗作响，进刀时响声更大，没有不合音律的。后用“庖丁解牛”比喻技艺高超纯熟，做事得心应手运用自如。

【**裴松之**】（372—451）南朝宋史学家。字世期，河东闻喜（今属山西）人。曾任国子博士、永嘉太守等职。奉命注《三国志》。他博采群书140余种，开创注史新例；注文丰富，超过原书数倍，保存了大量古代史籍的佚文。与其子裴骃（yīn）、曾孙裴子野合称“史学三裴”。

【**裴頠（wěi）**】（267—300）西晋哲学家。字逸民，河东闻喜（今属山西）人。曾任散骑常侍，国子祭酒兼右军将军，官至尚书左仆射。反对王弼、何晏的“贵无论”，提出“崇有论”。参见28页“崇有论”。

【**裴骃（yīn）**】（约430—？）南朝宋史学家。字龙驹，河东闻喜（今属山西）人。出身学术世家。著有《史记集解》80卷，为最早的《史记》注本，与唐代司马贞《〈史记〉索隐》、张守节《〈史记〉正义》合称“史记三家注”。与其父裴松之、孙裴子野合称“史学三裴”。

【**佩文韵府**】书名。我国查阅典故、诗词的辞书。分韵编排。清代张玉书等编。康熙时刊行。“佩文”为清帝书斋名。此书是将《韵府群玉》《五车韵瑞》两书合起来加以增补而成。资料较为丰富。正集444卷，拾遗112卷，分106韵。

【朋党论】文章名。北宋欧阳修作。文章认为：小人贪图禄利，暂时为朋，是假朋友，因而小人无朋；而君子守道义、行忠信、惜名节，修身则同道而相益，事国则同心而共济，始终如一，是真朋友。国家若能退小人之伪朋，用君子之真朋，那么天下就可以治理了。

【彭蒙】战国时哲学家。齐国人。田骈（pián）的老师，曾游学稷下。与庄子的思想相近，主张等同看待宇宙万物与是非荣辱，因循自然，不置可否。。

【彭祖】传说中的人物。姓篯（jiān），名铿。善养生，会导引之术。据说为颛顼（zhuānxū）玄孙，活到七八百岁，因封于彭，故称彭祖。民间多以其为长寿的象征。

【鹏程万里】《庄子·逍遥游》中说：大鹏从北溟（míng）飞往南海，水击三千里，乘风直上九万里。后用“鹏程万里”比喻前程远大。

【披肝沥胆】剖开心腹，滴出胆汁。形容真诚相见或竭尽忠诚。北宋·司马光《体要疏》：“犹将披肝沥胆，以效其区区之忠。”

【披荆斩棘】《后汉书·冯异传》：“为吾披（拨开，劈开）荆棘（多刺的草木），定关中。”后用“披荆斩棘”比喻清除种种障碍，克服重重困难。

【皮之不存，毛将焉附】西汉·刘向《新序·杂事》：“皮之不存，毛将焉附？”意思是皮都没有了，毛还依附在什么地方？比喻事物失掉了赖以生存的基础，自身也就不能存在。

【否（pǐ）极泰来】“否”“泰”都是《周易》中的卦名。“否”指凶，是说“天地不交而万物不通”，“泰”指吉，是说“天地交而万物通”。后用“否极泰来”指事物坏到极限，就会转化到它的对立面。说明了物极必反的道理。

【骈（pián）文】文体名。起源于汉、魏，形成于南北朝。全篇以双句（即俪句、偶句）为主，讲求对偶和声律，使用很多典故，堆砌辞藻，在表达思想内容方面受到限制。因其常用四字句、六字句间隔行文，故又称“四六文”。唐代王勃的《滕王阁序》就是著名的骈文。

【飘风不终朝，骤雨不终日】语出《老子》二十三章。意思是暴风刮不了一早晨，急雨下不了一整天。泛指来势凶猛的事物不会长久持续下去，讽喻做事贵在坚持，应持之以恒，不要搞一时的轰动效应。

【贫而无谄，富而无骄】语出《论语·学而》。意思是贫困而不对人阿谀奉承，富贵而不骄傲自大，看不起别人。

【品级】❶官员等级名。将官职分为九等（品），依其品级享受禄秩（俸禄）和相关待遇。始设于三国魏。❷魏、晋、南北朝士族内部等级。自一品至九品，根据家世、品行等，由中正官评定并掌管其升降。参见135页“九品中正制”。

【品学兼优】品德和学业都优秀。清·曾国藩《致四弟·宜常在家侍候父亲》："明年延师，父大人意欲请曾香海，甚好甚好！此君品学兼优，吾所素佩。"

【平等】佛教指佛、法、僧三宝，以及心、佛、众生三法，在本质上均平齐等，无高下、浅深之差别。世俗社会中，指人们在权利、地位等方面是同等的。

【平易近人】《史记·鲁周公世家》："平易近民，民必归之。"后用"平易近人"形容态度谦和可亲，使人容易接近。

【菩萨】❶梵（fàn）语音译。菩提萨埵（duǒ）的简称。是佛祖释迦牟尼未成佛前的称号。后来指修行到了一定程度、地位仅次于佛的人。❷泛指佛和某些神。如：观音菩萨、文殊菩萨。❸比喻心地仁慈、乐善好施的人。

【菩提】梵（fàn）语音译，意为"觉""智""道"等。佛教指断绝世间烦恼而达到涅槃的彻悟境界；又指觉悟的智慧或途径。

【菩提达摩】（？—536）南北朝高僧，禅宗创始人。相传为南印度人。通晓大小乘佛法。于梁普通八年（527）泛海到达南海（今广东广州）。梁武帝遣使请至金陵（今江苏南京），后寓于嵩山少林寺，九年面壁而坐，世称"壁观婆罗门"。后遇高僧慧可，授以《楞伽经》及其心法，遂使禅宗得以流传。简称达摩。

【菩提树】常绿乔木，叶呈三角状卵形，前端细长。原产印度。传说佛祖释迦牟尼经过多年修炼，后在菩提树下静坐了七天七夜，终于顿悟而成为佛陀。所以被佛教尊为"圣树"。我国广东、海南和福建、云南南部有栽培，多植于庙宇内。

【菩提心】大乘佛教指强调利他的求道之心。

【蒲松龄】（1640—1715）清代文学家。字留仙、剑臣，号柳泉居士。室名聊斋，世称聊斋先生。淄川（今山东淄博市淄川区）人。屡试不第，长期在家乡做塾师。工诗文，善作俚曲。尤以集毕生精力写成的《聊斋志异》成就最高，是我国文言短篇小说的经典之作。今人辑有《蒲松龄集》。

【朴实无华】朴素实在而不浮华。《元史·乌克逊泽传》："常曰：'士非俭无以养廉，非廉无以养德。'身一布袍数年，妻子朴素无华，人皆言之，泽不以为意也。"

【普渡众生】佛教认为芸芸众生如溺海中，只有本慈悲之旨，施宏大法力，才能使其登上彼岸，得以解脱。后泛指救济众人。也作普度众生。

【普天同庆】天下的人一同庆祝。南朝·刘义庆《世说新语·排调（tiáo）》："皇子诞育，普天同庆。"

【普天之下】整个天下，整个人间。《诗经·小雅·北山》："溥（普）天之下，莫非王土；率土之滨，莫非王臣。"

【普陀宫】见17页"布达拉宫"。

【普陀山】我国佛教四大名山之一。即普陀岛。在浙江东北莲花洋中。916年，日本僧人慧锷从五台山请观音菩萨回国，在此渡海触礁，遂留像造寺。

有普济寺、法雨寺、慧济寺、长生庵、普陀庵、灵石庵等寺庙，相传为观世音菩萨教化众生的道场。全岛面积近13平方千米，素有“海天佛国”“南海圣境”之称。是首批国家重点风景名胜区。

【**普贤菩萨**】我国佛教四大菩萨之一。为释迦牟尼的右胁侍，专司“理”德。多乘白象。其形象为身呈白色，戴五佛宝冠，左手以拇指、食指执莲花；右手臂伸开仰掌。相传四川峨眉山为其显灵说法的道场。又称遍吉菩萨。

【七手八脚】南宋·普济《五灯会元·育王德光禅师》："七手八脚，三头两面，耳听不闻，眼觑不见，苦乐逆顺，打成一片。"意思是不管环境如何嘈杂，人来人往，我自耳不闻，眼不见，心中泰然。后泛指人多而手忙脚乱。

【七夕】节日名。指农历七月初七的晚上。神话传说牛郎织女每年要在这个时候于天河鹊桥相会。民间习俗妇女于此夜在庭院中进行乞巧活动。参见204页"乞巧"。

【七言诗】诗体名。全篇每句七字或以七字为主。起源于汉代民间歌谣，至唐代大为发展。有七言古诗、七言律诗、七言绝句等。与五言诗同为汉语古典诗歌的主要形式。三国魏曹丕《燕歌行》为现存较早的七言诗。

【戚继光】（1528—1587）明代抗倭名将、军事家。字元敬，号南塘。山东登州（今山东蓬莱）人。出身将门之家。率领"戚家军"在东南沿海奋战倭寇，终解倭患。隆庆二年（1568）调镇蓟州，升任左都督。后南调广东，不久辞官罢归。著有《纪效新书》《练兵实纪》《止止堂集》等。

【齐家文化】我国铜石并用时代至早期青铜时代的一种文化。1924年发现于甘肃广河齐家坪，故名。年代约为公元前2000年，属原始公社制的解体时期。生产工具以石器为主。出土有红铜器、青铜器，说明冶铜业已很发达。陶器以细泥红陶和夹砂红陶为主。住房为半地穴式，内墙涂有白灰面，有立柱支撑屋顶。墓葬有规模大小之分，随葬品有多寡之别，并有人殉现象，说明当时已有贫富差别。

【齐鲁文化】春秋时齐国文化和鲁国文化的统称。两种文化在发展中逐渐有机地融合在一起，形成了以儒家思想为核心的、具有丰富历史内涵的齐鲁文化。汉武帝"罢黜百家、独尊儒术"，使齐鲁文化成为全国的主流文化。齐鲁文化是中华优秀传统文化中影响最长久、最广泛、最深刻的地域文化之一。

【齐论语】书名。汉代今文《论语》之一。22篇。较《鲁论语》多《问王（玉）》《知道》两篇。皇侃《论语集解义疏·序》引刘向《别录》："齐人所学，谓之《齐论》。"是现行《论语》的来源之一。

【齐民要术】书名。北魏贾思勰（xié）撰。10卷。分别论述粮食作物、蔬菜、果树、竹木的栽培，家畜、家禽的饲养，农产品加工和副业等，比较系统地总结了黄河中下游地区丰富的农业生产经验，显示出当时我国农业生产水平已达到了相当高度，是我国完整保存至今最早的一部农书，在我国农学史和世界农学史上均占有重要地位。达尔文写《物种起源》时曾参考过此书。

【齐心协力】也说“齐心同力”。《后汉书·王常传》：“于是诸部齐心同力，锐气益壮。”后用“齐心协力”形容思想一致，共同努力。

【齐勇若一，政之道也】语出《孙子兵法·九地》。政：这里指治理、领导；道：指符合事理或规律。意思是要使将士们像一个人似的齐心协力奋勇作战，关键是主帅领导得法、指挥正确。

【齐云山】道教名山。道教主流正一派圣地，古称白岳。在安徽省黄山市休宁县城西。有36奇峰，72怪崖，以及幽洞、曲涧等胜境。有“黄山白岳甲江南”的美誉。为国家重点风景名胜区。

【其安易持，其未兆易谋】语出《老子》六十四章。意思是局面安稳时容易维持，事情还没有异常征兆时容易谋划应对。阐释了大到治理国家，小到日常生活都要居安思危，未雨绸缪，防患于未然的道理。

【其身正，不令而行】《论语·子路》：“其身正，不令而行；其身不正，虽令不从。”意思是本身正派，不发布命令，措施也能实行；本身不正派，就是发布命令，百姓也不会听从。

【歧路亡羊】《列子·说符》中说：杨朱的邻居丢失了一只羊，于是带人去追赶。杨朱说：“丢了一只羊罢了，为什么要这么多人去寻找呢？”邻人说：“有许多分岔的道路。”不久，他们回来了。杨朱问：“找到羊了吗？”邻人说：“跑了。分岔路上又有分岔路，我不知道羊逃到哪一条路上去了。”列子以此设喻，指出真理只有一个，可是理解却多有分歧，所以很难达到目的。后多比喻情况纷繁复杂，如果不能掌握正确方向，就难免误入歧途或一无所获。

【旗袍】近、现代华人女子穿的一种长袍。起源于满族旗人所穿的直身袍服，后融入西式剪裁工艺并加以改进。辛亥革命后，汉族妇女也开始穿，进而流行至全国。一般样式为立领，右开大襟，紧腰身，衣长至膝下，两侧开衩。

【乞巧】民间风俗。妇女于农历七月七夜在庭院中向织女星乞求智巧。南朝梁·宗懔（lǐn）《荆楚岁时记》：“七月七日为牵牛织女聚会之夜。是夕，人家妇女结彩缕，穿七孔针，或以金银鍮（tōu）石（黄铜）为针，陈瓜果于庭中以乞巧。”

【企者不立，跨者不行】语出《老子》二十四章。意思是踮起脚跟是站不稳的，跨步前进是走不远的。指轻率浮躁的举动是做不成事的。今多用来指做事不能投机取巧，要扎扎实实，稳步前进。

【起承转合】“起”是开始；“承”是承接上文加以申述；“转”是转折，从正面或反面进一步论证；“合”是结尾照应开头。本为旧时诗文惯用的行文方法。

Q

清·金圣叹《西厢记读法》:“有此许多起承转合，便令题目透出文字。”今泛指文章写作的一般章法。

【稽(qǐ)首】❶古代的一种跪拜大礼。施礼者屈膝跪地，拱手后左手按右手，掌心至地，头也缓缓至地。手在膝前，头在手后。这是最隆重的拜礼，用于拜天地、神佛、君王、祖宗、师傅、父母等。❷道士的行礼方式，立一手至胸前，再俯首至手。

【气】我国古代哲学概念。儒家多指主观精神。《孟子·公孙丑下》:“我善养吾浩然之气。”宋儒认为是一种在“理”(精神)之后的物质。南宋·朱熹《答黄道夫》:“气也者，形而下之器也，生物之具也。”道教一般指形成宇宙万物的本原或物质实体。《周易·系辞上》:“精气为物，游魂为变。”庄子提出天下万物为一气所变的观点，认为“人之生，气之聚也。聚则为生，散则为死”(《庄子·知北游》)。

【气化】我国古代哲学术语。指阴阳之气化生万物(跟“形化”相对)。北宋·程颢《二程遗书》卷五:“万物之始皆气化；既形然后以形相禅，有形化；形化长，则气化渐消。”意思是万物是由气化产生的，气化而生万物之后，各物种就能一代一代遗传下去。

【气节】气：志气或气质，指一种至大至刚的精神状态，即孟子所说的“浩然之气”；节：节操，指一种高尚的道德境界。具有凛然正气和高尚道德的人格素质。《论语·泰伯》:“临大节而不可夺。”大节即对信仰、道德的坚守以及为此而献身的牺牲精神。所谓“杀身成仁”“舍生取义”都是指“节”。在中华传统文化中，当一个人身处危难之时，能够表现出刚正不阿、威武不屈、视死如归的精神风貌，被称为“有气节”。

【弃官寻母】二十四孝故事之一。宋代朱寿昌七岁时，生母因遭嫡(dí)母嫉妒而改嫁他人，一去五十年。朱日夜想念，音信不通。后来朱入朝做官，曾刺血书写《金刚经》，发行四方打探生母消息。得到线索后，毅然弃官到陕西寻找。终于找到了母亲及其子女数人，这时母亲已经七十多岁了，朱也年过半百。他把母亲和弟妹接回故乡赡养抚育。宋神宗得知此事后，下旨召朱官复原职，苏轼、王安石也都写诗赞扬。

【炁】“气”的古字。道教指人的元气。《关尹子·六匕》:“以神存炁，以炁存形。”东晋·葛洪《抱朴子·至理》:“吴越有禁咒之法，甚有明验，多炁耳。”

【契丹】古族名、古国名。先祖是东胡，北魏以后在今辽河一带游牧。唐以其地置都督府，以其首领为都督。唐末，耶律阿保机统一各部，于907年称帝，国号契丹。947年改为辽。先后与五代、北宋并立，至1125年为金所灭。契丹人多与汉人、女真人融合，促进了经济文化的发展。另有耶律大石带族人西迁，建西辽。今云南有其后裔。

【千家诗】书名。诗集。有《新镌五言千家诗》与《重订千家诗》两种。前者为明清之际王相选注，后者题谢枋得选、王相注。此两种《千家诗》各分绝句、律诗两部分，大都为唐宋人作品。

【**千金要方**】医书名。唐代孙思邈撰。30卷。孙氏认为“人命至重，有贵千金”，故书名冠以“千金”。广辑前代各家方书及民间验方，合方论5300首，叙述妇、儿、内、外各科疾病的诊断、预防与主治方药、食物营养、针灸等。又于永淳元年（682）撰写续编，称《千金翼方》，在原书基础上有所增补，并收载了张仲景《伤寒论》的内容，保存了唐代以前的不少医学文献资料。也说《备急千金要方》。

【**千金翼方**】见206页“千金要方”。

【**千里之堤，毁于蚁穴**】《韩非子·喻老》：“千丈之堤，以蝼蚁之穴溃。”是说千里长堤常因小小的蚂蚁洞而溃决。比喻小毛病不消除会酿成大祸或造成大损失。

【**千里之行，始于足下**】语出《老子》六十四章。意思是很远很远的行程，必须从迈出脚下的第一步开始。揭示了实现远大目标要从眼前的小事情做起的道理。

Q

【**千磨万击还坚劲**（jìng），**任尔东西南北风**】语出清代郑燮《竹石》诗。意思是任凭风雨击打磨砺，竹子依然保持坚劲（jìng）本色。比喻人意志坚强，立场坚定。

【**千淘万漉虽辛苦，吹尽狂沙始到金**】语出唐代刘禹锡《浪淘沙》词之八。意思是淘金要千遍万遍地过滤，虽然辛苦，但只有淘尽了泥沙，才会露出闪亮的黄金。原指被谗言所害的人，终有一天会真相大白，洗清罪名。后也比喻做学问要精心筛选，去其糟粕，取其精华。

【**千字文**】书名。我国古代的启蒙读本。南朝梁周兴嗣撰。选取王羲之书法中1000个不同的字，编为四言韵语，讲述有关自然、社会、历史、伦理、教育等方面的常识。有多种续编和改编本，如宋代《叙古千文》《稽古千文》、明代《广易千文》《正字千文》、清代《训蒙千字文》《续千字文》等。与《三字经》《百家姓》合称“三百千”，在我国及汉字文化圈很有影响。

【**谦**】❶ 谦虚；谦逊。《尚书·大禹谟》：“满招损，谦受益。”❷ 六十四卦之一，艮下坤上。《周易·谦》将谦解释为永不满足、永不止息。认为谦不仅是一种美德，而且还是一条宇宙法则。

【**谦称**】古代单数第一人称的称谓礼节。在言谈与书信往来中，凡提到自己的时候，为表谦恭，一般避免直接用“我”等第一人称代词，而是用某些带有“自我贬损”色彩的特殊词语来代替。根据不同的身份和语境，会采用不同的称谓。常见的有：鄙人、不肖（xiào）、不才、不佞、不敏、仆、愚、卑职、在下、晚生、小子、后学、老朽、妾、奴等等。帝王诸侯的谦称多用寡人、孤、不穀等。

【**谦恭**】谦虚而恭敬。《汉书·于定国传》：“为人谦恭。”

【谦谦君子】指谦虚谨慎、彬彬有礼的人。《周易·谦》:“谦谦君子，卑以自牧（谦卑自守）也。”

【谦让】谦虚退让。《史记·淮阴侯列传》:“假令韩信学道谦让，不伐己功（夸耀自己的功劳），不矜其能（自恃他的才能），则庶几（差不多）哉。”

【谦虚】虚心，不自满。（跟“骄傲”相对）一种处事为人的美德。只有谦虚待人，戒满戒盈，才能不断进步。

【前车之鉴】《大戴礼记·保傅》:“鄙语曰：……前车覆，后车诫。”意思是前面的车子倾覆了，后面的车子可以把它当作鉴戒教训。后用“前车之鉴”比喻先前的失败可以作为教训来吸取。

【前赴后继】前面的人冲上去了，后面的人也紧跟上去。形容奋勇向前，连续不断。

【前七子】明弘治、正德年间（1488—1521）的文学流派。成员包括李梦阳、何景明、徐祯卿、边贡、康海、王九思和王廷相。为与后来嘉靖、隆庆年间（1522—1572）出现的李攀龙、王世贞等七子相区别，史称“前七子”。他们反对台阁体诗风，“倡言文必秦汉，诗必盛唐”，主张复古，在明代文学史上有一定进步意义。

【前因后果】原为佛教用语。指因果报应。《南齐书·高逸传论》:“今树以前因，报以后果。”后泛指起因和结果，即事情的全过程。

【虔诚】恭敬而有诚意（多用于信仰）。北周·庾信《祀五帝歌》:“朱弦绛鼓罄虔诚，万物含养各长生。”

【钱大昕（xīn）】（1728—1804）清代学者。字晓征，号辛楣、竹汀居士，晚号潜孳（yán）堂老人。江苏嘉定（今属上海）人。乾隆进士。曾参与撰修《续文献通考》等。先后主讲于钟山、娄东、紫阳等书院。治学涉猎广泛，于音韵训诂多所创见，证明古无轻唇、重唇和舌头、舌上的分别。于史学以校勘见长，对宋、金、辽、元四史用功尤深。反对夫死妇守节的传统观念，对传统婚姻观提出挑战。撰有《廿（niàn）二史考异》，另有著作《十驾斋养新录》《潜孳堂文集》等。

【乾嘉学派】清代乾隆、嘉庆年间（1736—1820）讲究训诂考据的经学派别。源于清初的顾炎武。代表人物有惠栋、戴震、钱大昕、段玉裁、王念孙、王引之等。分为以惠栋为代表的“吴派”和以戴震为代表的“皖派”两大支。其研究的对象上至天文地理，下至各朝规章制度、儒家经典、先秦诸子、历史、音律及历代注疏等，对我国两千多年来的文献典籍进行了大规模的总结整理，使丰富的文化遗产得以保存。他们集明清考据之大成，形成独特的考据学派。但其治学内容有脱离社会现实的倾向，治学方法也较烦琐、泥古，且有门户之见。也称朴学。

【乾坤】❶《周易》中乾卦和坤卦的合称。常代表天地、阴阳、男女等。《周易·说卦》:“乾为天……坤为地。”❷指国家、江山。《敦煌曲子词·浣溪沙》:“竭节尽忠扶社稷，指山为誓保乾坤。”❸指局势、大局。清·秋瑾《黄海舟中日人索句并见日俄战争地图》诗:“拼将十万头颅血,须把乾坤力挽回。”

【乾隆】❶清高宗(弘历)的年号(1736—1795)。❷(1711—1799)即乾隆皇帝。满族。姓爱新觉罗,名弘历。雍正第四子,清朝入关后第四位皇帝。执政六十余年。文治武功,功勋卓著。平定准噶(gá)尔等叛乱,维护了多民族国家的统一;奖励垦荒,兴修水利;完成《明史》《四库全书》等典籍的编纂。其统治时期经济文化都得到极大发展,出现了“康乾盛世”(“康”指康熙)。但后期大兴文字狱,奢华南巡,宠信和珅,贪污之风盛行,社会危机加深,清王朝从此由盛而衰。

【潜书】书名。清代唐甄(zhēn)著。97篇。原名《衡书》。该书“曰衡者,志在权衡天下也。后以连蹇不遇,更名潜书”(清·王闻远《西蜀唐圃亭先生行略》)。在哲学上着力宣扬孟子的“性”论,认为“性”就是仁义礼智,就是人性;但主要倾向是对封建专制和专制君主的批判。大胆提出“凡君主皆贼”和“乱天下者皆君”的观点,提出“天地之道故平”的平等原则;揭露了封建社会的不平等,发出了“不平以倾天下”的警告,表达了明末清初的民主思想。

【潜揅(yán)堂文集】书名。清钱大昕(xīn)著。70卷。其中论经史、小学、金石的著作,考证翔实,剖析精微。认为治学虽以汉学为宗,但反对把汉学绝对化,明确提出治学应实事求是的主张。

【潜移默化】指人的思想或性格不知不觉受到感染、影响而发生了变化。清·龚自珍《与秦敦夫书》:“士大夫多瞻仰前辈一日,则胸长一分邱壑;长一分邱壑,则去一分鄙陋;潜移默化,将来或去或处,所以益人家邦移风易俗不少矣。”也作“潜移暗化”。北齐·颜之推《颜氏家训·慕贤》:“潜移暗化,自然似之。”后多用“潜移默化”。

【羌笛】我国古老的自由簧气鸣乐器,流行于川北羌族地区,已有2000多年历史。两管数孔(以前五孔,现在多为六孔),用当地节长身细的油竹制成,双管并排,管上端装竹制吹嘴。吹嘴正面削平,切开一薄片作为簧片。

【巧言令色,鲜矣仁】《论语·阳货》:“巧(好)言令(善,美)色,鲜矣仁!”孔子认为花言巧语,装出和颜悦色的样子,这种人仁德就很少了。表明儒家注重人的实际行动,特别强调人应当言行一致,力戒空谈浮言,心口不一。

【巧言乱德】语出《论语·卫灵公》。指花言巧语败坏道德。

【巧诈不如拙诚】语出《韩非子·说林上》。奸巧伪诈不如朴拙诚恳。常用于指做人应老实,不要虚伪。

【切磋琢磨】《诗经·卫风·淇奥》:“有匪君子,如切如磋,如琢如磨。”切、磋、琢、磨,本指把骨、象牙、玉、石加工制成精美的器物。后用“切磋琢磨”来比喻大家在一起对学问、道德、技术等反复研讨推敲,共同提高。

【**切韵**】书名。隋代陆法言撰。5 卷。为唐宋韵书之祖。分 193 韵，收字 11500 个。初为私家著述，到唐代成为官定韵书，是唐宋以来诗文用韵标准，也是研究中古语音的主要根据之一。

【**锲**（qiè）**而不舍，金石可镂**（lòu）】语出《荀子·劝学》。锲：用刀子刻；舍：放弃，丢下；镂：雕刻。意思是一直不停地刻下去，毫不放松，即使是金属和玉石也能雕刻成器物。常用于比喻做事要有毅力，有恒心，不要半途而废。

【**亲尝汤药**】二十四孝故事之一。汉文帝刘恒以仁孝闻于天下，侍奉生母薄太后从不懈怠。薄太后卧病三年，他常常目不交睫，衣不解带；汤药必亲口尝过后，才放心地让薄太后服下。文帝在位二十四年，重德治，兴礼仪，发展生产，社会稳定，与景帝执政时期合称“文景之治”。

【**亲和**】亲爱和睦，关系融洽。《史记·五帝本纪》：“契（舜的大臣）主司徒，百姓亲和。”

【**亲民**】❶ 亲近爱抚民众。《管子·形势解》：“道之纯厚，遇之有实，虽不言曰‘吾亲民’，而民亲矣。”意思是执政者对老百姓只要纯朴厚道，多做实事，即使不说自己爱民众，民众也会亲近他。❷ 古代称地方长官。北宋·司马光《论监司守资格任举主札子》：“凡年高资深之人，虽未必尽贤，然累任亲民，历事颇多。”

【**亲仁善邻**】《左传·隐公六年》：“亲仁善邻，国之宝也。”意思是与仁者亲近，与邻邦友好，是治国的法宝。

【**亲善**】❶ 亲近友善。《后汉书·儒林传上·尹敏》：“（敏）与班彪亲善，每相遇，辄日旰（gàn，天色已晚）忘食。”❷ 宠爱信任。唐·郑綮（qǐ）《开天传信记》：“上尝问曰：‘此胡腹中何物，其大如是？’禄山寻声应曰：‘腹中更无他物，惟赤心尔。’上以言诚而益亲善之。”

【**亲望亲好，邻望邻好**】亲戚之间盼望对方安好，邻居之间盼望对方安好。意思是要以善良的心地对待别人。

【**秦**】❶ 周朝诸侯国名，后为战国七雄之一，在今陕西中部和甘肃东部。❷ 朝代名（前 221—前 206），中国历史上第一个中央集权君主专制的统一王朝。秦王嬴政所建，建都咸阳（今陕西咸阳东）。为刘邦（汉高祖）所灭。共历二世，十五年。

【**秦兵马俑坑**】兵马俑：制成战车、战马、士兵形状的殉葬陶俑。秦始皇陵陪葬坑陶兵马俑的埋葬坑。位于今陕西西安临潼，是世界考古史上最伟大的发现之一，被誉为世界第八大奇迹。1987 年被列入《世界遗产名录》。

【**秦观**】（1049—1100）北宋词人。字少游，号淮海居士，高邮（今属江苏）人。为官累遭贬谪。工诗词，多写男女情爱，也有感伤身世之作，风格委婉含蓄，清丽淡雅。为苏轼所欣赏，是“苏门四学士”（黄庭坚、秦观、晁补之、张耒）之一。有《淮海集》《淮海居士长短句》。

【秦九韶】（约 1202—约 1261）南宋数学家。字道古，生于普州安岳（今属四川）。多才多艺，精通星象、音律、算术、诗词、弓剑、营造等。于淳祐七年（1247）撰成《数书九章》18 卷。大衍求一术（即一次同余方程组解法）和正负开方术（即高次方程数值解法），是他的两项最突出的贡献，代表着当时中国数学的先进水平。

【秦墓竹简】睡虎地秦墓竹简的简称。1975 年在湖北云梦城关睡虎地秦墓中出土。包括语书、编年记、为吏之道、秦律、日书等，以秦代各种法律的内容居多，共 1100 余支。是历史上秦简的首次出土，对研究中国文字、书法，秦国的政治、法律、经济、文化、医学、占卜等具有重要价值。也说睡虎地秦简、云梦秦简、秦简。

【秦始皇】（前 259—前 210）即嬴政。战国时秦国国君，秦王朝的建立者。秦庄襄王之子，13 岁时即秦王位，22 岁时开始亲政。先后灭掉韩、赵、魏、楚、燕、齐六国，完成统一大业，建立了我国历史上第一个中央集权封建国家。实行郡县制，全国设 36 郡，郡下设县。统一法律，统一文字，统一度量衡。北击匈奴，修筑长城，有助于中原的安定与经济的发展。焚书坑儒，严刑峻法，租役繁重，连年用兵，民怨沸腾，去世不久就爆发了农民大起义。他认为自己胜过三皇五帝，故号为皇帝；又因第一个使用皇帝称号，故称始皇帝。

【琴瑟专一不可听】《左传·昭公二十年》："若以水济（接济，帮助）水，谁能食之？若琴瑟之专一，谁能听之？同之不可也如是。"意思是用清水来给清水调和味道，谁能够吃下去？假如用琴瑟老弹一个音调，谁能听得下去？像这样一味求同是不行的。比喻用重复别人的话来附和别人，毫无用处。倡导独立思考和思想创新，要和而不同。

【勤能补拙】北宋·邵雍《弄笔吟》："弄假像真终是假，将勤补拙总输（贡献，报效）勤。"北宋·黄庭坚《跛奚移文》："持勤补拙，与巧者俦（chóu，同样）。"后用"勤能补拙"表示后天的勤奋能够弥补先天的不足。

【青城山】道教名山。位于四川都江堰市西南。因山形如城郭而得名。道教称"第五洞天"。相传东汉张道陵曾修道于此。有五代时的道士杜光庭读书台等道教遗迹、古常道观等宫观，风景清幽而优美。为全国重点文物保护单位，国家重点风景名胜区。也称丈人山。

【青出于蓝】见 210 页"青取之于蓝而青于蓝"。

【青龙白虎】青龙、白虎原是二十八宿中东方七宿和西方七宿的名称。古人认为东方七宿形状似龙，东方属木，色青，故曰"青龙"；西方七宿形状似虎，西方属金，色白，故曰"白虎"。汉晋后，青龙白虎被神化为道教的守护神，道教宫观常将它们作为守护山门的神将。

【青取之于蓝而青于蓝】《荀子·劝学》："青（靛青，青色颜料），取之于蓝（蓼蓝，一种可以提炼颜料的草）而青于蓝；

冰，水为之而寒于水。”意思是靛青是从蓼蓝里提炼出来的，但是颜色比蓼蓝更深。比喻学生向老师学习而超过老师；也比喻继承前人而超过前人。也说青出于蓝、青出于蓝而胜于蓝。

【青铜时代】以使用青铜器为标志的人类物质文化发展阶段，时间在石器时代与铁器时代之间。青铜是铜与锡或铅的合金，硬度高，韧度好。青铜器出现后，农业和手工业的生产力水平提高，物质生活条件也渐渐丰富。

【轻财重士】轻视钱财，尊重有知识、有才干的人。《三国志·吴书·张温传》：“父允，以轻财重士，名显州郡。”

【轻车简从】行装简单，随员不多。形容官员出行时不事铺张。《老残游记》第八回：“他就向县里要了车，轻车简从的向平阴进发。”

【轻诺寡信】语出《老子》六十三章。随便对人做出承诺，就往往很少坚守信用。多用来批评言而无信、光说不做的现象或作风。

【倾囊相助】倒出口袋里所有的钱物帮助别人。形容慷慨助人。清·蒲松龄《聊斋志异·青梅》：“无已，我私蓄数金，当倾囊相助。”

【清】朝代名（1644—1911）。我国历史上第二个由少数民族建立的统一政权。其前身为后金，1636年皇太极即位改国号为清，1644年李自成推翻明朝，清军趁机入关，定都北京，逐步统一全国。国势强盛，疆域西到新疆以西，东到海（包括台湾），北到外兴安岭以北，南到南海诸岛。1840年后，多遭列强入侵，主权严重丧失，沦为半殖民地半封建社会。1911年，辛亥革命爆发，清朝统治瓦解，两千多年来的封建帝制至此结束。从皇太极改国号为清起至宣统三年（1911）止，共历11帝276年。

【清规戒律】❶佛教、道教等要求信徒必须遵守的规则和戒条。❷指烦琐的规章制度。

【清廉】清正廉洁。《东观汉记·周泽传》：“拜太常，果敢直言，数有据争，朝廷嘉其清廉。”

【清明】❶指政治上法度严明，社会公平和谐。《汉书·礼乐志》：“（世祖）即位三十年，四夷宾服，百姓家给（jǐ），政教清明。”❷清明节。参见211页“清明节”。

【清明节】我国民间传统节日。时间在每年农历三月内，公历四月五日前后。源于二十四节气的“清明”。民间有踏青、扫墓的习俗。除汉族地区外，也流行于壮、苗、朝鲜等少数民族地区。

【清明上河图】中国名画。北宋张择端作。绢本长卷。淡设色。全图以北宋京城汴河为构图中心，栩栩如生地展示清明时节各阶层的生活情态。开卷处为汴梁近郊的景致；中段描绘漕船泊航于汴河，行人往来于拱桥；卷末表现市区街衢店肆。画中人物多达500余人，衣着不同，神情气质也各异，市肆民居不可胜数。规模宏大，场面壮观，构图严谨，笔墨古雅，具有重要的历史价值和艺术价值。藏故宫博物院。

【**清平**】政治清明，社会安宁。汉·班固《〈两都赋〉序》：“臣窃见海内清平，朝廷无事。”

【**清真**】本指自然、质朴、纯洁。后成为我国使用汉语的伊斯兰教徒称颂真主安拉的用语，意为“清净无染”“真乃独一”。教徒称该教为清真教，称该教的寺院为清真寺。也泛指与伊斯兰教有关的。如：清真食品、清真风味。

【**清真寺**】伊斯兰教徒举行宗教仪式、传授宗教知识等的寺院。也称礼拜寺。

【**庆父**（fǔ）**不死，鲁难未已**】《左传·闵公元年》：“不去庆父（鲁庄公的弟弟，为人专横，谋争君位不成，于鲁庄公病死后，唆使人相继杀害了两位新君，使鲁国陷入灾难），鲁难未已（停止）。”意思是如果不除去庆父，鲁国的灾难就不会停止。后用“庆父不死，鲁难未已”比喻不把制造祸乱的罪魁除掉，就不得安宁。也指罢免或消除为害的关键人物。

【**穷根究底**】穷：彻底。深入探求事物的根源底细。指弄清事物的来龙去脉。

Q

【**穷寇勿追**】语出《孙子兵法·军争》。穷：处境困难。意思是对陷于困境、无路可退的敌军不要催逼追赶，以免敌军情急反扑，反而造成我方损失。今常用来比喻不可逼人太甚。

【**穷源溯流**】源：源头；溯：逆流而上。比喻深入探究事物发生的根源及其沿革流变。清·何世璂（qí）《燃灯记闻》：“为诗要穷源溯流，先辨诸家之派。”

【**穷则思变**】《周易·系辞下》：“穷则变，变则通，通则久。”原指事物发展到了极点就会发生变化。后用“穷则思变”指人到了极端艰难困苦、无路可走的时候，就会被迫寻求出路，力求改变现状。

【**琼林宴**】科举制度中为新科进士举行的宴会。始于唐，沿用至清。唐有“曲江宴”，五代、后唐及宋有“闻喜宴”。宋代太平兴国八年（1112）改设宴于琼林苑（在汴京城西），故称。元代设宴于翰林院，改称“恩荣宴”。明、清两代设宴于礼部，均称“恩荣宴”。

【**丘处机**】（1148—1227）金、元时道士，道教全真派主要代表人物。字通密，号长春子，登州栖霞（今属山东）人。拜王重阳（全真派创始人）为师。重阳死后，他潜修于龙门山（今陕西宝鸡境内），形成传承全真道的主要派别龙门派。主张清心寡欲，敬天爱民。被元太祖成吉思汗推尊为“神仙”，封爵“大宗师”，总领道教。世号长春真人。著有《摄生消息论》《大丹直指》《磻（pán）溪集》等。北京白云观有其遗骨埋葬处。也作邱处机。

【**求索**】寻求探索。多用于追求真理等。《离骚》：“路曼曼其修远兮，吾将上下而求索。”

【**求贤若渴**】像口渴了急于找水喝一样寻求贤才。形容求贤的心情十分急迫。《隋书·韦世康传》：“朕夙夜庶几，求贤若渴，冀与公共治天下，以致太平。”也说求贤如渴。

【**屈君而伸天**】西汉·董仲舒《春秋繁

露》："屈民而伸君，屈君而伸天。"（屈：委屈；伸：伸张）意思是君主的奢侈安逸，建立在委屈民众、损害民众利益的基础之上；委屈君主、牺牲君主的利益以广济天下苍生，则是伸张天道、尊奉上天的意志。

【屈原】（约前 340—约前 278）战国时期楚国诗人。名平，字原。楚国丹阳〔今湖北秭（zǐ）归县〕人。初辅佐怀王，做过左徒、三闾大夫。学识渊博，主张修明法度，举贤授能，联齐抗秦。后遭谗害而去职。顷襄王时被放逐，长期流浪沅湘流域。后楚为秦兵所破，他深感政治理想无法实现，遂投汨罗江而死。通晓诸子百家之学，崇尚古圣先王，言仁义、讲民本、颂德政、推法度。一生自始至终都以祖国的兴亡为念，是我国文学史上第一个伟大的爱国诗人。作品有《离骚》《九歌》《九章》《天问》《远游》《卜居》《渔父》等。其作品是我国诗歌积极浪漫主义的源头，也是中国传统文化的源头之一。

【趋利避害】奔向有利的地方，避开祸患。东汉·霍谞（xū）《奏记大将军梁商》："至于趋利避害，畏死乐生，亦复均也。"

【曲礼】❶ 书名。《仪礼》的别名。内容涉及饮食、待客、事亲、敬长等各种礼制的细节。可供研究我国古代社会参考。❷《礼记》篇名。以其委婉曲折周到地讲述吉、凶、宾、军、嘉五礼之事，故称。

【曲牌】元明以来各种曲子的曲调名的统称。如"点绛唇""山坡羊""天净沙""桂枝儿""银纽丝""叠落金钱"等。每一曲牌都有一定的曲调、字数、平仄等。曲牌多来自民间，一部分由词发展而来，故曲牌名也有与词牌名相同的。此外，也有专供演奏的曲牌，大多只有曲调而无曲词。俗称牌子。

【曲突徙薪】突：烟囱；薪：柴草。《汉书·霍光传》记载：有一家人家炉灶的烟囱是直的，旁边还堆积着很多柴草。一位客人劝主人把烟筒改成弯曲的，把柴草搬走，不然的话，会引起火灾。主人听了不以为然。不久，果然因此失火。后用"曲突徙薪"比喻事先做好防范工作，避免灾祸发生。

【曲则全，枉则直】《老子》二十二章："曲则全，枉则直，洼则盈，敝则新，少则多，多则惑。"意思是委曲反能保全，屈枉反能伸直，低洼反能充盈，敝旧反能生新，少取反能多得，贪多反而迷惑。一切事物都会向相反的方向转化，这是老子辩证思想的体现。

【取民者安，聚敛者亡】语出《荀子·王制》。取民：得民心。得民心的政权安全稳固，搜刮民财的政权必将灭亡。反映了荀子的治国理念。

【取于民有度，用之有止，国虽小必安】语出《管子·权修》。取：收取；度：限度；止：节制。收取百姓的钱财有限度，使用这些钱财有节制，国家虽小必定平安。揭示了轻徭薄赋的道理。

【去民患，除腹疾】语出北宋苏辙《上皇帝书》。意思是去掉老百姓的祸患，

Q

如同除去自己的心病一样。

【去奢省费】去除奢侈浪费，节省开支。《资治通鉴·唐记八》记载，唐太宗与群臣论止盗，有人主张实行重法，唐太宗说："朕当去奢省费，轻徭薄赋，选用廉吏，使民衣食有余，则自不为盗，安用重法邪！"

【全金元词】总集名。今人唐圭璋编。是综合金元词人作品的专书。体例依照《全宋词》，共录金元两代词人 282 家，词作 7293 首。1979 年中华书局出版。

【全清词钞】总集名。今人叶恭绰编。40卷，共选录了 3196 人，词 8260 多首，是收录清词最多的集子。始于 1929 年，至 1952 年完成。有 1975 年香港中华书局初版本，1982 年中华书局本。

【全宋词】我国近百年来重要的古籍整理成果之一。主编唐圭璋在综合诸家辑刻的基础上，广泛搜采，历时八年，共计辑两宋词人 1330 余家，词作约 20000 首，引用书目达 530 余种。本书收录齐备，考订也比较精审，改正了不少前人的谬误之处，为研究宋词的重要参考书。1965 年中华书局出版。

Q

【全宋词补辑】《全宋词》新版问世后，今人孔凡礼又从明抄本《诗渊》及其他书中辑录遗佚，编为《全宋词补辑》，收录作家 140 余人（其中 41 人，已见于《全宋词》），词作 430 余首。1981 年由中华书局出版。

【全唐诗】总集名。清代彭定求等奉敕编纂。因康熙为书作序，故又称《钦定全唐诗》。共收唐、五代诗歌 49403 首，残句 1555 余条，作者 2576 人，大致按时代前后排列，并加小传。间有校注，考订字句异同及篇章互见情况。是研究唐诗的重要参考书。

【全真道】元以后两大道教派别之一。由金代王重阳创立。主张儒、释、道三教合一，以"澄心定意、抱元守一、存神固气"为"真功"，"济贫拔苦、先人后己、与物无私"为"真行"；功行俱全，故名全真。王重阳徒弟丘处机被元太祖尊称"神仙"，号长春真人，总领道教，全真道进入鼎盛时期。此后道教形成全真、正一两大道派。全真道不尚符箓，不事烧炼，道士出家清修。也称全真教、全真派。

【全祖望】（1705—1755）清代史学家、文学家。字绍衣，号谢山，鄞（yín）县（今浙江宁波市鄞州区）人。曾为翰林院庶吉士，不久辞官回家。主讲蕺（jí）山书院、端溪书院，读书著述终老。治经主张"荟萃百家之言"，论学则注重人品，重视"践履"。学术上推崇黄宗羲，研治宋末和南明史事，并留心乡土文献。潜心续修黄宗羲《宋元学案》。主要著作有《鲒（jié）埼（qí）亭文集》《经史问答》《汉书地理志稽疑》等，另外又七校《水经注》，三笺《困学纪闻》。

【劝化】佛教指宣传教义，劝导众生转恶为善。泛指劝导、劝勉。

【劝学】《荀子》的首篇。"劝学"即鼓励学习。全篇以"学不可以已"为中心，论述了学习的重要性、内容、步骤、途径等，体现了荀子的教育理念和哲学思想。“青，取之于蓝，而青于蓝”“不积跬步，无以至千里”“锲而不舍，金石可镂”等名言都出自该篇。

【劝学篇】书名。清代张之洞著。24 篇。1898 年出版。阐述“旧学为体，新学为用”，是集中反映洋务派思想的论著。曾被清政府颁行全国。英文本取名《中国唯一的希望》。

【却之不恭】《孟子 · 万章下》：“却之，却之为不恭。”本指拒绝邀请或赠予是对别人的不尊敬。后常用“却之不恭”表示拒绝对方的邀请或礼物，就不免失敬，是一种客气的说法。

【群而不党】《论语 · 卫灵公》：“君子矜（庄重）而不争，群而不党（结党）。”意思是君子庄重而不与人相争，与人团结和睦但不拉帮结派。

【冉伯牛】（前 544—？）孔子弟子。姓冉，名耕，字伯牛。春秋末鲁国人。以德行著称。他是孔子弟子中四个德行突出的人（颜渊、闵损、冉伯牛、仲弓）之一。

【冉雍】（前 522—？）孔子弟子。姓冉，名雍，字仲弓。春秋末鲁国人。他主张为政应“居敬而行简”，抓大体而不烦琐，得到孔子首肯。是孔子弟子中四个德行突出的人（颜渊、闵损、冉伯牛、仲弓）之一。

【冉有】（前 522—？）孔子弟子。姓冉，名求，字子有。春秋末鲁国人。曾为鲁国贵族季氏家臣。长于政事，为孔子学生中最有政治才干的人之一。但因积极为季氏聚敛财富和替季氏攻伐颛臾（zhuānyú）辩解而受到孔子的严厉批评。

【让】礼让；谦让。儒家重要道德之一。《论语·泰伯》：“泰伯，其可谓至德也已矣！三以天下让，民无得而称焉。”孔子称赞泰伯，说他先后三次将本来是属于他的“周王”的位置让给弟弟，其道德高尚得简直无话可说。日常生活中，儒家要求人们以礼让、谦让的精神处理彼此的关系，这种精神逐渐成为中国人普遍遵守的行为准则。

【让位】❶ 让出职位。《三国志·魏书·王朗传》：“朗荐光禄大夫杨彪，且称疾，让位于彪。”❷ 推让座位。如：乘车时给老人和孕妇让位。

【让贤】主动把职位让给德才兼备的人。《墨子·鲁问》：“今子处高爵禄，而不以让贤也，一不祥也。”

【人不知而不愠（yùn）】语出《论语·学而》。愠：怒，怨恨。意思是人不了解我，甚至误会我，我不怨恨、不恼怒。

【人到无求品自高】清代陈伯崖自撰对联：“事能知足心常惬（qiè），人到无求品自高。”意思是一个人如果能淡泊名利、无欲无求，他的品德自然就变得高尚。

【人道】❶ 为人之道。即在社会活动中要求人们共同遵循的道德规范。《周易·系辞下》：“有天道焉，有人道焉。”❷ 佛教用语。即人界。佛教认为，众生根据生前善恶行为，因果报应，在天道、人道、阿修罗道、畜生道、饿鬼道、地狱道等六道中轮回。

【人而无信，不知其可也】语出《论语·为政》。意思是一个人如果失去信用，不知道他怎么能行得通。

【人和】指人心一致，感情融洽，上下团结，和谐相处。《孟子·公孙丑下》："天时不如地利，地利不如人和。"

【人间词话】书名。文学批评著作。清末民初王国维撰。全书以西洋美学的新眼光评论中国古代文学，以"境界"说为核心，论断诗词的演变，评价词人的得失，作品的优劣。既集中国古典美学和文学理论之大成，又开中国现代美学和文学理论之先河，是晚清以来最有影响的文学批评著作之一。

【人皆有不忍人之心】语出《孟子·公孙丑上》。指每个人都有怜悯体恤别人的心性。这是孟子"性善论"的理论基础。

【人伦】儒家关于人与人关系的根本理论和行为准则。孔子将人伦关系概括为"君君、臣臣、父父、子子"(《论语·颜渊》)，并提出仁、智、勇等道德规范。子思把君臣、父子、夫妇、昆弟、朋友五者看作是"天下之达道"（普天下的人必须共同遵循的普遍道理），智、仁、勇三者为"天下之达德"（普天下的人应具备的基本品德）。孟子规定了五种关系的准则："父子有亲，君臣有义，夫妇有别，长幼有叙（序），朋友有信。"(《孟子·滕文公上》) 后来董仲舒把人伦关系更加具体化为"三纲五常"。

【人权】指人们应当平等享有的权利，首先是生存权，同时也包括人身自由、民主权利以及经济、文化、社会等方面的权利。

【人日】指农历正月初七日，传说女娲初创世，在造出了鸡、狗、猪、牛、马等动物后，在第七天造出了人，所以这一天是人类的生日，称为人日。初为单一的占卜活动，汉、魏以后发展为节庆。唐代以后更重视这个节日，每至人日，皇帝赐群臣"人胜"（剪彩或镂金箔做的人形物），贴在屏风上或戴在头发上；又登高大宴群臣。文人则在人日写怀友之诗。今有的地方人日下午有吃长面（俗称拉魂面）的习俗，寓意把过年的玩心收回来，准备春耕生产。也称人胜节、人庆节、人口日、人七日。

【人生乐在相知心】人生中最快乐的事，就是有知心人。北宋·王安石《明妃曲》其二："汉恩自浅胡恩深，人生乐在相知心。可怜青冢已芜没，尚有哀弦留至今。"

【人生自古谁无死，留取丹心照汗青】语出南宋文天祥《过零丁洋》诗。是说自古以来有谁能够长生不死呢？但求死后光照千秋，青史留名。指人应死得其所。

【人文】指诗书礼乐等。《周易·贲（bì）卦·彖（tuàn）》："观乎天文以察时变，观乎人文以化成天下。"今泛指人类社会的各种文化现象。

【人我合一】指人与人、国与国协调发展、相互尊重的思想。在"自我"和"他人"之间存在着一种相即不离的内在关系。孔子认为"仁"就是"爱人"，而"仁爱"的品德是人本身所具有的，爱自己的亲人是最根本的；孟子则由"亲亲"扩大到"仁民"及"爱物"。把爱自己的亲人扩大到爱他人，社会就和谐了；一个国家、一个民族把爱自己的国家和民族扩大到也爱别的国家和民族，世界就和平了。

【人无礼义则乱，不知礼义则悖（bèi）**】** 语出《荀子·性恶》。礼义：礼法道义；悖：不合常理。意思是人没有礼法道义，社会就会动荡不安；人不懂得礼法道义，说话做事就不合常理。强调礼法道义的重要性。

【人无礼则不生，事无礼则不成，国家无礼则不宁】 语出《荀子·修身》。做人不守礼就无法生存，做事不守礼就无法成功，国家不守礼就不得安宁。体现了儒家对礼法的推崇。

【人无远虑，必有近忧】 语出《论语·卫灵公》。意思是人没有深谋远虑，一定很快就有忧患。

【人心向背】 向：归向；背：背离。指人民群众的拥护或反对。清·王夫之《读通鉴论·东晋元帝一》："即此而人心向背之几（迹象，先兆）可知矣。"

【人性皆善】 南宋·朱熹《论语集注》："人性皆善，而其类有善恶之殊者，气习（风气，习俗）之染（熏染）也。"朱熹认为：人的本性都是善的；人有善恶之分并不是因为他们的本性不同，而是由于风气和习俗的熏染、影响不同造成的。强调环境的影响和后天的教育使人恢复其善的本性，成为善的人。

【人与天调（tiáo）**，然后天地之美生】** 语出《管子·五行》。天地：天和地，泛指自然界和社会。人与自然协调了，自然界和社会的美好事物就产生出来了。揭示了人与自然密切相关，人必须注意保护自然的道理。

【人之命在天，国之命在礼】 语出《荀子·强国》。天：自然，泛指客观规律；礼：指礼制。人的命运决定于自然规律，国家的命运决定于礼制的实行。是荀子重视礼制思想的体现。

【人之行，莫大于孝】《孝经·圣治》："子曰：天地之性，人为贵。人之行，莫大于孝。"意思是天地万物之中，以人最为尊贵。人的行为之中，没有比孝道更为重要的了。

【人治】 ❶ 人伦之治，即以人与人之间的关系和应该遵循的道德准则为立身、治国之本。《礼记·大传》："名者，人治之大者。"郑玄注："人治所以正人。"❷ 一种治理国家的主张（跟"法治"相对）。认为国家的治或乱，关键在于统治者个人的道德和行为，而不是法律。儒家以此作为统治者的治国之本。

【仁】 儒家认为人类所应具有的对他人和世间一切事物的关怀、同情、恻隐、怜悯、扶持、护佑等良善之心，即爱心。是孔孟思想的核心，也是儒家哲学的理论基础。《论语·颜渊》："樊迟问仁。子曰：'爱人。'"《孟子·离娄下》："君子以仁存心，以礼存心，仁者爱人。"唐代韩愈指出仁就是博爱。《原道》："博爱之谓仁。"儒家所倡导的这种博大无疆的仁爱精神，与佛教、道教、基督教、伊斯兰教所尊奉的爱心善念具有极大的一致性。

【仁爱】仁厚慈爱；亲爱。《淮南子·修务训》："尧立孝慈仁爱，使民如子弟。"

【仁道】为仁之道或行仁之道。自己具备深厚的仁爱之心，又把这爱心向他人传播、布施。

【仁人君子】指有仁爱之心、品德高尚的人。北宋·苏轼《晁错论》："唯仁人君子豪杰之士，为能出身为天下犯大难，以求成大功。"

【仁人用，国日明】语出《荀子·议兵》。用：任用。仁德之人得以任用，国家就会日益昌明兴盛。

【仁人志士】见360页"志士仁人"。

【仁义道德】❶指儒家所倡导的仁爱、合乎道义等行为规范。唐·韩愈《原道》："噫，后之人，其欲闻仁义道德之说，孰从而听之。"❷泛指为人处世的行为标准。

【仁义德行，常安之术也】《荀子·荣辱》："仁义德行，常安之术也，然而未必不危也。"意思是奉行仁义道德是通常能够得到安全的办法，然而未必就不会遇到危险（告诫人们要提防品格低下的人）。

【仁义之师】为仁爱和正义而战斗的军队。如：兴仁义之师，救民于倒悬。

【仁则荣，不仁则辱】语出《孟子·公孙丑上》。意思是仁就会得到荣耀，不仁就会遭受责辱。

【仁者爱人】儒家认为，仁的本质就是爱人。仁爱是孔孟思想的核心。《论语·颜渊》："樊迟问仁。子曰：'爱人。'"《孟子·离娄下》："君子所以异于人者，以其存心也。君子以仁存心，以礼存心。仁者爱人，有礼者敬人。"

【仁者爱人，义者循理】语出《荀子·议兵》。是说品德高尚的人懂得爱护别人，行正义的人会遵循一定的道理。

【仁者必敬人】语出《荀子·臣道》。道德品行好的人必定尊重别人。

【仁者见仁，智者见智】《周易·系辞上》："仁者见之谓之仁，智者见之谓之智。"仁德的人见了它说它是仁，聪明的人见了它说它是智。指对同一事物，不同的人会有不同的见解。也作见仁见智。

【仁者无敌】语出《孟子·梁惠王上》。施行仁政的君王，必然赢得民众的拥戴，是无人可敌的。儒家认为，国家要想强大，推行仁政是最为可行的办法。

【仁政】执政者把仁作为施政纲领并努力去实践的政府行为。战国时孟子的政治主张。《孟子·公孙丑上》："万乘（shèng）之国行仁政，民之悦之，犹解倒悬也。""行仁政而王，莫之能御也。"仁政思想集中体现了儒家的人文主义精神。

【仁至义尽】《礼记·郊特牲》："蜡之祭，仁之至，义之尽也。"原意为对诸神进行蜡祭作为报答是做到了仁义的极限。后指对人的爱护、帮助或宽恕已做到最大的限度。

【忍辱负重】为完成重大的任务而忍受暂时的屈辱。《三国志·吴志·陆逊传》："国家所以屈诸君使相承望者，以仆有尺寸可称（有一点儿可取之处），能忍辱负重故也。”

【任劳任怨】形容做事不辞辛劳，不怕埋怨。《明史·王应熊传》：“乃群臣不肯任劳任怨，致陛下万不获已，权遣近侍监理。”也作任怨任劳。

【任人唯贤】《尚书·咸有一德》：“任官惟贤材，左右惟其人。”指只任用德才兼备的人，而不管他跟自己的关系如何。与“任人唯亲”相对。

【任重道远】担子沉重，路程遥远。比喻既然担负着重大的责任，就必须准备进行长期艰苦奋斗。《论语·泰伯》：“曾子曰：‘士不可以不弘毅（宽宏有毅力），任重而道远。’”

【日晷（guǐ）】晷：日影。古代一种测时仪器。由晷盘和晷针构成。晷盘是一个有刻度的圆盘，盘面中央装一根与盘面垂直的晷针。针影随太阳运转而移动，在晷盘上的不同位置显示不同的时刻。也说日规。

【日极则仄（zè），月满则亏】语出《管子·白心》。仄：倾斜；亏：欠缺，不足。太阳升到最高点时就要偏斜；月亮到了最圆时就要亏缺。揭示了事物发展到一定程度，就会向相反的方向转化的道理。

【日坛】明清两代帝王祭祀太阳的处所，古都北京五坛（天坛、地坛、日坛、月坛、先农坛）之一。位于北京朝阳门外东南日坛北路。始建于明嘉靖九年（1530）。坛西向，白石砌成一层方台，坛面明代为红琉璃，以象征太阳，清代改为方砖墁砌，四周有矮围墙，清乾隆七年（1742）改建于坛西北角。后古建筑大部分被毁，文物被盗。1951年北京市政府将其扩建，开辟为公园。

【日下旧闻】书名。地理著作。清代朱彝尊撰。42卷。日下，指京师。记载上自远古，下至明末北京的掌故史迹。内容分星土、世纪、形胜、宫室、京畿、风俗、物产等13门。征引前人著作，逐条排比。采辑渊博，记载详备。其子朱昆田撰《补遗》，清高宗又命大臣增续，别成《日下旧闻考》。

【日月逝矣，岁不我与】语出《论语·阳货》。逝：逝去，消逝。与：给，留给，等待。时光很快会消逝，机会不会总等待我。指人生要珍惜时间，抓住机遇。参见260页“岁不我与”。

【日知录】书名。读书札记。明清之际顾炎武著。32卷。按经义、政事、世风、礼制、吏法、兵事、艺文等分类编入。以“明道”“救世”为宗旨，核心思想为“经世致用”。全面反映了著者的政治学术思想。书中错误之处，曾经阎若璩等订正。黄汝成著有《日知录集释》。黄侃据传抄本，著有《日知录校记》。

【荣宝斋】出版机构，店铺名。清康熙十一年（1672）在北京创建，初名“松竹斋”，光绪二十年（1894）改名“荣宝斋”。主要从事木版水印业务，并经营古今字画和文房四宝。复制的古今名画酷肖传神，富有民族特色。

【荣辱之责在乎己，而不在乎人】语出《韩非子·大体》。名誉的好坏在于自己

R

的所作所为，而不在于别人。

【容闳（hóng）】（1828—1912）原名光照，字达萌，号纯甫，广东香山县南屏村（今珠海市南屏镇）人。1854 年耶鲁大学毕业，是第一个毕业于美国的中国留学生。促成了上海江南机器制造局的设立；组织了第一批官费赴美留学幼童。还曾参与戊戌变法，支持辛亥革命。著有《西学东渐记》。

【容人】待人宽厚。我国传统文化提倡“严以责己，宽以待人”“海纳百川，有容乃大”。

【容斋随笔】书名。笔记体。南宋洪迈撰。74 卷。分“随笔”“续笔”“三笔”“四笔”“五笔”五集。内容广泛，对经史百家、典章制度、诗文典故、逸闻异说等都有考订或评定。立说精确审慎，颇多创见，为历代学者所重视。

【融会贯通】融合多方面的知识或道理，从而得到全面透彻的理解。南宋·朱熹《答姜叔权书》之一：“举一而三反，闻一而知十，乃学者用功之深，穷理之熟，然后能融会贯通，以至于此。”

【柔弱胜刚强】语出《老子》三十六章。道家的哲学观点之一。柔弱胜过刚强，这是因为刚强是不可能长久保持的状态，而成长的东西虽然柔弱，却可以恒常，有强劲（jìng）的生命力，最终会强大起来。体现了老子的矛盾双方在一定条件下互为转化的辩证思想。

【肉腐出虫，鱼枯生蠹（dù）】语出《荀子·劝学》。蠹：蠹虫，蛀蚀书籍、衣服等的虫子。肉腐烂了会生蛆，鱼枯死了会生蠹虫。比喻坏事的发生都由内因而起，应当多从自身找原因。

【如来】释迦牟尼的十种法号之一。释迦牟尼常用于自称。一般也可用如来佛称释迦牟尼。《金刚经》：“如来者，无所从来，亦无所去，故名如来。”

【如临深渊，如履薄冰】《诗经·小雅·小旻（mín）》：“战战兢兢，如临深渊，如履薄冰。”意思是小心谨慎得好像面临深渊，踩在江河的薄冰上一样。形容提心吊胆，小心翼翼。

【儒】❶ 春秋时从巫、史、祝、卜中分化出来专为贵族人家襄礼的知识分子。《周礼·天官·太宰》：“四曰儒，以道得民。”❷ 孔子创立的学派；儒家。《韩非子·显学》：“世之显学，儒、墨也。儒之所至，孔丘也。”参见 221 页“儒家”。❸ 信奉儒学的人，也指读书人。如：大儒、腐儒、雅儒。

【儒家】我国学术思想中崇奉孔子学说的学派。先秦至汉初时即被列为“九流十家”之首。其学说内容，主要是遵循尧舜之道，效法周文王、周武王之制，崇尚礼乐（yuè）和仁义，提倡忠恕和不偏不倚、无过无不及的中庸之道。政治上主张德治和仁政。重视伦理道德教育和自我修身养性。战国时儒家有孟子、荀子等八派。自汉武帝罢黜（chù）百家、独尊儒术后，其学说逐渐成为中国封建社会文化的主流。儒家学派又成为中国传统文化的主体，在漫长的历史中为维护民族的统一、稳定社会秩序起着积极作用，对中华民族文化的保存和发展有巨大贡献。

【**儒教**】将孔子学说视作宗教的称谓。南北朝开始把儒家视同宗教，与佛教、道教并称为“三教”。《晋书·宣帝纪》：“伏膺（yīng，信服）儒教。”也称孔教。

【**儒林外史**】书名。长篇小说。清代吴敬梓作。56回。全书以写实手法对利欲熏心之徒予以无情的揭露，对当时吏治腐败、科举弊端、礼教虚伪等进行了深刻的批判和嘲讽。白话的运用纯熟自如，人物性格的刻画深入细腻，尤其是高超的讽刺手法，使其成为中国古典讽刺文学的杰作。

【**儒术**】儒家的学术思想。儒家主张用儒术治理国家。汉武帝采纳董仲舒的建议，“罢黜百家，独尊儒术”，其后两千年来儒术成为执政者的指导思想。也称孔子之术。

【**儒学**】❶儒家的学说；儒家经学。《后汉书·方术传上·李郃（hé）》：“父颉（jié），以儒学称，官至博士。”❷元、明、清在各府、州、县设立的供生员修业的学校。

【**儒者在本朝则美政，在下位则美俗**】语出《荀子·儒效》。儒者：尊崇儒学的人；美政：使政风美善；美俗：使风俗淳美。尊崇儒学的人，在朝为官会使朝政美善，在民间会使社会风俗淳美。

【**汝窑**】我国宋代五大著名瓷窑（汝窑、官窑、哥窑、钧窑、定窑）之一，因窑址在河南在宝丰县境内，宋代属汝州，故名。汝窑胎骨香灰色，釉色近于卵青，似玉非玉。已知流传至今的汝窑真品仅67件。

【**乳姑不怠**】二十四孝故事之一。唐代崔山南的曾祖母长孙夫人年事已高，牙齿脱落，咀嚼困难。祖母唐夫人十分孝顺，每天用自己的乳汁喂养婆婆。长孙夫人病重时，将全家大小召集在一起说：“我无以报答新妇（指唐夫人）之恩，但愿新妇的子孙媳妇也像她孝敬我那样孝敬她。”后来崔山南做了高官，果如长孙夫人所嘱，夫妻都十分孝敬祖母唐夫人。

【**入国问禁**】语出《礼记·曲礼上》。是说进入别国，先要问清那里的禁令，以免触犯。

【**入境问俗**】语出《礼记·曲礼上》。是说进入别国或一个新的地方，先要问清那里的风俗，以免无意中违犯。

【**入门问讳**】语出《礼记·曲礼上》。意思是到别人家里拜访，先要了解人家的忌讳，以免冒犯。

【**入泮**】周代诸侯的学校前有半圆形的池，名“泮水”，学校即称“泮宫”。后代沿袭其形制。明、清州县考试，新进生员须入学宫拜谒孔子，故入学也称“入泮”。

【**入乡随俗**】指到什么地方，就要遵从什么地方的风俗习惯；也比喻能适应环境。

【**阮籍**】（210—263）三国魏文学家、思想家。字嗣宗，陈留尉氏（今属河南）人。阮瑀（yǔ）之子。曾为步兵校尉，世称阮步兵。与嵇康齐名，为“竹林七贤”之一。蔑视礼教，与政事则至为谨慎，在当时复杂的政治斗争中常用醉酒的办法保全自己。长于五言诗，多表现人生的孤独与苦闷，情调郁暗而富于哲理，对社会现实亦多有讥刺。后人辑有《阮嗣宗集》。

【阮瑀（yǔ）**】**（？—212）汉末文学家。字元瑜，陈留尉氏（今属河南）人。为曹操司空军师祭酒。善作书檄，又能诗，为"建安七子"之一。作品留存很少。《驾出北郭门行》较有名。明人辑有《阮元瑜集》。

【阮元】（1764—1849）清代经学家、训诂学家。字伯元，号芸苔，江苏仪征人。官至体仁阁大学士。提倡朴学，主编《经籍籑诂》，校勘《十三经注疏》，汇编《皇清经解》等。兼治金石、天文、历算、地理之学。文字训诂方面，以声音贯通文字，提出"探语源，求本字，明通假，辨谊（yì，通'义'）诂"的方法；认为文字训诂是理解圣人之道的门径，强调训诂考据的重要性。认为考据、义理、辞章三者密不可分。论文重文笔之辨，提倡骈偶，对桐城派古文的形式不满。其主要著作均收入《揅（yán）经室集》。

【若安天下，必须先正其身】唐·吴兢《贞观政要·君道》引唐太宗语："若安天下，必须先正其身，未有身正而影曲、上治而下乱者。"意思是要安定天下，必须首先做到自身端正，没有身子端正而身影弯曲、朝廷安定而百姓叛乱的道理。现多指执政者要一身正气，做清廉身正的好官。

【若大旱之望云霓（ní）**】**语出《孟子·梁惠王下》。云霓：下雨的征兆。好像大旱的时候盼望雨水一样。比喻渴望解除困境。

【弱者道之用】语出《老子》四十章。意思是"道"在发挥作用时，用的是柔弱的方法。"道"创造万物，并不使万物感到有什么强迫的力量，而是自然而然地发生和成长。这体现了老子"道法自然""无为而无不为"和以柔克刚的思想。

【萨都剌】（约 1305—约 1355）元代文学家。字天锡，号直斋。以回鹘人徙居雁门（今山西代县）。官至南台侍御史。诗词描写细腻，富于生活实感。后人推崇其为“有元一代词人之冠”。兼善楷书、绘画。今存《严陵钓台图》《梅雀》等画。后人辑有《雁门集》《天锡词》等。

【萨迦派】我国藏传佛教宗派。萨迦，藏语意为白土，因该派主寺萨迦寺所在地土色灰白，故称。11 世纪创立，后被噶举派所取代。该派于 1550 年在四川德格贡钦寺设德格印经院，刊刻藏传佛教经书、各宗派重要著述、历法及医药等书 1000 余种，对保存藏传佛教文化起了重要作用。俗称花教。

【萨迦寺】我国佛教寺院。萨迦北寺和萨迦南寺的统称。藏传佛教萨迦派主寺。先是萨迦派创始人昆·贡却杰布于 1073 年在后藏仲曲河北岸山上建“白宫”，即萨迦北寺。元世祖至元六年（1269）萨迦本钦·释迦桑布仿吉热寺式样，建萨迦南寺。南寺有藏经库，其中有一万多部经书是用金、银、朱砂汁和墨汁精工写成的珍品。全寺共有佛教经藏四万多卷，包括一部分贝叶经和壁画、画卷。

【塞翁失马】《淮南子·人间训》中说：住在边塞的一位老人走失了一匹马，人们都来安慰他。他说：“怎么知道就不是福呢？”后来这匹走失的马果然带着一匹好马回来了。后用“塞翁失马”比喻祸福相倚，坏事也可能变成好事。

【赛龙舟】民间端午节的一项活动，主要流行于我国南方以及东南亚华人社区。它最早是古越族人祭水神或龙神的一种祭祀活动，起源可追溯至原始社会末期。现已被列入国家级非物质文化遗产名录。

【三宝】❶ 道家把慈爱、节俭、不为天下先作为立身处世的关键，谓之“三宝”。《老子》：“我有三宝，持而宝之；一曰慈，二曰俭，三曰不敢为天下先。”❷ 道教以道、经、师为“三宝”。《道教义枢》卷一：“一者道宝，二者太上经宝，三者大法师宝。”❸ 佛教以佛（一切佛）、法（教义、教理）、僧（僧众）为“三宝”。

【三保太监下西洋】明初大规模的远洋航行。明永乐三年（1405）成祖遣太监郑和（小字三保，“保”亦作“宝”）与副使王景弘率 27800 余人，乘“宝船”62

艘，从苏州刘家港（今江苏太仓东浏河镇）启航，远航西洋（指今文莱以西的海洋）。先后到达占城、爪哇、苏门答腊、锡兰等地，经印度西岸折回，1407年返国。以后又六次出洋，最远曾达非洲东岸、红海和伊斯兰教圣地麦加。这些航行比哥伦布等的航行早半世纪，船队规模也远超后者。南洋各地至今仍留有郑和的遗迹。随行人员马欢等著有《瀛涯胜览》《星槎（chá）胜览》《西洋番国志》，记述途中见闻，都很有价值。参见356页“郑和”。

【三报】佛教指现报、生报、后报三种业报。

【三不朽】《左传·襄公二十四年》：“豹（鲁国大夫叔孙豹，也称穆叔）闻之：‘太上（最高）有立德，其次有立功，其次有立言。’虽久不废，此之谓不朽。”意思是人最高的境界是树立德行，其次是建立功绩，再次是建树真知灼见的学说。虽然过去很久，也不会被废弃，这叫作“不朽”。

【三仓】书名。字书。秦代李斯《仓颉（jié）篇》、赵高《爰（yuán）历篇》、胡母（毋）敬《博学篇》的合称。汉时也合称《仓颉篇》。西汉时扬雄所撰《训纂篇》、东汉贾鲂（fáng）所撰《滂喜篇》，加上《仓颉篇》（包括《爰历篇》《博学篇》）也合称“三仓”。大抵四字为句，两句一韵，便于诵读，用以教学童识字。今皆不传。后世有辑本。也说《三苍》。

【三曹】指汉魏间曹操与子曹丕、曹植。因父子三人政治上的地位和文学上的成就对当时文坛较有影响，故后人合称“三曹”。

【三乘】佛教用语。乘：运载工具，这里指方法。声闻乘、缘觉乘、菩萨乘的合称。比喻引导众生度过生死得到解脱的三种方法。声闻乘、缘觉乘是一般人达到解脱、结成佛果的方法，旨在自度。菩萨乘是“大根器”人达到解脱、结成佛果之道，旨在普度众生。

【三从四德】我国古代妇女遵守的三种道德规范与应有的四种德行。“三从”即“未嫁从父，既嫁从夫，夫死从子”（见《仪礼·丧服·子夏传》）。“四德”即“妇德、妇言、妇容、妇功”（见《周礼·天官·九嫔》）。东汉·班昭《女诫·妇行》对四德作了注释：“清闲贞静，守节整齐，行己有耻，动静有法，是谓妇德；择辞（选得体的话）而说，不道恶语，时然后言，不厌于人，是谓妇言；盥浣（guànhuàn 洗漱，洗涤）尘秽，服饰鲜洁，沐浴以时，身不垢辱（污浊），是谓妇容；专心纺绩，不好戏笑，洁齐酒食，以奉宾客，是谓妇功。”

【三法印】佛教指诸行无常、诸法无我、涅槃寂静。诸行无常是说世间一切变化无常；诸法无我是说一切现象没有独立的实体或主宰者；涅槃寂静是说超脱生死轮回，进入涅槃的境界。以上三者是佛教的基本原则，犹如印鉴，故称“三法印”。

【三福】佛教指三种福业，即世福、戒福、行福。世福指孝养父母，奉事师长；戒福指持佛出世所定的戒法；行福指发菩提心，而行佛道。

【三纲】❶儒家指父为子纲、君为臣纲、夫为妻纲。❷佛教指寺院中的三项僧职。即：上座（统领众僧者）、寺主（寺内堂宇的营造、管理者）、都维那（简称维那，主管僧众杂务者）。

【三纲五常】纲：提网的总绳，比喻处在主要或支配地位的东西。“三纲”指“君为臣纲，父为子纲，夫为妻纲”。汉代董仲舒认为，这是封建社会中的三种主要伦理关系。“五常”指仁、义、礼、智、信。儒家认为五常之道是治国者所应遵循的修身规范，也是每一个人所必守的道德准则。宋代朱熹将“三纲”“五常”连用，认为三纲五常是永恒不变的“天理”。

【三公】古代一般为中央三种最高官衔的合称。周代指太师、太傅、太保；西汉指丞相、太尉、御史大夫。后代有的只作为虚衔、荣衔，并无实权。具体情况，因朝代而异。

【三官】道教所信奉的天官、地官、水官三神的合称。传说天官赐福，地官赦罪，水官解厄。三官中以天官信仰最为普遍，民间视为福神，年画中身着红袍，手持如意，面容慈祥，春节贴于门上，以求赐福长寿。也称三官大帝。

【三国】❶时代名（220—280）。指东汉后出现的魏、蜀、吴分立的历史时期。从220年曹丕称帝始，到280年吴亡止。❷长篇历史小说《三国演义》的简称。

【三国演义】书名。全名《三国志通俗演义》。我国古代四大名著之一，也是中国古代历史演义小说的经典之作。元末明初罗贯中著。全书着重描写了3世纪以曹操、刘备、孙权为首的魏、蜀、吴三个政治军事集团之间的矛盾和斗争，塑造了四百多个人物，尤以诸葛亮、曹操、刘备、关羽等人最为人们耳熟能详。小说既以史实为依据，又不完全囿于史实，达到了历史真实与艺术真实的完美统一。

【三国志】书名。二十五史之一。西晋陈寿撰。65卷。为纪传体三国史，分魏、蜀、吴三志。初始三志各自独立，到北宋咸平六年（1003）三书合为一书。因叙事较为简略，南朝宋裴松之为之作注，多出本文数倍，保存的史料更加丰富。

【三国志通俗演义】见226页“三国演义”。

【三过家门而不入】《史记·夏本纪》记载：禹奉舜帝命治水，“居外十三年，过家门不敢入”。大禹为了治水，曾三次路过家门都没进去。禹这种舍小家为大家的精神，受到民众的赞扬，也为舜所重视。后世用“三过家门而不入”的典故，以倡导公而忘私的奉献精神。

【三皇五帝】传说中的我国古代帝王。三皇通常指伏羲（xī）、燧（suì）人氏、神农；五帝通常指黄帝、颛顼（zhuānxū）、帝喾（kù）、唐尧、虞舜。《周礼·春官·外史》：“外史掌书外令、掌四方之志，掌三皇五帝之书。”

【三教九流】三教指儒教、佛教、道教；九流指儒家、道家、阴阳家、法家、名

S

家、墨家、纵横家、杂家、农家。后用“三教九流”泛指宗教、学术等的各种流派、社会上的各种行业或各类各色人物。《镜花缘》第九十九回：“细细看去，士农工商，三教九流，无一不有。”

【三界】佛教指世俗众生存在的三种境界，即：欲界（具有食欲、淫欲的众生所居）、色界（欲界之上，已离食、淫二欲而只享受精妙境象的众生所居）、无色界（色界之上，为无形色众生所居）。佛教认为三界都属于“迷界”，只有从中解脱，进入涅槃，才是最高理想。

【三军可夺帅，匹夫不可夺其志】《论语·子罕》：“三军可夺帅也，匹夫不可夺志也。”三军的主帅可以被俘虏，被劝降，一个真正的男子汉却不可以强迫他改变志向。今多指一个人要有坚定的信念和高尚的情操。

【三乐（lè）】语出《孟子·尽心上》。孟子认为君子一生有三大乐趣，一是父母健在，兄弟姐妹都平安；二是上对得起天，下对得起所有人；三是能够教育天下的英杰才俊之士。

【三礼】❶《周礼》《仪礼》《礼记》三书的合称。唐·韩愈《送陈密序》：“今将易其业而《三礼》是习。”❷古代指祭天、祭地、祭宗庙的礼仪。《隋书·礼仪志一》：“唐虞之世，祭天之属为天礼，祭地之属为地礼，祭宗庙之属为人礼。”

【三清】即三清神，是道教信奉的三位最高尊神的合称。分别是：玉清元始天尊（天宝君）、上清灵宝天尊（太上道君）和太清道德天尊（太上老君）。道教认为三清神都是“道”在不同时期的化身，分别主宰天地万物，并代表其产生演化的进程，是《道德经》“道生一，一生二，二生三，三生万物”思想的体现。

【三清山】道教名山。位于江西省玉山县和德兴市交界处。因玉京、玉虚、玉华三峰巍峨奇伟，宛如道教玉清、上清、太清三位尊神踞坐群峰之巅，故名。相传东晋著名道家葛洪曾来此修道炼丹。风景优美，古迹有三清宫等，为全国重点风景名胜区，并列入《世界遗产名录》。也称少华山。

【三人行必有我师】《论语·述而》：“三人行，必有我师焉，择其善者而从之，其不善者而改之。”孔子认为多人一起同行共事，其中一定会有值得我学习请教的老师。我选取他们的优点学习，用他们中的缺点来对照自己，加以改进。体现了孔子“学无定师”、谦逊好学的精神。

【三生】佛教指前生（也说前世）、今生（也说现世）、后生（也说来世）。

【三生有幸】三生（前生、今生、后生）都很幸运。形容幸运无比。常用作初次见面时的客套话。

【三省（shěng）】尚书省、中书省、门下省的合称。尚书省形成于东汉，中书省和门下省形成于三国，至隋代分工明确：尚书执行，中书出令，门下封驳（对诏敕之不当者封还并加以驳斥）。唐初，共议国政，具宰相职能。宋代曾与枢密院同掌大政，尚书省长官实为宰相。

【三世】指《春秋公羊传》把鲁国历史划分的三个阶段，即所见世（孔子亲见）、所闻世（孔子耳闻）、所传闻世（前人传述）。汉代今文经派进一步解释为太平世、升平世、衰乱世，目的是通过治理，变衰乱世为治世（即升平世、太平世）。

【三世轮回】佛教指于前世、今世、来世之内，在六道（天道、人道、阿修罗道、地狱道、畜生道、恶鬼道）中轮回转生。

【三思而行】《论语·公冶长》："季文子三思而后行。"意思是再三考虑，然后再做。后用"三思而行"指谨慎行事。《水浒传》第六十七回："林冲谏道：'兄长，人心难忖，三思而行。'"

【三苏】指北宋文学家苏洵与子苏轼、苏辙。洵称老苏，轼称大苏，辙称小苏。其中苏轼的成就最高，在诗、词、文各方面都有重要地位。洵、辙长于书策散文。三人皆入"唐宋八大家"之列。

【三统】人统、地统、天统的合称。指夏商周三代的正（zhēng）朔（王朝新颁布的历法）。夏朝正月设置为寅时，以正月为岁首，称为人统或黑统；商朝正月设置为丑时，以十二月为岁首，称为地统或白统；周朝正月设置为子时，以十一月为岁首，称为人统或赤统。也称三正（zhēng）。

【三统说】西汉董仲舒等的历史循环论。认为"天之道终而复始"，黑、白、赤循环往复：夏、商、周三代分别为黑统、白统、赤统，后出的王朝据此循环，自成一统，以顺天命。三统说是董仲舒依托天人感应进行改制的伦理依据。也称三正说。

【三头六臂】佛经上所说的天神往往有种种异相。如天神哪吒，其形象是"三头六臂擎天地"。后用"三头六臂"比喻神通广大，本领超凡。

【三味】❶佛教指诵经悟义的三重境界：一为"定"，诵经做到神思安定；二为"正受"，领悟经义要态度端正，恭敬虔诚；三为"等持"，学习要持之以恒。后引申为妙处、极致。❷佛教指出家味、读诵味、坐禅味。❸比喻读书的三种感受：读经，味如稻粱；读史，味如肴馔（zhuàn）；读诸子百家，味如醯醢（xīhǎi，鱼酱肉酱）。

【三畏】《论语·季氏》："君子有三畏（敬畏）：畏天命（指宇宙法则，自然规律），畏大人（圣人），畏圣人之言。"意思是君子对自然规律、圣人和圣人之言持敬畏的态度。

【三希堂法帖】书法拓本名。三希堂石渠宝笈法帖的简称。乾隆十二年（1747）清高宗弘历命吏部尚书梁诗正等将内府所藏魏晋至明代法书，择其精要，镌刻石碑 495 块（今藏北京北海公园内）。拓本共分 32 册。因帖中收有被乾隆帝视为三件稀世墨宝的东晋王羲之的《快雪时晴帖》、王献之的《中秋帖》和王珣的《伯远帖》，而珍藏这三件稀世珍宝的地方又被称为三希堂，故名《三希堂法帖》。

【三星堆遗址】我国新石器时代至商周

时期早期蜀文化的遗存。位于四川广汉南兴镇三星村。年代为公元前2500—前1200年。1980—1989年发掘。发现有城址、房屋与祭祀坑。祭祀坑内出土金、铜、陶、骨及象牙等质料的文物700余件。其中青铜立人像、青铜人头像、人面具、龙形器、虎形器、跪坐人像和金杖、金虎形饰、神树等皆为国内所罕见。为全国重点文物保护单位。

【三言二拍】明末五种话本集及拟话本集的总称。“三言”指《喻世明言》(也称《古今小说》)、《警世通言》和《醒世恒言》，明冯梦龙纂辑，共收话本小说120篇。“二拍”指《初刻拍案惊奇》和《二刻拍案惊奇》，明人凌濛初编著，共80篇，内有一篇重复，一篇杂剧，实录拟话本小说78篇。后有抱瓮老人从诸集中选录40篇，刻以单行，题名《今古奇观》。

【三友】❶儒家的择人交友之道。《论语·季氏》：“益者三友，损者三友。友直，友谅，友多闻，益矣。友便辟(piánpì)，友善柔，友便佞(piánnìng)，损矣。”意思是有益和有害的朋友各有三种。交结正直之友，交结诚信之友，交结见闻广博之友，是有益的；交结谄媚奉承之友，交结善于取悦于人之友，交结夸夸其谈之友，是有害的。后多指三种益友。❷古称松、竹、梅为岁寒三友。也称诗、酒、琴为三友。

【三元】❶上元、中元、下元的合称。道教以天官、地官、水官三神诞日配三元：上元正月十五日为天官诞日，中元七月十五日为地官诞日，下元十月十五日为水官诞日。也称三元日。❷科举考试中乡试、会试、殿试的第一名解元、会元、状元，合称“三元”。明代也称殿试的前三名为“三元”，即状元、榜眼、探花。

【三灾】佛教指世界发生劫难时出现的三种灾害。分小大两种：小三灾为刀兵灾、疫疠灾、饥馑灾；大三灾为火灾、水灾、风灾。

【三藏】❶佛教经典的统称。包括经、律、论三部分。经，总述根本教义；律，记述僧规僧戒；论，阐发经典教义。参见38页“大藏经”。❷称精通经、律、论的高僧。如唐代高僧玄奘(zàng)，因精通各种佛典，被誉为唐三藏。

【三正】见228页“三统”。

【三正说】见228页“三统说”。

【三传(zhuàn)】“传”是解释经书的文字；“三传”指《春秋左氏传》《春秋公羊传》《春秋穀梁传》，分别是左氏、公羊氏、穀梁氏三家对《春秋》做出的解释。也称《春秋三传》。

【三字经】书名。我国古代儿童启蒙课本。相传为宋代王应麟著。三言韵语，短而精，便于记诵。内容包括历史、天文、地理、道德和生活常识以及一些民间传说等。

【桑弘羊】(前152—前80)西汉官员。洛阳(今属河南)人。历汉武帝、昭帝两朝，官至御史大夫。先后推行盐铁酒官营，实行均输、平准等政策调节商品供需和价格，组织数十万人屯田戍边，抵御匈奴。以上措施实施后，政府财政收入增加，国力强盛。后因卷入燕王旦谋反案被杀。其思想言论主要保存在《盐铁论》中。

【桑耶寺】我国佛教寺院。位于西藏札囊县雅鲁藏布江北岸。8世纪后半期由赤松德赞〔吐蕃（tǔbō）王朝第37任统治者〕亲自主持奠基修建。主殿为金顶三层楼阁，内部结构分别具有藏、汉和印度三种建筑式样和雕塑风格，因此也称“三样寺”。主殿内有塑像78尊，佛教画图14幅。为全国重点文物保护单位。

【骚体】见30页“楚辞”①。

【扫墓】为墓地打扫、培土并祭奠。现也指在烈士墓或烈士纪念碑前举行纪念活动。如：清明扫墓。

【僧格林沁】（1811—1865）清末将领。蒙古族。科尔沁左翼后旗（今属内蒙古）人。1825年袭封郡王。曾率骑兵防堵太平军北伐有功，封亲王。1859年在大沽口炮台击败英法舰队，是第二次鸦片战争我国唯一的一次胜仗。1861年后在鲁、豫、皖等地与捻军作战，1865年在曹州（今山东菏泽）被捻军围歼。

【僧肇】（384—414）东晋、后秦时僧人。俗姓张，京兆（今陕西西安）人。擅长般若学，曾在姑臧（今甘肃武威）和长安（今陕西西安）参加鸠摩罗什译场，从事译经，评定经论。又发挥“性空”学说，人称“解空第一”。著有《肇论》《维摩诘经注》等。

【杀身成仁】《论语·卫灵公》：“志士仁人，无求生以害仁，有杀身以成仁。”孔子说志士仁人为实现仁的道德理想，即使牺牲生命也在所不惜。后用“杀身成仁”指为正义事业而牺牲生命。

【歃（shà）血】歃：用嘴吸血。古代盟会中的一种仪式。盟约宣读后，参加者用口微吸所杀牲之血，以表示诚意。引申指结盟。《孟子·告子下》：“葵丘之会，诸侯束牲载书而不歃血。”

【山顶洞人】我国晚期智人化石，蒙古人种的祖先。1933年在北平（今北京）周口店龙骨山山顶洞穴内发现，故名。距今18865±420年。共发现个体8个，伴生动物54种。出土有骨器、石器和装饰品等，装饰品中有石珠、穿孔砾石，说明当时工艺制作已有很大进步。

【山海经】书名。古代神话、地理著作。作者不详，大约成书于战国时代和西汉初期。内容多怪异，保存了不少古代神话传说和史地资料。如：夸父追日、精卫填海、女娲补天、共工怒触不周山等。

【山水画】中国画画科之一。以描绘山川自然景色为主体，主要有青绿、金碧、没骨、浅绛、水墨等形式。在艺术表现上讲究经营位置和表达意境。简称山水。

【山水诗】诗歌的一种。以山水名胜为描写对象，有的表现山水的秀美壮丽，有的借山水风光抒发思想感情。山水诗在晋代已有，南朝宋谢灵运始开此派诗风，其后最著名的山水诗人有谢朓、何逊、孟浩然、王维等。

【扇枕温衾(qīn)】二十四孝故事之一。黄香，东汉江夏安陆(今属湖北)人，九岁丧母，事父极孝。酷夏入睡时先为父亲扇凉枕席；寒冬时先用身体为父亲温暖被窝。曾任魏郡(今属河北)太守，魏郡遭受水灾，黄香尽其所有赈济灾民。时有“天下无双，江夏黄香”之誉。

【善】有美好、友好、善良、慈善、善行等义。“善”具有深刻的伦理学、哲学和佛学内涵。中国传统伦理中有丰富的劝善内容。如：“积善之家，必有余庆”(《周易·坤卦·文言》)、“择其善者而从之，其不善者而改之”(《论语·述而》)、“善，德之建也”(《国语·晋语》)。

【善报】佛教指做好事后得到的好报应。《魏书·韦儁(jùn)传》：“吾一生为善，未蒙善报。”《初刻拍案惊奇》卷二十一：“积善有善报，积恶有恶报。”

【善待】友善地对待；好好地对待。佛教主张关爱生命，善待众生，重视人的生命和存在价值，主张人要有慈悲之心。慈悲之心，即善待众生之心，是佛教教义的核心，也是佛教修行的根本。

【善恶】善的和恶的。“是非善恶”是人世道德的正反标准。为人处世首先就是明辨是非善恶，只有这样才能行得正。三国魏·李康《运命论》：“善恶书于史册，毁誉流于千载。”

【善根】佛教指好的根性。参见170页“六根”。

【善教得民心】《孟子·离娄上》：“善政，民畏之；善教，民爱之。善政得民财，善教得民心。”好的政令，百姓畏服；好的教育，百姓喜爱。好的政令得到百姓的财富，好的教育得到百姓的心。孟子认为，得天下之道在于得民心，而得民心之道，用一般政治的手段不如用教育手段有效。

【善举】慈善的举措或行为。善举是一种发自内心的表达方法，是一种本能，一种美德。如捐资助学、扶贫济困都是善举。

【善良】心肠好；和善而不怀恶意。唐·韩愈《争(zhèng)臣论》：“晋之鄙人，薰其德而善良者几千人。”

【善气迎人，亲如弟兄；恶(è)气迎人，害于戈兵】语出《管子·心术下》。气：语气，这里指态度。用和善的态度待人，彼此之间就会亲如兄弟；用凶恶的态度待人，彼此之间就会兵戈相向。揭示了为人处世要热诚待人，化解矛盾，增强凝聚力的道理。

【善人】善良的人。《论语·子路》：“善人为邦百年，亦可以胜残去杀矣。”《史记·伯夷列传》：“天道无亲，常与善人。”

【善人赏而暴人罚，则国必治】语出《墨子·尚同下》。治：太平，安定。善良的人受到奖赏，凶恶残酷的人受到惩罚，那么国家就必然安定。指治理国家一定要赏善罚恶，奖惩分明。

【善事】慈善的事；好事。《穀梁传·襄公十年》：“中国有善事，则并焉；无善事，则异之，存之也。”

【善心】慈善的心；好心肠。唐·陈鸿《东城老父传》：“读释氏经，亦能了其深义至道，以善心化市井人。”

【善意】❶好意；良好的心愿。《汉书·苏建传》：“（建）因厚赂单（chán）于，答其善意。”❷佛教指同佛门结下缘分。《三慧经》：“善意如电，来即明，去便复冥。”

【善因】佛教指招致善果的本原或原因。《本业经》下：“善果从善因生。”

【善用兵者，修道而保法】《孙子兵法·军形》：“善用兵者，修（整治）道（政治主张）而保法，故能为胜败之政（决定，确定）。”是说善于用兵的人都要修明政治，确保各项法制贯彻落实，这样才能掌握战争胜利的主动权。

【善有善报，恶有恶报】语出《璎珞经·有行无行品》。指做好事与做坏事都会得到各自应得的回报。

【伤寒论】书名。《伤寒杂病论》的伤寒部分。东汉张仲景著。是一部阐述外感热病治疗规律的专著，对后世医学发展起着巨大作用。

【伤人乎？不问马】《论语·乡党》记载：孔子家的马棚失火了，孔子从朝廷回来问：“伤人了吗？”没有问马的事。当时的一匹马，相当于现在的一辆好车甚至更贵重，然而孔子最关注的是养马人的安危，凸显了孔子爱人和尊重人的生命的思想品德。

S

【商】❶朝代名（约前1600—前1046）。汤灭夏后所建，建都亳（bó，今河南商丘）。曾多次迁移，后来盘庚迁都到殷（今河南安阳西北小屯村），故也称殷、殷商。农业、手工业都比较发达，出现了规模较大的早期城市，为当时世界上的文明大国。传至纣，被周武王攻灭。共传17代31王，历554年。❷五音〔宫、商、角（jué）、徵（zhǐ）、羽〕之一。❸古人以秋天肃杀之气与商声凄怆悲凉之音相配，故称秋为商。《礼记·月令》：“孟秋之月，其音商。”唐·孟郊《秋怀诗十六首之七》：“商虫（秋虫）哭衰运，繁响不可寻。”

【商君书】书名。战国中期商鞅及其后学的著作汇编。今存24篇。记载了商鞅在政治、经济、军事、哲学、法学、伦理学等方面的思想及其变法活动和主张，主张从法律上保护土地私有制，建立中央集权的君主制国家。也称《商君》《商子》。

【商汤】见265页“汤”。

【商鞅】（约前390—前338）战国中期的政治家。卫国人。复姓公孙，名鞅，也叫卫鞅。前356年，辅助秦孝公实行变法。废除井田制，准许土地买卖；奖励耕织与垦荒；废除贵族世袭特权，按军功大小授予爵位。因战功受封于商（今陕西商洛市东南），故称商君、商鞅。秦孝公死后，遭旧贵族诬害，被车裂而死。著有《商君书》。

【赏不加于无功，而诛必行于有罪者】语出《韩非子·奸劫弑臣》。赏赐不给予没有功劳的人，而诛罚必须施加给犯罪的人。指治国应恩威并重，有赏有罚。

【赏不欲僭（jiàn），刑不欲滥】语出《荀子·致士》。僭：超越本分，过分。

奖赏不要过分，刑罚不要滥用。是说赏罚要适当，掌握好分寸。

【**赏罚分明**】该赏的就赏，该罚的就罚，处理清楚明白。《汉书·张敞传》："敞为人敏疾，赏罚分明。"

【**赏罚者，邦之利器也**】语出《韩非子·喻老》。奖赏和处罚是治理国家的锐利武器。

【**上兵伐谋**】指用兵打仗的最高境界是用谋略战胜对方。《孙子兵法·谋攻》："上（等级或质量高的）兵伐（攻打）谋，其次伐交（这里指外交），其次伐兵，其下攻城；攻城之法为不得已。"

【**上乘**（chéng）】❶ 即大乘，佛教派别之一。参见 36 页"大乘"。❷ 品位高，质量好。明·李贽《焚书·杂说》："杂剧院本，游戏之上乘也。"

【**上供**】宗教指在诸佛、祖师圣像前摆放供物、圣膳等礼仪。《敕修百丈清规》卷四："圣僧侍者，贵有道心，斋粥二时，上供。"后泛指用物品祭祖或敬神；也比喻向有权势的人送礼行贿。

【**上官婉儿**】（664—710）唐代女诗人。陕州陕县（今属河南）人。因祖父上官仪（唐代诗人）获罪被杀，随母配入内廷。14 岁起即为武则天掌管文诰，有"巾帼宰相"之名。中宗时，封为昭容。曾建议扩大书馆，增设学士，代朝廷品评词臣诗文。710 年，临淄王李隆基起兵发动政变，与韦后同时被杀。《全唐诗》收其遗诗 32 首。

【**上林苑**】古宫苑名。❶ 秦始皇建都咸阳后，营建朝宫于苑中，阿房（ē páng）宫即其前殿。汉初曾废置。武帝时扩建，养禽兽，供射猎，新建宫、观多处。司马相如有《上林赋》极写其奢侈。旧址在今西安市西及周至、户县一带。❷ 东汉置。故址在今洛阳市东。

【**上善若水**】《老子》八章："上善（至善）若水。水善利万物而不争，处众人之所恶（wù，厌恶），故几（接近）于道。"意思是最高的善像水那样。水善于帮助万物而不与万物相争，停留在众人所不喜欢的地方，所以接近于道。今多指默默奉献，宽厚包容，不计个人荣辱得失的崇高精神境界。

【**上天无路，入地无门**】南宋·普济《五灯会元·西余体柔禅师》："进前即触途成滞，退后即噎气填胸，直得上天无路，入地无门。"原指参禅过程中所遇到的进退无路、左右为难的困境。后形容走投无路，陷入绝境。

【**上下同欲者胜**】语出《孙子兵法·谋攻》。军事上指将帅、士兵有共同的目标，才能取得战争的胜利。今常指领导和群众同心同德才能使事业成功。

【**上元节**】我国传统节日。时间在农历正月十五。道教称这一天为天官诞日，也是天官下降赐福之日。是春节后的第一个重要节日。这一天的夜晚为上元夜，也叫元宵，故上元节也称元宵节。上元节有观灯的习俗，故也称灯节。

【**尚书**】❶ 书名。原称《书》，也称《书经》。儒家经典之一。"尚"即"上"，汉人因其为上代之书，故名。为上古历史文献和部分追述古代事迹著作的汇编。相传为孔子编定。事实上有些篇如《尧典》《皋陶（yáo）谟》《禹贡》《洪范》等是后来儒家补充进去的。西汉初存28篇，即《今文尚书》。另有相传汉武帝时在孔子宅壁中发现的《古文尚书》和东晋梅赜（zé）所献的伪《古文尚书》两种。现通行的《尚书》，就是《今文尚书》与伪《古文尚书》的合编。《尚书》中保存了商周特别是西周初期的一些重要史料。❷古代官名，掌管文书奏章。始置于战国，后各朝皆有设置。明清两代是政府各部最高长官。

【尚书集注音疏】书名。清代江声撰，12卷。在阎若璩《尚书古文疏证》、惠栋《古文尚书考》的基础上，搜集汉儒经说，不取伪古文及孔传。汉儒不备的，则旁考他书，探究故训，有集注和音注两部分。其中辨《泰誓》最为详核。本书在刊正经文、疏明古注方面超过阎、惠二氏。收入《皇清经解》。

【尚书今古文注疏】书名。是一部《尚书》注释文献汇编。清代孙星衍撰，30卷。遍采汉魏隋唐旧注，兼取清代学者王鸣盛、江声、段玉裁等的研究成果，自己作疏，使《尚书》今古文注疏趋于完善。是清代《尚书》注解中较完备的一种。收入《皇清经解》。

【尚贤】尚：推崇，重用。《墨子》篇名。分上中下三篇。讲述用人唯贤，唯能是举，主张不分贵贱选拔贤能做国君或官吏，批判与否定了当时的世卿世禄制度。

【尚贤者，政之本也】语出《墨子·尚贤》。意思是重用贤才，是治国为政的根本。

【少（shào）林寺】我国佛教寺院，禅宗祖庭。位于河南登封市西少室山北麓五乳峰下。建于北魏孝文帝太和十九年（495）。孝昌三年（527），古印度高僧菩提达摩来寺传授佛教禅法，面壁九年，传法慧可。唐以后僧人常习武艺，以少林派拳术著称。寺内多唐宋以来石刻、壁画、金属铸器等珍贵文物。寺西塔林有历代主持和尚墓塔230多座。西北有宋代创修的初祖庵，庵后有达摩洞。为全国重点文物保护单位。

【召（shào）信臣】西汉水利专家。字翁卿，九江寿春（今安徽寿县）人。元帝时任南阳太守。曾利用水泉，开通沟渠，并筑堤闸数十处，其中以钳卢陂最为著名。灌溉农田三万多顷，并订立灌溉用水制度。郡内百姓殷富，户口倍增，时人尊称“召父”。

【邵雍】（1011—1077）北宋哲学家。字尧夫，自号安乐先生，后人称百源先生。祖居范阳（今河北涿州），幼随父迁共城（今河南辉县），后定居洛阳。屡授官不赴。理学象数学派的创立者。其象数之学也称“先天学”，认为万物皆由“太极”即“道”演化而成。著作有《皇极经世》《伊川击壤集》等。

【阇（shé）梨】梵（fàn）语音译词“阿阇梨”的简称。指高僧。也泛指僧人。

【舍身】❶佛教用语。布施行为的最上乘。或舍弃身命以供养佛，如：药王菩萨烧身供养、萨埵（duǒ）王子舍身饲虎。❷指舍己身入佛寺。我国南朝梁武帝一生曾四次舍身同泰寺，群臣为赎回帝王之身，须纳巨额金钱入寺库。后指为事业不顾性命。

【**舍身求法**】佛教指为寻求佛法而不惜舍弃生命。后泛指为追求真理而奋不顾身。鲁迅《且介亭杂文·中国人失掉自信力了吗》："我们从古以来，就有埋头苦干的人，有拼命硬干的人，有为民请命的人，有舍身求法的人。"

【**舍生取义**】《孟子·告子上》："生，亦我所欲也；义，亦我所欲也，二者不可得兼，舍生而取义者也。"仁义比生命更重要，在二者不能兼顾时，宁舍弃生命去维护仁义。后泛指为了维护正义而牺牲生命。

【**舍生忘死**】形容把个人生死置之度外。如：舍生忘死，赤心报国。也说舍死忘生。

【**舍我其谁**】《孟子·公孙丑下》："如欲平治天下，当今之世，舍（除了）我其谁也？"是说如果想使天下太平，现在除了我还有哪一个。后用"舍我其谁"形容人敢于担当，遇到该做的事决不退让。有时也用以讥讽那些自命不凡的人。

【**社稷**】社：土地神；稷：五谷之神。社与稷并祭，合称"社稷"。古代中央政府和各诸侯国君，在都城建有社稷坛，按规定进行祭祀。据《周礼·考工记》载，社稷坛位于王宫之右，与王宫之左的祖庙相对，称为"左祖右社"。（北京中山公园原为社稷坛，位于紫禁城右，劳动人民文化宫原为皇家祖庙，居左，与古制合）古时用作国家的代称。

【**社日**】古时祭祀土神的日子，一般在立春、立秋后第五个戊（wù）日。间或有四时致祭者。这一天有停止一切劳作的习俗。唐·张籍《吴楚歌》："今朝社日停针线，起向朱樱树下行。"

【**舍**（shè）**利**】梵（fàn）语音译。佛的遗体火化后残留的骨烬。通常指释迦牟尼佛的骨舍利。相传他火化后，其舍利由八国国王分取，建塔供奉。后世供奉舍利，即源于此。也称舍利子。

【**申不害**】（约前385—前337）战国时期的思想家，法家主要代表人物之一。郑国京（今河南荥阳东南）人。韩灭郑后，韩昭侯任他为相，实行变法，使韩"国治兵强"。注重治国之"术"，认为君主要经常监督臣下，考核其是否称职，据此予以奖惩，使之尽忠于职守。著有《申子》，多已散失，今仅存一篇。尊称申子。

【**申子**】❶申不害的尊称。❷书名。战国申不害著。原有六篇，今仅存《大体》一篇（唐代魏徵《群书治要》辑录）。

【**身不善之患，毋患人莫己知**】语出《管子·小称》。身：自身，自己；患：担心，忧虑；莫己知：不了解自己。是说自己需要担心的是自身没做好，不必担心别人不了解自己。指自己做得好，自然会取得别人的信任。

【**身教**】指用自己的行为来影响教育别人。南宋·李吕《师正堂》诗："物我虽殊理本同，算来身教易为功。"

【身体力行】《淮南子·氾论训》:“圣人以身体之。”《中庸》第二十章:“力行近乎仁。”后用“身体力行”指亲自体验,努力实行。明·章懋(mào)《答东阳徐子仁》:“合而观之,皆可得其要矣。但不能身体力行,则虽有所见,亦无所用。”

【身先士卒】《史记·淮南衡山列传》:“当敌勇敢,常为士卒先。”是说作战时将帅一马当先,冲在士兵的前头。后用“身先士卒”表示在一切工作中领导走在群众前面,起带头作用。

【身心合一】指人的行为和精神间存在着相即不离的和谐关系。儒家主张要达到“身心合一”就要“修身”,即知道了做人的道理,就应反求诸己,以达到“仁”的境界,其目标就是“齐家”“治国”“平天下”,实现《礼记》中所说的“天下为公”的“大同”社会。如果一个社会有了良好的制度,又有具有道德修养的人来管理,加上都能“以修身为本”的民众,那么就离和谐社会的伟大目标不远了。

【深根固柢(dǐ)】《老子》五十九章:“深根固柢(主根),长生久视(生存)之道。”意思是万物有了深厚而牢固的根基,才能长久地延续下去。

【神话】反映古人对世界起源、自然现象和社会生活的原始理解的故事和传说。它一定程度上表达了古人对自然力的斗争和对理想的追求,多具浪漫主义色彩。我国古代神话散见于《山海经》《淮南子》等古代典籍中,民间也流传着很多口头神话故事。

【神灭论】文章名。南朝齐梁时范缜著。主张精神依存于形体,“形存则神存,形谢则神灭”;批评魏晋时期盛行的宗教佛学思想。代表我国古代无神论的最高水平,在我国思想史上具有重要地位。参见59页“范缜”。

【神魔小说】古代通俗小说中的一类。以神魔怪异为题材,参照现实生活,将零散、片段的神怪故事系统化、完整化。想象力丰富,较多浪漫色彩,为百姓喜闻乐见。代表作有《西游记》《封神演义》等。也称神怪小说。

【神农】我国古代传说中的三皇之一,农业和医药的发明者。相传他教人制造农具、从事耕作,并亲尝百草,用草药给人治病。一说炎帝即神农。《淮南子·主术训》:“昔者,神农之治天下也,神不驰于胸中,智不出于四域,怀其仁诚之心,甘雨时降,五谷蕃植。”参见226页“三皇五帝”。

【神农本草经】书名。原书已佚,今存为后人辑佚本,为秦汉时人托名“神农”所作。是我国现存最早的中药经典著作。全书分三卷,载药365种,叙述药物性味、功效主治等,将药物分上、中、下三品:无毒的为上品,称君;毒性小的为中品,称臣;毒性大的为下品,称佐使。但所列药物毒性并不完全准确。

【神人】❶神仙;道家指得道的人。《史记·封禅书》:“乃益发船,令言海中神山者数千人求蓬莱神人。”❷神奇非凡

S

的人。东汉·桓谭《新论》:“天下神人五:一曰神仙,二曰隐沦,三曰使鬼物,四曰先知,五曰铸凝(擅炼丹点金之术者)。”

【神社】古代祭祀社神的场所;也指祭奠先祖的庙堂。西晋·张华《博物志》卷八:“子路与子贡过郑之神社,社树有鸟,子路搏鸟,社神牵挛(拉扯)子路。子贡说(shuì,劝说)之,乃止。”

【神通】佛教指变幻莫测、无所不能的法力;泛指极其高超的本事。

【神仙】古代传说和宗教中指天地万物的创造者和主宰,或具有超人的能力、可以长生不老的人。《三国演义》第三十八回:“玄德见孔明身长八尺,面如冠玉,头戴纶(guān)巾,身披鹤氅,飘飘然有神仙之概。”也比喻生活富足无忧、逍遥自在的人。

【神仙传】书名。东晋葛洪著。据其自序,因刘向所撰《列仙传》“殊甚简略”,便广取群籍所载及当世所传神仙故事,撰成此书。是道教神仙信仰的重要书籍之一。

【神像】指神的画像或塑像;旧时也指祖先遗像。清·曾国藩《祭韩公祠文》:“国藩履任之日,敬谨展谒,乃神像之旁有先师孔子之木主,俨然在焉。”

【神秀】(约606—706)唐代僧人,禅宗北宗创始人。俗姓李,汴州尉氏(今属河南)人。少年出家,在禅宗五祖弘忍门下,命为上座。弘忍卒后,神秀赴荆州当阳(今属湖北)玉泉山传授佛法,历受唐武后、中宗、睿宗的优礼。因在北方倡导渐悟法门,称为禅宗北宗。

【神学】论证神的存在、本质和宗教教义、教规的一种学说。通常指对基督教信仰内容作系统研究和理论说明的宗教学科。泛指宗教学说。

【沈括】(1031—1095)北宋科学家、政治家。字存中,钱塘(今浙江杭州)人。嘉祐进士,居官多年。晚年居润州梦溪园(今江苏镇江东),举平生见闻,撰《梦溪笔谈》30卷(包括《补笔谈》《续笔谈》)。内容涉及天文、数学、物理、化学、生物等各个门类学科,总结了我国古代,特别是北宋时期科学成就,是一部笔记体百科式著作。又精研药物医学,著《良方》10卷。一生著述近40种,传世的尚有《长兴集》。

【沈周】(1427—1509)明代画家。号石田,长洲(今江苏苏州)人。不应科举,专事绘画与诗文创作。擅山水,兼工花卉、鸟兽,也画人物。与文徵明、唐寅、仇(qiú)英并称“明四家”。传世作品有《庐山高图》《秋林话旧图》《沧州趣图》。书法亦有名。著有《石田集》《客座新闻》等。

【审其所好(hào)恶(wù),则其长短可知也】语出《管子·权修》。审:审视,考查;长短:长处与短处。观察一个人的喜好与厌恶,就能知道这个人的长处与短处。

【审时度(duó)势】度:推测,估计。仔细研究时局,正确估计形势的发展。明·张居正《与李太仆渐庵论治体》:“然审时度势,政固宜尔,且受恩深重，义当死报，虽怨诽有所弗恤（顾念）也。”

【慎】谨慎；慎重。古人认为“慎”是君子的美德之一。《周易·颐卦·象》：“君子以慎言语，节饮食。”《世说新语·德行》：“晋文王称阮嗣宗至慎，每与之言，言皆玄远，未尝臧否（pǐ）人物。”

【慎到】（约前395—前315）战国时哲学家。赵国人，曾在稷下学宫讲学，时称稷下先生。《庄子·天下》将他与彭蒙、田骈并列。学宗黄老，杂有道家与法家思想，主张君主应“无为而治天下”“抱法处势”。《汉书·艺文志》著录《慎子》42篇，现存《慎子》7篇。

【慎独】儒家修养方法。指当独处而无人觉察时，仍能谨慎不苟，使自己的行为符合道德标准。《中庸》第一章：“莫见（xiàn）乎隐，莫显乎微，故君子慎其独也。”意思是隐秘的事情没有不被人发现的，细微的事情没有不暴露出来的，所以，君子在独处的时候要更加谨慎、检点。

【慎思笃（dǔ）行】《中庸》第二十章：“博学之，审问之，慎思之，明辨之，笃行之。”意思是要想达到理想的学问境界和人生境界，就必须广博地学习，审慎地询问，慎重地思索，明晰地辨析，踏实地履行。后用来指慎重地思考问题并切实付诸实践。

【慎所树】《韩非子·外储说左下》中记载：赵简子对阳虎说，您种植橘柚，吃起来是甜的，闻上去是香的，可种植带刺的树木，长大后却会刺伤人。所以，您栽培植物要慎重。后用“慎所树”比喻选拔培养人才要慎重。

【慎言慎行】《论语·为政》：“多闻阙（quē）疑（保留有疑惑的问题，不妄作推断），慎言其余，则寡尤（过失）；多见阙殆（dài）（不做危险的事），慎行其余，则寡悔。”意思是多听别人意见，自己保留有怀疑的地方，对于可确定的问题也要谨慎表达，才能避免过失；同样，遇事要多观察了解，不做无把握的事情，可确定、有把握的事情也要谨慎实行，这样才能不后悔。后用来指言论、行动都要慎重对待。

【慎终追远】居父母丧和祭祀祖先，要依礼尽哀、恭敬虔诚。《论语·学而》：“曾子曰：‘慎终（死，这里指父母去世）追远（祖先），民德（百姓的道德）归厚矣。’”

【生老病死】佛教认为出生、衰老、得病、死亡是人生所必须经历的四种痛苦。《百喻经·治秃喻》：“世间之人，亦复如是。为生老病死之所侵恼，欲求长生不死之处。”后泛指人的生育、养老、医疗、殡葬等。

【生死与共】无论生和死都在一起。形容情谊深厚或关系密切。

【生于忧患，死于安乐】语出《孟子·告子下》。在忧患中生存，在安乐中衰亡。表现了儒家基于社会责任感和历史使命感的忧患意识，给后世提出了“居安思危”的警示。

【声杖】见301页“锡杖”。

【绳锯木断】《太平御览·卷七六三·器

物部·锯》:“水非石之钻，绳非木之锯。”意为水非石之钻却可穿石，绳非木之锯却可断木。后用“绳锯木断”比喻力量虽小，只要持之以恒，就可以达到目的。南宋·罗大经《鹤林玉露》卷十:“一日一钱，千日千钱，绳锯木断，水滴石穿。”

【绳之以法】绳：标准，规矩，引申为制裁。指依据法律给予制裁。《后汉书·冯衍传》:“以文帝之明，而魏尚之忠，绳之以法则为罪，施之以德则为功。”

【圣】儒家指具有最高的精神境界和道德品质、仅次于神的人。《孟子·尽心下》:“大而化之之谓圣，圣而不可知之之谓神。”意思是大力推行善行，使天下人受其教化就叫圣，圣达到不可推测预知的程度就叫神。

【圣诞】❶古代皇帝或皇太后的生日。清·昭梿(lián)《啸亭杂录·内务府定制》:“凡遇列圣、列后诸圣诞、忌辰及元宵、清明、中元、霜降、岁除等日，于后殿行礼，神位前设有镫酒脯果实焉。”❷泛指神、仙、佛的生日。❸特指孔子的生日。❹特指耶稣的生日。

【圣地】❶教徒对宗教创始人的出生地、葬地或悟道地的尊称。如基督教、伊斯兰教、犹太教的耶路撒冷，伊斯兰教的麦加、麦地那。❷指祖国的土地或具有重大历史意义及纪念意义的地方。如革命圣地。

【圣经】❶圣贤所著的书，指儒家经典。❷基督教的经典。包括《旧约全书》《新约全书》。❸犹太教的经典。包括《律法书》《先知书》《圣录》等。

【圣庙】孔庙的尊称。清·阮元《小沧浪笔谈》卷一:“至圣庙，春夏秋冬以四孟上丁为祭，衍圣公主之。”

【圣母】❶我国古代对皇太后的尊称。❷对女神的尊称，旧时多有圣母祠、圣母庙等。❸天主教对耶稣的母亲玛利亚的尊称。通称圣母玛利亚。

【圣人】圣明之人，即具有至高精神境界和道德品质的人。我国传统文化中，儒家和道家所说的圣人各有不同。儒家的圣人其显明特征是：深具恻隐、悲悯、良善、仁慈之心，爱一切人，怜一切物；明辨是非，坚守真理，处事公允，不谋私利；尊重他人，包容异见，履法守约，彬彬有礼；慎终追远，敬祖畏天，承继传统，智慧超群；诚信无欺，言行一致。尧、舜、禹、汤、文、武、周公、孔子是儒家圣人的典范。道家的圣人(有时也称天人、神人、至人)，精神超拔，心游九天，不与尘俗为伍，不食人间烟火，所推崇追求的“道”“德”，至大至高，无以言表。老子、庄子是道家圣人的代表。儒家圣人与道家圣人的最大区别是：前者主张“入世”，后者主张“出世”。

【圣人不法古，不修今】语出《商君书·开塞》。法：效法；修：遵循，这里指拘泥。意思是圣人既不盲目地效法古代，也不拘守现状而固步自封。揭示了与时俱进的道理。

【圣人无常心，以百姓心为心】语出《老子》四十九章。意思是圣人没有固定不变的意志，要以百姓的意志为意志。即统治者不能根据自我意志去做事，要按照百姓的意志去做事。

【圣贤】圣人和贤人；泛指德才极高的人。西汉·司马迁《报任少卿书》："《诗》三百篇，大底圣贤发愤之所为作也。"

【圣训】❶圣人的教导。指儒家相传的训谕。东汉·蔡邕《释诲》："且用之则行，圣训也；舍之则藏，至顺也。"❷帝王的训谕、诏令。清·梁启超《谭嗣同传》："先遣内侍持历代圣训授君。"❸伊斯兰教指创始人穆罕默德及其弟子们的言行记录。也说圣训经、至圣宝训。

【胜而不骄，败而不怨】语出《商君书·战法》。意思是打了胜仗不骄傲，打了败仗不埋怨。指对战争胜负保持良好心态，注重总结经验教训，以利再战。也说胜不骄，败不馁。

【胜人者有力，自胜者强】语出《老子》三十三章。意思是能战胜别人的人可以说是强壮有力，但能认识到并能战胜自己弱点的人才是最强的人。

【盛明杂剧】杂剧剧本集。明代沈泰编。分初集、二集两集。每集各收明代人所作杂剧剧本30种，共60种。其中包括较著名的徐渭《四声猿》、康海《中山狼》、陈与郊《昭君出塞》、孟称舜《桃花人面》等。大部分作品出于嘉靖以后。

【盛世危言】书名。清代郑观应著。在《救世揭要》《易言》二书基础上写成。作者针对当时甲午战败、朝野悲观迷茫的现状，鼓吹仿效西方，富国强兵，以拯危局。内容包括经济、文化、军事、政治等方面，影响很大。

【失之东隅，收之桑榆】东隅：太阳升起的东方，指早晨；桑榆：日落时太阳照在桑树和榆树的树梢上，指傍晚。早晨失去的东西，傍晚还可以捡回来。比喻一个时期里的损失或失误，以后还能得到挽回或补偿。《后汉书·冯异传》："始虽垂翅回溪，终能奋翼黾池，可谓失之东隅，收之桑榆。"

【师道尊严】指为师之道尊贵庄严。《元史·刘因传》卷一七一："家居教授，师道尊严，弟子造其门者，随材器教之，皆有成就。"

【师法】❶指汉代的经学传授。在汉代，某一经的大师被立为博士之后，他的经说便叫"师法"。《汉书·胡毋生传》："惟嬴公守学，不失师法。"❷老师教授的学问和技艺。《荀子·儒效》："故有师法者，人之大宝也；无师法者，人之大殃也。"

【师旷】春秋时晋国乐师。字子野。目盲，善弹琴，精于辨音。据传晋平公铸了一口大钟，众乐工都认为钟声合乎音律，只有师旷不以为然，后经审度，果不合音律。

【诗话】诗歌批评与鉴赏的一种形式。古代文学理论家和批评家，采用即兴、随意的形式，对诗歌进行评论，其中蕴含着深刻的文学理论和妙趣横生的哲学思考，也有一些关于作者及其时代的掌故、逸闻记录，增加了诗话的可读性。

最早的诗话是南朝梁钟嵘的《诗品》，北宋欧阳修的《六一诗话》使诗话形式趋于完备。宋代之后，诗话成为诗歌评鉴的常见形式。

【诗经】书名。我国最早的诗歌总集。原称《诗》，汉代列为儒家经典之一，故称《诗经》。编成于春秋时代，共305篇。分为风、雅、颂三大类，其中风有十五国风，雅有大雅、小雅，颂有周颂、鲁颂、商颂。形式以四言为主，运用赋、比、兴手法。代表了春秋中叶以前诗歌创作的最高成就，是我国现实主义诗歌的源头，对我国两千多年来的文学和文化的发展有深广的影响。

【诗品】书名。诗论著作。❶南朝梁钟嵘撰。原名《诗评》。是我国文学史上第一部诗歌批评专著。通过对前代五言诗及作者、品第优劣的划分，强调诗歌创作的风骨、词采、诗味，并论及流变发展。反对形式主义，对后代诗评和诗歌创作有一定影响。❷《二十四诗品》的简称。旧题唐代司空图撰。以道家、玄学家的自然淡远为目标，将诗歌风格分作雄浑、沉着等24种美学境界，逐一归纳其特点，是我国诗评史上的重要著作。

【诗书】❶指《诗经》和《尚书》。《左传·僖公二十七年》："《诗》《书》，义之府也;《礼》《乐》，德之则也。"❷泛指书籍。唐·杜甫《闻官军收河南河北》诗："却看妻子愁何在，漫卷诗书喜欲狂。"

【诗言志】语出《尚书·舜典》。意思是诗歌是用来表达人的思想、感情的。这是我国古代文论家对诗的本质特征的认识。

【狮子吼】❶佛教语。比喻佛菩萨说法时震慑一切外道邪说的神威。《维摩经·佛国品》："演法无畏，犹如狮子吼。"也泛指传经说法。❷比喻凶悍的妻子发怒。北宋·苏轼《寄吴德仁兼简陈季常》："龙丘居士亦可怜，谈空说有夜不眠。忽闻河东狮子吼，拄杖落手心茫然。"

【施耐庵】元末明初小说家。名子安，钱塘（今浙江杭州）人。元至顺进士。因与当道不合，弃官闭门著书。博古通今，才华横溢。撰长篇小说《忠义水浒传》100卷。参见249页"水浒传"。

【施无法之赏，悬无政之令】语出《孙子兵法·九地》。意思是处于危急情况时，要实行超出常规的赏赐，颁布超出常规的政令。

【施由亲始】语出《孟子·滕文公上》。意思是对人的爱是不分差别等级的，只是施行起来要从爱自己的父母开始。儒家认为，学会爱一切人是最根本的道德，那就从孝敬父母开始吧。

【十八层地狱】佛教指恶人死后灵魂永远受苦的地方。认为"地狱"在"六道轮回"中最劣最苦。今比喻极为痛苦、黑暗的境地。

【十八罗汉】佛教传说里十八位护持正法的罗汉。唐代玄奘译的《法住记》中只有十六罗汉。他们受释迦牟尼佛的嘱托，不入涅槃，常住世间，受世人的供养而为众生造福。后来民间又增添"降龙”“伏虎”，成为十八罗汉。五代张玄等始绘十八罗汉像。寺庙中多有他们的塑像。参见 177 页“罗汉”。

【十大文化名楼】湖北武汉黄鹤楼、江西南昌滕王阁、山西永济鹳雀楼、江苏南京阅江楼、湖南岳阳岳阳楼、江西九江浔阳楼、山东聊城光岳楼、贵州贵阳甲秀楼、陕西西安鼓楼、江苏南京鼓楼。

【十恶】❶我国古代刑法规定的谋反、谋大逆、谋叛、恶逆、不道、大不敬、不孝、不睦、不义、内乱十条重罪。❷佛教指十种恶业（恶行），即杀生、偷盗、邪淫、妄言、两舌、恶口、绮语、贪欲、嗔恚（huì）、邪见。

【十恶不赦】❶古代指犯有“十恶”罪行者都不得赦免。❷形容罪大恶极或坏到极点。

【十二生肖】用于纪年的一种方法。也是我国民间计算年龄的方法。十二种动物配十二地支，出生在某年就肖某种动物，如子年生的肖鼠，丑年生的肖牛。形成后代“子鼠丑牛、寅虎卯兔、辰龙巳蛇、午马未羊、申猴酉鸡、戌狗亥猪”的歌谣。国外（如印度、埃及等）也有类似纪年方法。也说十二属相。

S

【十二消息卦】六十四卦中的“泰、大壮、夬（guài）、乾、姤（gòu）、遯（dùn）、否、观、剥、坤、复、临”十二卦称作“十二消息卦”，分属农历一至十二月。其中，农历五月至十月，叫作“消”，指阳气渐渐消散；十一月至来年四月，叫作“息”，指阳气渐渐生息壮大。它将一年四季十二个月的阴阳消长和春生夏长、秋收冬藏的规律形象而又巧妙地包藏其中。

【十驾斋养新录】书名。清钱大昕（xīn）著。23 卷。体例略同顾炎武《日知录》，内容包括经学、小学、史学、地理、金石、词章、官制、姓氏、典籍、术数、儒术等诸多领域。本书认为古无轻唇音、无舌上音等，对汉语音韵学研究有重大贡献。

【十六国】时代名（304—439）。西晋末年，天下大乱，各族纷纷起兵建立政权，形成分裂局面。从 304 年刘渊称王起，至 439 年北魏统一中国北部止，135 年间各族统治者建立的割据政权有 16 个：成汉、二赵（前、后）、三秦（前、后、西）、四燕（前、后、南、北）、五凉（前、后、南、北、西）、夏。史称“十六国”。

【十年寒窗】指长期清苦攻读。也说十年窗下、十载寒窗。

【十年树木，百年树人】语出《管子·权修》。说明培养人才是百年大计；也形容培养人才很不容易。参见 326 页“一年之计，莫如树谷；十年之计，莫如树木；终身之计，莫如树人”。

【十三经】指儒家的十三种经典著作。分别为:《周易》《尚书》《诗经》《周礼》《仪礼》《礼记》《春秋左氏传》《春秋公羊传》《春秋穀（gǔ）梁传》《论语》《孝经》《尔雅》《孟子》。

【十三经注疏】注疏：注解和解释注解的文字的合称。十三部儒家经典的注疏。416卷。十三经中的每部经都有固定的专人注疏，如《周易》用三国魏王弼注、唐代孔颖达正义。南宋后开始合刊，清代阮元据宋本重刊。

【十善】佛教指十件善事（跟“十恶”相对）：不杀生、不偷盗、不邪淫、不妄言、不两舌、不恶口（不发粗犷恶言，骂辱他人）、不绮语（不说装饰华丽之言）、不贪欲、不嗔恚（huì，不生忿怒之心，嗔恨于人）、不邪见（不偏邪异见，执非为是）。

【十通】《通典》等十部典志书的总称。其中《通典》《通志》《文献通考》称“三通”，清乾隆时加入官修的《续通典》《清通典》《续通志》《清通志》《续文献通考》《清文献通考》六书，合称“九通”。1935年加入刘锦藻撰的《清续文献通考》，遂成“十通”。以《文献通考》价值最大。

【十翼】见331页“易传”①。

【十字街头】本指街道横竖交叉的地方，多为行人往来频繁的热闹地方；也指现实社会或世间。南宋·普济《五灯会元·中邑洪恩禅师》：“譬如蟭螟虫，在蚊子眼睫上作窠，向十字街头叫唤。”南宋·普济《五灯会元·白云守端禅师》：“大众须知，悟了遇人者，向十字街头与人相逢，却在千峰顶上（指出世）握手；向千峰顶上相逢，却在十字街头握手。”

【石鼓文】我国目前发现的最早的石刻文字。因其刻石外形似鼓而得名。发现于唐初，共10个，高约90厘米，直径约60厘米，分别刻有大篆四言诗一首，共10首，计718字。内容为秦国君游猎情况。书体为秦始皇统一文字前的大篆，即籀（zhòu）文。其书法价值很高。

【石可破不可夺坚】《吕氏春秋·季冬纪·诚廉》：“石可破也，而不可夺坚；丹可磨也，而不可夺赤。”意思是石头再怎么破碎，依然是坚硬的；丹砂无论怎么磨损，依旧是红色的。比喻面对复杂的局势和各种诱惑，都能经受考验，保持固有本色。

【石器时代】考古学指人类历史最早的一个时代，从有人类起到青铜器出现止约二三百万年。这个时期人类使用的生产工具以石器为主。按制造石器的进步程度，一般又分为旧石器时代、中石器时代和新石器时代。

【时不我待】时间不会等待我。指要抓紧时间，努力学习和工作。参见260页“岁不我与”。

【时移而治不易者乱】语出《韩非子·心度》。意思是时代变化了，而治理国家的方法却不因之改变，国家就会出现混乱。指要与时俱进地调整治国方略，以适应时代的发展。

【识时务者为俊杰】东晋·习凿齿《襄阳记》：“刘备访世事于司马德操。德操曰：‘儒生俗士，岂识时务？识时务者，在乎俊杰。’”后以“识时务者为俊杰”表示能认清当前形势或事情发展趋势的人才是杰出人物。多用于劝诫人顺应时代潮流或趋势行事。明·梅鼎祚《玉合记·拒间》：“识时务者为俊杰，请元帅三思。”

【**实事求是**】从实际情况出发，恰如其分地、正确地对待和处理问题。《汉书·河间献王刘德传》："河间献王德以孝景前二年立，修学好古，实事求是。"后也指根据实际求索真理。

【**实学**】指切实有用的学问。心学的创始人陆九渊认为：实学就是得实理之学；践行是实学的基本特性。实学与空言势不相容。

【**拾葚**（shèn）**异器**】二十四孝故事之一。汉代蔡顺少年丧父，事母甚孝。当时正值王莽之乱，又遇饥荒，柴米奇贵，蔡顺只得天天捡拾桑葚充饥。他把红色和黑色的桑葚分开装在两个篓子里，黑色的熟透的供老母食用，红色的酸涩的留给自己吃。

【**史**】❶古代官名。夏、商、周三代史官职责广泛，替王室记事、拟定文告、主持占卜和祭祀、管理典籍等。汉代起专职掌管典籍和写史书。《左传·宣公二年》："董狐，古之良史也，书法不隐。"❷指历史及记载历史的书籍；也指我国古代图书四部分类（经、史、子、集）中的一类。《庄子·天下》："天下旧法世传之史，尚多有之。"唐·韩愈《柳子厚墓志铭》："出入经史百子。"

S

【**史部**】我国古代图书四部分类（经、史、子、集）中的第二大部类，包括各种体裁的历史著作。也说乙部。参见253页"四部"。

【**史记**】书名。我国第一部纪传体通史。原名《太史公书》。西汉司马迁撰。130篇，有12本纪、10表、8书、30世家、70列传。记载了从黄帝至汉武帝太初四年（前101）约3000年的历史。作者参考了众多典籍，并进行实地调查，严格筛选相关资料。文字生动，叙事形象，被誉为"史家之绝唱，无韵之离骚"。对纪传体史书影响深远，历代正史都采用这种体裁撰写。记述人物语言生动，形象鲜明，在文学史上也有很高的地位。

【**史可法**】（1601—1645）明末大臣。字宪之，祥符（今河南开封）人。崇祯进士。官至南京兵部尚书。崇祯死后，他在南京拥立福王建立南明政权，入阁参政，加东阁大学士。清兵南下，出守扬州。拒绝清主将多尔衮的诱降，坚守孤城。城破后不屈被杀。死后，扬州百姓在城外梅花岭筑衣冠冢以纪念。有《史忠正公集》。

【**史通**】书名。史学论著。唐代刘知幾著。20卷，49篇。成书于710年。内篇36篇，论述史籍源流、体例与编撰方法；外篇13篇，论述史官建制沿革及前人修史之得失。认为史家必须兼有"史才""史学""史识"三长，尤重"史识"。主张史家"不隐恶，不虚美"，良史"以实录直书为贵"。

【**使民以时**】《论语·学而》："道千乘（shèng，古代以四匹马拉的兵车）之国，敬事（严肃治事）而信，节用而爱人，使民以时（农时）。"意思是治理一个具有千辆兵车的国家，要严肃治事并有诚信，要节约财用并爱护人民，要根据农时来使用民力。指农业生产中掌握农时十分重要；为不耽误农时，农事繁忙季节不宜征用民力。

【始作俑者】《孟子·梁惠王上》:“仲尼曰:‘始作俑(古代殉葬用的木制或陶制的人像)者,其无后乎!’”孔子说,那些最开始使用俑做陪葬的人,是断子绝孙没有后代的吧!儒家极为珍视人的生命,对于灭绝人性的殉葬制度极为痛恨,连用俑做陪葬品都持否定态度。后一般用以指带头做坏事的人。

【士虽有学,而行为本焉】语出《墨子·修身》。士:同“仕”,指做官的人;行:行为,品行。意思是做官的人虽然有学问,但必须以品行为根本。强调做官首先是做人,必须有良好的品行。

【氏族】原始社会由血缘关系结成的基本经济单位和社会组织。产生于旧石器时代晚期,初以女性为中心,称母系氏族,后过渡到以男性为中心的父系氏族。氏族内部禁婚,集体占有生产资料,集体劳动,集体消费。公共事务由选出的氏族长管理。也说氏族公社。

【世界】❶佛教指无限的时间和空间。《楞严经》卷四:“世为迁流,界为方位。”❷今指地球上和所有地方或某个范围、领域。

【世说新语】书名。笔记小说集。原名《世说》。南朝宋刘义庆撰。主要描述汉末至东晋士大夫的言谈、逸事。语言精炼,韵味隽永。对后代笔记文学颇有影响。梁刘孝标为之作注,引书四百余家,颇有资料价值。也说《世说新书》。

【世俗】❶指尘世、人间。西汉·贾谊《惜誓》:“方世俗之幽昏兮,眩白黑之美恶。”❷指社会的风俗习惯。《史记·循吏列传》:“施教导民,上下和合,世俗盛美。”❸佛教指佛法胜义谛以外的一切世间规范及事物。《显扬圣教论》卷十六:“宣说我法用,皆名为世俗。”

【世外桃源】原为东晋陶渊明《桃花源记》中虚构的一个与世隔绝、没有战乱的安乐而美好的地方。后用“世外桃源”指不受外界干扰的理想处所或与世隔绝的幻想世界。清·吴趼(jiǎn)人《痛史》第十回:“左右没事,就叫她们做些女红(gōng),我这山中便是个世外桃源了。”

【世袭】世代承袭相传,多指帝位、爵位、领地等。

【仕而优则学,学而优则仕】《论语·子张》:“子夏曰:‘仕而优(多,有余力)则学,学而优则仕。’”意思是做官做好了而有余力就去学习,学习学好了而有余力就去做官。后多用“学而优则仕”指学习好了,便可以做官(含贬义)。

【仕女】❶古代指官宦人家的女子。北宋·孟元老《东京梦华录·潘楼东街巷》:“仕女往往夜游,吃茶于彼。”❷指以古代美女为人物的仕女画。元·汤厚《古今画鉴·唐画》:“张萱工仕女人物,尤长于婴儿,不在周昉之右。”

S

【事亲为大】语出《孟子·离娄上》。亲:指父母。意为侍奉父母最重要。侍奉父母是侍奉的根本,一个人只有学会了对父母尽孝,才有可能立足社会,做出成就。

【事在人为】指事情的成功与否,取决于人主观上是否努力。《东周列国志》

第六十九回："事在人为耳，彼朽骨者何知。"

【事在四方，要在中央】《韩非子·物权》："事在四方，要在中央；圣人执要，四方来效。"是说具体事务由各地办理，但政策法规的制定权要掌握在中央手中；最高领导掌握并执行政策法规，各地臣民就会尽心尽力地效劳。强调了加强中央领导的重要性。

【事者，生于虑，成于务，失于傲】语出《管子·乘马》。虑：思考，谋划；务：专心从事，努力去做。意思是各项事业都是由思考谋划而产生，由于专心努力而成功，由于骄傲自大而失败。

【视死如归】把死看得像回家一样平常。形容为了正义事业不怕牺牲，无所畏惧。《史记·蔡泽列传》："是故君子以义死难，视死如归；生而辱不如死而荣。"

【是非之心】儒家指一种分辨是非的本能。孟子认为"是非之心，人皆有之"（《孟子·告子上》）；还认为"是非之心，智也""是非之心，智之端也"（《孟子·公孙丑上》），也即是非之心就是心智，是人的心智的开端。

【适可而止】做到适当的程度就停下来。指做事不要过分。《东周列国志》第七十回："所以然者，由我王能恤民力，适可而止，去其醉饱过盈之心故也。"

【逝者如斯夫】《论语·子罕》："子在川上曰：'逝者如斯夫！不舍（停留，止息）昼夜。'"孔子在河边上说，时间就像这奔流的河水一样，白天黑夜不停地流逝。警示人们要珍惜时光。

【释】因释迦牟尼是佛教创始人，故佛教也称"释"。"儒、道、释"是我国传统文化主要的思想来源。

【释迦牟尼】佛教创始人。姓乔答摩，名悉达多，古印度释迦族人，是北印度迦毗罗卫国（今尼泊尔境内）净饭王之子。29 岁时出家修行，后"悟道成佛"。释迦牟尼是佛教徒对他的尊称，意思是释迦族的圣人。

【释教】佛教在我国的别称。因由释迦牟尼创始，故称。

【释藏】即大藏经佛教经典的总汇。由经藏、律藏、论藏三部分组成，包括汉译佛经和中国的一些佛教著作。

【谥法】古代根据死者生前的事迹表现冠以名号的制度。获得谥号者为帝王、后妃、文武大臣以及社会贤达等。谥号一般由皇帝颁布，称为定谥或赐谥，属于国家行为。如汉文帝被谥以"孝文"，后世称"孝文帝"。唐太宗的谥号为"文武大圣大广孝皇帝"。民间也有"私谥"传统，如弟子给先生谥号，以表达敬仰、怀念和哀悼之情。如陶渊明，私谥"靖节"，世称"靖节先生"。谥号有褒扬性的美谥、怜惜性的平谥、贬斥性的恶谥三种。恶谥如周厉（杀戮无辜）王、隋炀（好内远礼）帝。宋元以后恶谥被取消。

【誓愿】佛教称自制其心为"誓"，志求满足为"愿"，即发愿起誓完成某一件事。今泛指誓言和心愿。

【收复台湾】明天启四年（1624），荷兰殖民者侵占台湾。南明永历十五年

(1661)三月，郑成功率两万名兵将击溃台湾城荷兰军，围困守敌8个月后发起强攻，荷兰军头目被迫在投降书上签字。至此(1662)郑成功收复台湾。郑成功死后，其子郑经占据台湾。康熙采纳闽浙总督姚启圣建议，任施琅为福建水师提督。施琅于1684年6月统率水师两万多人，大小战船三百余只，经过激烈战斗，击败台湾和澎湖守军，招降郑氏。清政府设官驻军，台湾重归清朝管辖。

【首善之区】《汉书·儒林传·序》："教化之行也，建首善（最好）自京师始。"后用"首善之区"指首都。也说首善之地。

【受戒】❶佛教信徒通过一定仪式接受佛教戒律。信徒受戒后，才能称为僧、尼或居士。❷伊斯兰教朝觐（jìn）时的仪节。朝觐者到圣地麦加前，按规定在一定地点沐浴、去常服、披戒衣，并遵守戒争论、戒房事等禁戒，直到朝觐完毕。

【授人以鱼不如授人以渔】授：传授，给予；渔：捕鱼。源于古谚"授人以鱼，只供一餐；授人以渔，可享一生"。意思是与其送给某人鱼，不如教给他怎样捕鱼。比喻传授学习和掌握知识的方法比单纯传授知识更重要。

【书法】❶指古代史官修史的原则、体例，包括对材料的处理、史事评论、人物褒贬等。《左传·宣公二年》："董狐，古之良史也，书法不隐。"❷汉字的书写技法、书写艺术及作品；特指用毛笔写汉字的艺术。我国书法艺术已有三千多年历史，代代都有著名书法家，如：东晋王羲之，唐代欧阳询、颜真卿、柳公权、怀素，宋代米芾，明代董其昌等。

【书馆】汉代的启蒙学馆（学堂）。属私学。王国维《汉魏博士考》："汉时教初学之所名曰书馆……其旨在使学童识字、习字。"

【书画】书法和绘画的合称。唐·杜甫《观薛稷少保书画壁》诗："惜哉功名忤（不顺），但见书画传。"

【书品】书名。我国古代书法品评著作。南朝梁庾肩吾著。记载汉至梁书法家123人，分上中下三等，每等又分上中下，各附短评。唐李嗣真援其例著《后书品》(一作《书后品》)。都保存了古代书法艺术史料。

【书香门第】指世代相传的读书人家。也说书香门户、诗书门第。

【书院】唐宋至清代私人或官府设立的供人读书、讲学的处所。如宋代的白鹿洞、嵩阳、应天、岳麓四大书院。清代光绪二十七年（1901）后，改全国省、县书院为学堂，书院之名少用。

【叔孙通】西汉初儒家学者。薛县（今山东滕州南）人。曾为秦博士。初随项羽反秦，楚汉战争中归刘邦，号稷嗣君。汉朝建立初期，他说服刘邦善待儒生，并与儒生共立朝仪。各诸侯及群臣第一次按照礼仪参拜皇帝完毕，刘邦说"我今天才知道当皇帝的尊贵"。汉朝礼仪制度都由他主持修订。

【**殊途同归**】通过不同的道路，到达同一个目的地。比喻通过不同的方法或途径，得到同样的结果。《晋书·刘毅传》："是以三仁（指殷末的微子、箕子、比干三位仁人）殊途而同归，四子（一般指古代道家的四个代表人物，即老子、庄子、文子、列子）异行而均义。"

【**蜀锦**】我国传统丝织品。产于四川，故名。起源于战国时期，西汉时品种已很多。现代以染色熟丝织成，质地坚韧，色彩艳丽，图案繁多。与南京的云锦、苏州的宋锦、广西的壮锦并称为我国四大名锦。蜀锦织造技艺列入第一批国家级非物质文化遗产名录。也称蜀江锦。

【**数**（shǔ）**典忘祖**】《左传·昭公十五年》记载：春秋时晋国大夫籍谈出使周朝，周景王问籍谈晋国为什么没有进献贡品。籍谈回答说因为晋国从来没有受到过周王室的赏赐。周景王历数晋国从始祖唐叔起受赏的事实，责备籍谈身为晋国司典（掌管典籍文书的官）的后代，却连这些史实都不知道，是"数典而忘其祖"（谈论典章制度，却忘了祖先的职守）。后用"数典忘祖"比喻忘掉自己本来的情况或事物的本源；也比喻对本国历史的无知。

【**术数**（shù）】术：方法；数：气数。指以种种方术观察自然界现象，来推测家国人事的气数和命运。《汉书·艺文志》列天文、历谱、五行、蓍（shī）龟、杂占、形法六种。后世术数一般指各种迷信，如星占、卜筮（shì）、命相、拆字、起课、堪舆等。也称数术。

【**束发**】古代男孩成童（一般认为年 15 岁为成童）时束发为髻。后作为成童的代称。《礼记·保傅》："束发而就大学，学大艺焉，履大节焉。"

【**述而不作**】《论语·述而》："述而不作，信而好古。"孔子是说只阐述典籍而不创作，相信并爱好古代的东西。朱熹认为孔子"其事虽'述'，而功则倍于'作'矣"。（《论语集注》）后世学者认为孔子实际上有述亦有作。

【**恕**】宽恕，原谅，以仁爱之心对待别人。《论语·卫灵公》："其恕乎，己所不欲，勿施于人。"意思是可以终生奉行的就是"恕"吧，自己不喜欢的，不要强加给别人。

【**庶民**】平民，百姓。《礼记·大传》："庶民安，故财用足。"

【**双成**】神话中西王母的侍女，掌管蟠桃园。姓董。善吹笙，通音律。唐·白居易《长恨歌》："金阙西厢叩玉扃（jiōng），转教小玉报双成。"后借指美女。

【**水到渠成**】水流到的地方自然成渠。比喻条件成熟了，事情自然成功。北宋·苏轼《答秦太虚书》："度囊中尚可支一岁有余，至时别作经画，水到渠成，不须预虑。"

【**水滴石穿**】指水不断地往石头上滴，能把石头滴穿。比喻只要有坚强的毅力，持之以恒，再难的事情也能做成。南宋·罗大经《鹤林玉露》卷十："一日一钱，千日千钱，绳锯木断，水滴石穿。"也说滴水穿石。

【**水浒传**】书名。长篇小说。一般认为是元末明初施耐庵撰。书中描写北宋末年以宋江为首的108位好汉被逼起义，聚义梁山的故事，塑造了李逵、武松、林冲、鲁智深、宋江等一大批英雄形象。语言精练，情节生动引人。是我国古典长篇小说四大名著之一。简称《水浒》，也说《忠义水浒传》。

【**水经注**】书名。我国古代地理名著。北魏郦道元著。40卷。名为注释《水经》，实则以《水经》为纲，作了比原书文字多20倍的补充和扩展。记载大小水道1252条，一一穷源竟委，详细记述了所经地区山陵、原隰（xí，低地）、城邑、关津等地理情况、建置沿革和有关历史事件、人物，甚至神话传说。引用书籍多至470余种，还记录了不少汉、魏间的碑刻。文笔绚丽，具有较高的文学价值。

【**水墨画**】中国画中纯用水墨作画的画体。一般认为始于唐，成于宋，盛于元，至明清仍继续发展。以笔法为主导，充分发挥墨法的功能，取得"水晕墨章"的艺术效果。在中国画史上占有重要地位。

【**水乳交融**】水同乳汁互相融合。比喻关系十分融洽或结合得十分紧密。《老残游记》第十九回："(许亮）几日工夫，同吴二搅得水乳交融。"

【**水则载舟，水则覆舟**】《荀子·王制》："君者，舟也；庶人者，水也。水则载舟，水则覆舟。"意思是君主像船，百姓像水。水能承载船，也能使船沉没。揭示了民心向背决定当政者或政权生死存亡的道理。也说水能载舟，亦能覆舟。

【**水长船高**】北宋·圆悟《碧岩录》第二十九则："水长船高，泥多佛大。"意为修福、修慧的功力越深厚，则悟境越高，成就越大。后用"水长船高"比喻事物随着基础的增高而增高。也作"水涨船高"。

【**水涨船高**】见249页"水长船高"。

【**水至清则无鱼**】语出《大戴礼记·子张问入官》。意思是水过于清澈，鱼就无法生存。比喻对人要求不可过高；也表示对人或事物不可求全责备。也说水清无鱼。

【**水中捞月**】语出佛教寓言故事。《僧祇律》记载：过去伽尸国波罗奈城有五百只猕猴玩耍，来到一井边，猕猴王见井水中有一月亮（影子），于是对同伴说："月今日死，落在井中，我们应把它捞出来，以免世间长夜黑暗。"结果失败。佛陀以此故事晓喻那些自以为是，分不清是非虚实，害己害人的糊涂人。今用来比喻白费气力，劳而无功；也指希望落空。

【**顺理成章**】《朱子语类》卷十九："文者，顺理而成章之谓也。"原指作文顺着事理去写就能自成章法。今多用"顺理成章"指说话、办事合乎情理。

【**顺天者存，逆天者亡**】语出《孟子·离娄上》。意思是顺从天理或自然规律的就生存，违背天理或自然规律的就灭亡。

【**顺天者有其功，逆天者怀其凶**】语出《管子·形势》。天：自然，泛指客观规律；怀：隐藏，这里指酝酿。依顺客观规律，就会取得成功；违反客观规律，就酝酿着凶险。揭示了不能违反客观规律的道理。

【顺治】❶（1638—1661）即顺治皇帝。满族。姓爱新觉罗，名福临。清朝入关后的第一位皇帝。6岁即位，由叔父多尔衮摄政。顺治元年（1644）击败李自成，迁都北京。14岁开始亲政。主张奖励垦荒，发展经济，稳定社会；尊孔读经，提倡忠孝节义；重用汉官，推行安抚政策，缓和汉满矛盾；澄清吏治，擢优汰劣；重视对藏蒙等少数民族的团结。24岁病死。❷清世祖爱新觉罗·福临的年号（1644—1661）。

【舜】传说中父系氏族社会后期部落联盟领袖。姚姓，名重华，号有虞氏，史称“虞舜”。上古三皇五帝中的五帝之一。受尧的“禅让”而掌管天下，其国号为“有虞”。舜道德高尚，为人忠厚仁慈，对父母极尽孝道，《二十四孝》中的“孝感动天”讲的就是舜孝顺父母的故事。舜为帝后，秉承尧的治世理念，坚持德治，任人唯贤，创造了华夏民族史上继帝尧之后的又一个太平盛世。晚年仿效尧的做法，把帝位禅让给禹。后世称舜为圣人。

【说卦】《易传》（即《十翼》）篇名。解释八卦性质和象征。把事物的运动、变化和刚健等性质看成是阳性势力（乾、天、君、父、夫等）的体现，把静止、安定、柔顺等性质看作是阴性势力（坤、地、臣、母、妇等）的体现。并论证了“圣人作易”的宗旨在于“穷理尽性以至于命”（彻底推究事物的道理，透彻了解人类的天性乃至使命），为后世理学家论述道德性命的理论基础。

【说文解字】书名。字书。东汉许慎撰。14篇。收字9353个，重（chóng）文（指古文、籀文）1163个。按文字形体及偏旁构造，分列540部，首创部首排检法。依据“六书”（象形、指事、会意、形声、转注、假借）原则解说文字。每字下的解释，一般先说字义，再说形体构造，不少字在解形之后，还注明音读或援引例证。是我国第一部系统分析字形、考究字源、解说字义、辨识声读的字书，也是世界最古的字书之一。简称《说文》。

【说文解字义证】书名。清代桂馥著。50卷。该书多取《说文》说解，与诸经之义相疏证，前后各说，相互补正。对于历代用字实例搜罗完备，且按时代排列，几乎是一部“汉字字用史”。为清代治《说文》的代表作之一。

【说文解字注】书名。清代段玉裁著。30卷。该书比勘二徐（徐铉、徐锴）本，勘正传写和刊刻的错误；阐明《说文》著作体例并征引经传古籍，解释许说，推求许说所本；于许说之外说明字义的引申和变迁，指明字有古今，义也有古今。阐发音与义间的关系及谐声声符音义相通之理。为清人治《说文》的重要著作之一。简称《说文注》。

【说文释例】书名。清代王筠（yún）著。20卷。是一部发展了段玉裁《说文解字注》"通例"说、专门探讨《说文》体例和文字学规律的著作。除分析《说文》的条例、体制外，还列出对《说文》的诸种疑问。各卷后附有"补正"，常用金石古文补正说文的形体和说解。

【说文通训定声】书名。清代朱骏声著。18卷。是一部按古韵改编《说文解字》的书。全书根据《说文》9000多字，又增附7000多字，从中分析形声声符1137个，以谐声声符为纲，再依古韵分别归属18部。同从一声符孳衍的字都连缀在一起，秩然有序。每字之下，先释《说文》本训，引群书古注为证，即所谓"说文"；次陈述字的引申义和因文字假借而产生的假借义，即所谓"通训"；最后举出上古韵文中的用韵来证明古音。凡同韵相押的叫作古韵，邻韵相押的叫作转韵。阐明字音，即所谓"定声"。这三部分中主要是"通训"，对研究词义发展有极大帮助。

【说苑】书名。西汉刘向著。20卷。按类记述春秋战国至汉代的遗闻逸事，每类之前列总说，事后加按语。其中以记述诸子言行为主，多是有关于治国安民、家国兴亡的哲理格言。主要体现了儒家的哲学思想、政治理想以及伦理观念。也称《新苑》。

【司马法】我国古代兵书。"武经七书"之一。《汉书·艺文志》收录155篇，今存5篇。辑存春秋以前的军事制度和军事思想，在国内外有较大影响。也称《司马穰苴（rángjū）兵法》。

【司马耕】孔子弟子。复姓司马，名耕，字子牛。春秋末宋国人。其兄司马桓魋（tuí）作乱于宋，他表示反对，先后奔卫、齐、吴，誓不与其兄共事于君。

【司马光】（1019—1086）北宋大臣、史学家。字君实，号迂叟，陕州夏县（今属山西）涑（sù）水人，世称涑水先生。少聪颖多智。官至相位。1066年撰成战国至秦《通志》8卷，作为封建统治之鉴，得到英宗重视，命设局续修，历时19年成书，宋神宗赐名《资治通鉴》。反对王安石新政，任尚书左仆射兼门下侍郎后，即废新法，罢黜新党，恢复旧制。为相8个月病死，追封温国公，谥文正。著有《稽古录》《涑水纪闻》《温国文正司马公文集》等。

【司马迁】（约前145或前135—？）西汉史学家、文学家。字子长，夏阳（今陕西韩城南）人。早年遍游南北，考察风俗，采集传说。元封三年（前108）继父职，任太史令。后因为李陵军败降匈奴事辩解，获罪下狱，受腐刑。出狱后任中书令。以刑后余生完成太史公书，后称《史记》，为我国第一部纪传体通史。参见244页"史记"。

【司马穰苴（rángjū）】春秋时期齐国大夫。姓田，名穰苴。齐景公时任司马，故称司马穰苴。深通兵法。齐国遭晋、燕侵犯时受荐出任将军，率军击退入侵者，收复失地。善于用兵，治军严明，体恤士卒，深受将士拥戴。战国中期齐威王命人整理兵法时，把司马穰苴兵法附入，称《司马穰苴兵法》，简称《司马法》。

【司马谈】(？—前110)西汉史学家、思想家。夏阳(今陕西韩城南)人。司马迁之父。官至太史令(掌管天文观测和推算节气历法的长官)。所著《论六家之要指》，总结当时流行的阴阳、儒、墨、名、法、道等先秦各派学说，推崇汉初黄老之学，认为道家最能综合各派所长，提出“形神离则死，死者不可复生，离者不可复反”的论点(见《史记·太史公自序》)。根据《国语》《世本》《战国策》《楚汉春秋》等书，撰写史籍，他死后由其子司马迁续写成《史记》。

【司马相如】(前179—前118)西汉辞赋家。字长卿，蜀郡成都(今属四川)人。所作《子虚赋》为武帝赏识，得召见，又作《上林赋》，拜为郎。曾奉使西南，后为孝文园令。其赋大都用极其铺张的手法，描写帝王苑囿(yòu)之盛、田猎之壮观，词藻瑰丽，气韵排宕，于篇末则寄寓讽谏。为汉代大赋的代表作家，影响较大。

【司马炎】(236—290)即晋武帝，晋代开国皇帝。字安世，河内温县(今属河南)人。司马懿之孙，司马昭之子。袭父爵晋王，后逼迫魏元帝曹奂禅位，国号晋，建都洛阳。279年灭吴，统一全国。建国后采取多种措施发展生产。太康元年(280)，颁行户调式，包括占田制、户调制和品官占田荫客制。一度出现繁荣景象，史称“太康之治”。晚年奢侈腐化，怠惰政事，社会矛盾尖锐，他死后不久，全国即陷入分裂混战状态。

【司马懿】(179—251)三国魏大臣，西晋政权奠基人。字仲达，河内温县(今属河南)人。多谋善变，是辅佐魏国四代的重臣，官至大将军、太尉、太傅，多次征伐有功，曾两次成功对抗诸葛亮北伐和远征平定辽东。后期成为掌控魏国朝政的权臣。249年，杀魏帝托孤辅臣曹爽，独揽军政。死后，其子司马师、司马昭相继专政，最终由其孙司马炎代魏称帝，建立晋朝。追尊为高祖宣皇帝。

【司南】我国古代发明的辨别方向的仪器。用天然磁铁矿石雕琢成勺形，放在一个光滑的刻着方位的盘上。是现代指南针的雏形。东汉·王充《论衡·是应》：“司南之杓(sháo)，投之于地，其柢(dǐ，根)指南。”

【丝绸之路】古代以我国为始发点，向亚洲中西部及欧洲、非洲等地贩运丝绸等物资的交通道的总称。通常可分为陆路丝绸之路、海上丝绸之路两类和三大干线：往北再往西的草原之路、一直往西的绿洲之路和往南再往西的海上之路。也说丝路。

【私德】❶个人的恩惠。《商君书·错法》：“明君之使其民也，使必尽力以规其功，功立而富贵随之，无私德也。”❷在私生活方面表现出来的品德。清·陈天华《绝命书》：“其尤不肖者，则学问未事，私德先坏。”

【私学】我国历代私人开办的学校。西周以前，学在官府。春秋时官学衰废，开私人讲学之风，孔子是成功创办私学的著名人物。战国时期大盛。汉代以后则成为学校制度的重要组成部分。《后汉书·舆服志下》："中二千石以下至博士两梁，自博士以下至小史私学弟子，皆一梁（冠上横脊，区分官阶的冠饰）。"

【思问录】文章名。明末王夫之著。分内外两篇。内篇以探讨哲学问题为主。提出"目所不见，非无色也，耳所不闻，非无声也"等论点；对"动""静"原理有所发挥，肯定自然和人类都是进化的。外篇涉及许多自然科学问题，包括阴阳、五行、历数、医学等。收入《船山遗书》。

【思无邪】《论语·为政》："诗三百，一言以蔽（概括）之，曰：思（语首助词，此处作思想解）无邪。"孔子认为，用一句话来概括《诗经》三百篇，就是不虚假。

【死得其所】死在值得死的地方。指死得有意义，有价值。《北史·张普惠传》："人生有死，死得其所，夫复何恨！"

【死而不亡者寿】语出《老子》三十三章。寿：长久，久远。意思是依道而行的正人君子形体虽死而道犹存，其功绩或精神永不磨灭。后常用作对具有崇高道德操守的志士仁人、英雄模范虽死犹生的称颂语。

【死而后已（yǐ）】语出《论语·泰伯》。已：停止。本指为实现"仁"的目标终身奋斗不已。后泛指为某一事业奋斗到底。三国蜀·诸葛亮《后出师表》："臣鞠躬尽瘁，死而后已。至于成败利钝，非臣之明所能逆睹也。"

【四部】我国古代图书分类名称。先分为甲、乙、丙、丁部，后又重分为经、史、子、集部，均称四部。后因分库储藏，也称四库。

【四部备要】丛书名。中华书局辑。计336种，所选均为研究古籍的常用著作，并多采用经清代学者整理校注的底本。1920—1936年由中华书局陆续排印出版。

【四部丛刊】丛书名。张元济辑。共三编。初编350种，续编81种，三编73种。辑印于20世纪二三十年代。选择宋元以来旧刻本、精刻本或抄本、校本、手稿本加以影印，对保存和考订古籍影响甚巨，并开现代影印古籍风气之先。

【四大传奇】指元末明初四种著名的戏曲《荆钗记》《刘知远白兔记》《拜月亭》《杀狗记》，合称"荆刘拜杀"。明代称以演唱南曲为主的长篇戏曲为传奇，故名。

【四大发明】指我国古代发明的造纸术、印刷术、指南针和火药。是我国对世界文明的四大贡献。

【四大古镇】一般指佛山镇（广东）、景德镇（江西）、汉口镇（湖北）、朱仙镇（河南）。这四个城镇都具有悠久的历史和灿烂的文化，分别代表了地域的特色和一定历史时期的风貌，对研究历史城镇、人口、风俗、文化具有重要的意义。

【四大徽班】清乾隆五十五年（1790）起在北京演出的三庆、四喜、春台、和春四个徽班的合称。此四班演出各有所长，长期活跃于北京，对京剧的形成起过很大作用。宣统年间相继散班。

【四大皆空】佛教把一切物质现象（色法）归纳为四种基本要素：地、水、火、风，叫作“四大”。认为四大从空而来，因而世间一切都是空虚的。后用“四大皆空”表示看破世间一切，生活无所追求。

【四大金刚】佛教指佛祖的外将，分别居于须弥山四埵（duǒ）。分别是：东方持国天王，身白色，执琵琶；南方增长天王，身青色，执宝剑；西方广目天王，身红色，手中缠绕一龙；北方多闻天王，身绿色，右手执伞，左手持银鼠。我国寺庙山门两旁多塑有四大金刚像。也称四天王、护世四天王。

【四大美人】一般指西施、貂蝉、王昭君、杨玉环（杨贵妃）。与之相关的典故有：西施浣纱、貂蝉拜月、昭君出塞、贵妃醉酒等。

【四大菩萨】指文殊、普贤、观音、地藏四尊菩萨。

【四大文明古国】世界四大文明古国是：中国、古印度、古埃及、古巴比伦。

【四谛】谛：真理。佛教指苦、集、灭、道（通“导”）四种真理。苦谛指世间的苦；集谛指说明苦的原因；灭谛指苦的消灭及灭苦的方法；道谛指通往涅槃。也说四正谛、四圣谛。

【四端】孟子提出的人人应具有的四种最重要最基本的德行。端，发端，出发点、萌芽。“四端”指仁、义、礼、智四种道德观念的端绪、萌芽。《孟子·公孙丑上》：“恻隐之心，仁之端也；羞恶之心，义之端也；辞让之心，礼之端也；是非之心，智之端也。”孟子认为，一个人若无此四心，就不配做人。

【四法印】包括小乘的诸行无常、诸法无我、涅槃寂静三法印和大乘的诸法实相（实际）印。参见 57 页“法印”。

【四海为家】《汉书·高帝纪》：“天子以四海为家。”原指帝王统治全国。今多用“四海为家”指无论到哪里都能安心生活和工作。表示志在四方，不留恋家乡或安乐窝。

【四海之内皆兄弟】《论语·颜渊》：“子夏曰：‘……君子敬而无失，与人恭而有礼。四海之内，皆兄弟也。’”意思是君子做事认真而没有失误，对人恭敬而合于礼，那么天下之人都是兄弟了。后常用此语表示无论到何处都有人愿意亲近你，帮助你。

【四句教】明代哲学家王守仁用来表述自己思想精华的四句话。即“无善无恶心之体，有善有恶意之动，知善知恶是良知，为善去恶是格物。”意思是心的本体晶莹纯洁、无善无恶；但意念一经产生，善恶也随之而来；能够区分何为善、何为恶，就是孟子所说的“良知”；而儒学理论的重要概念格物就是“为善去恶”，这是儒者的终身使命。四句教是王守仁哲学思想的高度概括和总结，对明以后我国和日本、朝鲜的儒学界均产生过较大影响。也说王阳明四句教、王门四句教。

【四库全书】丛书名。简称四库。清乾隆三十八年（1773）开馆纂修，纪晓岚等为总纂官，历时十余年完成。共收书

3503种,79337卷,36304册，约8亿字，基本上包括了中国古代所有图书，故称“全书”。分经、史、子、集四部，故名“四部”。因分藏于四个书库，故又名“四库”。全书共缮写7部，分藏文渊（北京故宫）、文源（北京圆明园）、文津（承德）、文溯（沈阳）、文汇（扬州）、文宗（镇江）、文澜（杭州）七阁。其中文渊阁本现藏台北故宫博物院，文溯阁本藏于兰州甘肃省图书馆，文津阁本藏于北京国家图书馆，文澜阁本藏于杭州浙江省图书馆，文源阁本毁于第二次鸦片战争，文汇阁本和文宗阁本毁于太平天国战火。

【四声】古代汉语的四种声调，即平、上、去、入。其中平称为“平声”；上、去、入统称“仄声”，故四声又称“平仄”。四声是汉语特有的语音现象，自南朝学者发现以来，为诗词歌赋等韵文的创作和鉴赏提供了科学系统的声韵标准。元代时，四声已发生变化，平声分化为阴平与阳平，入声分别归入平（阴平与阳平）、上、去声，原四声遂演变成阴平、阳平、上声、去声（参见元代周德清《中原音韵》），与现代汉语的四声十分接近。但明清至近现代文人作律诗和词，仍沿用中古四声的平仄规则。

【四时八节】“四时”指春、夏、秋、冬；“八节”指立春、春分、立夏、夏至、立秋、秋分、立冬、冬至。唐·杜甫《狂歌行赠四兄》诗：“四时八节还拘礼，女拜弟妻男拜弟。”

【四书】儒家经典。《大学》《中庸》《论语》《孟子》的合称。南宋淳熙年间（1174—1189）朱熹撰《四书章句集注》，至绍熙元年（1190）在漳州刻印，遂正式有“四书”之名。元代以后，“四书”及朱熹注成为科举考试的初级标准书，极大地影响了中国封建社会后期的思想意识和文化教育。

【四书集注】书名。《四书章句集注》的简称。南宋朱熹编注。包括《大学章句》一卷，《中庸章句》一卷，《论语集注》十卷，《孟子集注》七卷。“四书”之名从此正式确定。注释中多发挥理学家的思想观点。明清统治者提倡理学，定为必读注本。

【四书五经】儒家的主要经典。参见255页“四书”、295页“五经”。

【四体不勤，五谷不分】语出《论语·微子》。四体：四肢；五谷：指稻、麦、黍、菽、稷。指不参加体力劳动，分不清农作物。

【四维】礼义廉耻合称“四维”。中华民族传统的道德纲纪。参见154页“礼义廉耻”。也称四纲。

【四维不张，国乃灭亡】语出《管子·牧民》。四维：指礼、义、廉、耻；维：纲纪；张：增强，扩大。意思是如果礼、义、廉、耻这四项基本纲纪不予增强，那么国家就会灭亡。

【四言诗】诗体名。每句四字或以四字句为主。是我国古代诗歌中最早形成的诗体。春秋以前的诗歌，如《诗经》，大都为四言。汉代以后，诗体稍变。自南朝宋齐以后，四言诗渐少。

【四夷】古代华夏民族对周边民族的总

称。先秦时代，处于中原地区的华夏民族，文化发展相对先进，把周边民族统称为“夷”，自称为“夏”或“华”，故有“夷夏”或“华夷”之称。根据地域方位的不同，把处于东方的夷称为“东夷”，西方的夷称为“西戎”，南方的夷称为“南蛮”，北方的夷称为“北狄”。夷夏之间，不断融合，夏吸收夷的优点，夷也接受夏的文明，称为“以夏变夷”，共同走向文明。

【**四游记**】书名。明代四部长篇小说的合集。包括吴元泰的《东游记》、余象斗的《南游记》《北游记》、杨志和的《西游记》。此四种书，成书先后不同，语言风格也不同。也说《四游记合传》《四游合传》《四游全传》。

【**寺沟石窟**】见 10 页“北石窟寺”。

【**驷不及舌**】语出《论语·颜渊》。驷：四匹马同驾一辆车。一句话说出口，四匹马拉的车也追不回，即“一言既出，驷马难追”。比喻已说出的话难以收回，要对自己说的话负责。

【**松赞干布**】（约 617—650）唐时吐蕃（bō）赞普（君长）。先后兼并今西藏地区诸部，定都逻些（今西藏拉萨），建立奴隶制政权，发展生产，创文字，立法律，制定官制、军制等。唐贞观十五年（641），与唐文成公主联姻，引进唐朝先进的生产技术，开展经济文化交流。贞观二十三年，被唐封为驸马都尉、西海郡王。

S

【**宋**】❶周朝诸侯国名。在今河南东部和山东、江苏、安徽交界处。❷朝代名。a）（420—479）南朝第一个王朝。刘裕所建，史称刘宋。b）（960—1279）赵匡胤（宋太祖）所建。都汴京（今河南开封）。1126 年，金兵攻入开封，史称此前为“北宋”。次年赵构（宋高宗）在南京（今河南商丘）称帝，后建都临安（今浙江杭州），史称此后为“南宋”。1276 年为元所灭。两宋共历 16 帝，317 年。

【**宋词**】宋代人填写的词。词起于唐代，至宋为全盛时期，小令中调之外，更增长调。在意境、形式、技巧等方面达到高峰。宋代填词名家最多，作品亦极丰富，故文学史上常与唐诗并称，都代表一代文学之盛。

【**宋代六大窑系**】北宋时定窑、钧窑、磁州窑、耀州窑、龙泉窑和景德镇窑的合称。宋瓷一改唐代华贵富丽之风，向沉静素雅、蕴藉隽永的风格演进，成为我国制瓷业发展史上的高峰。

【**宋璟**】（663—737）唐代大臣。字广平，邢州南和（今属河北）人。博学多才，擅长文学。弱冠中进士，为武则天所重，任御史中丞。睿宗时为相，革除前弊，选拔人才。后遭贬。开元四年（716）继姚崇为相。主张宽赋税，减刑罚，用人唯贤，百官称职。励精图治，与姚崇并称“姚宋”。对“开元之治”的形成起了重要作用。

【**宋濂**】（1310—1381）明初文学家、史学家。字景濂，浙江浦江人。元末不仕。至正二年（1360）与刘基等同受朱元璋礼聘，尊为先生。是方孝孺的老师。主修《元史》。官至学士承旨知制诰。与高启、刘基并称明初诗文三大家。为人熟知的作品有《送东阳马生序》《朱元璋奉天讨元北伐檄文》等。有《宋学士先生文集》。

【宋明理学】见 159 页“理学”。

【宋钘（xíng）】战国时宋国人。与尹文同游稷下，并齐名，是宋尹学派创始人及代表人物。其说接近黄老之学，认为认识事物首先要破除成见，提出“情欲寡”“见侮不辱”，主张“禁攻寝兵”，是战国时道家学派的前驱之一，受到庄子的尊敬。也称宋荣、宋荣子。

【宋翔凤】（1779—1860）清代经学家。字于庭，江苏长洲（今苏州）人。治西汉今文经学。是常州学派的代表人物之一。认为《论语》与《春秋》相通，其中包含着孔子的微言大义。喜附会，牵合阴阳，以言“圣王大义”。其《过庭录》是其考据学方面的代表作。著作还有《论语郑氏注》《孟子赵注补正》《小尔雅训纂》等。均编入《浮溪精舍丛书》。

【宋学】儒家学术流派。同“汉学”相对。以中晚唐儒学复兴为先导，通过两宋诸多理学家的多方努力而创造的我国中后期封建社会最完备的思想理论体系。它以“理”作为宇宙体系和哲学思辨结构最高范畴，所以被称为理学。它以尧、舜、禹、汤、文、武、周、孔的继承者自居，以“明道”为其治学的终极目的，故亦称道学。其学术思想虽以儒家礼法、伦理为核心，却因其融合佛道思想精粹而区别于原始儒学，给人以焕然一新之感，故称新儒学。派别甚多，重要的有朱熹理学派、陆九渊心学派、叶适永嘉学派等。

【宋应星】（1587—？）明代科学家。字长庚，江西奉新人。万历举人。崇祯十七年（1644）弃官回乡，后曾仕南明，约死于清顺治年间。注重实学，著有《天工开物》一书，为我国古代科学技术名著。其他著作有《野议》《论气》《谈天》等。

【宋玉】战国辞赋家。曾事楚顷襄王。《史记·屈原贾生列传》说他和唐勒、景差“皆好辞而以赋见称，然皆祖屈原之从容辞令，终莫敢直谏”。作品以《九辩》最为著名，篇中叙述他在政治上不得志的悲伤，流露出抑郁不满的情绪。

【宋元学案】书名。清代黄宗羲、黄百家和全祖望合编。100 卷。黄宗羲完成《明儒学案》后，续修此书，仅得 17 卷；其子黄百家续修，也没能完成；全祖望又用 10 年之力续修，稿成而死。该书将宋元两代学术思想，按不同学派加以系统总结。共列学案 91 个。每案先列师友弟子，以明学术渊源，次述生平著作、思想，末附逸事及后人评论。是研究宋元学术思想和黄宗羲晚年思想的重要参考书。

【搜神后记】书名。志怪小说集。10 卷。性质与《搜神记》相近。题为东晋陶潜撰。书中所写的人神、人鬼的爱情故事（如《白水素女》等）和不怕鬼的故事（如《宋定伯捉鬼》等）颇具特色。

【搜神记】书名。志怪小说集。东晋干宝撰。原本已散佚，今本二十卷系从《法苑珠林》《太平御览》等书辑录而成。所记多为神怪灵异故事，其中保存了一些民间传说。

【苏秦】战国时著名的纵横家。字季子，洛阳人。兵家鬼谷子的弟子，游说秦王连横不成，回家以"锥刺股"的精神苦读，用合纵术游说赵王成功，执掌六国相印，使秦 15 年不敢出函谷关。曾在齐国为燕国从事反间活动，败露后被车裂而死。马王堆汉墓出土帛书《战国纵横家书》保存有苏秦的书信和游说辞 13 篇。

【苏轼】（1037—1101）北宋文学家、书画家。唐宋八大家之一。字子瞻，号东坡居士。眉州眉山（今属四川）人，为苏洵长子。神宗时曾任祠部员外郎，因反对王安石变法，被连贬数州。哲宗时，官至礼部尚书，后又贬谪惠州、儋（dān）州，病死于常州。诗、词、文、书、画均有名。为文雄浑奔放，诗亦清新豪健，善用夸张、比喻，独具风格。词开豪放一派，对后世很有影响，《念奴娇·赤壁怀古》《水调歌头·丙辰中秋》等广为传诵。诗文有《东坡七集》等，词集有《东坡乐府》；传世书作有《答谢民师论文帖》等，画迹有《竹石图》等。

【苏武】（前 140—前 60）西汉大臣。字子卿，杜陵（今陕西西安东南）人。武帝时出使匈奴，单（chán）于强迫他投降，不屈服，被流放北海（今贝加尔湖）牧羊 19 年，仍持汉节，表现了顽强的毅力和不屈的气节。昭帝时，匈奴与汉和亲，被遣归汉。

【苏洵】（1009—1066）北宋散文家。唐宋八大家之一。字明允。眉州眉山（今属四川）人。与其子苏轼、苏辙合称"三苏"。少年任侠，学业不进，27 岁发愤为学，大器晚成。曾任秘书省校书郎、霸州文安县主簿。为文雄拔简古，平实中见锋芒。其《辨奸论》一文，指斥王安石必以奸误国。有《嘉祐集》。

【苏辙】（1039—1112）北宋散文家。唐宋八大家之一。字子由，号颍滨遗老。眉州眉山（今属四川）人，为苏洵次子。嘉祐进士，官尚书右丞、门下侍郎。工古文，所作秀杰从容，流畅有韵致，与其兄苏轼齐名，世称"小苏"。有《栾城集》。

【俗乐】我国古代各类民间音乐的泛称（跟"雅乐"相对）。宫廷中宴会、娱乐时所用俗乐称为"燕乐"。参见 322 页"燕乐"。

【夙兴夜寐】早起晚睡。《诗经·大雅·抑》："夙（早）兴（起身，起来）夜寐，洒扫庭内，维民之章。"后用"夙兴夜寐"形容勤奋不懈。《聊斋志异·红玉》："今家道新创，非夙兴夜寐不可。"

【素问】《内经》的一部分。是汇集名家医论，着重论述基础理论的中医著作。全书阐述阴阳、藏象、经络、病因、病机、诊法、治则等医学原理，其中不少论述至今仍指导着临床实践，是中医学重要典籍。参见 107 页"黄帝内经"。

【宿命】佛教指过去那一世的生命。佛教认为世人在过去那一世都有生命，或为天，或为人，或为饿鬼与畜生等。

【粟多则天下之物尽至矣】语出《管子·治国》。粟：谷物，泛指粮食。粮食多了，那么各地的物产也就都来到了。体现了管子的重农思想。

【睢（suī）景臣】元代剧作家、散曲家。字景贤，扬州（今属江苏）人。钟嗣成《录鬼簿》称他“心性聪明，酷嗜音律”，所撰套曲《高祖还乡》“制作新奇”，出人之上。所撰杂剧皆失传。

【隋】朝代名（581—618）。581年杨坚（隋文帝）伐北周称帝，国号隋，亦称“杨隋”，都大兴城（今陕西西安）。589年灭陈，统一全国。隋炀帝大业七年（611）起，各地农民相继起义，大业十四年炀帝被杀于江都（今江苏扬州），隋亡。共历3帝，38年。

【隋末农民战争】公元7世纪初推翻隋王朝的农民大起义。隋炀帝昏庸腐朽，荒淫无道，导致内外交困，民不聊生，引发全国性的武装反抗。起义队伍近20支。到隋朝大业十二年形成了三支强大的起义军，即河南的瓦岗军、河北的窦建德军、江淮的杜伏威军。历时14年，起义军歼灭了隋军主力，动摇了隋王朝的统治。隋朝灭亡后，以李渊为首的关陇集团建立了李唐王朝。

【隋文帝】（541—604）即杨坚。隋朝的创建者。581年伐北周称帝，建立隋朝，年号开皇。开皇九年灭陈，结束南北朝分立局面，统一全国。在位时，行均田制，削弱豪强，致府库充盈，人口大增。但纵容土地兼并，不悦儒术，迷信佛教，晚年用法严峻，使社会矛盾加剧。604年被太子杨广杀死。在位23年。

【隋炀帝】（569—618）即杨广。隋代皇帝。隋文帝次子。604年杀父即位。在位期间开掘运河，修筑长城，开辟驰道，整顿户籍，兴办学校，确立科举取士制。但好大喜功，严重破坏了社会生产，又多次对外发动战争，使人民不堪重负，至611年，各地农民起义，豪族也乘机起兵。后在江都（今江苏扬州）被禁军将领宇文化及等缢杀。

【随何】西汉初人。曾任谒者（掌宾赞受事、传达之职）。在楚汉战争中，劝说淮南王英布归汉。刘邦曾将儒生贬为“腐儒”，对这种轻侮儒生的行为，随何据理力争，终使刘邦承认失语。后为护军中尉。

【随喜】❶佛教指见人做善事或离苦得乐而心生欢喜；也指游览寺院、拜佛吃斋、施舍财物，或见人做功德而乐意参加。❷指随同众人一起参加娱乐活动或送礼。

【随园诗话】书名。诗论。清代袁枚（号随园）撰。26卷（正集16卷，补遗10卷）。标举性灵说，反对摹拟矫饰。认为“凡诗之传者，都是性灵，不关堆垛”。并由此出发，纵论古今诗人诗作，对神韵说、格调说、肌理说等都提出了批评，还采录和肯定了一些不满封建礼教与程朱理学的诗篇。

【随缘】佛教指顺随着各种因缘。今泛指顺应着事物变化的情势，听候机缘安排；顺其自然。

【岁不我与】《论语·阳货》载：阳货劝孔子从政时说："日月逝（过去）矣，岁不我与（给予）。"意思是时间过去，就不会再给我们了。指人不要浪费宝贵的时间。也说时不我与。

【岁寒然后知松柏之后雕】语出《论语·子罕》。雕：通"凋"。到严寒的时候，才知道松柏是最后凋零的。指经过严酷环境的磨炼，方能识别人才。

【燧（suì）人氏】我国古代传说中的三皇之一，钻木取火的发明者。相传他教民熟食，反映了原始时代由自然取火到人工取火，由生食到熟食的进步情况。参见226页"三皇五帝"。

【孙膑（bìn）】战国时期军事家。齐国阿（今山东阳谷东北）、鄄（今山东鄄城北）一带人，孙武的后代。因受过膑刑（割去膝盖骨），故称孙膑。被齐威王任用为军师，取得了对魏国桂陵、马陵两大战役的胜利。善于运用避实就虚、攻其必救的原则，创造了"围魏救赵"的战法，常为古今兵家效法。著作有《孙膑兵法》，总结了战国中期以前的战争经验，继承发展了《孙子兵法》的军事思想，是宝贵的军事理论遗产。后世尊称为孙子（zǐ）。

【孙复】（992—1057）北宋初学者。晋州平阳（今山西临汾）人。曾任秘书省校书郎、国子监直讲，官至殿中丞。因曾隐居泰山，世称泰山先生。和胡瑗、石介提倡"以仁义礼乐为学"，并称"宋初三先生"。以继承儒家道统自居。注经注重探寻本义，不为传注所惑，开宋代以义理解经的风气。著有《春秋尊王发微》等。

【孙奇逢】（1584—1675）明清之际学者。字启泰，一字钟元，世称夏峰先生。直隶容城（今属河北）人。与李颙（yóng）、黄宗羲齐名，并称明末清初三大儒。明亡后，因故园被清军圈占，举家南迁至河南辉县夏峰村，从此隐居不仕。为学"以慎独为宗，以体认天理为要，以日用伦常为实际"。初宗陆（九渊）王（守仁），晚慕朱熹理学，终成两派的调和论者。提倡不拘门户，重深造自得。在明史研究中著有《取节录》《乙丙纪事》《甲申大难录》，详细记述了明清之际反对阉党、农民起义和抗清斗争等重大历史事件。另有《四书近旨》《读易大旨》《理学宗传》《夏峰先生集》等。

【孙权】（182—252）三国时吴国的建立者。字仲谋，吴郡富春（今浙江富阳）人。东汉末，继承父孙坚和兄孙策的基业，据有江东六郡。建安十三年（208），与刘备联合于赤壁打败曹操军队，后在吴蜀夷陵之战中又大败刘备，于229年称帝。采取了一系列休养生息、发展生产的措施，促进了江南经济的发展。他又多次派人出海，加强与夷州（今台湾）的联系。

【孙思邈】（581—682）唐代医学家。京兆华（huà）原（今陕西铜川市耀州区）人。自少研究医学，兼通佛典。收集方剂近万帖，著《千金要方》《千金翼方》，是我国最早的临床百科全书。

【孙武】春秋末期军事家，古代军事理论奠基者。字长卿，齐国人，孙膑的先祖。被吴王阖闾（hélǘ）任命为将军，潜心研究兵法，改革图强，提出“攻其无备，出其不意”“知彼知己，百战不殆”“不战而屈人之兵，善之善者也”等观点，揭示了指导战争胜利的规律，具有朴素的唯物论和辩证法思想。所著《孙子兵法》有“兵学圣典”之誉，在国内外有巨大影响。后世尊称为孙子（zǐ）、兵圣。

【孙星衍】（1753—1818）清代经学家。字渊如，又字季仇，江苏阳湖（今常州）人。历官翰林院编修、刑部主事、山东督粮道。曾主持杭州诂经精舍讲席和江宁钟山书院。讲席平生治经史、文字、音训之学，旁及诸子百家，精于金石碑版，工篆隶书，尤精校勘。勤于著述，擅诗文，深受时人推崇。积30年之功，著成《尚书今古文注疏》，标志着清代古文经学达到高峰，也使他成为乾嘉学派重镇。另外还有《周易集解》《寰宇访碑录》等25种，刻有《平津馆文稿》《岱南阁丛书》。

【孙子（zǐ）】❶孙膑尊称。参见260页“孙膑”。❷孙武尊称。参见261页“孙武”。❸《孙子（zǐ）兵法》的简称。

【孙子（zǐ）兵法】书名。我国古代著名兵书，也是世界现存最古老的军事理论著作。孙武著。13篇。是孙武对春秋末期及以前战争经验的总结和概括。内容涉及战略运筹、作战指挥、战场机变、军事地理、特殊战法等许多方面，包含着朴素的唯物论和辩证法思想，形成了系统的军事理论体系，在国内外有深远影响。也称《孙子（zǐ）》《孙武兵法》。

【他律】指运用法律、社会舆论等外在力量对社会成员的行为进行约束和规范（跟“自律”相对）。如：道德是自律，法律是他律。

【他山攻错】《诗经·小雅·鹤鸣》：“它（同“他”）山之石，可以为错（打磨玉石的粗磨石）。”又：“它山之石，可以攻（琢磨）玉。”意思是别的山上的石头可以用来打磨这个山上的玉石。后用“他山攻错”比喻取人之长，补己之短；也比喻借助别人的批评和帮助来改正自己的缺点和错误。也说攻错。

【他山之石】语出《诗经·小雅·鹤鸣》。本指别的山上的石头可以用来做打磨玉石的砺石。后用以比喻能帮助自己改正错误或提供借鉴的外力。明·李贽《复陶石篑》：“生因质弱，故尽一生气力与之敌斗，虽犯众怒，被谤讪，不知正是益我他山之石。”

【塔】❶佛塔。佛教特有的一种多层尖顶的建筑物。最初用于供奉佛骨，后亦用于供奉佛像，收藏佛经或保存僧人遗体。俗称宝塔。也说浮屠（tú）。❷指形状似塔的建筑物，如：水塔、电视塔等。

【台榭（xiè）相望者，亡国之庑（wǔ）也】语出《管子·七臣七主》。榭：建在高台上的房屋；庑：堂下四周的走廊。楼台亭榭相连不断，那是亡国的房屋游廊。揭示了大兴土木，过于奢华，将会劳民伤财，甚至导致国家衰亡的道理。

【太和正音谱】书名。戏曲论著。明代朱权著。2卷8章。共评论元明杂剧、散曲作家187人，独推马致远为首位。对元代和明初杂剧作家作品补遗，并列“知音善歌者”36人，有史料价值。对音韵格律的论述尤有价值。是现存最早的北杂剧曲谱，甚为珍贵。

【太极】我国古代哲学中指派生宇宙万物的本原，最原始的混沌之气。《周易·系辞上》：“易有太极，是生两仪，两仪生四象，四象生八卦。”意思是太极运动而分化出阴阳（两仪），由阴阳而产生四时变化（四象），继而出现各种自然现象（八卦卦象）。宋代理学家认为“太极”即是“理”。南宋·朱熹《朱子语类》卷九十四：“总天地万物之理，便是太极。”

【太极拳】武术拳种。始创于清初。它吸收众家武术之长，融合易学阴阳五行、中医经络、导引吐纳等术，形成一种内外兼修、柔和缓慢、刚柔相济的拳术，有增强体质、防病保健的功用。有陈氏、杨氏等流派。是国家级非物质文化遗产。

【太极图】我国古代说明宇宙现象的图像。因宇宙无限大，故称太极。有两种：一种是以圆形的图像表示阴阳对立面的统一体，圆形外周附以八卦方位，道教常用作标志。另一种为宋代周敦颐据《周易·系辞上》“易有太极，是生两仪。两仪生四象，四象生八卦。八卦定吉凶，吉凶生大业”诸语，取道家象数之说而画的，代表宋代理学对世界形成和万物终始的一种看法。

【太极图说】著作名。北宋周敦颐著，是其对所绘太极图的说明。全文仅250余字。兼采《易传》的说法和道家思想，提出一个以“太极”为中心的世界创成说。后朱熹作《太极图说解》加以发挥，遂成为程朱理学的理论基础。

【太平道】早期道教派别之一。东汉灵帝熹平年间由张角创立。尊崇黄帝和老子，以《太平经》为主要经典，故称。其反对剥削敛财、提倡公平的主张极受群众欢迎，道众一度发展到数十万，成为东汉末年黄巾起义军的骨干力量。黄巾军失败后，太平道遂逐渐衰微。

【太平广记】书名。小说总集。北宋李昉等编纂。因书成于宋太宗太平兴国三年（978），故称。500卷。按题材分92大类。采录自汉至宋初的小说、笔记、稗史等400多种，保存了大量的古小说资料。其中引用的书，有很多已经散佚、残缺或被后人窜改，赖此书得以考见。

【太平寰宇记】书名。北宋地理总志。乐史撰。200卷。取太平兴国年号首二字为书名。该书杂取山经地志，始于东京，终于“四夷”。府、州排列，以当时所分十三道为准，除因袭《元和郡县志》门类外，增加了风俗、人物、姓氏、土产、四夷等。后来编撰总志多沿用此体例。

【太平经】书名。道教最早的经籍。“太平”是“极大公平”之意。非一人一时所作，多已散佚。明《正统道藏》收录残存《太平经》57卷。该书内容庞杂，以阴阳五行解释治国之道，主张散财济贫、自食其力，反对不劳而获。对张道陵的五斗米道和张角的太平道等曾产生过一定影响，是研究道教历史和东汉晚期社会生活的重要资料。

【太平天国运动】清朝后期全国规模的农民起义。清朝咸丰元年（1851）由洪秀全、杨秀清等从广西金田村率众起义，建号太平天国。1853年定都天京（今南京），建立国家政权。这是19世纪中叶我国的一场大规模反清运动。后遭到中外反动势力的联合进攻。1864年天京陷落，标志着运动失败。这次运动发展到18个省，坚持斗争14年，严重地动摇了清朝统治，打击了外国侵略者，对中国近代史产生了深远的影响。

【太平御览】类书名。宋太宗命李昉等辑。1000卷。初名《太平总类》，后因宋太宗按日阅览，改题《太平御览》。以天、地、人、事、物为序，分55门，引书多达 1690 种。搜罗浩博，古籍佚文，赖以考见。简称《御览》。

【**太上感应篇**】书名。道教劝善书。成书年代及作者不详。全书 1200 多字，始于“祸福无门，惟人自召”，终于“诸恶莫作，众善奉行”。要旨在劝善戒恶，至今仍具有积极意义。书中也存有天人感应、因果报应等消极成分。简称《感应篇》。

【**太上老君**】道教对教祖老子的尊称。《老子内传》：“太上老君，姓李名耳，字伯阳，一名重耳；生而白首，故号老子；耳有三漏，又号老聃（dān）。”后来道教书籍多冠其名以示学有所宗，如《太上老君太素经》《太上老君内丹经》等。道教以每年农历二月十五日为太上老君圣诞日。也称道德天尊、老君。

【**太岁**】❶ 木星的古名。我国古代根据木星围绕太阳公转的周期纪年（12 年为 1 周）。也称“太阴”。❷ 指太岁之神。古代数术家认为太岁也有岁神，凡太岁神所在的方位及与之相反的方位，均不可兴造、移徙和嫁娶、远行，犯者必凶。后用以比喻凶恶残暴的人。

【**太学**】我国古代的大学。太学之名始于西周。《礼记·保傅》：“帝入太学，承师问道。”汉武帝时，采纳董仲舒“兴太学，置明师，以养天下之士”的建议，始设于京师长安，立五经博士，为太学之始。至东汉发展很快，四方学士云会京师，有太学生三万人。自魏晋至明清，设太学或国子监（或二者同设），均为全国最高学府。

T

【**泰而不骄**】君子治政应遵循的五种美德之一。《论语·尧曰》：“君子无众寡，无大小，无敢慢，斯不亦泰而不骄乎？”意思是无论人多人少，无论势力大小，君子对人都不敢有所怠慢，这不就是安泰而不骄傲吗？

【**泰然自若**】面对危险或变故而神情如常，沉着镇定，毫不慌乱。《金史·颜盏门都传》：“有敌忽来，虽矢石至前，泰然自若。”

【**泰山**】❶ 五岳中之东岳。在山东省中部济南、泰安之间。主峰玉皇顶在泰安市北，海拔 1545 米。山峰突兀峻拔，雄伟壮丽；名胜古迹众多，有经石峪、黑龙潭、碧霞祠、日观峰等。为世界地质公园、全国重点风景名胜区和世界自然与文化双重遗产，并列入《世界遗产名录》。也说岱宗、岱山。❷ 古人把泰山看作最高的山，故常用来比喻极敬仰的人或极重大的事。如：有眼不识泰山、责任重于泰山。❸ 岳父的别称。

【**泰山刻石**】秦丞相李斯等为歌颂秦始皇统一天下的功绩而刻的石碑。四面环刻，前三面是秦始皇时刻，第四面是秦二世所刻的诏书和从臣姓名。刻石为小篆体，字形工整，笔画圆健，传均为李斯所书。今仅存残石约 10 字。保存于山东泰安岱庙。传世有明代无锡人安国旧藏北宋时全石拓本，有 165 字及 53 字本。也说封泰山碑。

【**昙花一现**】昙花，即优昙花、优昙钵花。开花短时即谢。据《法华文句》卷四记载，此花三千年开花一次，开时金轮王出世，乃佛之瑞应。故比喻事物难得出现；后也比喻突然显赫一时的人或事物很快消失。

【谈经夺席】《后汉书·戴凭传》记载：东汉光武帝刘秀喜欢“谈经”，一日，令谈经的群臣百官互相诘难，凡在经义上辩驳失败者，就将座位让给辩胜者。侍中戴凭连续取胜，一连夺了五十余个席位。后指见解高明，以雄辩的口才压倒众人。也说夺席谈经。

【弹指】❶拇指与食指或中指之指头强力摩擦，弹出声音。佛教常用此动作表示虔敬、欢喜、许诺或告诫。❷比喻极短暂的时间。佛经说二十念为一瞬，二十瞬为一弹指。

【谭嗣同】（1865—1898）我国近代政治家、思想家。维新派。字复生，号壮飞。湖南浏阳人。中日甲午战争后，在浏阳倡立学社，吸收新学知识。1897年协助湖南巡抚陈宝箴等设立时务学堂，筹办内河轮船、开矿、修铁路等。次年又倡设南学会，办《湘报》，宣传变法。1898年8月入京，参与“戊戌变法”。变法失败，被捕下狱，与林旭、杨锐、刘光第、杨深秀、康广仁等同时遇害，史称“戊戌六君子”。他从“日新”思想出发，抨击封建制度及纲常名教，提出“革去故，鼎取新”，认为“上权太重，民权尽失”，具有冲决封建罗网的斗争精神。能诗，诗作富有爱国精神，风格雄健。今辑有《谭嗣同全集》。

【探花】科举制度中殿试一甲（第一等）第三名的称谓。唐代从进士中选少年英俊两三人为探花使，遍游名园，折取名花。南宋后才专指殿试一甲第三名。宋·吴自牧《梦粱录·士人赴殿试唱名》：“伺候上御文德殿临轩唱名，进呈三魁试卷，天颜亲睹三魁，排定名姓资次……第一名状元及第，第二名榜眼，第三名探花。”

【汤】商朝开国君主。我国历史上与尧、舜、禹齐名的圣人，史称商汤。子姓，名履，又名天乙。夏桀无道，汤伐之，遂有天下，定都亳（bó，今河南商丘或偃师，或山东曹县）。汤建国后，吸取夏朝灭亡的教训，要求其臣属“有功于民，勤力乃事”，否则就要“大罚殛汝”。对那些亡了国的夏民，则仍保留“夏社”，并封其后人，给予出路。汤注意“以宽治民”，在他统治期间，阶级矛盾较为缓和，国力日益强盛。也称武汤、成汤。

【汤放桀，武王伐纣】指成汤推翻夏朝而将夏桀流放和武王攻伐殷纣王的史实。就此二事，齐宣王问孟子：“臣子犯上杀死君主，这合乎道德吗？”孟子答：“不仁的人叫作‘贼’，不义的人叫作‘残’，毁仁害义的残贼，叫作‘独夫’。成汤、武王是把独夫残贼桀、纣打倒或处死了，是为民除害，并不是所谓的君主被臣下杀害了。”（见《孟子·梁惠王下》）

【汤若望】（1591—1666）明末天主教耶稣会传教士。德意志人。明天启二年（1622）到达中国，先在北京学习汉语，继往西安传教。崇祯三年（1630）回北京，与他人一起修订历法，编成《崇祯历书》。明亡投归清朝，任钦天监监正，累官至太常寺少卿、光禄寺大夫等。顺治赐金建北京南堂。康熙三年（1664）以图谋颠覆罪与南怀仁等被捕入狱。次年释放，移居广东，后又返京。著有《主教缘起》等。

【**汤显祖**】（1550—1616）明代戏曲作家、文学家。字义仍，号海若、若士，别号清远道人。临川（今江西抚州市临川区）人。万历进士，官至礼部主事，终以不附权贵而免官。思想上崇尚真性情，反对假道学。在戏曲创作上主张“言情”，反对拘泥于格律。作品颂扬人性真情，对封建礼教和当时黑暗政治有所暴露和抨击。著有传奇《还魂记》（即《牡丹亭》）《紫钗记》《南柯记》和《邯郸记》，合称“临川四梦”或“玉茗堂四梦”。诗文有《红泉逸草》《玉茗堂全集》等。明清两代有些戏曲家模拟其文词风格，被称为临川派或玉茗堂派。

【**唐**】❶西周诸侯国名，周成王封弟叔虞于唐。今山西翼城县西有古唐城。❷朝代名。a）（618—907）618年隋亡，李渊称帝，国号唐，建都长安（今陕西西安）。李渊子李世民（即唐太宗）统治时期国势强盛，史称贞观之治。至唐玄宗开元年间（713—741），成为亚洲经济文化中心。后逐渐衰败，907年为后梁朱温所灭。共历22帝，290年。也称李唐。b）（923—936）五代之一，李存勖（xù）所建，建都洛阳。史称后唐。c）（937—975）五代时十国之一，李昪（biàn）所建。史称南唐。

T

【**唐传奇**】唐代的文言短篇小说。内容多写奇闻逸事，故名“传奇”。代表作有《枕中记》《霍小玉传》《李娃传》《长恨歌传》等。唐传奇对后世戏曲以及讲唱文学等有较大影响，是后世戏曲、小说汲取题材进行再创作的宝库之一。于晚唐时期开始衰落。也说唐代传奇。

【**唐代古文运动**】由韩愈、柳宗元等人倡导的一种文体改革运动。反对唐初骈俪的文风，主张文道合一，以道作为文的内容，以先秦、两汉的散文（韩愈名之曰“古文”）代替骈文。韩愈及其追随者大力提倡这种文体，后又得柳宗元积极支持与配合，形成了一种社会风尚，史称“古文运动”。至宋代欧阳修等继之，遂使古文成为文章正宗，由此开拓了散文的新天地。

【**唐会要**】书名。北宋王溥（pǔ）撰。100卷。记述唐代各项典章制度的沿革变迁。内容体例与《通典》相近，就“礼法刑政沿革”方面的史料而言，唐天宝以前以《通典》为最早，唐天宝以后以此书为最早、最系统。

【**唐卡**】藏语音译。即卷轴画。藏族绘画的一种形式。内容主要是佛的传记、各种佛像、教史、各派祖师像等。多数是在布、绸或纸面上绘制，再用彩缎装裱而成。是佛教徒随时供奉、对照修行的必须物品。一般藏族家庭也悬挂唐卡。

【**唐六典**】书名。成书于开元二十六年（738），题李隆基撰、李林甫等注，实出于张九龄等人之手，李林甫修订补注后上于朝。共30卷。重点记述唐代前期的官制，以三师、三公、三省、九寺、五监、十二卫等为目，列述其职司、官佐、品秩。也总结了《周礼》六官之制自古至唐的沿革变化。对元、明、清“会典”产生一定影响。

【**唐律疏议**】书名。原名《律疏》，是对《永徽律》（唐高宗永徽年间由长孙无忌等奉敕编定）的全文解释。它集中唐以前的法典加以发挥解说，剖析疑义，同时对《永徽律》以外的律文规定得不够完备、周密之处进行补充。在形式上，于律条之后附上注疏，首创“疏在律后，律以疏存”的法典模式。它既是唐律的主要组成部分，又是我国古代杰出的法学著作。也称《永徽律疏》。

【**唐三彩**】原指唐代陶器和陶俑上的黄、绿、蓝等颜色的彩釉，现多借指有这种彩釉的陶器工艺品。

【**唐诗**】唐代诗歌的总称，包括古诗、律诗、绝句等。著名诗人有李白、杜甫、白居易等。唐代是中国诗歌发展史上最辉煌的时代，唐诗是中国文学史上极其宝贵的文化遗产。与宋词、元曲并称。

【**唐诗三百首**】诗歌集名。清代蘅（héng）塘退士〔孙洙（zhū）〕编。6卷（或作8卷）。实选310首。分体编排，大多为唐诗中浅显通俗、脍炙人口的名篇。世语有“熟读唐诗三百首，不会作诗也会吟”，可见其影响之广。

【**唐宋八大家**】指唐、宋两代八位散文作家，即唐代的韩愈、柳宗元和宋代的欧阳修、苏洵、苏轼、苏辙、王安石、曾巩。明代茅坤选辑八人的文章，名为《唐宋八大家文钞》，流传颇广，“唐宋八大家”之名遂流行开来。

【**唐太宗**】（598—649）即李世民。唐代皇帝。李渊次子。曾随其父起兵灭隋。626年发动“玄武门之变”，得为太子，旋继帝位。在位期间（626—649）轻徭薄赋，疏缓刑罚，任贤纳谏，尊崇儒学，社会安定，经济复苏，史称“贞观之治”（贞观为其年号）。军事上击败东突厥，平定吐谷（yù）浑、高昌，置安西都护府，底定唐代版图，促进了中原与西域的经济文化交流。以文成公主远嫁吐蕃（bō）赞普松赞干布，加强了汉、藏两族的联系，促进了藏族经济文化的发展。著作有《帝范》等。

【**唐玄宗**】（685—762）即李隆基，又称唐明皇。唐朝在位时间最长的皇帝（712—756）。在位前期任用姚崇、宋璟（jǐng）、张说（yuè）、张九龄为相，整顿武周后期弊政，宽平赋役，倡导节俭，经济发展，社会强盛，史称“开元之治”（开元是其年号）。后期任用李林甫、杨国忠等奸臣，政治腐败，又好声色，宠爱杨贵妃，奢侈荒淫，怠慢朝政，以致酿成安史之乱，使唐朝走向中衰之路。主张“以孝治天下”，曾两度御注《孝经》。《十三经注疏》中的《孝经注》是唯一一部由皇帝作注的儒家经典。

【**唐尧**】见324页“尧”。

【**唐寅**】（1470—1523）明代画家、文

学家。字伯虎，一字子畏，号六如居士等。吴县（今江苏苏州市吴中区）人。擅山水，并工人物、花鸟，笔墨秀润峭利，景物清隽生动，工笔、写意俱佳。与沈周、文徵明、仇（qiú）英并称"明四家"。兼善书法，工诗文。与祝允明、文徵明、徐祯卿并称"吴中四才子"。有《六如居士全集》。

【唐甄】（1630—1704）清初思想家。初名大陶，字铸万，号圃亭，四川达州人。曾任知县，不久去职，颠沛流离，以著述终老。积三十年著成《潜书》，分上下两篇。

【桃花扇】传奇剧本。清代孔尚任著。写明代才子侯方域与秦淮歌妓李香君的爱情故事，借以揭露南明王朝政治的腐败，揭示明朝衰亡的原因，寄寓作者的兴亡之感。

【桃花源】东晋陶渊明《桃花源记》中所描绘的世外理想社会。那里"有良田、美池、桑竹之属，阡陌交通，鸡犬相闻"，"男女衣着悉如外人，黄发垂髫（tiáo），并怡然自乐"，是与世隔绝的乐土。后借指避世隐居的地方；也指理想的境地。也说世外桃源、桃源。

【桃李不言，下自成蹊（xī）**】**蹊：小路。桃树李树不会说话，但由于花果吸引人，树下自然会踩出路来。比喻实至名归，只要人品高尚，就能得到别人的尊敬和景仰。《史记·李将军列传论》："谚曰：'桃李不言，下自成蹊。'此言虽小，可以谕大也。"

【陶弘景】（456—536）南朝齐梁时道教思想家、医药家。字通明，自号华阳隐居，人称山中宰相，丹阳秣陵（今江苏南京）人。曾隐居茅山，搜集整理道经，创立茅山派。其思想源出老庄哲学和葛洪的神仙道教，并杂有儒家和佛家观点，主张三教合流。工书法。对历算、地理、医药均有较深研究。著有《本草经集注》《华阳陶隐居集》等。

【陶渊明】（365—427）东晋诗人。一名潜，字元亮，世号靖节先生。浔阳柴桑（今江西九江西南）人。曾任彭泽令等，后去职归隐，绝意仕途。长于诗文辞赋。诗多描写田园风光及其在农村生活的情景，往往隐寓着他对污浊官场的厌恶和不愿同流合污的精神，以及对太平社会的向往。语言质朴自然，而又颇为精炼。散文《桃花源记》，辞赋《归去来兮辞》《闲情赋》都很有名。有《陶渊明集》。

【醍醐（tíhú）**灌顶】**醍醐：从牛乳中提炼的精华，比喻佛法的最高境界。佛教弟子入门时须由本师用醍醐灌洒头顶，象征向受戒者灌输智慧，使之彻悟。后也用来比喻听了精辟高明的言论，受到极大启发。

【体验未发】北宋·杨时《龟山集》卷二十一："学者当于喜怒哀乐未发之际，以心体之，则中之义自见。执而勿失，无人欲之私焉，发必中节矣。"杨时认为：于静中"默而识之"，体验未发之体，"执而勿失"，则自能消去个人的私欲，使各种情绪的表现都有恰当的分寸。体验到了这一贯通始终的中体，也就体证到天地一体之仁的大公境界。这是杨时客观唯心主义的哲学命题。

【**剃度**】佛教指给要求出家的人剃去须发使成为佛教徒。佛教认为剃发出家是度越生死之因，故名。

【**悌**（tì）】顺从并敬爱兄长；也泛指敬重长上。儒家把悌与孝并称，认为"孝悌也者，其为仁之本"，教导人们要"入则孝，出则悌"（《论语·学而》），强调"尧舜之道，孝悌而已矣"（《孟子·告子下》，意即尧舜之道，其实就是讲求孝悌）。

【**天不变，道亦不变**】语出《汉书·董仲舒传》。天，指创造自然界万物的最高主宰或天意；道，指封建王朝赖以生存的大道理，要点是三纲五常。意思是上天是永恒不变的，体现天意的道也是永恒不变的。董仲舒以此论证封建制度和君主统治的合理性和稳定性，后来则成为束缚人们的精神枷锁。

【**天不为一物枉其时，明君圣人亦不为一人枉其法**】语出《管子·白心》。枉：违背，歪曲；时：时令，季节。上天不会因某一物的需要而违背它的节令，明君圣人也不会因某一人的需要而违背国家的法度。

【**天道**】❶指自然界的变化规律。西汉·桓宽《盐铁论·水旱》："六岁一饥，十二岁一荒，天道然，殆非独有司之罪也。"❷显示征兆的天象。《国语·周语下》："吾非瞽（gǔ）史，焉知天道？"❸天理，天意。《尚书·汤诰》："天道福善祸淫，降灾于夏。"

【**天道助弱**】《老子》七十七章："天之道，损有余而补不足。"认为自然的法则是裁多余的、补不足的，扶弱以抑强。道教汲取老子这一观点并加以改造，提出"天道助弱"（见《太平经》），宣扬同情弱者，扶弱抑强、赏善惩恶的思想。

【**天地人**】古代信奉的三元神，即天神、地祇（qí）、人鬼。天神以上帝为尊，下列诸天官；地祇以后土或社稷为尊，下列山川林泽四方百物之神；人鬼以始祖为尊，下列祖宗圣贤之灵。

【**天干**】甲、乙、丙、丁、戊、己、庚、辛、壬、癸的统称。通常用作表示次序的符号。参见70页"干支"。

【**天罡**（gāng）】星名。北斗七星的柄。道教认为北斗群星中有36个天罡星、72个地煞星。小说《水浒传》受其影响，将梁山泊108将附会成天罡星、地煞星转生。

【**天工开物**】书名。明代宋应星著。较全面系统地记述了我国古代农业和手工业的生产技术及经验，并附有大量插图。分三编：上编包括谷类和棉麻栽培，养蚕、缫（sāo）丝、染料、食品加工、制盐、制糖等；中编包括制造砖瓦、陶瓷、钢铁器具，建造舟车，采炼石灰、煤炭、硫黄以及榨油、造纸等；下编包括五金开采及冶炼，兵器、火药、颜料制造等。具有重要的科学价值，被誉为我国17世纪的工艺百科全书，反映了明末资本主义萌芽时期的生产状况。

【天后】见179页“妈祖”。

【天后宫】见179页“妈祖庙”。

【天花乱坠】传说佛说法精彩美妙，感动诸天撒下各种香花作为“供养”。《心地观经·序品》：“六欲诸天来供养，天华（花）乱坠遍虚空。”后用“天花乱坠”形容言谈虚妄，不切实际（含贬义）。

【天即理】语出南宋朱熹《论语集注》。朱熹把《论语》中原本带有古代宗教意味的“天”解释为“理”，这是理学解经思想的基点。这里的“理”是宇宙的普遍法则。“理”“其尊无对”，人只能顺理而动，不可逆理而行。

【天将降大任于斯人】《孟子·告子下》：“天将降大任于斯人也，必先苦其心志，劳其筋骨，饿其体肤，空乏其身，行拂乱其所为，所以动心忍性，曾益其所不能。”孟子是说，上天将要把重大使命交给舜、傅说等这样的人，一定要先使他的内心痛苦，筋骨劳累，体肤饿瘦，身受贫困之苦，用种种挫折去阻碍、干扰他的事业，通过这些来让他内心警觉，以不断增长才干，使他的人格逐渐坚定、完善起来。孟子在这里告诉我们一个生于忧患、逆境造人才的道理。

【天经地义】《左传·昭公二十五年》：“夫礼，天之经也，地之义也。”后用“天经地义”表示天地间本当如此、不可更改的道理。西晋·潘岳《世祖武皇帝诔》：“永言孝思，天经地义。”

【天理】❶自然的法则。《庄子·天运》：“夫至乐者，先应之以人事，顺之以天理。”❷天然的道理；道义。如：天理难容、天理良心。❸宋代理学家把封建伦理看作永恒的道德法则，称之为“天理”。认为天理是每个人心中都有的，谁都能理解、把握；有的人丧失了天理，是因为受到外物的影响，人欲遮蔽了天理，因此“灭私欲则天理明”。

【天龙八部】佛教用语。“八部”指诸天、龙、夜叉、乾达婆、阿修罗、迦楼罗、紧那罗、摩呼罗迦等八部众。因八部中以天、龙二部居首，故名。《法华经·提婆达多品》：“天龙八部，人与非人，皆遥见彼龙女成佛。”

【天论】❶《荀子》中篇名。荀子朴素唯物主义思想代表作。指出天体有运行规律，不受人为影响。也有星坠、日月食等反常现象，不必畏惧。批判了鬼神迷信，提出了“制天命而用之”（掌握并利用自然规律）的人定胜天思想。❷著作名。唐代刘禹锡著。分上、中、下三篇。补充和发展了柳宗元《天说》中朴素唯物主义思想，论述了“天命”迷信产生的社会、认识根源，指出“天”也是有形的物质，有自身的规律。收入《刘梦得文集》。

【天马行空】神马腾空飞行。比喻才华横溢，不受拘束。清·昭梿《啸亭杂录·山舟书法》：“惟公兼数人之长，出入苏米（苏轼、米芾），笔力纵横，浑如天马行空。”

【天命】上天的意志。商周时代人们认为人的生死、社会的变故都受上天的安排，因而对“天”产生敬畏心理。历代帝王利用“天命”来论证他们获得统治权力的合法性，叫作“受命于天”或“奉天承运”。在为统治阶级服务的思想文化领域，也用天命来解释新旧王朝更替的必然性，叫作“天命转移”。参见139页“君权神授说”。

【**天命无息**】南宋学者胡宏的一种儒学思想。胡宏在其著作《知言》中认为：天命就是天之命令，是至诚无息之道或天道。天命之道的流行无息，必然衍生和展现出一个现实的宇宙世界，万物俱存俱生；万物变化不息，是天命无息的一种表现方式。

【**天女散花**】佛经故事。《维摩诘经·观众生品》记载：维摩诘大士在丈室中说法，时丈室中有一天女。为了试探听众的道行（héng），她把花瓣撒下。凡是积习未尽的，花瓣着身不掉。后用“天女散花”来形容抛撒东西或大雪纷飞的样子。

【**天人感应**】西汉董仲舒提出的一种神秘学说。董仲舒认为，天和人相类相通，天能干预人事，人的行为也能感应上天，自然界的灾异和祥瑞表示天对人的谴责和嘉奖。董仲舒以“天人感应”说作为其建立封建神学体系的理论基础。

【**天人合一**】一种强调“天道”和“人道”、“自然”和“人为”相通、相类和统一的哲学观点。《周易·乾卦·文言》：“大人者与天地合其德。”把天人合德看作是人生修养的最终目标。孔子说：“天生德于予。”（《论语·述而》）认为性与天道是合一的，人生目的就是通过“下学”之途而上达“天人合一”的最高境界。战国时子思、孟子认为天有意志，人事是天意的体现，天意能支配人事，人事能感动天意，两者合为一体。宋以后思想家从“理”“性”“命”等方面来论证天人关系的合一。明清之际的王夫之则主张“人心即天”。以上各说力图探索天与人的相通之处，以求天人和谐一致，实为我国古代哲学的特色之一。

【**天师道**】对东汉张道陵所创五斗米道的尊称。“天师”本是对得道者的尊称，道教尊张道陵为天师，故名所创之道为“天师道”。两晋时此道声名渐显，社会影响很大，一些有名的士族如王羲之、谢安等世代信奉。到南北朝时分化成南北两派。唐宋以后逐渐合流，到元代归并于正一道。江西龙虎山是天师道的活动中心。

【**天时不如地利，地利不如人和**】《孟子·公孙丑下》：“孟子曰：‘天时不如地利，地利不如人和。’”孟子是说有利的时机和气候不如有利的地理位置，有利的地理位置不如人的齐心协力。在“天时”“地利”“人和”这三种因素中，“人和”是最重要的。民心向背是决定事业成败的关键。

【**天视自我民视，天听自我民听**】语出《尚书·泰誓中》。自：从，由。意思是上天所看到的来自我们百姓所看到的，上天所听到的来自我们百姓所听到的。指执政者应当按人民的意愿办事，所提出的方针政策应当是人民意志的体现。

【**天台（tāi）宗**】我国佛教宗派。陈、隋时高僧智颢（yǐ）所创，因其常住浙江天台山，故名。主要以《法华经》为其教义依据，故也称法华宗。唐宋时传入日本和朝鲜半岛。

【天坛】明清两代帝王祭祀皇天、祈求五谷丰登的场所。在今北京市东城区。始建于明永乐十八年（1420），清乾隆、光绪时曾重修、改建，占地约273万平方米。主建筑有圜（yuán）丘、皇穹宇、祈年殿等。坛墙南方北圆，象征天圆地方。是我国现存的精美古建筑群之一。今辟为公园，为全国重点文物保护单位。已列入《世界遗产名录》。

【天堂】❶某些宗教指善良的人死后灵魂的归宿之处（跟“地狱”相对）。❷比喻幸福美好、令人向往的地方。如人间天堂。

【天外有天】谚云：“天外有天，人外有人。”指达到一个较高的境界之后还有更高的境界，多表示学习、技艺、本领等的提高永无止境；也比喻能人之外还有能人。告诫人不要骄傲自满。

【天网恢恢，疏而不漏】见“天网恢恢，疏而不失”。

【天网恢恢，疏而不失】语出《老子》七十三章。恢恢：广大。意思是天道如大网，虽网眼稀疏却无有漏失，不会放过任何罪恶。后常用以表示作恶者终究逃不脱森严的法网。也说“天网恢恢，疏而不漏”。

【天下】中国古人关于“大国家”的概念。即包括所有诸侯国、附属国以及臣服国的地域。秦汉以前，指华夏与四夷所居之地，即中原及其周边的地区和国家。汉代以后，随着对外交往范围的扩大，“天下”的概念也逐渐扩大，主要指中国及其周边国家，即中国天子直接或间接拥有的地域。儒家所推崇的政治理想“天下为公”以及传统士大夫常说的“以天下为己任”中的“天下”，均指上述概念。今人所说的天下，通常指全世界。

【天下从事者，不可以无法仪】《墨子·法仪》：“天下从事者，不可以无法仪，无法仪而其事能成者，无有也。”是说做任何事情，都不能没有一定的法度礼仪，没有法度礼仪就做不成事。强调了法制的重要，要依法办事。

【天下大同】大同：儒家提出的与“小康”相对的理想社会。“天下大同”是古代儒家宣扬的“天下为公”理想的体现，反映了人们对未来社会的美好憧憬。参见272页“天下为公”。

【天下万事，不可备能】语出《尹文子·大道上》。备：齐全，完备。普天下的万事万物，不可能全都掌握。揭示了一个人的能力有限，不可能什么都会。

【天下为公】本指君位不为一家之私有。《礼记·礼运》：“大道（儒家最高的政治理想；最高的治世原则）之行也，天下为公，选贤与能，讲信修睦。”意思是大道施行的时代，天下是公有的，每个人都有一份平等的政治权利，选举贤德和有才能之人来治理国家，人们讲求信用，彼此和睦相处。后也指一种美好的、权利平等的社会政治理想。

T

【**天下兴亡，匹夫有责**】清·顾炎武《日知录·正始》："保天下者，匹夫之贱，与有责焉耳矣。"是说微贱的普通百姓也有保卫天下的职责。后用"天下兴亡，匹夫有责"指国家的兴盛和衰亡，每一个普通人都有责任。也说"国家兴亡，匹夫有责"。

【**天下之大事必作于细**】语出《韩非子·喻老》。作：兴起，发生。意思是天下的灾难祸患等重大事情，都是由细微小事引起发生的。指小毛病不消除，将会酿成大祸或造成大损失。

【**天行健，君子以自强不息**】语出《周易·乾卦·象》。天的运行刚强劲（jìng）健，君子应像天一样，自我激励，刚毅坚定，奋发图强，永不停息。清华大学校训"自强不息，厚德载物"即出于此。参见 100 页"厚德载物"。

【**天行有常，不为尧存，不为桀亡**】语出《荀子·天论》。大自然的运行有其自身的规律，这个规律不因为尧的圣明或桀的暴虐而改变。常用于指自然规律不受人为因素影响或不以人的意志为转移。

【**天一阁**】我国现存最早的私家藏书楼。位于浙江宁波市区。明朝中期兵部右侍郎范钦主持建造。原藏书 7 万余卷，今尚存 13000 余卷。全国重点文物保护单位。也是亚洲现有最古老的图书馆和世界最早的三大家族图书馆之一。

【**天有不测风云**】天气有难以预测的风云变化。比喻人常会遇到意想不到的事情（多指灾祸）。元·无名氏《合同文字》第四折："天有不测风云，人有旦夕祸福。那小厮恰才无病，怎生下在牢里便有病？"

【**天主教**】基督教的旧派，与东正教、新教并称为基督教三大教派。"天主"一词是明末来我国的传教士借用汉语原有词语对所信仰之神的译称，其意为"至高至尊的主宰"，犹言上帝。以罗马教皇为教会最高领袖，信奉天主和耶稣基督，尊玛利亚为天主圣子之母。中世纪时在西欧占统治地位，16 世纪欧洲宗教改革运动后，被称为旧教。元代传入我国，元灭亡后中断。明代再一次传入我国。中华人民共和国成立后，中国教会实行独立自主办教。

【**田单**（dān）】战国时齐将。临淄（今山东淄博市临淄区）人，齐国君远房宗亲。初任齐都临淄的市掾（yuàn，管理市场的小官）。齐国危亡之际，坚守即墨。齐襄王五年（前 279），他用反间计诱使燕惠王以弱将骑劫换下名将乐（yuè）毅，并以火牛阵击破燕军，收复 70 余城，因功被齐襄王升为相国，封安平君。

【**田骈**（pián）】战国时哲学家。齐国人。早年学黄老之道，后为彭蒙的学生。与彭蒙等同游稷下。曾以道术游说齐王。主张"贵齐"（强调事物的均齐、同一），认为"万物皆有所可，皆有所不可"，要求人们放弃是非的考虑，顺应事物的变化。其"齐是非""齐万物"的思想与庄子的"齐物论"是一致的。也称陈骈。

【**田园诗**】诗歌的一种。以描写农村景物、反映农村生活为主要题材。情调恬静悠然，语言朴素流畅。我国古代田园诗的代表诗人有东晋的陶渊明、南宋的范成大等。

【**铁拐李**】传说中的八仙之一。相传姓李，名玄。曾遇太上老君得道。神游时因其肉身误为徒弟火化，游魂无所依归，便附一饿死者的尸体而起。敞着怀，瘸着腿，蓬首垢面，拄一根铁杖，故称铁拐李。民间传说他为道教药神，背上的大葫芦里装着神奇的丹药。也称李铁拐。

【**铁器时代**】考古学上指青铜时代后的一个时代。这时人类已普遍制造和使用铁制的生产工具。我国在春秋战国时期，中原地区已普遍使用铁器。

【**铁树开花**】铁树多年才开花一次。比喻事情罕见或极难办成。

【**铁云藏龟**】书名。清代刘鹗（字铁云）编。为著录甲骨文材料的第一部专书。编者从其所藏的5000余片中选印1058片。此后就其旧藏编印为书的有罗振玉《铁云藏龟之余》、叶玉森《铁云藏龟拾遗》、李旦丘《铁云藏龟拾零》各一卷。

【**听其言而观其行**】《论语·公冶长》："始吾于人也，听其言而信其行；今吾于人也，听其言而观其行。"孔子说最初我对于别人，听到他的话就相信他的行为；如今我对别人，听到他的话还要观察他的行为。意思是考察一个人的品行，不光听他说得如何，重要的是要看他做得如何。

【**通典**】书名。唐代杜佑撰。200卷。记载历代典章制度的沿革，上起传说中的唐虞，下迄唐肃宗、代宗时，以唐代尤详。分食货、选举、职官、礼、乐、兵、刑、州郡、边防九门，每门又分若干子目。该书从礼仪制度考察社会生活，酌古通今，开创出一个认识社会结构的全新编纂体系，以至于有"三通""九通""十通"的典志系列出现。

【**通鉴**】《资治通鉴》的简称。

【**通鉴纪事本末**】书名。南宋袁枢撰。42卷。根据《资治通鉴》总括为239事，一事一篇。始于"三家分晋"，终于"周世宗征淮南"。按照年代顺序，抄录成篇，起讫了然，颇便阅读。为我国第一部纪事本末体历史著述。

【**通考**】指汇集考核典制的书。如马端临的《文献通考》、徐乾学的《读礼通考》、秦蕙田的《五礼通考》等。又，《文献通考》也简称《通考》。

【**通权达变**】通、达：通晓，理解；权、变：随机应变。根据客观情况的变化，不拘守常规，灵活应对。《清史稿·宗稷辰传》："臣闻见隘陋，非能尽识天下之才，所知湖南有左宗棠，通权达变，为疆吏所倚重。"

【**通史**】连贯记述多个时代或王朝史实的史书（跟"断代史"相对）。如《史记》《通典》《资治通鉴》《通志》等。近代以来，有一国范围的通史（如《中国通史》），有世界范围的通史（如《世界通史》），也有各种专门学科的通史（如《中国医学通史》）。

【**通雅**】训诂书。明代方以智撰。52卷。

取材于先秦诸子、史籍、方志、小说等，考证古音古义，论及方言俗语。引书都注明出处，体例谨严，可供研究古汉语、探讨词源的参考。

【通志】书名。南宋郑樵撰。200卷。为司马迁《史记》之后纪传体通史的代表。分帝纪、年谱、略、后传、列传。二十略中的氏族、六书、七音、都邑、昆虫草木五略，为旧史所无，是全书精华。与《通典》《文献通考》合称“三通”。

【同仇敌忾（kài）**】**《诗·秦风·无衣》：“与子同仇。”《左传·文公四年》：“诸侯敌王所忾（愤怒，仇恨）而献其功。”后用“同仇敌忾”指怀着相同的仇恨和愤怒一致对敌。

【同床异梦】南宋·普济《五灯会元·五云悟禅师》：“山僧虽与他同床打睡，要且各自做梦。”虽然同时睡在一张床上，却各人做各人的梦。后用“同床异梦”比喻貌合神离，虽然同做一件事情，而各人有各人的打算。

【同心同德】同一心愿，同一信念。指思想和行动完全保持一致（跟“离心离德”相对）。北宋·司马光《涑（sù）水记闻》卷八：“朕观在昔，君臣惟同心同德，故知天下之务，享无疆之休。”

【同舟共济】同乘一条船过河。比喻团结一致，共同战胜困难。《孙子·九地》：“夫吴人与越人相恶也，当其同舟而济，遇风，其相救也，如左右手。”

【桐城派】清代散文流派。形成于康熙年间，兴盛于乾隆、嘉庆年间，以安徽桐城人方苞、刘大櫆（kuí）、姚鼐（nài）相继为领袖，故称。该派在古文的写作上提出义理、考证、文章三者合一的理论。以《左传》《史记》和唐宋八大家的古文为取法对象，内容上要求“文以载道”，语言风格上要求“雅洁”。在清代中叶有较大影响。

【铜版】用铜铸成或用铜板刻成的印版。早在后晋天福年间（936—943），已用铜版印刷《九经》。11世纪初，北宋曾以铜版印纸币等。

【铜壶滴漏】我国古代一种计时仪器。铜壶盛水，用滴漏后水面的变化来测定时刻。我国早在周代已用漏壶测定时刻。南唐·冯延巳《寿山曲》词：“铜壶滴漏初尽，高阁鸡鸣半空。”也说铜壶刻漏。

【铜人腧（shù）**穴针灸图经】**宋代针灸学医书。王惟一撰。3卷。考订了经络循行径路和腧穴部位，详述腧穴的主治疾病和疗法；并铸成铜人模型，刻示经络、腧穴位置；又绘制十二经图，叙述了11世纪以前的针灸经络学说。该书刊行后，又刻石流传。现存宋代残石5块，于1965—1971年陆续在北京出土。

【童生】明清科举中尚未获得生员（秀才）资格的读书人，不论年龄大小都称“儒童”，习惯上称为“童生”。

【童叟无欺】叟：老年男子。老人和孩子都不欺骗。表示买卖公平。《二十年目睹之怪现状》第五回：“他这是招徕生意之一道呢！但不知可有‘货真价实、童叟无欺’的字样没有。”

【**统天历**】一种阴阳历。施行于南宋庆元五年（1199）。由杨忠辅创制。该历以29.530594天为历月；365.2425天为历年，只比回归年长26秒，精度与公历一致，但比西方早用380多年。首先提出回归年长度有变化，古大今小。

【**投桃报李**】《诗经·大雅·抑》：“投我以桃，报之以李。”意思是对方送给我桃子，我就回赠李子。后用“投桃报李”比喻彼此赠答或有来有往。

【**投之亡地然后存，陷之死地然后生**】语出《孙子兵法·九地》。指把部队投入十分危险、无法退却、只能拼死作战的境地，将士们就能奋勇杀敌以求生存，直至胜利。后常用来比喻事先断绝退路，迫使全力拼搏，才能取得成功。后世所说“置于死地而后生”与此义近。

【**突厥**】❶古族名。一般认为带有匈奴的血统。公元6世纪时，游牧于金山（阿尔泰山）以南。因金山形似兜鍪（móu）（古代战盔），俗称兜鍪为“突厥”，故称。初属柔然，550年破铁勒部。次年破柔然，建突厥汗（hán）国于今鄂尔浑河流域。全盛时，东至辽海，西达今里海，南到阿姆河南，北越贝加尔湖。有文字、官制、刑法、税法等。583年，东西突厥以阿尔泰山为界分立。后统一于唐。745年亡于回纥。突厥各部乃大多附于回纥，一部西迁中亚，另部南下附唐。❷现代突厥不是一个民族，而是语言属于突厥语族的不同民族的统称。总人口近2亿。主要分布在土耳其、阿塞拜疆、塞浦路斯、哈萨克斯坦以及我国的新疆等地，遍布十多个国家和地区。

【**图腾**】英语音译。原始社会的人认为跟本氏族有血缘关系而加以崇拜，并以此作为本氏族标志的某种动物、植物或自然物。图腾崇拜为原始社会的宗教信仰。

【**土地神**】掌管、守护某个地方的神。道教神系中地位最低的神，但在民间影响很大，流传很广。几乎有汉族人群居住的地方就有供奉土地神的小庙。源于古代的“社神”崇拜。传统文化中，祭祀土地神即祭祀大地，且多有祈福、保平安、保农业收成之意。也称土地爷、福德正神。

【**吐故纳新**】本为道家养生之术。《庄子·刻意》：“吹呴（xǔ，张口呼气）呼吸，吐故纳新。”即吐出浊气，吸进清气。后用“吐故纳新”比喻抛弃旧的，吸收新的。也说吐纳。

【**吐纳**】吐故纳新。

【**彖**（tuàn）】《周易》中总结各卦基本观念的话。《易传》中有“彖辞”“彖传”两篇，用以阐释卦名、卦辞和卦义，相传为孔子所作。如《周易·革卦·彖》提出“天地革而四时成，汤武革命，顺乎天而应乎人”的论点，认为政权的更替是合理的。

【**推陈出新**】对旧事物去其糟粕，取其精华，并在此基础上创新、发展。清·延君寿《老生常谈》：“久则变，不变则不能推陈出新，势所不得不然。”

【**推己及人**】《论语·卫灵公》：“己所不

欲，勿施于人。”朱熹注：“推己及物（他人）。”后用“推己及人”指将心比心，设身处地为他人着想。南宋·朱熹《与范直阁书》：“学者之于忠恕，未免参校彼己，推己及人则宜。”

【推心置腹】《后汉书·光武帝纪上》：“萧王推赤心置人腹中，安得不投死乎？”意思是把自己的心放在人家的肚子里，人家就会尽力效劳。后用“推心置腹”比喻真心待人。明·焦竑《玉堂丛语·规讽》：“李侍郎……与人交，必推心置腹，务尽忠告。”

【屯田】古代政府利用士兵和农民、商人垦种荒地以取得军粮和税粮的措施。有军屯、民屯、商屯等。始于汉代，延续到元明清。也指屯垦的土地。

【瓦舍】宋元时城市里娱乐场所集中的地方。有表演杂剧、曲艺、杂技等的勾栏，也有卖药、估衣、饮食等店铺。孟元老《东京梦华录》、周密《武林旧事》等详细记载了宋时瓦舍的情况。也说瓦肆、瓦子。

【外道】佛教对于佛教以外的宗教或学说的通称。后来也称异端邪说（含贬义）。

【外之物格，则内之知致】语出元代吴澄《评郑夹漈〈通志〉答刘教谕》。吴澄认为："格"指"实悟"，即"觉"；"外之物格"强调认识活动（格物）的直接对象就是外在之物。"知"是一种运用心智的高级思维形式，是德性之知；包括反之于心和履至于身这些环节。格物与致知是一个过程，格物就是致知的途径。格物的最终目的，是要获得德性之知，从而使人的行为完全合乎道德规范。〔郑樵，字渔仲，南宋史学家，学者称"夹漈（jì）先生。"〕

【顽石点头】佛教故事。相传道生法师曾在虎丘山聚石为徒，讲《涅槃经》，讲得群石皆为点头。后世遂有"生公说法，顽石点头"之语。本指佛法讲说精辟，连没有生命的石头都被打动了。今用以比喻道理讲得透彻，顽固的人也会被说服。

【婉约词】词的一种流派。这一类词用词婉转，表现细腻。多写儿女之情、离别之绪，表现手法含蓄蕴藉。代表词人有温庭筠、柳永、李清照、周邦彦等。

【万劫不复】佛教称世界从生成到毁灭为一劫。南宋·普济《五灯会元·云门文偃禅师》："莫将等闲空过时光，一失人身，万劫不复，不是小事。""万劫不复"指永远不可能恢复。

【万乘（shèng）】❶万辆兵车。古时一辆四匹马拉的车叫一乘。多用于战争。❷指天子、帝王或帝位。《孟子·梁惠王上》："万乘之国，弑其君者，必千乘之家。"赵岐注："万乘，兵车万乘，谓天子也。"《汉书·蒯通传》："随厮养之役者，失万乘之权。"❸指能出兵车万乘的大国；后泛指实力强大的国家。《南史·儒林传·沈文阿》："夫千人无君，不败则乱；万乘无主，不危则亡。"

【万事莫贵于义】语出《墨子·贵义》。一切事情没有比正义更可贵的。

【万斯大】（1633—1683）清代经学家。字充宗，因患足疾而晚号跛翁，学者称褐夫先生。浙江鄞（yín）县（今浙江宁波市鄞州区）人。平生刚毅自守，见有不可者则义形于色。师从黄宗羲，不事科举。研习诸经，长于《春秋》《三礼》。治《礼》不拘汉宋，不盲从；怀疑《周礼》非周公所作，而系后人伪托。其《宗法》八篇，黄宗羲盛赞“为冠古绝今，必传之作”。撰《学礼质疑》《周官辨非》《仪礼商》《礼记偶笺》《学春秋随笔》，合称《经学五书》。

【万物并育而不相害】万物同时生长而不相妨害。《中庸》第三十章：“辟如四时之错行，如日月之代明，万物并育而不相害，道并行而不相悖。”指宇宙和大自然的法则中，相互包容的和合之道随处可见。

【万章】孟子的得意弟子之一。一生追随孟子，为孟子所喜爱。《孟子》七篇中有“万章章句”共十八章，万章的名字在《孟子》中反复出现。孟子晚年，经常同万章谈论经书，《孟子》一书，万章多有贡献。

【万众一心】千千万万的人一条心。形容广大人民团结一致。《后汉书·朱儁（jùn）传》：“儁谓张超曰：‘万人一心，犹不可当，况十万乎？’”

【万紫千红】南宋·朱熹《春日》诗：“等闲识得东风面，万紫千红总是春。”形容百花齐放，色彩绚丽的春色。也比喻事物丰富多彩、欣欣向荣。

【汪中】（1745—1794）清代哲学家、文学家、史学家。字容甫，江苏江都人。少孤贫好学，由寡母启蒙。后依书商为佣，始有博览经史百家的机会，34岁为拔贡，后绝意仕进。秉性耿直，疾恶如仇，不囿于时俗，讽喻权贵，对传统礼教敢立新论，被当世视为狂徒。工骈文，能诗，尤精史学，博考先秦图书，研究先秦学制兴废。尤以治诸子著称，推崇墨学，认为儒墨两家无正统与异端之分。为墨子、荀子翻案，提出“私奔不禁”“女子许二嫁”等主张。著有《广陵通典》《述学》（内外篇）《尚书考异》《大戴礼记正误》《春秋述义》《容甫先生遗诗》《荀卿子通论》等。

【王安石】（1021—1086）北宋政治家、文学家、思想家。字介甫，抚州临川（今江西抚州市临川区）人。1058年，王安石向仁宗上万言书，主张变法，未用。后为神宗采纳，任宰相，推行均输、青苗、农田水利、市易、方田均税、保甲等新法，史称“王安石变法”。因遭强力反对，被罢相，后封“荆国公”，世称“荆公”。诗文成就很高，为“唐宋八大家”之一。

【王霸】见279页“王霸并用”。

【王霸并用】古代关于统治方法的观点。战国时孟子主张以仁义治天下，称之为王道；把以武力征服天下，称之为霸道，说“五霸（春秋五霸）者，三王（夏禹、商汤、周文王）之罪人也”（《孟子·告子下》）。荀子认为王道、霸道只是程度不同，主张王霸并用，赞扬建立霸业的齐桓公、管仲是“古之人有大功名者”（《荀子·王霸》）。至宋代程朱理学把汉唐之政与三代之政相对立，认为汉唐之政是历史的倒退，但遭到陈亮的批驳，认为汉唐之政与三代之政没有本质区别，提出“王霸并用，义利双行”的观点（《龙川文集·又甲辰答朱元晦书》）。

【王褒】西汉辞赋家。字子渊，蜀资中（今四川资阳）人。宣帝时为谏议大夫。以辞赋著称，所著《洞箫赋》为我国最早的专门描写乐器与音乐之作，原集已散佚，明人辑有《王谏议集》。

【王弼】（226—249）三国魏哲学家。魏晋玄学的主要代表之一。字辅嗣，山阳高平（今山东邹城一带）人。曾任尚书郎。十余岁即负盛名，通辩能言。少时便好儒、道，为《周易》《老子》注释。将老子的“有生于无”的宇宙生成论演为“以无为本”的本体论。并从本末、体用、动静、一多等关系上来论证。以道释儒，“援老入儒”，调和儒、道。指出儒、道都奉顺自然，推崇孔圣的高尚志节“不为世俗所移易也”。其著《周易注》偏重哲理，扫除汉代经学繁琐之风。其他著述有《周易略例》《老子指略》《老子注》《论语释疑》等。

【王勃】（649 或 650—675 或 676）唐代文学家。字子安，绛州龙门（今山西河津）人。与杨炯、卢照邻、骆宾王以文辞齐名，并称“初唐四杰”。其诗长于五律，偏于描写个人经历，多思乡怀人、酬赠往还之作，风格较为清新明朗。其文多为骈体，重辞采而有气势，以《秋日登洪府滕王阁饯别序》（习称《滕王阁序》）最为有名。

【王昌龄】（？—约 756）唐代诗人。字少伯，京兆长安（今陕西西安）人。开元进士。曾任江宁丞。开元、天宝年间，诗名甚盛，有“诗家夫子王江宁”之称。尤擅长七绝，多写边塞军旅生活，气势雄浑，格调高昂。《从军行》七首、《出塞》二首皆有名。其宫词善写女性幽怨之情，也为世所称。后人辑有《王昌龄集》。

【王充】（27—约 97）东汉唯物主义哲学家。字仲任，会稽上虞（今属浙江）人。年少时到京城太学学习，拜班彪为师。做过小官，罢职后专心著述。毕生反对宗教神秘主义，发展了古代唯物主义。重视理性思维的作用，强调人性可以改变，在社会历史观上存在机械的命定论，在美学上主张美与真的统一，将艺术的目的归结为“劝善惩恶”。认为论文要通俗，有内容，反对崇古。其代表作品《论衡》是一部哲学政论名著。

【王道】《尚书·洪范》：“无偏（不公正）无党（偏私），王道荡（shāng）荡。”处事公正，没有偏向，圣王之道就会宽广无比。古代儒家称以仁义统一和治理天下的政治主张和治理模式。

【王法】❶指封建王朝的法令；也泛指国家的法律。《三国志·魏志·董卓传》：“暹（xiān）、奉不能奉王法，各出奔。”❷王者治国之道。《汉书·魏相传》：“臣谨案王法必本于农而务积聚，量入制用以备凶灾。”

【王夫之】（1619—1692）明清之际思想家。字而农，号薑斋。晚年居衡阳石船山，亦称“船山先生”。衡阳（今属湖南）人。明亡，举义兵抗清，失败，隐伏深山 40 年，潜心研究，勤苦著述，学术成就很大。对天文、地理、历法、数学都有研究，尤精于经史、文学。与黄宗羲、顾炎武并称为 17 世纪三大思想家。我国朴素唯物主义的集大成者。其著作经后人编为《船山遗书》。

【王艮（gèn）】（1483—1541）明代心学家。字汝止，号心斋。泰州安丰场（今江苏东台安丰）人，人称王泰州。师从王守仁，初名银，王守仁替他改名为艮。创立传承阳明心学的泰州学派。提出“百姓日用即道”的观点，倡导口传心授，使“愚夫愚妇”明白易懂。弟子遍及农夫、樵夫、陶匠、灶夫等社会下层人士。其著作辑为《心斋王先生全集》《明儒王心斋先生遗集》。

【王顾左右而言他】见 80 页“顾左右而言他”。

【王国维】（1877—1927）享誉国际的中国文化学者。字静安，号观堂。浙江海宁人。清秀才。早年留学日本。1907 年起，任学部图书馆编译，从事中国戏曲史和词曲的研究，著有《静安文集》《曲录》《宋元戏曲考》《人间词话》等。后在上海仓圣明智大学、清华大学国学研究院执教，研究中国古代史、古文字学、音韵学，致力于甲骨文、金文、汉晋简牍的考释，提出著名的“二重证据法”。1927 年在北京颐和园投水自尽。生平著作 62 种，收入《王国维遗书》的有 42 种。以《观堂集林》最为著名。

【王翦】战国末秦将。频阳（今陕西富平东北）人。因善战而为秦王嬴政重用。先后攻破赵国、燕国，攻灭楚国，为统一六国立下大功。封武成侯。与白起、李牧、廉颇合称战国四大名将。

【王莽】（前 45—公元 23）新王朝建立者。字巨君，魏郡元城（今河北大名东）人。西汉元帝皇后王政君之侄，以外戚掌握政权。成帝时封新都侯。公元 5 年，毒死平帝，自称假（代理）皇帝。公元 8 年称帝，改国号为新。推行新政，多次改变币制，造成经济混乱；多次更改官制，政令苛细，赋役繁重。公元 17 年，爆发农民大起义。公元 23 年，绿林军攻入长安，死于乱军之中。

【王蒙】（1308—1385）元代画家。字叔明，吴兴（今浙江湖州）人。赵孟頫的外孙。山水画受赵影响，师法董源、巨然，集诸家之长自创风格。作品以繁密见胜，重峦叠嶂，长松茂树，气势充沛，景象苍茫。兼攻人物、墨竹，书法擅行楷。与黄公望、吴镇、倪瓒合称“元四家”。存世作品有《青卞隐居图》《夏山高隐图》《丹山瀛海图》等。

【王冕】（1287—1359）元代画家、诗人。字符章，浙江诸暨人。初为牧童，科举不第，荐官不就，归隐卖画为生。以画梅著称，尤工墨梅。所画花密枝虬，生意盎然，亦善竹石。能刻印，创用花乳石刻印章。存世作品有《三君子图》《墨梅图》。诗多同情人民苦难，语言质朴自然。有《竹斋诗集》3 卷，续集 2 卷。

【王念孙】（1744—1832）清代音韵训诂学家。字怀祖，号石臞（qú）。江苏高邮人。乾隆进士。精于文字、声音、训诂。著《广雅疏证》，对汉魏以前的古训，详加考证，以形、音、义互相推求，把传统语言学推进到现代语言学的边缘。撰《读书杂志》《古韵谱》等，阐明古义，每有创见。精熟水利，著有《河源纪略》。

【王实甫】元代杂剧作家。大都（今北京）人。所作杂剧今知有 13 种。剧作大多以青年男女追求爱情幸福为题材。其作品风格秀美，词采旖旎，情思委婉，尤以《西厢记》为出色。

【王士禛（zhēn）】（1634—1711）清代文学家。字子真，号渔洋山人，新城（今山东桓台）人。官至刑部尚书。主盟康熙诗坛数十年。论诗创神韵说。其诗风由早年清丽转为苍劲。尤工七绝。词与古文也很出名。著有《渔洋山人精华录》《渔洋诗话》《池北偶谈》等。

【王世贞】（1526—1590）明代文学家、史学家。字元美，号弇（yǎn）州山人，太仓（今属江苏）人。官至南京刑部尚书。与李攀龙同为“后七子”首领，共主文坛二十余年。其持论承李梦阳等，主张文必秦汉，诗必盛唐。著述宏富。著有《弇（yǎn）州山人四部稿》《艺苑卮（zhī）言》等。

【王守仁】（1472—1529）明代哲学家、教育家。初名云，后更名为守仁，字伯安。余姚（今属浙江）人。曾筑室故乡阳明洞中，故世称“阳明先生”。官至兵部尚书。初习程朱理学，后转习并发展了陆九渊心学。他的“知行合一”和“知行并进”说，旨在反对宋儒程颐等“知先行后”以及各种割裂知行关系的说法。其学说以“反传统”的姿态出现，世人将其与孔子、孟子、朱熹并提，远传至日本、朝鲜半岛以及东南亚，影响很大。著作由门人辑成《王文成公全书》。参见 254 页“四句教”。

【王廷相】（1474—1544）明代哲学家、政治家。字子衡，号浚川。仪封（今河南兰考）人。明朝文坛“前七子”之一。 官至兵部尚书、都察院左都御史。在哲学上对唯心主义作了深入的研究和批判，为以后唯物主义思想家的批判总结作了历史准备。在政治上疾恶如仇，大胆揭露严嵩、张瓒等人专权误国和贪腐罪行。是明代儒者敢于同权宦斗争的代表人物之一。著作宏富，主要有《王氏家藏集》《雅述》《答薛君采论性书》《横渠理气辩》《答天问》《近海集》《吴中集》等。

【王通】（584—617）隋代哲学家、教育家，河汾学派的创始人。字仲淹，门人私谥文中子。河东龙门（今山西河津）人。曾上太平策，不见用，退居河、汾之间，授徒自给。有弟子千余人，时称“河汾门下”。主张儒、释、道三教合一，但其基本点仍是儒学。提出“夫天者，统元气焉”，认为天是元气组成的自然之天，同时又相信有“天神”存在。把治乱、穷达、吉凶归结为命，但又认为这些都是自召的。门人纂集、记录其言行而成《中说》一书。

【王维】（701—761）唐代诗人、画家。字摩诘，祖籍太原祁（今山西祁县），至其父时迁居蒲州（今山西永济）。官至尚书右丞，世称王右丞。中年后居蓝田辋（wǎng）川，亦官亦隐。前期写过一些边塞诗，以山水诗最为著名。与孟浩然齐名，并称“王孟”。精绘画。苏轼称赞他“诗中有画，画中有诗”。《雪溪图》《伏生授经图》相传为其所作。著有《王右丞集》。

【王羲之】（321—379）东晋书法家。字逸少，琅琊临沂（今属山东）人。官至右军将军，世称王右军。辞官后居会稽山阴（今浙江绍兴）。曾宴集兰亭，写下著名的《兰亭集序》。工书法，其书备精诸体，尤擅正楷、行书，遒美多变，为历代学书者所推崇，尊为“书圣”。代表作《兰亭序》被誉为“天下第一行书”。在书法史上，与其子王献之合称为“二王”。

【王献之】（344—386）东晋书法家。字子敬，琅琊临沂（今属山东）人。生于会稽山阴（今浙江绍兴），王羲之第七子。官至中书令，人称“王大令”。工书，兼精诸体，尤以行草擅名。其书英俊豪迈，极有气势。与其父王羲之并称“二王”。存世墨迹有行书《鸭头丸帖》、小楷《十三行》。

【王引之】（1766—1834）清代训诂学家。字伯申，号曼卿，王念孙之子，江苏高邮人。嘉庆进士，官至工部尚书。幼受庭训，发展其父学说，以小学名世。所著《经义述闻》32卷，是研究古书中音韵训诂、勘订讹误的名著；《经传释词》10卷，是研究古文虚词的重要著作，奉旨撰《康熙字典考证》，矫正《康熙字典》错误两千多处。

【王禹偁（chēng）】（954—1001）北宋文学家。字元之，济州巨野（今属山东）人。太平兴国进士，任右拾遗、左司谏。敢于直言，屡受贬谪。宋真宗即位，主修《太祖实录》，直书史事，贬知黄州，后又迁蕲（qí）州病死。反对文风华靡，提倡朴素平易。文学韩、柳，诗崇杜、白，多反映社会现实，风格清新。散文《待漏院记》《黄州新建小竹楼记》广为传颂。著有《小畜集》等。

【王之涣】（688—742）唐代诗人。字季陵，晋阳（今山西太原西南）人。擅写边塞风光，意境雄浑，诗多被制曲传唱，名重一时。传世之作仅6首，尤以《凉州词》《登鹳雀楼》为千古佳作。

【网开一面】把捕捉禽兽的网打开一面。比喻采取宽容态度给人留下一条出路。清·李绿园《歧路灯》第九十三回：“老先生意欲网开一面，以存忠厚之意，这却使不得。”

【妄想】佛教指由于心之执着、虚妄颠倒而无法如实知见事物。今泛指虚妄而不切实际的想法。

【忘我】❶指忘掉了自己。多形容公而忘私。《晋书·王坦之传》：“成名在乎无私，故在当而忘我。”❷形容超脱尘俗，与自然融为一体的境界。

【望闻问切】中医诊断疾病的四种常用方法。“望”是观察病人的气色；“闻”是听病人发出的声音，闻病人的气息；“问”是询问病人的症状和病史；“切”是用手诊脉或触按身体其他部位。合称

"四诊"。《古今医统》:"望闻问切四字,诚为医之纲领。"

【**望洋兴叹**】望洋:仰视的样子。《庄子·秋水》中说:黄河水神因涨大水而沾沾自喜,自以为了不起。等到顺流东下,看到无边无际的大海,才感到惭愧,"望洋向若(海神)而叹"。意谓看到人家的宏大而感到自己的渺小。现多用于指因力量不足或条件达不到而感叹无可奈何。也说望洋而叹。

【**威而不猛**】君子治政应遵循的五种美德之一。《论语·尧曰》:"君子正其衣冠,尊其瞻视(外观,仪容),俨然人望而畏之,斯不亦威而不猛乎?"意思是君子衣冠整齐,仪容威严,庄重的神情让人看见就生出敬畏之心,这不就是威严而不凶猛吗?

【**威武不能屈**】强势霸道的暴力不能使人屈服。《孟子·滕文公下》:"居天下之广居,立天下之正位,行天下之大道。得志,与民由之,不得志,独行其道。富贵不能淫,贫贱不能移,威武不能屈,此之谓大丈夫。"意思是这个人住在天下最宽敞的"仁"的住宅里,站在天下最正确的"礼"的位置上,走在天下最光明的"义"的大道上。得志时引导百姓循着大道前进,不得志的时候独自坚持自己的原则。富贵不能使他乱心,贫贱不能使他变态,强暴不能使他屈服变节。这样的人才能称得上大丈夫。

【**微邪,大邪之所生也**】语出《管子·权修》。邪:不正当的。小的邪念和做小的坏事,是产生大邪念、做大坏事的根源。揭示防微杜渐的意义。

【**微言大义**】微言:精微的言辞;大义:有关《诗》《书》《礼》《乐》诸经的要义。西汉·刘歆(xīn)《移让太常博士书》:"及夫子没(mò)而微言绝,七十子卒而大义乖。"原指用精当的言辞阐述儒家的经典要义;现指含蓄的语言中包含的十分深刻的道理。

【**微子**】❶周代宋国的始祖。子姓,名启,一作开(为避汉景帝刘启之讳)。殷纣王胞兄。原封于微(今山西潞城东北)。数次劝谏纣王,而未被采纳,遂出走。周武王灭殷后投奔西周。周公相成王攻灭纣王之子武庚后,封他于商故都商丘(今河南商丘南)地区,国号宋。其弟微仲相传为孔子的远祖。❷篇名。《论语》第十八篇,据"微子去之,箕子为之奴,比干谏而死"句首"微子"二字而定名。

【**韦编三绝**】孔子读《周易》的典故。古代用竹简写书,用牛皮条把竹简编联起来叫"韦编"。"三"指多次。说孔子晚年非常喜欢读《周易》,以致将"韦编"翻断多次。后用"韦编三绝"形容读书勤奋刻苦。

【**韦玄成**】(?—前36)西汉大臣,经学家。字少翁,鲁国邹(今山东邹城)人。少好学谦恭,尤敬贫贱。曾以明经擢为谏议大夫,先后出任淮阳中尉、太子太傅、御史大夫等职。宣帝时,曾受诏与当朝重臣萧望之至石渠阁,评议儒生对《五经》的议论,并阐发诗意,得到皇帝的赏识。其父韦贤死,他佯狂将世袭爵位让于兄。朝廷敬其气节，拜为河南太守。后为丞相。邹鲁一带称赞说：“遗子黄金满籯，不如教子一经。”

【为（wéi）富不仁】语出《孟子·滕文公上》。为：谋求；不仁：刻薄。指靠不正当手段发财致富的人，心狠手毒，不讲仁慈。

【为人师表】《北齐书·王昕（xīn）传》：“杨愔（yīn）重其德业，以为人之师表（榜样，表率）。”指做别人学习的表率。

【为仁由己】《论语·颜渊》：“为仁由己，而由人乎哉？”孔子说实行仁德在于自己，哪在于别人呀？仁是孔子的最高道德理想和标准，“为仁由己”即强调实行仁德的自我决心和意志。

【为贤之道】《墨子·尚贤》：“为贤之道将奈何？曰：‘有力者疾以助人，有财者勉以分人，有道者劝以教人’”作为贤人应该怎样做呢？墨子说，应该是“有力的当以力助人，有钱财的尽量把钱财分给别人，恪守道义的人用道义来劝导别人。”这是墨子“兼爱”思想的体现。

【为（wéi）者常成，行（xíng）者常至】语出《晏子春秋·内篇杂下二十七》。为：干，做；常：经常，每每；行：走；至：到，到达。努力去做的人常常可以成功，不中断前行的人常常可以到达目的地。比喻只有踏踏实实、坚持不懈地努力，才能成就一番事业。

【为政以德】《论语·为政》：“为政以德，譬如北辰（北极星），居其所而众星共（通“拱”，环绕）之。”孔子说，以德治政，当政者安居其位，就会像北极星一样，众星都环绕着它。指以德治政，以德治国，就会得到拥戴。

【为政之要，莫先于用人】唐·吴兢《贞观政要·崇儒学》：“为政之要，惟在得人。”北宋·司马光《资治通鉴》：“为治之要，莫先于用人。”指任用贤才是治理国家的重中之重。

【为（wéi）之于未有，治之于未乱】语出《老子》六十四章。意思是在坏事尚未发生以前就着手应对，治理国政要在祸乱没有出现以前就早做准备。也就是凡事预则立，不预则废，对各种问题要防患于未然，化解于无形。

【围炉诗话】诗话著作。清代吴乔撰。6卷。通过对唐、宋、元、明历代诗歌的依次评论，提倡“比兴”，反对宋人的浅直无味；强调“有意”，反对明七子的“唯崇声色”，主张诗须有境有情，“诗之中须有人在”。今辑入《清诗话续编》本。

【维新】改变旧的，实行新的。一般指政治上的改良。《诗经·大雅·文王》：“周虽旧邦，其命维新。”毛传：“乃新在文王也。”意思是从周文王开始维新，实行新的制度。

【伪古文尚书】书名。儒家经典《尚书》传本之一。东晋时梅赜（zé）所献。25篇。与伪《孔安国尚书传》（又称《尚书孔氏传》）同时出现。南朝齐姚方兴又加上《舜典》孔《传》一篇，另加经文28字。现在通行的《十三经注疏》本《尚书》，就是《今文尚书》与伪《古文尚书》的合编。学术界已公认它为伪书。

【**纬书**】与“经书”相对。因汉武帝独尊儒术，经书的地位大为提高，混合神学附会经义的纬书应运而生。有《诗经》《尚书》《礼记》《易经》《春秋》《乐经》和《孝经》七经的纬书，总称“七纬”。又有《论语谶（chèn）》及《河图》《洛书》等，合称“谶纬”。也指汉代一切讲术数占验之书。西汉末，纬书逐渐流行；东汉称纬为“内学”。其中记录了一部分天文、历法和地理知识，也保存有很多神话传说。原书因隋炀帝禁毁失传。清代马国翰《玉函山房辑佚书》和黄奭（shì）《汉学堂丛书》、赵在翰《七纬》等均有辑录。今人汇为《纬书集成》，较完备。

【**卫夫人**】（272—349）东晋女书法家。名铄（shuò），字茂漪（yī），河东安邑（今山西夏县）人。卫氏家族世代工书，卫铄夫李矩亦善隶书。卫夫人师承钟繇（yóu），妙传其法。王羲之少时曾从其学书。著有《笔阵图》。唐·杜甫《丹青引赠曹将军霸》诗：“学书初学卫夫人，但恨无过王右军。”

【**卫青**】（？—前106）西汉名将。字仲卿，河东平阳（今山西临汾市西南）人。本平阳公主家奴，以卫皇后胞弟身份为汉武帝重用，官至大将军，封长平侯。西汉初年，匈奴就不断侵扰汉朝北方诸郡。元朔二年（前127），率军大败匈奴，实际控制河套地区。元狩四年（前119），又与霍去病分兵出击匈奴。前后七次出兵，解除了匈奴对汉王朝的威胁。武帝为酬偿军功，专设大司马位，拜卫青为大司马大将军。后娶平阳公主，死于元封五年（前106）。

【**为（wèi）民请命**】指有相当地位的人代表百姓向当权者陈述困难，提出要求，替百姓说话。《史记·淮阴侯列传》：“因民之欲，西乡（面向西方。“乡”同“向”）为百姓请命（请求保命），则天下风走而响应矣，孰敢不听。”

【**为渊驱鱼，为丛驱雀**】《孟子·离娄上》：“民之归仁也，犹水之就下、兽之走圹也。故为渊驱鱼者，獭（tǎ）也；为丛驱雀者，鹯（zhān，一种猛禽）也；为汤武驱民者，桀与纣也。”老百姓归服仁德，就像水往低处流，兽向旷野跑一样。所以，替深池把鱼赶来的是吃鱼的水獭；替森林把鸟雀赶来的是吃鸟雀的鹞鹰；替商汤王、周武王把老百姓赶来的是残害老百姓的夏桀和殷纣王。说明统治者为政不善，人心涣散，百姓投向对方，最终导致政权灭亡。

【**未**】❶地支第八位。参见70页“干支”。❷未时。我国传统计时法指下午1—3时这一段时间。

【**未雨绸缪**（móu）】《诗经·豳（bīn）风·鸱鸮（chīxiāo）》：“迨（dài）天之未阴雨，彻彼桑土，绸缪（修补）牖（yǒu，窗）户。”指鸱鸮在还没下雨时就剥取桑树的根皮修补鸟巢。比喻事先做好准备工作。

【**位卑未敢忘忧国**】南宋·陆游《病起书怀》诗：“位卑未敢忘忧国，事定犹须待阖棺。”虽然职位低微，却从未敢忘记

W

忧虑国事。它体现了中华民族热爱祖国的伟大精神，揭示了人民与国家的血肉关系。

【尉缭子】书名。兵书，“武经七书”之一。战国时期尉缭（魏惠王时人）撰。5卷24篇。内容广泛，对战争性质、战争与政治经济的关系、作战原则、用兵原则、取胜之道以及军队训练、指挥、编制、纪律、奖惩等都有论述，对后世有较大影响。1972年山东临沂银雀山西汉墓出土《尉缭子》残简6篇，与今本相应篇目内容大体相同。否定了传统《尉缭子》是伪书的说法。

【魏晋风度】语出鲁迅《而已集·魏晋风度及文章与药及酒之关系》。指魏晋时代的名士风度。以竹林七贤中阮籍、嵇康和晋宋时期诗人陶渊明为代表人物。表现在哲学思辨、人格境界、文学创作、审美追求等多个方面，具体表现有：饮酒、服药（这里的药特指一种叫作五石散的矿石药）、清谈、放情山水、不务世俗、热衷文学生活等。

【魏相】（？—前59）西汉大臣。字弱翁，济阴定陶（今山东定陶西北）人，后迁平陵（今陕西咸阳市西北）。在茂陵令任上，举贤良。在河南太守任上，抑制豪强势力。宣帝即位后，历任大司农、御史大夫、丞相，封高平侯。主张整顿吏治，考核实绩，多被宣帝采纳。

【魏孝文帝】（467—499）北魏王朝的第六位皇帝，原名拓跋宏，改汉姓后名元宏。执政后迁都洛阳，使鲜卑人穿汉服、说汉语、改汉姓，鼓励贵族与汉族通婚，对各族人民的融合和发展，起了积极作用。

【魏源】（1794—1857）清末思想家、史学家、文学家。原名远达，字默深。湖南邵阳人。道光进士。官至高邮知州。与龚自珍同属主张“通经致用”的今文经学派。鸦片战争时，曾参与浙江抗英战役。受林则徐之托，编成《海国图志》。主张变法图强，学习西方先进科技，加强海防，抵御侵略。强调“变古愈尽，便民愈甚”。主张“知”从“行”中来，抨击理学家的“心性迂谈”。诗文风格遒劲。今辑有《魏源集》。

【魏徵】（580—643）唐初政治家。字玄成，钜鹿下曲阳（今属河北）人，后居相州内黄（今河南内黄西北）。少孤贫好学，有大志。唐太宗时任谏议大夫，后为相，前后陈谏200余事。曾谏言“兼听则明，偏听则暗”“水能载舟，亦能覆舟”、“居安思危，戒奢以俭”等，是历史上最负盛名的谏臣。其言论见于《贞观政要》。有《魏郑公文集》3卷。

【温故知新】《论语·为政》：“温故而知新，可以为师矣。”孔子说温习旧知识，同时获得新知识，这样的人可以做老师了。指复习学过的知识，可以得到新的认识；也指重温历史经验，更好地认识现在。

【温庭筠（yún）】（？—866）唐代诗人、词人。字飞卿，太原祁（今山西祁县）人。仕途不得意，官止国子助教。其诗辞藻华丽，多写个人遭际，于时政也有所反映。其词多写闺情，风格秾艳，多收入《花间集》，与韦庄并称“温韦”。诗与李商隐齐名，并称“温李”。后人辑有《温飞卿诗集》《金荃词》。

【文昌帝君】见 374 页“梓潼帝君”。

【文成公主】（？—680）唐太宗时皇室养女。西藏尊称甲木萨（藏语中“甲”的意思是“汉”，“木”是“女”，“萨”为神仙）。贞观十五年（641）与吐蕃（bō）赞普松赞干布结婚。婚后，汉族的碾磨、陶器、纸、酒等制作工艺与历算、医药知识逐渐传入吐蕃。拉萨小昭寺据传为她所建，今西藏多处庙宇有她的塑像或赞美她的绘图故事。

【文房四宝】书房四种常用文具笔、墨、纸、砚的统称。这些文具，制作历史悠久，品类繁多，历代都有著名的制品和艺人。如：安徽泾县的宣纸、歙（shè）县的徽墨，浙江湖州的湖笔，广东肇庆（古名端州）的端砚等，至今仍很著名。

【文过饰非】《论语·子张》：“子夏曰：‘小人之过也必文。’”意思是小人有了过错必作掩饰。后指用各种借口来掩饰自己的过失和错误。

【文海】西夏文字书。著者不详，成书约在 12 世纪。1909 年在中国黑水城遗址（今内蒙古额济纳旗）出土。原书有平声、上声、杂类三部分。出土为残刻本，109 页，3000 多字条。体例兼有《说文解字》和《广韵》的特点，是研究西夏语言、文字的重要文献。书中有很多关于西夏经济、政治和社会生活、文化等方面的资料，也是研究西夏社会历史的重要参考书。

【文化】❶ 人类创造的物质财富和精神财富的总和；特指精神财富，如教育、科学、文艺等。❷ 运用语言文字的能力和一般的知识。❸ 特指某一领域或某一范畴体现的思想、观念、道德和行为规范以及风俗习惯等。❹ 考古学指同一历史时期的不以分布地点为转移的遗迹、遗物的综合体。同样的工具、用具，同样的制造技术等，是同一种文化的特征。如半坡文化。

【文景之治】汉文帝、汉景帝时期，重视“以德化民”，当时社会比较安定，百姓逐渐富裕起来。到景帝后期时，国家的粮仓丰满起来了，新谷子压着陈谷子，一直堆到了仓外；府库里的大量铜钱多年不用，以至于穿钱的绳子都烂了，散钱多得无法计算。史称“文景之治”。

【文庙】见 145 页“孔庙”。

【文明】❶ 指人类所创造的财富的总和，特指精神财富。如：文学、艺术、教育、科学等。❷ 指社会发展到较高阶段表现出来的状态（跟“野蛮”相对）。❸ 指有教养、讲礼貌、言行不粗野的良好品行。❹ 旧指带有现代色彩的。

【文史通义】书名。史学论著。清代著名学者章学诚撰。9 卷，分内篇 6 卷，外篇 3 卷。其主旨以“考索”与“义理”并重，反对无目的的考索与空谈义理。与刘知幾的《史通》被视作中国古代史学理论的双璧。

【文殊菩萨】我国佛教四大菩萨之一。为释迦牟尼佛的左胁侍。专司智慧。多乘狮子，象征威猛。我国山西五台山为其说法道场。也称妙德菩萨、吉祥菩萨。

【**文死谏，武死战**】文官应敢于以死向君王谏言，武将应有战死沙场为国捐躯的决心。为了国家、为了正义应不惜以身殉职。这是儒家宣扬的忠君报国的道德规范。

【**文天祥**】（1236—1283）南宋大臣、文学家。字履善、宋瑞，号文山。吉州庐陵（今江西吉安）人。20岁中状元，官至右丞相。元兵南下，兵败被俘，坚贞不屈，从容就义。狱中所作《正气歌》充满爱国激情。诗句“人生自古谁无死，留取丹心照汗青”尤被后世传诵。遗著有《文山先生全集》。

【**文武之道**】《礼记·杂记下》：“孔子曰：‘一张一弛，文（周文王）武（周武王）之道也。’”意思是有时紧张，有时放松，有劳有逸，宽严相济，是周文王、周武王治理国家的策略。

【**文献通考**】书名。宋元之际的马端临著。348卷。记载了从上古到宋宁宗时的典章制度沿革。门类较杜佑的《通典》详细，计有田赋、钱币、户口、学校、郊社、宗庙、帝系、象纬、舆地等24门，不少为《宋史》诸志所无。

【**文心雕龙**】书名。南朝梁刘勰撰。10卷，50篇。文心，写文章的用意；雕龙，指像刻镂龙纹一样精细阐述。全书对文学的体裁、性质、创作、批评等一系列重要理论问题进行了系统深入的探讨。主张唯物地看待时代、社会、政治等对文学的影响，辩证地看待内容与形式的关系，强调文质并重。是我国最早的文学理论和文学批评巨著，具有划时代的意义。

【**文选**】诗文集。南朝梁萧统（昭明太子）编选，世称《昭明文选》。选录自先秦至梁130位知名作家和少数佚名作者的诗文辞赋，共700余篇。其选文在表现形式上要求辞藻华美、声律和谐，显示出齐梁时代已注意到文学与其他类型著作的区分。为现存最早的诗文选集，是研究梁以前文学的重要参考资料。

【**文学**】❶指古代文献。孔门四科（德行、言语、政事、文学）之一。❷古代把用文字书写的书籍文献统称文学。❸用语言文字塑造形象反映社会生活，表达作者思想感情的艺术。魏晋南北朝时期，曾将文学分为韵文和散文两大类，现代通常分为诗歌、散文、小说、戏剧、影视等体裁。也称语言艺术。

【**文言**】以古代汉语为基础的书面语（跟“白话”相对）。

【**文以载道**】道：旧时多指儒家思想。用文章来说明道。中唐时期韩愈等古文运动家提出“文以明道”的观点。北宋·周敦颐《通书·文辞》：“文所以载道也。轮辕饰而人弗庸，徒饰也，况虚车乎。”意思是“文”像车，“道”像车上所载的货物，通过车的运载，可以到达目的地。认为写文章的目的，就是要宣扬儒家的仁义道德和伦理纲常，为封建统治的政治教化服务。现在通常指文艺作品是用来表达思想感情的。

【文渊阁】❶我国明代宫廷内藏书楼，也是皇帝讲读的地方。❷清代宫廷内专门贮藏《四库全书》的藏书楼。仿照浙江宁波范氏天一阁规制在宫廷内文华殿后所建，乾隆四十一年（1776）建成。乾隆四十七年（1782）第一份《四库全书》写成，即藏于此，被称为“文渊阁《四库全书》”。并设置领阁事及校理等官掌管，后归故宫博物院收藏。阁外观两层，其下层又分为两层。开间取“天一生水，地六成之”之义。

【文苑】指文坛；文学界。唐·韦应物《寄洪州幕府卢二十一侍御》诗：“文苑台中妙，冰壶幕下清。”

【文苑英华】诗文集。宋代李昉（fǎng）、扈蒙、徐铉（xuàn）、宋白、苏易简等奉旨编纂。一千卷。“宋四大书”之一。辑集南朝梁至唐代诗文近两万余篇，保存了大量诗文，为以后《古诗纪》《全唐诗》《全唐文》等的编纂提供了素材。近人傅增湘有《文苑英华校记》。

【文质彬彬】《论语·雍也》：“质胜文则野，文胜质则史。文质彬彬，然后君子。”孔子说朴实多于文采未免粗野，文采多于朴实未免虚浮。文采和朴实配合得当，这才是君子。后用“文质彬彬”形容人举止文雅，有礼貌。

W

【文治】以文教礼乐治理国家。北宋·范仲淹《答赵元昊（hào）书》：“小国无文治而有武功，祸莫大焉。”

【文子】❶战国时人。相传是老子的弟子，约与孔子同时。弘扬黄老，被道家尊奉为祖师，尊称为太乙玄师。著有《文子》。❷书名。文子著。以老子“道”的思想为宗，糅杂名、法、儒、墨诸家思想。唐玄宗时诏号为《通玄真经》，列为道教经典之一。

【文字狱】统治者以挑剔或歪曲作品中的错误为借口对读书人进行迫害的一种手段。文字狱历朝皆有，但以清代最多。顺治朝兴文字狱7次，康熙朝12次、雍正朝17次、乾隆朝130多次。其手段是以文化专制措施，钳制人们的思想，以文字、言论罗织罪名，往往株连家族亲友。其目的是压制汉人的民族反抗意识，树立清朝统治的权威，加强中央专制集权。其后果造成社会恐怖，禁锢了人们的思想，摧残了人才，严重阻碍了社会的发展和进步。

【文宗】指文章为众人尊崇、师法的巨匠。明清时期尊称提学、学政为文宗；也用来尊称主持考试的员官。

【闻过则喜】《孟子·公孙丑上》：“孟子曰：‘子路，人告之以有过，则喜。’”子路听到别人指出他的过错，便很高兴。后用“闻过则喜”指虚心听取批评，从谏如流。

【闻鸡起舞】《晋书·祖逖（tì）传》记载：东晋时期将领祖逖年轻时就很有抱负，每次和好友刘琨谈论时局，常常互相勉励，半夜一听到鸡叫就披衣起床拔剑练武。后以“闻鸡起舞”形容有志之士奋发自励。

【闻雷泣墓】二十四孝故事之一。魏晋王裒（póu），博学多能，奉亲至孝。其母在世时怕雷，死后埋葬在山林中。每当风雨天气，听到雷声，他就跑到母亲坟前，跪拜安慰母亲说："裒儿在这里，母亲不要害怕。"传说王裒的孝心感动了玉皇大帝，特赐免雹牌一面，所以王裒庭院附近很少发生雹灾。

【问鼎】《左传·宣公三年》记载：春秋时，楚庄王陈兵洛水，向周王朝炫耀武力，并向周王的特使王孙满询问周朝传国之宝九鼎的大小轻重，透露出要夺取周天下的意图。后用"问鼎"指图谋夺取政权；现也比喻希望在赛事中夺冠。

【问心无愧】指自己问自己没有什么可惭愧的。形容为人处事公正，没有什么对不起别人的地方。清·纪昀（yún）《槐西杂志》一："君无须问此，只问己心。问心无愧，即阴律所谓善。"

【翁同龢（hé）】（1830—1904）清末维新派。字声甫，号叔平。江苏常熟人。咸丰状元，光绪帝的师傅。两度任军机大臣，1895年起兼任总理衙门大臣。在中法、中英战争中主战，反对求和。支持光绪帝亲政，变法图强。戊戌变法失败后，被革职，交地方严加管束。今有《翁同龢日记》。

【蜗角之争】语出《庄子·则阳》。比喻因细小的事情或蝇头微利而引起争斗。简称"蜗争"。参见30页"触蛮"。

【我不入地狱，谁入地狱】《地藏菩萨本愿经》记载：当年地藏王菩萨原可以成佛，但他见地狱里有无数受苦的魂灵，不忍离去，于是留在了地府，并立下重誓："我不入地狱，谁入地狱？地狱不空，誓不成佛！"地藏菩萨宁愿放弃自己成"佛"的前程，而一心救度众生的高贵品德，与儒家的"救民于水火"的信念有相通之处。

【我命在我不在天】语出《抱朴子内篇·黄白》。意思是人的生命，要由自己决定，不应由天地掌握主宰。本为道教养生术语。今多用作励志语，鼓励通过自身不懈的努力去争取成功，而不是消极被动的听天由命或怨天尤人。

【卧冰求鲤】二十四孝故事之一。东汉末年贤者王祥，生母早丧，继母朱氏多次在他父亲面前说他的坏话，使他失去父爱，但他对二老依然孝敬如初。父母患病，他衣不解带地侍候。病中的继母想吃鲜活鲤鱼，时值天寒地冻，王祥解开衣服卧在冰上，想化冰捉鱼。此时冰忽然自行融化，跃出两条鲤鱼。继母食后病愈。王祥隐居二十余年，后从温县（今属河南）县令做到大司农、司空、太尉。

【卧薪尝胆】《史记·越王勾践世家》记载：春秋时，越国被吴国打败，越王勾践成了俘虏。为了报仇，他每日睡在柴草上，饭前、睡前都要尝食苦胆来激励自己。经过长期准备，越国终于强盛起来，打败了吴国。后用"卧薪尝胆"表示刻苦自励，发愤图强。北宋·苏轼《拟孙权答曹操书》："仆受遗（命）以来，卧薪尝胆，悼日月之逾迈，而叹功名之不立。"

【乌兔】借指日月。古代神话中说太阳上有三足乌（也说金乌），月亮上有玉兔，故称日月为“乌兔”。西晋·左思《吴都赋》：“笼乌兔于日月，穷飞走之栖宿。”也说金乌玉兔。

【**巫山神女**】相传为赤帝之女，名瑶姬，未嫁而卒，葬于巫山之阳。楚怀王游高唐，梦中与她相会，她自称“巫山之女”，辞别时说“旦为朝云，暮为行雨；朝朝暮暮，阳台之下。”（宋玉《高唐赋》）。后人附会，为她立像，称为“巫山神女”。后常用“巫山神女”比喻美女，也成为男女欢好的典故。

【**巫史文化**】古代从事求神占卜等活动的人称“巫”，掌管天文、星象、历数、史册的人称“史”，这些职务最初往往由一人兼任，统称“巫史”。中国古代的巫史，在卜筮、祭祀、书史、星历、教育、医药等各方面取得了一定的成果，在政治、学术、宗教等职责范围内，对我国数千年文明的起源和发展做出了积极的贡献。

【**无边**】佛教认为，宇宙和生命是无边无际的。虚空无边，故世界无边；世界无边，故众生无边；众生无边，故心行差别亦复无边。泛指没有边际、限度。

【**无常**】❶佛教认为“诸行无常（迁流变动）。”意思是世间一切事物都不是永恒存在的，过去有的，现在起了变异，现在有的，将来终归幻灭。❷迷信指勾魂的鬼。❸人死亡的婉称。

【**无德不贵，无能不官**】语出《荀子·王制》。是说没有好品德的人，不能让他尊贵；没有才能的人，不能让他做官。

【**无间地狱**】见1页“阿鼻地狱”。

【**无量光佛**】见52页“阿弥陀佛”。

【**无量寿佛**】见52页“阿弥陀佛”。

【**无冥冥之志者，无昭昭之明**】语出《荀子·劝学》。冥冥：专心致志、精诚专一；昭昭：明辨事理。是说没有精诚专一的志向，就不会有明辨是非的智慧。

【**无曲**（qū）**学以阿**（ē）**世**】不歪曲自己所学的正道去投世俗之好（hào）。《史记·儒林列传》：“务（必须，一定）正学以言，无（不，不要）曲学（歪曲学说）以阿（屈从，逢迎）世。”

【**无神论**】否定所有鬼神迷信和宗教信仰的学说（跟“有神论”相对）。在我国殷周之际已有无神论思想产生，其后战国的荀子、东汉的王充、南朝的范缜等都从朴素的唯物主义观点反对鬼神迷信，指出“（人）死而精气灭”（王充《论死》）；“神则形也，形则神也。是以形存则神存，形灭则神灭也。”（范缜《神灭论》）。

【**无事不登三宝殿**】三宝殿，即佛殿。寺门中的规矩，有一定缘由才上佛殿，而且必须恭敬肃穆，进行礼拜、诵经、供养等，不得随意在佛殿里闲逛、闲聊。后以“无事不登三宝殿”指没事不上门。

【**无所不用其极**】《礼记·大学》：“《诗》曰：‘周虽旧邦，其命（周朝承受的天命）维（助词）新。’是故君子无所不用其极（穷尽）。”是说君子无处不用尽心力；现多指坏事做尽或什么卑鄙的手段都使出来。

【**无题诗**】诗人作诗别有寄托，不愿标明题旨，或无适当题目可标，便以“无题”名之，或以开头二字或一句为题。唐代诗人李商隐此类诗较多。如：《无题·相见时难别亦难》《无题·昨夜星辰昨夜风》。

【无为】语出《老子》三十七章。老子认为宇宙万物的本源是“道”，而“道”是“无为”而“自然”的，人效法“道”，也应以“无为”为主。这是道家的基本哲学思想。

【无为而治】道家的政治主张。《老子》三十七章：“道常无为而无不为。”意思是“道”是顺应自然而无所作为的，却又没有什么事情不是它所作为的。后来黄老学派结合刑名法术之学，强调上下循法，各处其位，各司其事，成为封建君主治民的重要法术。儒家也讲“无为而治”，但强调以盛德治民，不同于道家的“无为而治”。

【无违】语出《论语·为政》。孟懿子（鲁国大夫）问孔子什么是孝道，孔子答：“无违。”即不要违背礼。弟子樊迟问他这是什么意思时，孔子这样解释：父母活着，按照礼侍奉他们；父母去世，按照礼安葬他们，按照礼祭祀他们。

【无我】佛教的根本思想之一。否定世界上有物质性的实在自体（即“我”）的存在。有“人无我”（人空）和“法无我”（法空）两类。

【无欲则刚】不被自己想要得到的某种利益所诱惑，没有世俗的欲望，就能做到刚直、刚正，坚持公道、原则。清·林则徐赠左宗棠联：“海纳百川，有容乃大；壁立千仞，无欲则刚。”

【吾日三省（xǐng）**吾身】**《论语·学而》：“曾子曰：‘吾日三省（反省，省察）吾身：为人谋而不忠乎？与朋友交而不信乎？传不习乎。’”（省：反省，省察）意思是我每天数次自我反省：为别人办事是否尽心尽力了？与朋友交往是否真诚守信了？对老师传授的学业是否认真复习了？朱熹说：“曾子以此三者日省其身，有则改之，无则加勉。”（《论语集注》）肯定这种经常虚心自我检查的精神。简称“三省”。

【吴承恩】（约1500—约1582）明代文学家。字汝忠，号射阳山人。山阳（今江苏淮安）人。嘉靖贡生，曾任长兴县丞。晚年绝意仕进，专心著述。诗文清雅流丽，有《射阳先生存稿》传世。所著《西游记》是我国古代长篇小说四大名著之一。

【吴澄】（1249—1333）元代经学家、哲学家。字幼清，号草庐。抚州崇仁（今属江西）人。历任江西儒学副提举、国子监丞、国子司业、翰林学士、经筵讲官等。继承了宋儒对性理、心性的精微辨析，大大发挥了程朱的心性理论，力图扭转时人对心学的偏见。一生大半时间以教书授徒为业，主要著作有《五经纂言》《草庐吴文正公全集》。

【吴楚七国之乱】西汉景帝时吴楚等七国发动的叛乱。汉初，皇帝的宗亲被分封到各地为诸侯王，享有在国内征收赋税，煮盐铸钱等特权，对中央构成威胁。景帝二年（前155），御史大夫晁

(cháo)错上疏《削藩策》，得到景帝赞同，引发诸侯王的不满。以吴王刘濞(bì)为首的七个刘姓宗室诸侯，以“清君侧”为名，联兵反叛。后被周亚夫、窦婴平定，中央集权得到加强。

【吴道子】(约686—约760)唐代画家。阳翟(今河南禹州)人。玄宗时曾在宫廷作画。擅画佛道人物，雄峻、生动而有立体感。所画衣褶有飘飘然之状，人称“吴带当风”。在长安、洛阳寺观作佛道壁画300余幅，对后代的宗教人物画和雕塑都有很大影响。他画塑兼工，被后世奉为“画圣”。存世《送子天王图》为宋摹本。

【吴广】(?—前208)字叔，秦国阳夏(今河南太康)人。与陈胜同为秦末农民起义领袖。秦二世元年(前209)七月，于大泽乡(今安徽宿县东南)发动戍卒起义，提出“大楚兴，陈胜王(wàng，称王)”的口号。陈胜自立为将军，以吴广为都尉，用已被赐死的秦始皇长子扶苏和楚将项燕的名义号召群众反秦。次年，吴广在攻打荥(xíng)阳时，被同为起义军将领的田臧所杀。

【吴敬梓】(1701—1754)清代小说家。字敏轩，号粒民。安徽全椒人。早年生活豪纵，后家业衰落，移居江宁。乾隆初荐举博学鸿词，托病不赴，穷困以终。工诗词散文，所著《儒林外史》是我国古代长篇小说中的名著。

【吴起】(？—前381)战国时兵家人物之一。卫国左氏(今山东定陶西)人。善用兵。初任鲁将，继任魏将，屡建战功。魏文侯死，遭陷害，逃楚，佐楚悼王变法，强迫旧贵族赴边垦荒，裁减冗员，整顿机构，使楚国逐渐富强。楚悼王死，被旧贵族杀害，变法失败。

【吴起兵法】见294页“吴子兵法”。

【吴伟业】(1609—1672)明末清初诗人。字骏公，号梅村。江苏太仓人。明崇祯进士。入清后，官至国子监祭酒。工诗文，精书画，善词曲，尤长于七言歌行，人称“梅村体”。因经离乱，诗风由华丽转为苍凉。著有《梅村家藏稿》、传奇《秣陵春》、杂剧《临春阁》《通天台》等。今辑有《吴梅村全集》。

【吴沃尧】(1866—1910)清末小说家。号茧人、趼(jiǎn)人。广东南海佛山镇(今佛山市)人。就学佛山书院。曾为《采风报》《奇新报》《寓言报》主笔。1906年主编《月月小说》。虽主张恢复旧道德，但倾向维新改良。力图以小说揭露并影响社会，是晚晴谴责小说作家的代表。以《二十年目睹之怪现状》最为著名。今辑有《吴趼人全集》。

【吴越春秋】史书。东汉赵晔撰。12卷，今存10卷。记叙春秋时期吴国自太伯至夫差、越国从无余至勾践的史实。补充了不少民间传说，具有史料价值。

【吴中四杰】元末明初吴中(江苏苏州)诗人高启、杨基、张羽、徐贲的合称。四人由元入明，诗多怀旧、感时之作，抒发故国之思和遗民之痛。

【吴子兵法】兵书名。《武经七书》之一。吴起与魏文侯、魏武侯论兵的辑录。6篇。该书充分肯定制止暴行、挽救危局的正义战争，主张“以治为胜”，以礼义廉耻教育将士，对击强、击弱、谷战、水战、遭遇战等不同情况提出了具体的不同打法。曾与《孙子兵法》齐名，合称“孙吴兵法”。现有日、英、法、俄等多种译本流传。也称《吴子》《吴起兵法》。

【梧桐雨】杂剧。全称唐明皇秋夜梧桐雨。元代白朴作。取材于唐代陈鸿《长恨歌传》，剧名取自白居易《长恨歌》“秋雨梧桐叶落时”诗句。内容写唐明皇李隆基与杨贵妃的故事。其情节是：安禄山反，明皇仓皇逃出长安赴蜀。至马嵬（wéi）驿，大军不前，兵谏明皇诛杨国忠兄妹。后明皇返长安，朝夕思念。一夕，梦中相见，却为梧桐雨声惊醒，倍添惆怅。全剧结构层次井然，诗意浓厚。

【五霸】春秋时期五个势力强大的诸侯国的国君，包括齐桓公、晋文公、秦穆公、宋襄公、楚庄王。也说五伯。

【五常】指仁、义、礼、智、信五种恒常不变的道德观念。（常：永恒不变）仁即仁爱，义即道义，礼即礼仪，智即智慧，信即诚信。孔子继承和弘扬远古华夏民族已有的道德观念，在《论语》等著作中对五常有精辟的阐述。孟子加以完善和系统化。汉代董仲舒提出“五常”的概念：“仁、义、礼、智、信五常之道，王者所当修饬也。”（《天人三策》）后与“三纲”合称“三纲五常”，简称“纲常”。参见226页“三纲”、226页“三纲五常”。

【五代十国】（907—979）时代名。从907年朱温灭唐建“后梁”起，中原地区相继出现了定都于开封和洛阳的后梁、后唐、后晋、后汉、后周五个朝代以及割据于西蜀、江南、岭南和河东等地的前蜀、后蜀、吴、南唐、吴越、闽、楚、南汉、南平（荆南）、北汉十国，至赵匡胤代北周建立宋朝并于979年灭北汉止，史称“五代十国”。简称“五代”。

【五斗米道】早期道教重要派别之一。初名“正一盟威之道”。东汉顺帝时张道陵在鹤鸣山（在今四川大邑境内）创立。以《道德经》为主要经典，改造融合巴蜀原有巫鬼信仰，主要在农民中传播。入道者须出五斗米，故称；又因道徒尊称张道陵为天师，故亦称“天师道”。张道陵死后，其子张衡、孙张鲁嗣行其道。晋代以后五斗米道逐渐分化，形成南、北天师道和正一道等不同道派。

【五服】❶古代的五等服饰。《尚书·皋陶（yáo）谟》：“天命有德，五服五章哉！”孔（安国）传：“五服，天子、诸侯、卿、大夫、士之服也。” ❷古人关于丧服的制度。根据与死者的亲疏关系，古代将丧服分为斩衰（cuī）、齐（zī）衰、大功、小功、缌（sī）麻五个层次，俗称“五服”，以区分尊卑、长幼、亲疏、远近等各种关系，是宗法制度的重要组成部分。❸指从高祖父、曾祖父、祖父、父亲到自身的五代血缘关系。

【五经】五部儒家经典著作。包括《诗》《书》《礼》《易》《春秋》。汉武帝时朝廷正式将这五部书宣布为儒家经典，始称“五经”。它保存了丰富的古代历史资料，也是我国封建社会的儒学教科书。

【五经正义】书名。唐代颁布的官书。孔颖达等奉唐太宗命编订，用于科举取士。180卷。《诗》用西汉毛公传、东汉郑玄笺，《书》用伪孔安国传，《礼》用郑玄注，《易》用三国魏王弼注，《左传》用西晋杜预注。

【五礼】古代的五种礼制。即吉礼、宾礼、嘉礼、军礼、凶礼。这一分类源于《周礼》。《隋书·礼乐志》：“周公救乱，弘制斯文，以吉礼敬鬼神，以凶礼哀邦国，以宾礼亲宾客，以军礼诛不虔，以嘉礼合姻好，谓之五礼。”这五种礼仪遂为后代礼制所沿用。

【五伦】人与人之间最基本的伦理关系。（伦：辈分，类别，秩序，关系）儒家认为，人的基本社会关系有五种：君臣、父子、夫妇、兄弟、朋友，即五伦。正确处理各种人际关系的道德准则是：父子有亲，君臣有义，夫妇有别，长幼有序，朋友有信（《孟子·滕文公上》）。

【五禽戏】相传为汉末名医华佗首创的一种健身操。模仿虎、鹿、熊、猿、鸟五种动物的动作和姿态，以进行肢体活动。也说五禽嬉。

【五十步笑百步】语出《孟子·梁惠王上》。是说在战场上做逃兵，逃跑五十步的嘲笑逃跑一百步的。自己有同样的毛病，只是程度上轻一些，却讥笑批评别人。后以“五十步笑百步”比喻错误程度不同，实质却一样。

【五台山】我国佛教四大名山之一。位于山西省东北部的忻（xīn）州市五台县。相传为文殊菩萨显灵说法的道场。主要佛寺有南禅寺、佛光寺、显通寺、大塔院寺、菩萨顶、殊像寺等。与尼泊尔蓝毗尼花园、印度鹿野苑、菩提伽耶、拘尸那迦合称为世界五大佛教圣地之一。五台山由一系列大山和群峰组成，其中五座高峰山势尤为雄伟。为全国重点风景名胜区。

【五体投地】指行礼时双膝、双手和头五部分触地。是佛教徒最虔诚的礼节。多用于形容虔诚、佩服到了极点。

【五天帝】古代传说中东方青帝、南方赤帝、中央黄帝、西方白帝、北方黑帝的合称。

【五行（xíng）】指水、火、木、金、土五种物质。我国古代思想家把这五种物质作为构成万物的元素，以说明世间万物的起源和多样性的统一。春秋时产生五行相生相克思想。“相生”意味着相互促进，如“木生火、火生土、土生金、金生水、水生木”等。“相克”意味着互相排斥，如“水克火、火克金、金克木、木克土、土克水”等。这些观点具有朴素唯物论和自发的辩证法因素。五行学说对中医药学的发展起了重要作用。对古代天文、历法、军事、政治等也有一定影响。

【五行（xíng）相生】见296页“五行”。

【武当山】道教名山。位于湖北省西北

W

部。主峰天柱峰（在丹江市境内），海拔1612米；峰顶建有金殿，俗称“金顶”，以铜铸鎏金著称。相传东汉阴长生、唐代吕洞宾、明代张三丰等曾在此修炼。宫观众多，尤以紫霄宫、太和宫等著名，是国家重点风景名胜区，也是武当派拳术发源地。武当山古建筑群为全国重点文物保护单位和世界文化遗产。

【武功】❶军事方面的功绩。《诗经·大雅·文王有声》：“文王受命，有此武功。既伐于崇，作邑于丰。”郑玄注：“武功，谓伐四国及崇之功也。”❷武力。北宋·苏轼《书王奥所藏太宗御书后》：“太宗以武功定祸乱，以文德致太平。”

【武经七书】丛书名。宋代官方颁行的我国第一套军事教科书。朱服等汇纂。包括《孙子兵法》《吴子兵法》《司马法》《六韬》《尉缭子》《三略》《李卫公问对》七部兵书，是从三百多部古代兵书中精选出来的。该书的颁行促进了我国古代军事学术的发展，对我国和世界军事学术史都产生了重大影响。

【武术】我国传统体育项目。以技击为主要内容，注重内外兼修的竞技运动。由踢、打、摔、拿、跌、击、劈、刺等动作按一定运动规律组成。是锻炼身体和攻防自卫的一种手段。运动形式有套路和对抗等。套路有拳术与器械的单人套路练习和两人以上的对打套路练习。对抗有散手、推手、长兵、短兵等项。也说国术、武艺、功夫。

【武则天】（624—705）唐高宗李治皇后，武周皇帝。名曌（zhào），并（bīng）州文水（今山西文水县东）人。初为唐太宗才人，高宗时为皇后，参预朝政，尊号为天后，与高宗李治并称二圣。690年自称神圣皇帝，改国号为周，史称“武周”。她开创殿试、自荐制度，重用狄仁杰、姚崇、宋璟（jǐng）等，劝农桑，薄赋税，息干戈。但用酷吏、兴大狱，后期豪奢、专断，弊政渐多。705年病重，宰相张柬之发动兵变，迫其退位。不久病逝，与高宗合葬乾陵，留无字碑。玄宗时谥为“则天皇后”。

【舞人动物纹锦】战国织锦。1982年出土于湖北江陵马山1号战国中晚期楚墓。两舞人相对一组，头着（zhuó）冠，身着长袍系腰带，双手甩长袖过头。这是迄今发现的最早表现音乐舞蹈的织锦图案。

【勿以恶（è）小而为之，勿以善小而不为】语出《三国志·蜀书·先主传》。意思是不要以为是小的坏事就去做，不要以为是小的善事就不做。

【戊戌变法】清朝光绪二十四年（1898）的政治改革运动。6月11日，光绪皇帝采纳康有为、梁启超等人的主张，宣布变法图强。变法深入经济、教育、军事、政治及官僚制度等多个层面，却遭到慈禧太后与守旧派的坚决反对，发动了戊戌政变。许多维新人士被追捕杀害，光绪帝被囚禁，维新派首领康有为和梁启超逃亡国外。因事发干支纪年的戊戌年，故称。变法仅经历了103天，故也称百日维新、戊戌维新。

【务民之义】见134页“敬鬼神而远之”。

【**物阜**（fù）**民丰**】指物产丰盛，人民富足。《东周列国志》："话说周朝，自武王伐纣，即天子位。成康继之，……真个文修武偃，物阜民安。"

【**物竞天择**】19世纪末严复对达尔文《物种起源》的概括。他在《原强》中说："物竞者，物争自存也；天择者，存其宜种也。"即生物的生存竞争由自然规律决定取舍。原指生物进化的一般规律，后也用于人类社会的发展。

【**物类之起，必有所始；荣辱之来，必象其德**】语出《荀子·劝学》。象：如同，好像。意思是各种事物的产生，必定有它的起因；荣誉或耻辱的到来，必定与这个人的德行相应。

【**物理**】❶ 指事物的道理、规律。《周书·明帝纪》："天地有穷已，五常有推移，人安得常在，是以生而有死者，物理之必然。"❷ 物理学的简称。

【**物之不齐，物之情也**】语出《孟子·滕文公上》。是说事物千差万别，是客观实际情形，自然规律。

【**恶**（wù）**不去善**】语出《左传·哀公五年》。意思是不因为厌恶某人而否定他的优点。

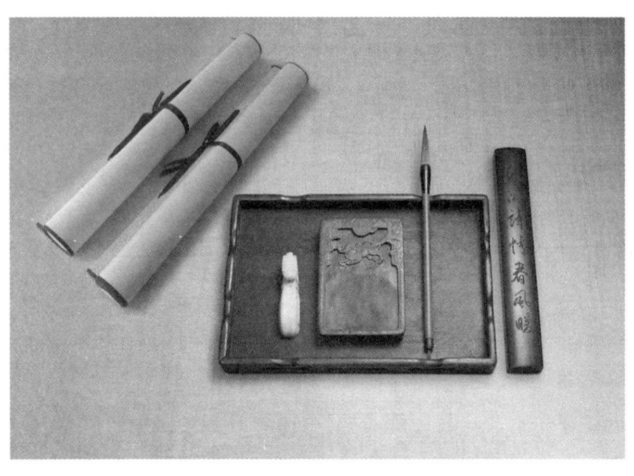

【西都】古都名。a）周武王都镐（hào）京，至成王时别营雒（洛）邑为东都，因称镐京为西都。b）东汉都洛阳，因称西汉旧都长安为西都。

【西方三圣】指阿弥陀佛、观世音菩萨、大势至菩萨三位圣者。

【西汉】（前202—公元8）朝代名。自前202年刘邦称帝起，至公元8年王莽代汉止，共历12帝210年。国都长安（今陕西西安西北）。与东汉合称“两汉”。也说前汉。

【西湖三杰】指埋葬在西湖边的南宋岳飞、明代于谦和南明张煌言三位民族英雄。

【西晋】（265—317）朝代名。司马炎（晋武帝）于265年取代曹魏政权而建，国号“晋”，定都洛阳，史称“西晋”，与东晋合称“两晋”。316年为匈奴所灭，共历4帝52年。

【西京杂记】西京：西汉的都城长安。笔记小说集。6卷，主要写西汉的杂史。也有许多遗闻逸事，杂有怪诞传说。作者疑为葛洪。

【西门豹】战国时魏国人。西门氏，名豹。魏文侯时，任邺（今河北临漳西南）令。他破除当地“河伯娶妇”的陋习，主持开凿12条水渠，引漳水灌溉，改良土壤，发展农业生产。今临漳县修有西门豹祠。

【西升经】道教经书。全称《老子西升经》。3卷。相传老子西游至函谷关，关令尹喜记录其谈论言旨而成此经。该经援引老子哲学以阐发宗教义理，主张“除垢止念，静心守一”“我命在我，不属天地”。是魏晋之际北方道教的重要典籍。

【西天】❶我国古代指印度。❷《阿弥陀经》所说的“西方极乐世界”。

【西王母】我国古代神话中的女神，后为道教所信奉。她以不同的面貌或身份出现在《山海经》《穆天子传》等古代文献中。在后代小说、戏曲里被称为“瑶池金母”，每逢蟠桃熟时大开寿宴，各路神仙都来为她上寿。民间因此将其当作长生不老的象征。也称王母、王母娘娘。

【西夏文】记录西夏党项族语言的文字。西夏景宗李元昊正式称帝前的大庆元年（1036），西夏大臣野利仁荣奉命创制，三年始成。形体方整，笔画繁冗，结构仿汉字，又有其特点。曾在西夏王朝所统辖的今宁夏、甘肃、陕西北部、内蒙古西部等地盛行了约两个世纪。元明两朝，仍在一些地区流传了大约三个世纪。全部西夏文字共计 6000 多字。

【**西夏文化**】1038 年，党项族首领李元昊在今宁夏地区建立了西夏王朝，统治着今宁夏、甘肃、陕西北部和内蒙古西部的广大地区，包括羌、汉、藏、回鹘等民族，形成了独特的西夏文化。部分政治制度仿宋，与宋朝经济文化联系极为密切。从事农牧业生产，有自己的文字——西夏文。境内僧人众多，寺庙林立。汉文典籍广为流传，如《论语》《孟子》《孙子兵法》《孝经》等都被翻译成西夏文。舞蹈、绘画、雕塑、书法等也极具民族特色，异常灿烂辉煌。西夏文化，是党项族、汉族、藏族、回鹘族等多民族文化长期交融、彼此影响、相互吸收而形成的一种多来源、多层次的文化。

【**西厢记**】杂剧剧本。全称《崔莺莺待月西厢记》。元代王实甫作。写书生张珙（gǒng）在普救寺遇见崔相国的女儿莺莺，两人产生爱情，在侍女红娘的协助下，终于冲破礼教约束而结合。故事源于唐代元稹（zhěn）传奇小说《莺莺传》。剧本突出了崔、张之间的纯洁爱情，并丰富了人物性格和情节，文词优美生动，对戏曲文学的发展影响深远。明清以来，戏曲、曲艺改编演出甚多，其中以明代李日华的《南西厢记》较著名。自 19 世纪末开始，《西厢记》就被译成拉丁文、英文等多种文字在各国出现，已成为世界文学宝库中的一颗明珠。

【**西厢记诸宫调**】诸宫调作品名。金代董解元作。取材于唐代元稹（zhěn）的《莺莺传》，但在情节上有较大的改动和创造，突出了莺莺、张生、红娘同老夫人之间的矛盾，使其成了一个反对封建礼教、追求婚姻自由、充满乐观进取精神的爱情故事。情节曲折，描写细致，语言优美，对王实甫的《西厢记》很有影响。也说董西厢、弦索西厢、西厢掐弹词。参见 370 页“诸宫调”。

【**西学东渐**（jiān）】渐：流进、流入，引申为传播。指西方学术思想向我国传播的过程。这个潮流经历了汉唐文化时期、宋明文化时期和明末清初文化时期三次高潮。但通常指明末清初及清末民初两个时期中欧美学术思想的传入。对中国的学术、思想、社会经济都产生了重大的影响。

【**西游记**】❶ 长篇小说。明代吴承恩撰。20 卷，100 回。依据民间流传的唐僧取经故事和有关话本、杂剧，经过再创作而成。成功塑造了孙悟空、猪八戒、沙僧、牛魔王、铁扇公主等一系列兼具人性、神性和动物性特征的艺术形象，显示出作者超乎寻常的虚构和想象能力。是我国古代神魔小说的经典之作。❷ 杂剧剧本。元末明初杨讷（nè）作。写民间传说的唐僧取经故事，6 本 24 折。与后来的小说《西游记》情节略有不同。

【**西周**】朝代名。自公元前 1046 年周文王之子周武王（姬发）灭商建立周朝始，至公元前 771 年周幽王被申侯和犬戎所杀为止，共经历 275 年 11 代 12 王。

【**西周甲骨刻辞**】1977 年在陕西省岐山

县、扶风县一带出土西周甲骨 1.6 万多片，其中 289 片卜甲上有刻辞。每片刻字最多的有 30 个，内容多为祭祀、征伐、田猎、往来等。由于是在商代甲骨文出土后首次批量出现的周代甲骨，所以对研究西周历史、文化、语言文字等都具有重要意义。也说周原甲骨。

【牺牲】古代指供祭祀用而宰杀的牲畜。《左传·庄公十年》："牺牲玉帛，弗敢加也，必以信。"今指为了正义舍弃自己的生命；舍弃或损害一方的利益。

【惜老怜贫】爱护老人，同情贫苦的人。《红楼梦》第三十九回："我们老太太最是惜老怜贫的，比不得那个狂三诈四的那些人。"

【锡杖】僧侣所持的用具。杖高与眉齐，杖头附有锡环，摇动时有声。本为僧侣行路时用于驱赶毒蛇、害虫等，或于乞食时，振动锡杖，使人闻声而知的工具。后成为佛家法器之一。也说声杖。

【羲和】❶传说中掌管天文历法的官吏。a)《尚书·尧典》记载："羲"是羲氏的羲仲、羲叔，"和"是和氏的和仲、和叔，羲和是两氏四人的合称。他们被尧派往东西南北四地，观星象，定季节，制定历法。b)《尚书·胤征》记载：羲和是夏代仲康时人，因酒醉失职，没能预报日食，仲康命人征讨治罪。c）古书《世本》记载：羲和是黄帝时人，受命"占日"（观察太阳运行，以制定历法）。❷神话人物。a）给太阳驾车的神。b）太阳的母亲。《山海经·大荒南经》记载：在东南海的外面，有个女子名叫羲和，是帝俊的妻子，生了十个太阳。

【习惯成自然】原作习惯若自然。指因为经常如此，所以也就变成了很自然的行为方式。《孔子家语·七十二弟子解》："少成则若性也，习惯若自然也。"

【戏】古代指歌舞、杂技等表演，现多指戏剧。剧种有京戏、黄梅戏、皮影戏、木偶戏、马戏等。

【戏彩娱亲】二十四孝故事之一。老莱子（春秋时楚国隐士，为躲避战乱，自耕于蒙山南麓）孝顺父母，尽拣美味供奉双亲，面对双亲一直和颜悦色。因已独身，为解二老寂寞，70 岁时尚不言老，常穿五色彩衣，手拿拨浪鼓如孩子般戏耍，以博父母开怀。一次担水不慎摔倒受伤，为怕父母受惊担忧，遂就势躺倒在地学儿童哭闹，逗得二老大笑。

【戏曲】❶我国传统的舞台艺术表演形式。是流行全国的戏剧种类的统称。以歌唱和舞蹈为主要表现手段，包括唱、念、做、打，综合对白、音乐、歌唱、舞蹈、武术和杂技等多种表演方式，是我国特有的传统民族艺术，已经发展到 300 多个剧种，包括宋元南戏、元代杂剧、明清传奇、近现代京剧和各种地方戏。我国六大戏曲剧种是京剧、豫剧、越剧、黄梅戏、评剧、粤剧。❷特指戏曲的曲文或杂剧、传奇的唱词。

【下乘】见 306 页"小乘"。

【下里巴人】春秋时楚国流行的民间歌曲名（跟"阳春白雪"相对）。后泛指通俗或浅易的文艺作品。战国楚·宋玉《对楚王问》："客有歌于郢中者，其始

X

曰《下里》《巴人》，国中属（zhǔ，跟着）而和（hè，一起唱）者数千人……其为《阳春》《白雪》，国中属而和者不过数十人。”也说巴人下里。参见 322 页“阳春白雪”。

【下马治天下】指治理国家天下须靠仁政。西汉初年高祖刘邦初定天下，陶醉于武力夺取江山的胜利喜悦之中，儒生陆贾告诫他，可以马背上取天下，但不可依然在马背上治天下。儒家认为，夺取政权固然离不开武力，但巩固政权使天下长治久安则必须实行仁政王道才行。

【下学而上达】语出《论语·宪问》。意思是学习礼乐仁义，人情事理，进而认识自然的法则。

【下元节】我国古代节日之一，在农历十月十五日。道教认为这一天是“水官大帝”禹的生日，禹会下凡人间为民解厄除难。《太清玉册》卷七：“下元水官下降，检察善恶事。”这一天人们会准备香烛祭品拜祀水官大帝，以求平安。也说消灾日、下元水官节。

【夏】❶ 朝代名（约前 21—前 17 世纪）。我国历史上第一个朝代，传说为禹的儿子启所建，建都安邑（今山西省夏县北）。❷ 指华夏。《尚书·舜典》：“蛮夷猾（侵犯）夏。”孔传：“夏，华夏。”

【夏侯建】西汉经学家。字长卿。东平（今属山东）人。官至太子少府。师从夏侯胜和欧阳高学习今文《尚书》。宣帝时立为博士，时称“小夏侯”。著作均佚。清代陈乔枞（cōng）辑有《尚书欧阳夏侯遗说考》，收入《皇清经解续编》。

【夏侯胜】西汉经学家。字长公。东平（今属山东）人。官至长信少府、太子太傅。从夏侯始昌学习今文《尚书》，又从欧阳高问学，时称“大夏侯”。宣帝时被立为博士。以阴阳灾异推论时政得失。著作已佚。清代陈乔枞（cōng）辑有《尚书欧阳夏侯遗说考》，收入《皇清经解续编》。

【夏完淳】（1631—1647）南明抗清将领、诗人。字存古。松江华亭（今上海松江）人。14 岁从父允彝及师陈子龙参加抗清活动，矢志忠义，崇尚气节。允彝兵败自杀后，与陈子龙等受鲁王封，参谋太湖义军军事，又遭兵败，仍为抗清而奔走，被捕不屈，就义于南京，年仅 17 岁。所作诗赋，抒发抱负，悲歌慷慨。有《南冠草》《续幸存录》《别云间》等。

【夏小正（zhēng）】书名。原为《大戴礼记》的第四十七篇。中国最早的物候专著。出自先秦。内载动植物物候现象 68 条，气象现象 7 条，农事和畜牧物候现象 11 条。除二月和十二月外，每月均有定季节的星象。

【夏禹】即禹。参见 338 页“禹”。

【仙风道骨】本为道教语，指神仙或得道者的神采、气质。唐·李白《大鹏赋序》：“余昔于江陵见天台司马子微，谓余有仙风道骨，可与神游八极之表。”今多用来形容超凡脱俗的风度、气质。

【先富后教】《论语·子路》：“冉有曰：‘既庶（众多）矣，又何加焉？’曰：‘富之。’曰：‘既富矣，又何加焉？’曰：

'教之。'"意思是人口多起来就要使他们富足，而民众富足了则必须对他们进行教育。

【先农坛】明清帝王祭祀先农神（传说中最先教民耕种的人）的建筑。位于永定门内（北京市西城区）天坛之西。始建于明永乐四年至十八年（1406—1420）。现存建筑有先农神坛、观耕台、神仓、庆成宫、太岁殿等。为全国重点文物保护单位。

【先秦】指秦统一全国以前的历史时期，即从远古起到公元前221年秦王朝建立为止的这段时间。一般指春秋战国时期。

【先秦寓言】先秦诸子散文、史传中出现的小故事，原为著作中的论证手段，但因其具有高度的文学性，逐渐被独立流传，演化为寓言故事，有的还凝练为成语。如"守株待兔""刻舟求剑""揠苗助长""郑人买履"等。对后世文学产生了深刻的影响。

【先人后己】指首先考虑他人，然后考虑自己。《礼记·坊记》："子云：'君子贵人而贱己，先人而后己。'"

【先生】❶老师。❷对有学问有声望的人的敬称。❸妻子对丈夫的称呼。❹旧时对文秘、管账人员，以及以说书、卖唱、相面、算卦、看风水等为职业的人的称呼。

【先天下之忧而忧】语出北宋范仲淹《岳阳楼记》。是说在天下人忧愁之前就忧愁。表达了一种以天下为己任的政治抱负。

【先行其言而后从之】《论语·为政》："子贡问君子。子曰：'先行其言而后从之。'"是说对于想要说的话首先要付诸行动，然后照做了的去说。指先做后说，言行一致。

【先哲】指已故的有才德的思想家。东汉·张衡《思玄赋》："仰先哲之玄（深奥）训兮，虽弥（更加）高而弗违。"

【先知先觉】《孟子·万章上》："天之生此民也，使先知觉后知，使先觉觉后觉也。"后指对事物发展的认识早于一般人。也指认识事物在众人之前的人。

【鲜卑】古族名。起源于辽东塞外鲜卑山，东胡的一支。秦汉时，游牧于今西拉木伦河与洮（táo）儿河之间，依附匈奴。北匈奴西迁后进入匈奴故地，势力渐盛。汉桓帝时，其首领檀石槐建立军政联合体。檀死后，联合体瓦解，附属汉魏。魏晋南北朝时期，慕容、乞伏、秃发、宇文、拓跋、吐谷（yù）浑等分别在北方、西北建国。内迁的鲜卑人多从事农业生产，与汉族逐渐融合。至隋唐，鲜卑解体，不复存在。

【贤良三对策】指西汉董仲舒答汉武帝策问"贤良文学之士"的三个对策。从"天人感应"说出发，提出罢黜百家、独尊儒术；兴太学（最高的官学）、置明师（设五经博士）；重选举、广取士等对策。

【贤明】❶才能出众、明达事理。《战国策·燕策二》："臣闻贤明之君，功立而不废，故著于《春秋》。"❷指才能出众、明达事理的人。唐·孟郊《古意赠梁肃补阙》诗："曲木忌日影，谗（chán，说人坏话）人畏贤明。"

【贤能】❶德才兼备。《韩非子·人主》："贤能之士进，则私门之请止矣。"《史记·太史公自序》："且士贤能而不用，有国者之耻。"❷指德才兼备的人。《荀子·成相》："主之孽，谗人达，贤能遁逃国乃蹶（jué，败）。"

【贤妻良母】既是丈夫贤惠的妻子，又是子女慈爱的母亲。这是我国女子家庭道德的重要内容。

【贤人】有道德和才能的人。《论语·述而》："子贡曰：'伯夷、叔齐（伯夷、叔齐是商末孤竹君的两个儿子，两人因真心互让君位而逃避，最后又一起隐居首阳山，不食周粟而死）何人也？'（孔子）曰：'古之贤人也。'"

【贤者在位，能者在职】语出《孟子·公孙丑上》。意思是让贤德的人居于掌权的地位，有才干的人担当合适的职务。

【现身说法】佛教指佛用化身现形宣讲佛法。《楞严经》卷六："我于彼前，皆现其身，而为说法，令其成就。"后用"现身说法"比喻把自己的经历作为例证，对他人进行讲解或劝导。

【献芹】芹：微薄的东西。《列子·杨朱》记载：从前有个人在乡里的豪绅前大肆吹嘘芹菜如何好吃，豪绅尝了之后，结果嘴被刺伤，肚子疼痛。后多用作谦词，表示自己赠送的礼物菲薄或提出的意见浅陋。

【献身】❶佛家原指屈身礼敬，后演变为皈依、归命或献身信奉三宝。❷指把全部精力甚至生命奉献出来。

【乡试】明清时期，每三年一次在各省省城举行的科举考试。时间在秋季八月。应考的是秀才，考取后称举人，第一名称解元。也称大比、秋闱。

【相忍为国】指为了国家的利益而作出一定的让步。《左传·昭公元年》："鲁以相忍为国也，忍其外不忍其内，焉用之？"

【相容】互相包容；并存。《史记·淮南衡山列传》："孝文十二年，民有作歌歌淮南厉王曰：'一尺布，尚可缝；一斗粟，尚可舂。兄弟二人不能相容。'"

【相应】❶佛教指互相呼应。有三种：一为境与心相应；二为行与理相应；三为果与因相应。❷指互相照应；也指跟某事物相适应或相对应。

【湘妃】相传为舜的二位妃子娥皇、女英。舜南巡死于苍梧之野。二妃闻讯前往，一路痛哭，寻之不得，投入湘江殉情，遂为湘水之神。

【向秀】（约227—272）魏晋之际哲学家、文学家。字子期。河内怀县（今河南武陟西南）人。"竹林七贤"之一。本隐居不出，在司马氏的高压下，不得不应召到洛阳踏入仕途。官至黄门侍郎、散骑常侍。崇尚老庄道学，对玄学的盛行起了推动作用。著有《思旧赋》《难嵇叔夜养生论》。曾作《庄子隐解》，已佚。参见370页"竹林七贤"。

【项羽】（前232—前202）秦末农民起义军领袖。名籍，字羽。下相（今江苏宿迁西南）人。楚将项燕之后。少有大志。秦二世元年（前 209），从叔父项梁在吴（今江苏苏州）起义。秦亡后，自立为西楚霸王，并大封诸侯王。楚汉战争中，为刘邦击败。最后从垓（gāi）下（今安徽灵璧东南，沱河北岸）突围到乌江（今安徽和县东北），自杀。

【相国寺】我国佛教寺院。位于河南省开封市市中心。北齐天保六年（555）建，名建国寺，后毁。唐代重建，改名为大相国寺，习称相国寺。今寺为乾隆时重建。主要建筑有牌楼、天王殿、大雄宝殿、八角殿、藏经楼等。八角殿琉璃瓦顶，内有木雕千手千眼观音像，高约七米，造型生动。

【象】❶象征。《周易》用卦、爻（yáo）等符号象征自然变化和人事吉凶。《周易·系辞下》："是故易者象也，象也者像也。"❷篇名。指《易传》十篇的《象辞》（也称《象传》）上下两篇。用卦和爻象征自然和社会现象，阐释和发挥卦象和爻象的含义。

【象数之学】用图象符号和数字推测宇宙或人生变化，解说《周易》的学说。事物都有一定形象和数量，《易传》就多处说到"象"或"数"。此后汉儒孟喜、京房等以象数之学说《易》，用八卦与阴阳之数预言灾变，也包含一些天文、历法、乐律的知识。北宋理学家邵雍融合《周易》与道教思想制定了一种繁琐而神秘的象数之学体系，称为"先天学"。

【宵衣旰（gàn）食】指天不亮就穿衣起床，时间晚了才吃饭。形容勤勉工作。多用以称颂帝王勤于政事。南朝陈·徐陵《陈文帝哀册文》："勤民听政，宵（天不亮时）衣旰（天已晚）食。"

【萧何】（？—前 193）西汉初大臣。沛县（今属江苏）人。曾为秦沛县狱吏。秦末辅佐刘邦起义。义军入咸阳，他约法三章，并将秦政府的律令图书全部收存，以此掌握全国的山川险要、郡县户口和社会情况。楚汉战争前夕，力荐韩信为帅。战时以丞相身份留守关中，为前线输送士卒粮饷，保证作战之需。刘邦称帝后，被封为酂（zàn）侯，位居众臣之首。主持制定律令制度，设计助吕后杀淮阴侯韩信。

【萧统】（501—531）南朝梁文学家。字德施，南兰陵（今江苏常州西北）人。武帝长子。武帝天监元年（502）被立为太子，未及即位而卒，谥昭明，世称"昭明太子"。信佛能文，曾召集文学之士，编辑《文选》（即《昭明文选》）30 卷，对后世文学有很大影响。

【萧望之】（？—前 47）西汉大臣、经学家。字长倩，萧何的六世孙。东海兰陵（今属山东）人，后迁至杜陵（今陕西西安东南）。为宣帝、元帝所倚重的大臣。甘露三年（前 51），主持石渠阁会议，评议儒生对《五经》同异的意见。主治《齐诗》，兼学诸经，是汉代《鲁论语》的知名传人。元帝即位，以帝师尊之。后遭宦官弘恭、石显构陷，被迫自杀。

【萧衍】见 163 页"梁武帝"。

【小不忍则乱大谋】语出《论语·卫灵

公》。意思是小事情不忍耐就会毁坏大谋略。泛指凡事要顾全大局，不可因小失大。

【小乘（chéng）】佛教派别。以修身自利为宗旨（跟“大乘”相对）。也说下乘。

【小康】❶儒家思想体系中所指的政教相对清明、人民比较富裕的社会局面（与“大同”相对）。主张“天下为家，货力为己”，即政权为一家一姓或掌握强大武力的集团所私有，统治权力的更替，采取世袭和分封的规制，由统治者私相授受，与天下人无关。❷指经济比较富裕。南宋·洪迈《夷坚甲志·五郎君》：“然久困于穷，冀于小康。”

【小人】指道德不高尚的人。春秋以前是对普通百姓的通称；春秋末年后，小人逐渐成为无德者的代称。

【小山乐府】散曲集。元代张可九（字小山）作，6卷。近人任讷据《张小山北曲联乐府》重编。包括前集《今乐府》、后集《苏堤渔唱》、续集《吴盐》、别集《新乐府》及外集、补集各一卷。收小令750首，套数8套。

【小说家】战国末期至西汉初期的一个学派。以采集民间街谈巷语、记录加工道听途说著称。《汉书·艺文志》列有此派。主要代表人物有虞初，著有《虞初周说》（已失传）。《史记》《汉书》中有虞初事迹的记载。

【小学】❶指研究文字、训诂、音韵的学问。是经典阐释学的基础。❷对儿童、少年实施基础教育的学校。古代贵族子弟八岁入小学，学习六艺：礼（礼节仪式）、乐（音乐舞蹈）、射（射箭）、御（驾车）、书（认字）、数（算术）。现代小学主要学习语文、算术、品德、音乐、体育、美术等。

【小雅】《诗经》的一部分，共有74篇。《小雅》中一部分诗歌与《国风》类似，其中最突出的是关于战争和劳役的作品。

【孝】❶孝顺；孝敬。“孝”作为一个伦理观念正式提出是在西周。❷旧时礼俗，尊长死后在一定时期内穿孝服，不娱乐，不应酬交际，以示哀悼。❸居丧期间穿的白色布衣或麻衣。

【孝道】❶以孝为本的理法规范。《史纪·仲尼弟子列传》：“曾参，南武城人，字子兴。少孔子四十六岁。孔子以为能通孝道，故授之业。”❷孝行，尽心尽力奉养父母。

【孝感动天】二十四孝故事之一。传说舜的父母和弟弟对他很不好，甚至想害死他。但舜始终对父母恭敬有加，对弟弟也一如既往关爱体贴。他的孝行感动了天地，上天派大象替他耕地，派凤凰帮他播种。帝尧听说舜有孝德，经过考察选定舜做他的继承人，舜成为中国历史上最伟大的圣王之一。

【孝廉】孝指尊崇孝道，廉指清廉。原为封建时代选拔官吏的两个科目，后合为孝廉一科；也指孝廉科选拔出来的人才；明清两代则把举人称为孝廉。

【孝始于事亲】《孝经·开宗明义》：“夫孝，始于事（侍奉）亲，中于事君，终于立身。”所谓尽孝，是从侍奉父母开始。

【孝顺】尽心尽力承担侍奉父母或其他长辈的义务，并顺从他们的意愿。东晋·袁宏《后汉纪·安帝纪上》："观人之道，幼则观其孝顺而好学，长则观其慈爱而能教。"

【孝悌（tì）】指孝顺父母、敬爱兄长。《论语·学而》："有子曰：'其为人也孝弟（古通"悌"），而好犯上者鲜矣。'"

【孝子】对父母孝顺的儿子。北宋·苏轼《代张方平谏用兵书》："慈父孝子，孤臣寡妇之哭声，陛下必不得而闻也。"也指父母亡故之后处于居丧期的儿子。

【孝子贤孙】指孝顺、有德行的子孙。语出《孟子·离娄上》。也作孝子慈孙。

【协和万邦】语出《尚书·尧典》。协和：协调，融洽；万邦：众多的国家，各国。促使各国团结融洽。

【邪魔外道】佛教称扰乱身心、障碍善念与修行的为"邪魔"，佛法以外的宗教、哲学派别为"外道"；后也指妖魔鬼怪。《药师经》下："又信世间邪魔外道，妖孽之师，妄说祸福。"也泛指一切邪恶势力或荒唐有害的言论。

【胁肩谄（chǎn）笑】缩起肩膀装出笑脸。形容巴结人的丑态。《孟子·滕文公下》："胁肩（耸起双肩做出恭谨的样子）谄笑（装出奉承的笑容），病于夏畦（比夏天在田间劳动还令人难以忍受）。"

【谐和】见 96 页"和谐"。

【谢安】（320—385）东晋大臣。字安石，陈郡阳夏（jiǎ，今河南太康）人。早年隐居于会稽郡山阴县东山，四十多岁始出仕。简文帝时，曾与王坦之挫败桓温篡位意图。孝武帝时任宰相。383 年，前秦大军南下，他指挥弟谢石、侄谢玄统兵抵御，取得淝水之战的胜利，打败号称百万大军的前秦军队。后被司马道子排挤，出镇广陵，不久病逝。处事公允明断，能顾全大局。

【谢良佐】（1050—1103）北宋哲学家。字显道。上蔡（今属河南）人。"二程"弟子，与杨时、吕大临、游酢并称"程门四大弟子"。开陆九渊心学先声。著有《论语解》，另有《上蔡语录》3 卷传世。

【谢灵运】（385—433）南朝宋诗人。陈郡阳夏（jiǎ，今河南太康）人。东晋名将谢玄之孙，袭封康乐公，世称谢康乐。入宋，曾任侍中等职。其诗多写江南山水名胜，语言精丽，开文学史上山水诗一派。明人辑有《谢康乐集》。

【谢朓（tiǎo）】（464—499）南朝齐诗人。字玄晖，陈郡阳夏（jiǎ，今河南太康）人。与"大谢"谢灵运同族，世称"小谢"。曾任宣城太守，官至尚书吏部郎，又称谢宣城、谢吏部。曾与沈约等共创"永明体"，他成就最高。今存诗 200 余首，多描写自然景物，亦或直抒怀抱，诗风清新秀丽，时有佳句。为李白等后代诗人所推崇。著有《谢宣城集》。

【谢玄】（343—388）东晋名将。字幼度，陈郡阳夏（jiǎ，今河南太康）人。谢安之侄。早年为大司马桓温部将。377 年为抵御前秦袭扰，被谢安荐为主将。383 年，在淝水之战中，任前锋都督，用计使秦军后撤致乱，乘势猛攻，取得以少胜多的战果，乘胜收复了今河南、山东、陕西南部等地区。

【心病】❶佛教指妄想烦恼之类。南宋·普济《五灯会元·赵州从谂禅师》：“若与空王为弟子，莫教心病最难医。”❷指心里担忧和牵挂的事情；也指隐痛或思想上沉重的负担。

【心地】❶佛教认为心如大地，能长万物，能生万法。《大日经疏》卷三：“如世人举趾动足皆依于地，菩萨亦如是依心起行，故名此心为地。”❷指人的内心世界；也指气量、胸襟。

【心领神会】内心深刻地领会。元·吴海《送傅德谦还临川序》：“读书有得，冥然感于中，心领神会，端坐若失。”

【心外无物】一种主观唯心主义哲学观点。明代哲学家王守仁在继承南宋著名学者陆九渊的“宇宙即是吾心，吾心即是宇宙”哲学思想的基础上，提出了“心外无物、心外无事、心外无理”的心学思想。认为要了解宇宙的奥秘，达到对事物真相的认识，只须返视探求自己的心性良知即可。人的本心与客观的外物实为同体，物不能离开心而存在，心也不能离开物存在。客观的事物没有被心知觉，就处于虚寂的状态。如深山中的花朵，在未被人看见时，其与人心同归于沉寂；待到被人看见，其颜色形状才明白起来。

【心心相印】佛教指传授佛法不用语言，只须心与心互相印证。唐·裴修集《黄檗（bò）山断际禅师传心法要》卷一：“自如来付法迦叶已来，以心印心，心心不异。”后多用来指彼此心意一致。

【心学】儒学中宋明理学的一个学派。南宋陆九渊、明代王守仁都把“心”看作宇宙万物的本源，提出圣人之学就是心学。也称陆王心学。参见308页“心外无物”。

【辛弃疾】（1140—1207）南宋词人。字幼安，号稼轩。历城（今山东济南）人。21岁参加抗金义军，历任安抚使等职。一生坚决主张抗金。曾长期落职闲居于江西上饶、铅（yán）山一带。词风豪放，多抒发壮志难酬的悲愤，对当时执政者的屈辱求和颇多指责。与苏轼并称为“苏辛”。有《稼轩长短句》。今人辑有《辛稼轩诗文钞存》。

【新语】书名。西汉陆贾（gǔ）著。奉高祖之命撰，论述秦汉的得失、古今成败的原由，刘邦称之为“新语”。认为朝代更替“非天所为”，提出建国“必得之于民”，主张实行与民休息的“无为”政治。

【新乐（lè）遗址】我国新石器时代和青铜时代的遗址。位于辽宁沈阳北陵附近。年代为前5300—前4800年左右。1973年发掘。包括下、中、上三种文化遗存。下层遗存最为丰富，发掘有半地穴式房址、粮食作物黍、打制的石器、饰以线纹弦纹的夹砂陶等，被独立命名为“新乐文化”。中层有罐、壶、钵等陶器，年代约为前3000—前2000年，属偏堡（bǔ）子文化类型。上层以鼎、鬲（lì）、甗（yǎn）等三足陶器为主，石器多见直背弧刃穿孔的长条形石刀、斧、棍棒头等，为青铜时代遗存。

【**新乐**（yuè）**府**】乐府诗的一类。创始于初唐，因其不沿用汉魏六朝乐府旧题，不囿于声律，故称。至李白、杜甫、元结、顾况而大有发展。白居易、元稹等发扬了这种写作方法，同时确定了新乐府的名称。如：杜甫《哀江头》《兵车行》《丽人行》、白居易《新乐府》五十首、元稹《田家词》、张籍《猛虎行》等都是新乐府的杰作。

【**薪尽火传**】《庄子·养生主》："指（脂）穷于为薪，火传也，不知其尽也。"意思是用油脂做成的火把一支接着一支烧下去，没有穷尽的时候，火永远也不会熄灭。比喻师生传授，知识一代接着一代一直传下去。

【**信**】指待人处事诚实无欺，言行一致。为儒家"五常"之一。孔子将信作为仁的重要体现，认为诚信是人必备的品德，推崇"敬事而信""谨而信"(《论语·学而》)等重要理念。

【**信赏必罚**】该赏的一定赏，该罚的一定罚，赏罚严明。《韩非子·外储说右上》："信赏必罚，其足以战。"

【**兴天下之利，除天下之害**】语出《墨子·兼爱》。振兴普天下有益的事物，铲除普天下的祸害。

【**兴于诗，立于礼，成于乐**（yuè）】语出《论语·泰伯》。孔子说，一个人修养身心，从读《诗》起步，依靠学礼立身于社会，通过音乐陶冶完成人格修养。

【**星象**】星体的明、暗及位置等现象。古人常夜观星象，据以占测吉凶祸福。清·袁枚《随园诗话》卷三："梁山舟侍讲调以诗云：'昨夜中庭看星象，小星正在少微边。'"

【**行百里者半九十**】语出《战国策·秦策五》。走一百里路，走到九十里才算走了一半。比喻做事越接近成功越艰难。多用来劝勉人做事要善始善终。

【**行成于思**】做事成功在于多动脑筋、想办法。唐·韩愈《进学解》："行成于思，毁于随（随意）。"

【**行存于身，不可掩于众**】语出《晏子春秋·外篇下四》："言发于尔（古同"迩"，近），不可止于远也；行存于身（自身，自己），不可掩于众也。"所作所为虽然出于自身，但在众人面前遮盖不住。跟"要想人不知，除非己莫为"意思相近。

【**行仁政而王**（wàng），**莫之能御也**】语出《孟子·公孙丑（上）》。王：统一天下，管理国家。仁政：以对人民深切的同情、爱护和为人民谋福祉为根本的施政取向。以仁政统一天下，没有谁可以阻挡得住。

【**行天道，出公理，则远者自亲**】语出《管子·形势解》。天道：指自然规律；公理：公众普遍认同的道理。奉行自然规律，讲究公理，那么即使是远方的人也自然会和你亲近。

【**行佣供母**】二十四孝故事之一。江革，东汉时齐国临淄（今山东淄博市临淄区）人，少年丧父，侍奉母亲极为孝顺。战乱中，江革背着母亲逃难，几次遇到匪盗，江革哭告老母年迈，杀了自己无人奉养。贼人念其孝顺，不忍杀他。后来，他迁居江苏下邳（pī），因贫穷常年赤脚做雇工供养母亲。明帝时被推举为孝廉，章帝时被推举为贤良方正，任五官中郎将。

【刑不能去奸而赏不能止过者，必乱】语出《商君书·开塞》。奸：邪恶；过：过错，罪过。用刑罚不能消除邪恶，用赏赐不能遏止罪过，这样的国家必定动荡不安。

【刑称（chèn）罪则治，不称（chèn）罪则乱】语出《荀子·正论》。称：符合，适合。刑罚与罪行相当，社会就安定；刑罚与罪行不相当，社会就动荡不安。

【刑过不避大臣，赏善不遗匹夫】语出《韩非子·有度》。惩罚有罪过的人，不可避开高官（对有罪过的高官也要惩处）；奖赏善行善事，不能漏掉平民百姓（对做好事行善的平民百姓也要奖赏）。

【刑名】“刑名之学”的简称。战国时代主张循名责实，慎赏明罚的学派，以申不害为代表人物。

【刑天】神话人物。因与天帝争权，失败后被砍头，葬于常羊山。他并不屈服，以两乳为目，以肚脐为口，依然不断地挥舞着盾牌和板斧，表示要抗争到底。(《山海经·海外西经》) 也作形天。

【刑无等级】《商君书·赏刑》：“所谓壹（统一，一致）刑者，刑无等级（人们的社会地位）。自卿相、将军以至大夫、庶人，有不从王令、犯国禁、乱上制者，罪死不赦。”指刑罚对高低贵贱各种社会地位的罪犯都是一样的，绝无等级之别。宣示法律面前人人平等的思想。

【形而上学】❶《周易·系辞上》：“形而上者谓之道，形而下者谓之器。”形而上的原意是指无形或抽象，后来把研究经验以外的对象（如神、灵魂、意志、自由等）的哲学叫“形而上学”。❷特指同辩证法相对立的世界观和方法论。它用孤立、静止、片面的观点来看世界，认为即使有变化，也只是数量的增减和场所的变更；变化的原因也只在事物的外部。

【醒世姻缘传】长篇小说，著作年代不详。作者题为西周生。全书 100 回，前 23 回描写前世姻缘，23 回以后重点写今世姻缘。小说以人生业果、冤仇相报的两世姻缘故事为线索，对明末清初腐败的官场和浅薄的世风作了鞭辟入里的解剖，是一部杰出的中国古代世情小说。

【杏坛】传为孔子讲学之处。《庄子·渔父》：“孔子游乎缁（zī）帷之林，休坐乎杏坛之上。弟子读书，孔子弦歌鼓琴。”后世将杏坛建在曲阜文庙大成殿前。今杏坛为明隆庆三年（1569）所建。后也泛指聚徒讲学处。

【性恶论】战国末荀子的人性理论。我国古代人性论重要理论之一。与“性善论”相对。认为人的本性为“恶”，诸如“好（hào）利”“疾恶”“好（hào）声色”等；其善是由于“伪”（人为）。以人性有恶为其礼法兼治政治主张的理论依据，同时强调环境和教育对改变“恶”习性的作用。

【性三品说】西汉董仲舒和唐代韩愈的人性论学说。董仲舒将人性分为善、恶、中（上、下、中）三等："圣人之性""斗筲（dǒushāo）之性"和"中民之性"。主张人性以"中民之性"命名。"中民之性"可上可下，须"性待渐于教训，而后能为善"（《春秋繁露》卷十）。韩愈则提出一种更严格的"性三品说"，并把"性"和"情"对立起来，各分上、中、下三等，"性"的内容为仁、义、礼、智、信，是"与生俱生"的；"情"的内容为喜、怒、哀、惧、爱、恶、欲，因接触外界事物而生。

【性善论】战国时孟子的人性理论。我国古代人性论的重要理论之一。与"性恶论"相对。认为人性本来就是善的。人之性善就像水之就下一样，人没有不善，水无有不下；仁、义、礼、智是人固有的；伦理道德是天赋予人的本性。性善论是孟子"仁政"学说的理论依据，后来成为宋明理学正统的人性理论。

【性相近，习相远】《论语·阳货》："性相近也，习相远也。"孔子说，人的本性是相近的，由于习染不同才相互有了差别。说明良好的教育环境对于美好品德的形成是至关重要的。

【姓氏】姓与氏的合称。《通志·氏族略序》："三代（夏商周）之前，姓氏分而为二，男子称氏，妇人称姓。氏所以别贵贱，贵者有氏，贱者有名无氏……姓所以别婚姻，故有同姓、异姓、庶姓之别。氏同姓不同者，婚姻可通；姓同氏不同者，婚姻不可通。三代之后，姓氏合而为一，皆所以别婚姻，而以地望（古代士族大姓垄断地方选举等权力，一姓与其所在郡县相联系）明贵贱。"

【凶礼】古代五礼之一。指丧葬哀悼之礼。《周礼·春官·大宗伯》："以凶礼哀邦国之忧。"

【匈奴】古代居于蒙古大漠和草原上的游牧民族。战国时活动于燕、赵、秦北部。秦汉之际，冒顿（mòdú）单于（chányú）统辖大漠南北，势力强盛。汉初，常南下侵扰，汉取守势。武帝时转守为攻，不断进击，使其势力转衰。宣帝甘露二年（前52）呼韩邪（yé）单于归附汉，与汉经济文化交流六七十年。东汉光武时分为南北二部，北匈奴留居漠北，南匈奴附汉，屯居今内蒙古境内，后分为五部。其中三部两晋时曾建前赵、夏、北梁等国。北匈奴在汉和帝时被南匈奴与汉击败，部分西迁。也称胡。

【休戚与共】有福同享，有难同当。形容关系密切，同甘共苦。《明史·瞿式耜（sì）传》："臣与主上患难相随，休戚与共，不同他臣。"

【休养生息】指在战争或其他原因引起的大动荡之后，采取安定社会秩序、减轻人民负担，恢复生产，增殖人口等措施。唐·韩愈《平淮西碑》："高祖、太宗，既除既治；高宗中（中宗）睿（ruì，睿宗），休养生息。"

【修德】培养道德品质。《论语·述而》："德之不修，学之不讲，闻义不能徙（改变，指服从道义），不善不能改，是吾忧也。”

【**修己**】语出《论语·宪问》。意思是修养自己来严肃认真地对待工作，修养自己来使天下百姓安乐。儒家修己主要有“仁、智、勇”三个方面，大致相当于今人所说的“德、智、体”。

【**修齐治平**】语出《大学》。修身（修养自身品德）、齐家（整治好自己的家族和家庭）、治国、平天下（使天下太平）的简称。是儒家人生观的主要内容。

【**修其心治其身，而后可以为政于天下**】北宋·王安石《洪范传》：“修其心治其身，而后可以为政于天下，不患无位，而思德之修也，不思位之不尊，而患德之不崇。”指要先修心治身，充实德行，然后才能从政。

【**修行**】佛教用语。指学习并实践宗教的教义与法规。

【**修养**】❶修炼养性。南宋·赵与时《宾退录》卷二：“柳公权书如深山道士，修养已成，神气清健，无一点尘俗。”❷培养完善人格，使言行合乎规矩。今指长期养成的符合社会要求的待人处世的态度和涵养。

【**羞恶**（wù）**之心**】儒家指一种上天赋予的羞耻心。这种羞耻之心就是“义”。《孟子·告子上》：“羞恶之心，人皆有之。”“羞恶之心，义也。”

【**秀才**】❶明清两代，称童生通过最低一级科举考试得以在府学、县学读书的人。❷泛指读书人或有一定文化知识的人。如：秀才不出门，全知天下事。

【**戌**】❶地支第十一位。参见70页“干支”。❷戌时。我国传统计时法指晚上7—9时这一段时间。

【**虚实**】❶指假真。南朝宋·范晔《后汉书·度尚传》：“夫事有虚实，法有是非。”❷“虚”指宇宙间相对独立的太虚之气，“实”指太虚之气凝聚而成的有形的物质。北宋·张载《正蒙·太和篇》：“两体者，虚实也，动静也，聚散也，清浊也，其究一而已。”

【**徐达**】（1332—1385）明初名将。字天德，濠州（今安徽凤阳东北）人。农民出身。元末，参加朱元璋义军，以智勇闻名，为大将军，攻灭劲敌张士诚部。1368年，攻克元大都（今北京），继续出击元残余势力。朱元璋称帝后，任右丞相，封魏国公。死后被追封中山王。

【**徐福**】秦代方士。字君房，齐地琅琊（今山东胶南琅琊台西北）人。博学多才，通晓医学、天文、航海等知识，且同情百姓，乐于助人，在沿海一带民众中名望颇高。相传是鬼谷子的关门弟子。《史记·秦始皇本纪》记载：始皇二十八年（前219），徐福上奏说海上有蓬莱、方丈、瀛州三仙山。始皇派他带童男童女数千人，乘楼船入海寻觅，一去不返。公元7世纪后，日本文献中出现关于徐福的事迹，尊他为司农耕、医药之神。

【**徐光启**】（1562—1633）明代科学家。字子先，号玄扈。上海人。官至礼部尚书兼文渊阁大学士。较早把西方先进的科学技术介绍到我国。在数学、天文学、农学上有卓越贡献。与传教士利玛窦合作翻译希腊数学名著《几何原本》，首创“几何”和一整套名词术语，如：“平行线”“三角形”“对角”“锐角”等，沿用至今。汇通中西历法，编成《崇祯历书》，精确程度超过以往。用数十年心血编著成的《农政全书》，被称为农业上的百科全书。

【徐继畬（yú）】（1795—1873）地理学家。字健男，号松龛（kān），山西五台人。在粤为官时，多与外国人接触，受美国传教士雅裨理影响，了解世界历史地理知识，撰成《瀛寰志略》。认为印度和南洋已作为列强觊觎中国，号召奋起迎接西方的挑战；客观介绍了西方科学技术发展的情况，分析了欧洲富强的原因。对后世中国士大夫学习世界地理知识，产生深远影响。其生平著作大都收入《松龛先生全集》。

【徐锴（kǎi）】（920—974）五代、北宋初文字学家。字楚金，扬州广陵（今江苏扬州）人。徐铉之弟，世称小徐。官至内史舍人。精通文字学，著有《说文解字系传》40卷，是《说文》成书后第一个完整的注本，世称“小徐本说文”。另著有《说文解字韵谱》5卷。

【徐渭】（1521—1593）明代文学家、书画家。字文长，号青藤道士，山阴（今浙江绍兴）人。曾作浙闽总督胡宗宪幕僚，策划组织抗倭。诗文强调独创，著有《徐文长全集》等。长于行草书法，擅画花鸟。自称书第一，诗第二，文第三，画第四。所著《南词叙录》为我国第一部关于南戏的理论专著，另有杂剧《四声猿》《歌代啸》传世。

【徐霞客】（1587—1641）明代地理学家、旅行家。名弘祖，字振之，号霞客。南直隶江阴（今属江苏）人。一生不仕，专意旅游。历时三十余年，走遍大半个中国（16省），写成《徐霞客游记》。该书是一部全靠实地勘察写出的地理文献，十分珍贵，是世界上最早对喀斯特地貌进行考察研究的著作。

【徐霞客游记】书名。地理学著作。明徐弘祖（号霞客）著。按日记述1607—1640年间旅行观察所得，对地理、水文、地质、植物等现象，均作详细记录，开中国地理学界系统观察、描述自然的新方向。对西南边区地理，提供了不少稀有资料。有关石灰岩地貌的记述，早于欧洲人一个多世纪。文笔生动，记述精详，也是很好的文学作品。

【徐铉（xuàn）】（917—992）五代、北宋初文字学家。字鼎臣，扬州广陵（今江苏扬州）人。徐锴兄，世称大徐。官至散骑常侍。精通文字学，与句中正等校订《说文解字》，新补19字于正文中，又将不为《说文》所载的402字附于正文后，世称“大徐本说文”。著有《徐公文集》。参与编纂《文苑英华》。

【许衡】（1209—1281）宋元之际理学家。字仲平，学者称鲁斋先生。河内（今河南沁阳）人。曾任元京兆提学、国子祭酒、集贤大学士。在元世祖为亲王时，于关中大兴学校；世祖即位后，与刘秉忠等定朝仪官制；为元朝统治者策划“立国规模”；主持元初国学，以儒家六艺为国学内容，对汉、蒙文化交流和融合起过一定作用；受诏与郭守敬修订“授时历”。思想上继承朱熹的理学体系，注重经世致用。著有《鲁斋遗书》等。

【许谦】（1270—1337）元代学者。字益之，号白云山人。婺州金华（今属浙江）人。金华朱学的主要代表人物，受业于金履祥。入元不仕，教授弟子，潜心研经著书。通贯经传，对天文地理、典章制度、食货、刑法、文字、音韵等都有研究，旁及释、老之言。在理学上，主要是继承了朱熹的观点。在名物训诂方面取得很大成绩。著有《读四书丛说》《读书丛说》《诗集传名物抄》《白云集》。

【许慎】（约58—约147）东汉经学家、文字学家。字叔重，汝南召陵（今属河南漯河）人。曾任太尉南阁祭酒、五经博士等职。博通经籍，有“五经无双许叔重”之誉。积20年之力，撰成我国第一部系统分析字形和考究字源的专著《说文解字》，为后代研究文字及编纂字书最重要的根据，对后世研究古代汉字的形音义和文字发展史的贡献极大。

【许行】战国末期农家学派的主要代表人物。楚国人。晚年曾到滕国游说，并在那里定居讲学。许行自己穿粗布衣，以打草鞋、织席维持生活，主张君民“并耕而食，饔（yōng）飧（sūn）而治”，实行“市价不二”，希望建立人人参加以农业为主的社会劳动、人人自食其力、没有剥削者和被剥削者的公平社会。农家学派反对不劳而获，虽有一定积极意义，但因其否定社会分工的合理性，与社会发展方向相背离，故其学说终难实行。

【序齿排辈】按年龄大小排列顺序。《中庸》第十九章：“燕（同“宴”，宴会）毛（头发），所以序齿也。”（根据头发的颜色以辨别年龄的大小。）

【轩辕】即黄帝，居轩辕之丘，因以为名，又为号。《史记·五帝本纪》：“黄帝者，少典之子，姓公孙，名轩辕。”或以为姬姓。也称轩辕氏。参见106页“黄帝”。

【宣纸】安徽泾县出产的一种高级纸张，主要用于书法和国画。因泾县在唐代归宣州（今安徽宣城市宣州区），故称。宣纸起于唐代，历代相沿。由于易于保存，经久不脆不褪色等特点，故有“纸寿千年”之誉。南唐后主李煜亲自监制的“澄心堂”纸，就是宣纸中的珍品。宣纸除了题诗作画外，还是书写外交照会、保存高级档案和史料的最佳用纸。我国流传至今的大量古籍珍本、名家书画墨迹，大都使用宣纸，依然如初。19世纪在巴拿马国际纸张比赛会上获得金牌。2009年9月30日，宣纸被联合国教科文组织列入《世界遗产名录》。

【玄】道家指幽深微妙、高远莫测的“道”。《老子》一章：“玄之又玄，众妙之门（认识万物的法门）。”道教继承并发展了老子“玄”的概念，将其衍化成精神性的宇宙本体，并成教义的重要部分。东晋·葛洪《抱朴子·畅玄》：“玄者，自然之始祖，而万殊之大宗也。”道教信奉的天界尊神真武大帝，又称玄天上帝。

【玄风】魏晋时代士大夫清谈玄学的风气。始于曹魏正始年间，何休、王弼倡“贵无论”；接着有阮籍、嵇康倡“越名教而任自然”，其特点是蔑视儒家礼教，倡导精神自由；后有郭象提出“独化论”，以调和儒家名教和“自然”的矛盾，玄风大盛。东晋后佛学大盛，玄风渐衰。

【玄教】指道教。唐·李咸用《吴处士寄香兼劝入道》诗：“空挂黄衣宁续寿，曾闻玄教在知常。”

【玄武】❶四象之一。二十八宿中北方七宿（斗、牛、女、虚、危、室、壁）的统称。❷我国古代神话中的北方之神。为道教所信奉，同青龙、白虎、朱雀合称“四方四神”。塑像为龟或龟蛇合体。宋代因避财神赵公元帅（赵玄朗）之名讳，改玄为真。也称玄（真）武大帝。

【玄学】魏晋时期以老庄思想为骨架，糅合儒家经义以代替繁琐的两汉经学的一种哲学思潮。具有高度抽象的思辩形式。玄学家大都是所谓名士。他们以出身门第、容貌仪止和虚无玄远的“清谈”相标榜，成为一时的风气。其讨论的中心问题是“本末”“有无”“体用”等深奥问题。如何晏、王弼提倡“贵无”，而裴頠（wěi）则作《崇有论》，彼此针锋相对。东晋以后，玄学与佛学趋于合流，佛学渐盛，玄学渐衰。

【玄一】《老子》四十二章：“道生一，一生二，二生三，三生万物。”后因称“道”的本原为“玄一”。东晋·葛洪《抱朴子·地真》：“玄一之道，亦要法也。”

【玄奘（zàng）】（602—664）唐代著名佛经翻译家、旅行家、唯识宗创始人之一。俗姓陈，名祎（huī）。洛州缑（gōu）氏（今河南偃师缑氏镇）人。13岁出家，后遍访名师，精通经论。唐太宗贞观三年（629）西赴天竺（印度）受学、讲经。于贞观十九年回到长安。历17载，行5万里，足迹遍于西域、印度等130多个国家和地区，留下一部不朽的游记——《大唐西域记》。译出经论75部1335卷，编译《成唯识论》。对中国佛学的发展和中印文化交流作出重大贡献。他的取经事迹在民间广为流传，元代有吴昌龄的杂剧《唐三藏西天取经》，明代有吴承恩的长篇小说《西游记》等。也称唐僧。

【悬梁刺股】《太平御览》卷363引《汉书》记载：孙敬读书时为防止困倦睡着，将头发（古人蓄长发）悬吊在屋梁上。《战国策·秦策一》记载：苏秦读书犯困想睡觉时，就拿锥子刺自己的大腿。清·李渔《比目鱼·赠行》：“我悬梁刺股年复年，把铜雀（砚）磨穿。”后用“悬梁刺股”形容发愤刻苦学习。

【璇玑（xuánjī）图】见358页“织锦回文”。

【选贤与能】选拔和任用品德好、有才能的人。《礼记·礼运》：“大道之行也，天下为公，选贤与（jǔ，通‘举’）能，讲信修睦。”明·余继登《典故纪闻》卷九：“朕嗣承祖宗大统，维新治理，以安民生，选贤任能，尤为切要。”

【薛涛】（？—832）唐代女诗人。字洪度。长安（今陕西西安）人。为乐妓，能诗，时称女校书。自己制作桃红色小笺用来写诗，后人仿制，称“薛涛笺”。脱乐籍后终身未嫁。居成都浣花溪，今成都望江楼公园有薛涛墓。存诗 90 余首，多伤感之作。构思新巧，曲折动人。

【学不可以已】语出《荀子·劝学》。学习不可以停止。指要持之以恒地学习，否则就会退步。

【学而不化，非学也】语出南宋杨万里《庸言》。学习却不能够融会贯通，不是有意义的学习。指要深刻理解并灵活运用所学到的知识。

【学而不思则罔（wǎng）**】**《论语·为政》：“学而不思则罔，思而不学则殆。”（罔：迷惘；殆：疑惑）意思是只是学习而不思考，就会迷惘不解。

【学而不厌，诲（huì）**人不倦】**努力学习而不厌烦，教育别人而不知疲倦。《论语·述而》：“默而识之，学而不厌，诲人不倦，何有于我哉？”

【学而时习之，不亦说（yuè）**乎】**语出《论语·学而》。学：学习为人处世之道；习：练习，实践。学习了道理，按时复习并在实践中运用，难道不是一件很愉快的事情吗？

【学而知之】通过学习明白事理。《论语·季氏》：“生而知之者上也，学而知之者次也；困而学之，又其次也；困而不学，民斯为下矣。”

X

【学如弓弩，才如箭镞（zú）**】**清·袁枚《续诗品·尚识》：“学如弓弩，才如箭镞，识以领之，方能中鹄（gǔ，目标）。”学问好比弓弩，才能好比箭头，用高明的见识引领，才可以更好地发挥作用。强调见识对于学问的重要性。

【学所以益才也，砺所以致刃也】语出西汉刘向《说苑·建本》。学习能使人变得更加有才，就像用磨刀石磨刀使刀变得更锋利一样。强调学习对人的重要性。

【学无止境】学问没有边际，学习没有尽头。清·刘开《问说》：“理无专在，而学无止境也。”

【学以致其道】《论语·子张》：“子夏曰：‘百工居肆以成其事，君子学以致（达到）其道（仁道，最高的道德境界）。’”君子通过学习而达到仁道。儒家所讲的“学”，并不是通常所说的“学习知识，掌握技能”，而是指“学道”，即了解做人的根本道德，这个道德就是仁道。

【学以致用】学习知识，把知识应用于实际。

【学者非必为仕，而仕者必为学】语出《荀子·大略》。读书人不一定都要做官，但为官者必须学习。

【荀况】见 316 页“荀子”①。

【荀子】❶（约前 325—前 238）荀况的尊称。战国末期思想家、教育家。姓荀，名况，时人尊而号为卿，汉人避宣帝讳，称为孙卿。赵国人，游学齐国，三次出任稷下学宫祭酒（主持）。后到楚国，被楚相春申君委任为兰陵（今山东兰陵（县）令。晚年教学著书，韩非、李斯都是他的弟子。政治上主张礼法兼治，王霸并用。经济上提出强本节用，开源节流。批评孟子的“性善论”，提出“性恶论”。反对天命论，阐发了人定胜天的朴素唯物主义观点。著有《荀子》。❷书名。荀子及其弟子著。共32篇。其中《天论》阐述自然观,《解蔽》阐述认识论,《正名》阐述逻辑思想,《性恶》《礼论》《王制》等篇阐述伦理政治思想,《非十二子》是对先秦诸子批判性的评论,《成相》以民间文学形式表述了为君、治国之道。《赋篇》包括五篇短赋，是一种散文形式的赋体，在文学史上有一定地位。

【**循名实而定是非**】语出《韩非子·奸劫弑（shì）臣》。名实：名称和实物，名声和实际。遵循名实相符的原则来判定是非。

【**循序渐进**】顺着次序逐步前进。指学习或工作按照一定的步骤逐渐深入或提高。南宋·朱熹《答邵叔义》其一:“读书穷理，积其精诚，循序渐进，然后可得。”

【**循循善诱**】指有步骤地引导、启发。《论语·子罕》:“颜渊喟然叹曰:‘夫子循循然（有顺序的样子）善诱人，博我以文，约我以礼，欲罢不能。’”

【**训诂**】❶解释古书中字、词、句的意义。❷指训诂学。

【**殉道**】为道义、信仰或某种政治主张而献身。《孟子·尽心上》:“天下无道，以身殉道。”

【**殉国**】为国家牺牲生命。明·刘绩《征妇词》:“征妇语征夫，有身当殉国。”

【**殉节**】❶战败或亡国时不愿投降，为保全气节而自杀。《晋书·忠义传赞》:“重义轻生，亡躯殉节。”❷旧指妇女为屈从封建礼教追随亡夫或抗拒凌辱而自杀。

【**殉难**】为国家或正义事业遇难身亡。清·魏源《圣武记》卷十三:“顺治二年，王师下江浙，江阴典史阎应元起兵守城，自六月至八月凡八十日，城陷殉难。”

Y

【鸦片战争】1840—1842年英国因鸦片输出受阻而对中国发动的侵略战争。1838年，道光帝鉴于烟毒泛滥、白银外流、财政拮据，派湖广总督林则徐为钦差大臣，赴广东查禁鸦片，林将缴获所得鸦片销毁于虎门海滩。英国遂于1840年6月发动侵华战争。清廷派琦善到广州议和，将林革职。1841年1月，清廷对英宣战，三元里数万民众也奋起参战。8月，英军扩大战争，先后攻陷厦门、定海、宁波等地，1842年6月攻陷吴淞，后攻陷镇江，犯南京。道光帝决定议和，签订了丧权辱国的《南京条约》。中国开始沦为半殖民地半封建社会。

【雅】❶正统的；合乎标准的。如：雅言、雅正。❷周代朝廷上的乐曲，配曲的歌词作为一大类收在《诗经》里，被认为是乐歌的典范。雅诗依音乐分为"大雅"和"小雅"。❸高尚的；不庸俗的。如：文人雅士、雅俗共赏。

【雅舞】我国古代用于祭祀天地、祖先及朝贺大典的舞蹈。分文舞、武舞两大类。文舞的舞者左手执籥（yuè，状如排箫或笛的乐器），右手秉翟（dí，用野鸡尾装饰的舞具）。武舞的舞者手执朱干（盾）、玉戚（斧）等兵器。历代都有增删、修订，以歌颂本朝的文治武功。

【雅言】❶古代指通语，即通行的语言。❷正确合理的言论意见。三国蜀·诸葛亮《前出师表》："陛下亦宜自谋，以咨诹（zōu，咨询）善道，察纳雅言，深追先帝遗诏。"❸高雅的言论。

【雅乐（yuè）】古代帝王祭祀天地、祖先及朝贺、宴享时所用的乐舞，其音乐中正平和，歌词典雅纯正。（跟"俗乐"相对）历代皇室均循例制作雅乐，以歌颂本朝功德。

【亚圣】孟子的尊称。指孟子的人格学术紧随圣人孔子之后，只是略有差距。（亚：次一等的）东汉赵岐注《孟子》，最早称孟子为"命世亚圣之大才"。唐代韩愈将孟子排在尧、舜、禹、汤、文、武、周公、孔子之后，认为孟子是儒家道统的优秀传承人。南宋朱熹把《孟子》一书与《论语》《大学》《中庸》合称"四书"，使孟子的地位空前提高。元代皇帝封孟子为"邹国亚圣公"，明代皇帝也径称其为"亚圣"，使这个本由民间赋予孟子的称号，得到最高统治者的肯定。

【揠（yà）苗助长】揠：拔，特指将植物的顶梢往上拔。比喻不顾事物发展规律，强求速成，结果弄巧成拙，事与愿违。《孟子·公孙丑上》：“宋人有悯其苗之不长而揠（yà）之者，芒芒然归，谓其人曰：‘今日病矣，予助苗长矣！’其子趋而往视之，苗则槁矣。”也说拔苗助长。

【**严复**】（1854—1921）近代启蒙思想家、翻译家。字几道。福建侯（hòu）官（今福州市）人。留学英国海军学校。1889年任北洋水师学堂总教习。主张维新变法。译《天演论》，对当时思想界有很大影响。主办《国闻报》，协办通艺学堂。译著有《原富》《群学肄言》《法意》《穆勒名学》等，传播西方资产阶级政治经济思想和逻辑学。首倡“信、达、雅”的翻译标准，沿用至今。辛亥革命后，思想趋于保守。著译编为《侯官严氏丛刊》《严译名著丛刊》。

【**严彭祖**】西汉今文春秋学“严氏学”的开创者。字公子，东海下邳〔pī，今江苏睢（suī）宁〕人。曾任河南太守、东郡太守、太子太傅等职。与颜安乐一起向睢孟学习《春秋公羊传》。宣帝时立为博士。著述已佚。清代马国翰《玉函山房辑佚书》中辑有《公羊严氏春秋》和《春秋公羊严氏记》。

【**严羽**】南宋文学批评家。字仪卿、丹丘，自号沧浪（láng）逋（bū）客，人称“严沧浪”。邵武（今属福建）人。一生未曾出仕，大半隐居家乡。最重要的成就在于诗歌理论，著有《沧浪诗话》。有诗集《沧浪吟卷》（或名《沧浪吟》《沧浪集》）2卷，共收古、近体诗146首。参见19页“沧浪诗话”。

【**言必信，行必果**】《论语·子路》：“言必信，行必果（果断，坚决），硁硁（kēng）然小人哉！抑亦可以为次矣。”孔子说，言语一定信实，行动一定坚决，这样的人不过是不问是非黑白而只顾贯彻自己言行的小人罢了。若论“士”的资格，这种人可以勉强算得上比“孝悌”的士再次一等的士了。今多指说话有信用，做事果断坚决，出成效，有结果。

【**言必有中**（zhòng）】语出《论语·先进》。说话一定要中肯，切中要害。

【**言出法随**】言：这里指命令或法令。命令或法令一经宣布就严格执行，如果有人违犯，就依法惩处。《林则徐集·奉旨前往广东查办海口事件传牌稿》：“言出法随，各宜懔（lǐn，严肃，严厉）遵毋违。”

【**言传身教**】既用语言传授，又用行动示范。指用自己的言行对别人施加影响。参见235页“身教”。

【**言而有信**】《论语·学而》：“子夏曰：‘与朋友交，言而有信。’”是说与朋友交往，说话要守信用、重承诺。

【**言过其行**】指说得多，做得少。《论语·宪问》：“君子耻其言而过其行。”孔子认为说得多，做得少，对有德行的人是一种耻辱。

【**言情小说**】中国古代小说的一种。以男女爱情故事为中心，通过完整的情节结构、心理刻画、环境描写等反映社会生活。唐传奇《莺莺传》《李娃传》《霍小玉传》是古代言情小说的代表。也说狭邪小说、才子佳人小说。

【言无实不祥】语出《孟子·离娄下》。说话没有事实根据是不吉祥的。

【言偃】见373页“子游”。

【言有招祸也，行有招辱也，君子慎其所立乎】语出《荀子·劝学》。所立：指赖以立身处世的所作所为、一言一行。言语不当，可能给自己招祸；行为不当，可能使自己受辱。君子对自己的处世言行一定要谨慎。

【言者无罪，闻者足戒】语出《诗大序》。指提意见的人，无论他的意见对错，都没有罪；听取意见的人，无论别人的意见对错，都应引为鉴戒，有则改之，无则加勉。

【言之所以为言者，信也。言而不信，何以为言】语出《春秋穀梁传·僖公二十二年》。言语之所以叫作“言”，是因为言语真实可信。如果言语不真实可信，怎么叫作“言”呢?

【言忠信，行笃敬】《论语·卫灵公》：“言忠信，行笃敬，虽蛮（古时对南方少数民族部落的泛称）貊（mò，北方的少数民族部落）之邦，行矣。”孔子说，说话忠诚守信，行为厚道有礼，即使到边远的蛮貊地区，也能行得通。

【炎帝】传说中远古姜姓的部族首领。“炎黄子孙”中的“炎”指的就是炎帝。炎帝号烈山氏，一作厉山氏。原居姜水（今岐水）流域，后向东发展到中原地区。曾与黄帝在阪泉（今河北涿鹿东南）大战三次，被击败，后又联合黄帝击杀蚩尤。一说炎帝即神农氏（三皇之一）。

【炎黄】我国古代传说中的炎帝和黄帝的合称。借指中华民族的祖先。参见320页“炎帝”、106页“黄帝”。

【炎黄文化】以中华人文始祖炎帝、黄帝为代表的华夏文化。参见103页“华夏文化”。

【盐铁论】书名。西汉桓宽编著。10卷，60篇。是记录整理“盐铁会议“的政论性散文集。始元六年（前81），汉昭帝召集民间人士和政府官员60多人就盐铁官营等一系列国家政策进行讨论，会上发生激烈争辩，内容涉及政治、经济、军事、文化等各个方面。桓宽根据当时的记录和他人回忆，将各方观点整理编纂，撰成《盐铁论》。为研究当时的社会生产、阶级关系、思想斗争、文化习俗等提供了丰富的史料。

【阎立本】（？—673）唐代画家。雍州万年（今陕西西安市临潼区）人。历任将作少监、工部尚书、右相、中书令。父兄皆以画擅名。精于肖像，讲求形似，代表作有唐太宗画像及《凌烟阁功臣二十四人图》《步辇图》《历代帝王图》等。

【阎若璩（qú）】（1636—1704）明末清初经学家。字百诗，号潜丘。祖籍太原，自其五世祖起居江苏淮安。其学术思想主汉学不主宋学，长于考据，主张对古书要大胆怀疑，但考据要力求精确，是清代汉学研究的先导。沉潜三十余年，作《古文尚书疏证》和《尚书孔氏传》，确证《古文尚书》为伪作，使

《古文尚书》公案得以定谳（yàn）。著有《古文尚书疏证》《毛朱诗说》《四书释地》《潜丘札记》《困学纪闻注》等。

【颜回】（前 521—前 490）孔子最得意的弟子。姓颜，名回，字子渊。春秋末鲁国人。家境贫寒，居陋巷，箪（dān）食瓢饮，而不改其乐。他好学不倦，善于思索。在弟子中，孔子独赞其“好学”。他的“不迁怒，不贰过（有怒气不向别人身上发泄，不会犯同样的过失）”（《论语·雍也》）等品德，深受孔子以及后儒的赞扬。不幸早卒，孔子非常悲痛。后世尊其为“复圣”。曲阜建有复圣庙。也称颜渊。

【颜柳】指唐代书法家颜真卿、柳公权。两人字体以筋骨擅长，故后人常以颜、柳并称，且有“颜筋柳骨”之誉。参见 321 页“颜真卿”、169 页“柳公权”。

【颜师古】（581—645）隋唐经学家、训诂学家。名籀（zhòu），字师古，以字行。祖籍琅琊临沂（今属山东），后迁居京兆万年（今陕西西安）。官至中书侍郎。遵循祖训，博览群书，学问通博，擅训诂、声韵、校勘之学。著有《汉书注》《急就章注》《匡谬正俗》等。

【颜氏家训】书名。北齐颜之推著，成书于隋朝。2 卷 20 篇。以《论语》《孝经》等儒家经典为据，强调父慈子孝、兄友弟恭、夫义妇顺等道德伦理规范，以及维系此规范的家教、家法。是研究魏晋南北朝时期社会思潮的重要著作之一。

【颜渊】见 321 页“颜回”。

【颜元】（1635—1704）清初著名学者、教育家。字易直，号习斋，博野（今属河北）人。一生以行医、讲学为业，发扬孔子的教育思想。主讲漳南书院，厘定规则，设文事、经史、武备、艺能诸科。其办学计划和教学实践，充分体现了他的实学教育精神，开启了我国古代书院教育转向近代实学教育的先河。早年为学，入于程（颐、颢）朱（熹）、陆（九渊）王（守仁）之间。晚年始批判朱学，在学术上与学生李塨（gōng）倡导注重实学，反对读死书的学风，世称颜李学派。主张元气论，肯定气先理后，强调“行”在认识中的作用。政治上反对豪强兼并。著有《四存编》《四书正误》《朱子语类评》《习斋记余》等。

【颜真卿】（709—785）唐代书法家。字清臣，京兆万年（今陕西西安）人，祖籍琅琊临沂（今属山东）。官至吏部尚书、太子太师，封鲁郡公，人称“颜鲁公”。书法正楷端庄雄伟，气势开张；行书遒劲郁勃，世称“颜体”，与柳公权并称“颜柳”。碑刻有《多宝塔碑》《麻姑仙坛记》《颜氏家庙碑》等。书迹有《祭侄季明文稿》《告身帖》等。后人辑有《颜鲁公文集》。

【颜之推】（531—约 595）北齐文学家、教育家。字介，琅琊临沂（今属山东）人。官至黄门侍郎。阅历丰富，博览群书，长于语言文字学，善于用儒家传统思想进行家教。著有《颜氏家训》。

【衍圣公府】见 144 页“孔府”。

【晏殊】（991—1055）北宋词人。字同叔，抚州临川（今属江西）人。官至集贤殿大学士、枢密使。谥元献。能诗善词，尤擅小令，多表现诗酒生活和悠闲情致，语言婉丽，为婉约派词人的代表。名句“无可奈何花落去，似曾相识燕归来”“昨夜西风凋碧树。独上高楼，望尽天涯路”广为传颂。与欧阳修并称“晏欧”。现存《珠玉词》。

【晏婴】（？—前500）春秋时期齐国大夫。字平仲。夷维（今山东高密）人。他重视农业生产，提倡种桑养蚕；认为国家盛衰决定于民心向背，主张诛不避贵，赏不遗贱，反对重赋重刑；主张与邻国和睦，反对侵伐；反对占卜、占梦等迷信活动，提出自然现象不干人事等无神论思想。《左传》和《晏子春秋》对他的思想和言行多有记述。尊称晏子。

【晏子】晏婴的尊称。

【晏子春秋】书名。后人将晏婴言行编为此书，有内外篇共8卷。反映了晏子的政治主张与治国思想。其中反映他无神论思想的篇章多具有幽默诙谐趣味。1972年山东临沂银雀山西汉墓中出土的《晏子》竹简与今本《晏子春秋》内容大体一致。

【燕乐（yànyuè）】古时天子及诸侯宴饮宾客时所用的音乐。“燕”同“宴”。其名称始见于《周礼·春官》，原本采自民间俗乐。隋唐时期在汉族及各少数民族民间音乐基础上，吸收部分外来音乐，获得高度发展，盛极一时。随着民间音乐的演变，各代宫廷燕乐的形式也有所不同。也作宴乐。

【扬雄】（前53—18）西汉文学家、哲学家、语言学家。字子云，蜀郡成都（今属四川）人。好学苦读，长于辞赋，著有《甘泉赋》《长杨赋》《羽猎赋》等。仿《论语》作《法言》，仿《周易》作《太玄》。提出以“玄”作为宇宙万物根源的学说。著《方言》叙述西汉时期各地方言，是研究我国古代语言的重要资料。又续《仓颉篇》编成《训纂篇》。

【扬州八怪】清乾隆年间扬州的八位书画家的合称。通常指汪士慎、金农、黄慎、高翔、李鱓（shàn）、郑燮（xiè）、李方膺、罗聘。由于他们的书画风格打破传统，标新立异，故称。也说扬州画派、扬州八家。

【阳】❶日光；太阳。**❷**我国古代哲学家指宇宙间贯通一切事物的两大对立面之一（另一面是“阴”）。如阴阳二气。

【阳春白雪】春秋时楚国的歌曲名。后泛指高雅或高深的文艺作品（与“下里巴人”相对）。战国楚·宋玉《对楚王问》：“客有歌于郢中者，其始曰《下里》《巴人》，国中属（zhǔ，跟着）而和（hè，一起唱）者数千人……其为《阳春》《白雪》，国中属而和者不过数十人。”参见301页“下里巴人”。

【杨辉】南宋数学家。字谦光，钱塘（今杭州）人。1261年撰《详解九章算法》12卷。后又撰《乘除通变本末》3卷、《田亩比类乘除捷法》2卷、《续古摘奇算法》2卷，此三种，合称《杨辉算法》。他在二阶等差级数求和、总结民间筹算乘除捷算法、纵横图知识以及数学教育方面有突出贡献。与秦九韶、李冶、朱世杰并称“宋元数学四大家”。

【**杨继盛**】（1516—1555）字仲芳，号椒山，直隶容城（今属河北）人。明代著名反腐斗士。嘉靖进士，任兵部员外郎。嘉靖三十二年（1553），上书弹劾内阁首辅（相当于宰相）严嵩，被严嵩假传圣旨投入死囚牢。在狱中遭受了非人的折磨。1555 年，被严嵩下令处死，弃尸于市。今北京宣武门外达智桥胡同有“杨椒山祠”。

【**杨柳青木版年画**】我国北方一种民间木版年画，因产于天津杨柳青，故称。产生于明代崇祯年间，继承了宋、元绘画的传统，吸收了明代木刻版画、工艺美术、戏剧舞台的形式，采用木版套印和手工彩绘相结合的方法，题材多为神话、戏曲故事及美女、胖娃娃，给人以活泼可爱、吉祥喜庆之感。现代又进行了革新和发展。2006 年列入第一批国家级非物质文化遗产名录。

【**杨时**】（1053—1135）北宋末哲学家。字中立。谥文靖。学者称龟山先生。南剑州将乐（jiānglè，今属福建）人。曾任右谏议大夫、工部侍郎、龙图阁直学士。二程（程颢、程颐）的弟子，与谢良佐、吕大临、游酢并称“程门四大弟子”。提出“合内外之道”，认为“至道”“天理”只能从内心体验，“默而识之”。著作有《龟山集》。

【**杨万里**】（1127—1206）南宋诗人。字廷秀，号诚斋。吉州吉水（今属江西）人。诗歌以构思精巧，语言通俗明畅而自成一家，时称“诚斋体”。“接天莲叶无穷碧，映日荷花别样红”“小荷才露尖尖角，早有蜻蜓立上头”都是其代表性名句。与尤袤（mào）、范成大、陆游齐名，称为“中兴四大家”或“南宋四大家”。著有《诚斋集》。

【**杨修**】（175—219）汉末文学家。字德祖，弘农华阴（今陕西华阴东南）人。好学能文，才思敏捷，任丞相曹操主簿。曹操次子曹植视为心腹，交往甚密。后曹植失宠，曹操因其多智，又是袁术之甥，怕有后患，遂借故将其杀害。著述多已失传，今存作品七篇。

【**杨衒（xuàn）之**】北魏散文家。北平（今河北满城）人。曾任期城郡太守。佛教徒。精通群经佛典，文笔清秀。代表作《洛阳伽（qié）蓝记》记述了佛寺园林的盛衰兴废，对当时豪门贵族、僧侣地主的豪奢淫逸，寓有讥评之意。

【**杨业**】（？—986）北宋初名将。麟州（今陕西神木）人。善于骑射，以骁勇闻名。起初追随北汉刘崇，任保卫指挥使，屡立战功，号称“无敌”。北汉投宋后，宋太宗以其“老于边事”，拜为代州刺史兼三交驻泊兵马部署。曾在雁门关大破辽军，威震契丹。986 年，随军北伐，率军收复云（今山西大同）、应（今山西应县）、寰（今山西朔州朔城区）、朔（今山西朔州）四州。后遭遇契丹大军，被包围于陈家谷（今山西宁武），孤军苦战，伤重被俘，绝食三日而死。其事迹广为流传，并演绎为“杨家将”故事。也称杨继业。

【杨朱】战国时哲学家。战国初魏国人。反对墨家的“兼爱”和儒家的伦理思想，主张“轻物重生”“重己”和“全性保真，不以物累形”。孟子抨击他的“为我”说，说他“拔一毛而利天下不为也”。后世道教吸收了他的“重生重己”思想。其史料散见于《孟子》《庄子》《韩非子》等书中。也称杨子、阳子居。

【洋为中用】洋：指外国；中：指中国。吸收借鉴外国有用的东西，为中国所用。是清末“洋务运动”的口号之一。

【洋务运动】清同治、光绪年间清政府进行的与资本主义有密切联系的军事、政治、经济、文教、外交等方面的活动。标榜富国强兵，以兴办军事工业并围绕发展民用企业，建立新式陆海军为主要内容，以“中体西用”为指导思想，以维护清廷统治为根本目的。当时管理外交事务的中央机关为“总理各国事务衙门”，主持者为奕䜣（xīn）、文祥，各地主办者有曾国藩、李鸿章、左宗棠、张之洞等。1860—1890 年间，购买枪炮军舰，筹建南洋、北洋海军，创办江南制造局等军事工业，创办轮船招商局等工矿、交通运输业，设立京师同文馆等教育机构，派遣学生留学欧美等。所建陆海军在中日甲午战争中遭到毁灭性打击，运动宣告失败。

【仰韶文化】我国新石器时代的一种文化。1921 年首次发现于河南渑（miǎn）池仰韶村，故名。分布于黄河中上游，约为公元前 5000—前 3000 年。生产工具以磨制的石器为主。经济生活以农业为主，渔猎为辅，并饲养猪、狗等家畜。为母系氏族社会的繁荣时期。由于其遗物中常有彩陶，故也称彩陶文化。

【养士】❶指培养人才。《汉书·贾山传》：“地之美者善养禾，君之美者善养士。”❷指收罗、供养贤才。东汉·赵晔《吴越春秋·勾践阴谋外传》：“幸蒙诸大夫之策，得返国修政，富民养士。”

【养心莫善于寡欲】语出《孟子·尽心章句下》。修养内心的方法，没有比减少欲望更好的了。体现了孟子清心寡欲的主张。

【养性】❶中医指养生的重大法则。其含义很广，首要在于道德品性的修养。因为修身养性、行善积德能使心神安泰、气血和畅，对养生保健有重要意义。❷道士修行的一种。指静处一室，屏去左右，澄神静虑。《水浒传》第一回：“这代祖师，号曰虚靖天师，性好清高，倦于迎送，自向龙虎山顶结一茅庵，修真养性。”也说入静。

【爻（yáo）】❶组成《周易》中卦的基本符号。有“⚊”和“⚋”两种。“⚊”是阳爻，爻题中用“九”表示；“⚋”是阴爻，爻题中用“六”表示。《周易·系辞》认为阴阳两爻的对立，象征事物的运动和变化。❷指爻辞。

【尧】我国古代“三皇五帝”的五帝之一。名放勋，古唐国（今山西临汾尧都区）人，13 岁辅佐兄挚，封于陶地，15 岁改封于唐地，故号陶唐氏。史称唐尧。尧执政时命羲氏、和氏测定推求历法，制定四时成岁，为百姓颁授农耕时令。测定出了春分、夏至、秋分、冬至。设置谏言之鼓，让天下百姓畅所欲言；立诽谤之木（华表的雏形），让天下百姓批评他的过错。尧德高望重，关心人民疾苦，能团结族人，使邦族之间团结如一家，和睦相处。尧为人简朴廉洁，吃粗米饭，喝野菜汤，得到人民的爱戴，被后世称为圣人。死后由舜继位，史称“禅让”。

【**尧舜**】尧和舜。传说中上古的圣明君主；后泛指圣人。

【**尧天舜日**】日子过得就像尧舜在位时一样。多用以形容太平盛世，国泰民安。也说尧年舜日。清·宋素梅《迎銮》：“海晏河清代，尧天舜日时。”

【**姚崇**】（650—721）唐朝大臣。字元之，陕州硖（xiá）石（今河南陕县）人。文武双全，历仕武周、中宗、睿宗、玄宗四朝，三次拜相。主张禁止宦官贵戚干政，停建佛寺道观，奖励群臣进谏等。期间，山东蝗灾大起，力主扑灭焚埋，减轻了灾情。政绩卓著，为开元之治打下了基础。与房玄龄、杜如晦、宋璟（jǐng）并称唐朝四大贤相。

【**姚鼐**（nài）】（1732—1815）清代文学家、学者。字姬传、梦谷，室号惜抱轩。安徽桐城人。曾任四库纂修官，主讲多处书院数十年。主张文章要义理、考据、辞章统一，为桐城派散文的集大成者。编有《古文辞类纂》，著有《惜抱轩全集》等。散文《登泰山记》是其代表作之一。

【**药石之言**】石：砭石，古代用来治病的石针和石片。像药物和砭（biān）石一样的话。比喻规劝人改正错误缺点的话语。清·蒲松龄《聊斋志异·八大王》：“财物过多，耗人精血，损人寿命，此亦药石之言。”

【**耀州窑**】宋代著名瓷窑之一。窑址在今陕西铜川市黄堡镇一带，古属耀州，故称。唐代开始烧制陶瓷，以黑瓷、白瓷为主；宋代以青瓷为主，并为宫廷烧制贡瓷。产品特点是胎质薄、釉色匀，多以花卉、动物为纹饰。是北方青瓷的代表。为宋代六大窑系之一。参见256页“宋代六大窑系”。

【**耶律楚材**】（1190—1244）元代政治家。字晋卿，号玉泉。契丹族。辽皇族之后。精通汉语，学识渊博。官至中书令。主张以儒治国，尊孔重教。为元朝的建立奠定基础，为中原文化与草原文化、汉族蒙古族的融合做出积极贡献。善诗文，著有《湛然居士集》。

【**业精于勤荒于嬉**】唐·韩愈《进学解》：“业精于勤，荒于嬉；行成于思，毁于随。”指学业由于勤奋而精通，由于嬉笑玩耍而荒废；事情由于慎重思考而成功，由于随便、怠惰而毁灭。说明了只有勤奋好学，才能成就事业的道理。

【**业障**】❶佛教指各种障碍修行证果的不良行为。《俱舍论》：“一者害母，二者害父，三者害阿罗汉，四者破和合僧，五者恶心出佛身血。如是五种名为业障。”❷旧时长辈严厉指责不肖子弟的用语。

【**叶落归根**】《坛经》记载，惠能大师将涅槃时，想回归新洲老家，曾对他的门人说："诸佛出现，犹示涅槃，有来必去，理亦常然。………叶落归根，来时无口（日）。"佛教指返回本源。后以"叶落归根"比喻事物总有一定的着落和归宿。多用于客居异国他乡之人最终要回到故土。

【叶适】（1150—1223）南宋哲学家。字正则，人称水心先生。温州永嘉（今属浙江）人。先后任武昌节度判官、太学正、太常博士兼实录院检讨，知建康府兼沿江制置使等职。是永嘉事功学派的重要代表之一。对儒学道统历史、道德性命及其与现实社会之间关系的系统阐述，从理论上深化了事功之学。主要著作有《水心文集》29卷，《水心别集》16集，《习学记言》50卷。

【夜叉】梵（fàn）语音译。佛经中形象张狂、丑陋的恶鬼。唐·窥基《法华经玄赞》卷二："夜叉，此云勇健，飞腾空中。"故也说飞天夜叉。今用以比喻丑陋的恶人。

【夜以继日】语出《孟子·离娄下》。晚上接着白天，昼夜不停。形容劳苦勤奋。《史记·吴王濞（bì）列传》："积金钱，修兵革，聚谷食，夜以继日，三十余年矣。"

【一】❶指万物的普遍本质或本原，即"道"。《老子》二十二章："圣人抱一以为天下式（榜样）。"❷指从无形的"道"派生出来的混沌之气。《老子》四十二章："道生一，一生二，二生三，三生万物。"

【一刹那】见22页"刹那"。

【一尘不染】佛教指"六根清净"。佛家称声、色、香、味、触、法为"六尘"，称眼、耳、鼻、舌、身、意为"六根"，认为"六尘"产生于"六根"，"六根"清净了，自然就一尘不染了。后用"一尘不染"形容环境、器物等洁净；不贪不占，为人、为官清廉。

【一尺之棰，日取其半，万世不竭】语出《庄子·天下》。一尺长的短木棍，每天截掉一半，世世代代也截不完。（棰：短木棍）这个命题反映了庄子对有限与无限辩证关系的朴素认识。

【一动不如一静】语出南宋张端义《贵耳集》。宋孝宗游览天竺寺及灵隐寺，有僧人相随，见飞来峰问："既飞来，如何不飞去？"僧人回答："一动不如一静。"指活动不如静处（chǔ），以息心定意为好；也指多一事不如少一事。

【一年之计，莫如树谷；十年之计，莫如树木；终身之计，莫如树人】语出《管子·权修》。计：谋划，打算；莫如：不如；树：种植，培养。谋划一年的事情，没有比种庄稼更重要的；谋划十年的事情，没有比栽种树木更重要的；谋划一生的事情，没有比培养人才更重要的。强调了培养人才的重要性。也说十年树木，百年树人。

【一诺千金】《史记·季布栾布列传》："得黄金百，不如得季布一诺。"意思是得到百斤黄金，不如得到季布的一个承诺。后用"一诺千金"形容说话算数，诚实可靠。

【一切经音义】书名。佛经工具书。（"一切经”即“大藏经”）有两个版本：a）唐朝僧人玄应撰，25卷。解释佛经音义，详注反切。也称《玄应音义》。b）唐朝僧人慧琳撰，100卷。博引古代韵书、字书以释佛经的音义，并录玄应、慧苑各家音义。也称《慧琳音义》《大藏音义》。

【一勤天下无难事】民间谚语。指人只要勤奋，天下就没有难办的事情。

【一人传虚，万人传实】指本无其事，因传说者多，大家就信以为真。东汉·王符《潜夫论·贤难》："一犬吠形，百犬吠声；一人传虚，万人传实。"

【一日被蛇咬，十年怕井绳】语出南宋普济《五灯会元·龙翔士珪禅师》："一度着蛇咬，怕见断井索"。后演变成"一日被蛇咬，十年怕井绳"。指吃过一次亏以后，便长时间地疑神疑鬼。

【一手独拍，虽疾无声】语出《韩非子·功名》。疾：迅速，快。一只手单独地拍打，即使再快也没有声响。后用以比喻仅凭一个人或单方面的力量难以办成事。

【一丝不挂】佛教指没有一丝牵挂，心地清净无染。《楞严经》："一丝不挂，竿木随身。"今用以形容人赤身裸体。

【一厢情愿】一厢：单方面。佛教故事。《百喻经》记载：一个愚人爱上了公主，公主根本不认识他。他不顾这一事实，只是想和公主结婚，害上了单相思。后用"一厢情愿"指单从自己的主观愿望出发，不考虑对方是否同意或客观条件是否允许。

【一心不乱】佛教指心无杂念。意思是收摄众念归于一念，专念"阿弥陀佛"名号，念到"一心不乱"，妄尽真显，就能往生西方净土。是净土宗的主要修持方法。

【一心可兴邦】南宋·朱熹《论语集注·卷七·子路第十三》："仲弓曰：'焉知贤才而举之？'子曰：'举尔所知，尔所不知，人其舍诸'，便见仲弓与圣人用心之大小。推此义，则一心可以兴邦，一心可以丧邦，只在公私之间尔。"这段话的意思是怀有私心可以导致亡国，出于公心可以使国家兴盛，这只是公与私之间的一念之差而已。

【一心为公】全心全意为公众或集体着想。

【一行（xíng）】（683—727）唐代僧人、天文学家。本姓张，名遂，魏州昌乐（今河南南乐）人。21岁出家，为佛教密宗之祖。参与善无畏译场，助译《大日经》。精通天文历法。与梁令瓒共同制成浑天铜仪，又制成黄道游仪，用以重新测定150余颗恒星的位置，发起在全国12个地点进行天文观测，并根据测量，计算出相当于子午线一度的长度。订有《大衍历》，其体例格式为历代编历者所沿用。

【一张一弛】《礼记·杂记下》："一张（绷紧弓弦）一弛（放松弓弦），文武之道也。"意思是治理国家如同绷紧或放松弓弦，要宽严结合。今多比喻工作、生活要合理安排，有紧有松，有劳有逸。

【一知半解】形容所知不全，了解不深。南宋·严羽《沧浪（láng）诗话·诗辨》：“悟有浅深，有分限之悟，有透彻之悟，有但得一知半解之悟。”

【一指禅】❶禅宗公案名。据传，宋代婺州金华山俱胝（zhī）和尚初住庵时，因一尼发三问而不知应答，遂立志弃庵，往诸方参寻，后逢山神告示，得遇天龙和尚。天龙以一指示之，俱胝当下大悟。从此，凡有参学僧到，俱胝皆竖一指以对，世称“一指禅”。❷少林内功一指禅的简称。是南少林特有的练功术。

【伊斯兰教】世界三大宗教之一。（伊斯兰：阿拉伯语音译，顺从之意）7 世纪初由阿拉伯人穆罕默德创立，信奉安拉，以《古兰经》为经典。盛行于亚洲西部、非洲北部。唐代（7 世纪中叶）传入我国，是我国回、维吾尔、哈萨克等少数民族信奉的宗教。我国以前也说清真教、回教。

【伊尹】商初贤臣。名伊，尹是他的官职。一说名挚，有莘（shēn，今山东莘县）人。因擅长烹饪并以之喻治国之道，为商汤器重，辅佐成汤王推翻夏桀暴政，建立商朝，并在建国后协助成汤推行一系列保民、尊民措施，历佐商朝五代君主，为商朝强盛立下汗马功劳，是我国历史上第一个贤能相国，也是中华厨祖。

【揖让】拱手作揖，互相谦让。古代宾主相见的一种礼节。

【仪礼】书名。儒家主要经典之一。记述周代的各种礼节仪式。为春秋、战国时代一部分礼制的汇编。17 篇。一说是周公制作，一说孔子订定。近代学者根据书中的丧葬制度，结合出土文物进行研究，认为成书当在战国初期至中叶间。有东汉郑玄《仪礼注》，唐代贾公彦《仪礼义疏》，清代胡培翚（huī）《仪礼正义》等注本。简称《礼》，也称《礼经》《士礼》。

【移风易俗】语出《礼记·乐记》。指改变不好的风俗习惯。清·龚自珍《对策》：“守令久乎其任，皆有移风易俗之权。”

【移樽就教】樽：酒器。端着酒杯到别人席上共饮，以便请教。形容主动恭敬地向人求教。《镜花缘》第二十四回：“多九公道：‘也罢，我们移樽就教罢。’随命酒保把酒菜取了过来。”

【疑今者察之古，不知来者视之往】语出《管子·形势》。往：从前的，过去的。对当今的事有疑虑，可以去考察古代的情况；对未来的事不知晓，可以去察考从前的情况。揭示了借鉴以往经验的道理。

【疑孟论】北宋大臣、史学家司马光对孟子论点质疑的论说。司马光撰写了《善恶混辨》一文，对孟子的性善论和荀子的性恶论都进行了批评，而归本于扬雄的性善恶混合论。又撰写《疑孟》一文，对孟子提出 11 条质疑，讥孟子为“鬻（yù，卖）先王之道以售其身”之人。

【疑行（xíng）无成，疑事无功】语出《商君书·更法》。疑行：犹豫不决地行动；疑事：犹豫不决地做事。行动犹豫不决就不会有成果，做事犹豫不决就不可能完成。指处事应迅速果断，决不能迟疑动摇。

【以德报怨】《论语·宪问》：“或曰：‘以德报怨，何如？’子曰：‘何以报德？以直（正直）报怨，以德报德。’”意思是用正直回报怨恨，以恩德回报恩德。这里说的直，也就是德。用正直这种德来回报怨恨。

【以德服人】依靠道德力量使人心归服。儒家提倡德治，认为用刑罚制约百姓，民众虽会免于犯罪，但没有羞耻心；用道德引导民众，用礼教规范民众，民众知耻且能自觉归正（见《论语·为政》）。孟子提倡仁政，强调执政者要“以德服人”，不要靠武力征服民众（见《孟子·公孙丑上》）。

【以法数治民则安】语出《管子·形势解》。法数：法律，策略。用（适当的）法律和策略来治理民众就能安定。这是管子法家思想的体现。

【以法为教】语出《韩非子·五蠹》。用法律法规作为教育的内容。

【以觉言仁】指北宋学者谢良佐从心灵醒觉来说仁的思想。谢良佐认为：仁是宇宙间不息的本性，体现在人的身上，就是人心的知痛知痒的感通知觉。“非礼勿视，非礼勿听，非礼勿言，非礼勿动”和“动容貌，正颜色，出辞气”，强调的都是心灵的醒觉。敬畏是心灵醒觉的前提，也是求仁的切实功夫。

【以人为本】唐·吴兢《贞观政要·择官》：“治天下者以人为本。欲令百姓安乐，唯在刺史、县令。”指把保护百姓、维护百姓利益作为根本。今指树立人是根本的价值观念。一切工作都以满足人民的物质和文化需求，促进人的全面发展，实现广大人民的根本利益为目标。

【以身许国】把生命献给国家。《晋书·周札传》：“既悟其奸萌（奸邪的苗头），札与臣等便以身许国，死而后已。”

【以天下之心虑则无不知也】语出《管子·九守》。用全天下人的心思考，没有不知道的道理。

【以往知来，以见（xiàn）知隐】《墨子·非攻中》：“古者有语：谋而不得，则以往知来，以见（同“现”，显现）知隐。谋若此可得而知矣。”如果谋虑不到，就根据过去推知未来，根据明显的事推知隐微的事。这样谋虑，则所谋必得。阐述了重视经验和透过表象认识本质的谋虑之道。

【以文会友，以友辅仁】《论语·颜渊》：“曾子曰：‘君子以文会友，以友辅仁。’”意思是君子用文章学问来会聚朋友，用结交益友来促进仁德的培养。这是儒家以礼乐文章之讲习来会聚朋友的主张。

【以孝治天下】用孝道治理天下。西晋·李密《陈情表》：“伏惟圣朝以孝治天下。”司马氏集团通过阴谋和屠杀，代魏称帝，建立了西晋政权。为了巩固统治，提出以孝治理天下。并希望以孝著称的前蜀国官员李密出来做官，以服民心。

【以刑去刑，国治；以刑致刑，国乱】语出《商君书·去强》。意思是用刑罚消除更多的刑罚，国家就能大治；用刑罚引发更多的刑罚，国家就动荡、混乱。

【以逸待劳】用自己的安闲等待对方疲劳。《孙子兵法·军争》："故善用兵者，避其锐气……以近待远，以佚（同"逸"，安闲）待劳。"指作战时先采取守势，养精蓄锐，等敌方疲惫时再出击取胜。

【以直报怨，以德报德】见329页"以德报怨"。

【义】儒家的道德之一。原指"宜"，即行为合于礼。《中庸》第二十章："义者，宜也。"儒家以义作为评判人们思想、行为的道德原则。如"君子义以为上"（《论语·阳货》）、"君子义以为质"（《论语·卫灵公》）、"舍生而取义"（《孟子·告子上》）。泛指正义、情谊、恩义。

【义举】❶维护正义的举动或行为；热心公益事业的举动或行为。《东周列国志》第七回："寡人本迫于王命，从君讨罪，若利其土地，非义举也。"❷仗义疏财的举动。

【义理】❶合于一定伦理道德的行事准则。《韩非子·难言》："故度量虽正，未必听也；义理虽全，未必用也。"❷讲求儒家经义的学问。《汉书·刘歆（xīn）传》："及歆治《左氏》，引传文以解经，转相发明（发挥，阐明），由是章句义理备焉。"❸文辞的思想内容。北宋·欧阳修《归田录》卷一："举子轻薄为文，不求义理，惟以敏速相夸。"

【义无反顾】为了正义绝不犹豫退缩，只能勇往直前。西汉·司马相如《喻巴蜀檄》："夫边郡之士，……触白刃，冒流矢，义不反顾，计不旋踵（掉转脚跟后退），人怀怒心，如报私仇。"

【义勇】维护正义并勇于斗争。北宋·王谠（dǎng）《唐语林·夙慧》："前朝邑尉刘幽求忠贞贯日，义勇横秋。"

【艺文类聚】类书。唐代欧阳询等辑。100卷。采集古籍1400余种，分门别类，摘录汇编，分岁时、治政、产业等46部。其中征引的古代典籍，现多散佚，赖此书保存了不少珍贵资料。与《北堂书钞》《初学记》《白氏六帖》合称"唐代四大类书"。

【艺舟双楫】书名。清代包世臣著，6卷。论文4卷，论书2卷。论文多评论古文作法，也录所作书序、碑传等；论书首述学习书法的经验、心得，《历下笔谈》和《论书十二绝句》则论汉代以来的用笔源流。在论书方面，本书上承阮元《南北书派论》《北碑南帖论》，下启康有为尊碑卑唐的主张，其核心思想是尊碑，具体表现在，一是对碑学技法的探索和追求，二是表现在对碑版书法形式美的阐述上。其书法理论的立足和方法均与前人有所不同，使碑学进一步理论化了，对改变清代书法风气具有重要影响。

【易经】书名。即《周易》，特指《周易》中跟《传》相对而言的经文部分，即对卦爻符号解释的卦辞、爻辞。虽为卜筮用的卦爻，却透露了上古社会的一些情况，保存了古人片段的思想资料。其中提到的阴阳概念和“无平不陂（pō），无往不复”（凡事没有始终平直而不遇险阻的，没有始终往前而不遇反复的）的观点，含有朴素辩证法思想。后世对《易经》多所发挥，在我国思想史上有深远影响。

【易林】书名。西汉焦赣（字延寿）撰。16卷。以每一卦演为64卦，共4096卦。各系占卜文辞，以四言韵语占验吉凶，类似后代神庙里的签诗。也称《焦氏易林》。

【易义】篇名。北宋范仲淹著。全文分为上经、下经两部分，主要解释《周易》64卦中的27卦。通过分析内外卦的关系来把握卦爻辞的内涵；在具体的解析中着眼于内外卦的象征意义，内卦象征德，外卦象征位；通过卦与卦的对比来解《易》。其独特的解《易》方法对后世的影响颇大。

【易传（zhuàn）】❶指《易大传》。儒家学者对《周易》所作的各种解释。共10篇。内容丰富，保存了若干古代朴素辩证法观点，如提出了“一阴一阳之谓道”和“穷则变，变则通”的命题等。也称《十翼》。❷指历代解释《周易》的著作。《汉书·儒林传》：“洛阳周王孙、丁宽、齐服生，皆著《易传》数篇。”

【驿传（chuán）】古代靠驿道（专供驿马通行和官员往来的大道）由专人骑马传递公文的方式。

【意境】意：指作者的内在思想或主观情志，即“心”；境：指心思所攀缘寄托的外在景物。中唐以后“意境”用以指在诗文创作上所达到的情景交融、物我一体的艺术境界，成为诗人孜孜以求的创作标杆。王国维《宋元戏曲考》说：“文章之妙，亦一言以蔽之，曰：有意境而已矣。”

【因材施教】根据受教育者的资质、才能等具体情况，施行不同的教育。南宋·朱熹《论语集注》引张敬夫曰：“圣人之道，精粗虽无二致，但其施教，必因其材而笃（加深）焉。”

【因果】佛教指因由与果报，即种什么因结什么果。《大乘止观》五：“招果为因，克获为果。”后泛指原因、结果及相互关系。

【因果报应】佛教用来说明世界一切关系的基本理论。一切事物皆由因果法则来支配，善因必产生善果，称为善因善果；恶因必产生恶果，称为恶因恶果。也说因果业报、善恶业报。

【因果相续】指由因缘所生的一切法，虽然是生灭无常的，却又是相续不断的。因果的品类有种种差别，其因果关系固然复杂，但其间又井然有序。一类的因产生一类的果，如种瓜只能得瓜，不能得豆。因果的法则谁也改变不了。

【因时而变，随事而制】西汉·桓宽《盐铁论》：“明者因时而变，知（zhì，同“智”）者随事而制。”意思是聪明的人会根据不同的时期而改变策略，有智慧的人会随着事物的发展而制定相应的措施。

【因缘】❶佛教指事物产生、变化和毁灭的根据和条件。❷ 指缘分、机缘。

【阴】 ❶ 我国古代哲学指宇宙间贯通一切事物的两大对立面之一（另一面是“阳”）。如阴阳二气。❷ 古代指太阴，即月亮。❸ 跟鬼神有关的；跟冥间有关的。如：阴间、阴曹地府。

【阴阳】 ❶ 我国古代思想家创立的哲学范畴。指宇宙万物相互对立、依存的两方面，如：天地、日月、昼夜、男女、夫妇等。《老子》四十二章：“万物负阴而抱阳。”《易传》进一步提出“一阴一阳之谓道”的学说，把阴阳交替看作宇宙的根本规律，并用阴阳比附社会现象。❷ 古代指有关日、月等天体运转规律的学问。《后汉书·张衡传》：“衡善机巧，尤致思于天文、阴阳、历算。”❸ 指星相、占卜、相宅、相墓的方术。

【阴阳家】 ❶ 战国时期的一个学派。以提倡阴阳五行说著称。主张按事物的本性和相互作用说明世界变化，有辩证法思想。但以邹衍为代表的阴阳家认为，人类社会的发展也受木、火、土、金、水的支配，提出“五德终始”“五德转移”说，用以论证社会历史的变革和王朝的更替，为新兴的封建政权提供理论根据。参见 332 页“阴阳”①；296 页“五行”。❷ 指以择日、占卜、星相、风水等为职业的人。也称阴阳生、阴阳先生。

【阴阳五行说】 阴阳说与五行说的合称。是在古代方术基础上形成的一种哲学思想，经常用来解释季节更替、万物生长、朝代兴废、历史演进等，对后代社会科学及自然科学都有一定影响。参见 332 页“阴阳”①；296 页“五行”。

【音学五书】 研究汉语上古音的著作。明清之际顾炎武著。凡五种：a)《音论》，分上中下三卷，共 15 篇，论述古音及古音学上的重大问题，集中阐述了作者对古音学的基本看法，是《音学五书》的总纲。b)《诗本音》，详细考察了《诗经》押韵字的古音，凡他认为古今读音不同的字，都指出这个字古音应当在古韵的哪一部。c)《易音》，专讲《易经》用韵。d)《唐韵正》，名为改正唐宋韵书，实为《诗本音》的详细注解。e)《古音表》，变更《唐韵》次序，分古音为十部。其中论断虽未精当，但能离析《唐韵》以求古音，奠定了清代古音学的基础。

【殷鉴不远】《诗经·大雅·荡》：“殷（殷商）鉴（镜子，引申为教训）不远，在夏后之世。”夏朝灭亡的教训并不远，殷商应引为鉴戒。后泛指前人的教训就在眼前，如不认真汲取就会重蹈覆辙。

【殷实】 生活富裕，家业厚实。《后汉书·寇恂（xún）传》：“今河内带河而固，户口殷实。”清·李渔《慎鸾交·狠图》：“自家非别，乃苏州乡下第一个殷实财主。”

【殷墟】 我国商代晚期都城遗址。位于河南安阳小屯村及其周围，横跨洹（huán）河南北两岸。主要包括王陵遗址、宫殿宗庙遗址、洹北商城遗址等，总面积约 24 平方公里。商代从盘庚到帝辛（纣），在此建都达 273 年。从 1928 年开始考古发掘至今，先后发现了宫殿、作坊、陵墓等遗迹，出土了包括后母戊鼎等大量遗物。出土的甲骨卜辞共有 15 万多片，包括单字 5000 多个，是中国迄今为止发现的最早的文字。1961 年成为全国重点文物保护单位，2006 年被联合国列入《世界遗产名录》。

【殷有三仁】《论语・微子》：“微子去之，箕子为之奴，比干谏而死。孔子曰：‘殷有三仁焉。’”孔子称赞微子、箕子、比干为殷商时代的三个仁人。微子，名启，是殷纣王的同母兄弟；箕子，名胥馀，曾任殷代的太师，他和比干均是殷纣王的叔父。殷纣王是历史上有名的暴君。微子劝说无效，就逃到民间隐藏起来。比干也去劝说，被纣王剖心杀害。箕子为了躲避灾祸，假装癫狂，扮成奴隶，还是遭到囚禁。

【尹文子】❶（约前 360—前 280）即尹文。战国时齐国人。与宋钘（xíng）齐名，同游稷下。善名辨，认为“接万物以别宥为始”（《庄子・天下》），即认识事物首先要破除成见。提倡“无为”“寡为”，主张消除争斗、止息用兵。其学说为公孙龙所称道。❷ 书名。尹文著。原本不存，今本上、下两篇，为后人袭录、增删尹文残文而成。认为“万事皆归于一，百度皆准于法”“道不足以治，则用法；法不足以治，则用术；术不足以治，则用权；权不足以治，则用势”。其说与黄老刑名之学相近。

【引而不发】《孟子・尽心上》：“引而不发，跃如也。”意思是拉开弓，箭却不射出去，只做出跃跃欲试的样子。后用“引而不发”比喻做好准备，待机行事；也比喻善于引导或控制。

【引以为戒】把过去的教训用来警示自己，作为鉴戒。《官场现形记》第十八回：“近来七八年，历任巡抚都引以为戒，不敢委他事情。”

【饮水思源】喝水时想到水的来源，比喻不忘本。北周・庾信《郊庙歌辞・徵（zhǐ）调曲》：“落其实者思其树，饮其流者怀其源。”

【印章】用作取信的器物。秦统一中国后，皇帝的印章称玺（xǐ，官、私所用称印）。汉代也称章或印章。《后汉书・公孙述传》：“多刻天下牧守印章，备置公卿百官。”因军政命令与公文，必须用印（盖章）方生效，所以官印又是权力的象征。后来，印章也用于书画题识与图书鉴藏，成为中国特有的一种传统艺术品。印章的材质，古代官家多用金、玉，其他也有用银、铜、牙、角、玉石、木等。现代个人印章已多用于艺术品。专门研究古代印章及篆刻艺术的称印章学。也称图章。

【应（yīng）劭】东汉学者。字仲远，汝南南顿（今河南项城西）人。少年时专心好学，博览多闻。献帝时，曾任泰山太守。致力著述。所著《汉官仪》有今辑本；《风俗通义》30 卷，今存 10 卷，有今注本；另有《汉书集解音义》。

【莺莺传】传奇小说。唐代元稹作。讲述的是士子张生与大家闺秀崔莺莺的爱情悲剧故事，有一定的反对封建礼教的进步意义。后人据此编成著名的杂剧

《西厢记》。也说《会真记》。

【**鹦鹉学舌**】北宋道原《景德传灯录·越州大珠慧海和尚》:“有行者问:‘有人问佛答佛,问法答法,不知是否?’师曰:‘如鹦鹉学人话语,自话不得,由无智慧故。’”比喻人云亦云,没有独立见解。

【**迎刃而解**】原指劈竹子,只要破开头几节,下面的就迎着刀口裂开。比喻先解决了关键问题,其他问题便可随之解决。《晋书·杜预传》:“今兵威已振,譬如破竹,数节之后,皆迎刃而解。”

【**景**(yǐng)**不为曲物直,响不为恶**(è)**声美**】语出《管子·宙合》。景:古同“影”,影子;响:回声。物体的影子不会因本身弯曲而变直;回声不会因本来声音难听而变美。揭示了事物的本质决定事物表象的道理。

【**应**(yìng)**运而生**】指顺应天命而降生。今多指顺应客观形势而出现。唐·王勃《益州夫子庙碑》:“大哉神圣,与时回薄(循环相迫),应运而生,继天而作。”《红楼梦》第二回:“天地生人,除大奸大恶,其余皆无大异;若大仁者则应运而生。”

【**雍和宫**】中国藏传佛教寺院。在北京安定门内。清康熙三十三年(1694)建,为雍正即位前的府第。雍正三年(1725)改王府为行宫,始称雍和宫。殿宇为黄瓦红墙,与皇宫一样规格。乾隆九年(1744)改为喇嘛庙,是清朝中后期全国规格最高的一座藏传佛教寺庙。主要建筑有天王殿、雍和宫大殿、法轮殿、万福阁。有宗喀巴铜像、高26米的弥勒菩萨木制像。是全国重点文物保护单位。

【**雍正**】❶(1678—1735)称清世宗。即雍正皇帝。爱新觉罗·胤禛(yìnzhēn),康熙第四子,清朝入关后第三位皇帝。在位时平定了青海硕特部、准噶(gá)尔部贵族叛乱;设置驻藏大臣;对西南少数民族实行改土归流(废除土司,由流官管理);划定中俄中段边界,并将青藏、外蒙古地区纳入版图。设置军机处,整顿吏治、实行摊丁入亩、火耗(旧时铸钱金属的损耗)归公等一系列改革政策,对康乾之治的延续起了关键性作用。屡兴文字狱以加强思想统治。❷清世宗(胤禛)年号(1723—1735)。

【**永乐大典**】类书名。明代解(xiè)缙等辑。初名《文献大成》,后广收各类图书七八千种,辑成22877卷,凡例、目录60卷,定名《永乐大典》。始辑于永乐元年(1403),成于永乐六年(1408)。全书按韵目分列单字,按单字依次辑入相关联的文史记载。嘉靖、隆庆年间,又依永乐时所缮正本另摹副本一份。正本约毁于明亡之际,副本至清咸丰时也渐散失。1960年中华书局据历年征集所得,影印出版730卷。1986年再次影印,增至797卷。

【**咏史诗**】诗体名。泛指以历史事件或历史人物为题材的诗。如:刘禹锡《石头城》《乌衣巷》、苏轼《念奴娇·赤壁怀古》、辛弃疾《永遇乐·京口北固亭怀古》等。

【**咏物诗**】诗体名。泛指通过描写具体事物以抒情言志的诗。如：屈原《橘颂》、王安石《梅花》、于谦《石灰吟》等。

【勇】勇敢。儒家称智、仁、勇为三达德。强调勇必须与仁、义相结合，认为只有在义的引领下，勇才有价值。“勇”表现在自我修养层面上，就是勇于认识和改正自身过错，“知耻近乎勇”（《礼记·中庸》）。

【涌泉跃鲤】二十四孝故事之一。姜诗，东汉时四川广汉人，妻庞氏，夫妻孝顺。其家距长江六七里之遥，庞氏常到江边取婆婆喜欢喝的长江水。婆婆爱吃鱼，夫妻就常做鱼给她吃。婆婆不愿一人独享，他们就请来邻居老婆婆陪她吃。一次因大风，庞氏取水晚归。姜诗怀疑她有意怠慢母亲，便将她逐出家门。庞氏寄居在邻居家中，昼夜辛勤纺织，将积蓄托人送回家中孝敬婆婆。其后，婆婆得知庞氏被逐实情，令姜诗将其请回。相传庞氏回家这天，院中忽然喷涌出泉水，味同长江之水，还有两条鲤鱼从泉中跃出。且日后天天如此。从此，庞氏便不必远去江边了。

【用赏者贵诚，用刑者贵必】语出《管子·九守》。贵：以……为贵；必：坚决。行赏贵在信实，处刑贵在坚决。

【优胜劣汰】原指在生物生存的竞争中，素质优良的生存，素质差的被淘汰。今被用于人类社会，泛指在竞争中，强者取胜，弱者被淘汰。也说优胜劣败。

【忧国忧民】为国家和民族的命运而担忧。北宋·范仲淹《谢转礼部侍郎表》：“进（仕进，做官）则尽忧国忧民之诚，退则处乐天乐道之分（本分）。”

【忧以天下】以天下为忧，时刻关心国家的命运。《孟子·梁惠王下》：“乐以天下，忧以天下。”反映了儒家知识分子把国家、民族的利益摆在首位，总是为国家的前途、命运担忧的精神。

【尤侗（tóng）】（1618—1704）清代文学家、戏曲家。字同人、展成，号悔庵，晚号西堂老人。长洲（今江苏苏州）人。授翰林院检讨，参与修撰《明史》。擅诗词及骈文。作有传奇《钧天乐》、杂剧《读离骚》等。另有诗文集《鹤栖堂集》等。大部分作品收入《西堂全集》。

【游牧文化】指在游牧生产的基础上形成的特有的生活方式以及思想、风俗、习惯、宗教、哲学、文学、艺术等文化要素。特指我国西北边疆青藏高原、内蒙古大草原牧区独具的文化形态。

【游刃有余】《庄子·养生主》记载：有个厨师肢解牛的技术非常熟练，刀刃在牛骨缝隙之间自由移动，毫无阻碍。后用“游刃有余”比喻做事从容而熟练，轻而易举。参见199页“庖丁解牛”。

【友善】❶友好亲善。如：邻里友善、两国关系友善。❷朋友之间亲近和睦。《三国志·蜀书·诸葛亮传》：“与亮友善。”唐·元稹（zhěn）《上令狐相公诗启》：“稹与同门生白居易友善。”

【有不为而后有为】《孟子·离娄下》：“人有不为也，而后可以有为。”人要有所不为，然后才能有所作为。儒家所说的“不为”是为了“有为”，只有断然舍弃一些小事不做，才能集中精力成就大目标。

【有巢氏】传说中在树上构木为巢而居的创始者。《庄子·盗跖（zhí）》："且吾闻之，古者禽兽多而人少，于是民皆巢居以避之。昼拾橡栗，暮栖木上，故命之曰有巢氏之民。"

【有教无类】语出《论语·卫灵公》。对所有人给予教育，不区分类别。即教育面前人人平等，每个人都有接受教育的权利。

【有礼者敬人】语出《孟子·离娄下》。讲礼仪的人内心里充满着对他人真诚的尊敬。

【有能则举之，无能则下之】语出《墨子·尚贤》。举：推荐，选用；下：使下，指撤换、退位。把有才能的人选拔出来，把没能力的人撤换下来。

【有朋自远方来，不亦乐（lè）乎】语出《论语·学而》。有朋友从远方过来（切磋学问，交流心得），怎能不令人高兴呢？

【有始有终】见336页"有始有卒"。

【有始有卒】《论语·子张》："有始有卒者，其惟（唯有）圣人乎？"指做事有头有尾，能坚持到底。也作有始有终。《水浒传》第二十二回："（那汉）道：'他便是真大丈夫，有头有尾，有始有终。'"

【有卫生之道而无长生之药】语出元代李志常《长春真人西游记》。只有保护身体健康和预防疾病的方法，却没有使人长生不死的药方。这是道教长春真人丘处机对成吉思汗"有何长生之药"的答词。

【有益于理者立之，无益于理者废之】语出《荀子·儒效》。有益于治理得好的就做，无益于治理得好的就不做。（理：治理得好，秩序安定）意谓大到治理国家，小至做各种事情，都要以是否有利于事情向好的方面发展为目标。

【有缘】佛教指与佛道有因缘关系。后泛指人与人之间的友谊、亲情、爱情等"情缘"，如"有缘千里来相会"。

【有志者事竟成】志向坚定的人做事终归会成功。明·胡寄垣撰自勉联："有志者事竟成，破釜沉舟，百二秦关终属楚；苦心人天不负，卧薪尝胆，三千越甲可吞吴。"

【于谦】（1398—1457）明代大臣。字廷益，谥忠肃。钱塘（今浙江杭州）人。永乐进士。任监察御史，河南、山西巡抚。曾平反冤狱，赈济灾荒。正统十四年（1449）土木之变后擢升为兵部尚书，拥立景帝，反对南迁。调集重兵，在北京城外击退瓦剌军。景泰八年（1457）被诬谋立襄王之子而被杀。葬于杭州。后人誉为"西湖三杰"之一。传世诗篇有《咏石灰》等。有《于忠肃集》。

【盂兰盆会】盂兰盆，梵（fàn）语音译，意译是"救倒悬"。据《盂兰盆经》记载：佛弟子目连，见其母死后堕入地狱，受了极大的痛苦，问佛如何搭救。佛让他于每年七月十五日，以百种供物供养十方僧众，方能救母，因而起此法会。后成为一种习俗，期间除施斋供僧外，寺院还举办诵经、水陆道场、放焰口、放灯等宗教活动。

【俞樾】（1821—1907）清代学者。字荫甫，浙江德清人。道光进士，曾任翰林院编修、河南学政。后被御史曹登庸劾奏“试题割裂经义”，罢官居苏州，潜心学术研究。治学以经学为主，旁及诸子学、史学、训诂学，乃至戏曲、诗词、小说、书法等。当时海内及日本、朝鲜等国向他求学者甚众。著作总称《春在堂全书》。

【渔猎文化】指在渔猎经济基础上形成的生活方式以及心理、思想、风俗、习惯等文化要素，是人类原始时期主要文化之一。吉林省松原市建有查干湖渔猎文化博物馆。

【瑜珈】梵（fàn）语音译。印度教的一种修身方法。强调调整呼吸和静坐，以消除精神紧张，达到个人灵魂（小我）和宇宙灵魂（大我）相结合的境界。

【虞】❶ 传说中远古朝代名，舜所建。❷ 周朝诸侯国名，在今山西。

【虞世南】（558—638）初唐书法家、文学家。字伯施，越州余姚（今属浙江）人。其书法继承二王（王羲之、王献之）传统，与欧阳询、褚遂良、薛稷合称“初唐四大家”。正书碑刻有《孔子庙堂碑》。所编的《北堂书钞》被誉为唐代四大类书之一，是中国现存最早的类书之一。唐太宗称他德行、忠直、博学、文词、书翰为五绝。原有诗文集 30 卷，已佚。民国张寿镛辑《虞秘监集》4 卷，收入《四明丛书》。

【虞舜】见 250 页“舜”。

【虞允文】（1110—1174）南宋大臣。字彬甫，隆州仁寿（今属四川）人，绍兴进士。1160 年使金，见其大举运粮造船，归请加强防御。次年，以参谋军事犒师采石（今安徽马鞍山境内），适逢主将罢职，三军无主，而金海陵王完颜亮正要渡江南侵，便自告奋勇，毅然督战，大破金军。1162 年，任川陕宣谕使，与吴璘共谋进取，收复陕西数处州郡。后朝议主和，他极力反对无效。1169 年为相，任用胡铨、王十朋等名臣。在任病死。

【愚公移山】《列子 · 汤问》中说：有个名叫愚公的老人，下决心要铲平门前挡路的太行、王屋两座大山，不顾邻居智叟的讥笑，每天带领儿子们挖山不止。他深信只要一代一代坚持不懈地挖下去，总有一天会把山铲平。后用“愚公移山”比喻做事不畏艰辛，有坚忍不拔的毅力。

【愚者暗于成事，知（zhì）者见于未萌】语出《商君书·更法》。暗：不明了；知：古同“智”；萌：发生。愚昧的人对已经成功的事情也不清楚是怎么成功的，有见识的人在事情没有发生前就已经预见到了。

【与民更始】更：更新；始：开始。指帝王即位与民众共同开创新局面。《汉书 · 武帝纪》：“其赦天下，与民更始。”

【与民同乐】语出《孟子 · 梁惠王上》。君王实行仁政，与百姓休戚与共，同享幸福。后泛指官员与民众共享欢乐。

【与人为善】《孟子 · 公孙丑上》：“取诸人以为善，是与（偕同）人为善者也，故君子莫大乎与人为善。”偕同他人一起做好事。

【与善人居】西汉·刘向《说苑·杂言》:“孔子曰:‘与善人居，如入兰芷之室，久而不闻其香，则与之化矣；与恶人居，如入鲍鱼之肆（卖咸鱼的店铺。比喻坏人聚集的地方），久而不闻其臭，亦与之化矣。’”意思是同善人相处，会被同化成为善人；同恶人相处，就会被同化成为恶人。强调环境对人的成长有重要的影响。

【与时俱进】与时代一同前进。指永远保持不断进取的精神，跟上时代的步伐。清·姚鼐（nài）《谢蕴山诗集序》:“十余年来先生之所造（创作），与时俱进。”热情赞扬了谢的创新、进取精神。

【宇中有宙，宙中有宇】明末清初方以智《物理小识》卷二:“宙（时间）轮于宇（空间），则宇中有宙，宙中有宇。”提出了时间和空间不能彼此独立存在的时空观。这一观点比爱因斯坦的相对时空观早约300年。

【羽化】古人认为仙人能变化飞升，故称得道成仙为羽化。后道教徒把人死婉称为羽化。《晋书·许迈传》:“玄（许迈）自后莫测所终，好道者皆谓之羽化矣。”

【禹】姓姒（sì），名文命。史称大禹、夏禹，为夏后氏首领、夏朝开国君王。是与尧、舜齐名的贤圣帝王。传颂他治理洪水，有“三过家门而不入”，公而忘私，鞠躬尽瘁的美德。他划定中国国土为九州，并铸造九鼎作为象征。禹死后，他儿子启继任，改变了“公天下”的传统，开启了中国“家天下”的历史。启建立了我国历史上第一个奴隶制国家，即夏朝。禹死后安葬于会稽山（今浙江绍兴市南），今存禹庙、禹陵、禹祠。

【庾（yǔ）信】（513—581）北周文学家，字子山，南阳新野（今属河南）人。初仕梁，后仕北周，官至开府仪同三司，故也称“庾开府”。擅长诗赋，早期多为宫廷酬唱，注重形式；晚期风格雄浑，反映动乱的社会现实。亦为骈文大家，讲究对仗、用典，代表作有《哀江南赋》。是南北朝文学的集大成者，杜甫赞为“清新庾开府”。后人辑有《庾子山集》。

【玉海】类书名。南宋王应麟辑录。200卷。分天文、地理、诏令、郊祀、官制等21门，每门再分子目，总共241小类。征引广博，载有许多后代史志失传的材料。书名取精粹如玉，浩瀚似海之意，为宋代四大类书之一。

【玉皇】道教祀奉的地位最高、职权最大的天神。相传其总管天下一切祸福。每年农历正月初九为玉皇圣诞日。也称玉皇大帝、玉帝。

【玉篇】书名。我国第一部楷体字典。南朝梁陈间顾野王撰。30卷。体例仿《说文解字》，部目稍有增删，分542部。原本《玉篇》收16917字，全用楷体，字形有异体的附在后面。每字下先注反切，再引群经训诂，解说颇详，并附按语。唐高宗上元元年（674），孙强对《玉篇》加以修订，字数有所增加，世称《增加玉篇》；宋大中祥符六年（1013），陈彭年等又予重修，改称《大广益会玉篇》。今本《玉篇》比较通行的是宋本，收22561字。

【浴佛节】纪念佛教创始人释迦牟尼诞生的佛教仪式节日。我国东汉时仅在寺院举行，到魏晋南北朝时流传至民间。时间在史籍中有不同记载。蒙古族、藏族地区于农历四月十五日（月圆日）举行；汉族地区南北朝时多在农历四月初八举行。后不断变更，北方改在十二月初八（腊八节），南方则仍为农历四月初八，相沿至今。

【欲而不贪】君子治政应循的五种美德之一。《论语·尧曰》："欲仁而得仁，又焉贪？"意思是君子之欲求当重在仁义，故不能有贪利之心。

【欲火】佛教指如火一样的淫欲之情。《大集经》三十八："欲火入心，犹如鬼着（zhuó）。"今泛指像火一样旺盛的强烈欲望（多指淫欲）。

【欲速则不达】语出《论语·子路》。泛指急于求成，反而达不到目的。

【御史】古代一种官职名。始于秦朝，专门行使监察职能，负责监察朝廷、诸侯、官吏，一直延续到清代。

【誉不虚出，而患不独生】语出《管子·禁藏》。荣誉不凭空产生，忧患不无故出现。揭示了荣誉、祸患都与日常作为密切相关的道理。

【鹬（yù）蚌相争，渔翁得利】《战国策·燕策二》中说：蚌张开壳晒太阳，鹬去啄它的肉，被蚌壳夹住了嘴，双方相持不下，后来被渔人乘机捉住。比喻双方相争，都不退让，使第三者从中得到好处。

【元】朝代名。1206年蒙古孛（bó，又音bèi）儿只斤·铁木真（成吉思汗）建国，1271年忽必烈（元世祖）定国号为元，1279年灭南宋，定都燕（yān）京（后改称大都，即今北京）。1368年被朱元璋推翻。自成吉思汗起，共历15帝，163年；自元世祖定国号起，共历11帝，98年。自1206年成吉思汗建国至1368年顺帝北走塞外（称北元），历史上都称元朝。至1402年国号始取消。

【元白】唐代诗人元稹、白居易的并称。二人为好友，诗作常相酬唱，文学主张亦相近，同是当时提倡"新乐府"的主要人物。《新唐书·白居易传》："居易于文章精切，然最工诗……初与元稹酬咏，故号元白。"

【元好问】（1190—1257）金代文学家。字裕之，号遗山。秀容（今山西忻州）人。兴定进士，官至行尚书省左司员外郎。金亡不仕。学识渊博，善诗文词曲。其诗沉郁悲凉，多伤时感事之作；其词清隽，兼有豪放、婉约风格，为金代词坛第一人；散曲用俗为雅，具有开创性。被尊为"北方文雄""一代文宗"。今存诗1360余首，词377首，散曲9首。著作有《遗山先生文集》。

【元谋猿人】旧石器时代晚期猿人化石。1965年发现于云南元谋县上那蚌村（大那乌村）。年代距今约170万年。是我国迄今发现的最早的猿人化石。元谋猿人已能直立，并能制造和使用石器，可能已会用火。元谋猿人化石及其文化遗物的发现，说明我国西南地区是人类起源和早期人类演化的重要地区之一。也说元谋直立人、元谋人。

【元曲】元杂剧和散曲的合称。两者都使用当时流行的北曲，出现了很多优秀的作家、作品，因此常被作为元代文学的代表，与唐诗、宋词有着相同的文学地位。也有以元曲作为元杂剧的同义语，如《元曲选》即元杂剧的选集。

【元曲四大家】指元代四位著名杂剧作家。即关汉卿、马致远、郑光祖、白朴。也称关马郑白。

【元始天尊】道教神名。全称“玉清元始天尊”。为三清尊神之首，居天界最高的“玉清”仙境。与灵宝天尊、道德天尊并称为三洞教主。道教宫观多有供奉，造像持宝珠，象征混沌未分之“洪元”世纪。也称天宝君。

【元宵节】见233页“上元节”。

【元杂剧】元代用北曲演唱的戏曲形式。在宋杂剧、金院本和诸宫调基础上吸收多种词曲和技艺发展而成。剧本体裁一般每本四折，每折用同一宫调的若干曲牌组成套曲，必要时另加“楔子”。始以大都（今北京）为中心，元灭宋后逐渐流行到南方，至元代后期渐趋衰落。今知有记载的元杂剧作家在120人左右，著名作家有关汉卿、王实甫等。现存作品有被称为“四大悲剧”的《窦娥冤》《汉宫秋》《梧桐雨》《赵氏孤儿》；被称为“四大爱情剧”的《西厢记》《拜月亭》《墙头马上》《倩女离魂》等。也说元曲。

【元稹（zhěn）】（779—831）唐代诗人。字微之，河南洛阳人。短期官居相位。与白居易共同倡导“新乐府”，世称“元白”。“曾经沧海难为水，除却巫山不是云”名句即出自他的《离思五首》。著有传奇《莺莺传》，为《西厢记》故事所取材。有《元氏长庆集》。

【袁宏道】（1568—1610）明代文学家。字中郎，号石公，公安（今属湖北）人。官至吏部郎官。与兄宗道、弟中道并称“三袁”，俱有才名。为公安派创始人和主将。主张“代有升降，而法不相沿，各极其变，各穷其趣”。重视小说、戏曲和民歌的地位，在当时很有影响。作品率真自然，别具一格，尤以小品文最著名。有《袁中郎全集》。

【袁枚】（1716—1797）清代文学家。字子才，号简斋，晚号随园老人，又号小仓山居士。钱塘（今浙江杭州）人。乾隆进士，曾任多地知县。辞官后侨居江宁，筑园林于小仓山。强调“性情之外本无诗”，对于程朱理学和儒家“诗教”多所抨击。诗以新颖灵巧见长而独具个性。与赵翼、蒋士铨并称为“乾隆三大家”。又善文，骈散皆工。亦能作小说。著作宏富，有《小仓山房集》《随园诗话》《子不语》等。今人辑有《袁枚全集》。

【原宪】（约前515—？）孔子弟子。姓原，名宪，字子思，也称原思、仲宪。春秋末鲁国人。以安贫乐道著称。曾当过孔子的家宰，俸粟（俸禄）九百斛（旧时量具），他推辞不受。遵循孔子关于“国家有道，应做官得禄。如国家无道，也做官得禄，就是耻辱”的教诲，终身不仕。孔子去世后，隐居于卫国，过着“不厌糟糠，匿于穷巷”的贫困生活。后世被谥为“原伯”“任城侯”。

【**原心定罪**】《汉书·薛宣传》：“《春秋》之义，原心（推究其本心；考察其动机）定罪。”意思是以追究、考察犯罪者心里的动机来确定有无罪过或罪过轻重。

【**原浊者流不清**】语出《墨子·修身》。原：同“源”，源头。如果江河的源头浑浊，那么它的水流也不会清澈。揭示了根基好坏至关重要的道理。

【**圆寂**】即涅槃。义为圆满一切智德，寂灭一切惑业，故称。参见195页“涅槃”。

【**圆梦**】❶迷信术数的一种。通过对梦境的解说发挥来附会、预测人事的吉凶。如《水浒传》第六十五回：“（宋江）被晁盖一推，撒然觉来，却是南柯一梦。便叫小校请军师圆梦。”也说占梦。❷通过努力实现梦想。

【**缘分**】佛教指人与人之间命中注定的遇合机会；泛指人与人、人与事物之间发生联系的机遇。

【**缘木求鱼**】缘木：爬树。爬到树上去找鱼。比喻方向或办法不对，不可能达到目的。《孟子·梁惠王上》：“以若所为，求若所欲，犹缘木而求鱼也。”

【**缘起**】即“诸法由因缘而起”。佛教认为一切事物或一切现象的生起，都是相对的互存关系和条件。若此有则彼有，若此生则彼生；若此无则彼无，若此灭则彼灭。世俗指事情产生的原因或因某种原因而产生。

【**辕固生**】西汉经学家。姓辕，名固，因系儒生，故称“生”。齐（今山东桓台县）人。景帝时为博士，后为清河王太傅。今文诗学“齐诗学”的开创者。与道家黄生辩论汤武革命。又与窦太后辩论儒、道两家优劣，贬《老子》为“家人言”，险遭杀身之祸。并同指导当时政治的黄老、刑名之学争论，以提高儒家的政治地位。著有《齐后氏故》《齐后氏传》，已佚。清代马国翰《玉函山房辑佚书》中辑有《齐诗传》二卷。

【**远亲不如近邻**】元·秦简夫《东堂老》第四折：“岂不闻远亲呵不似我近邻。”远处的亲戚不如近处的邻居。说明关系亲疏不能以有没有姻亲或血缘关系为标准。

【**远水不救近火**】《韩非子·说林上》：“失火而取水于海，海水虽多，火必不灭矣，远水不救近火也。”用很长时间去取距离很远的海水，救不了近处的火灾。比喻用缓慢的方法救不了眼前的急；也比喻方法不当，将于事无补。也说远水不救近渴。

【**怨天尤人**】尤：怨恨，归咎。指遇到挫折或出了问题，一味抱怨天，责怪别人。《论语·宪问》：“不怨天，不尤人，下学而上达，知我者其天乎！”

【**愿**】指一种待人、处事的谨慎老实态度。《论语·泰伯》：“狂而不直，侗（tóng，幼稚，无知）而不愿（谨慎老实，质朴），悾（kōng）悾而不信，吾不知之矣。”

【**约定俗成**】约定：共同议定；俗成：众人习用而成。指某种事物的名称或行为习惯往往是经过长期社会实践共同认定而形成的。《荀子·正名》：“约定俗成谓之宜，异于约则谓之不宜。”

【**约法三章**】《史记·高祖本纪》记载：秦朝末年，汉军抢先攻占秦都咸阳，汉王刘邦与当地父老约法三章：无故杀人者偿命，伤人及偷盗者治罪。后泛指事先订立几条简单易行的主要条款，由大家共同遵守。

【**月坛**】明清两代帝王祭祀夜明神（月亮）和诸星宿神祇（qí）的地方。北京五坛之一。原名“夕月坛”，建于明嘉靖九年（1530）。是北京市文物保护单位。

【**乐**（yuè）**府诗集**】诗歌总集。北宋郭茂倩编。100卷。分郊庙歌辞、舞曲歌辞、新乐府辞等12类。辑录了先秦至唐五代民歌民谣及文人作品，其中有著名的《陌上桑》《孔雀东南飞》等。每类每曲都有详备的源流考订。是收集历代各种乐府诗最为完备的重要典籍。

【**乐**（yuè）**毅**】战国时燕国大将。中山国灵寿（今河北灵寿西北）人。燕昭王二十八年（前284），以上将军身份率五国联军击破齐国，因功封于昌国（今山东淄博东南），号昌国君。燕惠王即位，中齐反间计，他被迫出奔赵国，被封于观津（今河北武邑东南），号望诸君。后死于赵国。

【**岳飞**】（1103—1142）南宋抗金名将。字鹏举，相州汤阴（今属河南）人。北宋末年投军，随宗泽守卫开封，任统制。所部军纪严明，英勇善战，称“岳家军”。一生与金军交战数百次，令敌丧胆。后遭秦桧陷害，屈死狱中。孝宗时，追谥武穆，以礼改葬于杭州西湖栖霞岭下，立祠庙（即今岳王庙）以供奉。宁宗时，追封鄂王。其所作的《满江红》悲壮激昂，激励过无数的爱国志士，是爱国主义诗词中的千古绝唱。有《岳武穆遗文》。

【**岳麓书院**】宋代四大书院之一。在湖南长沙岳麓山。宋开宝九年（976）潭州太守朱洞创建。宋乾道元年（1165）理学家张栻主持教事，三年（1167）理学家朱熹在此讲学，学生云集至千人。明清两代成为传播儒学的中心。现为全国重点文物保护单位。

【**阅微草堂笔记**】笔记小说集。清代纪昀（纪晓岚）作。24卷。包括《滦阳消夏录》《如是我闻》《槐西杂志》《姑妄听之》《滦阳续录》5种。主要记述花妖狐精、鬼怪神异故事，间杂考辨，对宋儒之苛察有所讽刺。

【**悦亲有道，反身不诚**】语出《孟子·离娄上》。意思是要使父母高兴有办法（首先要诚心诚意），如果反躬自问，心意不诚就不能够使父母高兴。孟子强调真诚是做人的原则，极端真诚而不能够使人感动的，是没有的，不真诚是不能够感动人的。

【**越俎**（zǔ）**代庖**（páo）】《庄子·逍遥游》中说：即使厨师（庖）不做饭，掌管祭祀的人也不能放下祭器（俎）去代替厨师做饭。后用“越俎代庖”比喻越权办事或包办代替。也说代庖、庖代。

【云冈石窟】我国佛教石窟。在山西大同武周山（又名云冈），东西绵延约1公里。主要石窟大约完成于北魏中期（460—494）。现存洞窟53个，其中主洞21个。造像51000余尊。最大的高达17米。为全国重点文物保护单位。

【云笈七签】书名。道教典籍。北宋张君房编。122卷。云笈，指道教藏书的书箱；七签，指道教经书共有三洞（洞真、洞玄、洞神）、四辅（太玄、太平、太清、正一）七部。该书是编者在完成《大宋天宫宝藏》的基础上，又择其精要辑录而成的。不仅集北宋以前《道藏》主要内容之大成，而且保留了不少原书已失传的经籍片段和人物传记，是研究道教的重要资料。

【云锦】传统工艺丝织品。始于南北朝，盛于明清，至今已有1580年历史。因锦纹瑰丽，色泽灿烂，状如天上云彩，故名。其重要特征是大量用金（圆金、扁金）做装饰，用色丰富自由，纹饰醒目。其品种主要有库缎、库锦、妆花三类。现代只有南京生产，也称“南京云锦”，与苏州宋锦、四川蜀锦一起，被誉为中国的三大名锦，为三大名锦之首。现仍以老式提花木机织造，保持着传统的特色和独特的技艺。

【芸芸众生】芸芸：形容众多；众生：一切生物。佛教指世间一切有生命的东西。后用“芸芸众生”指众多的普通百姓。

【运筹帷幄】运筹：策划；帷幄：军中帐幕。在帐幕中制定作战策略。泛指策划、指挥。《史记·高祖本纪》：“夫运筹帷幄之中，决胜于千里之外，吾不如子房。”

【杂卦】篇名。《易传》(即《十翼》)之一《杂卦传》的简称。揭示各卦之间非覆即变的错综关系。《周易正义·杂卦》引东晋·韩康伯注:“杂卦者,杂糅众卦,错综其义,或以同相类,或以异相明也。”

【杂家】战国末期至西汉初期的一个综合学派。以博采各派思想著称。其特点是儒墨道法等百家之道兼备贯穿,在一定程度上反映了封建“大一统”国家建立过程中的文化融合趋势。代表著作有秦相吕不韦门客编纂的《吕氏春秋》、西汉淮南王刘安为首编纂的《淮南子》。

【杂言诗】诗体名。古体诗的一种。最初出于汉乐府。诗句长短夹杂,少至一字,多至十字以上。韵脚灵活,邻近韵部可通押。常见的为三、四、五、七言相间。习惯上将其归入七言古体诗。

【宰我】(前522—前458)孔子弟子。姓宰,名予,字子我。思想活跃,善于思索,以擅长言语著称,为孔门中唯一对孔子“礼”的学说提出异议者。主张改革“三年之丧”旧制,认为“君子三年不为礼,礼必坏”(《论语·阳货》)。曾为临菑(zī)大夫。后世被谥为“齐侯”“临菑公”“齐公”。

【宰相】宰:总管,主持;相:辅助,帮助。古代最高行政长官。即辅助帝王,总揽政务。又称“宰辅”“宰衡”“丞相”“相国”。秦汉时的“三公”(丞相、大司马、大司空),唐宋时的中书、门下、尚书三省首长以及“参知政事”“同平(pián)章事”等头衔,都是在履行宰相的部分或全部职责。明代废除了“宰相”职位,将行政权力集中于皇帝一人。后设内阁逐渐成为最高行政机构,主持内阁政务的首席大学士成为事实上的宰相,称为“首辅”,清代相沿。雍正朝设立军机处取代内阁职权成为事实上的宰相府,其领班军机大臣相当于宰相。

【宰相必起于州部,猛将必发于卒伍】语出《韩非子·显学》。宰相必然从地方官员中崛起,猛将必然从基层士兵中出现。常用于指应当从有丰富实践经验的下层选拔文武官员。

【宰予】见344页“宰我”。

【凿井者起于三寸之坎,以就万仞之深】语出北齐刘昼《刘子新论·崇学》。坎:坑,地面凹陷处;就:成,成就;万仞:形容极深或极高。凿井的人从挖很浅的土坑开始,最后挖成极深的井。

指从极细微的积累开始，只要坚持不懈，必然成就事业。

【**曾点**】见345页“曾皙”。

【**曾巩**】（1019—1083）北宋文学家。唐宋八大家之一。字子固，世称南丰先生。建昌南丰（今属江西）人。嘉祐进士，官至中书舍人。宋代新古文运动的骨干，以散文成就最高，文章讲求章法，简约平易，叙事说理自然流畅。著有《元丰类稿》。

【**曾国藩**】（1811—1872）晚清大臣，洋务派和湘军首领。号涤生，湖南湘乡人。道光进士，历任两江总督、直隶总督、武英殿大学士。太平天国运动时，组建湘军，镇压太平天国运动。与李鸿章在上海创办江南制造总局等近代军事工业，奏请派遣学生留学欧美。主张修身律己，以德求官，以忠谋政，崇节俭以养廉，不可为官自傲。在处理天津教案中对外妥协，惩办民众，受舆论谴责。与李鸿章、左宗棠、张之洞并称“晚清四大名臣”。死后谥文正。有《曾文正公全集》。今辑有《曾国藩全集》。

【**曾侯乙墓**】战国时期曾侯乙的墓葬，呈“卜”字形，位于湖北随州城西两公里的擂鼓墩东团坡上。其中出土的曾侯乙编钟是迄今发现的最完整最大的一套青铜编钟。

【**曾参**（shēn）】见345页“曾子”。

【**曾皙**（xī）】孔子弟子。姓曾，名点〔又作“蒧（diǎn）”〕，字子皙，亦称曾皙。曾子（参）之父。性格狂放。对其子十分严苛，见其有过，“引杖击之”（《韩诗外传》卷八）。他一贯持自信、乐观的态度，得到孔子的赞许。后世被谥为“宿伯”“须昌侯”。

【**曾子**】（前505—前436）孔子弟子。姓曾，名参（shēn），字子舆。春秋末期鲁国南武城（原属山东费县，现属平邑县）人。以孝著称。提倡“父母爱之，喜而不忘；父母恶（wù）之，惧而无咎”（《尸子》）。信奉“慎终（慎重地为父母治丧），追远（虔诚地追念祖先），民德归厚矣”。倡导“吾日三省吾身”（《论语·学而》）。认为“忠恕”是孔子“一以贯之”的思想。主张“君子思不出其位”。认为士人君子肩负着传承仁义道德的使命，任重道远，必须具备刚勇弘毅的品格（《论语·泰伯》）。相传他为思孟学派的鼻祖，著有《大学》。在孔子以后的儒经传授上有重要地位。被后世尊为“宗圣”。

【**再接再厉**】见345页“再接再砺”。

【**再接再砺**】语出唐代孟郊《斗鸡联句》。砺：磨。意思是公鸡相斗，每交锋一次，都要磨一磨它的嘴。后用“再接再砺”比喻一次又一次不断努力。也作再接再厉。清·刘坤一《书牍二·禀两省部院》：“贼却而复前，我勇再接再厉，贼遂披靡。”

【**在劫难逃**】劫：灾难。佛教指注定的灾难，难以幸免。借指某些不幸的事情一定要发生，避免不了。

【**藏传佛教**】公元7世纪佛教传入西藏，与西藏原有本教融合而形成的教派。教义上大小乘兼容，而以大乘为主。主要教派有格鲁派（黄教）、宁玛派（红教）、噶（gá）举派（白教）、萨迦派（花教）等。后又经西藏地区传入蒙古族聚居的地区及不丹、尼泊尔等。也称喇嘛教。

【早知今日，悔不当初】南宋·普济《五灯会元·惠林宗本禅师》：“早知今日事，悔不慎当初。”后简化为“早知今日，悔不当初”，意为早知道有今天这种结局，追悔莫及，不如当初不那么做。

【灶君】道教和民间信仰的灶神。供奉于灶头，被认为能掌管一家祸福。民俗农历腊月二十三或二十四日为“送灶日”，也说“辞灶日”，以纸马、饴糖等送其上天；除夕夜或元日晨迎回，谓之“迎灶日”。民间灶君像两旁往往贴有“上天言好事，下界保吉祥”的对联。也称灶神、灶王爷。

【造化】❶自然界的创造者。也指自然。《庄子·大宗师》：“今一以天地为大炉，以造化为大冶。”唐·杜甫《望岳》诗：“造化钟神秀，阴阳割昏晓。”❷创造化育。东晋·葛洪《抱朴子·对俗》：“夫陶冶造化，莫灵于人。”❸运气；福分。元·李文蔚《燕青博鱼》第一折：“他如今不来寻你，就是你的造化了。”

【造物者】指创造万物的神。《庄子·大宗师》：“伟哉！夫造物者将以予为此拘拘（挛缩不伸）也。”唐·柳宗元《始得西山宴游记》：“洋洋乎与造物者游，而不知其所穷。”也说造物。

【责有攸归】责：责任；攸：所。责任有一定的归属。指谁的责任就应该由谁承担，不得推卸。北宋·司马光《体要疏》：“夫公卿所荐举，牧伯（州郡长官）所纠劾（hé，揭发弹劾），或谓之贤者而不贤，谓之有罪而无罪，皆有迹可见，责有攸归，故不敢大有欺罔（欺蒙）。”

【择善而从】选择好的正确的，跟着学或做。《论语·述而》：“三人行，必有我师焉。择其善者而从（跟从，学习）之，其不善者而改之。”

【斋】❶古人在祭祀或举行典礼前清心寡欲、净身洁食，以示庄敬。《庄子·人间世》：“颜回曰：‘回之家贫，唯不饮酒、不茹（吃）荤者数月矣，如此则可以为斋乎？’”❷信奉佛教、道教的人所吃的素食。

【斋醮（jiào）**】**道教一种祭祷仪式。其法是筑坛设供，道士做道场，书写表章以祈祷神灵、超度亡者。《初刻拍案惊奇》卷十七：“因念亡夫恩义，思量做些斋醮功果超度他。”

【斋戒】❶古人在祭祀或举行大典前，沐浴更衣，戒除嗜欲，整洁身心，以示敬畏和虔诚。《孟子·离娄下》：“虽有恶人，斋戒沐浴，可以祀上帝。”❷伊斯兰教奉行的一种斋戒，规定成年穆斯林每年在伊斯兰教历九月白天禁止饮食。也称封斋、把斋。

【战国】时代名。因各诸侯国之间长期连年战争，故称。此名出于《战国策》。紧接于“春秋”之后，也合称“春秋战国”。一般以周元王元年（前475）至秦始皇二十六年（前221）统一中国这一时期为“战国时代”。

【战国帛画】战国时期在丝帛上作的画。

湖南长沙出土的随葬“铭旌”《人物龙凤》和《人物御龙》，即是这个时期有代表性的帛画。两幅帛画人物形象富有神采，线条轻重刚柔适度，运笔潇洒自如，具有送死者灵魂升天的含意，表达了楚文化中简朴的道家思想，体现了我国人物绘画的民族传统风格。

【战国策】书名。战国时游说之士的策谋和言论的汇编。初有《国策》《国事》《短长》《事语》《长书》《修书》等名称和本子。西汉末刘向编订为33篇。长沙马王堆出土的西汉帛书《战国纵横家书》，与本书内容相似。

【战国七雄】指战国时燕、赵、韩、魏、齐、楚、秦七个比较强大的诸侯国，因争雄称霸，故名。《战国策·燕策一》：“凡天下之战国七。”

【战胜不复】语出《孙子兵法 · 虚实》。复：重复。指一次获胜（的战法），不能照原样再用第二次。即每次打胜仗所采取的战术都不应简单重复，而是根据不同情况灵活运用、随机应变。

【张安世】（？—前62）西汉大臣。字子陵，杜陵（今陕西西安东南）人。张汤之子。家童七百，从事手工业生产，家财富实，超过霍光。昭帝时，任右将军、光禄勋，封富平侯。昭帝死，与大将军霍光共同策立宣帝，为大司马。

【张岱】（1597—约1676）明末清初文学家。字宗子，山阴（今浙江绍兴）人。寓居杭州。出身书香门第，明亡后不仕，入山著书以终。擅长小品散文，著有《嫏嬛文集》《陶庵梦忆》《西湖梦寻》等。撰史书《石匮藏书》，后又补写明崇祯至南明事，今仅存《石匮后集》。

【张道陵】（34—156）东汉末五斗米道创始人。原名张陵，字辅汉，沛国丰（今江苏丰县）人。曾任江州令，晚年入鹤鸣山（今四川大邑境内）修道。作道书《老子想尔注》阐释教义，以“道”为最高信仰，并用符水咒法为人治病，创立道派，名“正一盟威道”，为道教定型化之始。入教者须交五斗米，故一般称五斗米道。后被道徒推尊为天师。

【张果老】传说中八仙之一。八仙中年龄最长者。相传久隐中条山，往来今晋南一带。常倒骑白驴，日行数万里，休息时即将驴折叠如纸，藏于箱中，再骑时喷以水立成活驴。唐玄宗遣使迎入京师，表演法术受赏，赐号通玄先生。手中常持简版，后世视其为道情（一种说唱艺术）的祖师。也称张果。

【张衡】（78—139）东汉科学家、文学家。字平子。南阳西鄂（今河南南阳石桥镇）人。两度担任掌管天文历法的太史令。精通天文、数学、物理、机械等，创制了世界上第一台监测预报地震的候风地动仪。制造有指南车、三轮自动车和飞行数里的木鸟。定出圆周率π≈3.1622。≈著有《灵宪》《浑仪图注》《算罔论》等。文学著作有《二京赋》《归田赋》等。联合国天文组织为表彰其贡献，将月球背面的一座山、太阳系中的一颗小行星均以张衡命名。

【张煌言】（1620—1664）南明大臣、诗人。字玄著，号苍水。鄞（yín）县（今浙江宁波市鄞州区）人。崇祯举人，官至兵部尚书。南京陷落后，坚持抗清斗争将近20年。后被俘不屈，从容就义于杭州，今西湖附近有其墓。后人誉为“西湖三杰”之一。著有《张苍水集》，诗文朴实悲壮，充满忧国忧民的爱国情怀。

【张惠言】（1761—1802）清代学者、文学家。初名一鸣，字皋文，号茗柯，江苏武进（今属江苏常州）人。官至翰林院编修。通经学，尤精《周易》《仪礼》。著《周易虞氏义》9卷、《仪礼图》6卷、《墨子经解说》2卷。工文与词，是常州词派的开创者。著有《茗柯文编》《茗柯词》等。兼善篆书。其主要著作均收入《张皋文笺易诠全集》和《受经堂汇稿》中。

【张籍】（约767—约830）唐代诗人。字文昌，原籍苏州（今属江苏），迁居和州乌江（今安徽和县东北）。曾任太常寺太祝、水部员外郎、国子司业，故世称“张水部”或“张司业”。长于乐府，诗作能反映社会矛盾与民生疾苦，甚受白居易推崇。与王建齐名，并称“张王”。有《张司业集》。

【张角】（？—184）东汉末太平道的创立者，黄巾起义首领。巨鹿（今河北平乡西南）人。尊奉黄老之道和《太平经》，以符水咒法为人治病。创立太平道，自称“大贤良师”，与其弟张宝、张梁借治病在河北一带传道，秘密组织、发展道徒数十万人。184年起义，以“苍天（指汉）已死，黄天（张角自谓）当立”为口号号召徒众。所部以头缠黄巾为标志，称“黄巾军”。

【张九龄】（678—740）唐代大臣、诗人。字子寿，韶州曲江（今广东韶关西南）人。唐中宗进士，官至相位。以吏部考试评级公允著称。直言敢谏，选贤任能，不徇私舞弊，不向恶势力低头，为“开元之治”作出了积极贡献。736年，为李林甫所诬陷，罢相。著作有《曲江集》。

【张居正】（1525—1582）明代政治家。字叔大，湖广江陵（今湖北荆州）人。嘉靖进士。官至吏部尚书。万历时，代高拱为相。时神宗年幼，军政大事均由张主裁。任相10年，厉行改革。推行考成法，考核各级官吏，提高行政效率。清丈田地，使全国土地比弘治时多三百万顷。推行“一条鞭法”，裁汰冗员，减少开支。用潘季驯治理黄淮，用戚继光等名将练兵，均卓有成效。但他深恶讲学，以圣旨尽毁书院。常以帝师身份训诫皇帝。去世后被弹劾抄家，至天启二年恢复名誉。有《张文忠公全集》。

【张可久】（1280—约1352）元代散曲家。亦名久可，字伯远，号小山。庆元（今浙江宁波）人。能诗词，尤以散曲知名于世。现存作品800余首，为元人之冠。题材多为自然风光、归隐生活，也有反映民生艰难、社会污浊者。著作有《小山乐府》《张小山小令》。

【张良】（？—前186）西汉初大臣。字子房，颍川城父（今河南襄城西南）人。

其祖、父相继为韩国五世相。韩被秦灭，他为报仇刺杀秦始皇，没能成功。相传逃亡中遇黄石公，得《太公兵法》。后为刘邦重要谋士。曾帮助刘邦平安度过鸿门宴，得免杀身之祸。提出聚集三王（韩信、英布、彭越）、决战霸王的策略，被刘邦采纳，歼灭楚军。刘邦称帝，被封为留侯。与韩信、萧何并称为“汉初三杰”。

【**张鲁**】字公祺，东汉末沛国丰（今江苏丰县）人。张道陵之孙，五斗米道的第三代天师。曾任益州牧刘焉的督义司马，率众攻取汉中，称“师君”，继续传播五斗米道。实行政教合一，以教中头领“祭酒”管理地方政务，并在各地设立“义舍”，置“义米”“义肉”，行旅之人自行取食。教民诚信，主张轻刑。雄据汉中近三十年，后投降曹操，官拜镇南将军，封阆（làng）中侯，迁还中原。死后葬于邺城东。

【**张履祥**】（1611—1674）清初思想家。字考夫，号念芝，浙江桐乡人。因世居杨园村，学者尊为杨园先生。初拜晚明大儒刘宗周为师，明亡，绝意仕进，以著述授徒为业。信奉王（守仁）学，由刘宗周的“慎独”“诚意”转向朱熹的“格物穷理”。其学说以“仁”为本，以中庸为归，穷理居敬，知行并进。重视农业经济，所著《补农书》，详述江南农业技术及经营方法。著有《言行见闻录》《愿学记》《近古录》《经正录》《备忘录》等，后收入《杨园先生全集》。

【**张骞**（qiān）】（?—前 114）字子文，汉中城固（今属陕西）人。初为郎官，后封博望侯。两次出使西域，把汉朝的丝织品带到西域，把西域的葡萄、苜蓿（mùxu）等带回中土，加强了中原和西域的联系，开辟了我国通往西方的“丝绸之路”。

【**张三丰**】明代道士，武当派祖师。也作“三峰”。名全一。辽东懿州（今辽宁阜新东北）人。龟形鹤背，大耳圆目，须髯如戟，读书过目成诵，寒暑只有一衲一蓑，终生浪游，曾幽栖于武当山。主张“福自我求，命自我造”。明英宗封为通微显化真人。后人辑有《张三丰先生全集》。

【**张僧繇**（yáo）】南朝梁画家。吴中（今江苏苏州）人。天监年间（502—519）为武陵王国侍郎，掌管宫廷画事。官至右军将军、吴兴太守。长于写真，并擅人物画及宗教画。武帝崇佛，多命他作佛寺壁画。兼工画龙，至今流传他画的龙一点睛即破壁飞去的神话。后人把他和唐代吴道子的画法并称为“疏体”，对后世的影响很大。今有唐人梁令瓒临摹的《五星二十八宿真形图》传世。

【**张栻**（shì）】（1133—1180）南宋学者，著名理学家。字敬夫、乐斋，号南轩。宋代名臣张浚之子。汉州绵竹（今属四川）人。曾任吏部侍郎兼侍讲、右文殿修撰。与朱熹、吕祖谦并称“东南三贤”。在为政方面表现出以儒学为本的思想特色和施政策略，力主抗金，指斥时弊。每到一地任官，关心百姓疾苦，打击地方奸恶，大兴学校，讲学论道，注意用儒家的伦理道德和保民淑世的思想移风易俗。著作有《论语解》10卷，《孟子说》7卷，《南轩易说》3卷，三书汇刻成《南轩先生文集》。

【张汤】（？—前115）西汉杜陵（今陕西西安东南）人。精通律令，被田蚡（fén）荐为侍御史。因治理淮南、处置衡山谋反事，受到武帝的赏识。任廷尉、御史大夫等职。支持盐铁专卖政策，建议铸造白金和五铢钱，主持制定“告缗（mín）令”（奖励告发逃避资产税、打击富商大贾的法令）。以执法严苛著称。后为朱买臣等排陷自杀。曾与赵禹共同制定律令，撰有《越宫律》，已佚。

【张孝祥】（1132—1169）南宋词人。字安国，别号于湖居士，历阳乌江（今安徽和县东北）人。绍兴二十四年（1154）廷试，高宗（赵构）亲定为进士第一。曾上书为岳飞鸣冤。宋孝宗时，官至荆南、湖北安抚使。其词作多感怀时事，风格豪迈，常自比苏轼。曾在建康留守席上赋《六州歌头》，强烈要求收复中原，慷慨激昂，使抗金名将张浚为之感动罢席。1169年夏病死于芜湖，葬南京江浦老山。有《于湖居士文集》40卷、《于湖词》3卷传世。《全宋词》辑录其词223首。

【张旭】唐代书法家。字伯高、季明。吴郡（今江苏苏州）人。曾任金吾长史，故也称“张长史”。以草书著称，开连绵草（即狂草）之先河，史称“草圣”。据说经常酒醉后号呼奔走，挥洒泼墨，故人称“张颠”。

【张养浩】（1270—1329）元代文学家。字希孟，号云庄。济南（今属山东）人。历任监察御史、礼部尚书、参议中书省事等职，因上疏触怒英宗，遂辞官归隐。后获起用，病卒于任所。诗文自成一家，多写田园隐退生活，与元明善、曹元用齐名，称为“三俊”。散曲以豪放著称。有政论集《三事忠告》、诗文集《归田类稿》、散曲集《云庄休居自适小乐府》。

【张仪】（？—前310）战国时期魏国贵族后裔，著名的纵横家、外交家和谋略家。首创连横的外交策略，游说入秦，主张以“横”破“纵”，被秦惠王封为相，后出使游说各诸侯国，使各国纷纷由合纵抗秦转变为连横亲秦，为秦攻灭六国立下汗马功劳。秦惠王死后，出逃魏国，并出任魏相，一年后去世。

【张禹】（？—前5）西汉经学家。字子文，河内轵（zhǐ，今河南济源东南）人。经学博士。元帝时，教太子《论语》。成帝时任丞相，封安昌侯。专治《论语》，兼治《易经》。改编今文本《论语》，并将《齐论》《鲁论》合为一书，史称《张侯论》。

【张玉书】（1642—1711）清代官员、学者。字素存，号润甫，谥号文贞。丹徒（今江苏镇江）人。顺治进士。官至文华殿大学士兼户部尚书。参与《明史》《佩文韵府》《康熙字典》纂修。著有《张文贞集》。

【张说（yuè）】（667—731）唐代大臣。字道济、说（yuè）之。洛阳（今属河南）人。曾任节度使、中书令等职。封燕国公。主张“文治”。擅长文辞，朝廷重要文件多出其手。也能写诗。著有《张燕公集》（一作《张说之文集》）30卷。

【张载】（1020—1077）北宋哲学家。凤翔郿（méi）县（今陕西眉县）人。曾任崇文院校书等职。著有《正蒙》等书。提出“太虚即气”的学说，肯定“气”是不生不灭的物质，批判佛、道关于“空”“无”的观点。承认认识来自外界事物，但主张“德性之知，不萌于见闻”。在人性学说上提出“天地之性”和“气质之性”的对立命题。其思想对宋明理学影响很大。

【张芝】（？—约192）东汉书法家。字伯英，敦煌酒泉（今属甘肃）人。擅长草书中的章草，将当时字字区别、笔画分离的草法，改为上下牵连的新写法，从而创造了行笔自然、刚柔相济、疏密相宜的“今草”。被后世尊称为“草圣”。

【张之洞】（1837—1909）晚清大臣，洋务派首领。字孝达，直隶南皮（今属河北）人。同治进士。1883年任两广总督，起用冯子材在广西边境击败法军。后调任湖广、两江总督、军机大臣。积极推行洋务运动，主张“中学为体，西学为用”，先后设广东水陆师学堂，创枪炮厂，开矿务局，办织造局。反对戊戌变法。与曾国藩、李鸿章、左宗棠并称晚清“四大名臣”。死后谥文襄。有《张文襄公全集》。今辑有《张之洞全集》。

【张仲景】（约150—219）东汉末医学家。名机，南阳郡（今河南南阳）人。相传曾任长沙太守，被推尊为“医圣”。著有《伤寒论》10卷、《金匮要略》3卷，后世奉为中医必备经典。其所总结的辨证论治成为中医必须遵循的基本原则，奠定了中医在世界医林的重要地位。

【章炳麟】（1869—1936）近代民主主义革命家、思想家、学者。号太炎，浙江余杭人。早年参加辛亥革命前期革命活动，主编《民报》等，与改良派论战。1913年参加讨袁被囚禁，袁死后被释。1917年任护法军政府秘书长。1924年脱离国民党。1935年在苏州设章氏国学会授业。晚年赞助抗日救亡。早期哲学思想有唯物主义倾向。在文学、历史学、语言学等方面都有精深研究。有《章太炎全集》。

【章草】早期的草书。始于秦汉年间，由草写的隶书演变而成。章草是“今草”的前身，与“今草”的区别主要是保留隶书笔法的形迹，上下字独立且基本不连写。因这种字体构造彰明，或因为适用于写奏章，或因为汉章帝爱好，或因为史游用以写其所著《急就章》而得名。

【章句之学】汉代注家以分章析句来解说古书意义的学问。分章析句指划分段落、分析词义、串讲文句。如王逸有《楚辞章句》，《汉书·艺文志》所载《尚书》有《欧阳章句》《大小夏侯章句》，《春秋》有《公羊章句》《穀梁章句》等。

【章氏遗书】书名。清代章学诚著。章氏临终，将其全稿托付萧山王宗炎代为校订编次。王氏分30卷，包括《文史通义》《校雠（chóu）通义》《方志略例》《湖北通志检存稿》等。1922年，刘承幹补辑外编18卷、补遗1卷，合刊为《章氏遗书》，共51卷，章氏之学于此可见全貌。

【**章学诚**】（1738—1801）清代史学家、思想家。字实斋，会稽（今浙江绍兴）人。官国子监（jiàn）典籍。毕生精力用于讲学、著述和编修方志。治史注重思想学问的渊源流变，所著《文史通义》为史学理论名著。把治经引向治史，使学术思想从经学旧传统中解脱出来。论文注重内容，反对拟古和形式主义。其学说至清末始受重视。1922年有《章氏遗书》行世。

【**彰善瘅**（dàn）**恶**】彰：表彰；瘅：憎恨，斥责。表彰善良，斥责邪恶。《尚书·毕命》："彰善瘅恶，树之风声（树立良好的社会风气）。"

【**长幼有序**】指年长者和年幼者之间有先后尊卑的次序。《荀子·君子》："故尚贤使能（崇尚贤士，任用能者），则主尊下安；贵贱有等，则令行而不流（向坏的方面转变）；亲疏有分，则施行而不悖（违背情理）；长幼有序，则事业捷成而有所休（休养生息）。"

【**仗义疏财**】讲义气，轻钱财。指拿出钱财来帮助别人。《水浒传》第三十七回："多听的江湖上来往的人说兄长清德，扶危济困，仗义疏财。"

【**仗义执言**】主持正义，讲公道话。《警世通言》卷十二："此人姓范名汝为，仗义执言，救民水火。"

【**招魂**】❶招死者之魂。北魏·郦道元《水经注·济水一》："沛公起兵野战，丧皇妣（bǐ）于黄乡。天下平定，乃使使者以梓宫招魂幽野。"❷招生者之魂。唐·杜甫《乾元中寓居同谷县作歌》之五："呜呼五歌兮歌正长，魂招不来归故乡。"民间有小儿病时迷信者恐其失魂，使人于室内外或村口路旁呼之使回，叫作叫魂，大体类似。❸《楚辞》篇名。

【**昭君出塞**】杂剧名。明代陈与郊著。写西汉王朝采取和亲睦邻政策，把宫女王昭君远嫁匈奴呼韩邪（yé）单于（chányú）的故事。剧中描写王昭君出塞时以哀怨为主调的复杂心情。昆剧以及一些地方戏剧上演的《昭君出塞》，多据以改编。

【**昭明文选**】见289页"文选"。

【**朝三暮四**】《庄子·齐物论》记载：有一个养猴子的老者给猴子橡实吃，开始说给它们早上三个晚上四个，猴子们都十分恼怒；于是改口说早上四个晚上三个，猴子们都非常高兴。本指用变名目，不变实质的方法使人上当。后多用以指变化多端或反复无常。

【**朝**（zhāo）**闻道，夕死可矣**】语出《论语·里仁》。早晨若得到了真理，当晚死去都行。形容追求道义、寻求真理心切而坚定。也说朝闻夕死。

【**赵秉文**】（1159—1232）金代学者、书法家。字周臣。磁州滏（fǔ）阳（今河北磁县）人。历任户部主事、翰林侍讲学士、礼部尚书。擅长诗文，其散文所表现的思想以周程理学为主。著述甚丰，有《易丛说》10 卷，《中庸说》1 卷，《扬子发微》1 卷，《太玄笺赞》1 卷，《文中子类说》1 卷，《南华略释》1 卷，《列子补注》1 卷，《资暇录》15 卷，生平文章收入《滏水集》。

【赵充国】（前 137—前 52）西汉大将。字翁孙，原为陇西上邽（今甘肃天水）人，后徙金城令居（今甘肃永登西北）。熟悉匈奴和羌族的情况。武帝、昭帝时，领兵反击匈奴侵扰，英勇善战，屡立战功，任后将军。宣帝即位，封营平侯。后与羌人作战，屯田西北，促进了当地农业生产的发展。

【赵公元帅】道教所信奉的财神。相传姓赵，名朗，字公明。秦时得道于终南山，被道教尊为正一玄坛元帅，故也称赵玄坛。其像头戴铁冠，黑面浓须，执铁鞭，骑黑虎，故也称黑虎玄坛。传说能驱雷役电，除瘟禳（ráng）灾，主持公道，求财如意。

【赵广汉】（？—前 65）字子都，西汉涿郡蠡吾（今河北博野西南）人。少为郡吏、州从事。宣帝时任颍川太守，诛杀当地豪强原氏、褚氏等。升任京兆尹，执法不避权贵。因结怨丞相魏相，被萧望之弹劾"摧辱大臣"，下狱被杀。

【赵匡胤（yìn）】（927—976）即宋太祖。宋王朝的建立者。公元 960—976 年在位。涿州（今属河北）人。公元 960 年发动陈桥兵变，夺取后周政权建宋。攻灭割据一方的后蜀、南唐诸国，改变军事管理制度，加强中央集权统治，兴修水利，发展经济。其重文轻武、偏重防内的方针，是宋朝形成"积贫积弱"局面的重要原因之一。

【赵孟頫（fǔ）】（1254—1322）元代书画家。字子昂，号松雪道人。湖州（今属浙江）人。宋宗室。封魏国公。博学多才，能诗善文，特别是书法和绘画成就最高，开创了元代新画风。尤精行书和小楷，书风遒俊秀逸，结体严整、笔法圆熟，世称"赵体"，与颜真卿、柳公权、欧阳询并称为"楷书四大家"。传世书迹有《四体千字文》《洛神赋》《赤壁赋》《道德经》等。存世画作有《重江叠嶂图》《秋郊饮马图》等。其篆印，以"圆朱文"著称。著有《尚书注》《松雪斋文集》等。

【赵氏孤儿】杂剧名。元代纪君祥撰。叙述春秋时晋国贤人程婴与公孙杵臼坚守正义、忍辱负重，不惜牺牲生命，保护了忠臣赵盾的后代孤儿，使免遭杀害。最终邪恶被诛，忠良取胜。京剧、秦腔等也有同题材剧目上演。

【赵武灵王】（？—前 295）战国时赵国国君。名雍，谥号"武灵"。突出业绩是进行了"胡服骑射"的改革，使赵国得以强盛。晚年传位于子赵惠文王，后在内乱中被困而死。参见 101 页"胡服骑射"。

【赵翼】（1727—1814）清代学者。字云崧、耘崧，号瓯北。阳湖（今江苏常州）人。乾隆进士，曾任翰林院编修。主讲过安定书院。工诗善文，尤长于史学。论诗主张独创，力反摹拟。著有《廿二史札记》《陔（gāi）余丛考》《瓯北诗话》

《瓯北诗集》等。

【赵禹】（？—约前100）西汉司法官。斄（lí，今陕西武功西）人。武帝时历任太中大夫、廷尉等职，治狱甚严。曾与张汤共同制定律条，法多严苛。撰有《朝律》6篇。

【赵州桥】河北省赵县城南洨（xiáo）河上的一座石拱桥。修建于隋开皇大业年间（581—618），由隋代名师李春创建。桥单孔，全长50.83米，桥面宽约9米，跨径37.20米，拱圈矢高7.23米。大拱左右肩上各有两个小拱，美观、实用、科学，极尽精巧。在世界桥梁史上，其设计与工艺为石拱桥的典范，是世界上最早的一座敞肩石拱桥。为国家重点文物保护单位。也说安济桥。

【照妖镜】我国古代神话小说中指一种能照出妖精原形的宝镜；比喻能识别坏人的依据和方法。

【哲人】智慧超群的人。唐·韩愈《王公墓志铭》："气锐而坚，又刚以严，哲人之常（素质）。"

【哲学】研究自然、社会和思维的一般规律的科学。根据对思维与存在、精神与物质的关系的认识，哲学可分为唯物主义与唯心主义两大派别。

【贞】固守正道矢志不渝，忠于自己的信仰和原则。《论语·卫灵公》："君子贞而不谅（信，指不分是非地守信）。"孔子说君子坚守正道而不拘泥（nì）于小信。

【贞观（guàn）政要】书名。唐吴兢撰。共10卷40篇。约成书于玄宗开元年间。分类编辑唐太宗与魏徵、房玄龄、杜如晦等大臣的问答和大臣的诤（zhèng）谏、奏议，以及政治上实施的措施等。

【贞观（guàn）之治】对唐太宗唐贞观年间（627—649）政绩的美称。唐太宗及其大臣房玄龄、杜如晦、魏徵等，常以隋亡为鉴，重视休养生息。太宗以"君似舟，民如水，水能载舟，亦能覆舟"为鉴戒，注意纳谏，减轻赋役，继续推行均田制，发展科举制度，选拔统治人才。这一时期，人口增加，经济得到较快恢复，史称"贞观之治"。

【真谛】❶佛教"二谛"之一。即圣智所见的真实理性。其理远离虚妄，永恒不变，故称。参见53页"二谛"。❷真实的意义或道理。

【真言】❶指佛教经典的要言秘语。白居易《海州刺史裴君夫人李氏墓志铭》："讽释典（讽诵佛教经典），持真言，栖心空门。"❷借指道教祖师的经典著作。唐·张说《唐享太庙乐章·文舞》："圣谟九德（圣人治理天下的九种品德），真言五千。"❸咒语。《西游记》第二回："他便按落云端，念动真言，要唤本方土地问个消息。"

【真知力行】宋元之际理学家许衡的知行观。真知，指正确而深刻地认识；力行，指努力践行。认为行是行其所知，只有知之真，才能行得力；如果知得真，必能行得力；行的准则是"顺于理"，要"一切顺理而行"。

【真主】伊斯兰教所信奉的唯一的神，

被认为是世界的创造者和主宰者。阿拉伯语称安拉，汉语称真主。

【枕中记】传奇小说。唐代沈既济著。写士人卢生在邯郸客店遇道士吕翁授枕入睡，时店主正蒸着黄米饭；卢生梦中享尽荣华富贵，醒来发现黄米饭还没蒸熟，因有所悟。作品讽刺追求功名利禄之人。后“黄粱梦”“邯郸梦”“一枕黄粱”等语即由此出。元代马致远《黄粱梦》、明代汤显祖《邯郸记》皆取材于此。

【正词直谏】用正当的言辞直言劝谏。唐代吴兢《贞观政要·论政体》载，唐太宗对大臣们说：“公等但能正词直谏，裨益政教，终不以犯颜忤旨，妄有诛责。”

【正大光明】见 83 页“光明正大”。

【正果】佛教把修行得道叫成正果。因与外道的盲目修炼所得结果有正、邪之分，故名“正果”。

【正名】见 187 页“名正言顺”。

【正气】❶正直刚强的气概；刚正的气节。《楚辞·远游》：“内惟省以端操（端正操守）兮，求正气之所由。”❷光明正大的作风；纯正良好的风气。南宋·罗大经《鹤林玉露》卷二：“欧公（欧阳修）非特事事得体，且是和平深厚，得文章正气。”❸中医学指人体内的元气。清·魏秀仁《花月痕》第四十六回：“今日之事，必先激浊扬清，如医治疾，扶正气始可御外邪。”

【正人君子】指道德高尚、品行端正的人。《旧唐书·崔胤（yìn）传》：“胤所悦者阘（tà）茸（庸碌低下）下辈，所恶者正人君子。”

【正统论】篇名。北宋政治家、文学家欧阳修著。其宗旨在于延续和发挥孔子作《春秋》的精神，正名以定分，求情而责实，别是非，明善恶。

【正心】❶使人心归向于正直。北宋·司马光《交趾献奇兽赋》：“吾闻古圣人之治天下也，正心以为本。”❷公正无私之心。《管子·任法》：“臣有所爱而为私赏之，有所恶而为私罚之，倍（背，违背）其公法，损其正心，专听其大臣者，危（危害）主也。”

【正一道】信奉《正一经》的道教派别。源自东汉张道陵的“正一盟威之道”（即五斗米道）。后张道陵被推尊为“正一天师”，所创道派称为“天师道”。天师道教规不甚严格，后经分化，至元时又与符箓各派统归正一道，与北方新兴起的全真道并称为道教两大派别。也称正一派。

【正义】❶公正的、正当的道理。《韩诗外传》卷五：“耳不闻学，行无正义。”❷正确的或本来的意义。东汉·桓谭《抑讦（jié）重赏疏》：“屏群小之曲说，述五经之正义。”❸公道正直；正确合理。东汉·王符《潜夫论·潜叹》：“是以范武归晋而国奸逃，华元反朝而鱼氏亡。故正义之士与邪枉之人不两立之。”❹旧时指经史的注疏。如唐孔颖达的《五经正义》《周易正义》《春秋正义》等。

【正宗】❶ 佛教指各派的创建者所传下来的嫡派。后世泛称初祖所传之嫡派为正宗。❷ 指完全符合传统要求的；真正的。

【争（zhèng）于父】见下条“争于君”。

【争（zhèng）于君】《郭店楚墓竹简》：“子曰：‘君不义（公正的道理，正义），臣可以争（通“诤”，规谏，直率地劝告）于君；父不义，子可以争于父。’”意思是君主有不义的言行，臣下可以直率地规谏；父亲有不义的言行，儿子可以直率地劝告。

【郑板桥】（1693—1765）清代文学家、书画家。名燮（xiè），字克柔，号板桥。江苏兴化人。乾隆进士。历任知县。画作以松竹花草为主，以画竹成就最为突出。书法杂糅隶、行、楷三体，自成一体。诗作反映现实，忧国忧民。如“衙斋卧听萧萧雨，疑是民间疾苦声”，广为传诵。为“扬州八怪”之一。著有《板桥全集》。参见 322 页“扬州八怪”。

【郑成功】（1624—1662）明清之际收复台湾的名将。本名森，又名福松，字大木；御赐朱姓，改名成功。福建泉州南安人。清军攻入江南后，长期坚持抗清斗争。1661 年驱逐荷兰侵略军，光复台湾，为保卫神圣领土与主权做出了历史性贡献。台湾民间至今保留有多处祭祀庙宇。

【郑光祖】元代戏曲家。字德辉，平阳襄陵（今山西襄汾西北）人。早年习儒为业，后补授杭州路吏。为人方直，不善交往。所作杂剧可考者 18 种，流传至今的有 8 种，其中《倩女离魂》是其代表作。词曲优美，甚得曲家称赏，与关汉卿、马致远、白朴齐名，合称为“元曲四大家”。还写过散曲，清新流畅，婉转妩媚。

【郑国】战国末期的水利工程专家。被韩王派到秦国，向秦王建议修渠。秦王应允后，由他主持，在泾、渭、洛三水之间开渠。渠长 300 多里，关中约 4 万顷田地得到灌溉，成为沃野。秦始皇统一六国后，把这条渠命名为“郑国渠”。参见 356 页“郑国渠”。

【郑国渠】古代关中平原的大型人工灌溉渠道。战国末年，秦王嬴政采纳韩国水利家郑国的建议兴建，约十年后完工。位于今天的陕西泾阳县西北 25 公里的泾河北岸。它西引泾水东注洛水，长达 300 余里（灌溉面积号称 4 万顷），使关中平原成为沃土。至唐代与白渠混合，因主要发展白渠而渐废。

【郑和】（1371—1433）明代航海家。回族。本姓马，名文和，小字三保，御赐郑姓。内官监太监。云南昆阳州（今云南昆明市晋宁区）人。永乐三年（1405）率舰队通使西洋，两年而返。以后又屡次航海，28 年间曾七下西洋，到达 30 多个国家和地区，为我国与亚非各国的往来和海上丝绸之路的创建作出了重要贡献。其远航规模、技术、成果等代表着当时世界最先进水平。参见 224 页“三保太监下西洋”。

【郑玄】（127—200）东汉经学家。字康成。北海高密（今属山东）人。受业于张恭祖、马融等。建安三年被征为大司农，世称郑大司农。治学以古文经说为主，兼采今文经说，为汉代经学的集大成者。经他整理、注释的古书很多，有《周礼注》《仪礼注》《礼记注》《毛诗笺》等。

【政通人和】政令推行通畅，人民和睦团结。形容国泰民安的景象。北宋·范仲淹《岳阳楼记》："越明年，政通人和，百废俱兴。"

【政修则民亲其上】语出《荀子·议兵》。修：修明，清明；上：君主。政治修明，百姓就会亲近他们的君主。

【政之所兴，在顺民心；政之所废，在逆民心】语出《管子·牧民》。政：政事，政务；废：衰败。政事之所以兴盛，是因为顺应民心。政事之所以衰败，是因为违背民心。宣示了"以民为本"的思想。

【知彼知己，百战不殆】语出《孙子兵法·谋攻》。殆：危险，被打败。指对敌我双方的情况都非常了解，即使打百次仗也会立于不败之地。也说知己知彼，百战不殆。

【知耻】《中庸》第二十章："知耻近乎勇。"意思是懂得耻辱，就接近勇敢了。指人应该知道可以做和不可以做的事情，对自己的错误言行保持羞耻之心。

【知其不善则速改】南宋·朱熹《朱子语类》卷二十一："知其不善，则速改以从善，最要在速改上著（zhuó）力。"意思是意识到自己不善的言行，就应该立刻改正，最要紧的是在"速改"上花力气。

【知其雄，守其雌】语出《老子》二十八章。雄：雄壮刚劲（jìng），强大；雌：柔弱，谦恭。意思是知道自己强大刚劲，却保持柔弱谦恭的本性，不与人争。这是道家"和光同尘"的处世哲学。跟"大直若屈，大巧若拙，大辩若讷（nè）"的思想一脉相通。今常用来劝人要善于"藏拙"，避免做出超出实际能力而硬要蛮干的蠢事。也说知雄守雌。

【知人者智，自知者明】语出《老子》三十三章。意思是能了解别人的人是睿智的，能清醒地认识自己、知道自己长处和短处的人是明智的。此即所谓"人贵有自知之明"。

【知所以自治，然后知所以治人】《史记·平津侯主父列传》载，公孙弘上书说："知所以自治，然后知所以治人，天下未有不能自治而能治人者，此百世不易之道也。"意思是懂得如何自我管理，然后才能懂得如何管理别人。天下从来没有不能自我管理而能管理别人的人，这是千古不变的真理。指出管理别人的人必须以身作则。

【知天命】《论语·为政》："五十而知天命。"意思是人到五十岁才懂得天命。所谓"知天命"指已把握了人生一切应知的道义与职责，知道如何去做。后因以"知命"或"知天命"为五十岁的代称。

【知屋漏者在宇下】东汉·王充《论衡》："知屋漏者在宇下，知政失者在草野。"意思是知道房屋漏雨的人在房屋下，知道政治有过失的人在民间。指为官者应当了解民情、倾听民声。

【知无不言，言无不尽】只要知道，就没有不说的；只要说，就没有不说透的。北宋·司马光《〈吕献可章奏集〉序》：“知无不言，言无不尽，如献可者，于其职业，可谓无所愧负矣。”

【知行合一】明代哲学家王守仁的认识论命题。认为“知”和“行”是统一的。“知是行之始，行是知之成”，“知而不行，只是未知”，学者必须“知行并进”。但他所谓的“知行合一”的本体是“良知”，实际上是以知代行，行合于知。

【知言】指善于了解、分析别人的言辞。《孟子·公孙丑上》：“我知言，我善养吾浩然之气。”意思是我能分析别人的言辞，我善于培养我的浩然之气。孟子指出要善于分析四类言辞：不全面的言辞〔诐（bì）辞〕、过分的言辞（淫辞）、不合于正道的言辞（邪辞）、掩饰自己过错的言辞（遁辞）；还要进一步找到四类言辞的症结所在。

【知之、好之、乐之】《论语·雍也》：“知之者不如好之者，好之者不如乐之者。”对于学问事业，了解它的人不如喜好它的人，喜好它的人不如以它为乐的人。孔子由此揭示了对于学问事业的三重境界。

【织锦回文】用五色丝线织成的回文诗。《晋书·列女·窦滔妻苏氏》记载：窦滔为秦州刺史，被徙流沙，其妻苏氏（名蕙，字若兰，善诗文）想念他，将自己作的回文诗，织锦为回文旋图以赠，共840字。也说璇玑图。

【执着（zhuó）】原为佛教语，指对尘世的事物追逐不舍，不能解脱。唐·白居易《佛法堂碑》：“凡夫无明（痴愚），二乘（佛教指声闻乘与缘觉乘）执着。”后泛指固执或坚持不懈。《水浒传》第二十二回：“我只怕雷横执着，不会周全人，倘或见了兄长，没个做圆活处。”

【直】正直、公正、正派。我国古代的道德规范之一。《论语·雍也》：“人之生也直，罔（枉曲，不直）之生也幸而免。”意思是人能生存于世上是由于正直，而不正直的人也能生存，那只是侥幸。

【直躬】以直道立身；按直道做事。《论语·子路》：“吾党有直躬者，其父攘羊，而子证之。”也指按直道做事的人。《庄子·盗跖（zhí）》：“直躬证父，尾生溺死，信之患也。”参见358页“直躬之信”。

【直躬之信】《吕氏春秋·仲冬纪·当务》记载：一个“直躬”（按直道做事）的人向官府告发其父偷羊，官府捉拿了他的父亲并要处死，他请求代父去死。行刑前，他却向监斩官说：“我告发我父亲偷窃，难道这不是诚信吗？我代父受刑，这难道不是孝顺吗？我信孝两全，都要被杀，天下还有不被杀的人吗？”楚王便赦免了他。孔子听说此事惊道：“直躬这样的诚信奇怪啊！一个告发父亲的人竟取得了美名。”孔子认为此人既不孝（告发父亲），又不信（沽名钓誉），“故直躬之信不若无信”（直躬的诚实不如不诚实）。也说直躬证父。

【**直言直行**】语出《大戴礼记·曾子执言中》。意思是言行正直。孔子所称誉的一种德行。

【**直音**】我国古代的注音方法之一。即用同音字给生字注音，如“大音太”“忉音刀”。或加上语言描述，如“信，读若屈伸之伸”。

【**纸鸢**（yuān）】鸟状的风筝。泛指风筝。相传源于春秋时期，“墨子为木鹞（yào），三年而成，飞一日而败”。南北朝时，风筝曾用于传递信息。隋唐时由于造纸业发达，民间开始用纸来裱糊风筝。宋时放风筝已成为人们喜爱的户外活动。宋代张择端的《清明上河图》和苏汉臣的《百子嬉春图》里都有放风筝的生动画面。

【**指南车**】我国古代用来指示方向的一种车状机械装置。它与指南针利用地磁效应不同，不是利用磁性，而是利用齿轮传动系统和离合装置，根据车轮的转动，由车上木人指示方向。相传黄帝曾用指南车与蚩尤作战。东汉张衡、三国魏马钧、南朝祖冲之皆有造指南车之事。也称司南车。

【**指南针**】❶利用磁针指着南北两方的性能制成的指示方向的仪器。是我国古代四大发明之一。在战国时已有文字记载，称为“司南”。北宋沈括的《梦溪笔谈》对于磁石磨成的指南针记载更详，而欧洲关于磁针的记载则较晚。常用于航海、旅行和行军。❷比喻辨别正确方向的依据。明·王守仁《传习录》卷下：“这些子看得透彻，随他千言万语，是非诚伪，到前便明……真是个试金石、指南针。”

【**至诚**】❶古代儒家道德修养的极真诚的境界。《中庸》第三十二章：“唯天下至诚，为经纶天下之大经，立天下之大本，知天地之化育。”朱熹集注：“至诚之道，非至圣不能知；至圣之德，非至诚不能为。”❷极忠诚；极真诚。东汉·袁康《越绝书·外传计倪》：“愿君王公选于众，精炼左右，非君子至诚之士，无与居家，使邪僻之气，无渐以生。”

【**至善**】❶完美的道德。儒家指人的道德修养所能达到的最高境界。《大学》“三纲领”之一。《大学·经文》：“大学之道，在明明德，在亲（通“新”，革新）民，在止于至善。”意思是大学里所讲的圣王之道，在于发扬人心固有的光明的德性，在于革新人们的不良习俗，在于使人们达到最完美的道德境界。❷最好的办法或情况。《管子·幼官》：“至善不战，其次一之。”意思是用兵最上之策是不战而胜，其次是虽战而号令始终如一。

【**至言忤**（wǔ）**于耳而倒**（dǎo）**于心，非圣贤莫能听**】语出《韩非子·难言》。忤：违背，触犯；倒：损伤，败坏。合情合理的话语刺激听者的耳朵，败坏他的心情，不是圣德之人是不能接受的。说明有修养的人能接受逆耳之言。

【**志不强者智不达，言不信者行不果**】语出《墨子·修身》。达：普遍，全面，这里指高境界；果：事情的结果、成果。意志不坚强的，智慧就达不到高境界；

说话不讲信用的，做事就不会有成果。

【**志怪小说**】中国古代小说形式之一。是魏晋南北朝时期产生和流行的一种以记述神仙鬼怪为主要内容的小说，也包括汉代的同类作品。如干（gān）宝《搜神记》、葛洪《神仙传》等。志怪小说对唐代传奇产生了直接的影响。

【**志合者不以山海为远**】语出东晋葛洪《抱朴子·博喻》。意思是如果彼此志趣相同，不会因为有山海阻隔而感到距离遥远。

【**志士仁人**】指有高尚节操、有仁爱之心、能为理想献身的人。《论语·卫灵公》："志士仁人，无求生以害仁，有杀身以成仁。"也说仁人志士。《韩诗外传》卷三："（山）育群物而不倦，有似仁人志士，是仁者之所以乐山也。"

【**志毋**（wú）**虚邪，行必正直**】语出《管子·弟子职》。毋：不要，别。意思是志向不可虚伪邪恶，做事必须公正坦率。

【**志于道，据于德，依于仁，游于艺**】语出《论语·述而》。孔子认为，人应该立志高远（即"志于道"），立足于"德"和"仁"的修养磨炼，优游于礼、乐、射、御、书、数六艺之中。即应该做一个道、德、仁、艺均衡发展的人。

【**志于学**】《论语·为政》："吾十有（yòu，通"又"）五而志于学。"孔子自述其十五岁时便有志于学问，进入自觉学习的阶段。

【**志之所趋，无远弗届**】清·金缨《格言联璧·学问类》："志之所趋，无远弗届，穷山距海，不能限也；志之所向，无坚不入，锐兵精甲，不能御也。"意思是志向所趋，没有不能达到的地方，即使是山海尽头，也不能限制；意志所向，没有不能攻破的壁垒，即使是精兵坚甲，也不能抗拒。指出立志的重要。

【**志之所向，无坚不入**】见360页"志之所趋，无远弗届"。

【**制天命而用之**】语出《荀子·天论》。天命：指大自然的规律。意思是人类在自然面前不是无能为力的，应当主动地利用自然规律为社会造福。体现了荀子的人定胜天思想。

【**知**（zhì）**而好**（hào）**谦，必贤**】语出《荀子·仲尼》。知：古同"智"，聪明，智慧；贤：品德高尚。聪慧明智而又爱谦虚，就一定有德有才。

【**知**（zhì）**者不惑，仁者不忧，勇者不惧**】语出《论语·子罕》。孔子说，聪明的人不迷惑，有仁德的人经常乐观，勇敢的人无所畏惧。

【**知**（zhì）**者乐水，仁者乐山**】语出《论语·雍也》。知：古同"智"；乐：喜好。孔子说，聪明的人通达事理，反应敏捷而思想活跃，性情好动就像奔流不息的流水一样；仁厚的人安于义理，仁慈宽容而不易冲动，就像巍然矗立的大山那样。

【**治大国若烹小鲜**】语出《老子》六十章。河上公注："烹小鱼不去肠，不去鳞，不敢挠，恐其糜也。"意思是治理一个大的国家，如同烹制一道味美的鱼鲜。指治理大的国家，应该秉持正确的理念，遵从事物本身的发展规律，凡事不能过头，也不能不到位；做任何决策都需要把握好度的原则，不能朝令夕改、随意搅动、胡乱折腾，而需要遵从社会的自然秩序。

【治官化民，其要在上】语出《管子·君臣上》。治：治理；化：教化。治理官吏、教化人民，它的关键在于君主自身。

【治国常富，而乱国常贫】语出《管子·治国》。社会安定的国家通常是富裕的，而动荡混乱的国家往往贫困。

【治国之道，必先富民】语出《管子·治国》。治理国家的方法，就是一定要先使人民富裕起来。

【治理之道，莫要于安民；安民之道，在于察其疾苦】语出明代张居正《答福建巡抚耿楚侗（tóng）》。治国理政的方法，没有比使民安定更重要的；使民安定的方法，则在于体察他们的疾苦。

【治乱绳，不可急】《汉书·龚遂传》："治乱民犹治乱绳，不可急也；唯缓之，然后可治。"意思是治理乱世之民，好像解开一团乱麻般的绳子，不能着急，需要慢慢理清头绪。泛指拨乱反正需要有个过程。

【治世】❶国家太平、社会繁荣的时代（跟"乱世"相对）。《荀子·大略》："故义胜利者为治世；利克义者为乱世。"❷治国、治理天下。参见361页"治世不一道，便国不法古"。

【治世不一道，便国不法古】语出《商君书·更法》。道：方法，方式；便：便利，有利。意思是治理国家并非仅有一种方法，只要对国家有利，未必效法古代。反映了商鞅变法改革的思想。

【治学三境界】清·王国维《人间词话》："古今之成大事业、大学问者，罔不经过三种之境界：'昨夜西风凋碧树。独上高楼，望尽天涯路'，此第一境界也；'衣带渐宽终不悔，为伊消得人憔悴'，此第二境界也；'众里寻他千百度，蓦然回首，那人却在灯火阑珊处'，此第三境界也。"用形象的比喻提出了治学的三种境界：第一境界（语出北宋晏殊《鹊踏枝》词），指首先要立志高远；第二境界（语出北宋柳永《凤栖梧》词），指要不懈努力，执着追求；第三境界（语出南宋辛弃疾《青玉案》），指终于功到事成。

【治众者至寡】三国魏·王弼《周易略例·明彖（tuàn）》："夫众（庶民百姓）不能治众，治众者，至寡（君王）者也。"王弼认为，一个社会如果任庶民百姓自由自在，随心所欲，必然是混乱无序；要想社会安宁，君王的存在是必要的，只有这个至高无上的"至寡"，才能使社会"繁而不乱"，运行有序。

【挚】诚恳；真挚。《明史·靖江王守谦传》："（太祖）赐书戒饬，语极挚切。"清·王士禛（zhēn）《〈诚斋诗集〉序》："于师友之际，尤缠绵笃挚。"又如：挚友（真挚的朋友）。

【智】指聪明，智慧。《孟子·公孙丑下》："王自以为与周公孰仁且智？"为儒家"五常"（仁、义、礼、智、信）之一。

【智者大师】（538—597）南朝陈、隋时高僧，天台（tāi）宗创始人。俗姓陈，名颛（yǐ），字德安。祖籍颍川（今河南许昌）。18岁投湘州果愿寺出家。曾从慧旷、慧师等高僧学习禅法，应陈后主诏请在金陵讲经说法，应隋晋王杨广之请，为其授菩萨戒，受“智者”之号。杨广按其遗愿在天台（tāi）山建国清寺。著有《法华玄义》《法华文句》等。

【智者千虑，必有一失】语出《晏子春秋·内篇·杂下》。聪明人无数次思考，必定会有一次失误或疏漏。说明不要把智者、愚者绝对化，阐释了任何事物都是一分为二的，不要绝对化。

【智者求同，愚者求异】《黄帝内经·素问·阴阳应象大论》：“智者察同，愚者察异；愚者不足，智者有余。”意思是懂得养生之道的人能够调动共有的健康本能，不懂得养生之道的人只知道强弱异形。后者常感不足，前者就常能有余。今用“智者求同，愚者求异”指智者于异中求同，寻找共同点，以便合力共进，合作共赢；而愚者扩大矛盾，互相掣肘，以致两败俱伤。

【智者之虑，必杂于利害】语出《孙子兵法·九变》。杂：交错，结合。智慧高的人思虑问题，必定把利和害两个方面结合起来进行分析，尽知其利，也尽知其害。指明智的决断必须全面地权衡利弊。

【置于死地而后生】身处绝境而奋力拼搏才能生存发展。参见276页“投之亡地然后存，陷之死地然后生”。

【中法战争】1883—1885年法国侵略越南和中国的战争。战争初期，法国远东舰队虽一度攻占基隆，却于沪尾（今台北县淡水镇）一役被刘铭传部清军击败；后期台湾及杭州湾防卫成功，广西军务帮办冯子材统率各部于镇南关（今友谊关）、谅山大败法军；刘永福部黑旗军也在越南义军配合下，于临洮大败法军。最终清廷却签订了屈辱的《中法新约》，使越南成了法国的殖民地，并打开了中国的西南门户。

【中国】❶原是中原华夏民族对自己所居之地的称呼，最早出现在商代，原意是天下的中央，集中体现了华夏民族的中心意识。作为国家概念指由华夏各民族共同组成的地域辽阔历史悠久的文明国家。“中华民国”“中华人民共和国”均取此义。也说中华。❷指京师。《诗经·大雅·民劳》：“惠此中国，以绥四方。”毛传：“中国，京师也。”❸中华人民共和国的简称。

【中和】❶指不偏不倚的儒家中庸思想。认为人的修养能“致中和”（达到中和的境界），会产生“天地位焉，万物育焉”（天地各得其应处的位置，万物正常生育）的效果。❷道教的早期戒律。《老子想尔注》：“道贵中和，当中和行之；志意不可盈溢，违道诫。”❸指宽猛适当。《荀子·王制》：“公平者，职之衡也；中和者，听之绳也。”杨倞（jìng）注：“中和谓宽猛得中也。”

【中和论】著作名。北宋司马光著。中和是司马光思想的根基，其核心观点是“中和为养生作乐之本”。当喜怒哀乐未发之时则存于心中，已发之后则制之心中。“和”是“中”的自然结果，因此说“中、和一物”。司马光的中和思想，既肯定了喜怒哀乐未发之时应当于静中涵养持中的工夫，又强调了喜怒哀乐已发之后以中制情的作用。

【中华】古代华夏族多建都于黄河南北，以其在四方之中，因称之为“中华”。后各朝疆土渐广，凡所统辖皆称中华，也称中国。东晋·桓温《请还都洛阳疏》：“自强胡陵暴，中华荡覆，狼狈失据。”参见362页“中国”①。

【中华大字典】书名。字书。陆费逵、欧阳溥存主编。1915年出版。收单字48000余个，按部首编排，用反切和直音注音，分条解释字义，引例注明篇名。并收籀、古、俗、讹等字体，一一辨明。较《康熙字典》详备。

【中流砥柱】砥柱，原为屹立于黄河急流中的砥柱山（在今河南三门峡东）。后用“中流砥柱”比喻在艰险、危难的局面中起支柱作用的人或力量。南宋·刘仙伦《贺新郎·寿王侍郎简卿》：“缓急朝廷须公出，更作中流砥柱。”

【中秋节】我国传统节日，在每年农历八月十五日。民间有家人团聚、赏月、吃月饼的习俗。南宋·吴自牧《梦粱录·中秋》：“八月十五日中秋节，此日三秋恰半，故谓之中秋。”除流行于汉族地区外，也流行于壮、布依、朝鲜等少数民族地区。韩国、越南等国家也有此节，但内容稍有不同。也说中秋、团圆节。

【中日甲午战争】1894—1895年日本发动的侵略中国和朝鲜的战争。因战争爆发的1894年为甲午年，故称。日本首先侵占朝鲜全境，又在黄海海战取得制海权，最后占领辽东半岛。虽经爱国军民英勇抗战，但由于清廷的腐败，这场战争以中国战败、北洋水师全军覆没告终。清朝政府被迫签订了丧权辱国的《马关条约》。战争的结果给中华民族带来空前严重的民族危机，大大加深了中国社会半殖民地化的程度；日本则国力更为强大，得以跻身列强。也称甲午战争。

【中说】书名。隋代王通的门人纂集、记录其言行的一部语录体著作。分为王道、天地、事君等10篇。以气、形、识分别作为天、地、人的特点，提出“三教可一”的思想，试图从理论上调和儒、释、道“三教”。也称《文中子》。

【中体西用】见363页“中学为体，西学为用”。

【中西合璧】把中国和西方的特色完美结合起来。《孽海花》第二十二回：“那馆房屋的建筑法，是中西合璧的五幢两层楼。”

【中学为体，西学为用】我国近代关于“中学”与“西学”关系的命题，清末洋务派的指导思想。所谓“中学”，指以孔孟之道为核心的儒家学说和君主专制的国家政体；“西学”，指欧美的自然科学和社会政治学说，即“西政”和“西艺”两个部分。“中学为体，西学为用”，即以“中学”为根本，“西学”为“中学”服务。张之洞《劝学篇》中首提这一命题，认为西方学术必须“果有益于中国，无损于圣教者”，即不能触犯封建王朝的根本利益，为封建王朝的统治服务。这一思想成为洋务派的思想武器，对我国近代的政治、思想、教育、文化均有较大的影响。

【中医】❶中医学即汉族医药学的简称（跟“西医学”相对）。中国传统医学的重要组成部分。理论体系包括阴阳、五行、运气以及藏象、经络、病因病机、治则治法等。诊病方法有望、闻、问、切（qiè）。主张辩证施治，治疗方法有中药、方剂、针灸、推拿、按摩、气功等。中医学为中华民族的生存繁衍以及我国临近国家的人民健康，做出了巨大贡献。❷指用我国传统医学医术治病的医生。

【中庸】❶儒家的伦理思想和处事原则。中指中正、中和，适度、合宜、无过无不及；庸指平常、平凡、常道。儒家主张凡事取中，不偏不倚、不左不右、不走极端。《论语·雍也》：“中庸之为德也，其至矣乎！”处理问题的原则和方法，既不落后于现实，又不过于超前，既“中”且“正”，态度温和。❷书名。儒家经典之一。原是《礼记》中的一篇。据传为战国时子思〔孔伋（jí）〕所作。内容肯定中庸是道德行为的最高标准，提出“从容中道，圣人也”，把诚看成是世界的本体，又以“至诚”作为最高境界和世界本原。并提出“博学之，审问之，慎思之，明辨之，笃行之”的学习过程和认识方法。至宋代儒家始将《中庸》和《大学》《论语》《孟子》并列为“四书”。

【中庸之道】儒家的最高道德标准。主张待人接物采取折中调和、不偏不倚的态度。主旨在于修养人性，所追求的修养的最高境界是“至诚”。中庸之道是很难达到的完美境界。

【中元节】我国传统节日。在农历七月十五日。道教称这一天为地官生日。道观举办斋醮（jiào）道场超度亡魂。佛教这一天举办盂兰盆会。民间有在这一天祭祀祖先和亡故亲人的习俗。也称鬼节。

【中原音韵】书名。韵书。元代周德清撰。分前后两卷，前卷为韵谱，后卷为附论。根据元代北曲用韵，分19部。首倡“平分阴阳，入派三声”之说。韵部简化，改变《切韵》以来韵书的体例。后来北曲作家作曲、演员唱曲，正音咬字，多以此书为依据。是研究近代北方话和普通话语音的重要资料。

【忠】忠诚无私；尽心竭力。是儒家处理人与人之间尤其是臣子与君主之间关系的道德准则。是孔子教育学生的一项内容。《论语·述而》：“子以四教：文、行、忠、信。”一方面是“与人忠”，为别人办事要尽心尽力；一方面是“事君以忠”，后世的忠君思想即源于此。

【忠臣】忠于君主或国家的官吏。唐·李端《过宋州》：“世乱（指安史之乱）忠臣死，时清明主哀。”明·郎瑛《七修类稿·南都二墓》：“吾夫为国死，为忠臣。”

【忠诚】对国家、人民、事业、朋友尽心尽力，诚心诚意。东汉·荀悦《汉纪·文帝纪下》:“周勃质朴忠诚，高祖以为安刘氏者必勃也。”

【忠骨】忠烈者的遗骨。清·梁章钜《楹联丛话·庙祀下》引松江徐氏女题岳坟楹联:“青山有幸埋忠骨（抗金爱国将领岳飞的遗骨)，白铁无辜铸佞（nìng）臣（指勾结金人陷害岳飞的秦桧等四人)。”

【忠良】忠诚善良；也指忠诚善良的人。南朝宋·鲍照《代出自蓟（jì）北门行》:“时危见臣节，世乱识忠良。”

【忠烈】忠诚于国家而壮烈牺牲；也指忠诚于国家而壮烈牺牲的人。如：满门忠烈、缅怀忠烈。

【忠恕】儒家的一种道德伦理规范。忠，尽心为人；恕，推己及人。《论语·里仁》:“曾子曰:‘夫子之道，忠恕而已矣。’”朱熹注:“尽己之谓忠，推己之谓恕。”忠恕是孔子道德伦理的重要思想，是实行“仁”的方法。“忠”要求积极为人，“恕”要求推己及人。

【忠孝】忠于君国，孝敬父母。东汉·刘珍《东观汉记·北海敬王刘睦传》:“大王忠孝慈仁，敬贤乐士。”

【忠言逆耳】正直的话听起来不顺耳。《史记·留侯世家》:“且忠言逆耳利于行，毒药苦口利于病，愿沛公听樊哙（kuài）言！”

【忠义】❶忠贞节义。《老残游记》第二回:“后人敬他的忠义，所以至今春秋时节，士人尚不断的来此进香。”❷指忠臣义士。《后汉书·臧洪传》:“将军举大事，欲为天下除暴，而专先诛忠义，岂合天意？”

【终南捷径】《新唐书·卢藏用传》记载：唐代卢藏用举进士后，就隐居于终南山中，因此而出了名，做了大官。他的朋友司马承祯说，隐居终南山是“仕宦之捷径耳”。后用“终南捷径”比喻谋求官职或名利的最便捷的门路。也比喻到达目的的便捷途径。

【终南山】道教名山。在陕西省西安市南。秦岭山峰之一，主峰海拔 2604 米。相传道教主流派全真道创始人王重阳，北五祖中的汉钟离、吕洞宾等曾修道于此。有南山湫、金华洞、日月岩等名胜古迹。也称太乙山。

【钟馗（kuí）】民间传说中驱妖逐邪之神。北宋·沈括《梦溪笔谈·杂志》记载：唐明皇病中梦见未中武举的钟馗灭除妖孽，醒后病愈，于是诏画师吴道子画成图像以除邪驱祟。后此俗传布民间。一说由“终葵”（即“椎”）演化而来，古代民俗以椎驱鬼，六朝人认为终葵可以驱鬼辟邪，遂附会为人。今多用来指敢于同邪恶势力作斗争的人物。

【钟嵘（róng）】南朝梁文学批评家。字仲伟，颍川长社（今河南长葛）人。齐时官至司徒行参军。入梁，历任衡阳王、晋安王记室。所撰《诗品》为诗歌批评专著。

【钟山书院】清代江苏省城书院。位于上元县城（今南京市太平南路)。清雍正元年（1723）两江总督查（zhā）弼纳倡建，选省内士子在其中延师教训。有大门、讲堂、斋舍等主要建筑百余间，规模较大，世宗御赐“敦崇实学”额。历任山长有卢文弨（chāo）、钱大昕、姚鼐（nài）、缪（miào）荃孙等。清末改为江南高等学堂。

【钟繇（yáo）】（151—230）三国魏大臣、书法家。字符常，颍川长社（今河南长葛）人。东汉末任黄门侍郎。曹操为相时镇守关中，注意恢复生产。曹氏代汉后累迁太傅，人称“钟太傅”。工书法，博采众长，兼善各体，尤精隶、楷。与东晋书法家王羲之并称为“钟王”。南朝庾肩吾将其书法列为“上品之上”，唐张怀瓘（guàn）在《书断》中则评为“神品”。真迹不传。现存法帖疑为后人临摹。

【仲弓】见216页“冉雍”。

【仲由】见373页“子路”。

【众寡同力，则战可以必胜，守可以必固】语出《管子·重令》。军队不论人数多少，只要同心协力，进攻必定取胜，防守必定牢靠。

【众志成城】语出《国语·周语下》。指众人志同道合、同心协力，就能形成一道坚固的城墙。比喻大家团结一致，就可形成无比强大的力量。

【重于泰山】指比泰山还重。形容意义重大。西汉·司马迁《报任安书》：“人固有一死，或重于泰山，或轻于鸿毛。”北宋·苏轼《御试制科策》：“天下有事，则匹夫之言重于泰山。”

【周】❶朝代名（前1046—前256）。姬发（周武王）灭商所建，都于镐（hào，今陕西西安市长安区）。前771年申侯联合犬戎攻杀周幽王。次年，周平王迁都雒（luò）邑（今河南洛阳）。史称平王东迁以前为西周，以后为东周。东周又可分为春秋和战国两个时期。前256年为秦所灭。共历34王791年。❷北周（557—581）。南北朝朝代之一，鲜卑人宇文觉所建。❸武周（690—705）。唐武后武则天称帝，曾改国号为周。史称“武周”。❹后周（951—960）。五代之一，郭威所建。

【周邦彦】（1056—1121）北宋词人。字美成，号清真居士，钱塘（今浙江杭州）人。徽宗时为徽猷阁待制，提举大晟（shèng）府（最高音乐机关）。精通音律，曾创作不少新词调。词作多写闺情、羁旅，也有咏物之作，为婉约派词人的代表之一。格律严谨，语言典雅，长调善铺排。为后来格律派词人所宗。旧时词论称他为“词家之冠”或“词中老杜”。能诗赋。作品今存《片玉集》。

【周髀（bì）算经】书名。算经十书之一。原名《周髀》。2卷。是长期积累编纂而成的数学著作。西汉或更早时期成书。主要以数学方法阐明当时的盖天说和四分历法，使用的分数运算、开平方与勾股定理，在我国都属最早应用。其“类以合类”的思想，是当时数学的总结，也规范了后来我国传统数学的特点。

【周勃】（？—前169）西汉初大臣。沛县（今属江苏）人。秦末随刘邦起兵，屡建战功，拜为将军，封绛（jiàng）侯。继因讨平韩信等叛乱有功，吕后时升为太尉。刘邦死后，吕后专权，周勃虽为太尉，兵权却为吕禄掌握。吕后死，周勃与陈平等合谋智夺吕禄军权，一举诛灭吕氏诸王，拥立文帝，任右丞相。

【周德清】（1277—1365）元代音韵学家。字日湛，号挺斋。江西高安人。北宋哲学家周敦颐后代。工乐府，善音律，兼长北曲。他根据当时的元大都（今北京）的语音系统撰成《中原音韵》，为北音韵书的创始之作，也是中国最早的一部曲韵著作。参见 364 页“中原音韵”。

【周敦颐】（1017—1073）北宋哲学家。字茂叔。人称濂溪先生。道州营道（今湖南道县）人。曾任大理寺丞、国子博士。继承《易传》《中庸》和道家思想，依托陈抟的《无极图》，提出“无极而太极”的宇宙生成论。他还提出理、气、性、命等概念，成为宋明理学的基本范畴。他本人也成为理学创始人之一。著有《太极图说》《通书》等，后人编为《周子全书》。

【周而不比】指坚持忠诚信实的原则团结人，而不别有用心地互相勾结。《论语·为政》：“君子周（因忠信而亲密和谐）而不比（勾结），小人比而不周。”孔子说君子和谐而不勾结，小人因利害勾结而不和谐。

【周公】西周初重要政治人物。姬姓，名旦。文王之子，武王之弟。因采邑在周（今陕西岐山北），故称“周公”。曾助武王灭商。武王死，因成王年幼而摄政。东征平叛，分封诸侯，营建东都于雒（luò）邑（今河南洛阳），制礼作乐，建立典章制度，主张“明德慎罚”。其言论见于《尚书》的《大诰》《康诰》《多士》《无逸》《立政》等篇。

【周文王】商末周族领袖。姬姓，名昌，商纣王时为西伯。曾被纣王囚禁于羑（yǒu）里（今河南汤阴北）。统治期间，使虞、芮两国归附，攻灭黎（今山西长治市西南）、邘（yú，今河南沁阳西北）、崇（今河南嵩县北）等国，建丰邑（今陕西西安长安区沣河以西）为国都，为武王灭商奠定了基础。传《周易》为其所演。在位 50 年。周武王姬发灭商建周后，追尊为文王。

【周武王】（？—前 1043）西周王朝的建立者。姬姓，名发，文王之子。公元前 1046—前 1043 年在位（从灭商之年起算）。继承文王遗志，于公元前 1046 年联合诸部落攻商，牧野（今河南淇县西南）之战大胜，灭商。建立西周王朝。定都镐京（今陕西西安市长安区西北），分封诸侯。

【周亚夫】（？—前 143）西汉名将。沛县（今属江苏）人。周勃之子。治军有方，曾驻军细柳（今陕西咸阳西南），文帝来巡，见军容严整，深为嘉许。景帝时任太尉，平定吴楚七国之乱，升迁为丞相。后因功高遭忌，下狱绝食死。

【周易】书名。儒家重要经典之一。“易”有变易（穷究事理变化）、简易（执简驭繁）、不易（永恒不变）三义，相传为周人所作，故名。包括《经》和《传》两部分。《经》主要是 64 卦和 384 爻，作为占卜之用。《传》包括解释卦辞、爻辞的文辞共 10 篇。《周易》通过八卦的形式，推测自然和社会的变化，提出了一些富有朴素辩证法的观点。被誉为“群经之首，大道之源”，是我国传统思想文化中的瑰宝，对我国文化有深远影响。简称《易》。

【**周易参同契**】书名。道教早期炼丹专书。东汉魏伯阳著。3卷。魏氏是道教祖师、炼丹理论家。全书借用乾、坤、坎、离、水、火等法象，以明炼丹修仙之术。大旨是参同“周易”“黄老”“炉火”三家理法而会归于一，能“妙契大道”，故名。被视为“万古丹经之祖”。简称《参同契》。

【**周易程氏传**】书名。也称《程氏易传》《伊川易传》。北宋程颐著。是程氏阐释周易的专著。书中批评了象数派，阐明了自己的义理思想，继王弼《周易注》之后，将义理派推向了新的高峰。从元代开始被定为科举必读书，社会影响巨大。

【**周易外传**】书名。明清之际王夫之著。7卷。前4卷论卦，5卷、6卷论《系辞》，末卷论《说卦》《序卦》《杂卦》，借论述《周易》来抒发政治抱负，表述政治主张，讨论哲学理论。对易象关系作了朴素唯物主义和辩证法思想解释，提出“天下惟器而已矣”“无其器则无其道”等命题。

【**周瑜**】（175—210）三国东吴名将。字公瑾，庐江舒县（今安徽庐江西南）人。21岁起随孙策平定江东，创建孙吴政权。后孙策遇刺身亡，孙权继任，周瑜与长史张昭共辅国政。建安十三年（208），曹操大军南下，周瑜与刘备联合，于赤壁大败曹军，并进克江陵。建安十四年（209），拜偏将军领南郡太守。后病逝于巴丘（今湖南岳阳），年仅36岁。精音乐，当时有“曲有误，周郎顾”之语。

【**周原遗址**】先周和西周时期的重要遗址。位于陕西岐山、扶风两县北部的岐山脚下。总面积约15平方千米。据文献记载，这里是周人发祥地，为周文王祖父古公亶父率众迁居之处，是灭商以前的都城遗址。1976年起进行发掘，发现两处大型宗庙或宫殿建筑基址，并有多处制骨、铸铜、制玉石等手工业作坊。1977年发现周初的有字卜甲，总数约200片。多次出土西周有铭铜器，如毛公鼎、盂鼎、克鼎、大丰簋等。是全国重点文物保护单位。

【**咒**】❶僧、道、方士等自称可以驱魔降妖的口诀。❷佛教密宗的真言，意为真实不妄的言辞。

【**籀**（zhòu）**文**】古汉字的一种字体。因著录于《史籀篇》而得名。起于西周晚年，春秋战国时期通行于秦国。与秦篆相近，但构形多重叠。今存石鼓文为其代表。也称籀书、大篆。

【**朱耷**（dā）】（1626—1705）清初画家。江西南昌人。明末皇族后裔。别号八大山人、雪个等。明亡后一度为僧，又当道士，主持南昌青云谱道院。佯狂嗜酒，工书，善画山水、花鸟、竹木，笔致纵恣，夸张奇特。署款八大山人，连缀似“哭之”“笑之”字样，寄寓亡国之痛。存世作品有《荷石水鸭图》等。

【**朱棣**（dì）】（1360—1424）明成祖。明太祖第四子。明代皇帝，年号永乐，1402—1424年在位。初封燕王，镇守北平，建文四年夺取帝位。永乐七年（1409）派兵将管辖今黑龙江、精奇里江、乌苏里江、松花江流域和库页岛等地。十九年迁都北京。解除藩王兵权，巩固中央政权。屡次出兵，打击蒙古贵族势力，巩固北部边防。重用宦官，设置东厂（特务机构），开宦官干政之始。派郑和出使南洋，促进了中外经济、文化交流。命解缙等编撰《永乐大典》，保存了大量古代文化典籍。

【**朱骏声**】（1788—1858）清代文字训诂学家。字丰芑（qǐ），号允倩，江苏吴县（今江苏苏州市吴中区）人。道光时任黟（yī）县训导。撰《说文通训定声》，阐明转注、假借之旨，对《说文》和训诂研究颇多贡献。另著有《传经堂文集》等。

【**朱买臣**】（？—前115）西汉吴县（今江苏苏州）人，字翁子。家贫，以卖柴为生。后赴长安上书，解读《春秋》《楚辞》，因符合武帝心意被任为中大夫。曾任会（kuài）稽太守、主爵都尉、丞相长史等。后因涉案被诛。

【**朱熹**（xī）】（1130—1200）南宋哲学家、教育家。字元晦，号晦庵，别称紫阳。祖籍徽州婺（wù）源（今属江西），生于南剑州龙溪（今属福建）。官至焕章阁待制兼侍讲。在哲学上继承发展了“二程”的理气学说，集理学之大成，建立了完整的客观唯心主义的理学体系，世称程朱学派。其理学思想在明清时被提到儒学的正宗地位。日本在江户时代“朱子学”也颇盛行。从事教育五十余年，倡导启发式。著有《四书章句集注》《周易本义》《诗集传》《楚辞集注》等。后人编纂有《朱子语类》《朱文公文集》等。

【**朱彝尊**】（1629—1709）清代文学家、学者。字锡鬯（chàng），号竹垞（chá），又号金风亭长，晚号小长芦钓鱼师。秀水（今浙江嘉兴）人。以布衣授翰林院检讨，入直南书房，参加纂修《明史》，仅二年而罢归。通经史，擅诗词、古文，长于考据。词推崇姜夔（kuí），标举清空醇雅，开创浙西词派；诗宗唐而求变，工整雅健，与王士禛齐名，时称“南朱北王”。著述颇丰，有《经义考》300卷、《日下旧闻》42卷、《曝书亭集》80卷等。编有《词综》36卷、《明诗综》100卷等。

【**朱元璋**】（1328—1398）即明太祖。明王朝的建立者。1368—1398年在位。濠州钟离（今安徽凤阳东北）人。少时家贫，曾在皇觉寺为僧。1352年参加红巾军反元，韩林儿称帝时任左副元帅。1356年攻下集庆（今南京），废苛政，兴屯田，接受朱升“高筑墙、广积粮、缓称王”的建议，扩充军力，后击败陈友谅，杀死韩林儿，消灭张士诚，挥师北上。1368年称帝，国号明，年号洪武，以应天（今南京）为国都。同年攻克大都（今北京），灭元，统一全国。他杀戮功臣，抑制豪强，加强皇权；采取多项措施恢复生产，使经济、文化得到发展。也称朱洪武。

【朱子全书】书名。南宋朱熹著作的分类汇编。清代李光地等奉命编纂，66卷。在原有朱熹文集、语录的基础上，经过整理删节，以类排比而成。编成后，以"御纂"名义颁行全国。

【珠联璧合】本指华美的天象。《汉书·律历志上》："日月如合璧，五星如连珠。"后以"珠联璧合"比喻杰出的人才相匹配或美好的事物聚集在一起。元·王沂《科举程文序》："予得而阅之，爱其光辉如珠联璧合。"

【诸葛亮】（181—234）三国蜀政治家、军事家。字孔明，琅琊阳都（今山东沂南）人。东汉末，隐居邓县隆中（今湖北襄阳），时称"卧龙"。被刘备三顾茅庐所请，辅佐刘备建立蜀汉政权。后又辅助幼主刘禅（shàn）。曾采取联吴抗曹策略取得赤壁之战胜利。又用兵西南，六出祁山，扩大了蜀汉版图，形成与魏、吴三足鼎立的局面。主张儒法并举、德刑兼施治理蜀汉。当政期间，励精图治，赏罚严明，推行屯田政策，并改善和西南各族的关系，有利于当地经济、文化的发展。著有《出师表》《隆中对》《便宜十六策》等，后人辑为《诸葛亮集》。

【诸宫调】宋金元时期的一种说唱文学形式。唱的部分用多种宫调串接而成，其间插入一定的说白，与唱词配合，以说唱长篇故事。而每种宫调则由若干曲牌联成短套，套曲少则一二首，多则十多首。早期用鼓、板、笛伴奏，后多用弦乐。如《刘知远诸宫调》《西厢记诸宫调》《天宝遗事诸宫调》（残本）。诸宫调对元杂剧的形成有较大影响。

【诸侯】❶西周、春秋时分封的各国君主。在其封疆内世代掌握统治权，但按礼要服从王命，定期向帝王朝贡述职，并有出军赋和服役的义务。《周易·比卦·象》："先王以建万国，亲诸侯。"❷指掌握军政大权的地方长官。三国蜀·诸葛亮《前出师表》："臣本布衣，躬耕于南阳，苟全性命于乱世，不求闻达于诸侯。"

【诸子百家】先秦至汉初各种学术思想流派的总称。诸子指各学派的代表人物，如：孔子、老子、墨子、韩非子、荀子、管子等；百家指各学派，如：儒家、道家、墨家、法家、名家、农家、阴阳家、纵横家、杂家和小说家等。

【诸子散文】指先秦到汉初各个学派代表人物的散文，反映着不同学派的政治、经济、军事、哲学、思想、道德、文化等倾向，各有不同的风格与特点。据《汉书·艺文志》记载，主要是儒、道、阴阳、法、名、墨、纵横、杂、农、小说等10家，家内有家（如儒家35家、农家9家等），合计189家，4324篇。形式多为语录体、对话体或专题论文，为后世散文发展奠定基础。

【竹林七贤】指魏晋间的嵇康、阮籍、山涛、向秀、阮咸、王戎、刘伶。《魏氏春秋》说，此七人"相与友善，游于竹林，号为七贤。”（《三国志·魏书·嵇康传》裴松之注引）。也称竹林七子。

【**竹枝词**】乐府《近代曲》之一。本为巴渝（今重庆市）一带民歌。唐代诗人刘禹锡任夔（kuí）州刺史时，把当地民歌改成新词，用于咏唱三峡风光与爱情，盛行于世。此后诗人写《竹枝词》的很多，也多咏当地风俗与男女恋情。形式为七言绝句，语言通俗，音调轻快，雅俗共赏。也称竹枝。

【**主不可以怒而兴师，将不可以愠（yùn）而致战**】语出《孙子兵法·火攻》。愠：恼怒。国君不能因一时恼怒而兴师打仗，将帅不能因一时恼怒而挑起战事。指战争是国家大事，不能意气用事，要根据大局和整体利益来决定。

【**主父偃**】（？—前126）复姓主父。西汉临淄（今山东淄博东北）人。初到长安上书，即被武帝召见，从郎中到中大夫，一年之中升迁四次。提出使诸侯王多分封子弟为侯以削弱诸侯王势力的主张。武帝听其言，下达推恩令，从此诸侯王国封地越来越小，名存实亡。后为齐相，因事而被诛灭九族。《汉书·艺文志》纵横家有《主父偃》28篇，已散佚，有清代马国翰辑本。

【**煮豆燃萁**】《世说新语·文学》：“文帝（曹丕）尝令东阿王（曹植）七步中作诗，不成者行大法。应声便为诗曰：‘煮豆持作羹，漉菽（lùshū）以为汁。萁在釜下然（燃），豆在釜中泣。本自同根生，相煎何太急！’帝深有惭色。”后以“煮豆燃萁”比喻骨肉相残。

【**助纣为虐**】《史记·留侯世家》：“今始入秦，即安其乐，此所谓助桀为虐。”指帮助纣王（商朝末代暴君）做暴虐的事。后多用“助纣为虐”比喻帮助坏人做坏事。也说助桀（夏朝末代暴君）为虐。

【**注疏**】“注”和“疏”的合称。一种经籍注释体式。一般称解释经书或经传字句意义的为“注”（又称传、笺、解、章句），疏通注文意义的为“疏”（又称义疏、正义、疏义）。后人把古人关于经书的注本、疏本合为一编，因有“注疏”之称。如《十三经注疏》。

【**祝允明**】（1460—1526）明代书法家、文学家。字希哲，号枝山，长洲（今江苏苏州）人。诗文纵横捭阖，包蕴古今。尤工书法，其狂草、小楷享誉海内。与唐寅、文徵明、徐桢卿齐名，号称“吴中四才子”。有《怀星堂集》及笔记杂著《祝子罪知》《浮物》等。

【**铸刑鼎**】把记录法律条文的书刻铸在鼎上，以此作为国家经久不变的法律。春秋中期以前，法律不公开，百姓不能援引法律为自己辩护，因而贵族可以随意处置百姓。公元前536年，郑国执政的子产把所制定的刑法铸在鼎上予以公布。此后，晋国等也仿效。是我国法制史上具有划时代意义的大事。也说铸刑书。

【**颛（zhuān）孙师**】见374页“子张”。

【**颛顼（zhuānxū）**】传说中的远古时代帝王名，“三皇五帝”的“五帝”之一。也称高阳。

【**转世**】❶ 佛教指人或动物死后，灵魂按照生前的善恶表现而分别投胎，成为另一个人或动物。也说转生。❷ 藏传佛教活佛继承制度。活佛圆寂后，按照宗教仪轨选定一个灵童作为活佛的转世继承人。

【传（zhuàn）】 ❶ 书传，著作；特指诸子著作。《孟子·梁惠王下》："齐宣王曰：'文王之囿方七十里，有诸？'孟子对曰：'于传有之。'" ❷ 注释和阐述经义的著作。如：《诗毛传》《春秋左氏传》。多产生于先秦与汉初。也指对经文进行注释、解说。❸ 记载个人或群体事迹的文字；传记。如：自传、列传、《汉书·贾谊传》《三国志·方技传》。❹ 指以演述人物故事为中心的文学作品。如《水浒传》《儿女英雄传》。

【转法轮】"轮"是古代印度一种形状像轮子的武器。古印度传说中，征服四方的大王称为转轮王，出生时空中出现此轮，预示他无敌于天下。"法轮"即佛法之轮，比喻佛法如轮一样。法轮出现于世将会所向无敌，一切不正确的见解都会破碎无余，所以把说佛法叫作"转法轮"。

【庄存与】（1719—1788）清代经学家，常州学派的开创者。字方耕，号养恬，江苏常州人。官至礼部左侍郎。通六经，提倡今文经，尤长于公羊《春秋》，探求其中"微言大义"，取法致用。所撰《春秋正辞》是常州学派第一部著作。著作均收入《味经斋遗书》。

【庄周梦蝶】《庄子·齐物论》记载：庄周梦见自己变成蝴蝶，不知道自己是庄周。醒来后方知原来是我庄周。那是庄周梦中变成蝴蝶，还是蝴蝶梦见自己变成庄周呢？庄周与蝴蝶必定是有区别的。这就可称物、我的交合与变化。这则故事提出了人不可能确切区分真实与虚幻、生死物化的观点，意蕴深刻，给人留下了想象空间。后多用作做梦或人生虚幻的典故。也说庄周化蝶、梦蝶。

【庄子】 ❶（约前369—前286）战国时哲学家。名周，宋国蒙（今河南商丘东北）人。做过漆园吏，继承并发展了老子自然、无为的学说，认为"道"是"自本自根""无所不在"的，强调事物的自生自化。主张"物我为一"，安时处顺，逍遥自得。是老子之后先秦道家学派的重要代表人物，后代把他与老子并称为"老庄"，其学说被学界尊为老庄哲学。著作有《庄子》。❷ 书名。道家主要经典之一，庄子及其后学著。《庄子》承老子之学，认为道的本性是自然无为，由此推重人的精神修养之道。为文汪洋恣肆，想象丰富，并多采用寓言形式。在哲学史、文学史上都有很高价值，影响深远。名篇有《逍遥游》《齐物论》等。也称《南华经》。

【壮士断腕】《三国志·魏志·陈泰传》："古人有言：'蝮蛇螫（shì，蜇）手，壮士解腕。'"意思是勇士手腕被蝮蛇咬伤，就立即截断，以免毒性扩散全身。后多用"壮士断腕"比喻做事要当机立断，不可迟疑、姑息。唐·窦臮（jì）《述书赋下》："君子弃瑕以拔材，壮士断腕以全质。"

【状元】❶科举考试中指殿试一甲第一等第一名。唐宋时殿试一甲头三名，有时也称状元。❷比喻在本行业中成绩最突出者。如：三百六十行，行行出状元。

【资治通鉴】书名。编年体通史。北宋司马光撰。全书共294卷，另有《考异》《目录》各30卷。历时19年完成。记载了从战国到五代共1362年的史实，从中总结出许多经验教训供执政者借鉴。宋神宗认为此书“鉴（鉴察，审辨）于往事，有资（有助）于治道”，故定名为《资治通鉴》。简称《通鉴》。

【子部】指我国古代图书四部（经、史、子、集）分类的第三类。收诸子百家及释、道宗教等著作。也称丙部。

【子产】（？—前522）春秋时郑国执政（官职名）。名侨，字子产、子美。郑穆公之孙，又称公孙侨。在任期间实行改革，整顿田地疆界和沟洫（xù），发展农业生产。创立按“丘”（田地的区划）征“赋”制度，将“刑书”（法律条文）铸在鼎上公布，不毁乡校，以听取“国人”意见。这些改革给郑国带来了新气象。

【子迟】见58页“樊迟”。

【子贡】（前520—？）孔子弟子。复姓端木，名赐，字子贡。春秋末卫国人。思路敏捷，善于辞令。《论语》中记述孔子与弟子答问，以他为最多。善经商。曾“鬻（yù，经商）财于曹、鲁之间”，“家累千金”。并仕于鲁、卫，游说于齐、吴、越、晋，与诸侯“分庭抗礼”。曾成功促吴伐齐救鲁。

【子路】（前542—前480）孔子弟子。姓仲，名由，字子路，一字季路。春秋末鲁国卞（今山东泗水东南）人。出身贫贱。性耿直好勇。曾为季氏家臣，后任卫大夫孔悝邑宰，在贵族内讧中被杀害。孟子赞其闻过则喜的态度，把他与禹、尧相提并论（见《孟子·公孙丑上》）。

【子路无宿诺】语出《论语·颜渊》。宿诺：拖延很久而不履行的诺言。子路从来没有许下诺言而不履行的。

【子思】战国初哲学家。姓孔，名伋（jí）。孔子之孙。相传为曾子的学生。他把儒家的道德观念“诚”说成是世界的本原，以“中庸”为其学说的核心。在儒学传承中，他上承曾子，下启孟子，被尊为“述圣”。子思和孟子都注重内心省察的修养方法，提出“性善”和“诚”，史称“思孟学派”。《中庸》相传是他的著作。

【子我】见344页“宰我”。

【子皙】见345页“曾皙”。

【子夏】（前507—？）孔子弟子。卜姓，名商，字子夏。春秋末晋国温（今河南温县）人，一说卫国人。孔子去世后曾到魏国讲学。治学上崇尚“博学而笃志，切问而近思”，倡导“仕而优则学，学而优则仕”（《论语·子张》）。主张国君要学习《春秋》，以历史为鉴，防止臣下篡权。提出“死生有命，富贵在天”（《论语·颜渊》）。相传《诗经》《春秋》等是由他传授下来的。

【子游】（前506—？）孔子弟子。姓言，名偃（yǎn），字子游。春秋末吴国人。与子夏、子张并为孔门晚期著名弟子。擅长文学。曾任武城宰，注重礼乐教化，治内赞同孔子“君子学道则爱人，小人学道则易使”的观点。

【子有】见 216 页“冉有”。

【子舆】❶见 182 页“孟子”①。❷见 345 页“曾子”。

【子渊】见 321 页“颜回”。

【子张】（前 503—？）孔子弟子。复姓颛（zhuān）孙，名师，字子张。春秋末陈国阳城（今河南淮阳）人。提出“士见危致命，见得思义”的伦理观点，并主张“君子尊贤而容众，嘉善而矜不能”（《论语·子张》）。其后学形成“子张之儒”，为儒家八派之首。

【梓潼帝君】道教所奉掌管人间功名禄位之神。姓张，名亚子，居蜀中七曲山（今四川梓潼北），仕晋战死，后人立庙纪念。传说玉帝命梓潼掌管文昌府和人间禄籍，元时加封为文昌帝君，成为主宰天下的文教之神。

【紫钗记】传奇剧本。明代汤显祖著。取材于唐传奇小说《霍小玉传》。以紫钗为线索，写唐李益与霍小玉的爱情故事。赞颂霍小玉对爱情的坚贞，鞭挞豪门权贵的自私狡诈。据其旧作《紫箫记》重写而成。

【紫阳书院】著名书院之一。位于安徽歙（shè）县。始建于南宋淳祐五年（1245），初建在徽州府城南门外紫阳山麓，理宗皇帝御题“紫阳书院”匾额。紫阳书院祭祀朱熹，以宣扬朱熹理学思想为主旨（徽州为朱熹祖籍）。后徽州紫阳书院地址屡有变迁，建筑屡遭毁弃。历史上，以“紫阳”命名的书院还有苏州紫阳书院、杭州紫阳书院。

【自检】自我检点约束。唐·李翱《与淮南节度使书》：“以法令自检，以知足自居。”

【自见之谓明】语出《韩非子·喻老》。自己了解、认识、发现自己的长处和不足，才称得上贤明。跟“人贵有自知之明”义近。

【自觉】❶自己感觉到；自己意识到。《孔子家语·致思》：“吾有三失，晚不自觉。”❷自己有所认识而觉悟。如自觉守法。

【自律】遵循法度、自己管束自己。唐·张九龄《贬韩朝宗洪州刺史制》：“不能自律，何以正人？”

【自勉】自己勉励自己。《庄子·天运》：“此皆自勉，以役（保养）其德者也。”

【自强不息】语出《周易·乾》。自觉努力进取，不懈怠，不停止。《孔子家语·五仪解》：“笃行信道，自强不息。”参见 273 页“天行健，君子以自强不息”。

【自求多福】语出《诗经·大雅·文王》。求助于自己比求助于他人会得到更多的幸福。指自己加强道德修养才能“多福”。

【自胜之谓强】语出《韩非子·喻老》。自己能够战胜、超越自己，才称得上刚强。

【自讼（sòng）】自我责备，自觉反省错误，从严自律。《论语·公冶长》：“吾未见能见其过而内（发自内心）自讼（责备）者也。”

【**自新**】自觉改正错误，重新做人。《史记·孝文本纪》：“妾愿没入为官婢，赎父刑罪，使得自新。”南宋·叶适《代宗彦远青词》：“虽积罪以致祸，犹积哀而自新。”

【**自省**（xǐng）】自行省察。自我反省是儒家提倡的自我修养、完善人格的方法。孔子主张“见贤思齐焉，见不贤而内自省也”（《论语·里仁》）。曾子主张“三省吾身”（《论语·学而》），朱熹也主张“日省其身，有则改之，无则加免”（《四书集注》）。

【**自由**】❶由自己作主；不受限制和拘束。《玉台新咏·古诗〈为焦仲卿妻作〉》：“吾意久怀忿，汝岂得自由。”清·蒲松龄《聊斋志异·巩仙》：“野人之性，视宫殿如藩笼，不如秀才家得自由也。”❷法律名词。指公民在法律规定的范围内，自己的意志活动有不受限制的权利。包括人身、言论、信仰、集会等方面的自由。

【**自作孽**（niè），**不可活**】《孟子·公孙丑上》：“天作孽（干坏事，制造灾难），犹可违；自作孽，不可活。”意思是上天降下的灾害还可以逃避，自己造成的罪孽无处可逃。

【**恣**（zì）**蚊饱血**】二十四孝故事之一。吴猛为晋朝濮阳（今属河南）人，家里贫穷，没有蚊帐，蚊虫叮咬使父亲不能够安睡。吴猛在夜里总是赤身坐在父亲床前，任由蚊虫叮咬自己而不驱赶，担心蚊子离开自己去叮咬父亲。

【**宗法**】古代宗族或家族内部以血统远近为基础来区分嫡庶亲疏的礼制。夏商时代已有权力和财产的嫡长继承规制，到周代形成完备的礼制。古代贵族婚姻实行一妻多妾制，正妻所生之子称“嫡出”，媵（yìng）妾所生之子为“庶出”。西周确立嫡长子为王位或爵位的法定继承人，嫡长子及其后裔一支血脉，称为大宗，是宗族或家族的当然继承人；其余各支均为小宗，按照与大宗关系的远近，分别受封为诸侯、卿、大夫等爵位，构成“家天下”庞大周密的宗法系统，使封建统治权力得以有序延续和传承。

【**宗喀巴**】（1357—1419）藏传佛教格鲁派创始人。青海湟中人。出身于佛教家庭。7岁正式出家受沙弥戒。16岁前往西藏深造。他系统研习各派要籍，进行宗教改革，严密寺院组织，创立法会，讲经说法，形成格鲁派。藏传佛教信徒大多崇奉他为教主。因僧众都戴黄色僧帽，故被称为黄帽派，俗称“黄教”。明永乐十三年派弟子进京朝谒，加强了西藏与中央的联系。著作多达160余种。

【**宗庙**】❶古代帝王、诸侯或大夫、士祭祀祖先的处所。《中庸》第十九章：“宗庙之礼，所以祀乎其先也。”也称祖庙。❷王室或国家政权的代称。《汉书·霍光传》：“伊尹相殷，废太甲以安宗庙。”

【**宗泽**】（1060—1128）南宋抗金名将。字汝霖，婺（wù）州义乌（今属浙江）人。靖康元年（1126）主政磁州（今河北磁县），募勇抗金。时康王赵构奉旨赴金求和，被他留下，开元帅府，自任副元帅，南下救援东京（今河南开封）。在任东京留守期间，修城储粮，召集义军，任用岳飞为将，屡败金兵。曾 20 多次上书高宗，力主还都东京，并制定了收复方略，均未被采纳。忧愤成疾，临终仍三呼“过河”。有《宗忠简公集》。

【宗族】同宗同族之人。《周礼·春官·大宗伯》：“以饮食之礼，亲宗族兄弟。”《尔雅·释亲》：“父之党为宗族。”

【纵横捭（bǎi）阖（hé）】纵横：合纵连横；捭阖：开与合。纵横与捭阖是战国时期谋士们游说诸侯国国君的政治主张和方法、策略。后多指在外交、政治等方面运用手段进行联合与分化。也形容言论放纵恣肆，无拘无束。

【纵横家】战国时期从事政治、外交活动的谋士，以纵横捭（bǎi）阖（hé）游说诸侯著称。主要代表人物是苏秦、张仪。苏秦倡导合纵（南与北合为纵），即燕、赵、韩、魏、齐、楚东方六国纵向联合抗秦；张仪倡导连横（东与西连为横），即秦横向联合六国中的几国以攻灭一国，各个击破。纵横家的活动对战国时期政治、军事格局的变化有重要影响。《战国策》对合纵、连横的活动和做法有较多记载（1973 年长沙马王堆出土帛书《战国纵横家书》与《战国策》内容相近）。

【纵情性而不足问学，则为小人矣】语出《荀子·儒效》。情性：本性，荀子认为人的本性“恶”；足：充分；问学：求知，求学。放纵自己的本性而不勤奋学习，这就是人品低下的人啊！体现了荀子重视学习克服恶习的思想。

【邹衍】（约前 305—前 240）“邹”也作“驺”。战国末哲学家，阴阳家的代表人物。齐国人。稷下学士，曾历游魏、赵、燕等国，受到诸侯“尊礼”。提出“五德终始”说，认为王朝兴替、社会变动是“五行之德”转移循环的结果，成为其后谶（chèn）纬学说的源头之一。因其语“闳（hóng）大不经”，时人称为“谈天衍”。著作皆不存。

【祖冲之】（429—500）南北朝时科学家。字文远，祖籍范阳郡遒（qiú）县（今河北涞水）。宋、齐时曾任县令、长水校尉。以数学、天文学和机械制造成就著称。推算出圆周率的值在 3. 1415926 和 3.1415927 之间，其中密率 355/113，均领先于世界约千年。研制的《大明历》是当时最精密的历法，设计制造过水碓（duì）磨、指南车、千里船、定时器等。著作多已散佚。今仅存《述异记》，为后人辑本。

【祖国】❶ 祖先以来所居之地。清·魏源《圣武记》卷六：“巴社者，回回祖国。”❷ 国籍所属的国家；自己的国家。清·秋瑾《柬某君》诗：“头颅肯使闲中老，祖国宁甘劫后灰？”

【祖庙】见 375 页“宗庙”。

【祖逖（tì）】（266—321）东晋名将。字士稚，范阳遒（qiú）县（今河北涞水）人。西晋末年，率亲朋党友避乱于江淮。313 年，奉命率部渡江北伐，誓复中原。所部纪律严明，民众响应，数年间收复黄河以南大片失地。但朝廷内部不和，不支持其继续北伐，乃至忧愤而死。

【祖宗】❶古代帝王的世系中，始祖称祖，继祖者称宗。《礼记·祭法》："（殷人）祖契而宗汤，（周人）祖文王而宗武王。"《汉书·张汤传》："国家承祖宗之业，制诸侯之重。"后世各朝代庙号遂以"高祖"或"太祖"称奠基者，以"太宗"称继业者。❷泛指祖先。如：老祖宗、祭祖宗。

【罪莫大于不孝】《孝经》："子曰：'五刑之属三千，而罪莫大于不孝。'"〔五刑：指墨（刺面）、劓（yì，割鼻）、剕（fèi，断足）、宫（去势）、大辟（杀头）五种刑法〕意思是在所有的罪行中，不孝是最大的罪行。

【尊称】古代对于第二、第三人称的称谓礼节。在言谈与书信往来中，为表尊敬和客气，一般避免直接用"你"或"他"等代词，而是改用某些表示尊敬的词语来指称。常见的有：君、诸君、公、子、父、卿、陛下、足下、阁下、殿下等。这些称谓大多带有明显的尊敬色彩，需根据不同情况加以运用。

【尊师】尊敬师长；尊敬教师。《礼记·学记》："大学之礼，虽诏于天子，无北面（无须面北行礼），所以尊师也。"《汉书·萧望之传》："国之将兴，尊师而重傅。"

【尊五美，屏（bǐng）四恶】语出《论语·尧曰》。屏：通"摒"，摈弃。五美：使百姓得到好处而自己无所耗费，安排劳役而百姓却不怨恨，欲施行仁政而不贪图财利，安泰矜持而不骄傲放肆，庄重威严而不凶猛；四恶：不进行教育而妄加杀戮叫虐，不预先告诫而要求速成叫暴，命令晚出而又限期完成叫贼，平均给人东西却出手吝啬像是管仓库的有司。孔子认为，君子只要尊重五种美德，摒除四种恶行，就可以从政了。

【尊长】❶尊敬年长的人。《礼记·乡饮酒义》："乡饮酒之礼，六十者坐，五十者立侍，以听政役（役使），所以明尊长也。"❷尊称地位或辈分高的人。《礼记·少仪》："尊长于己逾等（辈分高于自己），不敢问其年。"

【左光斗】（1575—1625）明代直臣。字遗直，一字共之，号浮丘。安庆桐城（今属安徽）人。万历三十五年（1607）进士，授中书舍人。后升浙江道监察御史、左佥（qiān）都御史。熹宗朝大宦官魏忠贤乱政，支持杨涟上书弹劾魏忠贤，又亲劾魏三十二斩罪，遭诬被捕下狱，受尽酷刑折磨，死于狱中。著有《左忠毅公集》。

【左丘明】春秋时史学家。鲁国人。与孔子同时，或谓稍早于孔子。双目失明，曾任鲁太史，或为讲诵历史的史官。相传是《左传》《国语》的作者。

【左传（zhuàn）】儒家经典之一。传为春秋时左丘明撰。多用事实解释《春秋》。书中保存了大量古代史料，文字优美，记事详明，是我国古代一部史学和文学名著。该书每与《春秋》合刊，作为《十三经》之一。也称《春秋左氏传》《左氏春秋》。参见 31 页“春秋”③。

【左宗棠】（1812—1885）清末洋务派和湘军首领。字季高，湖南湘阴人。道光举人。晚清大臣。先后总揽浙江、陕甘、新疆、福建等地军政要务。曾先后参与镇压太平军、西捻军及西北回民军。平定新疆叛乱，收复迪化（今乌鲁木齐）、和阗（tián，今和田）等地，阻遏了俄、英势力对新疆的入侵。曾创办福州船政局和兰州机器织呢局等新式企业。中法战争时督办福建军务。与李鸿章、曾国藩、张之洞并称“晚清四大名臣”。有《左文襄公全集》，今辑有《左宗棠全集》。

【作茧自缚】佛教指人的妄想会把自己缠住不能解脱，就像蚕吐丝作茧把自己裹住一样。北宋·道原《景德传灯录·志公和尚十四科颂》：“声闻执法坐禅，如蚕吐丝自缚。”今泛指自己使自己陷入困境。

【坐禅（chán）】禅：梵语禅那的简称，意思为静虑，止息妄念。佛教指静坐修行，凝心参究。明·唐寅《感怀》诗：“不炼金丹不坐禅，饥来吃饭倦来眠。”

【坐怀不乱】春秋时鲁国人柳下惠夜宿城门，遇一无家女子，怕她冻伤，就让她坐到自己怀里，并用衣服裹住，一夜都没有淫乱行为。（见《荀子·大略》及《诗经·小雅·巷伯》毛传）后用“坐怀不乱”形容男子在两性关系上品格高尚。

【坐忘】道家的一种修养方法；也指通过这种修养方法所达到的精神境界。《庄子·大宗师》：“堕肢体，黜聪明，离形去智，同于大通（道），此谓坐忘。”通过静坐养气，排除一切知识与情欲杂念，对是非、成败、祸福、死生都无动于衷，保持内心的虚静，达到物我两忘、精神遨游于天地之间的完全自由状态。与现代的打坐、气功近似。

音序索引

A

B

C

D

E

F

G

H

J

K

L

M

N

O

P

Q

R

S

T

W

X

Y

Z

后　记

——《中华传统文化简明词典》编纂缘起

20世纪90年代，许嘉璐教授任国家语言文字工作委员会主任时，兼任我们《现代汉语规范词典》编委会主要领导。他离开语委去全国人大常委会担任副委员长时，嘱咐我们一定要把词典编写工作坚持下去，队伍要发展壮大，词典越编越好，有困难可以去找他。他虽国事繁忙，但仍关心、指导我们工作，抽时间听取我们汇报。

2013年岁末，他在听取我们一年工作汇报后说，希望我们能抓紧时间编一本"传统文化词典"。当时大家没有在意，认为我们无法胜任，也许许先生随便说说罢了。2014年春，许先生约我和另外两位专家谈话。他介绍当时相关的情况，特别提出习近平总书记主持工作后，对我国传统文化的重视，希望我们编一本为青年同志学习传统文化的入门词典。看许先生当时的决心和信心，此事势在必行。经我们词典编写组研究讨论，大家认为有许先生支持指导，群众学习又需要，于是决定组织力量，着手《中华传统文化简明词典》的编写工作。

2014年6月我国同联合国共同在苏州召开世界语言大会。开幕式上有刘延东副总理的讲话和许先生的主题报告。在百忙中，许先生通知下午要单独找我谈话。其时习近平总书记刚刚在北京大学发表了极其重要的"五四讲话"。谈起这篇讲话，许先生兴奋之情溢于言表。他说，习总书记直接引述古圣先贤的至理名言数百字，对祖宗圣贤的治国理念、处世智慧、修身哲学、行为准则充满着景仰、赞美之情。这是一件了不起的大事情——

大学之道，在明明德，在亲民，在止于至善；

国无德不兴，人无德不立；

国有四维，礼义廉耻；四维不张，国乃灭亡；

格物致知、诚意正心、修身齐家、治国平天下；

民惟邦本、天人合一、和而不同；

天行健，君子以自强不息；

大道之行，天下为公；

天下兴亡，匹夫有责；

君子喻于义、君子坦荡荡、君子义以为质；

言必信、行必果；人而无信，不知其可也；

德不孤，必有邻；仁者爱人；与人为善；

己所不欲，勿施于人；出入相友，守望相助；

老吾老以及人之老，幼吾幼以及人之幼；

扶贫济困，不患寡而患不均；

千磨万击还坚劲，任尔东南西北风；

凿井者，起于三寸之坎，以就万仞之深；

非学无以广才，非志无以成学；

见善则迁，有过则改；

学而不思则罔，思而不学则殆；

博学之，审问之，慎思之，明辨之，笃行之；

天下难事，必作于易；天下大事，必作于细。

习总书记说：“像这样的思想和理念，不论过去还是现在，都有其鲜明的民族特色，都有其永不褪色的时代价值。”

许先生长期从事中国传统文化的研究、教学和对外传播交流工作，虽然身为国家领导人，但始终不失“教师”“学者”本色。他敏锐地觉察到，习近平是中国共产党成立九十多年来第一位充分肯定传统文化对于现代国家治理价值的总书记。在全国大力弘扬传统文化，这将是划时代的事件，具有里程碑意义。他说，作为文化教育工作者，我们数十年来孜孜以求一直在期待的“文化复兴”之梦，正在因总书记的倡导而走向现实。他说，我们要赶紧行动起来，做好这件事情，方不辜负这个时代。许先生着重指出，我们响应总书记的号召，编写一部《中华传统文化简明词典》。对于帮助青年人树立正确的人生观、道德观，弘扬社会主义核心价值观，都很有意义。许先生鼓励说，机遇难得，时不我与，知难而上正是传统文化的精神所在。

许先生的讲话和建议得到编写组的一致赞同。随后我们集中 20 余位专家，宵衣旰食，夜以继日，终于如期编写出这部《中华传统文化简明词典》。

许先生一直关心并亲自指导了这部词典的编纂工作。先后多次在他的办公室召开研讨会，跟我们共同讨论编写原则、体例等问题，并动员多位专家学者参与审稿、把关，使这部词典得以顺利编成。

真诚感谢中国大百科全书出版社的领导刘国辉、刘晓东、陈义望等同志的支持和帮助，没有他们的帮助，词典也不会这么快与大家见面。

由于我们水平所限，难免存在缺点和错误，恳请广大读者批评指正。正如许先生所期待的，我们也希望将来能够在此基础上从容地打磨出一部中型的《中华传统文化词典》奉献给读者，以期为中华传统文化的振兴与光大尽绵薄之力。

李行健

2020 年 4 月